U0895846

(京)新登字 041 号

图书在版编目(CIP)数据

'97 中国发展报告/国家统计局编. —北京:中国统计出版社,1997.10
ISBN 7—5037—2623—7

I. '9…
II. 国…
III. ①社会发展—概况—中国—1996 ②经济发展—概况—中国—1996
IV. F12
中国版本图书馆 CIP 数据核字(97)第 22457 号

中国统计出版社出版
(北京复外三里河月坛南街 75 号 100826)
新华书店经销
中国科学院印刷厂印刷
*
850×1168 毫米 16 开本 25.5 印张 70 万字
1997年11月第1版 1997年11月北京第1次印刷
印数:1—1500 册
*
定价:90.00 元

《'97中国发展报告》编委会
和编辑出版人员名单

一、编委会

顾　问：张　塞　郑家亨

主　任：刘　洪

副主任：邵宗明　卢春恒　翟立功　贺　铿　邱晓华

委　员：（以姓氏笔划为序）

王吉利　叶　震　叶长林　卢精诚　冯乃林
朱向东　刘成相　任才方　孙怀阳　李　强
李启明　李露华　权贤佐　华丽麒　吴　超
阿思奇　郑京平　张　玲　张泽厚　张新民
张为民　苏福刚　赵顺义　林贤郁　郭道夫
徐正一　章钟基　章国荣　梅祥富　黄　辉
黄朗辉　谢鸿光

二、编辑部

总编辑：邱晓华

副总编辑：谢鸿光　郑京平

编辑部主任：朱维盛　张英香

编辑部主要工作人员：（以姓氏笔划为序）

马　平　巴　威　严于龙　宋安辉
陈越月　杜　宇　周立东　徐未来　徐　辉

各分章主编：
第一章　叶　震　李　强　　第二章　张新民
第三章　李启明　黄朗辉　　第四章　刘成相
第五章　李露华　任才方　　第六章　李　强
第七章　李启明　　第八章　李露华
第九章　权贤佐　　第十章　张为民
第十一章　张新民　任才方　张为民
第十二章　阿思奇　　第十三章　徐正一

统计资料：综合司资料处

前　　言

1996年是改革开放以来我国宏观调控取得成效最为明显的一年。从70年代末开始，我国经济持续、高速发展了近20年，在这一过程中曾数次出现过热，我们每次都试图使经济“软着陆”，但均未获得成功。例如：1984年第四季度开始经济出现过热，1986年力图“软着陆”，结果未“着陆”却再次起飞；1988年经济过热，实施治理整顿，想“软着陆”，结果由于紧缩力度过大，最终导致了“硬着陆”。这一次面对1993年再次过热的国民经济，中央加强和改善宏观调控，锲而不舍，经过三年多的努力，终于在1996年成功地实现了“软着陆”：GDP的增长速度为9.6%，已落入适度增长区间；而通货膨胀则得到了明显抑制，零售价格的上涨率为6.1%；对外贸易继续扩大，国际收支保持较大幅度的顺差。实现了“高增长，低通胀”的经济发展目标，为“九五”计划和2010远景目标的实施开了一个好头。1996年国民经济“软着陆”的成功充分说明我国政府的宏观调控技巧逐渐趋于成熟，受到国际社会的普遍赞誉。然而，由于“两个根本性的转变”仍处于转换过程之中，诱发经济过热的体制性因素尚未根除，如何保持国民经济持续、稳定、快速发展，仍是宏观调控面临的重大课题。

展望1997年，我国政治和经济生活中将迎来两个重大历史事件：一是恢复对香港行使主权；二是召开中国共产党第十五次全国代表大会。为了有一个相对稳定的政治和社会环境，年初中央确定了“稳中求进”的经济发展方针。从半年多的实践看，这一方针是积极稳妥的。国民经济在去年成功地实现“软着陆”的基础上继续走好：上半年，GDP增长保持了9.5%的较高速度，物价则呈现出基本稳定的态势。出口增长较快，对外贸易继续保持顺差。上半年的经济发展为全年国民经济稳中求进奠定了良好的基础。7月1日，我国顺利地恢复了对香港行使主权，雪洗了百年耻辱，完成了1997年的第一件大事。目前，全国上下正在积极努力工作，以迎接中国共产党第十五次全国代表大会胜利召开。因此，尽管1997年2月19日我国改革开放和社会主义现代化建设的总设计师邓小平同志离开了我们。但我们完全有理由相信，在江泽民同志为核心的党中央领导下，我国的改革开放和社会主义现代化建设事业一定能够不断前进。1997年，我国国民经济将会以“市场物价基本稳定，经济适度快速增长”的良好运行格局再创佳绩！

《中国发展报告》至今已连续出版6年了。我们衷心的希望本书的出版能以其信息的权威性和大容量、宽视野、新创意的特点，为研究和关心中国社会经济发展的有识之士所钟情。同时，殷切希冀各界朋友继续关心、支持《中国发展报告》的编辑和出版工作，使之更加充实，更加完善，取得新的进步。

目　　录

重要文献

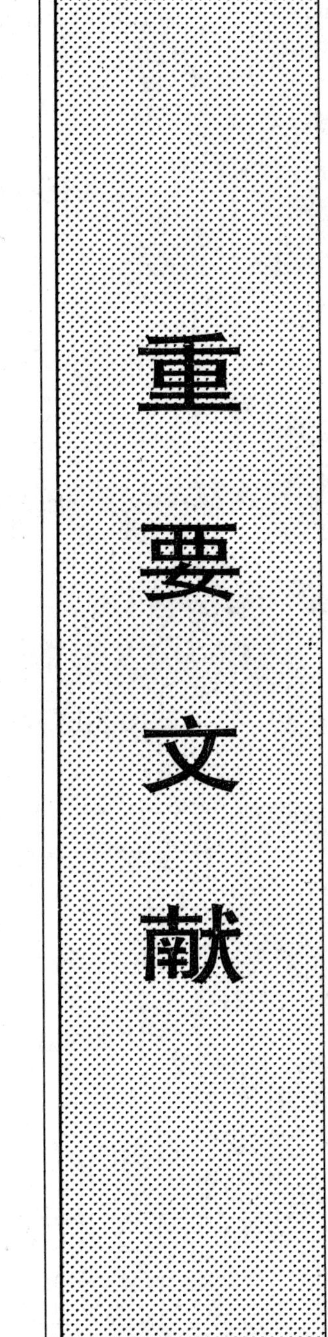
重要文献

中国共产党第十四届中央委员会第五次全体会议公报

（1995 年 9 月 28 日）

中国共产党第十四届中央委员会第五次全体会议，于 1995 年 9 月 25 日至 28 日在北京举行。

出席这次会议的中央委员 176 人，候补中央委员 125 人。中央纪律检查委员会常务委员会委员和有关方面的负责同志列席会议。

全会由中央政治局主持。江泽民同志作了重要讲话。

全会审议并通过了《中共中央关于制定国民经济和社会发展"九五"计划和 2010 年远景目标的建议》，全文共分六部分：一、我国国民经济和社会发展的重要时期；二、主要奋斗目标和指导方针；三、经济建设的主要任务和战略布局；四、改革开放的主要任务和部署；五、社会发展的主要任务和基本政策；六、全党全国各族人民团结起来，为实现"九五"计划和 2010 年远景目标而奋斗。李鹏同志就《建设》草案作了说明。

全会高度评价了改革开放以来特别是"八五"期间我国社会主义现代化建设取得的伟大历史性成就。经过全党和全国各族人民的共同努力，我们圆满完成了三个五年计划，预计国民生产总值翻两番的任务，今年可提前实现。国民经济迅速发展，国家经济实力显著增强，社会主义市场经济体制正在逐步建立，对外开放总体格局基本形成，各项社会事业取得显著成绩。更重要的是，我们在实践中积累了宝贵的经验，形成了有步骤地实现我国现代化的路线、方针和政策，成功地走出了一条建设有中国特色社会主义的道路。今后 15 年是我国改革开放和社会主义现代化建设事业承前启后、继往开来的重要时期。我们要充分利用各方面的有利条件，继续集中力量进行经济建设，进一步发展和壮大自己，把一个经济持续发展、社会全面进步、充满生机和希望的中国带入二十一世纪。这是巩固、发展改革开放和现代化建设的伟大成果，实现国家富强、民族振兴和社会长治久安的根本大计。

全会提出。"九五"时期国民经济和社会发展的主要奋斗目标是：全面完成现代化建设的第二步战略部署，2000 年，在我国人口将比 1980 年增长 3 亿左右的情况下，实现人均国民生产总值比 1980 年翻两番；基本消除贫困现象，人民生活达到小康水平；加快现代企业制度建设，初步建立社会主义市场经济体制。2010 年的主要奋斗目标是：实现国民生产总值比 2000 年翻一番，使人民的小康生活更加宽裕，形成比较完善的社会主义市场经济体制。经过 15 年的努力，我国社会生产力、综合国力、人民生活水平将再上一个大台阶，社会主义精神文明建设和民主法制建设将取得明显进展，为下个世纪中叶实现第三步战略目标，基本实现现代化奠定坚实的基础。实现上述奋斗目标，关键是实行两个具有全局意义的根本性转变，一是经济体制从传统的计划经济体制向社会主义市场经济体制转变，二是经济增长方式从粗放型向集约型转变。

全会强调，在国际格局深刻变动和我国经济体制根本转变的历史条件下，在十多亿人口的大国推进现代化建设，是一项既充满希望又非常艰巨的开创性事业。要有效地调动和发挥全党全国各族人民的积极性和创造力，必须始终坚持以邓小平建设有中国特色社会主义理论和党的基本路线为指导，牢牢把握"抓住机遇、深化改革、扩大开放、促进发展、保持稳定"的基本方针，妥善处理好改革、发展、稳定的关系，高度重视和下大力气解决关系全局的重大问题。在经济和社会发展中，要认真贯彻以下重要方针：一、保持国民经济持续、快速、建康发展。二、积极推进经济增长方式转变，把提高经济效益作为经济工作的中心。三、实施科教兴国战略、促进科技、教育与经济紧密结合。四、把加强农业放在发展国民经济的首位。五、把国有企业改革作为经济体制改革的中心环节。六、坚定不移地实行对外开放。七、实现市场机制和宏观调控的有机结合，把各方面的积极性引导好、保护好、发挥好。八、坚持区域经济协调发展，逐步缩小地区发展差距。九、坚持物质文明和精神文明共同进步，经济和社会协调发展。

全会指出，今后15年，要下大力量切实转变经济增长方式，显著提高国民经济整体素质和效益，使社会生产力有一个大的发展。经济建设的主要任务是：优化产业结构，着力加强第一产业，调整和提高第二产业，积极发展第三产业；广泛采用先进技术装备社会生产各部门，重点改造国有大中型企业，加快国民经济信息化进程；大力发展科技教育，普遍提高劳动者素质，培养各级各类人才，缩小我国科学技术同世界先进水平的差距；引导地区经济协调发展，形成若干各具特色的区域经济，促进全国经济布局合理化。在经济建设中，重点加强农业，水利、能源、交通、通信，教育。同时，振兴支柱产业，培育高技术产业，促进和带动国民经济全面发展。加强国防现代化建设，增强国防实力。

建立和完善社会主义市场经济体制是今后15年的战略任务。必须按照十四届三中全会决定的要求，围绕国民经济发展中的深层次矛盾和问题，深化改革，扩大开放，进一步解放和发展社会生产力。要坚持以公有制为主体、多种经济成分共同发展的方针，深化国有企业改革，建立现代企业制度；积极发展和完善市场体系，充分发挥市场机制的作用；转变政府职能，形成以间接方式为主的宏观调控体系；进一步扩大对外开放，完善对外经济体制；加强经济法制建设，建立和完善与新体制相适应的法律体系。

要把社会发展放在重要战略地位。努力控制人口增长，提高生活质量，扩大劳动就业，完善社会保障，加强环境保护，促进社会公正、安全、文明、健康发展。必须大力加强社会主义精神文明建设。坚持不懈地用邓小平建设有中国特色社会主义理论武装全党，教育干部和人民；坚持不懈地加强艰苦奋斗的优良传统教育，倡导敬业创业精神；坚持不懈地加强道德建设和爱国主义、集体主义、社会主义思想教育，树立正确的世界观、人生观、价值观；坚持不懈地加强党风廉政建设，深入持久地开展反腐败斗争；坚持不懈地开展群众性精神文明建设活动；坚持不懈地推进教育科学文化建设，全面提高整个中华民族的科学文化素质。要加强社会主义民主和法制建设，积极推进政治体制改革。要根据“一个国家，两种制度”的方针，继续推进祖国统一大业。

顺利实现“九五”计划和2010年远景目标，关键是加强和改善党的领导。全会强调，要继续按照十四届四中全会关于党的建设的部署，全面加强党的思想建设、组织建设和作风建设，努力提高党的执政水平和领导水平，不断增强党的凝聚力和战斗力。

全会按照党章规定，决定递补中央候补委员耿全礼、马启智同志为中央委员。

全会决定增补张万年、迟浩田同志为中央军事委员会副主席，王克、王瑞林同志为中央军事委员会委员。

全会审议并通过了中央纪律检查委员会《关于陈希同同志问题的审查报告》。陈希同同志在担任北京市委书记、市长期间，严重失职，对原北京市委常委、副市长王宝森的违法犯罪活动负有重大责任；腐化堕落，生活奢糜；利用职权，为其亲属等人谋取非法利益；利用职务和公务之便，收受贵重物品。其所犯错误是严重的。全会决定撤销他的中央政治局委员、中央委员会委员的职务，并建议依照法律程序，罢免其全国人大代表职务。鉴于他在经济等方面的问题有些还没有完全查清，决定对他的问题继续进行审查。

全会号召，全党同志和全国各族人民，在以江泽民同志为核心的党中央领导下，更加紧密地团结起来，高举建设有中国特色社会主义的伟大旗帜，为实现国民经济和社会发展“九五”计划和2010年远景目标，为把我国建设成富强、民主、文明的社会主义现代化国家而奋斗！

中国共产党第十四届中央委员会第六次全体会议公报

（1996年10月10日）

中国共产党第十四届中央委员会第六次全体会议，于1996年10月7日到10日在北京举行。

出席这次会议的中央委员181人，候补中央委员124人。中央纪律检查委员会委员和有关方面的负责同志列席会议。

全会由中央政治局主持。中央委员会总书记江泽民同志作了重要讲话。

全会根据全面实现我国国民经济和社会发展“九五”计划和2010年远景目标的要求，分析了社会主义精神文明建设面临的形势，总结了经验和教训。鉴于教育和科学的发展中央已有全面部署，这次会议主要讨论思想道德和文化建设方面的问题，审议并通过了《中共中央关于加强社会主义精神文明建设若干重要问题的决议》。《决议》分七个部分：一、加强社会主义精神文明建设是一项重大战略任务；二、社会主义精神文明建设的指导思想和奋斗目标；三、努力提高全民族思想道德素质；四、积极发展社会主义文化事业；五、深入持久开展群众性精神文明创建活动；六、切实增加精神文明建设的投入；七、加强和改善党对精神文明建设的领导。

全会认为，十一届三中全会以来的十八年，我国经历了举世瞩目的历史大转折和事业大发展。这种历史性的成就，同解放思想、实事求是思想路线的重新确立，同对社会主义本质的重新认识是分不开的；也是同开拓进取的群众创造精神的振起和民族自立精神的发扬分不开的。归根到底，是同邓小平建设有中国特色社会主义理论和党在社会主义初级阶段的基本路线的形成和发展分不开的。十三届四中全会后，以江泽民同志为核心的党中央坚持党的基本理论和基本路线，从多方面加强精神文明建设，取得积极进展和明显效果，对促进改革、发展、稳定起了重要作用。估量精神文明建设的形势，必须充分认识这个主流。同时应当清醒地看到，在一些地方和部门的领导工作中，忽视思想教育，忽视精神文明，“一手比较硬、一手比较软”的问题还没有解决；在社会精神生活方面存在不少问题，有的还相当严重。必须进一步增强全党同志对加强社会主义精神文明建设重要性和紧迫性的认识，在牢牢把握经济建设这个中心，把物质文明建设搞得更好的同时，切实把精神文明建设提到更加突出的地位，进一步开创新形势下精神文明建设的新局面。

全会指出，社会主义社会是全面发展、全面进步的社会，社会主义现代化事业是物质文明和精神文明协调发展的事业。我们进行的精神文明建设，是以经济建设为中心、坚持四项基本原则和坚持改革开放的精神文明建设，是继承发扬优良传统而又充分体现时代精神、立足本国而又面向世界的精神文明建设。在发展社会主义市场经济和对外开放条件下建设社会主义精神文明，是中国共产党人和中国人民一项艰巨的历史任务。它关系到我国跨世纪宏伟蓝图的全面实现，关系到社会主义事业的兴旺发达。

全会明确指出，社会主义精神文明建设的指导思想是：以马克思列宁主义、毛泽东思想和邓小平建设有中国特色社会主义理论为指导，坚持党的基本路线和基本方针，加强思想道德建设，发展教育科学文化，以科学的理论武装人，以正确的舆论引导人，以高尚的精神塑造人，以优秀的作品鼓舞人，培育有理想、有道德、有文化、有纪律的社会主义公民，提高全民族的思想道德素质和科学文化素质，团结和动员各族人民把我国建设成为富强、民主、文明的社会主义现代化国家。今后15年的主要目标是：在全民族牢固树立建设有中国特色社会主义的共同理想，牢固树立坚持党的基本路线不动摇的坚定信念；实现以思想道德修养、科学教育水平、民主法制观念为主要内容的公民素质的显著提高，以积极健康、丰富多彩、服务人民为主要要求的文化生活质量的显著提高，以社会风气、公共秩序、生活环境为主要标志的城乡文明程度的显著提高；在全国范围形成物质文明建设和精神文明建设协调发展的良好局面。实现这一目标，首先要抓好今后五年的工作，特别是要从大局着眼，认真解决当前精神文明建设中干部和群众普遍关心的重要问题。

全会强调，社会主义思想道德集中体现着精神文明建设的性质和方向。我们现在建设和发展有中国特色的社会主义，最终目的是实现共产主义，应当在全社会认真提倡社会主义、共产主义思想道德。同时要把先进性要求同广泛性要求结合起来，鼓励支持一切有利于国家统一、民族团结、经济发展、社会进步的思想道德。加强思想建设，必须坚持马克思列宁主义、毛泽东思想，特别是用邓小平建设有中国特色社会主义理论武装全党、教育干部和人民，树立崇高的理想和正确的世界观、人生观、价值观；必须深入持久地开展爱国主义教育，发扬自尊、自信、自强的民族精神；必须深入进行艰苦创业精神的教育，牢固树立勤俭建国、勤俭办一切事业的思想；必须深入开展以为人民服务为核心，以集体主义为原则，以爱祖国、爱人民、爱劳动、爱科学、爱社会主义为基本要求的社会公德、职业道德、家庭美德教育，在全社会形成团结互助、平等友爱、共同前进的人际关系；必须加强青少年思想道德教育，帮助他们树立远大理想，培育优良品德；必须加强法制教育，增强人们的民主法制观念和权利义务观念，形成扶正祛邪、扬善惩恶的社会风气。

全会指出，要积极发展社会主义文化事业，满足人民群众日益增长的精神文化需求。文化事业要深深植根于人民群众的历史创造活动，继承发扬民族优秀文化和革命文化传统，积极吸收世界文化优秀成果。文学艺术要坚持为人民服务、为社会主义服务的方向，贯彻百花齐放、百家争鸣的方针，弘扬主旋律，提倡多样化。新闻宣传必须坚持党性原则，坚持实事求是，坚持团结稳定鼓劲、正面宣传为主，牢牢把握正确的舆论导向。哲学社会科学必须以马克思列宁主义、毛泽东思想和邓小平建设有中国特色社会主义理论为指导，坚持理论联系实际，为党和政府决策服务，为两个文明建设服务。加强对新闻出版业的宏观调控，积极培育和完善文化市场，一手抓繁荣，一手抓管理。深化文化体制改革，增强文化事业的活力，坚持把社会效益放在首位，力求实现社会效益与经济效益的最佳结合。

全会指出，社会主义精神文明建设是群众性的事业。深入开展群众性的精神文明创建活动，对于移风易俗、改造社会、实现两个文明建设的有机结合，具有重大作用。要以提高市民素质和城市文明程度为目标，开展创建文明城市活动；以提高农民素质、奔小康和建设社会主义新农村为目标，开展创建文明村镇活动；以服务人民、奉献社会为宗旨，开展创建文明行业活动。要大力宣传现代化建设中涌现出来的先进集体和先进人物，在全社会形成崇尚先进、学习先进的风气。各项精神文明创建活动，都要务求实效，坚决反对形式主义。

全会强调，建设物质文明关键在党，建设精神文明关键也在党，各级党委要正确认识和处理物质文明和精神文明的关系，始终坚持两手抓、两手都要硬，把两个文明作为统一的奋斗目标，一起部署，一起落实，一起检查。任何时候都不能以牺牲精神文明为代价换取经济一时的发展。要增加精神文明建设的投入，切实解决目前宣传文化事业投入总量偏少、比例偏低的问题。按照政治强、业务精、作风正的要求，造就一支高素质的宣传思想文化教育队伍。认真搞好党风廉政建设，对县级以上领导干部要进行以讲学习、讲政治、讲正气为主要内容的党性党风教育。共产党员要在全社会发挥表率作用，党的领导干部要在全党发挥表率作用。精神文明建设贯穿在经济和社会生活的各个方面，要在党委统一领导下，党政各部门和工会、共青团、妇联等人民团体齐抓共管，形成合力。要十分重视民主党派的作用。为加强协调，全会决定，中央成立精神文明建设指导委员会。各省、自治区、直辖市可建立相应的机构。

全会审议并通过了《关于召开党的第十五次全国代表大会的决议》，确定党的十五大于明年下半年在北京举行。这次大会，是在我国改革开放和社会主义现代化建设事业承前启后、继往开来的重要时期召开的具有重大意义的会议，是我们党带领全国各族人民把建设有中国特色社会主义伟大事业向新世纪全面推进的历史性会议。

全会按照党章规定，决定递补中央候补委员孙文盛同志为中央委员。

全会号召，全党同志和全国各族人民紧密团结在以江泽民同志为核心的党中央周围，高举建设有中国特色社会主义的伟大旗帜，万众一心，开拓进取，扎实工作，以两个文明建设的优异成绩迎接党的第十五次全国代表大会的召开！

领导干部一定要讲政治*

（一九九五年九月二十七日）

江 泽 民

建国前夕，毛泽东同志就提醒全党同志警惕资产阶级糖衣炮弹的袭击。进城后，我们党成为执政党，绝大多数同志经受住了考验，但是也出了刘青山、张子善这样的人。改革开放开始不久，邓小平同志就向全党打招呼，指出不过一两年时间，就有相当多的干部被腐蚀了。这股风来得很猛。如果我们党不严重注意，不坚决刹住这股风，那么，我们的党和国家确实要发生会不会“改变面貌”的问题，这不是危言耸听。邓小平同志这些话讲得很及时、很深刻。我们的大多数干部是好的，但也有一些干部，包括有的高级干部，把中央和邓小平同志的告诫当耳旁风，不注意学习和改造自己，结果走上腐化堕落的道路。前车之鉴，希望大家务必引以为戒。在反腐败问题上，今后的任务仍然很艰巨，决不能有丝毫的松懈。各级党委和政府要围绕经济建设这个中心，坚持两手抓，把反腐败斗争同做好改革、发展、稳定的工作结合起来。各级党政主要领导同志要对本地区、本部门的反腐败斗争负总责，首先把领导班子管好，一级抓一级，层层抓落实。对严重的违纪违法问题，都要一查到底。要立一条规矩：哪里有严重问题不查处，就追究那里领导的责任。

各级领导干部尤其是高级干部务必带头加强党性锻炼，在改造客观世界的同时努力改造主观世界，严以律己，防微杜渐。党员领导干部不论职务高低、党龄长短，如果放弃世界观的改造，背离为人民服务的宗旨，把党和人民赋予的权力作为谋取私利的手段，就会身败名裂。因此，一定要解决好世界观、人生观问题。我们的党员领导干部首先是高级干部，应该思想境界更高一些，坚持党的事业第一，坚持人民的利益第一，为国家、为民族奋不顾身地工作。有了这样的精神支柱，站得就高了，眼界就宽了，心胸就开阔了，对个人的名利待遇等等，就能够正确处理。只有这样，人生才有意义，生活才充实。领导干部首先要堂堂正正做人。做什么人？建议大家重读毛泽东同志的《纪念白求恩》。毛主席要求共产党员学习白求恩同志毫无自私自利之心的精神，做一个高尚的人，一个纯粹的人，一个有道德的人，一个脱离了低级趣味的人，一个有益于人民的人。在发展社会主义市场经济条件下，社会环境和战争年代大不一样了，毛主席这些话是不是过时了？没有过时，应该说更有现实性。各级领导同志更应该自重、自省、自警、自励，在各方面以身作则，树立好的榜样。要求别人做的，自己首先做到，禁止别人做的，自己坚决不做。有些事情群众能做，我们领导干部不能做。比如夜总会、高级舞厅等高消费娱乐场所，我看我们的领导干部还是不要去，要有这个自觉性。

各级党组织对领导干部要严格要求、严格管理、严格监督。现在有的干部职务升了，权力大了，对自己的要求却放松了；权力一大，直接监督他的人少了，利用他、为他抬轿子的人多了。如果自己不警惕，组织上又不及时教育和监督，就很容易出问题，甚至出大问题。因此，为了爱护干部，党组织要抓好对干部的经常教育、管理和监督。要加强党内监督，健全对领导干部自下而上、自上而下以及党委内部的监督制度，同时要拓宽党内外监督渠

---

* 这是江泽民同志在中共十四届五中全会召集人会议上讲话的部分内容。

道，发挥群众监督和舆论监督的作用。各级党委不仅要管好干部的选拔任用，而且要管好干部的思想和作风。发现干部有了缺点、毛病，要及时指出，进行帮助，把问题消除在萌芽状态。每个领导干部特别是主要领导干部，要模范遵守党内各项规矩，参加组织生活，开展批评和自我批评，自觉接受党组织和群众的监督。我们的党员和干部，无论职位高低，无论从事何种工作，在党的纪律面前一律平等。在我们党内，决不允许存在超越于党组织和党的纪律之上、不接受监督的特殊人物。

我在这里还要强调一个问题。我们的高级干部，首先是省委书记、省长和部长，中央委员和中央政治局委员，一定要讲政治。我这里所说的政治，包括政治方向、政治立场、政治观点、政治纪律、政治鉴别力、政治敏锐性。在政治问题上，一定要头脑清醒。这个问题，邓小平同志早就提醒过我们。1983 年，他在十二届二中全会讲话中就指出：中央和地方各级党委要把加强整个思想战线的工作，郑重地提到重要议事日程。强调“在工作重心转到经济建设以后，全党要研究如何适应新的条件，加强党的思想工作，防止埋头经济工作、忽视思想工作的倾向”。1985 年，他在党的全国代表会议上讲话时，又要求全党同志认真学习马克思主义理论，“防止一些同志，特别是一些新上来的中青年同志在日益复杂的斗争中迷失方向”。1986 年，他在天津视察时又说：“改革，现代 化科学技术，加上我们讲政治，威力就大多了。到什么时候都得讲政治”。邓小平同志是无产阶级大政治家，他最善于从政治上判断形势、分析问题，是我们学习的榜样。我们搞现代化建设，中心任务是发展经济，但是必须有政治保证，不讲政治、不讲政治纪律不行。这一点对高级干部尤其重要。西方敌对势力要“西化”、“分化”我们，要把他们那套“民主”、“自由”强加给我们，李登辉要搞“台独”，我们不讲政治行吗？不警惕不斗争行吗？树欲静而风不止，这是不依人们的意志为转移的。十四届四中全会提出高级干部要成为马克思主义政治家。这一点非常重要，但是有些同志还没有重视起来。我们的高级干部，绝大多数政治上是好的，是同中央保持一致的。但是有的干部，也确实存在邓小平同志所说的“在日益复杂的斗争中迷失方向”的问题。我们讲加强政治纪律，最基本的就是要遵守党章，按党章的规定去做。对党章的各项规定，所有党员都要遵守，高级干部更应该带头遵守。比如，党员义务第一条规定，党员要认真学习马列主义、毛泽东思想和邓小平同志建设有中国特色社会主义理论。你如果不学习，怎么当好领导，怎么提高思想政治水平，怎么把握政治方向，怎么提高政治辨别力？

关于讲政治*

（一九九六年三月三日）

江　泽　民

最近，中央强调一个重要精神，就是领导干部一定要讲政治。我在十四届五中全会、中央经济工作会议、中央军委扩大会议、中央政法工作会议、全国宣传部长会议以及在北京、西北、广东的考察中，都讲了这个问题。党内外普遍认为，现在强调这个问题很有必要，也很重要。今天，我想就这个问题再讲点意见。

讲政治，对于一个马克思主义政党来说，不是什么新问题。从我们的老祖宗马克思、恩格斯、列宁，到毛主席和邓小平同志，可以说是一以贯之的。这也是我们党的优良传统。为什么现在要强调一下这个问题呢？目的是希望全党更加坚定不移地、更加全面正确地贯彻执行邓小平同志建设有中国特色社会主义理论和党的基本路线，把我国的改革开放和现代化建设搞得更好。

党的十一届三中全会确定以经济建设为中心，这是我们党在深刻总结历史经验基础上作出的战略决策，实践已经充分证明这个决策是完全正确的。经济是基础，解决中国的所有问题，归根到底要靠经济的发展。从这个意义上说，集中力量把经济搞上去，实现中国的现代化，本身就是最大的政治。所以，无论形势发生怎样的变化，除了发生大规模的外敌入侵，坚持以经济建设为中心，这一条是绝对不能动摇的。在坚持经济建设这个中心的同时，必须坚持四项基本原则、坚持改革开放这样“两个基本点”。这也是实践充分证明了的客观真理。坚持这“两个基本点”，都是为了保证和促进经济建设这个中心任务和社会主义现代化目标的顺利实现。我国的改革开放搞得很成功，要继续坚定不移地把它搞得更好，以不断增强经济和社会发展的活力。四项基本原则是保证经济建设和改革开放最根本的政治条件。坚持党的基本路线一百年不动摇，包括一个中心和两个基本点都不能动摇。如果认为以经济建设为中心，就可以忽视其他方面的工作；或者认为经济搞上去了，其他事业就会自然而然地上去，那就不对了，这样的想法和做法都是不符合实际的，都是片面和有害的。我们一定要学会辩证地认识和处理改革、发展、稳定的关系，经济同政治的关系，物质文明同精神文明的关系，生产力同生产关系、经济基础同上层建筑的关系。

社会主义现代化是我们当前最大的政治，因为它代表着人民的最大的利益，最根本的利益。这是邓小平同志在改革开放之初就提出来并讲得很清楚的。搞经济建设、搞现代化建设必须有政治保证。这也是邓小平同志在改革开放之初就提出来并讲得很清楚的。1986年在视察天津时他又强调：“改革，现代化科学技术，加上我们讲政治，威力就大多了。到什么时候都得讲政治。”这个思想十分重要。中央最近强调讲政治，就是要把邓小平同志的这个思想坚持贯彻好。我们要求领导干部讲政治，绝不会影响经济的发展，更没有任何意思要去以政治代替经济，恰恰相反，而是为了创造更加充分的政治条件和提供更强有力的政治保证，确保全国人民一心一意地把经济建设更好更快地搞上去。我们讲政治，绝不是像境外一些报刊歪曲的那样，中国又要回到过去搞什么阶级斗争为纲，

* 这是江泽民同志在参加全国人大、政协两会的党员负责同志会议上讲话的一部分。

搞什么“左”的那一套了。更不是也绝不会去搞什么运动。他们制造这样的舆论是别有用心的，我们的同志要警惕，不要上当。有这样的担心和疑虑是毫无必要的，也没有任何根据。我们讲政治，也绝不是简单重复一些政治口号，不是搞空头政治，而是像邓小平同志早就讲过的那样，要使政治同经济、政治同各项业务紧密结合在一起，保证经济工作和其他各项工作沿着正确的方向更好更有秩序地进行。

我们讲的政治，是马克思主义的政治，是建设有中国特色社会主义的政治。我在五中全会讲过，政治包括政治方向、政治立场、政治观点、政治纪律、政治鉴别力、政治敏锐性。政治是经济的集中表现，是为经济服务的，这是马克思主义的基本原理。没有离开政治的经济，也没有离开经济的政治。没有强有力的政治保证，经济建设是搞不好的。只有讲政治，才能保证把党的基本理论、基本路线、基本方针和各项政策，把国家的法律、法规，贯彻到经济建设和各项工作中去，防止和排除各种错误思想、错误倾向的干扰，保持正确的发展方向；只有讲政治，才能动员、鼓舞和团结全国各族人民，为实现党和国家确定的经济建设和社会发展的宏伟目标而共同努力奋斗；只有讲政治，才能正确认识和处理两类不同性质的社会矛盾，有力地打击国内外敌对势力的破坏活动和各种形式的犯罪活动，为经济的发展创造良好的社会政治环境；只有讲政治，才能妥善处理各种利益关系，最大限度地调动各方面的积极性，并把各方面的积极性引导好、保护好、发挥好；只有讲政治，才能提高广大干部特别是各级领导干部的思想政治素质，增强总揽和驾驭全局的能力，从而提高领导经济建设和现代化建设的水平；只有讲政治，才能坚持党的全心全意为人民服务的宗旨，保证党的坚强团结、党同人民的坚强团结，保持党同人民群众的血肉联系。总之，坚持讲政治，是党的基本理论、基本路线的必然要求，是建设有中国特色社会主义伟大事业的必然要求。

总的说来，我们的各级领导干部绝大多数是注意讲政治的。如果没有这一条，我们的改革开放和经济建设不可能取得这么大的成绩。但是也应看到，在有些地方和部门的一些同志中间，确实存在不注意讲政治甚至忽视政治的问题，以致造成思想政治建设薄弱，思想政治素质下降。这种现象很值得我们重视。现在有的干部不读书，不看报，不研究文件，不调查研究，很少从政治上观察形势、考虑问题，缺乏应有的政治辨别力和政治敏锐性。有的对党的方针政策和决策，合意的就执行，不合意的就不执行，有些事情明明中央已三令五申，他在那里仍然充耳不闻，我行我素。有的地方和部门的保护主义发展到相当严重的程度，为了他那一点局部利益或者个人利益，甚至连犯罪的问题都加以保护。有的是非不分，对明显违背马克思主义、违背党的基本路线和政策的错误言行也不反映、不报告、不抵制、不斗争，甚至传谣信谣，传播小道消息。有的为了追求个人名利，热衷于拉关系，串门子，把吹吹拍拍、拉拉扯扯这种极为庸俗的作风带到党内来。有的精神不振，遇到问题绕着走，工作敷衍塞责，搞形式主义，甚至弄虚作假。有的群众观点淡薄，不联系群众，不关心群众疾苦，不帮助群众解决实际问题，甚至欺压群众。有的以权谋私，严重损害国家和人民的利益，甚至坠入犯罪的泥坑。有的在对外交往中，不维护国家和民族利益，甚至丧失国格和人格，等等。还可以举出一些。这些问题的出现，固然有多种多样的原因，但根本症结在于不学习，不注意提高自己的思想政治素质，头脑里缺乏马克思主义和社会主义的政治。中央一直强调，全党同志首先是各级领导干部，必须坚持不懈地学习马列主义、毛泽东思想，特别是邓小平同志建设有中国特色社会主义理论，就是为了使大家提高政治水平、理论水平，全面地正确地积极地贯彻党的基本路线。我在全国宣传部长会议上讲过，领导干部在原则问题上要旗帜鲜明，要注意分清一些基本界限。比如马克思主义同反马克思主义的界限，社会主义公有制为主体、多种经济成份共同发展同私有化的界限，社会主义民主同西方议会民主的界限，辩证唯物主义同唯心主义形而上学的界限，社会主义思想同封建主义、资本主义腐朽思想的界限，学习西方先进东西同崇洋媚外的界限，文明健康生活方式同消极颓废生活方式的界限，等等。在这样一些重大问题上，我们的领导干部不能是非不辨、美丑不分，不能对那些同党的主张背道而驰的言论听之任之，不能让那些同党的宗旨和纪律不相容的歪风邪气滋长起来。分清这些界限，保持清醒头脑，才能保证建设有中国特色社会主义事业的健康发展。

这里我想再讲一下民主问题。民主是个政治概念，属于上层建筑范畴。世界上从来就没有什么抽象的超阶级的民主，也没有什么绝对的民主。民主的发展总是同一定的阶级利益、经济基础和社会历史条件相联系的。每个国家都有自己的历史传统和经济社会发展的实际情况，民主应该适合自己的国情。我们是共产党领导的社会主义国家。共产党执政的实质是人民当家作主。我们的社会主义民主制度，体现了最广泛的人民民主，最适合我国国情，因而是最好的民主制度。美国和其他西方国家一些人总想把他们的议会民主那一套东西推广到全世界，成为普遍的模式。这是一种空想。西方有什么上院、下院，我们的最高权力机构就是一个，就是全国人民代表大会。正如邓小平同志指出的："我们实行的就是全国人民代表大会一院制，这最符合中国实际。如果政策正确，方向正确，这种体制益处很大，很有助于国家的兴旺发达，避免很多牵扯。"我们国家的一切权力属于人民。这是西方国家无法比拟的。我们完全可以理直气壮地说，我国的人民代表大会制度比西方国家的"三权鼎立"制度要民主得多、优越得多。当然，我们的社会主义民主也还要随着经济、文化和社会的进步在实践中不断地发展和完善。

政府工作报告

——1997年3月1日在第八届全国人民代表大会第五次会议上

国务院总理　李　鹏

各位代表：

现在，我代表国务院向大会作政府工作报告，请予审议，并请全国政协各位委员提出意见。

一、1996年国内工作的回顾

1996年是实施"九五"计划和2010年远景目标纲要的第一年。在中国共产党领导下，全国各族人民团结奋斗，积极进取，改革开放和现代化建设事业取得新的成就，为实现跨世纪宏伟纲领开了一个好头。

国民经济持续快速增长，通货膨胀得到有效抑制。这是去年经济发展的一个突出特点。物价上涨幅度过高，是前几年困扰我国经济发展的难题。去年政府工作报告提出，物价涨幅要从14.8%降到10%左右，经过上下各方面的努力，实际回落到6.1%，明显低于预定的调控目标。这改善了整个经济运行环境，保护了广大消费者利益，为降低利率和企业成本，减少国家财政补贴创造了条件。国内生产总值达到67 700多亿元，按可比价格计算，比上年增长9.7%。全年财政收入有较多增加，地方财政收大于支，中央财政赤字控制在预算目标之内。金融形势平稳，货币发行得到控制。国家外汇储备超过1 000亿美元，人民币汇价稳定。农村经济持续全面发展。全国粮食总产量在4 800亿公斤以上，肉类、水产品、水果和蔬菜等主要农副产品的产量，都有较多的增加。粮食丰收，主要是加强农业的政策和措施得到落实，全年总的说还算风调雨顺，虽然部分地区遭受严重自然灾害，但抗灾救灾工作得力，减少了灾害带来的损失。棉花和油料因为播种面积减少而略有减产。乡镇企业继续发展。工交生产稳定增长。钢铁工业通过挖潜改造，品种结构有所改善，钢产量突破1亿吨。能源、交通运输、邮电、有色金属、水泥、化工原料、支农产品、船舶和电子信息产品，都有不同程度增长。地质勘探取得新的成果。全社会固定资产投资23 600多亿元，比上年增长18.2%，投资结构得到改善，重点建设进一步加强，中西部地区基础设施建设加快。在新开工的国家重点项目投资总额中，中西部地区占全国的43%以上。贯穿南北的大通道京九铁路投入运行。高速公路建成通车1 100多公里。新增发电装机1 500多万千瓦，电话交换机容量增加2 000多万门。一些大型化肥厂投产运营。南昆铁路即将全线铺通，宝钢三期扩建工程等重大项目正在顺利施工。新开工了南疆铁路、山西阳城坑口电厂、甘肃疏勒河农业综合开发等一批重点项目。这对调整产业结构，促进中西部地区经济发展，增加国民经济发展的后续力量，将起到重要作用。

经济体制改革稳步推进，对外开放继续扩大。宏观经济领域的改革进一步深化，新的财税和金融体制继续完善。在降低关税总水平的同时，调整了进口税收减免政策，降低了出口退税率。中央财政虽然比较困难，但对经济落后地区的财政转移支付仍然有所增加。组建城市合作银行的大中城市，由35个增加到100个，农村金融改革全面启动。金融机构的改革和监管得到加强。去年是国有企业改革力度较大的一年，各项试点工作全面展开。在一些城市进行了优化资本结构的试点，企业兼并破产，分流人员和分离社会职能的步伐加快。国家重点抓的大型企业和企业集团，产销率和利税额有所提高。企业增资减债取得进展，部分企业的负债率下降。许多小企业放活后改善了生产经营。养老保险、失业保险和医疗保障改革继续深化。在流通体制改革方面，发展多种营销方式，促进了产销衔接和商品销售。提高粮食定购价格，国家、地方和农户的粮食储备都有较多增加，这对今后以丰补歉，保证粮食稳定供应，将发挥重要作用。外贸和外汇管理体制改革继续深化，代理制逐步推进，又有一批生产企业获得自营出口权。实现了人民币在经常项目下的可兑换，投资环境进一步改善。在国际市场竞争激烈、国内出口退税率降低的条件下，外贸进出口总额达到 2 890 多亿美元，比上年增长 3.2%，进出口基本平衡。国际旅游业创汇超过 100 亿美元。外商直接投资保持增长势头，实际到位 400 多亿美元，投向基础设施、基础产业和中西部地区的项目增多。关税征管和打击走私的工作得到加强。深化改革，扩大开放，有力地促进了我国经济的持续、快速、健康发展。

科技、教育和各项社会事业取得新成就。科技体制改革进一步深化，取得国家级重大科技成果 2 000 多项，科技成果向现实生产力转化的步伐加快，高新技术产业迅速发展。粮棉新品种和一批农业先进适用技术得到推广，促进了农产品产量的增加。运用新的勘探开发技术，稳定了东部油田的产量，加快了西部石油天然气的开发。大容量光纤通信系统的应用，提高了通信技术水平。义务教育工作继续推进，到去年底，全国已有 50%的县（市、区）基本普及九年义务教育，当年减少青壮年文盲 400 万人。职业教育取得可喜进展，高中阶段学生中，职业学校在校生达到 56.8%，各类职业培训机构达到 40 多万个。高等教育管理体制改革迈出新的步伐。社会主义精神文明建设进一步受到各方面重视，思想教育和宣传工作明显加强。文化事业的改革和发展取得新的成绩，广播电视覆盖面继续扩大，文学艺术、新闻出版和社会科学研究都有新的进步。文化、科技、医疗下乡为农民服务，受到普遍欢迎。全民健身运动逐步开展，我国体育健儿在第 26 届奥运会上取得优异成绩。计划生育工作稳步开展。环境保护得到重视，关停了一批污染严重的企业。勤政廉政建设和反腐败斗争继续深入，查处了一批大案要案。纠正行业不正之风继续进行，服务行业的承诺制初步开展。社会主义民主和法制建设得到加强。“严打”斗争促进了社会治安状况的好转。中国人民解放军、武装警察部队和公安干警，在保卫祖国、维护国家安全和社会稳定、支援经济建设等方面，作出了新贡献。

城乡人民生活进一步改善。城镇居民人均生活费收入达到 4 300 多元，实际增长 3.3%。农村居民人均纯收入达到 1 900 多元，实际增长 9%，是近年来增幅最高的一年。消费品供应丰富多彩，价格比较稳定，市场购销两旺，社会消费品零售总额实际增长 12.5%。城乡居民储蓄存款年末达到 38 500 多亿元，比上年末增加 8 800 多亿元。城镇新增就业 700 多万人。城乡新建住房 11 亿平方米。城市居民社区服务和医疗保健进一步发展。卫生防疫工作取得新成绩。农村医疗卫生条件有所改善。以解决温饱问题为目标的扶贫工作步伐加快，全年农村贫困人员减少 700 万。

我们清醒地看到，在经济发展和社会生活中，还存在不少矛盾和问题，政府工作也有缺点和不足。宏观经济稳定的基础不巩固，经济结构不合理的矛盾突出。农业基础比较脆弱，科技和教育还不适应现代化建设的需要，国民经济整体素质和效益不高。人口和就业压力比较大。部分国有企业生产经营困难，亏损增加，停产、半停产企业和下岗失业人员增多。国家财政困难较大，收入分配关系还没有理顺。消极腐败现象仍然比较严重，一部分政府工作人员中的官僚主义、形式主义和浮夸作风有所滋长。一些地方的社会治安状况不好。所有这些问题，我们都要高度重视，在今后的工作中下大力气解决。

各位代表：

今年我国将恢复对香港行使主权，中国共产党将召开第十五次全国代表大会，这两件大事都将产生重大而深远的影响。我们要以邓小平建设有中国特色社会主义理论为指导，坚持中国共产党的基本路线和基本方针，切实推进经济体制和经济增长方式的转变，稳中求进，保持国民经济持续、快速、健康发展，促进社会全面进步。要保持宏观经济政策的连续性、稳定性和必要的灵活性，继续实行适度从紧的财政货币政策，控制物价上涨幅度；加强农业基础地位，加快改革特别是国有企业改革步伐，加大结构调整力度，积极开拓市场，提高对外开放水平；坚持两手抓、两手都要硬的方针，加强社会主义精神文明建设和民主法制建设。当前我国经济发展势头良好，政治稳定，民族团结，社会安定，国际环境也比较有利。我们要更加努力地做好各方面的工作，以实际行动悼念邓小平同志，坚定不移地把他所开创的改革开放和现代化建设事业继续推向前进。

二、保持国民经济发展的良好势头

今年要保持国民经济持续、快速、健康发展，经济增长速度的调控目标定为8%，物价上涨幅度比去年的实际涨幅低一些。着重做好以下几方面的工作：

继续把加强农业放在经济工作的首位。我国人多地少，自然灾害频繁，任何时候对农业生产都不能有丝毫放松，丰收之后尤其要注意防止粮食生产下滑。必须多渠道增加农业投入，稳定粮棉播种面积，积极防御旱涝灾害，争取粮食再有一个好收成，保持棉花、油料、糖料、肉类和水产品稳定增长，促进农林牧副渔各业全面发展，增加农民收入。在农业中采用先进适用技术潜力很大，要坚持农科教相结合，稳定农业科技队伍，在“种子工程”、地膜覆盖、合理施肥、防治病虫害，以及推广农业技术和开展技术培训等方面取得新的进展。加强农田基本建设，改造中低产田。坚持和完善以家庭联产承包为主的责任制和统分结合的双层经营体制，发展农村社会化服务体系。进一步改革粮食流通体制。完善保护价制度，加强粮食收储，保护农民的生产积极性。坚持“一主多辅”的原则，以国有粮食部门为主，以用粮大户和供销合作社、农业、农垦等部门为辅，搞活粮食流通。做好农业生产资料的生产和供应工作，稳定价格。坚持“米袋子”省长负责制，“菜篮子”市长负责制。认真实行基本农田保护制度，城乡建设要千方百计少占土地，严格控制占用耕地。

加强水利建设是一项迫切任务。近几年水旱灾害比较严重，给我们敲响了警钟，要下决心把水利建设搞上去。建立中央和地方水利建设基金，增加水利投入。继续实行分级负责制，大江大河干流的治理以国家为主，中小河流的治理以地方为主，城市防洪由市政府负责，农村组织农民进行农田水利建设和小流域治理。水利建设必须标本兼治，综合治理，上游搞好水土保持、兴修水库，中下游加固堤防、疏浚河道，确保安全渡汛。加强水资源的开发、综合利用与管理，逐步实行水的有偿使用，促进节约用水。大力发展节水灌溉和旱作农业，采取打井、拦蓄、回灌、雨水集流和人工增雨等措施，把防汛与抗旱结合起来。加强对现有水利设施的维护和管理。

积极促进乡镇企业、特别是中西部地区乡镇企业的发展。提倡乡镇企业发展农副产品加工，建立贸工农一体化的产业体系。引导乡镇企业相对集中，重视技术进步、环境保护和节约使用资源，提高产品质量和效益。

各位代表！这里我要强调一下减轻农民负担问题。去年农民收入增长较快，但一些地方农民负担加重的现象有所抬头，必须引起高度重视。要正确估计农民的实际承受能力，严禁出台农民合理负担之外的各种集资、收费项目，取消不切实际的“达标”、“升级”活动。基层也要精兵简政，减少开支。加强乡村财务开支的民主监督。要对农民负担进行一次清理，加强监督检查，违反国家规定的要严肃处理。

保持合理的投资规模，加大结构调整力度。综合考虑促进经济增长的需要和财力物力的可能，今年全社会固定资产投资调控目标为25 300亿元，投资率为32%。投资要继续向农业和水利建设倾斜，向国家重点扶持的基础设施、基础工业和支柱产业倾斜，向中西部地区倾斜，向技术改造倾斜，向科技和教育倾斜。集中资金保重点，保竣工，保投产，建成一批对调整结构具有显著作用的国家重点工程。开工一批对优化产业结构、改善地区布局有重要意义的工程。三峡工程和小浪底工程的截流都将在今年实施，必须精心组织，精心施工，妥善安置库区移民。要加快普通住宅建设，这不仅是城镇广大居民的迫切要求，还可以带动相关产业发展，培育新的经济增长点。

切实贯彻转变经济增长方式的方针，严格控制一般加工工业项目，克服“大而全、小而全”和盲目重复建设。新上建设项目要认真进行可行性研究，看是否符合国家产业政策和行业发展规划，产品是否有市场，投资是否有合理的回报。切实把好项目审批关，凡属生产能力过剩的项目，一律不再批准建设，对在建项目也要进行认真清理。可以利用现有生产能力进行改组改造的，就不再铺新的摊子。加快投资体制改革，强化投资风险约束机制，所有经营性建设项目都要有一定比例的资本金。破除地区封锁和条块分割，积极发展多种形式的联合投资、合作经营，避免重复建设。整顿建筑市场，保证工程质量。

要制定结构调整和技术改造规划，引导企业以市场需求为导向，积极调整产品结构，努力提高产品质量，开发新产品，发展名优品牌，增强市场竞争能力。积极开拓市场特别是农村市场，为城乡提供适销对路的产品。支持产品有销路、效益比较好的企业发展。压缩、调整某些行业的过剩生产能力。重视发展服务、旅游和信息产业。合理引导消费，使生产和消费互相促进、协调发展。

继续实行适度从紧的财政货币政策。目前国家财政特别是中央财政仍然比较困难。要千方百计增收节支，逐步减少财政赤字，控制债务规模。一方面，要完善税制，公平税负，强化征管，严格依法征税，堵塞偷税、逃税、骗税的漏洞，做到应收尽收。另一方面，要严格控制财政支出、保证支出增长不高于收入增长幅度，并大力提高资金使用效益。各级预算都要量入为出，一是吃饭，二是建设。地方财政要收支平衡，留有余地。

继续实行适度从紧的货币政策，保持货币供应量的适度增长。根据国家产业政策、区域政策、技术发展政策和信贷原则，调整信贷结构，提高贷款质量，支持生产与建设。国家银行要努力降低成本，提高效益。规范证券、期货市场，增强风险意识。

现在通货膨胀的压力仍然存在，控制物价涨幅的工作绝不能放松。理顺价格关系是一项长期的任务，既要积极，又要稳妥。今年调价的项目和幅度要从严控制，根据各方面的承受能力确定有限目标，避免引起大的震动。继续实行价格调控目标责任制，加强市场物价监管。

严格整顿财经纪律，规范财政收支秩序。加强预算外资金管理，使预算内外资金结合使用。整顿金融秩序，严肃查处非法金融机构和违法违规经营活动，保障金融资产安全。严格结算纪律，维护信用制度。强化企业财务管理，逐步建立会计师事务所审核制度。加强审计监督。坚决查处各种乱收费、乱摊派、乱罚款、乱集资的行为。

努力提高对外开放水平。继续发挥经济特区、上海浦东新区和其他开放地区在全国改革开放和经济发展中的作用。更好地利用国内外两个市场和两种资源，促进对外贸易持续增长，保持进出口基本平衡。实施市场多元化战略，在巩固和扩大原有市场的同时，努力开拓新的市场，鼓励高附加值产品特别是机电成套设备出口。给更多的生产企业自营出口权，完善出口退税制度。大力推行外贸代理制。加强经济、科技、教育、文化等方面的国际交流与合作，重视智力引进工作。办好“97 中国旅游年”。

继续积极合理有效地利用外资，鼓励外资投向农业综合开发、基础设施、资源综合利用、高新技术产业，投向中西部地区。借鉴符合国际规范的办法，维护国内市场竞争秩序。加强对外商投资企业的服务、管理和监督，重点抓好税收征管、合同履行和劳动者权益的保护。

继续改善城乡人民生活。要在经济发展的基础上，使城乡人民收入稳步增长，着力解决群众生活中的突出问题。积极推进城镇住房商品化，加快“安居工程”建设，确保质量，降低造价，改善居民住房条件。加强农村卫生基础设施建设，防治地方病。扩大广播电视覆盖面，改善城乡交通、通信等公共设施，发展社区服务，方便人民生活。重视老龄和残疾人工作。

做好农村扶贫工作，对城镇低收入者给予必要的帮助，是政府的重要职责，也是维护社会稳定所必需的。今年国家安排的以工代赈、扶贫贷款和支援不发达地区发展资金，都有较多的增加，地方也要增加扶贫资金。这些资金要及时足额到位，落实到贫困村、贫困户，帮助他们发展生产，解决温饱问题，不得挪作他用。贫困地区的广大干部群众要发扬自力更生、艰苦奋斗的精神，努力改变贫穷落后面貌。对积极完成脱贫任务的县，要给予表彰。切实安排好灾区群众的生活。关心停产半停产企业的职工、失业者和离退休人员，帮助他们解决生活困难。现在全国有100多个城市建立了最低生活保障制度，这是保障居民基本生活需要的重要措施，也是适合我国国情的一种社会保障办法，要逐步加以完善。

积极解决就业问题，是改善人民生活和维护社会稳定的重要途径。不少地方开辟多种渠道，扩大就业，走出了新路子，要推广这些经验。农村剩余劳动力首先要向农村经济的深度和广度进军。一部分人转向城市和经济发达地区，是经济发展的需要，但人口大量流动也带来一些社会问题，要加强疏导和管理，促进有序流动。鼓励学到技术和管理经验的农民回到家乡创业，促进当地脱贫致富。

这些年来城乡居民收入增长较快，生活明显改善，但在分配中也有一些不合理现象。国家的政策是允许一部分人、一部分地区先富起来，最终达到共同富裕的目标。要逐步理顺分配关系，解决某些行业个人收入过高的问题，清理整顿工资外收入。健全税收体系，加强和改进个人所得税征管，实行代扣代缴，推行法人支付与个人收入双向申报制度。保护合法收入，取缔非法收入，调节过高收入。

三、在国有企业改革方面迈出更大的步伐

国有企业改革是今年经济体制改革的重点，也是政府工作的突出任务。

国家财政收入的60%以上来自国有企业，有三分之二的城镇职工在国有企业就业，在基础设施、基础工业和高技术产业中，国有企业占绝对优势。国有经济为改革、发展、稳定作出了巨大贡献。目前部分国有企业确实面临不同程度的困难和问题。主要原因，一是企业管理体制、经营机制和思想观念不适应市场经济发展的要求。不少企业技术进步缓慢，经营管理落后，忽视市场营销，没有真正面对市场进行生产。二是结构调整不适应市场需求的变化。现在多数产品从过去的供不应求变为供求平衡，甚至供过于求，市场竞争日益激烈。加上长期“大而全、小而全”和盲目重复建设，导致一些行业生产能力过剩，而又缺乏优胜劣汰机制，该淘汰的难以淘汰，产销矛盾更加突出。也有一些企业由于资源枯竭而难以为继。三是国有企业特别是老企业和老工业基地，历史包袱和社会负担沉重，富余人员多，限制了市场竞争能力。这些问题是多年积累起来的，也是各方面矛盾的综合反映。江泽民同志指出：国有企业的改革和发展，是关系到整个国民经济发展的重大经济问题，也是关系到社会主义制度命运的重大政治问题。近几年，国有企业的改革力度不断加大，采取的一些措施开始见到成效。现在我国经济保持旺盛的发展势头，经济改革在继续深入，各方面对企业改革的紧迫性和艰巨性有广泛共识，我们完全有信心、有能力把国有企业的改革和发展搞好。要按照建立社会主义市场经济体制的要求，认真总结改革试点经验，继续推进现代企业制度试点。坚持“三个有利于”的标准，进一步解放思想，实事求是，着眼于搞好整个国有经济，把改革、改组、改造和加强管理紧密结合起来，抓好大的，放活小的，有针对性地采取措施，务求在国有企业改革和发展方面取得实效。

第一，集中力量抓好国有大型企业和企业集团。大型国有企业是国民经济的骨干。国家决定首先集中力量抓好1 000户，去年已经对其中近300户由银行提供资金支持，加强信贷监督，取得了比较好的效果，今年要扩大到511户。为了发展跨地区、跨行业、工技贸相结合的大型企业集团，提高它们的竞争能力，并带动相关企业发展，国家已经组织了57户企业集团试点，今年要扩大到120户。对试点企业集团要扩大经营决策权，赋予自营进出口权。积极推进和规范企业的股份制改革，促进其健康发展。各地区、各部门要相互配合，扶优扶强，抓好重点企业。

第二，进一步放活国有小企业。全国有24万多户国有小企业，绝大部分由市、县管理，改革工作由地方政府组织实施。近年来，一些地区采取改组、联合、兼并、股份合作制、租赁、承包经营和出售等形式，使一大批国有小企业焕发了生机。今年要加快这方面的改革步伐。有些地方对国有小企

业实行股份合作制，职工参一些股，也保留一定公有股权，对企业改组、改造和转换机制都有好处。要注意严格资产评估和审核管理，防止国有资产流失。

第三，规范破产，鼓励兼并，推进再就业。对国有企业实行调整改组，促进资产重组，提高国有经济的整体素质。这几年，国家先后在58个城市进行了企业优化资本结构的试点，提供政策支持，推动了企业改组和结构调整，今年试点城市扩大到110个。兼并破产是企业优胜劣汰的重要途径。用于试点城市兼并破产的呆帐、坏帐准备金，今年要有所增加。企业破产要严格依法办事，变卖资产的收入先安置职工，再偿还债务。破产企业要真关闭，不准假破产、真逃债。鼓励企业兼并，对试点城市被兼并企业的银行债务，实行定期还本、免除利息的办法。提倡企业联合，通过优势互补扩大经营规模。企业兼并和联合，都要坚持经济合理原则。对符合条件的部分亏损企业，在实行以产定人、减员增效的前提下，可以适当减免贷款利息，帮助富余人员分流和下岗人员再就业。各地应结合具体情况，由地方财政、企业和社会保障基金各拿一点，建立再就业基金。要广开就业门路，加强就业培训，引导下岗职工转变择业观念，鼓励自谋职业。

第四，多渠道增资减债。负债率过高是影响国有企业活力的一个重要因素。为了帮助企业减轻债务负担，国家将采取一系列政策措施。一是把“拨改贷”形成的债务逐步转为国家资本金，煤炭、水利、水电、军工四个行业，今年要转完，其他行业也要抓紧进行。二是1989年以后的基本建设经营性基金形成的债务，逐步转为国家资本金。三是选择一些大型企业和企业集团，通过发行股票或可转换债券筹集资金。四是有条件的地方，可以运用本级财政资金，解决一些骨干企业资本金不足的困难。五是鼓励企业主动用自己的财力，积极补充公积金和资本金，提高资金使用效益，降低企业负债率。

第五，切实加强企业经营管理。科学的管理是搞好企业的基础，也是建立现代企业制度的重要内容。经营和管理不善，是目前不少企业效益不好的重要原因。企业要积极转变观念，真正面向市场，建立适应竞争环境的内部管理制度，扎扎实实抓好基础工作，全面加强生产、技术、成本、质量、财务、营销等各项管理，加快技术进步，改善售后服务，扩大产品销售。搞好企业，必须有一个好的领导班子，要把整顿和建设企业领导班子放在突出的位置，把那些有事业心、有开拓精神、善于经营管理、能够和职工群众同甘共苦的人才，充实到领导班子中去。牢固树立全心全意依靠工人阶级的思想，加强民主管理，发挥职工代表大会的民主评议和监督作用。重视安全生产，加强隐患治理，预防和减少各类事故发生。

第六，认真抓好企业扭亏增盈工作。现在困难大、亏损多的企业，大部分集中在纺织、煤炭、机械、森工和军工等行业。这些行业的广大干部和职工，为克服困难、搞好企业做了艰苦的努力。近年来，煤炭行业在国家给予定额补贴和贴息贷款的帮助下，积极发展多种经营、分流富余人员，减少亏损取得了明显成效。今年要再选择个别行业，参照这种办法，帮助它们走出困境。中央和地方对亏损企业要继续实行分级责任制，谁主管的企业，谁负责扭亏。各行各业都有一批经营管理搞得好，经济效益不断提高的企业，要认真总结和推广这些企业的经验。如果有更多的企业，经济效益达到本企业的历史最好水平，进而达到本行业的最好水平，国有经济的面貌就会有很大改观。

积极推进社会保障制度改革。这是经济体制改革的重要组成部分，也是深化企业改革的必要条件。要实行统一的职工基本养老保险制度，扩大覆盖面，同时对有条件的企业和行业，研究建立职工补充养老保险的办法。医疗保障制度改革重点抓好50多个城市的试点工作。继续完善失业保险和工伤保险。管好各项社会保险基金，提高服务水平。

其他方面的改革也要积极进行。继续推进流通体制改革，大力发展和规范连锁经营、代理制和配送等现代营销方式。严格控制大型高档商场建设，发展城乡便民商业网点。整顿市场秩序，反对不正当竞争，完善和规范各类市场。坚持政企职责分开的原则，转变政府经济管理职能。继续探索建立国有资产管理、监督和营运体制，切实加强国有资产管理，实现保值增值，防止国有资产流失。搞好航空、石油化工、有色金属三个国家控股公司的试点，并对电力、冶金等工业的管理体制进行改革。加强行业协会、商会等中介组织的建设，发挥它们的服务、自律、协调和监督作用。

各位代表！以公有制为主体，多种经济成份共同发展，是我们必须长期坚持的基本方针。公有制经济包括国有经济和集体经济，在搞好国有企业改革和发展的同时，要积极发展多种形式的城乡集体经济。继续鼓励和引导个体、私营和其他经济成份健康发展，发挥它们在现代化建设中的积极作用。

四、积极发展科技教育文化和各项社会事业

在我国现代化进程中，加强社会主义精神文明建设，促进经济与社会协调发展，具有重要意义。我们任何时候都不能忘记邓小平同志关于两手抓、两手都要硬的指导思想。要继续实施科教兴国战略和可持续发展战略，认真落实全国教育、科技、环保、卫生工作会议精神，深化改革，切实保证必要的投入，使这些工作取得新的进展。

在科技工作方面，要按照邓小平同志关于科学技术是第一生产力的思想，继续坚持面向经济建设主战场的方针，抓好技术开发和应用、高新技术及其产业、基础性科学研究三个层次的工作，促进经济增长方式的转变。要抓住应用技术研究和开发这个关键环节，按照市场需求和国家重点工程建设规划，确定科技攻关课题，加快新技术、新产品的开发和新产业的形成，适应企业技术改造、产业结构调整和社会发展的需要。在农业生产的各个领域推广先进适用技术。发展高新技术及其产业，关系我国经济整体素质的提高和未来的发展，要加快电子信息、生物工程、新材料、新能源、海洋、环境和航天、航空等领域的研究开发，促进科技成果商品化和产业化，用高新技术改造传统产业。继续办好国家高新技术产业开发区。完善专利、商标和著作权保护等制度，借鉴国际通行办法，保护知识产权。科学研究是人类认识世界的重要途径，也是技术进步的源泉，要加强基础性研究，特别是前沿领域的基础性研究，力争在我国具有优势的某些领域取得突破。继续深化科技体制改革，优化组织结构，推动人才分流，充分发挥现有科技力量的作用。在全社会大力加强科学普及工作，弘扬科学精神，破除迷信，形成学科学、讲科学、用科学的文明风气。

在教育工作方面，要认真贯彻国家的教育方针，全面提高学生素质，使学生在德智体等方面都得到发展。继续把基础教育作为教育工作的重点，大力普及九年义务教育，推进扫盲工作，全年再减少青壮年文盲400万人，扶持贫困地区的教育事业。加强中小学校长和师资队伍的建设，积极进行升学考试制度改革，减轻中小学生过重的课业负担。职业教育是经济发展的重要支柱，要大力发展中等职业教育，通过改革、改组、改制积极发展高等职业教育，农村的义务教育也要增加职业教育的内容，改变目前生产、建设、服务和管理第一线实用人才缺乏的状况。成人教育要与职业教育结合起来，以满足就业和在职提高的需要。高等教育要深化管理体制改革，通过联合、调整、合并、共建等形式，优化教育资源配置，上水平，出效益，求发展。今年要基本完成高等学校招生、缴费制度改革，进一步完善助学金、贷学金和奖学金制度。认真改革课程体系，更新教学内容，改进教学方法，提高教学质量。鼓励和引导社会力量办学。继续重视教职工住宅建设，推进学校后勤服务社会化。

在文化工作方面，要积极发展文学艺术、广播影视、新闻出版和哲学社会科学研究等各项事业，深化文化体制改革，促进社会主义文化全面繁荣。文艺工作者要深入群众，深入生活，努力创作出更多无愧于伟大时代的优秀作品。加强基层文化建设，发展健康文明向上的社区文化、村镇文化、企业文化和校园文化，丰富城乡群众的文化生活。切实关心和推进少年儿童文化艺术活动的开展。重视文化馆、图书馆、博物馆、科技馆、档案馆等公共文化设施的建设，充分发挥它们的作用。广播影视、新闻出版工作要坚持正确导向，着力提高节目和出版物的质量。哲学社会科学工作者要着重研究我国改革开放和经济社会发展的重大理论和实践问题，为社会主义现代化事业服务。重视文物保护。加强文化市场管理，继续“扫黄”、“打非”，促进文化事业健康发展。

在卫生体育工作方面，要推进职工医疗保障制度改革，发展农村合作医疗和初级卫生保健，完善城镇社区卫生服务，加强对重大疾病的防治。重视医德医风建设，提高医疗水平和服务质量。振兴中医药事业。加强医药管理，整顿、规范药品流通秩序。严格食品以及社会公共卫生的监督管理。继续推行全民健身计划，增强人民体质。提高体育队伍素质和竞技运动水平，办好第八届全国运动会。

认真实行环境保护和计划生育的基本国策，正确处理经济建设与环境、人口、资源的关系。依法加强环境监督管理，治理重点流域、地区和行业的严重污染，改善人畜饮水条件。重视城市防治污染设施的建设，采取有力措施，减少废水、废气、废物、噪声污染。依法保护和合理开发海洋、森林、草原、矿产和生物等自然资源，制止乱砍滥伐、乱挖滥采。大力开展植树造林，加快建设黄河、辽河、珠江和淮河太湖流域防护林，继续抓好"三北"（西北、华北、东北）和长江中上游等防护林工程。我国人口到 2000 年要控制在 13 亿以内，计划生育工作年年都要紧抓不放。要坚持和完善目标管理责任制，重点做好农村和流动人口的计划生育工作，把计划生育同帮助农民发展经济、脱贫致富、建设文明幸福家庭结合起来。为计划生育提供优质服务。

各位代表！**社会主义思想道德建设**是精神文明建设的核心部分，对我国现代化事业有巨大的能动作用。我们建设有中国特色的社会主义，不仅要有繁荣的经济，健全的民主法制，还必须有高尚的思想道德。我们要坚持不懈地用邓小平建设有中国特色社会主义的理论武装干部和人民。要深入持久地、扎扎实实地开展爱国主义、集体主义、社会主义教育，做好思想政治工作，发扬革命传统和中华民族优秀传统，加强社会公德、职业道德、家庭美德建设，树立建设有中国特色社会主义的共同理想。在我国改革开放和现代化建设中，各行各业都涌现出许多全心全意为人民服务的先进模范人物，在平凡的岗位上做出了不平凡的业绩，受到人民群众的广泛尊敬。孔繁森、马恩华、李国安、徐虎、邱娥国、李素丽、吴金印、田沛发、谭彦、吴天祥等同志，就是他们中的优秀代表。要学习他们的敬业精神和高尚情操，在全社会形成学先进、讲奉献、树正气的良好风尚。我国是一个发展中国家，要靠长期艰苦创业才能改变落后面貌，但现在铺张浪费现象相当严重，摆阔气、讲排场之风愈演愈烈，这是一个尖锐的矛盾。我们必须大力发扬勤俭建国，勤俭办一切事业的优良传统，这是加强精神文明建设的重要内容，也是推进现代化事业的重要保证。

五、巩固和发展团结稳定的社会政治局面

维护社会政治稳定，是我国现代化建设必不可少的重要条件。今年要继续做好这方面的工作，为人民群众安居乐业创造良好的环境，保障改革和发展顺利推进。

认真抓好社会治安综合治理。一年来开展的声势浩大的"严打"斗争，取得了较好的效果，但当前治安形势依然不容乐观。要继续采取有力措施，集中打击严重暴力犯罪、涉毒犯罪、带黑社会性质的犯罪团伙和流氓恶势力，提高大案要案侦破能力，把"严打"斗争深入持久地开展下去。坚决扫除"黄、赌、毒"等社会丑恶现象，查处卖淫嫖娼、制黄贩黄的组织者、经营者和保护者。经济犯罪近年来有增加的趋势，必须加强防范，严厉打击。依法惩处走私贩私、制售伪劣产品、金融诈骗及其他违法犯罪行为。要研究治安工作中的新情况、新问题，正确处理人民内部矛盾，依法调解处理各类民事纠纷和经济纠纷，化解社会不稳定因素。政府执法部门肩负着惩治犯罪、保护人民、维护稳定的重要使命，必须加强自身队伍建设，提高政治素质和执法水平，严肃纪律，秉公办事，严格执法。坚持社会治安综合治理的领导负责制，专门机关的工作与群众工作相结合，提高基层治安防范能力，争取社会治安状况进一步好转。

深入开展反腐败斗争，加强勤政廉政建设。近几年加大反腐败斗争的力度，取得一定成效，但问题仍然不少，必须继续努力做好这些方面的工作。领导干部要率先垂范，严格执行廉洁自律的有关规定，自觉接受监督检查。加大查处案件特别是大案要案的力度，重点查办领导机关、行政执法部门、经济管理部门和县（处）级以上领导干部的违

法违纪案件。县(处)级以下干部也要勤政廉政,自觉接受监督检查。严肃查处国有企业负责人员挥霍和侵吞国家财产的案件,以及法人违法违纪、造成国有资产严重流失的案件。对以权谋私、贪脏枉法、行贿受贿的腐败分子,不论职位高低,都要绳之以法,决不姑息。对群众反映强烈的部门和行业不正之风,必须坚决治理,抓出新的成效。加强执法监察和监督工作,对严重失职、渎职的人员要追究责任。坚持标本兼治,预防与惩治相结合,加强法制建设和思想道德教育,健全监督制约机制。国家公务员是人民的勤务员,必须树立全心全意为人民服务的思想,学理论,学法律,学科学,学管理,不断提高思想政治水平和业务能力。要深入实际,调查研究,勤政务实,提高工作效率,克服官僚主义,做人民满意的公务员。

巩固和发展民族大团结。这是全国各族人民的根本利益和共同愿望。现在民族地区经济和社会发展步伐加快,人民生活显著改善,民族关系是好的,要十分珍视和继续发展这种好的局面。坚持和完善民族区域自治制度,保障自治地方的自治权利和民族平等权利,大力培养民族干部和各类人才,加快发展民族地区的经济和文化。坚定不移地维护祖国统一和民族团结,坚决反对一切分裂祖国和破坏民族团结的言论和行动。尊重公民宗教信仰自由,不得歧视信仰宗教的公民和不信仰宗教的公民。依法加强对宗教事务的管理,引导宗教与社会主义社会相适应。

加强国防现代化建设。这是经济建设和国家长治久安的重要保证。要支持和配合中国人民解放军,贯彻积极防御的战略方针,走有中国特色的精兵之路,进一步增强国防实力。重视边防海防建设,维护国家领土主权完整和海洋权益。加强国防科学研究、技术开发和产品研制。坚持平战结合、军民结合的原则,支持军工企业开发适销对路的民用产品,帮助亏损企业走出困境。广泛开展国防教育,增强全民国防意识,认真做好民兵预备役工作。发扬拥政爱民、拥军优属传统,巩固军政、军民团结,维护军人合法权益。切实加强人民武装警察部队、公安和国家安全部门建设,防范和打击危害国家安全和社会稳定的各种破坏活动。

各位代表!**发展社会主义民主,健全社会主义法制,依法治国**,是建设有中国特色社会主义的重要内容,也是巩固和发展团结稳定的社会政治局面的重要保证。要继续完善和发展基层民主制度,保障城镇居民自治和农村村民自治的各项民主权利,充分发挥人民群众当家作主、管理自己事务的积极性。政府工作人员要体察民情,努力解决关系群众切身利益的社会经济问题,竭尽所能为群众排忧解难。各级政府都要自觉接受同级人民代表大会及其常委会的监督,积极支持人民政协的工作,主动加强与民主党派的联系,认真听取各个方面的意见。发挥工会、共青团和妇联等人民团体的作用。做好侨务工作。总结以往机构改革的经验,根据精简、统一、效能的原则,今年将研究和制定国务院机构进一步改革的方案。抓紧起草一批法律草案,制定一批行政法规。各级政府都要依法行政,依法管理经济和社会事务,提高行政执法水平。继续在全社会普及法制教育,增强法制观念和公民意识,使改革和发展在法制化轨道上不断前进。

六、确保香港政权的顺利交接与平稳过渡,推进祖国统一大业

今年7月1日,我国将对香港恢复行使主权,成立香港特别行政区。这标志着香港历史新纪元的开始,海内外同胞无不感到欢欣鼓舞。八十年代初,邓小平同志提出“一国两制”的构想,为解决香港问题指明了方向。十多年来,中国政府为香港回归祖国做了大量工作。1984年中英两国政府正式签署联合声明。1990年七届全国人大三次会议通过《中华人民共和国香港特别行政区基本法》。1993年7月成立香港特别行政区筹委会预备工作委员会。1996年1月成立香港特别行政区筹委会,负责筹备成立香港特别行政区的有关事宜。去年年底,在香港历史上第一次由港人自己选举产生了行政长官人选董建华,随后国务院依法任命其为香港特别行政区行政长官。香港特别行政区临时立法会也已通过选举成立。现在,离香港回归祖国只有122天了,各项准备工作正在有条不紊地进行。我国对香港恢复行使主权以后,将坚持“一国两制”的方针,认真执行基本法,保证香港特

别行政区享有高度的自治权，实行港人治港，现行的社会经济制度和生活方式不变，继续保持自由港和国际金融、贸易、航运中心的地位。我们相信，有全国人民作后盾，在600多万香港人的共同努力下，“一国两制”一定能够成功，香港一定能够长期保持繁荣稳定，香港的明天一定会更加美好。

现在，离1999年12月20日我国对澳门恢复行使主权还有两年多时间，有关澳门政权交接的准备工作正在顺利进行。我们相信，在中葡两国友好合作的基础上，澳门的平稳过渡一定会实现。

过去的一年，台湾海峡两岸人员往来增多，经济、文化交流继续发展，反分裂、反“台独”的斗争取得重大成果。但由于分裂势力的干扰和破坏，两岸交往也出现了一些曲折。我们将坚持“和平统一、一国两制”的基本方针，全面贯彻江泽民主席关于发展两岸关系、推进祖国和平统一进程的八项主张，在一个中国的原则基础上，通过两岸政治谈判解决双方的分歧，逐步走向和平统一。我们将继续促进两岸人员往来，推动各项交流与合作，争取早日实现直接“三通”。我们呼吁台湾当局回到一个中国的原则立场上来，停止在国际上制造“两个中国”、“一中一台”的活动，不要在两岸关系上制造新的障碍。台湾当局应该明白，无论对台湾政治体制作什么改变，都不可能改变台湾是中国一部分这样一个国际公认的事实。祖国统一是不可阻挡的历史潮流，任何制造分裂、企图把台湾从中国割裂出去的图谋，都将遭到包括台湾同胞和港澳同胞、海外侨胞在内的全体中国人民的坚决反对。我们相信，只要以中华民族的根本利益为宗旨，坚持统一，反对分裂，增加了解，化解歧见，两岸关系一定能够不断发展，祖国统一大业一定能够实现。

七、关于外交工作

当前，世界形势总体继续走向缓和。国际关系正经历着重大的调整，多极化趋势进一步发展。发展中国家在国际事务中的地位和作用继续上升。建立和平稳定、公正合理的国际政治经济新秩序，是世界各国人民的共同愿望。但霸权主义和强权政治还严重威胁着世界的和平、稳定与发展，局部冲突和地区紧张局势仍然存在。世界经济持续增长，但贫富国家之间的差距还在扩大。维护世界和平，促进经济发展，仍然是国际社会面临的主要任务。

过去的一年，我国奉行独立自主的和平外交政策，外交工作取得积极成果。同周边国家的睦邻友好关系进一步发展。与俄罗斯建立了面向21世纪的战略协作伙伴关系，与俄罗斯和中亚有关国家签署了边境地区加强军事领域信任协定。中国政府一贯重视并致力于朝鲜半岛局势的稳定。我国与东盟国家建立了全面对话的伙伴关系，与印度签署了在边境实际控制线地区军事领域建立信任措施的协定，同东南亚和南亚各国的友好关系持续发展。中国与发展中国家的团结合作明显加强。与非洲、拉美国家的关系取得新的进展。我国同西方国家的关系得到普遍改善。同欧洲各国在许多领域的互利合作都取得积极成果。中美关系在经历较大的波折之后，出现改善与发展的势头。中日关系曾经受到干扰，我们愿意看到两国关系得到正常发展。中国积极参与联合国和地区性组织的多边外交活动，为维护世界和平，促进经济发展，作出了积极贡献。我国政府积极参加并推动了签署《全面禁止核试验条约》的进程。作为安理会常任理事国，在重大的国际问题上，中国一贯坚持原则，伸张正义，得到国际社会的广泛赞誉。我们对侵犯我国主权、干涉我国内政的行径进行了坚决斗争，有效地维护了国家主权和民族尊严。

在新的一年里，中国政府将坚定不移地奉行睦邻友好政策，进一步加强同周边国家的友好关系，扩大彼此在广泛领域的友好交往与合作，共同维护地区和平与稳定，促进区域经济合作，实现共同繁荣。

加强同广大发展中国家的团结与合作，是中国外交政策的基本立足点。中国将同广大发展中国家进一步增进往来，努力探索扩大经贸合作的新途径，并在国际问题上加强协调与合作，共同维护发展中国家的权益。

我们希望在和平共处五项原则的基础上，继续改善并发展同西方国家的关系。我们愿意看到中美关系继续改善，中欧关系得到加强。我们同西方国家改善和发展关系是互利的，在一些问题上的不同看法和分歧不应成为发展国家关系的障碍。我们反对干涉别国内政，主张求同存异，通过增加对话和交流，缩小分歧，扩大合作。

中国将坚定不移地实行对外开放政策，在平等互利的基础上进一步发展同世界各国的经贸关系。中国加入世界贸易组织，不仅是中国的需要，也是世界的需要。我国将根据权利与义务对应的原则，继续同有关国家谈判。

中国的发展需要长期稳定的国际和平环境。中国的发展不会对任何国家构成威胁。中国不参参军备竞赛，不搞军事扩张，永远不称霸，是维护世界和平的坚定力量。

值此世纪之交，国际社会在维护世界和平、促进共同发展方面，面临着众多问题，需要世界各国共同努力解决。世界事务不能由个别国家说了算，而应由各国平等参与。中国政府和人民愿意与世界各国政府和人民一道，为建设一个和平、稳定、繁荣、进步的新世界而努力。

各位代表！敬爱的邓小平同志不幸逝世，是全国各族人民不可估量的损失。邓小平同志的丰功伟绩，将永远铭记在中国人民的心中。让我们化悲痛为力量，继承邓小平同志的遗志，在邓小平建设有中国特色社会主义理论和党的基本路线指引下，在以江泽民同志为核心的党中央领导下，把握大局，再接再厉，同心同德，开拓前进，把邓小平同志开创的伟大事业坚持下去，夺取改革开放和社会主义现代化建设的新胜利！

关于1996年国民经济和社会发展计划执行情况与1997年国民经济和社会发展计划草案的报告

——1997年3月2日在第八届全国人民代表大会第五次会议上

国家计划委员会主任　陈锦华

各位代表：

我受国务院委托，向大会报告1996年国民经济和社会发展计划执行情况与1997年国民经济和社会发展计划草案，请予审议，并请全国政协委员提出意见。

一、1996年国民经济和社会发展计划执行情况

1996年是“九五”计划的第一年。按照第八届全国人民代表大会第四次会议通过的《中华人民共和国国民经济和社会发展“九五”计划和2010年远景目标纲要》、《关于1995年国民经济和社会发展计划执行情况与1996年国民经济和社会发展计划的决议》，经过全国各族人民的共同努力，比较好地实现了宏观经济调控目标，完成了国民经济和社会发展的主要任务。1996年计划执行情况是好的，做到了为“九五”计划开好头、起好步。

国民经济持续快速增长，抑制通货膨胀取得显著成效。在1995年通货膨胀得到初步控制的基础上，1996年继续把抑制通货膨胀作为宏观调控的首要任务，执行适度从紧的财政政策和货币政策，注意把握宏观调控力度，努力改善经济总量平衡状况，加强市场物价监管，既做到了物价上涨率进一步大幅度回落，又保持了国民经济适度快速增长。全国商品零售价格总水平上涨6.1%，明显低于计划确定的10%左右的调控目标，涨幅比上年回落8个多百分点；国内生产总值完成67 795亿元，增长9.7%，实现了“九五”计划提出的物价上涨率低于经济增长率的调控要求。三次产业结构有所改善，第一产业增长5.1%，第二产业增长12.3%，第三产业增长8%。工交生产稳步发展。全国工业增加值完成28 580亿元，增长12.7%。主要工业产品产量大都达到或超过计划目标。全国一次能源产量达到12.6亿吨标准煤，为计划的106.2%；发电量10 750亿千瓦时，为计划的100.5%；钢产量10 110万吨，为计划的105.3%；乙烯301万吨，为计划的118.0%；化肥2 660万吨(折纯)，为计划的108.8%；化纤308万吨，为计划的106.2%；数字程控交换机1 934万门，为计划的101.8%。汽车产量149万辆，为计划的96.1%，主要是受市场销售的影响，没有实现计划。产业政策支持的电子、交通、通信等产业发展加快。集成电路43 576万块，比上年增长39.3%；民航运输总周转量80.6亿吨公里，增长12.9%；国家铁路货运量16.2亿吨，增长1.9%；全社会

公路货运周转量 5 000 亿吨公里，增长 6.5%；邮电业务总量 1 335 亿元，增长 35.4%。

粮食生产再创历史最高水平，农村经济全面发展。由于努力增加农业投入，扩大粮食种植面积，调整种植结构，推广先进适用技术，稳定农业生产资料价格，特别是再次较大幅度地提高粮食定购价格，增加储备粮收购，进一步调动了农民的生产积极性，加上气候条件总体上比较有利，粮食获历史最好收成，总产量在 4 800 亿公斤以上，比上年增产 134 亿公斤以上。油料受市场供大于求和不利气候影响，总产量 2 200 万吨，减少 50 万吨，仍为历史上第二个高产年。棉花播种面积减少近 1 000 万亩，产量 420 万吨，减少 57 万吨。畜牧业和水产业保持较快增长，肉类总产量达到 5 800 万吨，水产品 2 800 万吨。乡镇企业继续发展，中西部地区发展加快。扶贫工作取得新的进展，农村贫困人口由 6 500 万减少到 5 800 万。

固定资产投资继续增长，国家重点建设得到加强。全社会固定资产投资完成 23 660 亿元，比上年增长 18.2%，投资率为 34.9%。投资结构调整力度加大，农林水利、能源、交通通信和电子工业投资的增长幅度，均快于整个投资的增长。农林水利新增中央预算内投资占新增预算内投资总量的 82.6%。国家重点基本建设和重大技术改造项目进度加快。全年建成投产的大中型基本建设项目由年初计划确定的 97 个增加到 134 个，是近几年重点建设项目完工最多的一年。限额以上更新改造项目完成 340 个。举世瞩目的三峡工程进展顺利，导流明渠堰内段已经完成，左岸大坝和电站进入第二阶段开挖，永久船闸一期工程全部完成，沟通工地两岸的西陵长江大桥建成通车。小浪底水利枢纽工程正在紧张施工，大坝开挖基本完成。陕西渭河、洛河治理工程和甘肃疏勒河农业灌溉等一批项目开始建设，黑龙江、内蒙古垦区商品粮基地和新疆棉花基地以及种子工程等项目进展顺利。京九铁路全线正式投入运营，对缓解南北运输紧张状况、加快沿线革命老区脱贫致富和迎接香港回归都具有重要意义。南疆铁路西段正式开工建设。沪宁高速公路全线通车。桂林两江机场投入使用。陕西渭河等 8 个大型化肥厂建成投产。无锡华晶大规模集成电路项目按进度施工。宝钢三期工程建成 1 580 轧机和板坯连铸等一批单项工程。全年基本建设新增主要生产能力有：发电装机 1 525 万千瓦，原油 1 973 万吨，乙烯 74 万吨，铁路营运里程 1 954 公里，铁路复线 1 522 公里，高速公路 1 117 公里，长途光缆 2 万皮长公里，微波电路 1 万公里，局用交换机容量 2 107 万门。

财政收入增长较快，金融形势保持平稳。全国财政收入（不含债务收入）完成 7 366 亿元，比上年增长 18%；财政支出（不含债务支出）7 914 亿元，比上年增长 16%；支大于收 548 亿元，其中，中央财政赤字 610 亿元，控制在预算目标之内，地方财政结余 62 亿元。国债发行按计划顺利完成。中央银行继续加强金融调控和监管，随着物价涨幅回落，适时停办新的保值储蓄，两次下调存贷款利率，减轻了国家债务和企业负担。居民储蓄存款保持稳定增长。全社会信用总量继续得到较好控制，全年现金投放 917 亿元，增长 11.6%。

国有企业改革步伐加快，各项配套改革继续深化。建立现代企业制度试点工作全面展开。优化资本结构试点城市由 18 个扩大到 58 个。在企业的转机建制、增资减债、分流富余人员和分离社会职能等方面，取得积极进展。新的财税体制继续完善，顺利实施了进出口税制三项重大改革，加强了预算外资金管理。金融改革进一步深化。城市合作银行稳步发展，农村金融体制改革全面展开，统一了银行间同业拆借市场，改进了国债发行方式，开办了公开市场业务。实现了人民币经常项目可兑换。投资体制改革出台了固定资产投资项目资本金制度和建设项目法人责任制。以职工养老保险和失业保险为重点的社会保障制度改革取得了较大进展，医疗保障制度改革试点范围扩大。

对外贸易持续发展，利用外资进一步扩大。外贸进出口总额 2 899 亿美元，比上年增长 3.2%。其中，出口 1 511 亿美元，增长 1.5%；进口 1 388 亿美元，增长 5.1%；顺差 123 亿美元。外商直接投资势头良好，全年实际利用外资 423.5 亿美元，比上年增长 12.2%。按全口径计划管理范围统计，借用国外贷款实际使用额 160 亿美元。外资投向基础设施、基础产业和中西部地区的项目增多。年末国家外汇储备 1 050 亿美元，比年初增加 314 亿美元。人民币汇率继续保持稳定。

科技、教育和各项社会事业取得新成就，社会主义精神文明建设明显加强。科技攻关取得一批重大成果，科技成果的产业化和工程化加快。一些综合性状好的农业新品种进一步推广，促进了单产的提高。使用聚合物驱油的三次采油技术进入工业应用，成为稳定东部油田产量的重大技术措施。622兆比特的同步数字系列光纤通信系统，在成都至攀枝花的700公里全线运行成功，使通信技术水平有了新的提高。曙光系列高性能计算机在国民经济信息化建设中发挥了积极作用。教育事业全面发展。全国已有50%的县(市、区)基本普及九年义务教育，当年减少青壮年文盲400万人。高校管理体制改革取得新进展。全国普通高校招生96.6万人，普通中等专业学校招生137万人。成人教育获得较大发展，成人高校和中等专业学校在校生分别达到265.6万人和310万人。各地加强了污染治理，全国已取缔、关闭和停产15种污染严重企业57 430个，占应取缔、关闭和停产企业总数的81.2%。

各项文化事业全面发展。继续实施"五个一工程"，涌现出一大批优秀的文艺作品。西藏图书馆、上海博物馆建成开馆。青海塔尔寺等一批重要古建筑抢救维修项目通过了验收。广播、电视人口覆盖率分别达到83.7%和86.1%。在第26届奥运会和其它重大国际比赛上，我国体育健儿取得了优异成绩。卫生事业繁荣发展，法定传染病总发病率继续下降。大力表彰和学习新时代先进典型的活动，收到了广泛的社会效果。

城乡人民生活进一步改善。农村居民人均纯收入1 926元，实际增长9%；城镇居民人均生活费收入4 377元，实际增长3.3%。安居工程建设继续加强，促进了居住条件的改善。城乡市场繁荣，全社会消费品零售总额达到24 614亿元，实际增长12.5%。新安排城镇就业705万人，城镇登记失业率3%。一些城市实施再就业工程取得较大成效。人口自然增长率控制在10.42‰。

以上成绩的取得，是三年多来深化改革、加强和改善宏观调控的重大成果，为1997年的经济和社会发展奠定了良好的基础。在好的形势下，一定要清醒地看到当前经济社会生活中存在的困难和问题。这主要是：在经济总量平衡状况明显改善的情况下，结构性矛盾日益突出。"大而全、小而全"和盲目重复建设问题相当严重，制约着国民经济整体素质和效益的提高。农业基础脆弱的状况没有根本改变。水利建设滞后，设施老化失修，抗灾能力薄弱，有些城市防洪能力不强。中央财政赤字较大，银行不良贷款继续增多，潜伏的风险加大。物价涨幅回落的基础还不很稳固。特别是部分国有企业生产经营困难，经济效益不好，停产、半停产企业和下岗待业人员增多，一些亏损企业的职工生活困难，成为影响经济发展和社会安定的重要因素。国有企业的困难，是多年积累起来的各种矛盾的综合反映。关键是国有企业的经营机制和管理体制不适应发展社会主义市场经济的要求，结构不合理，盲目重复建设，导致一些产品生产能力过剩，企业开工不足，产品技术水平低，能耗大，成本高，竞争力差，造成企业效益低下。这些问题，反映出体制改革必须继续深化，宏观调控必须继续改善，特别是对微观经济活动的引导更需进一步加强。我们要抓住当前的有利时机，下大力气做好各项工作，认真解决前进中的困难和问题，保持国民经济和社会发展的好势头。

二、1997年经济社会发展的调控目标和主要任务

1997年是中国历史上极为重要的一年。我国将恢复对香港行使主权，中国共产党将召开第十五次全国代表大会，这是举世瞩目的两件大事。做好1997年的计划工作，具有非常重要的意义。党中央对经济工作提出的总体要求是：**坚持以邓小平建设有中国特色社会主义理论为指导，全面贯彻党的基本路线和基本方针，落实十四届五中全会、六中全会精神，切实推进两个根本性转变，继续实行适度从紧的财政货币政策，降低物价上涨幅度，加强农业基础地位，加快改革特别是国有企业改革步伐，加大结构调整力度，培育新的经济增长点，积极开拓市场，提高对外开放水平，促进国民经济持续、快速、健康发展和社会全面进步**。制定和实施1997年的计划，要坚持稳中求进的原则，正确处理改革、发展、稳定的关系，保持宏观经济政策的连续性、稳定性和必要的灵活性，努力做

到把总量控制与结构调整、宏观调控与微观搞活、深化改革与促进发展、经济发展与社会发展更好地结合起来。1997年国民经济和社会发展的主要宏观调控目标是：

——经济增长率8%；

——全国商品零售价格上涨幅度6%；

——固定资产投资率32%；

——财政赤字570亿元，比上年减少40亿元；

——进出口总额3 100亿美元，进口与出口大体平衡；

——货币发行1 200亿元；

——人口自然增长率11.44‰；

——城镇登记失业率3%左右。

按照上述目标，1997年国民经济和社会发展的主要任务有以下几个方面：

（一）继续加强农业基础地位，全面发展农村经济

坚持把农业放在经济工作的首位，确保主要农产品产量稳定增长。1997年粮食播种面积要稳定在16.8亿亩，总产量保持1996年水平，并争取有所增长，重点增加小麦和水稻的产量。棉花种植面积力求恢复到8 000万亩，总产量425万吨。油料2 250万吨，糖料8 600万吨，肉类总产量6 200万吨，水产品3 100万吨。要坚持和完善以家庭联产承包为主的责任制和统分结合的双层经营体制，积极发展农村社会化服务体系，推进贸工农一体化、农业产业化经营。动员全社会力量，多渠道增加水利建设投入。建立中央和地方水利建设基金。中央适当扶持西部地区和少数民族地区的水利设施建设。大力开展群众性的农田水利基础设施建设。搞好蓄洪滞洪区的安全设施建设，加强河道清淤除障，建立比较完整有效的防洪保障体系。依法加强耕地保护，严格执行建设用地计划，保持耕地面积的动态平衡。积极推进农产品流通体制改革，建立并完善重要农产品收购保护价制度。规范农村税费，切实减轻农民负担。强化科教兴农，抓好适用技术的推广，推进全国种子工程建设。在决不放松粮食生产的前提下，合理调整农业生产结构，全面发展农林牧副渔各业，发展多种经营，发展乡镇企业。进一步加大扶贫攻坚力度，认真落实中央扶贫开发工作会议确定的任务和措施。国家除继续安排以工代赈、扶贫贷款和不发达地区发展资金108亿元外，再增加15亿元财政扶贫款和30亿元扶贫贷款，支持贫困地区改善基本生产和生活条件。

（二）进一步搞好国有企业，保持工业适度增长

把搞好国有企业放在更加突出的地位。按照建立现代企业制度的改革方向，总结试点经验，扩大试点范围，完善改革措施，推进国有企业改革。继续扩大优化资本结构试点城市范围。以“三个有利于”为标准，坚持“抓大放小”的战略方针，把企业的改革、改组、改造和加强管理结合起来。集中抓好一批大企业，进一步放开放活小企业。鼓励发展跨地区、跨行业的工技贸相结合的企业集团，形成规模经营。积极推进国有企业战略性调整和改组，鼓励兼并，规范破产。通过深化改革，促进企业转换机制，加快技术进步，强化内部管理，切实抓好国有企业领导班子的整顿和建设。努力为深化企业改革创造有利的环境和条件。抓紧调整和完善有关经济政策和法规，促进企业公平竞争。进一步整顿和规范经济秩序。贯彻实施《票据法》，维护商业信用，严格结算纪律，促进资金的正常周转和循环。认真清理各种规费，坚决查处各种乱摊派、乱收费、乱集资等加重企业负担的行为。

工业生产要把主要注意力转到优化结构、提高效益上来。按照市场需求调整产品结构，不断开发新产品，鼓励工业企业和科研单位合作，把成熟的科研成果，转化为商品，满足市场的需要。要大力加强企业的营销工作，以销定产，搞好产销衔接。狠抓产品质量，提高重要原材料和机电产品按国际标准生产的比重。坚决制止和打击假冒伪劣产品的生产和销售。进一步学习和推广邯钢经验，加强基础管理，努力实现扭亏增盈目标。综合考虑市场需求和供给条件，1997年工业增加值计划增长11.5%。主要产品产量：煤炭13.7亿吨，原油15 350万吨，发电量11 450亿千瓦小时，钢1亿吨，化肥2 660万吨（折纯），化纤310万吨，汽车160万辆，乙烯350万吨，集成电路封装10.3亿块，微型电子计算机155万部，数字程控交换机2 200万线。国家铁路货运量16.4亿吨。

(三)保持适度投资规模,大力优化投资结构

1997 年,全社会固定资产投资总规模计划 25 300亿元,其中国有单位 18 070 亿元。在资金配置上,要体现优化投资结构和提高投资效益的要求,新增加的预算内投资和银行贷款,优先用于农业、水利、能源、交通、国防、高新技术产业和科学、教育、文化等精神文明建设。加快现有企业技术改造,增加技术改造投资比重。继续贯彻“保重点、保竣工、保投产”和严格控制新开工项目的原则,抓紧建成一批对调整结构具有显著作用的重点项目,进一步缩短建设战线。以有市场、有效益为前提,合理安排“九五”计划确定的重点项目建设。根据经济发展的需要,优先在中西部地区安排资源开发和基础设施建设项目。鼓励沿海地区同中西部地区联合投资。严格控制建设项目投资概算,加强建设工程管理,保证质量,缩短工期,控制费用,扭转大幅度超概算的状况。

1997 年计划建成投产 83 个大中型重点项目,一批重大续建项目进入施工的关键阶段。长江三峡和黄河小浪底两大水利枢纽工程都要截流。南昆铁路全线基本铺通。秦皇岛港煤码头四期工程建成投产。上海大规模集成电路工程进入建设阶段。“金桥工程”等一批国家信息化工程陆续开工建设。完成中国民航数据传输网络扩容改造。基本建设计划的主要新增生产能力有:大中型发电装机 1 042 万千瓦,原油开采 731 万吨,原煤开采 4 295 万吨,铁路营运里程 1 544 公里,铁路电气化 1 752 公里,高速公路 1 100 公里,数字程控交换机总容量 1 700 万线,长途光缆 24 300 皮长公里。

(四)加强价格调控监管,降低物价上涨幅度

进一步降低物价上涨幅度,巩固和发展三年多来抑制通货膨胀取得的积极成果。坚持社会总需求与总供给的大体平衡,继续做好物价调控和监管工作,做到稳中有降,防止物价涨幅出现反弹。进一步完善价格形成机制和调控体系,规范价格行为。充分发挥价格杠杆的调节作用,综合考虑经济发展需要和各方面的承受能力,适当解决一些突出不合理的价格矛盾。继续实行价格调控目标责任制、“米袋子”省长负责制和“菜篮子”市长负责制,巩固和完善价格调节基金制度。从严控制城镇居民消费价格,与居民生活关系密切、价格形成具有垄断性的公用事业收费项目,要逐步实行价格决策听证制度。加强价格监督检查,重点加强服务收费的监管,全面清理整顿各种行政事业性收费。继续严格执行国家有关明码标价、制止牟取暴利等法律、法规,坚决查处和制止乱涨价、乱收费,维护企业和人民群众的合法权益。

(五)转变外贸增长方式,提高利用外资质量

坚持以效益为中心,重质量,重信誉,努力扩大对外贸易。积极推进市场多元化,在巩固发展现有市场的同时,下大力气开拓新市场,特别是开拓发展中国家和独联体、东欧、拉美、东南亚、非洲市场。增加出口信贷,支持成套设备出口。调整和优化出口商品结构,提高出口商品的技术含量、质量、档次和加工深度。增强出口商品的竞争力。加快外贸经营方式的转变和企业组织结构的调整,提高规模经营效益。搞好重要物资进出口的总量平衡,增加国内短缺的重要资源和技术设备的进口。从海关和销售市场两头,坚决打击走私。

继续积极合理有效地利用外资,提高利用外资的质量和效益。鼓励外资投向农业综合开发、基础设施、资源综合利用和高新技术等产业,积极引导外商向中西部地区投资。继续改善投资环境,依法加强外商投资项目审批,搞好对外商投资企业的服务、管理和监督。进一步完善国外贷款管理,优惠贷款要更多地用于支持中西部地区的农业、水利和基础设施建设。切实落实外债偿还责任制。加强对境外投资的引导和管理。

积极推进旅游事业发展,办好“97 中国旅游年”。

(六)进一步减少财政赤字,继续保持金融稳定

继续实行适度从紧的财政政策,努力增收节支,把财政赤字控制在调控目标之内。强化税收征管,严格依法治税,做到应收尽收,严禁乱开减免税的口子。进一步完善增值税的征收管理办法,堵塞利用增值税专用发票偷税骗税的漏洞。改进个人所得税的征收办法,实行法人支付与个人收入双向申报制度。坚持量入为出的原则,严格控制财政支出,支出增长不能高于收入增长,逐步做到收支基本平衡。妥善处理经济社会发展与财力可能

的关系，区分轻重缓急，优化支出结构，保证重点需要。地方财政要保证收支平衡，力争略有结余。

保持金融形势的稳定，是搞好社会供求总量平衡、巩固和发展宏观调控成果的重要保证。按适度从紧的货币政策要求，合理确定货币供应量。根据产业政策和信贷原则，加大信贷结构调整力度。进一步完善金融调控方式，严格执行各项法律和规章制度。对金融机构进入市场的条件、业务状况、资产负债情况和风险控制程度等，进行全面监管。坚持实行分业经营，分业管理，改善银行的经营管理。依法加强监管，促进证券市场健康发展。

（七）努力发展科技教育和各项社会事业，推进社会主义精神文明建设

积极推进科技成果产业化。在农业的新品种选育和杂交优势利用等方面，力争取得新的突破。结合国家重点工程建设，进行重大技术装备的研制和开发。重要的有70万千瓦大型水电机组，60万千瓦压水堆核电站，30万吨合成氨装置，特高混凝土坝的设计和制造技术等。组织大尺寸硅晶抛光片规模化生产。加强科技成果工程化研究，积极推进科技成果的转化。鼓励和支持企业自办、联办技术开发中心。进一步加强基础科学研究。继续办好国家高新技术开发区。

大力发展教育事业。继续普及九年义务教育，着力扫除青壮年文盲，积极发展以中等职业教育为重点的各级各类职业技术教育，加快高等教育结构调整。1997年计划全国招收研究生6.1万人，普通高校本科和专科招生101万人，普通中专招生142万人。研究生教育要切实贯彻按需培养、保证质量的原则。普通高等学校招生实行分地区、分科类的统一学费标准和统一录取标准的办法。改革办学模式，积极发展高等职业教育。保持普通高中与中等职业技术学校的协调发展。进一步推进由应试教育向素质教育转变。

发展文化、广播电影电视、新闻出版和体育卫生事业。加强重点文化设施建设。广播、电视人口覆盖率分别达到84.2%和87.1%。出版835亿印张。大力改善农村医疗和饮水卫生条件，以县为单位的初级卫生保健达标率提高到65%以上，农村改水受益率达到88%。深入开展全民健身运动，不断完善体育竞赛和训练机制，办好第八届全运全。

坚持可持续发展战略。继续严格控制人口增长，健全农村计划生育服务网络，强化对流动人口计划生育的管理，不断提高人口质量。重点治理水资源污染，加强对大气污染的控制，提高工业污染的防治能力。1997年，全国县以上工业废气处理率达到84.1%，工业废水处理率78.6%，工业固体废物综合治理率67.7%。继续搞好植树造林和水土保持，努力改善生态环境。合理开发利用资源，加强自然资源的保护。

切实加强社会主义精神文明建设。搞好爱国主义、集体主义、社会主义教育，加强新时期艰苦创业精神教育，大力宣传表彰先进集体和先进人物，不断提高全民族的思想道德素质。努力增加对社会主义精神文明建设的投入。适应社会主义市场经济的要求，建立规范有效的筹资机制，逐步形成多渠道的投入体制，运用税收、信贷、价格等经济手段，支持宣传文化事业，加强社会主义精神文明建设的物质保障。

（八）继续改善人民生活，加快实施再就业工程

1997年城镇居民人均生活费收入和农村居民人均纯收入实际增长5%左右。全社会消费品零售总额28 700亿元，比上年增长16.6%。高度重视并积极采取措施，加快实施“再就业工程”，认真解决下岗职工和失业人员的再就业问题。采取多种形式，发展第三产业，广开就业渠道，创造更多的就业机会。积极探索失业救济与就业安置相结合的有效途径。切实抓好下岗职工和失业人员的再就业技能培训和信息咨询服务，提高再就业率。引导城镇劳动者适应社会主义市场经济的要求，破除传统意识，转变择业观念。1997年城镇新增就业岗位550万个。充分发挥农村劳动力资源丰富的优势，大力开展农村多种经营，开展治山、治水、治土，搞好小型农田水利建设。加强对农业剩余劳动力转移和流动的引导。

三、加大结构调整力度，培育新的经济增长点

实现1997年国民经济和社会发展计划，保持

和发展“九五”开局的良好势头，关键是加大结构调整力度，提高国民经济增长的质量和效益。只有抓好结构调整，才能使经济工作的重点真正落实到推进两个根本性转变上来，使“九五”期间的经济发展走上新的轨道。抓好结构调整，也是缓解当前企业生产经营困难，实现宏观调控有效引导微观经济活动的重要途径。

（一）以增量带动和促进存量调整，努力解决经济生活中“大而全、小而全”和盲目重复建设问题

当前，“大而全、小而全”和盲目重复建设，是经济结构不合理的突出表现。企业规模不经济，专业文化程度低，不符合社会化大生产分工协作规律的要求，阻碍了技术进步，造成产品质量差、档次低、成本高、竞争力不强。地区产业结构雷同，布局不合理，互补性差，低水平过度竞争，严重影响了经济的协调发展。产生这些问题的原因是多方面的，主要是思想认识和经济体制上的障碍。政企不分，条块分割，市场封闭，以及投资行为缺乏风险约束机制，忽视经济效益，使“大而全、小而全”和盲目重复建设的问题长期得不到解决。必须认真总结以往的经验教训，积极推进改革，做到科学决策，减少失误。1997年，要继续从严控制新开工项目。对“八五”期间已经建成和结转到“九五”时期的在建项目，进行一次认真清理。坚决停止建设那些规模不经济、技术落后，投产后必然出现严重亏损的在建项目。对已批立项尚未开工的项目也要清理，凡属全国生产能力过剩的重复建设和资金不落实的项目，坚决撤销立项，不再批准开工建设。加强和改善投资计划管理。以国家产业政策和项目规模为标准，合理调整审批权限。对一些热点投资项目，要严格按照“九五”计划和产业政策导向，合理确定项目布点。制止重复建设和盲目引进。加强投资法规建设，完善投资决策程序，依法规范投资管理。制定全国重点行业生产力布局的产业政策，引导各地根据各自条件，发展优势产业，形成特色经济。

坚持以增量调整带动和促进存量调整。结合国有企业改革，通过跨地区、跨部门的投资、联合、兼并，带动资产存量优化重组。加快老工业城市和老工业基地的调整改造。在基础产业和支柱产业中，以现有骨干企业或国家重点项目为核心，有选择地注入资金，重点扶持一批具有国际竞争力的企业集团，兼并和淘汰落后企业。加强信息导向工作，搞好信息的收集、整理、分析，及时向社会发布重要行业生产能力状况和产品的市场供求趋势等信息，引导企业投资行为，减少投资决策的盲目性。

（二）以市场需求为导向，培育新的经济增长点

积极培育新的经济增长点，是调整和优化经济结构的重要方面和必然选择。只有认真研究国内外市场，依靠科技进步，培育和形成新的经济增长点，才能为经济发展不断注入新的活力。培育新的经济增长点，要加快发展市场需求量大、产业关联度高、科技含量多、经济效益好的产业和产品。当前，从全国来看，电子信息等高新技术产业和城镇居民住宅建设可以成为重要的经济增长点。同时，积极开拓农村市场，带动相关产业的发展。

电子信息等高新技术产业，是当代生产力革命性发展的先导和基础。在未来的世界，电子等高新技术将日益广泛地应用于生产和生活的各个方面，对经济、科技、教育、卫生等产生革命性的影响，对综合国力和企业竞争力都有着极为重要的作用。我们必须抓住这个机遇，把电子工业和电子信息产业开发成新的经济增长点，成为改造传统产业、带动产业结构升级的重要手段。要尽快改变电子工业科研与生产脱节、管理分散、低水平重复建设的局面，加强基础元器件和适销对路的各类电子产品的研制开发，并迅速形成经济规模，扩大市场销售。大力发展信息服务业，特别是加快发展电信、软件和各类咨询服务。积极发展生物工程、新材料、新能源、海洋、环保和航天、航空等高新技术产业。

积极发展住宅产业，带动相关产业发展。今后一个时期，城镇居民对住房的需求量会持续增长。要多方创造条件，采取综合性配套措施，引导城镇住宅业健康发展。加快城镇住房制度改革，全面推行住房公积金制度，逐步实行商品房租金，理顺租售比价，促进住宅上市流通。逐步建立住宅建设、销售、出租、信贷、保险、服务、物业管理相配套的运行机制，形成建设、销售、使用的良性循环。努力降低住宅建设成本，规范商品住宅价格构成，整顿建筑市场秩序，取消各种不合理收费，把住宅售价降下来。加大普通居民住宅的投资力度，严格控制高档商品房和高消费建设设施的建设。

努力开拓农村市场，促进工业产品结构调整。随着农村经济发展和农民收入水平的提高，对农业生产资料和工业消费品的需求不断增加，农村市场潜力很大。开拓农村市场，有利于充分发挥现有工业生产能力，促进农村经济全面发展，形成城乡经济的良性循环。要适应农业生产发展和农业产业化的要求，搞好农业机械的开发和生产，提高产品质量，降低生产成本，合理确定价格，加强售后服务。积极开发符合农民需要的工业消费品。健全农村市场体系，加强大宗农副产品的批发市场建设，增加农村商业网点。加强农村水、电、路、通讯、电视差转台等基础设施建设，为普及农村家电创造条件。

开发和形成新的经济增长点，要从各地的实际情况出发，根据城乡居民不同层次的消费需求，发挥本地优势，加快产品更新换代，形成各具特色的优势经济，克服地区间的结构雷同，防止出现新的低水平重复建设，增强我国经济的整体竞争能力。

（三）继续深化经济体制改革，形成有利于结构调整的体制环境

进一步完善财税金融体制，促进经济结构调整。配合国有企业改革和产品结构调整，继续做好“拨改贷”资金余额转为资本金的工作，着重减轻产品有销路、效益好的企业的债务负担。改进出口退税管理，对有进出口经营权的生产企业自营出口货物，实行免抵退的办法。继续推行重点企业的主办银行制度，扩大实施范围，落实银行和企业各自的权利、责任和义务。发挥银行信贷的调节作用，促进经济结构的调整。

加快投资体制改革，逐步形成有利于控制投资规模膨胀、改善投资结构和提高投资效益的机制。重点是建立健全投资风险约束机制，全面推行建设项目资本金制度、项目法人责任制、工程招标投标制和项目监理制度。结合企业股份制改造和试行建设项目股份投资，进行可转换债券试点。

积极进行分配制度改革，缓解分配不公的矛盾，为加快结构调整创造条件。规范收入分配秩序，建立和完善收入分配的微观约束和宏观调控机制，加强居民收入分配的税收调节。改进国有企业经营者的报酬制度，严格控制凭借行业垄断地位和国家给予的特殊条件获得过高的个人收入。

积极推进社会保障制度改革，保证结构调整的顺利进行。建立国家、用人单位和个人三方合理负担，失业救济与再就业紧密结合的新型失业保险制度。实行社会统筹与个人帐户相结合，加快建立全国统一的职工基本养老保险制度，扩大医疗保障制度改革试点范围。继续完善职工最低工资和城镇居民最低生活保障制度。建立健全困难职工解困机制，动员社会各方面力量，切实做好帮危解困工作，并使之经常化、制度化。

各位代表，全面实现 1997 年的国民经济和社会发展计划，对于顺利实施“九五”计划，实现跨世纪的宏伟目标，是至关重要的。我们要以邓小平建设有中国特色社会主义理论为指导，在以江泽民同志为核心的党中央领导下，把握大局，再接再厉，同心同德，开拓前进，为全面完成 1997 年的各项任务而努力奋斗！

关于1996年中央和地方预算执行情况及1997年中央和地方预算草案的报告

——1997年3月2日在第八届全国人民代表大会第五次会议上

财政部部长　刘仲藜

各位代表：

我受国务院委托，向大会提出1996年中央和地方预算执行情况及1997年中央和地方预算草案的报告，请予审查，并请全国政协各位委员提出意见。

一、1996年中央和地方预算执行情况

去年，在党中央、国务院的领导下，经过全国各族人民的共同努力，经济工作取得了很大的成绩，为实现"九五"计划开了一个好头。宏观调控成效显著，通货膨胀得到了有效抑制，国民经济继续保持快速增长，社会总供给和总需求趋于平衡；农业生产喜获丰收，工业生产稳定增长，改革开放进一步深化，财政金融形势平稳，人民币汇率稳定，外汇储备增加较多。

在此基础上，中央和地方预算执行情况较好。初步统计，全国财政收入7 366.61亿元，完成预算的107.2%，比上年增加1 124.41亿元，增长18%；全国财政支出7 914.38亿元，完成预算的105.7%，比上年增加1 090.66亿元，增长16%。收入与支出相抵，支出大于收入547.77亿元。上述数字在中央和地方决算编成后，还会有一些变化。

1996年中央和地方财政各主要收入项目的完成情况是(一)各项税收6 901.35亿元，完成预算的103.6%。其中，消费税和增值税3 574.9亿元，完成预算的99.2%，主要是按政策先征后返的数额超过了预算；营业税1 042.63亿元，完成预算的108.6%；企业所得税979.21亿元，完成预算的102%。(二)其他各项收入817.77亿元，完成预算的139.4%。(三)企业亏损补贴352.51亿元，比预算减少24.29亿元。

1996年中央和地方财政各主要支出项目的完成情况是：(一)基本建设支出885.88亿元，完成预算的104.8%。(二)企业挖潜改造资金和新产品试制费530.09亿元，完成预算的106.8%。(三)支援农业支出518.42亿元，完成预算的103.4%。(四)城市维护建设支出294.11亿元，完成预算的110.7%。(五)文教科学卫生事业费1 705.08亿元，完成预算的104.7%。其中教育事业费1 040.22亿元，完成预算的104.6%；科学事业费109.85亿元，完成预算的102.1%。(六)行政管理费支出642.9亿元，完成预算的116.3%。(七)公检法支出375.31亿元，完成预算的118.7%。(八)支援经济不发达地区发展资金

47.52亿元，完成预算的158%。(九)政策性补贴支出440.65亿元，完成预算的114.4%。

中央和地方财政收支按复式预算汇总的情况，报告里不再赘述，请各位代表按提交大会的预算情况进行审议。

在1996年中央和地方预算执行中，地方财政本级收入3 717.54亿元，完成预算的112.9%，加上中央税收返还和补助收入2 716.28亿元，地方财政总收入6 433.82亿元，完成预算的109.6%；地方财政本级支出5 768.4亿元，完成预算的109.5%，加上上解中央支出603.19亿元，地方财政总支出6 371.59亿元，完成预算的108.5%。地方财政收支相抵，结余62.23亿元。

为了便于各位代表审查和批准中央预算执行情况，我们根据《预算法》的要求，对1996年中央预算执行情况作了单独汇总。

1996年，中央财政总收入4 252.26亿元，完成预算的101.7%。其中，中央财政本级收入3 649.07亿元，完成预算的102%；地方财政上解中央收入603.19亿元，与预算持平。中央财政总支出4 862.26亿元，完成预算的101.4%。其中，中央财政本级支出2 145.98亿元，完成预算的96.7%；税收返还和补助地方支出2 716.28亿元，完成预算的105.4%。中央财政收支相抵，赤字610亿元，比预算确定的数额减少4.42亿元。

1996年中央财政各主要收入项目的完成情况是：(一)各项税收3 456.88亿元，完成预算的99%。其中，消费税和增值税2 835.01亿元，完成预算的99.4%，主要是按政策先征后退的数额超过了预算；外贸企业出口退税824.57亿元，完成预算的126.9%；企业所得税564.47亿元，完成预算的97.8%。(二)其他各项收入263.6亿元，完成预算的169.7%。(三)企业亏损补贴71.41亿元，完成预算的102.7%。

1996年中央财政各主要支出项目的完成情况是：(一)基本建设支出399.43亿元，完成预算的88.3%。(二)企业挖潜改造和新产品试制费123.7亿元，完成预算的97.6%。(三)支援农业支出52.65亿元，完成预算的95.3%。(四)文教科学卫生事业费160.53亿元，完成预算的96.8%；其中，教育事业费75.72亿元，完成预算的98.5%；科学事业费58.4亿元，完成预算的100.7%。(五)国防费支出715.03亿元，完成预算的102.4%。(六)政策性补贴支出122.06亿元，完成预算的104.8%。在上述支出中，有些项目未完成预算，主要是在预算执行中按照需要将某些中央支出划转为地方支出，列入地方预算相关科目的执行数中。因此，1996年中央补助地方支出完成2 716.28亿元，完成预算的105.4%。

此外，1996年国家债务收入1 967.42亿元，比预算增加14.85亿元，主要是国债由众多券商和网点分销，为确保国债发行计划的完成，增发了少量国债。1996年国内外债务还本付息支出和利用国外借款安排的重点建设支出合计为1 314.3亿元，比预算减少23.85亿元，主要是外汇汇率变化减少国外债务还本付息18.97亿元；国内短期国债利息支出减少4.88亿元。再加上1996年中央财政预算赤字减少4.42亿元，相应增加债务收入结余，以上三项因素共使1996年债务收入大于支出43.12亿元，将结转下年使用，相应减少1997年国家债务发行额。

1996年中央和地方财政收入都超额完成了预算，特别是地方收入超收较多，其主要原因，一是宏观调控取得明显成效，在通货膨胀得到有效抑制的同时，国民经济继续保持了快速增长，进一步扩大了财源，使财政收入的稳定增长有了可靠的基础。二是随着财税新体制的确立和不断巩固完善，一个稳定的财政收入增长机制已初步形成。全国财政收入在连续三年大幅度增长的基础上，去年又增收1 124亿元。三是为了进一步规范新税制，对一些行业和产品的增值税过渡性优惠政策进行了清理，取消了某些不规范的税收减免，增加了收入。四是强化了各项收入征管工作。各级征管部门积极改进征管方式和征管手段，加大了征管力度，严厉打击偷税、骗税和各种虚开、代开增值税发票等违法犯罪行为，严格审核出口退税，加强对加工贸易的税收管理，实施了加工贸易进口料件银行保证金台帐监管制度，堵塞了漏洞，保证了收入的稳定增长。五是整顿财经秩序取得了初步成效。按照国务院的统一部署，去年在加强经常性监督检查的同时，重点开展了清理预算外资金、清理“小金库”、整顿会计秩序和财税大检查工作，查处了一批违反财经纪律的问题，相应增加了一些收入。

1996年支出超过预算，从中央支出看，主要是在执行中追加了一些补助地方必需的开支。例如，为支持地方消化粮食挂帐，中央增加对粮食政策性停息挂帐补贴14亿元；国家增加棉花储备，相应增加储备费用补贴4.2亿元；由于开发区增收较多，按政策中央对地方返还数额增加25亿元；为支持少数民族和贫困地区开发，增加转移支付支出14亿元；另外，中央还对灾情较重、财政又比较困难省份增加了一些救灾补助。从地方支出看，主要是地方政府在收入超额完成预算的情况下，按照第八届全国人民代表大会第四次会议通过的《关于1995年中央及地方预算执行情况和1996年中央及地方预算的决议》要求，加大了对农业、教育、救灾等重点支出的投入力度，增加了对困难地区的补助，缓解了部分地区公职人员欠发工资的现象，消化了一部分粮食企业亏损挂帐和历年滚存赤字。此外，为配合全国范围内"严打"斗争的开展，中央和地方都较多地增加了公检法支出。

总的看，1996年财政收入保持了较高的增长，抑制了财政收入占国内生产总值比重下降的势头。财政支出总量有所控制，支出结构有所调整，支出增幅低于收入增幅两个百分点，中央财政达到了年初压缩赤字的目标，地方财政保持一定的结余。这一结果表明，党中央、国务院确定的实行适度从紧的财政政策得到了较好的贯彻执行。

在肯定成绩的同时，我们也清醒地认识到当前财政存在的现实困难和潜在风险：中央财政赤字仍然偏大，完成"九五"计划规定的压缩财政赤字的目标非常艰巨；中央财政的债务依存度偏高；税收流失仍然严重，随意减免税以及偷税、骗税、抗税、欠税等现象还时有发生；支出约束不严，增长较快，铺张浪费现象比较严重，国家掌握的有限财力与各项建设和事业发展需要之间仍有很大差距；财经秩序混乱的状况还没有根本改观；越权设立基金、乱收费的现象还很普遍，预算外收费侵蚀税基也比较严重，国家财力分散的势头还未得到扭转，收入分配关系还没有理顺。部分国有企业生产经营困难，亏损增加，停产、半停产企业和下岗人员增多，也将增加财政困难。这些问题需要在今年的工作中继续着力加以解决。

二、1997年中央和地方预算草案

1997年是我国历史发展上十分重要的一年。香港回归祖国和党的第十五次全国代表大会的召开，标志着我国的社会主义现代化事业进入了一个新的发展阶段。安排和执行好今年的预算，对于保持政治、经济和社会的稳定，推动改革和建设更好地发展，具有非常重要的意义。按照中央经济工作会议的精神和国家"九五"计划对财政工作的要求，今年财政收支预算安排和财政工作的指导思想是：**认真贯彻落实党的十四届五中全会、六中全会和中央经济工作会议精神，继续实行适度从紧的财政政策，促进经济结构的调整和优化，全面强化税收征管，使财政收入继续保持较快的增长速度；坚持量入为出，控制支出总量，优化支出结构，保证重点需要，反对铺张浪费，使财政支出的增长幅度低于收入的增长幅度；进一步压缩财政赤字，控制债务规模；大力整顿财经秩序，继续深化财税改革。**

根据上述指导思想，我们拟定了1997年中央预算草案，并汇总了各省、自治区、直辖市、计划单列市人民政府编制的地方预算草案。

1997年中央和地方预算草案的汇总情况是：全国财政收入安排8 397.94亿元，比上年执行数增长14%，与国民经济保持了同步增长。全国财政支出8 967.94亿元，比上年执行数增长13.3%；重点保证了国家明确规定需要增加的重点支出。其中，支援农业支出安排592亿元，比上年增加73.58亿元，增长14.2%；教育事业费安排1 189.07亿元，比上年增加148.85亿元，增长14.3%；科学事业费安排125.5亿元，比上年增加15.65亿元，增长14.2%。几项重点支出的增幅均高于全国财政收入的增长。全国财政收支相抵，支出大于收入570亿元。

在1997年中央和地方预算草案中，地方财政本级收入4 247.29亿元，比上年执行数增长14.3%，加上中央税收返还和补助收入2 905.04亿元，地方财政总收入7 152.33亿元；地方财政本级支出 6 549.14 亿元，比上年执行数增长 13.5%，加上上解中央支出 603.19 亿元，地方财政总支出 7 152.33 亿元。地方财政收支平衡。

为了便于各位代表审查和批准中央预算，下面重点将 1997 年中央预算安排情况作一汇报。

1997 年中央财政总收入安排 4 753.84 亿元，比上年执行数增加 501.58 亿元，增长 11.8%。其中，中央本级收入 4 150.65 亿元，比上年执行数增加 501.58 亿元，增长 13.7%；地方财政上解中央收入 603.19 亿元，与上年持平。中央财政总支出 5 323.84 亿元，比上年执行数增加 461.58 亿元，增长 9.5%。其中，中央本级支出 2 418.8 亿元，比上年增长 272.82 亿元，增长 12.7%；税收返还和补助地方支出 2 905.04 亿元，比上年增加 188.76 亿元，增长 6.9%。中央财政收支相抵，赤字 570 亿元，比上年执行数减少 40 亿元。

中央预算各主要收入的安排情况是：(一)各项税收 4 131.06 亿元，比上年执行数增长 19.5%，各项税收增长比例较高，除了正常的税收增长外，主要是外贸出口退税数额比上年减少，相应增加了收入。其中，消费税和增值税 3 153.4 亿元，企业所得税 447.6 亿元，关税 340 亿元。(二)其他各项收入 97.13 亿元。(三)企业亏损补贴 77.54 亿元，比上年执行数增长 8.6%。

1997 年中央预算各主要支出项目的安排情况是：(一)基本建设支出 425.63 亿元，比上年执行数增长 6.6%。(二)企业挖潜改造资金和新产品试制费 147.34 亿元，比上年执行数增长 19.1%。(三)支援农业支出 59.92 亿元，比上年执行数增长 13.8%。(四)文教科学卫生事业费 180.95亿元，比上年执行数增长 12.7%。其中，教育事业费 86.16 亿元，增长 13.8%；科学事业费 66.46 亿元，增长 13.8%。(五)国防支出 805.7 亿元，比上年执行数增长 12.7%。(六)行政管理费 14.68 亿元，比上年执行数增长 8.9%。(七)公检法支出 22.36 亿元，比上年执行数增长 12.3%。(八)政策性补贴支出 125.31 亿元，比上年执行数增长2.7%。

除上述预算收支外，按照国务院决定，从 1996 年起将电力建设基金、铁路建设基金等主要建设性基金(收费)纳入财政预算管理。对这些基金(收费)收入要按现行体制及时上缴中央金库或地方金库，支出由主管部门提出计划，财政部门按规定拨付，实行收支两条线管理。同时，为加强大江大河治理，国务院决定，从各项建设性基金中集中 3%，设立水利建设基金。这些基金(收费)的收支在预算上单独编列。财政部门按国家规定收取的各项税费附加，要统一纳入财政预算，不再作为预算外资金管理。

1997 年中央政府性基金收入预算安排 1 155.01亿元。其中：电力建设基金 39.71 亿元，车辆购置附加费 203.7 亿元，铁路建设基金349.2 亿元，邮电附加费 97 亿元，市话初装基金 291 亿元，水利建设基金 31.37 亿元。中央政府性基金支出预算安排 1 146.44 亿元。其中：电力建设基金支出 34.21 亿元，车辆购置附加费支出 203.7 亿元，铁路建设基金支出 349.2 亿元，邮电附加费支出 97 亿元，市话初装基金支出 291 亿元，水利建设基金 31.37 亿元。收支相抵，结余 8.57 亿元。

为了便于代表们审议，现将中央预算草案编制中的几个有关政策问题作一些说明：

(一)关于中央财政收入预算安排问题。1997 年中央本级财政收入比上年执行数增长13.7%，与国民经济增长基本同步。其中增值税、消费税安排比去年执行数增长 12%，扣除政策性先征后退的数额，实际增长 11.2%。做这样的安排，考虑的主要因素：一是今年宏观经济环境比较有利，国民经济将继续稳定健康发展，经济结构调整力度加大，经济增长质量也将有所提高，这些都为扩大财源基础，增加财政收入提供了有利条件。二是随着改革的不断完善和深化，新财税体制将更有效地发挥促进财政收入稳定增长作用。三是全面推行税收征管改革，建立新的征收管理机制，加大税务稽查力度，将进一步挖掘税收潜力，堵塞漏洞，减少税收流失。四是进一步整顿财经秩序也将有利于财政加强管理，增加收入。

(二)关于中央财政支出预算安排问题。1997 年中央本级财政支出比去年执行数增长 12.7%，比收入增长低 1 个百分点，在调整支出结构的同时，体现了适度从紧、总量控制和突出重点的方针，重点安排了国家明确规定需要增加的重点支出和正常的工资性支出。根据现在安排的中央预算草案，今年中央财政安排的支援农业支出、教育事业费和科学事业费，均比上年执行数增长13.8%，增幅都高于中央财政收入的增长。

（三）关于税收政策调整问题。为了发挥税收的调控作用，进一步理顺国家与企业、中央与地方之间的分配关系，增强中央政府宏观调控能力，国务院决定，从1997年1月1日起，调整金融保险业的税收政策，将国有金融保险企业的所得税税率，由目前的55%降为33%，与其他内资企业的所得税税率相统一；将金融保险业营业税税率由5%提高到8%。同时，调整证券交易印花税中央与地方分享比例，中央为80%，地方为20%。

（四）关于压缩财政赤字问题。按照“九五”计划关于基本消除财政赤字，控制债务规模的要求，今年财政赤字本应再多压缩一些。但今年必须增加的支出较多，从政治经济发展大局考虑，再压缩有很大难度。主要是去年农业丰收，为稳定农村经济发展，保护农民的积极性，国家要增加粮食和棉花储备，需增加中央财政支出40亿元；贯彻落实中央扶贫工作会议精神，加大扶贫攻坚力度，中央要增加扶贫支出和对少数民族及贫困地区的转移支付支出25亿元；今年机关和事业单位职工调整工资需要增加一些支出；香港回归祖国，中央财政也要相应增加一些支出。在这种情况下，今年中央财政赤字仍比去年压缩了40亿元，是作了很大努力的。

（五）关于1997年国家债务问题。1997年中央财政到期需归还的国内外债务本息为1 959.08亿元，加上当年赤字570亿元，共需发行债券2 529.08亿元，扣除上年债务收入结余43.12亿元，1997年国内外债券发行额为2 485.96亿元。今年国债发行任务繁重，对保证国家重点建设和及时兑付债务本息意义重大。我们将进一步改进和完善发行办法，逐步建立高效率、低成本的国债发行机制，规范市场交易，保证今年国债发行任务的完成。

三、努力增收节支，整顿财经秩序，全面完成1997年的预算任务

今年的财政工作要服从和服务于大局，突出重点，保持财政政策的连续性、稳定性和必要的灵活性。在继续实行适度从紧财政政策的前提下，围绕经济生活中的突出问题，采取积极有效的措施，充分发挥国家财政的职能作用。在工作中要力求把发展经济与开辟财源结合起来，努力增加财政收入；把控制支出与调整结构结合起来，努力节减一切可节减的支出；把深化财税改革与振兴国家财政结合起来，逐步增强财政的宏观调控能力；把强化财税管理与整顿财税秩序结合起来，使财政工作逐步走上依法理财、依法管理的道路。

（一）牢牢把握大局，推动两个转变，促进经济发展，保持社会稳定。要继续把支持农业放在财政工作的重要位置上，按照《农业法》的要求，确保预算内支农支出的合理增长，保证资金及时足额到位。为加大扶贫攻坚力度，国务院决定，今年中央财政增加15亿元的扶贫支出拨款，地方也要相应增加扶贫投入。不论财力有多紧，要保证解决群众温饱问题的资金到位。在资金安排上要保证重点，集中使用，不能挤占和挪用。同时，要强化对扶贫资金的管理和监督工作，坚决查处扶贫资金使用中的违法乱纪行为。要切实推进两个根本性转变，加大经济结构调整的力度。各地在制定和实施“九五”计划时，必须充分考虑国家的整体布局和国内外市场容量，与国家的产业政策结合起来，把有限的财力用于优化和调整结构，着力发展那些市场需求量大，产业关联高度，科技含量多，经济效益好，带动作用强的产业和产品。特别要重视发展本地区优势明显的特色经济，开拓城乡市场。同时要加大技术改造的力度，走内涵和集约发展的路子，切实防止投资外延化和不顾可能、一哄而起的倾向。要切实加强企业经营管理，促进企业建立和完善适应市场竞争环境的内部管理制度，扎扎实实抓好基础工作。要积极推进社会保障制度改革，为深化企业改革创造必要条件。当前，部分国有企业生产经营困难，下岗待业人员增多，安置好停产半停产企业富余职工的就业和生活，对于维护改革、发展、稳定的大局，帮助企业扭亏增效，克服困难至关重要。对那些经营不下去，又不具备兼并破产条件的企业，应对富余职工实行下岗分流。下岗职工实在难以安置的，应采取有效措施保证下岗职工的最低生活费用。

（二）加强收入征管，继续保持财政收入快速增长的势头。各级财政要帮助和督促企业加强资金管理和成本核算，把降低管理费用作为重点来抓，严格控制企业成本费用，扭转企业工资奖金和福利开支的随意状态，建立严格的约束机制，扭亏增盈，提高效益。要继续加大税收征管力度，切实依法治税，应收尽收，严禁乱开减免税口子，严禁违反规定擅自批准缓税。要大力清理欠税，在继续压缩旧欠的基础上，确保今年不再发生新欠。对不顾国家利益有意欠税的企业，要依法采取强制措施，维护国家税法的威严。在个人所得税征管工作中，特别要注意抓好对高收入行业及高收入者应纳个人所得税的征管，试行注册会计师审核制度，制止非法减免个人所得税以及擅自提高扣除标准和扩大扣除范围的行为。目前土地出让金收入流失情况十分严重，今年要加强土地出让金的征收管理。对未按规定缴入财政的土地出让金，要坚决予以清缴、追回；对已上缴财政、未纳入预算的土地出让金，要坚决清理入库。

（三）建立严格的预算约束机制，遏制财政支出过快增长的势头。控制支出规模，调整支出结构，必须发扬勤俭建国，艰苦奋斗，厉行节约，反对浪费的优良传统和作风，在相当长的时间内要过“紧日子”。财政支出水平和标准必须与经济发展水平相适应，不能超前。支出的增长必须低于收入的增长。要调整支出结构，有保有压。在经济和社会发展中，每一项事业都很重要，但受财力的制约，就必须区分轻重缓急和主次先后。在预算执行中要坚持依法理财，严格预算约束。一是严格按照《预算法》的规定和各级人代会批准的预算办事。二是坚决执行国务院统一的工资政策。今年准备出台的几项调整工资和津贴的措施，各地区各部门都必须严格按规定执行，不得在国家规定之外，自行提高标准，或以其他名目变相发放奖金、补贴。同时要认真清理过去已经发放的各种津贴、补贴，不合理的要坚决取消。三是严格控制机构人员编制，科学界定财政支出的供给范围。未经国务院批准，不准增人增编，增设机构，不许通过乱收费、乱创收，把自行增设的机构人员转到预算外开支。对一部分已经取消行政管理职能的单位，应改变经费供给渠道，停止行政经费供给。那些主要从事生产经营活动的事业单位及一些学会、协会、报刊、杂志、中心等，都应自收自支。四是压缩公用经费开支。大力精简会议，从严控制和审批党政干部的出国经费，坚决刹住公款吃请、公款旅游等不正之风，严格控制社会集团消费。

（四）继续深化财税改革，完善财税立法，为逐步振兴国家财政创造良好的条件。要进一步完善增值税征收管理办法，扩大增值税发票交叉稽核的范围，坚决堵住利用增值税发票偷骗税的漏洞。改进个人所得税征收办法，严格实行代扣代缴和法人支付与个人收入双向申报制度。要继续深化税制改革，继续清理各类不规范的税收优惠政策，巩固和扩大税源基础，抓紧制定或修订税收法规，进一步改革出口退税机制，对有进出口经营权的生产企业自营出口的货物，实行“免、抵、退”的办法。要进一步改革和完善过渡期转移支付办法，改进测算方法，调整标准支出的项目和因素，建立激励机制，逐步向规范化的转移支付过渡。中央用于转移支付的财力也将逐年增加。要加快财政支出改革的步伐，把改革的重点转到强化支出管理上来，组织力量抓紧研究建立科学严格的支出控制机制。要继续支持、配合国有企业改革试点，继续做好“拨改贷”资金余额转资本金的工作，为国有企业多渠道增资减债创造条件。要切实加强国有资产管理，积极做好国有企业清产核资的后续工作，继续开展城镇集体企业清产核资扩大试点工作。要按国务院规定，切实加强对社会保障基金的管理，严禁挤占挪用和挥霍浪费。

（五）进一步规范和整顿财经秩序，加强财政监督。去年整顿财经秩序工作取得了阶段性成果，但总的看，经济领域中大面积违法乱纪的势头尚未彻底得到遏制，因此，必须按照党中央、国务院的要求，继续加大治理整顿的力度。今年整顿财经秩序工作的重点：一是规范财政支出秩序。专门组织力量对预算支出，从资金的申请、拨付到使用进行重点检查和全方位监控，对那些挥霍浪费财政资金，擅自提高支出标准，挤占挪用重点支出的违纪行为，要坚决查处。二是继续开展打击偷税、骗税的专项斗争。目前，税务机构正结合财税大检查开展出口退税的专项检查，今年要视专项检查结果，继续对一些重点地区、重点行业和重点环节进行检查。同时，要进一步完善出口退税的事前审核和管理制度。三是强化企业财务约束机制。加快研究制定国有企业财务监督实施办法，对企业消费性资金使用、对外投资、关联企业往来、购销活动以及资产处置等依法进行监督。收入要全部入帐，支出要有预算，并做好内部审计工作。四是加强预算外资金管理。继续贯彻落实国务院《关于加强预算外资金管理的决定》，行政事业性收费要严格执行中央、省两级审批制度，基金要严格执行中央一级审批制度，刹住越权设立基金，乱设收费项目的歪风。坚决制止向单位和农民乱摊派和乱收费。五是加强对会计工作的管理和指导。结合今年税收、财务、物价大检查，继续开展以强化基础管理和依法建帐为中心内容的会计基础工作规范化活动，研究制定与企业会计制度相适应的成本核算办法及单位内部控制制度，加强对会计人员的基本技能教育和职业道德教育，并定期进行检查。逐步实行企业年度会计报表注册会计师审计制度，发挥社会中介组织在会计秩序建设中的作用。

各位代表：完成好今年的预算，任务相当艰巨。我们将以邓小平同志建设有中国特色的社会主义理论和党的基本路线为指导，在以江泽民同志为核心的党中央领导下，把握大局，再接再厉，同心同德，开拓前进，圆满地完成今年的预算任务，为巩固和发展当前的大好形势做出新的贡献。

第一章 国民经济进入稳定、适度增长新阶段

第一章　国民经济进入稳定、适度增长新阶段

概述：1996年中国国民经济保持适度快速增长，治理通货膨胀取得明显成效，农业持续丰收，对外经济稳步发展，财政增收，金融形势平稳，人民生活水平继续提高，宏观经济环境改善，整体经济形势进一步好转。这表明宏观调控成效显著，“九五”开局良好。但经济结构仍不合理，企业生产经营困难加大。

1.1　'96中国经济运行总体态势良好

1996年，各地区、各部门认真贯彻落实年初中央确定的各项方针政策，较好地处理了改革、发展、稳定三者的关系，在缓解社会供求总量矛盾、治理通货膨胀、降低物价涨幅、保持经济稳定增长、深化改革等方面取得明显成效，宏观调控主要目标基本实现，整体经济进入了一个稳定、适度快速的增长轨道。主要运行特征如下：

一、通货膨胀得到有效抑制，物价上涨率明显低于经济增长率

“治胀”是1993年下半年以来强化宏观调控的首要任务，经过三年多的努力，基本达到预期目的。1996年商品零售价格比上年上涨6.1%(居民消费价格上涨8.3%)，不仅超额实现了年初确定的10%左右的调控目标，而且大大低于经济增长率。

全年物价变动的基本特点：一是涨幅低，回落平稳，自上年11月以来物价涨幅持续在10%以下的较低区间运行，并呈逐月稳定回落态势；二是东部地区回落略快于中西部地区；三是多数商品价格涨势低缓，但居住和服务项目的价格上涨幅度较大，全年居住和服务项目的价格分别比上年上涨11.4%和16%，月环比涨幅呈逐月攀高之势；四是粮食调价顺利出台，市场粮价平稳，全年粮食价格上涨6.5%，涨幅低于上年30.3个百分点。

物价涨幅的明显回落得益于连续几年适度从紧的总量调控政策、农业特别是粮食持续几年获得好收成、市场供求状况的进一步改善、市场监管力度的加大以及各级领导的高度重视。

二、国民经济增长平稳回落到适度快速区间，稳定性增强

1996年，全年国内生产总值按可比价格计算比上年增长9.6%，增幅虽比前几年有所减缓，但总体上仍在适度快速区间运行。经济增长的稳定性有所增强，全年经济持续在“绿灯”区间运行，年内各季的经济增长率基本稳定在9.5－10%之间，自1993年以来年度经济增长率之间的落差也比前几个经济周期大为缩小。

第一产业继续得到重视和加强，粮食再获大丰收，主要农产品供求偏紧状况进一步得到改善。第一产业增加值为13 884亿元，按可比价格计算，比上年增长5.1%，增速比上年提高0.1个百分点。主要农产品中，粮食在1995年获得好收成的基础上再上一个新台阶，总产量达到50 454万吨。粮食的大幅度增产，除气候条件外，主要得益于粮食收购价格提高等政策性措施所产生的积极效应，进一步调动了农民生产积极性，(全年粮食种植面积增加了248.8万公顷，农业投入增长较快，更加注重农业实用技术的应用等)。棉花、油料由于面积调减，产量有所下降，但市场供求状况良好。畜牧业、渔业稳定增长，全年肉类总产量增长近一成。

第二产业增速在回落中保持稳定增长。全年第二产业增加值为33 613亿元，比上年增长12.1%，增幅比上年回落1.8个百分点，其中主要是工业生产增速减慢所致。全年完成工业增加值比上年增长12.5%，增速比1995年回落1.5个百分点。除三季度外，各季之间增速大体稳定在13%左右；轻工业增长略快于重工业，产品结构有

所调整，“老三件”及排油烟机、吸尘器、多数纺织产品等的生产下降，计算机、程控交换机、录相机、组合音响、空调器等的生产保持较快增长，主要能源、原材料产品增势平稳。产销衔接水平逐季提高，1－4季度产销率分别为93.04%、94.43%、96.16%和98.88%。表明在实现“两个根本性转变”的大环境下，企业的“质量、品种、效益”意识有所增强，生产的盲目性减少。

第三产业稳定增长。全年第三产业增加值为21 097亿元，比上年增长7.8%，增幅与上年持平。

三、社会需求增长基本适度，投资与消费关系改善

1996年，国家在继续坚持适度从紧的总量调控政策的同时，加大了结构性灵活调整的力度，重点加强了对基础产业、基础设施、企业技术改造等的资金投入，社会需求保持适度增长，对促进产品更新换代、开拓国际、国内两个市场起了积极作用。

固定资产投资总量基本适度，投资结构得到改善。全年全社会固定资产投资总量为22 794亿元，比上年增长14.8%，扣除投资品价格因素，实际工作量增长10.4%，固定资产投资率约为33.9%。从投资与经济增长关系、我国所处发展阶段以及资金、资源的支撑能力等因素综合考虑，目前的投资总量是基本适度的。

投资内部结构呈现出两个积极变化：一是资金投向相对集中，突出“保重点、保投产、保收尾”的大中型项目，国家重点建设项目完成计划较好；二是更新改造投资回升较快，全年完成投资3 623亿元，增长9.8%。

商品供应丰富，市场运行平稳。1996年，尽管国家先后出台了停办保值储蓄、两次调低存款利率等一系列举措，但市场整体运行平稳。全年社会消费品零售总额为24 774亿元，比上年增长20.1%，扣除价格因素，实际增长13.2%。市场商品货源充裕，总体上呈现出“供略大于求”的格局，内贸部商品供求排队信息表明，下半年供求基本平衡和供大于求的商品比重已达93.8%，比上半年又提高3.2个百分点，以提高服务质量、改善购物环境和折价促销等主要方式的商业竞争更趋强化。

外贸出口由降转升。上半年，受出口退税率的再次调低和退税不及时等因素的影响，外贸出口持续下降。进入下半年以来，随着出口退税进度的加快及企业自身适应性调整能力的增强，外贸出口开始逐月有所回升。全年进出口总额达2 899亿美元，比上年增长3.2%。其中出口1 511亿美元，增长1.5%，进口1 388亿美元，增长5.1%，贸易顺差123亿美元。

利用外资继续保持较快增长。全年我国实际利用外资达548亿美元，比上年增长13.9%。其中外商直接投资417亿美元，增长11.2%。外资的投向也朝着有利于我国结构调整升级的方向发展。投向机械、电气、交通运输及农业的资金大幅度增加，用于宾馆饭店业和金融保险业等的投资有程度不同地下降；平均投资项目规模明显扩大。

四、财政收入增长较快，金融形势相对稳定正常

全年财政收入（不含债务收入，下同）7 408亿元，比上年增长18.7%；财政支出（不含债务支出）7 938亿元，增长16.3%。收支相抵，支大于收529.56亿元，比上年减少52亿元。全年财政收入增幅超过现价国内生产总值增幅，有利于增强国家宏观调控能力、缓解财政收入占国内生产总值比重持续下降的状况。

金融改革进展顺利，金融形势基本平稳。1996年，银行在适时调整利率、试行公开市场操作业务以及实现人民币在经常项目下的可兑换等方面的改革举措，收到了积极的成效。两次调低存贷款利率，既减轻了企业的利息负担，降低了投资成本，又大大增强了货币的流动性。狭义货币（M1）的增速由年初的11%提高到年末的18.9%，广义货币（M2）的增幅也回落到基本适度区间（25.3%）。居民储蓄存款增势虽有所减缓，但增幅仍较高。全年城乡居民储蓄存款新增8 859亿元，比上年多增715亿元。贷款在强化风险管理、优先保证重点的同时，比上年有所增加。全部金融机构新增各项贷款10 613亿元，比上年多增44.4亿元。货币投放增多，全年累计投放货币917亿元，比上年多投320亿元。

针对外汇占款大量增加，银行适时采取了发行金融债券、收回商业银行再贷款等措施，保持了人民币币值的大体稳定，全年人民币对美元的汇率基本稳定在8.3:1的价位上。

五、居民收入继续增加，生活水平提高

农村居民收入增长继续高于城镇居民。全年城镇居民人均生活费收入为 4 377 元，扣除价格因素，实际增长 3.3％。农村居民由于粮食国家收购价格的提高和产量的大幅度增加，全年人均纯收入达到 1 926 元，实际增长 9％，比 1991－1995 年平均增速高出 4.5 个百分点。但城镇减收面扩大、部分停产半停产企业职工生活困难加剧，对此应引起高度关注。

总起来看，1996 年是我国宏观调控成效最为显著的一年，经济与物价、工业与农业、投资与消费、国际收支等主要关系都处于较为合理的范围，社会总供求关系明显改善。全年社会总供求差率为－4.1％，处于基本正常范围，基本上达到了中央加强和改善宏观调控的预期目标，成功地实现经济的“软着陆”。这次宏观调控取得明显成效，一是调控目标明确，重点突出；二是调控力度适中，坚持总量适度从紧和灵活调节相结合；三是调控手段灵活多样，强调市场导向和以经济、法律手段为主；四是调控与改革相结合，通过深化宏观经济体制改革，提高了宏观调控能力；五是注重各项政策目标之间的协调、统一，较好地兼顾了改革、发展、稳定三者的关系。

但同时也应看到，目前所取得的成绩还只是初步的，相对于“两个根本性转变”和实现经济增长又快又好的要求而言还有很大的差距，总量矛盾虽得到缓解，但基础并不稳固，结构性矛盾更趋突出，企业生产经营困难、财政赤字、金融资产质量下降、地区发展不平衡等问题仍未得到有效缓解，宏观调控、改革和发展的任务依然十分艰巨。

（综合司宏观处）

专栏 1.1 什么是经济周期？

经济周期是指经济运行过程中由一个谷底，经过复苏、扩张到峰顶，然后收缩、萧条到另一谷底的过程。“峰顶”和“谷底”分别表示两阶段的转折点。研究经济周期以期从中找出问题、特点和规律性的东西，更有效的对宏观经济加以调控，历来是经济学家关注的焦点。一般来说，经济波动是经济领域客观事物运动的必然结果，无论是实行何种制度的国家都是难以避免的。因此如何避免经济的大波动，保持经济的稳定发展，一直是各国政府和经济学家在宏观调控与决策中优先考虑的课题之一。在西方，经济周期被区分为不同类型，如按照经济周期持续时间的长短分为小周期、大周期、中长周期、长周期，或者按照经济周期的特点和性质区分为古典循环和增长循环。古典循环，又称“衰减型”周期，这种经济波动的低谷表现为经济指标绝对量的下降，即经济发展出现负增长。在增长循环中，经济波动的低谷不是绝对量的下降，而是增长率的相对减缓，经济发展始终在正增长中进行。

我国经济周期的长度特征并不一定完全符合西方国家的规律。有的学者根据实证分析的结果，把我国的经济周期分为长波、中波、短波三类，分别表示周期长度为几十年、5－10 年、2－3 年的周期。区分这三种周期，便于针对不同周期采用相应的研究方法，准确地解释周期的成因。我国在相当长的时间里研究的重点一般仅限于中波和短波。

（执笔：郑泽香）

1.2 正确评价当前企业生产经营所面临的困难

当前经济生活中存在的一个突出问题是工业企业生产经营困难，效益下降，与宏观经济环境明显改善、总体形势好转形成较大反差。

一是生产能力利用率普遍不足，停产半停产企业和下岗待岗职工增多。据第三次工业普查对 94 种主要工业产品的新统计，1995 年有近三分之二的产品生产能力利用不足，其中能力闲置20—30%的产品有26种，占27.7%；生产能力利用严重不足，能力闲置50%以上的产品有35种，占37.2%，主要是一些轻工家电产品、部分机械、化工产品以及部分纺织产品。生产能力利用比较充分的(80%以上)只有33种产品，仅占35.1%，主要是能源和部分化工产品。今年以来，这种情况不仅没有改变，相反还更加突出。据调查，2/3以上的企业反映生产能力利用不足。

二是资金循环不畅，产成品占压和相互拖欠上升，进一步加剧了企业资金的紧缺状况。据对全国38万家独立核算工业企业的统计，到12月末，产成品占压达5 346亿元，比上年增加750亿元，不合理库存超过1 500亿元；应收帐款净额达9 270亿元，增加1 274亿元，不合理拖欠超过3 000亿元。

三是企业生产经营效益滑坡，生产发展后劲严重不足。1996年，企业亏损持续居高不下，尤以国有企业为甚，12月底亏损面达37.7%。实现利润总额在上年下降2.7%的基础上，1996年滑坡势头更加明显，其中一季度实现利润不及上年同期的一半，国有企业盈不抵亏，净亏损34亿元。进入二季度以来，尽管情况逐渐有所改善，但企业生产经营效益总水平下降的局面仍未改变，全年与上年相比，38万家独立核算工业企业实现利润下降15.3%，其中国有企业下降38%。

应该指出的是，当前企业的效益下滑呈现出明显的不均衡性。一方面是利润下降，但税、工资仍增加(全年企业应交增值税增长6.3%)，说明企业新创造的财富还是增加的；另一方面是不同所有制、不同地区的差距拉大，非国有企业、沿海地区总体上比国有企业、内地的情况要好些。全年集体企业利润增长15.9%。

对企业特别是国有企业出现上述问题的原因应该有一个正确的认识。总的来看，有需求总量和结构的变化、农产品提价使部分工业企业利润向农业转移等短期因素的影响，也有产业、产品和企业组织结构不合理、企业生产经营机制不适应社会主义市场经济机制等长期累积的深层次矛盾的影响。具体而言，造成企业生产经营困难的因素主要是：

(一)企业不适应宏观改革快速推进的变化。近几年，围绕向社会主义市场经济体制转轨的要求，国家相继出台了财税、金融、外汇外贸、价格、投资、社会保障等重大宏观改革举措，这对创造一个稳定的宏观经济环境，促进市场经济的发展，是有利的。但对企业而言，还有一个适应、消化和吸收过程。财税改革确立了以分税制为主体的新财政体制，增收效果明显，基本堵住了税收减免的口子，减少了税收“跑”、“冒”、“滴”、“漏”等的流失，使过去隐藏在企业的收入大部分都收上来了。“两则”的实施，使企业可计入成本的项目增多，相应地减少了企业利润。金融改革实行政策性金融与商业性金融的分离，银行增强了贷款的风险意识，逐渐硬化了对企业贷款的约束，使一部分效益欠佳，对银行依赖性强的企业资金供应吃紧，生产经营面临难度增大。以养老、医疗、失业、住房为主要内容的社会保障制度改革的进一步深化，按照国家、集体、个人三者合理负担的要求，也相应地增加了企业在这方面的支出，等等。可以说宏观改革的一部分成本要由企业来承担，在短期内必然对企业形成一定的压力。

(二)企业不适应市场环境由“卖方市场”转向“买方市场”的变化。伴随市场化取向改革的逐渐深化，大大丰富了市场商品的供应，基本上消除了“短缺”现象，企业的生产经营活动不再仅仅是受资源的约束，还受到来自市场的约束，且这种约束日趋增强；居民消费也正处于由“温饱”向“小康”的过渡阶段，对消费的选择性增强，对企业生产提出了更高的要求，这使得习惯于靠数量扩张的传统生产经营方式遇到了前所未有的挑战，加上持续适度从紧的宏观经济政策，使“买方市场”的特征变得更加明显，企业难以再靠涨价和数量扩张来获取“涨价效益”和“速度效益”。

(三)企业不适应来自国际竞争压力增大的变化。随着我国对外开放向纵深扩展，来华的外商投资明显增多，实际利用外资由1990年的103亿美元猛增到1996年的548亿美元，投资的领域从工业为主逐渐向其它领域渗透。特别是进入九十年代以来，大企业、大财团、跨国公司来华投资明显增多，一个突出的特点是凭借经济和科技优势来华“抢市场”。在进出口方面采取了取消出口补贴、降低关税税率等按国际惯例运作的管理办法，加快了与国际市场接轨的步伐，进口总额达到一个相当规模。这对市场竞争力不强的国内企业势必带来很大的冲击。

(四)经济体制不合理，结构调整缓慢。

1. 盲目重复建设现象严重，缺乏合理的分工。许多地方不顾资源条件和国家产业发展规划，盲目争上项目，导致地区产出结构的高度趋同。1996年投资项目快速调查资料表明，目前全国30个省、市、自治区中，产品生产重叠度较高的有(括号内数为生产同一产品的地区个数)：电视机(29)、汽车(23)、洗衣机(23)、电冰箱(23)以及纺织、啤酒、卷烟、塑料、化肥、自行车、钢铁、摩托车、化学纤维等，有的地区同一产品甚至有多个生产厂家，如汽车生产企业全国有86家，有的地区超过10家。令人堪忧的是，各地在制定“九五”计划和2010年远景目标纲要时，依然存在比较严重的同构化现象。这种结构的背后就是社会失去合理分工的效益。

2. 投资项目小型化，达不到合理的经济规模。据1995年资料，我国基本建设施工项目中，小项目投资额占全部投资额的56%，有相当一些小型项目平均规模太小，如小钢厂平均规模为3.4万吨；小氮肥为3万多吨；小水泥为8.8万吨；小汽车不足1万辆，其中小于2 000辆的有27个项目；小棉纺2万锭，等等，有的项目甚至不及合理规模的1%。即使是一些大中型项目的规模与国际比较也明显偏小，如我国发电机组装机容量的大中型项目标准为2.5万千瓦以上，而国际上一单台机组容量就超过30万千瓦。

3. 技术水平低，产品质量不高，市场竞争力弱。目前达到国际先进水平的企业不足20%，大多数还是处于六、七十年代的技术水平，有的甚至是四、五十年代的水平。存量调整困难重重，企业优胜劣汰机制尚未完全确立，使资源配置效益低下，目前国有企业中长期亏损的占20%左右。

此外，行政管理体制改革滞后，政府和企业职能的错位也是影响企业活力不足的重要因素。

(综合司宏观处)

1.3 ’97中国经济将稳中趋好

1997年是我国历史上一个极不平凡的年份，香港的回归和党的十五大的召开均具有划时代的历史意义，她决定着中国将以怎样的姿态进入21世纪以及21世纪中中国在国际社会中的地位和作用。

一、’97中国经济运行环境分析

1997年无论从政治气候，还是从经济环境都将突出一个“稳”字：

首先从政治气候看，如前所述，香港政权的顺利交接和党的十五大的召开都要求保持一个安定团结的大好政治局面。特别是香港的回归，将大大振奋民族精神，增强民族凝聚力，增进内地与香港经济之间的融洽；

其次从国际环境看，稳定发展的国际大环境，世界贸易量的扩大，将有利于促进中国经济的增长。据国际货币基金组织预计，1997年世界经济增长可望达4.1%，比1996年3.8%的增速进一步有所加快。其中亚洲地区经济增长率预计可达7.5%，虽比前几年略有减缓，但仍是世界上经济发展最快的地区；发达国家经济增长率将由1995年的2.1%、1996年的2.3%进一步上升到1997年的2.5%；中、东欧等经济转型国家逐步摆脱衰退的阴影，经济增长有所回升，由1995年的-1.3%、1996年的0.4%提升到1997年4.7%左右。

再次从经济环境看，也存在着许多有利于保持经济稳定增长的因素。

第一、1997年国家宏观调控政策在保持稳定性、连续性的同时，将更多地体现适度、灵活的原则。如根据市场物价变动和资金供求状况，更加灵活运用利率杠杆调控货币供应量；按照积极稳妥、严格管理、循序渐进的方针，在强化规范管理的同时，进一步扩大直接融资的比例，增强货币的流动性；适当增加再贴现资金，扩大贴现、再贴现和公开市场操作业务；改进出口退税办法，加快出口退税进度，鼓励和支持外贸出口；适当增加对国家重要基础产业、基础设施以及“安居工程”等方面的投资，支持民用住宅的开发和销售，等等，将有利于扩大社会最终需求，增强对经济增长的拉力；

第二、连续两年农业获得好收成，主要农产品供求偏紧状况进一步得到改善；工业生产的持续较快增长促进了工业品市场的繁荣，市场上绝大多数工业品处于供大于求或供求基本平衡的状态，群众消费心理稳定。上千亿元的国家外汇储备增强了国家宏观调控的回旋余地。

第三、经过这几年大规模的基础产业和基础设施建设，以及生产盲目性现象的减少，使我国“瓶颈”制约矛盾明显减缓。能源、原材料、交通运输等的支撑能力进一步改善，有利于继续保持一个较高的经济增长速度。

第四、1996 年市场物价得到较好控制，将为 1997 年宏观经济的稳定奠定了一个有利的基础。

此外，从经济增长周期规律性看，1997 年处于新一轮经济周期的上升阶段，客观上经济有一种自然向上的惯性。

但也存在一些可能引起经济波动的不稳定因素：

一是农业基础的脆弱和气候因素的不确定性。按照“两丰一平一歉”的农业生产历史规律，1997 年的农业生产形势不容乐观，而且近两年粮食的大幅度增产，主要是靠扩大种植面积和相对有利的气候条件，并不表明我国粮食综合生产能力已经上了一个新的台阶。

二是微观方面的困难短期内尚难以明显改观，企业的适应能力和发展能力相对较弱。特别是因企业生产经营难度加大而引发的待业下岗职工增多、部分职工家庭生活困难等问题必须引起高度重视。

三是由于经济体制改革特别是企业改革尚未到位，缺乏有效的风险责任约束机制，来自地方和企业要求松动银根、扩大投资的压力很大，增添了保持宏观经济总量平衡的难度。

四是潜在的涨价压力较大，由于 1996 年物价涨幅明显低于调控目标，出于减轻财政补贴负担等需要，一些地方有可能会在 1997 年集中出台一些调价措施，给当年物价调控增加难度。

五是一些长期困扰我国经济发展的问题，如产业结构不合理、“高投入、低产出”的粗放经营模式等仍是我国经济持续、快速、健康增长的严重障碍。

六是香港回归前后可能出现的一些不确定因素等。

二、下阶段宏观调控应着重把握的几个方面

基于上述分析，我们认为 1997 年宏观调控总体上要在积极认真贯彻落实中央经济工作会议精神的基础上，发挥优势，克服不足，坚持稳中求进，适时微调，在继续巩固和扩大已取得各项成效的基础上，把结构调整和企业改革放在更加突出的位置上，重点把握好以下几个关键环节：

1. 坚持总量适度从紧，加大结构灵活调整的力度。

目前总量平衡的基础尚不牢固，各地要求大干快上的新一轮扩张愿望仍十分强烈；部分国有企业眼前的困难局面有其深刻的体制原因，不是单纯靠松动银根所能解决的；加上 1997 年经济总体上处于上升阶段，有必要加强对需求的调控，不宜松动过度。因此，还必须从严控制固定资产投资新开工项目，继续加强对货币供应量的管理。

与此同时，世界经济增长加快，贸易量扩大，相对宽松、有利的国内宏观经济环境，为我国经济的加速发展提供了难得的机遇；基础产业基础设施仍需大力加强，支柱、主导产业有待进一步发展，新的经济增长点需要培育，等等，这些都要求宏观调控表现出适当的灵活性，为保持社会需求的稳定增长不宜继续加大控制力度。

按照我国资源、市场、经济增长等多种因素综合测算，结合考虑调控必须留有一定的余地，我们认为 1997 年宏观总量调控的适度数量界线是：国内生产总值增幅控制在 10%左右，11%为警戒线；固定资产投资实际增幅保持在 10%左右，15%为警戒线；银行贷款增幅均衡控制在 20%左右，25%为警戒线，货币投放不突破 1 300 亿元。关键是要注重资金的使用结构和效益，突出重点，避免低水平的重复盲目建设和生产中的循环“短路”现象。

2. 继续加强农业基础，确保主要农产品的稳产增产。

农业连续两年获得较好收成，农产品供求出现相对宽松，农产品价格回落等，极可能引发一些地区放松农业生产，影响农民生产积极性。对此，必须高度警惕。当前，一方面要解决好丰收后农业出现的问题，如市场价低于收购价，粮食调拨不畅，部分产区库存增多，仓容不足等，积极筹措农副产品收购资金，认真搞好粮食的收购、储藏和调销工作，使农民既增产又增收，保护农民务农的积极性；另一方面，要统筹规划，合理安排，着手逐步解决农业发展中一些带长期性、根本性的问题，如耕地资源的保护，农田水利基础设施建设，农产品流通体制，农村剩余劳动力的转移等，确保农业生产的持续稳定发展。

3. 以市场为导向，加快结构调整的步伐。

结构问题是一个历史的问题，结构调整优化是一个长期的过程，必须采取有效措施，坚持不懈地下大力气加以解决。首先，要认真把好增量调整关。投资的重点，既要“补短”，继续加大对农业、能源、交通运输、邮电通讯等基础产业、基础设施等的投入力度，改善农村消费环境，增强经济发展的后劲；又要根据市场需求及其结构变化，集中有限资金，抓紧建成一批产业关联度大、对调整结构具有显著作用的重点项目，积极培育新的经济增长点；防止新一轮以加强支柱产业为特征的盲目重复建设。其次，要立足于盘活现有企业的资产存量，努力推动存量结构的优化重组。要消除资产跨地区、跨部门流动的行政性障碍，利用价格和竞争等市场经济的手段，大力推进企业间的兼并与联合，通过扶优扶强，使资产逐渐向支柱产业、优势产品和优势企业转移，走集约发展和规模经济发展的路子。只有形成优胜劣汰的自然调整机制，发挥市场机制的作用，才能真正实现结构的不断优化。再次，要按照市场需求，做好产品结构调整工作，一方面要继续搞好限产压库促销等各项工作，避免产生新的积压与拖欠；另一方面要努力开发适销对路的新产品，增加有效供给。从根本上说，结构优化必须与深化改革紧密相结合。

4. 加快国有企业改革步伐，争取在一些“重点”和“难点”方面取得较大进展。

没有国有企业改革成功的推进，就难以巩固已取得的调控成效，就不可能有资源配置的合理，就不得不再度松动银根，陷入“松—紧—松”的死循环。总的是必须进一步解放思想，转变观念，不搞争论，坚持以小平同志提出的“三个有利于”作为衡量改革是非得失的标准，实事求是，大胆实践，勇于探索各种行之有效的改革办法。当前要抓紧进行建立健全社会保障体系、国有资产监管运营体系、资本、劳动力等要素市场体系方面的配套改革，采取有效措施，逐步卸下企业社会负担过重、过度负债等方面的包袱，扫清企业改革的外部障碍；要进一步调整和精简政府机构，转变政府职能，真正做到政企分开，使企业成为名符其实的市场主体。

5. 抓紧建立健全比较完善的社会保障机制，妥善安排好困难居民家庭生活。

在改革调整进程中，城镇失业人数增多、居民收入差距拉大等问题日趋突出。目前劳动部门的城镇登记失业率为3%以内，如果结合考虑目前在亏损企业工作、收入水平明显偏低的近2 000万职工，农村尚有近6 000万人生活在贫困线以下等情况，劳动就业、解困济贫的任务就显得尤为重要和艰巨。要下决心改变现有社会保障政出多门、管理办法、标准不一的局面，尽快建立全国统一、规范的社会保障、社会救济和社会福利制度，使困难居民家庭的基本生活需要得到妥善安排，以保持社会的稳定。

三、'97 中国经济走势

从宏观经济模型的初步测算和对各种有利、不利因素的综合分析，我们认为1997年经济形势的基本走势将是：总体上仍将保持1996年稳定发展的基本格局，在有些方面将进一步趋向好转，但不会出现象以往新一轮经济周期那样迅猛升温的局面。国民经济各主要指标预计如下：

——国民经济继续保持适度快速增长，总体增速预计为10%左右，大体与1996年相当；

——市场物价涨幅将继续在低位运行。预计居民消费价格上涨4%左右，商品零售价格上涨2%左右；

——社会需求增长基本适度，总体上增速将略快于1996年。预计全社会固定资产投资增长15%左右；社会消费品零售总额增长15%左右；对外贸易增长10%左右，继续保持顺差趋势；

——城乡居民收入保持稳定增长。预计城镇居民人均生活费收入实际增长3%左右，农村居民人均纯收入实际增长4%左右。

（综合司宏观处）

专栏 1.2 ’97 宏观经济发展目标

1997 年是中国历史上极为重要的一年,我国将恢复对香港行使主权,召开党的第十五次全国代表大会,“九五”计划的各项部署也将进一步展开。中央经济工作会议确定,1997 年经济工作的指导思想是“稳中求进”,总体要求是:坚持以邓小平建设有中国特色社会主义理论为指导,全面贯彻党的基本路线和基本方针,落实十四届五中、六中全会精神,切实推进两个根本性转变,继续实行适度从紧的财政货币政策,降低物价上涨幅度,加强农业基础地位,加快改革特别是国有企业改革步伐,加大结构调整力度,培育新的经济增长点,积极开拓市场,提高对外开放水平,促进国民经济持续、快速、健康发展和社会全面进步。

具体的说,1997 年要把总量控制与结构调整、宏观调控与微观搞活、深化改革与促进发展、经济发展与社会发展更好地结合起来。宏观经济政策要保持连续性、稳定性和必要的灵活性,做到稳中求进。既要努力保持政治、经济和社会的稳定,又要为经济注入新的活力,着力提高经济增长的质量和效益。继续实行适度从紧的财政政策和货币政策,保持投资需求和消费需求的合理增长,努力增加有效供给,切实搞好经济总量平衡,降低物价上涨幅度。以市场需求为导向,大力调整和优化结构,培植新的经济增长点,坚决制止“大而全、小而全”和盲目重复建设。发挥宏观调控对微观经济的引导和促进作用,努力为深化国有企业改革创造良好的环境。加快外贸增长方式转变,积极合理有效的利用外资,保持国际收支基本平衡。坚持实施科教兴国和可持续发展战略,切实加强社会主义精神文明建设。1997 年宏观调控的主要目标是:

经济增长率 8%;

商品零售价格上涨幅度控制在 6%;

固定资产投资率 32%;

财政收支差额继续缩小;

进出口总额 3 100 亿美元,进口与出口大体平衡;

国家银行新增贷款规模 8 500 亿元,货币发行 1 200 亿元;

人口自然增长率 11.44‰;

城镇登记失业率 3%左右。

(执笔:郑泽香)

1.4 ’96 社会总供需平衡状况良好

1996 年,在中央的正确领导下,实现了社会总供给和总需求的平衡。当年社会总供给 80 212 亿元,社会总需求 83 051 亿元,供需差率 -4.1%,处于正常 -5.0%以下的区间内,表明当年社会总供求是基本平衡的。当年的社会总供求平衡有以下几个方面的特点。

一、1996 年的社会总供需平衡是质量较高的平衡

看待社会总供需的平衡,不仅要看平衡的结果,而且要看平衡的内涵、平衡的过程及其对经济运行的影响。从以下几个方面看,1996 年的社会总供需平衡质量是比较高的。

第一、当年的社会总供需平衡是实实在在的平衡,所含的价格“水份”较少。实现社会总供求的平衡有两种办法,一种是靠增加实际供给来与需求平衡;一种是靠价格上涨,抬高供给的名义价值量来与需求平衡。据测算,1993、1994、1995 年社会总供需中,靠价格实现的平衡分别占 11.4%、19.3%、8.4%,今年降到 4.7%。因此,1996 年的社会总供需是比较实在的。

第二、当年的社会总供需是在经济增长速度保持较高水平下实现的平衡。在社会总需求规模过大、社会总供需失衡的情况下,实现较高的经济增长速度是容易做到的。但在压缩社会总需求的同时,要保持较高的增长速度,则是各国宏观调控的难题。1996 年国家通过灵活的宏观调控,既实现了社会总供需的基本平衡,又使国内生产总值增长幅度达到 9.6%,保持了前几年的快速增长速度,并与经济中的潜在供给基本相适应,说明社会总供需平衡的质量是高的。

第三、当年的社会总供需平衡是在经济体制改革取得新进展下实现的平衡。前苏联、东欧等转轨经济国家的经验表明，体制改革或转轨，一般会出现宏观调控和市场力量都作用不到的“真空”地带，导致总需求的膨胀和总供需的失衡。为了恢复总供需的平衡，往往要放慢、甚至停止改革。但1996年我们在实现社会总供求平衡的同时，在金融体制、财税体制、国有企业体制等各个方面又继续迈出了新步伐，不仅没有妨碍总供需的平衡，相反还促进了总供需的平衡。

第四、当年的社会总供需平衡主要是在间接调控和市场力量作用下实现的平衡。过去在计划经济体制下，控制社会总需求、实现总供需的平衡主要是靠直接调控和运用行政力量的办法，如压缩基本建设项目、商品限量供应、物价管制等等。随着社会主义市场经济体制的逐渐建立，在1996年的宏观调控中，这些传统的办法基本上没有采用，代之而起的是财政金融的间接调控和市场力量的自发调节的作用，在这样的基础上实现的社会总供求平衡是健康的、能持久的。

二、适度从紧的财政、金融政策为实现当年社会总供需的平衡创造了较好的政策环境

在市场经济条件下，财政、金融是控制社会总需求的两道主要闸门。就财政政策而言，1996年主要采取了以下紧缩措施：

——紧缩财政支出。当年全国财政支出7 938亿元，增长16.3%，增长幅度比上年低1.5个百分点。

——大力增加财政收入。当年全国财政收入7 408亿元，增长18.7%，比现价国内生产总值的增长幅度高1.5个百分点，自改革开放以来，这还是第一次。财政收入占国内生产总值的比重也由上年的10.7%提高到当年的10.8%。

——大力清理财政预算外收入，严格控制财政预算外支出。

就金融政策而言，1996年主要采取了以下紧缩措施：

——贷款规模适度从紧。1996年，金融机构各项贷款增加10 613亿元，增长21%，比上年下降5.4个百分点。其中，短期贷款增加6 838亿元，比上年多增415亿元；中长期贷款增加1 973亿元，多增951.1亿元。

——货币供应量控制较好。1996年，货币供应量M2增长25.3%，比上年下降4.2个百分点，是首次从过去连续多年30%左右的高增长上回落下来；货币供应量M1比上年增长18.9%，比上年提高2.1个百分点，增强了货币的流动性，是合理和正常的；货币供应量M0，即现金，增加917亿元，增长11.6%，比上年提高3.4个百分点，但仍属于平均增长幅度的下限。

——随着物价水平的回落，连续两次下调了金融机构存贷款名义利率。但因物价涨幅回落得更多一些，因此，实际利率还有所提高，从这个意义上讲，利率政策也是紧的；通过稳健的外汇市场操作，保证了汇率的基本稳定，并使人民币有所升值。实际利率的稳定，促进了金融市场的稳定，有利于减弱需求的波动幅度。

三、实际需求的适度增长，既拉动了经济的持续快速增长，又没有给物价上涨增加新的压力

1. 过热的固定资产投资需求基本上被消除，固定资产投资增幅回落到基本正常区间。历史经验表明，投资需求在总需求膨胀中起先导作用。自1992年起，我国经济出现了固定资产投资大幅上升的形势，到1993年上半年，形成过热局面。这两年的固定资产投资增长率达42.6%、61.8%，为建国以来的最高增幅。为了避免经济的大调整，国家采取了“慢刹车”的办法，因此1994年固定资产投资增幅仍达到31.5%的高水平，1995年继续压缩，增幅回落至17.5%。1996年则进一步回落到14.8%。

2. 居民消费需求继续保持稳定增长。1996年，全社会消费品零售额比上年增长22.1%，扣除价格因素，实际增长13.2%，比上年高2.8个百分点。从消费结构看，农村、集镇居民开始大量购买低档耐用消费品；大中城市居民的富余家庭开始购买高档耐用消费品，替代过去购买的低档耐用消费品；吃、穿等日常消费，也随着收入水平的提高和人口的增长，呈稳步增长的趋势；对旅游、健身、娱乐等服务的消费，在部分消费群体中也有日渐兴旺的迹象。

3. 国外需求仍有所增长。1996年上半年，受出口退税拖欠过多等因素的影响，外贸出口绝对额出现了多年不见的下降趋势。进入下半年，国家采取措施，加快了出口退税的步伐，外贸出口开始回升，全年出口比上年增长 1.5%，对拉动经济增长也起了一定作用。

四、粮食大丰收和基础设施的加强为实现社会总供求的结构性平衡作出了重要贡献

中国的社会总供需矛盾，除了总量上的失衡，结构上的不平衡也是一个重要方面。农产品供应长期短缺，基础设施瓶颈约束是造成结构性不平衡的主要原因。进入 1996 年，这两个方面的矛盾都有了明显缓解。

1. 继 1995 年粮食大丰收之后，1996 年粮食生产再获大丰收。粮食总产达 50 454 万吨，增长 8.1%。粮食大丰收，缓解了社会总供需的矛盾，促使物价涨幅明显回落。从表 1 可以看出，在 1992 年以来的总供需失衡以及由此引起的物价上涨中，粮食的供求起了决定性作用。

表 1　居民消费价格比上年上涨幅度(%)

年份	居民消费价格涨幅	粮食价格涨幅
1992	6.4	24.3
1993	14.7	27.7
1994	24.1	50.7
1995	17.1	36.8
1996	8.3	6.5

例如，在 1994 年，当粮食价格暴涨 50.7% 时，也拉动居民消费价格上涨了 24.1%，为改革开放以来最高涨幅。进入 1996 年，由于粮食价格涨幅从双位数回落到一位数，居民消费价格也回落至一位数。因此，粮食大丰收，对实现当年社会总供需的平衡作出了重要贡献。

2. 基础设施得到加强也缓解了总供需的结构性矛盾。贯通南北的第三条铁路大干线——京九线顺利通车并投入试运行；高速公路建设发展很快，当年新建高速公路 1 177 公里；发电装机容量保持了近几年的高速增长势头，当年增加 1 741 万千瓦；等等。基础设施的加强为实现当年社会总供需的平衡作出了重要贡献。

五、1997 年社会总供需有望继续保持平衡

展望 1997 年，继续保持社会总供需平衡的有利因素有：

——农产品储备充足，连续二年的农业大丰收，使粮、棉等农产品的国家储备有了迅速提高，社会库存也很充裕，为保持社会总供需的平衡打下了稳固的基础。

——中央提出继续实行“双紧”的财政、货币政策，有助于统一认识，从总体上把握总供需的平衡。经验证明，只要金融不出大的乱子，没有大的放松，总需求膨胀一般是不易发生的。

——外汇储备较高，为利用国外资源调节国内供求提供了雄厚的实力。

——1996 年末全社会固定资产投资在建规模 73 400 亿元左右，相当于年投资完成额的 3.2 倍，处于正常范围，对 1997 年即期投资压力不大。

在看到有利的一面的同时，还要注意不利的因素，如：

——投资自我约束机制尚未建立起来，只要政策一松动，投资需求膨胀随时可能发生。

——国有企业困难，停工、待业、失业人数增加，很可能倒逼银根松动。

因此，在 1997 年的宏观调控中，要善于因势利导，注意把握和引导宏观走势，促进有利因素的增长，克服或减弱不利因素的影响。如果工作做得好，则全年的社会总供给与社会总需求仍有望保持基本平衡的格局。

（执笔：叶燕斐）

1.5　对经济“软着陆”的分析与思考

改革开放以来，我国经济持续、高速发展，但在经济运行中也曾数次出现过热，每次都试图使经济“软着陆”，但均未获得成功。例如：1984 年第四季度开始经济出现过热，1986 年力图“软着陆”，结果未“着陆”却再次起飞；1988 年经济过热，实施治理整顿，想“软着陆”，结果由于力度过大，最终导致了“硬着陆”。最近这一次面对 1993 年再次过热的国民经济，中央沉着应对，锲而不舍，经过三年多的努力，终于实现了“软着陆”。

一、经济“软着陆”获得成功

所谓经济的“软着陆”，是经济学界借用航空航天术语，对过热的经济逐步冷却，比较平滑稳健地进入到适度(正常)增长区间这一过程的形象描述。它是相对于采取过急措施,使过热的经济骤然冷却,导致经济下滑过大过快,甚至衰退的“硬着陆”而言的。衡量“软着陆”的标志主要有三个,一是经济增长率,二是通货膨胀率,三是资源利用状况(如失业率)。关于适度增长区间,不同的经济发展时期有不同的标准。总结我国改革开放18年的经验,结合各种生产要素的承受能力,GDP的增长速度在8—10%之间,零售价格上涨幅度在6%左右是较为合适的。1996年国民经济运行的结果显示,GDP的增长速度为9.6%,零售价格的上涨率为6.1%,已落入适度增长区间。与1993年相比,经济增长速度回落了4个多百分点,而且是逐年平滑稳健地回落,没有出现大的波动,通货膨胀也得到了明显的抑制(见表一)。登记失业率近3%,只比1993年略高0.4个百分点。

表一 1992—1996年GDP比上年同期增长%

	1—3月	1—6月	1—9月	1—12月
1992年	11.6	12	11.3	14.2
1993年	15.1	14.1	13.3	13.5
1994年	12.7	11.6	11.4	12.6
1995年	11.2	10.3	9.8	10.5
1996年	10.2	9.8	9.6	9.6

因此,我们认为国民经济的发展在1992年到1993年上半年出现过热后,经过三年多的宏观调控,到1996年已成功地实现了“软着陆”。

这次“软着陆”共经历了43个月,跨度较长,中间具体的调控措施也较复杂,但整个过程大致可以划分为三个阶段。

第一阶段(1993年6月—1994年11月),“软着陆”过程的前期,即制动时期。面对1993年上半年经济出现严重过热,中央政府及时采取了16条措施,中心目标是稳住经济,避免大起大落,把各地区、各部门的注意力从大上项目,片面追求高速度转到加快改革,优化结构,提高经济效益上来。16条中有8条直接与金融有关,有6条间接与金融有关,是以治理金融秩序为突破口来整顿各方面经济秩序。16条大体分为两个方面:一方面是治乱,包括整顿金融秩序,严格制止乱拆借、乱集资、乱设金融机构,加强房地产、证券市场管理,加强物价控制等;另一方面是降温和消胀,包括要加强对货币和贷款的控制。例如,1993年7月重新恢复了三年以上期居民保值储蓄,1993年5月15日和7月11日两次上调了存贷款利率,幅度为45.2%。加强投资项目的管理,严格控制社会集团购买力,加强税收的征管,限期完成国库券发行任务等等。并在1994年成功地进行了财税、汇率、金融、物价等全方位的改革,使经济秩序很快得到了控制。但由于是“软着陆”,没有采取过于严厉的措施,而且进行了汇率并轨和粮价购销体制的改革;加上经济运行的惯性和物价上涨的时滞,经济增长速度仍然较高。1994年上半年GDP比上年同期增长11.6%。物价上涨继续攀高,商品零售价格上涨幅度均在20%左右。但是经济过热的势头已经得到抑制,一些先行指数已开始下滑。例如,固定资产投资1994年各月增长幅度均比1993年有所回落。投资类商品的价格的涨势也已从1993年下半年开始回落,如市场钢材的销售价格的上涨幅度在1993年7月达到最高点。从1994年3月开始,市场钢材的销售价格已经开始下降。

表二 固定资产投资累计比上年同期增长%

	2	3	4	5	6	7	8	9	10	11	12
1993	64.1	70.7	68.9	69.3	70.7	70.8	68.5	66.3	65.1	63.9	57.8
1994	41.8	36.2	38.4	34.2	37.5	45.2	44.0	43.9	40.4	38.0	34.2

第二阶段(1994年12月—1995年11月)“软着陆”初见成效阶段。面对虽开始冷却,但仍然较热的经济增长和物价的持续上涨,中央继续坚持了适度从紧的财政和货币政策,并将治理通货膨胀放在了首要位置,采取了包括“米袋子”和“菜篮子”以及强化物价和固定资产投资的监管等行政措施。经过一年的努力,取得了明显成效。1995年经济增长速度进一步回落到10.5%,已接近适度

增长区间。零售物价的上涨幅度虽然还在14.8%，但比前一阶段已明显减弱(低了7个百分点)。而且,分月看涨势已从1994年11月份开始逐渐减弱。金融形势稳定,各层次货币均呈现回落态势,M1比上年增长18%,增幅回落6个百分点;M2增长30%,增幅回落4个百分点。全年货币投放量1 000亿元,明显低于1 500亿元的控制目标。

第三阶段(1995年12月-1996年12月)巩固成果阶段。这一阶段主要是进一步扩大前一阶段宏观调控的成果,在保持经济增长速度基本稳定的基础上,将物价上涨率控制在一位数。经过各方面的共同努力,宏观经济环境进一步改善,整体经济形势进一步好转。实现了预定目标,成功地完成了经济的"软着陆"。1996年国民经济比上年增长9.6%,进入适度运行区间。金融形势基本稳定,金融改革顺利进行。全年M1增长18.9%,M2增长25.3%,与经济增长基本协调。通货膨胀进一步得到有效抑制,全年商品零售价格比上年上涨6.1%,涨幅比上年回落了8.7个百分点。不仅实现了年初10%左右的调控目标,而且明显低于经济增长率。

二、经济"软着陆"成功的原因

这次经济"软着陆"的成功,是我国改革开放历史上的首次突破,具有重要的历史意义。之所以能取得成功,是中央认真总结以往经验教训,逐步认识、并按照社会主义市场经济规律办事,坚定不移地走邓小平建设有中国特色社会主义道路,紧紧抓住经济建设不放,正确处理改革、发展、稳定三者之间的关系,科学有效地调控的结果。从调控技巧上说有以下几点。

1. 预见性强、调控及时。这次宏观调控没有等问题全面暴露之后再采取措施,而是当经济运行中开始出现问题,经济过热的迹象正在成为趋势性的时候就果断地采取了措施。1992年下半年到1993年上半年,我国的国民经济虽已出现了过热的趋势,如固定资产投资的增幅达到60%以上,房地产、开发区遍地开花,金融领域秩序混乱等等,但整个经济过热的矛盾未完全暴露,经济"泡沫"仍在"吹"的过程中,衡量通货膨胀的零售物价指数1992年上涨幅度为5.4%,远未达到两位数。但是,中央却依据一些先行指数,如:新开工项目上得过猛(1992年新开工项目达56 364个,比上年增长23.6%);投资品价格指数上涨已超过两位数(1992年已高达15.3%,1993年上半年钢材价格已比上年同期上涨61.8%);货币发行量猛增(1993年上半年货币投放528亿元,比上年同期增长68.3%)等过热的趋势性苗头,果断地推出了治理经济秩序,特别是金融秩序,使经济降温的16条措施。与前几次相比赢得了时间,争取了主动,为整个经济"软着陆"的实现奠定了基础。

2. 目标明确,重点突出。在这次经济"软着陆"过程中,宏观调控的目标一直非常明确,即要"着陆",而且要"软着陆"。调控的重点则始终放在金融体制的改革和货币政策、抑制通货膨胀、固定资产投资管理、加强农业供给上面。特别是对引发经济过热的固定资产投资膨胀和货币扩张的两大龙头扭住不放。例如:1993年的16条措施,1994年初的金融、财税、投资体制等的改革,1994年、1995年的固定资产投资大检查等。

3. 调控力度掌握得好,政策连续性强。在这次"软着陆"过程中,宏观政策的力度掌握得比较适当,在三年多的时间里,始终坚持了适度从紧的宏观调控政策。既没有被来自局部、来自地方和企业要求放松银根的呼声所干扰,也没有不顾经济增长,单纯地追求降温。正是这种政策的适度性和连续性,使各方面对经济发展有了比较明确的预期,从而保证了宏观政策的效果。例如,这次"软着陆"与以往一样,从1994年开始就年年有人喊要放松银根,以防止滞胀,中央并未为之所动,坚持了适度从紧的宏观调控政策。而当1996年通货膨胀已得到明显抑制之后,便及时停办了保值储蓄,两次调低银行存贷款利率,保证了经济的适度增长。

4. 扩大改革开放,促进宏观调控。在这次"软着陆"过程中,一个突出特点是能够抓住机遇不失时机地进行经济体制改革,扩大对外开放。1993年下半年召开的党的十四届三中全会通过了建立社会主义市场经济体制的整体改革方案,1994年按照建立社会主义市场经济体制的要求,推出了财政税收、金融、外贸、外汇、投资、现代企业制度等一系列改革开放的重大举措,朝着市场经济体制的目标迈出了决定性的步伐。通过改革，丰富完善了市场经济条件下宏观调控的手段，使宏观调控的能力大大增加。从而有利地保证了各项宏观调控政策的落实。例如，中央银行的独立性和权威性，三年来有了明显提高，并从法律上得到了保障。又如汇率并轨和人民币在经常项目下可兑换等改革，大大改善了我国在世界贸易中的形象，促进了对外开放的扩大。

5. 调控手段多样化，直接与间接相结合。如上所述，通过改革，在这次经济"软着陆"的过程中，使我们能够更多、更有效地利用市场经济条件下的间接调控手段，如财政、货币政策、法律制裁等等。但与此同时，由于我国仍处在经济体制转轨过程中，行政管理手段仍能发挥一定的作用，我们不但没有放弃，相反，较好地运用了行政管理手段。如：省长"米袋子"、市长"菜篮子"工程，物价上涨情况考核通报制度等等。间接调控与直接调控相结合，经济手段与其它手段相结合，促成了经济"软着陆"。

6. 在紧缩需求的同时，注重供给面的改善。在这次经济"软着陆"过程中，宏观调控除了采取各国通行的压缩需求总量政策外，为了保证经济的活力，更有效地抑制通货膨胀，还投入相当的精力来改善供给结构。一是狠抓农业生产，农业持续丰收。1993 年 10 月，全国农村工作会议上，国务院领导就提出了"引导、支持、保护、调控"的农业生产和农村工作八字方针，并指出建立社会主义市场经济新体制，农业基础地位丝毫不能松手。解决农业和农村经济存在的问题，要以农业生产是否发展、农产品市场是否繁荣、农民收入是否增加为目标。在随后的三年里，中央始终把农业生产放在突出的地位：贷款政策上适度倾斜、粮食收购价格不断提高、逐步增加对农业的固定资产投资，大力兴修农田水利设施等。加上老天帮忙，气候条件较好，粮食生产连年丰收，1994 年粮食总产 44 510万吨，1995 年46 662万吨，1996 年5 0454万吨，年年迈上新台阶；棉花、油料等主要农产品市场供求状况良好；畜牧业、渔业也保持稳定增长，农业的大发展相当大地改善了农、副产品的有效供给。二是加强基础行业的改革和发展，"瓶颈"矛盾有所缓解。三年多来，中央始终没有放松对能源、交通、原材料等基础行业的投入，并推出了一系列刺激其发展的改革举措。投资政策上给予倾斜，1994－1996 三年用于能源工业的投资年均增长 25.2％，高于固定资产投资的增长速度。1994－1996 年运输邮电通讯业完成投资年均增长速度也达到 31.2％。加大价格改革力度，逐步取消双轨制。同时把这些基础行业大胆推向市场，多方位、多角度地促进其发展。象煤炭行业，从 1994 年 1 月 1 日起，全国煤炭价格全部放开，使国家原计划用 3 年时间完成的煤价放开目标提前完成。过去被认为卡脖子之首的铁路运输，在近几年运输主体多元化、运输手段多样化的冲击下，货源大量分流，一度全行业大幅度亏损。面对这种情况，铁路部门从自身找原因，找差距找不足，适应市场的需要，提高服务质量、增加服务手段，收到明显成效。"瓶颈"行业的发展，大大缓解了国民经济发展中的矛盾，对抑制通货膨胀起到了重要的作用。

此外经济实力的增强和政府与居民心理承受能力的增强等也是这次国民经济能够实现"软着陆"的客观因素。

三、巩固成果，继续加强和改善宏观调控

尽管这次经济的"软着陆"取得了成功，但我们也应清醒地看到，"软着陆"的质量仍然不高，经济生活中仍存在着一些问题。而且，经济的"软着陆"仅仅是国民经济走向正常健康发展的开端，如何保持经济的长期、健康、稳定发展，是宏观调控需要更加注意的重大问题。

首先，经济结构并没有得到应有的调整。就资产存量而言，按照一般的经济规律，经过一次大的经济波动或调整之后，经济结构应该有一个比较明显的调整，国民经济应该处于一个更高水平的新起点。但是，我国由于企业兼并、破产等一系列改革的理论和实践问题尚未得到很好的解决，社会保障体系也不健全。因而，资产存量的调整进展缓慢。就投资增量而言，尽管投资体制改革已开始启动，财税等其它体制改革也已展开。但是，有中国特色的市场经济体制尚未建立起来，在经济利益多元化的情况下，地区保护、垄断经营、不正当竞争等情况仍比较严重。因而，资产的增量结构也难以优化，其结果必然是盲目建设、重复建设、小而全、大而全等成为普遍现象。重复建设的直接后果是地区产品结构严重趋同:1995年底,在31个省、市、自治区中,有29个地区同时从事纺织、塑料、化肥、钢铁、卷烟等商品生产,28个地区同时从事化纤生产,27个和26个地区同时从事电视机和汽车生产,23个和19个地区同时从事电冰箱和洗衣机生产。产品结构的趋同,直接导致了各地支柱产业的趋同:全国有22个省、市、自治区将汽车工业当作支柱产业,16个地区将机械工业和化工工业当作支柱产业,24个地区将电子工业当作支柱产业,14个地区将冶金当作支柱产业。

其次,企业对“软着陆”的适应能力差,经营困难加剧。改革开放以来,我国企业改革,特别是国有工业企业改革进展较慢,绝大多数企业仍停留在粗放型和速度型经营阶段,企业效益主要是靠外延扩大再生产来获得。在经济增长速度相对较高时期,企业可以在原有的基础上依靠扩大生产规模,利用简单的规模扩张获取利益,从而忽视技术改造和结构调整;在经济收缩时期,市场需求减弱,企业技术水平低,对“软着陆”过程中的市场适应能力差,企业经营困难加剧。到1996年底,全国38万家独立核算工业企业产成品占压达5 346亿元,比年初增加750多亿元;应收帐款9 270亿元,增加1 274多亿元;实现利润下降15.3%,其中国有企业下降38%;企业的亏损面达到23%,其中国有企业为37.7%。

第三,经济稳定增长的基础比较薄弱。一是银行的不良贷款比重上升。近几年,随着企业经营困难增大,企业偿还银行贷款的能力降低,银行的呆、死等不良贷款增加,成为国有商业银行正常运行的重大隐患,这也是国有企业改革、国有银行商业化和进一步深化金融体制改革的重大障碍。二是财政债务日益增大,影响财政功能的正常发挥和财政体制改革的进一步深化。近几年来,财政收支矛盾虽有一定程度的缓解,但仍是连年赤字。特别是随着一些重要财政支出项目与经济增长速度挂钩改革措施的出台,财政支出可调控的部分变得越来越小。三是农业基础设施亟待加强。近几年,虽说在各方面的共同努力下,农业获得了连年丰收。但是,目前我国农业抵御自然灾害的能力还相当低,仍未摆脱靠天吃饭的被动局面,许多大中型农林水利设施年久失修,农业投入不足,农业的基础还不稳固。四是地区发展不平衡依然严重。我国是一个多民族的国家,地域广、地势复杂、气候条件、自然禀赋各不相同。长期的社会和经济发展的结果,使各地经济基础和发达程度形成了差异。改革开放以来,尽管政府注意到了地区差距,但由于各种原因,这种历史上固有的地区差距还是有所扩大。到1996年,除三大直辖市人均GDP总值超过10 000元(其中,上海人均20 310元)遥遥领先以外,人均GDP最高的浙江省(9 582元)是最低的贵州省(2 004元)的4.8倍;而大多数的西北部各省区人均GDP(除新疆外)不足东部各地区的二分之一。同时,各地收入差距也比较大。城镇居民人均生活费收入最高的广东省是内蒙古的2.6倍,而农村居民人均纯收入高(浙江,人均3 463元)低(甘肃,人均1 101元)之比为3.1:1。各地经济发展的不平衡带来的收入分配差距的扩大,已直接影响到各地经济的协调发展,长此以往,势必会影响到整个国民经济发展的稳定性。

上述事实说明,为了巩固经济“软着陆”所取得的成果,我们必须进一步改善和加强宏观调控。此外,从更高的层次看,针对已经过热的经济,尽管“软着陆”是一种损失最小的补救办法,但是,只要经济发生过热,就会造成经济的波动,影响经济的正常发展。因此,为了更加有效地发展国民经济,最好能通过改革建立起相应的机制,提高宏观管理的水平,从体制上和调控机制上,尽可能保证不出现、或少出现经济过热或过冷等大起大落。根据对以往经济的大起大落,特别是改革开放后几次经济波动的分析研究,我们认为宜注意以下几个问题:

1.继续深化改革,构筑必要的体制基础。在保证社会稳定和经济适度发展的前提下,应加快体制改革的步伐,以改革促发展,通过继续深化改革,为经济持续稳定发展构筑必要的体制基础。一是加快行政管理体制的改革,使政府从具体的微观事务中摆脱出来,真正成为市场运行规则的制定者和监督执行者,使整个国民经济运行有序化、规范化。并通过制定正确的经济发展规划和产业政策,利用各种经济杠杆和法律手段,引导社会资源合理配置,发挥最大效益。二是加快国有企业改革,以小平同志“三个有利于”标准为尺度,按照抓大放小、区别对待的思路，通过兼并、破产、股份化、拍卖、租赁等方式，将该甩的包袱甩掉，该搞活、搞好的搞活、搞好。使绝大多数企业能够成为具有自我约束机制、相对独立的法人，在遵守市场运行规则的前提下，自主进行生产经营，使其活力得以充分释放。三是加快社会保障体系的建设步伐，为今后企业适应市场经济体制运行需要进行重组、兼并创造条件，为存量资产的结构调整铺平道路。在市场经济体制中，没有强有力的社会保障机制是绝对不行的。四是加快金融体制的改革和金融体系的发育。近几年，金融体制的改革虽说迈出了较大的步伐，但是，由于长期计划经济体制的影响，目前金融系统还很不发达。一方面，资本集中度过高，主要为四大金融银行所垄断；另一方面，由于大量不良贷款的存在，国有银行商业化仍很艰难。要达到社会主义市场经济体制的要求尚需要做很大的努力。

2.应选择科学合理、符合中国国情的经济发展战略和发展方针。回顾历次经济的大起大落，每次经济过热都与经济发展战略或发展方针脱离中国的实际，盲目追求高速度有关。在现阶段我国经济运行模式下，只要中央决策能从中国的实际出发，实事求是地制定切实可行的发展战略和发展方针，是完全可能防止经济大起大落的。根据改革开放18年来中国经济运行的实际情况和生产要素决定的潜在生产能力的分析，我们认为经济年均增长8－10%，通货膨胀率低于6%是比较适宜的。

3.加强对经济运行态势的监测预警。经济波动，是经济发展过程中的客观规律。保持国民经济相对平稳的发展，是世界各国政府极力追求的目标。为了达到这一目标，一个很重要的措施就是建立一套切实可行的、能及时反映国民经济变化的监测预警系统，通过对宏观经济的监测和预测，使宏观调控能够及时掌握经济运行的现状，把握经济发展的未来趋势，发现问题，抓住宏观调控的有利时机，适时适度地采取措施加以解决，减轻经济波动对经济发展造成的破坏。

专栏1.3　什么是“软着陆”？

所谓经济的“软着陆”，是经济学界借用航空航天术语，对过热的经济逐步冷却，比较平滑稳健地进入到适度（正常）增长区间这一过程的形象描述。它是相对于采取过急措施，使过热的经济骤然冷却，导致经济下滑过大过快，甚至衰退的“硬着陆”而言的。衡量“软着陆”的标志主要有三个，一是经济增长率，二是通货膨胀率，三是资源利用状况（如失业率）。改革开放以来，我国经济运行中曾多次出现过热，我们也曾经几次试图使经济“软着陆”，但均未获得成功。例如：1984年第四季度开始，经济出现过热，1986年力图“软着陆”，结果未“着陆”却再次起飞；1988年经济过热，实施治理整顿，想“软着陆”，结果由于力度过大，最终导致了“硬着陆”。这次面对1993年再次过热的国民经济，经过三年多的努力，终于实现了“软着陆”。1996年国民经济运行的结果显示，GDP的增长速度为9.6%，零售价格的上涨率为6.1%，已落入适度增长区间。登记失业率近3%，只比1993年略高0.4个百分点。因此，我们认为国民经济的发展在1992年到1993年上半年出现过热后，经济三年多的宏观调控，到1996年成功地实现了“软着陆”。

（执笔：郑泽香）

4.要坚持适度偏紧的宏观调控政策。一方面，在我国经济体制转轨完成之前的这一时期内，由于传统体制下，地方政府，特别是地市以下的地方政府和国有企业争项目、争投资，搞外延式发展经济的扩张冲动均较强。另一方面，由于工农二元化经济结构、国有企业低效运行、社会腐败、相互攀比等的影响，物价上涨的压力比较大。因此，为了避免经济过热，避免出现严重的通货膨胀，宏观调控宜采取适度偏紧的财政和货币政策，以抵消和抑制来自基层的扩张冲动。

5.狠抓农业，保证农业的稳定发展。一是切实加大农业投入，加强农业基础设施建设，提高农业抵御自然灾害的能力，改善农业生产条件。二是改进和完善土地使用制度，用法律和经济手段保护和利用好每一寸土地资源，并尽可能地鼓励适度规模经营。三是加快农村社会化服务体系的建立健全，从根本上解决小生产与社会化之间的矛盾，找出在市场经济条件下，保护农民利益，刺激农业生产的有效途径。四是积极推广科普教育，提高农民的文化素养和科技素养，提高其科学种田的能力，并采取优惠政策，鼓励农业科研和科技成果的应用。

（执笔：郑京平 张英香 郑泽香）

第二章　农业持续丰收　农村经济稳步发展

第二章　农业持续丰收 农村经济稳步发展

2.1　'96 农村经济稳定发展：农业丰产 农民增收

1996 年，我国农村经济稳步健康发展，实现了年初制定的“九五”第一年要“开好头，起好步”的既定目标，为实现本世纪末农村经济发展的总体目标打下了坚实的基础。农业生产获得好收成，粮食产量达到 5.045 亿吨；农村二三产业稳步发展，在农村经济中的比重进一步上升；农民人均纯收入实际增长达到 9%；农村市场繁荣稳定，物价涨幅有较大回落。但农村经济运行中仍存在一些不容忽视的问题，特别是农产品购销不畅的问题较为突出，全国农村实现小康和消除贫困的目标依然任重道远。

一、农村经济全面增长

(一)农业生产获得大丰收。

1996 年，党和政府进一步加强了对农业的领导，农业的基础地位进一步得到提高，广大农民对农业生产的投入继续增加，促进了农业生产的大幅度增长。虽然局部地区遇到了较为严重的洪涝灾害，但总体气候条件对农业生产利大于弊。因此，我国农业生产呈现出了种植业、牧业和渔业生产齐头并进、协调发展的良好局面。全年农业增加值达到 1.38 万亿元，按可比价格计算比 1995 年增长 5.1%；农业总产值为 2.34 万亿元，按可比价格计算比 1995 年增长 9.4%。

1. 粮食产量达到 5.045 亿吨，再创历史最高纪录；其它主要农产品产量有增有减。

(1)粮食产量达到 5.045 亿吨。在战胜了严重的自然灾害以后，1996 年全国粮食总产量再创历史新纪录。粮食连续两年创纪录的丰收再一次向世界证明：中国能够养活自己。1996 年粮食生产的特点：一是普遍增产，全国有 20 多个省区创造了粮食生产新纪录；二是季季增产，夏粮、早稻分别增产 718 万吨和 179 万吨，秋粮增产 2 881 万吨；三是小麦、稻谷、玉米三大主要粮食作物品种都有增产。

(2)棉花生产取得了比预想要好的收成。1996 年棉花产量为 420 多万吨，比 1995 年下降 11.8%。从各主产区的情况来看，我国最大棉花产区新疆总产量达 94 万吨，继续平稳发展，四川增产 1 万吨，其它地区棉花产量都有不同程度的下降，其中冀鲁豫三省分别下降 30%、21%和 5%。

(3)油料产量略有下降。1996 年，由于播种面积调减，油料总产量为 2 210 万吨，比 1995 年减产约 40 万吨，下降 1.8%。

(4)糖料产量约为 8 360 万吨，增产 420 多万吨，增长 5.2%；麻类产量 79 万吨，下降 11.8%；烟叶产量 310 万吨，增产 34.3%。

(5)水果总产量 4 653 万吨，比 1995 年增长 10%；蔬菜产量由于面积比 1995 年扩大 98 万公顷而有较大增加。

2. 畜牧业生产取得改革开放以来连续第 18 年的增长。

1996 年，我国畜牧业生产继续保持了较快的增长，满足了人民生活水平提高的需求，但增长速度比 1995 年有所放慢。

(1) 主要畜产品产量有较大增长。1996 年肉类总产量 5 915 万吨，比 1995 年增加 650 万吨，增长约 12%，增长速度比上年下降近 5 个百分点，其中猪肉产量 4 037 万吨，牛肉产量 495 万吨，羊肉产量 240 万吨，禽肉产量 1 075 万吨。禽蛋产量 1 954 万吨，增长 16.5%，牛奶产量 629 万吨，增长 9.2%，绵羊毛产量 30 万吨。

(2) 畜禽饲养量继续增加。到 1996 年底，全国大牲畜存栏达到 1.66 亿头，比上年增加 787 万头，增长 5%，其中牛 1.39 亿头，增长 5.9%。羊年末存栏首次突破3亿只,比上年增加2 600万只,增长9.6%。猪年末存栏4.57亿头,比上年增加1 567万头,增长3.5%,其中能繁殖母猪3 525万头,增长2.8%。

3.水产品产量继续增加。

虽然1996年夏天许多地方遭受严重的洪涝灾害,冲毁了许多渔业生产设施,使淡水渔业生产受到了严重损失,但经过抗灾和恢复生产,渔业仍然获得了较好的收成,但增长速度比1995年有所减缓。1996年全国水产品产量达到2 813万吨,比上年增产296万吨,增长11.8%。其中海水产品产量为1 560万吨,淡水产品产量1 253万吨。养殖渔业是水产品产量增加的主要因素,1996年养殖的水产品产量为1 532万吨,占总产量的54.4%。

4.林业生产稳步发展。

1996年,我国四大重点林业生态工程相继启动,植树造林取得重大进展,继续保持了森林资源生长量大于消耗量的势头。据统计,全国共完成造林492万公顷,其中人工造林面积432万公顷,飞播造林60万公顷,均超额完成年度计划。到1996年,全国重点林业生态工程建设已累计完成2 000多万公顷,森林公园总数790多处。全国已经消灭了宜林荒山的省区已经达到9个,平原绿化达标县达到724个。

(二)农村经济总体水平进一步提高。

1.农业增加值增长5.1%。

1996年全国农业增加值为1.38万亿元,按可比价格计算,比上年增长5.1%,增长速度高于上年。全年农林牧渔业总产值实现2.34万亿元,按可比价格计算(下同)比上年增长9.4%。在全国30个省区市中,有10个地区的增长幅度超过10%。受灾严重的河北、湖南、安徽、山东、湖北等省也都有6~7%的增长,只有北京略有下降。从农林牧渔各业来看,农业产值1.35万亿元,增长7.8%;林业产值778亿元,增长5.7%;牧业产值0.71万亿元,增长11.4%;渔业产值0.2万亿元,增长13.9%。

2.乡镇企业平稳发展。

1996年,我国乡镇企业在适度从紧的宏观经济政策环境中保持较快发展,但发展速度明显放慢,特别是东部一些地区乡镇企业的发展速度几乎同步于全国工业的发展速度。据有关部门统计,1996年乡镇企业完成增加值1.77万亿元,比上年增长21%,其中工业增加值1.27万多亿元,增长16.9%。在生产发展的同时,经济效益有所提高,全年上交国家税金达1 436亿元,增长17%,实现净利润3 886亿元,增长19.5%,实现出口交货值6 008多亿元,增长11.4%。

1996年,乡镇企业的发展仍然保持了"西高东低"的增长格局,这主要是由于中西部地区继续受到国家政策强有力的扶持和东西合作工作的推动,中西部地区乡镇企业的发展速度明显高于东部地区,其中中部高于东部5.1个百分点,西部高于东部16.5个百分点。

受市场化改革逐步推进的影响,乡镇企业因宏观政策环境的变化而对自身结构进行了调整,从占我国乡镇企业主体的东部地区来看,乡镇企业的发展呈现出以下几个特点,一是走出小打小闹的圈子,开始向规模化、集团化方向发展。现在全国大中型乡镇企业已达4 531家,乡镇企业集团达736家;二是更加注重应用科学技术,增强质量意识,全国已经有1 000多家乡镇企业执行了ISO9 000国际质量认证标准;三是乡镇企业的股份制改造继续推进,使乡镇企业的产权更加明晰,为在乡镇企业建立现代企业制度打下了良好的基础。因此,可以说我国东部地区的乡镇企业已经进入了由量的扩张为主向质的扩张为主的发展新阶段。

(三)农村居民收入和消费水平提高。

1.农村居民实际收入增长加快。1996年,农村居民人均纯收入达到1 926元,比上年增加348元,增长22%,扣除物价因素,实际增长9%,增长速度创"八五"以来的最高纪录。国家再次提高农副产品收购价格,同时对工业品和其他生活消费服务价格进行宏观调控,使通货膨胀得到明显抑制,是农村居民收入快速增长的主要原因。农村居民家庭经营收入仍居主导地位,1996年农村居民全部收入来源中:基本收入人均1 813元,比上年增长22.6%,占全部纯收入的比重为94.1%;其中人均家庭经营纯收入1 362元,增长21%,占全部纯收入的比重为70.7%;工资性劳动报酬收入人均451元,占23.4%。此外转移性和财产性收入人均 113 元,增加 15 元,占 5.9%。农村居民收入总量来源构成变化不大。

2.农村居民消费与收入实现同步增长。1996 年农村居民人均生活消费支出 1 572 元,比 1995 年增加 261 元,增长 20%,扣除物价上涨因素影响,实际增长 10.5%,比上年同期快 4.3 个百分点,是近年来增长速度最快的一年。农村居民人均食品支出 895 元,比上年实际增长 8.4%。食物消费支出份额在生活消费支出中的比重(即恩格尔系数)由上年的 58.63%下降到 56.58%。主食支出人均 361 元,副食支出人均 369 元,副食支出首次超过主食支出。从主要食物的消费量来看,除粮食略有下降外,其它食物均有所增加,特别是猪肉和水产品分别增长了 12%和 20.3%。农村居民人均非食品支出达 697 元,增长 13.2%,大大高于食品支出的增长幅度。

3.中西部地区收入与消费增长超过东部,差距缩小。1996 年,国家加大了对中西部地区的政策支持力度,推动了中西部地区农村经济的较快发展。同时,农业的丰收,也促进了以第一产业为主的中西部地区农村居民收入的较多增长。东中西部地区农村居民人均纯收入分别为 2 549 元、1 763元和 1 288 元,中部地区增长速度达到 25.7%,西部地区增长 21.5%,东部地区增长 19.8%。西部地区农村居民收入接近全国平均速度、且超过东部地区的较快增长,是自 90 年代后首次出现的现象。同时,中西部地区农村居民生活消费的增长速度也超过东部地区。东部地区农村居民人均生活消费支出 1 974 元,中部 1 451 元,西部 1 216 元,东部地区比上年增长 18.1%,中部地区增长 22.2%,西部地区增长 23.8%,与上年比较,东、中、西部地区生活消费比由 1:0.71:0.59变化为 1:0.74:0.62,地区间的差距有所缩小。

(四)农村市场货源充足,物价平稳。

农民收入连续两年的增加,促进了农村市场的繁荣。1996 年,全国县及县以下社会消费品零售总额达 9 823 亿元,比上年增加 1 580 亿元,增长 19.2%,其中县以下为 6 543 亿元,增加 1 219 亿元,增长 22.9%。农业人口对非农业人口零售总额达 3 397 亿元,增加 617 亿元,增长 22.2%。

由于农林牧渔业生产全面发展,农村市场货源充足,有力地抑制了农产品价格上升的势头,以粮食为主的大宗农产品价格稳中有降,粮食市场出现了集市价格低于定购价格的局面。从全年的情况来看,由于国家调高了城市粮食的销售价格,使全年的粮食价格比 1995 年上涨了 6.5%,但这并未带动农村和集市粮食价格的大幅度上涨。1996 年粮食价格的调整也没有出现以前粮食价格调整过程中出现的搭车涨价现象,全年肉禽及其制品价格仅比 1995 年上涨 4.5%。同时,1996 年农业生产资料价格也是近 3 年来涨幅最低的一年,仅比 1995 年上涨 8.4%。

二、农村经济稳定发展的原因及其正面效应

1996 年农村经济取得如此好的成绩,除得益于很好的气候条件外,主要原因有两个方面,一是从宏观上讲有一个比较好的政策环境;二是从微观上讲广大农民开始按照市场要求安排生产,投资回报率提高。

(一)农村经济发展的主要原因。

1.农村经济政策执行情况较好。1996 年,国家为推动农村经济的稳定发展,制定了一系列促进农村经济发展的方针和政策,主要包括:提高定购粮食价格,从执行的结果看,小麦、稻谷、玉米、大豆的平均定购价格每公斤提高了 0.3 元,加上地方在此基础上上浮 10%,因此实际每公斤价格提高约 0.44 元,提价幅度为 42%;稳定以化肥为主的农业生产资料价格,一是改善化肥供给。化肥价格得到控制,全年仅上涨 10.8%,大大低于前几年;二是减轻农民负担工作进一步加强。1996 年,农村居民纳税、上交集体承包任务、集体提留和摊派三项赋税承担额人均 107 元,比 1995 年增长 21.1%,增幅比 1995 年低近 10 个百分点;三是国家对农业的支持力度加大。1996 年,国家财政支援农业支出的增长幅度高于财政总支出的增长幅度。同上年相比,1996 年国家农业非经营性资金增长 7.7%;农业部农业综合开发资金增长 14.6%;农业部归口管理的固定资产贷款规模近 28 亿元,增长 59.5%;农业科技事业费达 2.38 亿元,还设立了 1.6 亿元的引进国际先进农业技术资金。

2.科技进步在农业增产中发挥积极作用。

1996年，科技进步对农业的贡献率已经达到39.5%，其中种植业达到34%，同前几年相比均有较大的提高。1996年，全国农业生产的良种覆盖率达90%。各项先进农业技术的推广面积比上年增加2.8亿多亩，增产粮食900万吨。

3.国家支援中西部发展和加大扶贫力度，促进了中西部农村经济的发展，中西部地区农民收入增长快于东部地区。1996年，中央政府加大了对中西部地区的政策支持力度，特别是对中西部乡镇企业的支持成为中西部地区农村经济发展的强大动力，成为农民收入的新增长点。1996年，国家继续用100亿元低息贷款扶持中西部乡镇企业发展，用专项资金帮助老少边穷地区发展乡镇企业，鼓励东西合作。这些措施促进了中西部地区乡镇企业的规模扩张，使中西部乡镇企业的发展速度大大快于东部地区。同时，农业的丰收也促进了中西部地区农民收入的增长。1996年，中部地区农民收入的增长速度是最高的，西部地区达到了全国平均水平，东部地区第一次低于中西部。我国农村居民东西部的收入差距自九十年代以来第一次出现缩小的趋势。

(二)农村经济的发展为国民经济的稳定发展做出了积极贡献。

1.农业的快速增长，促进了工农两大产业协调发展。1996年，全国工业的增长速度为12.5%，农业的增长速度为5.1%，农业与工业的发展速度比为1:2.45，而1995年为1:2.9，1994年为1:4.7，逐步改变了前些年工业发展过快，农业发展相对滞后的状况。

2.农民收入的较快增长，缩小了城乡居民的收入差距。1996年农民人均纯收入1 926元，实际比1995年增长9%，而城镇居民人均生活费收入4 377元，比1995年增长3.3%。我国农村居民与城镇居民的收入差距由于1995年的1:2.5降到1996年的1:2.3。

3.农业的丰收为有效抑制通货膨胀做出了贡献。粮食获得创纪录的丰收，城乡居民“菜篮子”货源充足，为市场物价的稳定奠定了坚实的基础。1996年食品价格影响居民消费价格总水平上涨3.7个百分点，影响程度为45%，比1995年低20个百分点。

4.农业的快速发展促进整个国民经济的增长。1996年，全国国内生产总值达68 594亿元，比上年实际增长9.6%。在国内生产总值的增加额中，农业增加值占18.7%，比上年提高3.6个百分点；在国内生产总值的实际增长率中，农业增长的贡献率为1.8个百分点，高于1995年。

三、存在问题及建议

1996年农村经济取得“九五”开门红的好成绩，但我们必须清醒地看到，粮食生产取得大丰收，短期因素起了主要作用，特别是气候条件为粮食增产提供了有利的天时条件，这并不表明我国农业综合生产能力已经发生了根本性的变化。我国农业的基础地位依然较弱，物质装备水平依然较低，农业的发展依然离不开政府的保护和扶持。特别是1996年粮食丰收之后，出现了一些新的情况和问题，这些问题不解决，将对今后农业和农村经济的稳定发展产生消极作用。

一是农产品购销不畅的问题依然比较突出。1995年农业大丰收，在许多地区出现了农产品卖难现象，特别是棉花卖难问题到今年新棉上市仍未得到根本解决，1996年农业的丰收加重了购销不畅的矛盾。到1997年2月底，本粮食年度国家已经收购定购粮食4 918万吨，议购粮4 498万吨，分别比去年同期增收340万吨和373万吨，另外国家专项储备粮食达到2 000万吨。但部分地区农民仍有许多粮食压在手中，黑龙江反映农民手中有100多亿公斤余粮待售。到3月底，本收购年度累计收购棉花253.4万吨，比去年同期减少25.9%，收购量仅相当于去年产量的60%。

二是农产品自由交易价格下降，加剧了增产与增收脱节的矛盾。当前各地反映比较突出的就是粮食的集市价格已经低于定购价格．据农业部160个物价信息点的调查，1996年11月份与上年同期比，国家议购粮食的价格和集市粮食价格均呈下降趋势，各粮食品种价格下降的幅度在10～18%之间，许多地区出售农产品连成本都很难收回。进入1997年后，主要农产品价格仍未走出低迷状态。主要农产品价格下降，削减了国家定购价格提高给农民带来的实惠，拉低了农产品综合平均价格，所以尽管农业生产取得特大丰收，农民收入却难以实现相应的增长速度。尽管如此，1996

年农业生产资料价格仍然比上一年上涨了8.4%，价位继续偏高。

1997年的农村经济工作，要一如既往地以加强农业基础地位，提高农业综合生产能力为中心，继续把增加农民收入和消除贫困作为工作重点，切实推进农村经济体制和农业增长方式的转变；同时要根据已经变化了的国民经济宏观环境，进一步协调工农关系、城乡关系，实现农业和农村经济持续稳定发展。

（执笔：黄加才）

专栏2.1　开拓农村市场的主要障碍

近年来，社会各界在探讨我国经济持续发展的议题时，很自然地提出了开拓农村市场的问题。长期的城乡分割发展格局，使我国的绝大部分人口滞留于农村。农村庞大的人口群体，预示着广阔的消费市场。但是，开拓这个广阔的农村市场，有许多障碍需要克服。主要的问题是：

1. 农村居民的收入水平低

长期以来，我国传统的二元经济发展结构和城乡分割的局面，导致了城乡居民在收入分配水平上的巨大差异。在改革初期，国民收入分配格局曾一度向农村居民倾斜。但自改革重心转向城市以后，城乡居民的收入差异又呈现出不断扩大的趋势。1996年，城镇居民人均可支配收入为4 839元，而农村居民人均纯收入只有1926元，前者是后者的2.5倍；与此同时，1996年的农村人口是城市人口的2.4倍。也就是说，占总人口70%以上的农村人口的收入总量还没有城镇人口的多。可见，目前的农村市场容量并不象人们想象的那样大。

2. 货币购买力不高

对于农民来说，其纯收入并不能象城镇居民一样基本上是货币收入，有较大部分是实物收入。1996年，农民的纯收入中有36.7%是实物。这部分收入可以说是排除在市场之外的，直接转化为消费。而真正需要流通的，在市场上可转化为现实购买力的，只有63.3%。也就是说，在提到农村市场的时候，需要考虑农民的实际货币购买力是要打折扣的。

3. 农民的消费层次低

同城市居民不一样，农民的生活消费目前只是处于温饱有余的阶段，消费层次还比较低。在总体消费中，属于基础生存需要的消费项目主要靠自给自足，比如食品消费占52.1%，居住消费占15%。综合起来看，农村内部能满足的消费部分占到31.5%。很明显，能够留给工业品的市场份额并不大。

4. 农村市场分散、基础设施薄弱

我国地域辽阔，农村城市化进程慢，大量星落棋布的小城镇尚未形成规模。在农村市场中，商业流通网络的建设比较困难，商品流通成本高。同时，由于农村的电力、交通、通讯等基础设施建设还不够发达，也给商品流通带来了一定的困难。这种状况，限制了商品的使用价值和价值实现，限制了传媒，限制了售后服务，最终限制了农村市场的开拓。

另外，除了从农村市场本身来考察外，还应该从工业或流通部门找原因。工业部门应该彻底抛弃产品经济框框，真正树立市场经济观念。不能等城市市场饱和了，等工业品积压了，才去开拓（推销），以为农村是接受积压品或劣质品的场所。必须从产品的开发、生产等源头开始，就要认真地研究、分析市场的容量、分布等问题，从而把开拓农村市场建立在切实可行的基础上。

（执笔：阎裕民）

2.2　'96农业生产

1996年是实施“九五”计划的第一年。在过去的一年里，国家先后在价格、信贷、农业生产资料供应等方面出台了一系列有利于农业和农村经济发展的政策和措施，全面强化了领导“责任制”，加大了对农业投入的力度，较大幅度地提高了粮食定购价格，农业的内部条件和外部环境得到一定改善，全社会重农意识增强，形成了各级各部门真抓实干，各方面支持农业的良好局面。粮食再创历史新纪录，为我国“九五”期间新增粮食1000亿斤生产能力打下了良好的基础。

一、粮食产量再创新高

在经历了“谁能养活中国”的国际大讨论之后，中国给世界一个肯定的回答：中国人自己能够养活自己！1996年我国粮食总产量达到5.045亿吨，再创历史新纪录。

（一）全国各地普遍增产。东北地区为全国粮食增产幅度最大的地区，黑、吉、辽三省和内蒙古共计增产1 545万吨，占全国总增产量的40%左右；西北地区已连续两年干旱，今年基本恢复到历史最好水平，五省区增产612万吨，占全国增产量的16%；河南、山东两省增产460万吨，占全国增产量的12%。西南、华东、华北和中南地区，夏季虽遇到程度不同的洪涝灾害，但总体而言，对粮食产量影响不大，大多地区也都有不同程度增产。北方的黑龙江、吉林、内蒙古、河北、山西、山东、河南、甘肃、青海、宁夏、新疆等省区粮食产量创历史最好水平。南方的江苏、福建、江西、湖北、四川、贵州、云南等省区粮食产量也超过或接近历史最好水平。

（二）玉米、小麦和稻谷三大主要粮食作物产量都增加。尤其是玉米，播种面积扩大，产量增加较多。全年玉米产量达到12 747万吨，比上年增产1 549万吨；小麦产量为11 057万吨，比上年增产836万吨；稻谷产量19 510万吨，比上年增加987万吨。三大作物增产量3 372万吨，占全年粮食总增量的85%以上。

分析今年粮食增产的原因主要有以下几个方面：一是各级政府高度重视农业，制定了一系列有利于农业和农村经济发展的政策措施，特别是年初中央决定再次较大幅度提高粮食定购价格，极大地调动了农民种粮的积极性。全年粮食总播种面积达到11.25万公顷，比上年扩大2 488千公顷。因面积扩大可增产粮食750多万吨，占粮食增产量的33%。二是气候好于常年。虽仍有局部水、旱灾害，但由于各级政府部门抗灾、减灾工作得力，粮食受灾和绝收面积分别比上年减少1 000万亩和700万亩，气候有利加上减灾得力，可增产粮食550多万吨，占粮食增产量的24%。三是调整粮食品种结构，进一步增加高产作物种植面积。玉米、水稻和小麦等高产作物的面积分别达到24 498千公顷、31 406千公顷和29 611千公顷，分别比上年增长7.6%、2.1%和2.6%。因结构调整可增产粮食125万吨，占粮食增产量的5%。四是科技推广在粮食生产中发挥了极其重要的作用。1996年全国杂交水稻、杂交玉米的推广面积增加了2 000千公顷；小麦统一供种面积增加了2 400千公顷；水稻旱育秧和抛秧面积分别比上年增加了4 000千公顷和660千公顷；测土施肥；化肥深施、少免耕技术应用、地膜玉米等技术推广面积也比上年有较大规模的增加，各项先进农业技术的推广面积比上年增加1.86亿公顷，可增产粮食900多万吨，约占全年粮食增长量的四分之一。

二、棉花产量下滑

棉花生产由于受价格、流通体制、生产效益等多种因素的影响，1996年种植面积减少较多，棉花产量进一步下降。据统计1996年全国棉花产量为420多万吨，比上年减少11.8%。从各主产区的情况来看，除新疆总产量达到94万吨，保持了平稳发展势头，四川增产1万吨外，其它地区棉花产量均有不同程度的下降，其中冀、鲁、豫三省分别下降30%、21%和5%。从目前的棉花收购情况看，进度不快，截止4月20日，棉花累计收购254万吨，同比减少88万吨，占总产量的比重只有60%多。

三、油料产量略有下降

由于油料作物连续三年大幅度增产，加上大量进口植物油，国内市场供大于求。受市场饱和的支配，1996年全国油料播种面积比上年调减547千公顷，下降4.2%；总产量为2 210万吨，比上年减产近40万吨，下降1.8%。但仍是历史上第二个高产年。其中：花生1 014万吨，油菜籽920万吨，芝麻57万吨，与上年相比都有不同程度减少。

四、糖料、烤烟继续呈恢复性增产

1996年全国糖料总产量达到8 360万吨，比上年增加420万吨，增长5.2%。其中：甘蔗6 688万吨，增长2.2 %；甜菜1 673万吨，增长19%。烤烟产量295万吨，比1995年增加88万吨，增长42%。

五、水果、蔬菜生产继续保持快速增长势头

1996年水果又获丰收,总产量达到4 653万吨,比上年增加438万吨,增长10%以上,其中苹果、柑桔、梨、柿子和葡萄等几个主要品种都有不同程度增长。据统计,1996年全国苹果、柑桔、梨、柿子和葡萄产量分别为1 705万吨、846万吨、581万吨、102万吨和188万吨,分别比1995年增长21.8%、3%、17.6%、5.2%和8%。全国蔬菜种植面积比上年扩大976千公顷,总产量、上市量都有增加,细菜、鲜菜和反季节蔬菜品种增多、南菜北运、西菜东调规模逐步扩大。水果、蔬菜市场供应充足,价格平稳。

六、畜牧业生产继续稳定发展

1996年我国畜牧业生产继续保持了稳定增长势头,全年牧业总产值4 010亿元(按1990年价格计算),比1995年增长11.4%。这是自改革开放以来畜牧连发展的第18个年头。

(一)主要畜产品产量继续提高,市场货源充足。全年肉类总产量达到5 915万吨,比上年增加650万吨,增长12%左右,再创历史新水平。其中:猪肉产量4 037万吨,增长10.7%;牛肉产量495万吨,增长19%,羊肉产量240万吨,增长15%,禽肉产量1 075万吨,增长19%;蛋产量1 954万吨,增长16.5%;牛奶产量629万吨,增长9.2%;绵羊毛产量30万吨,增加2万吨。

(二)牲畜饲养量和当年出栏量继续增加。到1996年底,全国大牲畜存栏达到1.66亿头,比上年增加787万头,增长5%,其中,牛存栏1.39亿头,增长5.9%;年末羊存栏首次突破3亿只,比上年增加2 600万只,增长9.6%;猪年末存栏4.57亿头,比上年增加1 567万头,增长3.5%,其中能繁殖母猪3 525万头,增长2.8%。1996年全年出栏猪牛羊分别达到5.27亿头、3 651万头和1.9亿头,分别比上年增长9.6 %、19.7%和17.5 %。

(三)畜禽规模生产程度继续提高,产业化经营初见成效。到1996年底全国有各类畜牧业生产专业户近700多万户,比1995增加100万户。其中养猪户、养牛户、养羊户、养禽户分别达到219万户、107万户、114万户、217万户,专业户出栏猪、牛、羊分别达8 284万头、522万头、3 569万只,分别比1995年增长15.2%、30.4%和37.6%。

畜禽结构趋向合理。随着城乡居民收入水平的提高,人们对肉类的消费从以猪肉为主向牛、羊、禽等多元化方向发展,市场对牛、羊、禽等畜产品的需求越来越大。1996年,畜牧业生产继续向牛、羊、禽等品种倾斜,从肉类总产量看,猪肉比重进一步下降,牛羊肉、禽肉占的比重进一步提高,据测算,猪肉产量占肉类总产量比重由1995年69.4%下降到68.3%;牛羊肉占的比重由1995年的11.7%提高到12.5% ,禽肉由17.8% 提高到18.2%。

七、渔业继续发展,水产品产量增加

1996年我国渔业生产在遭受较大灾害的情况下仍获得较大的发展。全国水产品总产量达到2 813万吨(新标准为3 288万吨),比上年增加296万吨,增长11.8% 。其中淡水产品为1 253万吨,比上年增加175万吨;海水产品为1 560万吨,比上年增加121万吨。人均占有水产品产量达23公斤,比上年增加2.2公斤。

(一)养殖渔业大发展。1996年,水产品养殖面积不断扩大,养殖产量在连续几年快速增长的基础上又上新台阶,与此同时,结构进一步合理,单产水平继续提高,获得了很好的经济效益和社会效益。据统计,1996年全国海、淡水养殖面积达5 654千公顷,比上年扩大了269千公顷,增幅为5.0%,养殖总产量为1 532万吨,占水产品产量的比重为54.4%,比上年提高0.5个百分点。其中,海水养殖产量为438万吨,淡水养殖产量为1 094万吨,分别比上年增长6.2%和16.3%。

(二)捕捞渔业加速发展。1996年捕捞渔业产量达1 282万吨,比1995年增产119万吨,增长10.2%。其中海洋捕捞产量达1 122万吨,比上年增产95万吨,增长9.3%;淡水捕捞产量达159万吨,比上年增产22万吨,增长16.3%。其中鱼类产量达2 000万吨,增加220万吨;虾蟹类产量241万吨,增加30万吨。

(三)科技研究和推广工作得到加强,渔业管理进一步完善。1996年列入国家"九五"科技攻关的项目共达160多项。养殖品种结构进一步优化,名优特水产品养殖规模明显扩大,集约化程度提高,各地因地制宜,不断加大科学养殖力度,积极推广池塘精养高产高效技术和浅海滩涂及大中水域增养技术，全国推广面积达120万亩，为增强防灾抗病的能力，提高渔业的效益，各地继续开展养殖病害的防治工作，发生程度比1995年减轻。淡、海水养殖单产不断提高。1996年养殖产量增加178万吨，其中单产提高使产量增加110万吨，占增产量的62%。这说明养殖渔业走提高单产内涵发展的路子大有可为。

以法制加强渔业资源的保护和合理利用。各省(区、市)配合全国人大进行的《渔业法》执法检查等工作有力的促进了以法治渔。农业部与公安部联合下发的《关于严禁炸鱼、毒鱼及非法电捕作业的通告》有效的打击了破坏渔业生产和资源的活动。加强管理，深化改革，对不适应市场经济和不利于渔业发展的生产体制、流通体制、分配体制进行改革，有效的促进了渔业生产。

八、造林绿化步伐加快，生态环境进一步改善

1996年我国造林绿化工作又取得新的进展，全国林业产值达到574亿元(按1990年价格计算)，比1995年增长5.7%。

(一)造林面积超计划完成，生态环境得以改善。1996年我国造林绿化工作认真贯彻落实中央、国务院的有关方针、政策，各项造林绿化事业进展迅速，继续保持了“八五”期间森林资源总生长量大于总消耗量良好势头。据统计，1996年，全国完成造林作业面积4 916千公顷，超过当年造林计划面积的27%。在全部造林面积中，人工造林完成4 314千公顷，占全部造林面积的87.7%，飞播造林共完成602千公顷，占全部造林面积12.3%。按造林途分：用材林1 720千公顷，经济林1 642千公顷，防护林1 375千公顷，薪炭林154千公顷，特种用材林19千公顷。

目前全国已有广东、福建、湖南、安徽、浙江、江西、山东、湖北和广西9个省消灭了宜林荒山，进一步改善了华东、中南地区的生态环境，有力地保障和促进了这些地区经济的发展。与此同时平原绿化工程也取得了较大进展，全国已有724个县达到平原绿化标准，占全国918个平原县、半平原县的78%。这些大规模的生态工程建设，使我国相当部分地区的生态环境得以改善，特别是对农业的稳产、高产起到了积极的促进作用，取得了明显生态效益、社会效益和经济效益。

(二)营林生产管理进一步加强，迹地更新建设稳步发展。1996年，为了进一步缓解木材供应的紧张局面，全面提高林地生产力，各级林业部门非常重视幼林、成林的抚育管理工作。全年共完成幼林抚育面积20 678千公顷，成林抚育面积7 523千公顷，分别比1995年增长30.6%和42.3%，全国共完成低产林改造面积918千公顷，比1995年增长6.2%。迹地更新面积791千公顷，比上年增长8.3%。由于营林生产管理加强，造林质量有明显提高，目前全国造林合格率已达90%以上。

(三)主要林产品产量均有增加。1996年，全国各地进一步以造林绿化为基础，以调整林种、树种结构为重点，以市场为导向，以经济效益为中心，主要林产品产量较1995年均有不同程度的增长。全国油桐籽产量达41万吨，油茶籽产量69.6万吨，核桃产量23.8万吨，板栗34万吨，分别上年增长2.0%、11.7%、3.1%和37.8%。

1996年，我国农业生产的各个领域都取得了新的进展。从宏观上讲得益于一个比较好的农村经济政策环境和科技进步的贡献；从微观上讲是广大农民自觉适应社会主义市场经济新体制，增加生产投入，提高经济效益所取得的结果。但是，当前农业生产中也存在不可忽视问题：一方面表现是农业基础设施脆弱的状况还没有根本改变。我国目前有效灌溉面积不足5 000万公倾，仅占耕地面积的50%左右，其中旱涝保收面积3 600万公顷，占耕地面积的38%，也就是说目前应有62%的耕地是靠天吃饭。机耕地面积占总耕地面积的55%，机播面积占20%，机收面积占10%，洪涝灾害、水土流失、沙漠化，也没有得到有效控制。中低产田占三分之二，农业装备水平低，抗灾能力弱，基础不稳。另一方面是农产品流通市场体系不健全。从经营体制上看，当前一家一户分散经营，小生产与大市场的矛盾仍然存在。表现在流通上，还没有走出“买难卖难”的怪圈。尤其是1996年下半年后粮食价格下降，粮食部门库存增加，部分地区出现了粮食卖难的现象。这些问题，必须引起高度重视并切实加以解决。农业的持续发展不仅取决于气候条件，更重要的是取决于政府如何解决当农业生产中面临的问题。

1997年离本世纪末还有3个年头，新世纪正向我们走来，时间紧迫，任务繁重。在新的一年里要继续把农业放在各项经济工作的首位，以小康建设统揽全局；继续加大对农业投入的力度，实施科技兴农战略，深化农村流通体制改革，大力培育和开拓市场搞活农产品流通。推进农业实现两个根本性转变，进一步加强农业基础地位，增加农产品供给，保持农村经济的持续稳定发展，保证在本世纪末如期实现我国政府向世界作出的庄严承诺。

（执笔：王明华）

专栏2.2 农业产业化发展问题

农业产业化，是近年来我国农业经济发展过程中出现的一个新趋势。是对我国农业由自给自足的自然经济向具有现代化农业特征的市场经济转变这样一个过程的概括。农业产业化，就要使我国农业生产由当前小规模、高消耗、低效益、低商品率的分户经营，转步向以扩大规模经营为基础、以集约经营为增长方式、以科技进步为依托、以效益为核心、以市场为导向、以专业化、区域化生产为特征、以现代化管理为手段的企业经营。

第一、实现农业产业化，要以扩大经营规模为基础。中国人多耕地少，农村实行联产承包后，耕地经营的均等化较为普遍，全国农村户均经营土地一般在5亩以下。研究结果表明，在当前技术水平下，户均经营土地在15－30亩，经营效益最好，低于这一规模，劳动力、农业机械、生产资金等就难以充分合理利用，规模效益就会下降。实现农业产业化，国家要鼓励农民实行土地转包，使农户保持适当的经营规模。

第二、实现农业产业化，要以集约经营作为主要增长方式。土地资源的有限性，制约了土地面积的无限扩张。从长远看，扩大经营规模，提高产出总量，必须增加土地投入，以集约经营作为主要增长方式。

第三、实现农业产业化，要以科技为依托。我国生产力水平较低，科技进步在农业生产中的贡献率还不到40%，而世界发达国家已占到60－80%。加强农业科学研究，提高农业新技术、新成果的应用水平，可大大提高农业生产率。

第四、实现农业产业化，效益是核心。农业产业化的过程，实际上是农业生产者不断提高效益的过程。只有提高效益，农民才能致富，农村经济才能繁荣，农村贫困面貌才能彻底改变。

第五、实现农业产业化，要以市场为导向。实现产业化，要把农民推向市场，更多地利用经济手段调节生产。农民可以根据市场需求，安排生产，组织经营活动。

第六、实现农业产业化，就要实现农业生产的专业化和区域化。专业化、区域化是社会化生产的要求，在专业化、区域化生产的基础上，提高农副产品的深加工能力，就可以使农副产品在农村实现增值，增加农民收入，促进农村小康建设。近年来，农村出现贸工农一体化经营、产供销一条龙生产模式，通过“公司＋农户”、“市场＋农户”等经营形式，把若干个农户联在一起，形成一定规模，同时缩短了生产者到消费者之间的距离，缩短了生产周期，提高了生产能力，扩大了市场影响力。

第七、实现农业产业化，就要按照现代化管理的要求，对农业生产实现企业管理，努力降低成本、改进质量、提高效益。

（执笔：黄秉信）

2.3 粮食丰收后的思考

1996年，党中央、国务院及各级政府重视农业生产，加大领导和支持力度，采取有效措施，提高农民生产积极性，经各方面共同努力，全国粮食总产量达到5.045亿吨（10 090亿斤），比上年增长8.1%。

一、粮食增产的主要原因

1996年全国粮食产量出现超常规增长，是多方面因素综合作用的结果。

（一）气候条件好。

旱灾、水灾和早霜是对我国农业生产影响最大的三个灾种。1996 年夏季以来，虽然部分地区出现洪涝灾害，但总体而言，利大于弊，三种灾害均未对农业生产构成较大威胁。气候好是全国增产的最主要原因。

1. 北方地区没有出现大范围旱情。

1996 年春季，北方山东、河北等小麦产区虽出现过一段时期的干旱，但是灾害影响仍属较轻的一年，对产量基本没造成严重危害；上年因灾减产较多的河南、安徽、等省夏粮产量都有了较大幅度增产。上年受灾的东北地区，基本无大的灾害发生，产量增幅较大；连续两年受旱的西北地区，1996 年基本风调雨顺，出现普遍增产。

2. 夏季水灾是局部性的，总体来看，降水多对粮食生产利大于弊。

1996 年湖南、湖北、江苏、安徽、浙江、贵州、四川、广西、河北、河南、山东、山西、新疆等地的洪涝灾害，基本是以暴雨型为主，水来势猛，强度大，部分地区造成山洪暴发，河流横溢，冲损或淹没农田，给局部地区农业生产和经济生活造成巨大损失，但是水来得快，退得也快，对农业总体影响小，因此，除水淹的河沟、湖畔低洼地粮食减产较多甚至绝收外，旱地、岗坡地和排水条件好的耕地，一般较常年增产。

从洪涝发生时间看，南方地区主要集中在 6—7 月份，这时夏粮已收获完毕，早稻接近收获期，晚稻还在生长前期，因此，对粮食生产影响较小；北方地区洪涝主要发生在 7 月底，8 月初，河北、山东、河南、山西、新疆等省的部分地区受灾较重，低洼农田的灾多是毁灭性的，但对喜水、喜肥的秋作物玉米，正处在生长中后期，短期的洪涝对其产量影响也不很大。从地域看，北方长年缺水，排灌条件好和常年易受旱的地区，粮食作物生长较好，特别是西北等省水分充沛，是难得的好气候。

3. 东北未出现早霜天气，是增产的重要原因

1996 年东北地区霜期普遍推迟，往年正常霜期在 9 月 20 前后，1996 年推迟半月左右，基本是到了 10 月份以后才来枯霜，玉米等作物多数是自然成熟，当地称“自老山”。粮食籽粒饱满，千粒重增加，单位面积产量有较大提高。

（二）各级政府重视农业。

各级政府加强对农业生产的领导，改善粮食生产的大环境。粮食省长责任制实施后，省县各级领导对农业生产真抓实干，采取措施，增加农业贷款，备足农用物资，增加农业投入，生产期间加强指导，对粮食增产起到了很好的促进作用。

（三）农民种粮积极性回升。

1. 粮食价格提高，农民生产积极回升，粮食播种面积扩大。近年来市场粮食价格持续上涨，1995 年达到历史最高水平，1996 年国家又提高了粮食收购价格，使农民种粮效益上升，生产积极性提高。1996 年全国粮食面积扩大 249 万公顷，仅面积扩大可增产粮食 1 055 万吨（211 亿斤）。

2. 粮食作物结构调整，高产作物面积扩大。今年全国高产作物玉米、稻谷面积分别比上年增加 172 万公顷和 66 万公顷，低产作物豆类比上年减少 94 万公顷，因作物种植结构调整，使粮食总产量增加约 300 万吨（60 亿斤）。

（四）增加投入，推广新技术对粮食增产发挥了重要作用。

1. 农业生产投入增加。1996 年化肥供应好于上年，农民化肥使用量增加，另外，有机肥、农膜等农用生产资料的使用量也比上年有不同程度的增加。水稻旱育秧、抛秧及玉米农膜覆盖等新技术的推广，促进了粮食单产的大幅度提高。1996 年全国早稻每公顷产量比上年增加 160 公斤，由于单产提高使粮食总产量增加 26 亿公斤，占早稻增产总量的 74％。据统计小麦统一供种面积比上年增加 3 600 万亩；精量和半精量播种面积增加 2 360 万亩；机耕机播机收小麦总面积占一半以上；杂交稻面积扩大 1 000 多万亩；旱育秧面积增加 6 000 多万亩；水稻抛秧面积比上年扩大一倍以上；杂交玉米、地膜覆盖和节水旱作农业技术推广及病虫害防治面积均比上年有较大提高。

由于农业投入增加，科技含量提高，可使每亩粮食产量提高 5—7 公斤，使全国增产粮食 900 多万吨（190 亿公斤），约占全国粮食总增产量的四分之一。

二、当前粮食购销存中出现的几个问题

（一）部分地区出现一定程度“卖粮难”，粮食购销压力加大。

1996年来粮食部门库存增加较多,从产区到销区普遍出现涨库现象。1996粮食年度,国家粮食部门采取措施,腾库容,加强烘晒管理,比上年多收购粮食240多亿公斤。另外,由于市场粮源充足,比上年少销售220亿公斤,加之进口较多,使得国家粮食库存量增加500多亿公斤,占用了大量收购资金和库容。粮食行业出现普遍性亏损。

(二)市场粮食价格下滑,农民难于实现增产增收。

据调查,尽管1996年国家粮食收购价格已经有较大幅度的提高,但各地市场粮食价格却出现下滑的趋势。1997年上半年东北地区玉米价格普遍在0.55—0.65元/公斤左右,每公斤比上年低0.2—0.3元,已低于1.02元/公斤国家收购价格,农民已难以承受。小麦价格每公斤1.4—1.8元,比上年降了0.1—0.2元。粮食虽然增产了,但由于市场流通不畅,农民丰收的粮食难于实现价值,增产难增收。

(三)粮食供需出现新的矛盾。

分地区看,1996年东北的粮食获得较大的丰收,增产量约占全国的40%,加之上年已积压了部分粮食,因此粮食收购、储存和调运工作矛盾非常突出。

从品种上讲,由于玉米播种面积比上年增加172万公顷,加之单产水平提高,总产量比上年增加1 548万吨(309亿斤),全国玉米产量出现年度性过剩。玉米的产地集中在北方,河南、河北、山东和东北三省的玉米产量占全国总产量的近三分之二,而广东、湖南、四川、江西、湖北、江苏、浙江、福建、安徽和广西等主要缺玉米省集中在南方,余缺调剂距离长达大半个中国,这给储运带来较大的困难,也给财政带来很大的压力。小麦、稻谷也出现较大幅度增产,各地区普遍出现粮食压库现象。

三、粮食丰收后的思考

(一)丰收后,对我国粮食总供需形势要有清醒的认识。

长期以来,我国粮食供需一直处于紧平衡状态下,随着年度间生产的波动,市场表现为时紧时松。1996年粮食丰收,部分地区出现粮食卖难,价格下跌。从长远看,粮食过剩是暂时的,局部性的。我们不能因为粮食的暂时过剩,就产生盲目乐观的情绪,放松粮食生产。历史上我们曾有过沉痛的教训。1958年全国农业丰收,使我们对当时中国农村形势有了盲目乐观的判断,导致了以后一段时期内农村工作的屡屡失误。八十年代初农村实行经济改革,促进了农业生产的全面发展,粮食生产连年丰收,农产品出现卖难,一些地方出现放松农业的倾向,使得八十年代后期出现农业生产多年徘徊不前的局面。

从当前我国粮食供需形势来看,仍属基本平衡,略有结余的状况。全国粮食供大于求约2 500万吨,从1996年下半年以来,国家已采取多种措施,努力解决农民卖粮难问题,通过国家扩大专项储备、增加地方储备和周转储备等,粮食主产区卖粮难的压力已大大缓解。据农调总队农民种植意向调查,1997年全国粮食种植面积基本保持上年水平,但高产作物面积减少,如遇灾害发生,粮食产量有可能比上年减少。

近年来我国粮食消费以每年1 000多万吨的速度增加,1997年如若出现大的减产,全国粮食总供需就可能出现逆转,由过剩转为紧缺。从粮食品种结构和地区布局看,我国小麦生产长期不能满足需求,需要靠进口补缺;稻谷的过剩也只是表现为丰收年度主产区的相对过剩,随着城乡居民食物结构的调整,稻谷供需的发展趋势是由松转紧;目前出现的粮食过剩现象,实际上是北方地区,主要是东北地区的玉米过剩。1997年全国玉米面积调减较多,预计减产的可能性很大,玉米的过剩也是暂时性的。因此,我们决不可因为1996年的粮食丰收,就产生盲目乐观情绪,放松对粮食生产的领导。

(二)丰收后,对我国粮食综合生产能力要有正确估计。

应当看到,1996年粮食丰收是多种因素综合作用的结果,其中气候条件是增产的重要因素。我们不能也不可能指望每年的气候都象1996年一样好,随着气候条件的变化,粮食总产量出现波动也是正常的。根据对历史资料的研究,我们认为目前我国粮食综合生产能力基本在47 500万吨(9 500亿斤)左右,平均每年以800—1 000万吨(160—200亿斤)的速度递增。当然,这里的生产能力是以正常气候年度、播种面积16.5亿亩进行估算的，如果气候好，粮食综合生产能力可以超水平发挥，气候条件不利，生产能力可能难以完全释放出来，达不到应有的水平。气候条件每年对总产量的影响基本在±1 500万吨(300亿斤)范围内，特殊气候年度影响更大。据此推算，1997年粮食综合生产能力可达到48 500万吨，良好气候条件下，实际产量可达到50 000万吨以上，多灾年度，产量仍可达到47 500万吨，只有在特殊的气候条件和播种面积变动较大的情况下，会超出该范围。实际上，由于我国粮食处于紧平衡状态，一旦出现多灾年，粮食供需就会由过剩转为紧缺。

(三)丰收后，对我国农业发展中存在的问题要心中有数。

1996年粮食丰收，但农业发展中存在的问题并没有从根本上解决。

1. 发展与效益问题。

第一、农业是弱质产业。经营者不仅要承担市场风险，而且要承担自然灾害的风险。市场波动对农民收入影响很大，对市场把握不准，就会出现增产不增收的情况；另外，农业没有摆脱靠天吃饭的局面，有时农民辛苦一年，却会因一场风雨或一场霜冻，造成颗粒不收。

第二、目前我国农业生产以农户经营为主，土地均等特点突出，户均经营规范小，商品率低，效益差，这种状况很难在短期内改变。

第三、我国农业劳动生产率低，过去靠低价的劳动力维持了农业生产的低成本，随着农村经济的全面发展，非农产业在农村蓬勃发展，劳动力成本迅速提高，劳动力资源优势已渐失去，当农业劳动生产率没有很大提高，农产品提价幅度有限的情况下，农业生产效益也很难有大的提高。

2. 农业生产条件没有从根本上改善。

目前，我国农作物每年受灾面积4 500—5 500万公顷，约占农作物总播面积的三分之一，其中成灾面积2 500—3 000万公顷，约占农作物总播种面积的15—20%。尽管建国以来各级政府十分重视发展农村水利事业，但全国有效灌溉面积仍不足5 000万公顷，占耕地面积的一半左右，其中旱涝保收面积3 600万公顷，占耕地面积的38%，也就是说目前仍有62%的耕地是靠天吃饭。1995年是农业生产条件较好，农业灾害发生较少的一年，但全国农作物受灾面积达4 582万公顷，占农作物播种面积的31%。1996年粮食丰收，但农作物受灾总面积仍高达4 700万公顷，成灾面积2 100多万公顷。全国每年因灾损失粮食上百亿公斤。1996年全国有效灌溉面积5 024万公顷，占耕地面积的一半，另外一半的耕地没有灌溉设施或固定水源。

3. 农业持续增长与资源紧缺。

第一、土地资源。我国人均耕地资源少，随着经济发展，各种建设用地越来越多，耕地面积不断减少，而人口却在不断增加，近年来全国平均每年增加人口约1 300万，耕地减少数百万亩，人均占有耕面积急剧下降。建国初期，全国人均占有耕地2.7亩，到1996年已降到不足1.2亩。耕地是农业生产中最重要的生产要素，耕地面积稳不住，农业的发展将受到严重制约。

第二、水资源。水利是农业的命脉。我国淡水资源严重不足，且分布不平衡、利用不合理，浪费严重。我国人均淡水资源仅为世界平均水平的四分之一，且主要集中在东南部地区，北方和西部省区大面积耕地没有灌溉条件。西北地区常年干旱缺水，东南部地区却日夜“滚滚长江东逝水”，“黄河入海流”，浪费严重。我国几大江河不仅流走了大量宝贵的淡水资源，还带走了泥沙和大量养分，“黄河流的是中华民族的血液”，对此，我们必须有忧患意识。

(四)丰收后，更要注意加强我国粮食保护体系的建设。

发达国家对农业有较为完善的保护体系，在农业保护方面，我们国家还刚刚起步，粮食价格的保护政策虽已出台，但在执行过程中也遇到不少困难和问题，特别是地区间利益矛盾较为突出，需要妥善解决。从农业保险看，1996年农业投保总额只有797.5亿元，仅占农业增加值的6%，难以形成农业保护屏障。

(执笔：黄秉信)

专栏 2.3 对 2000 年我国粮食生产能力的基本判断

改革开放以来，我国粮食生产得到了较大的发展，粮食总产量由 1978 年的 30 478 万吨，先后登上了 35 000万吨、40 000 万吨和 45 000 万吨三个台阶，到 1995 年达到 46 662 万吨的历史最好水平。1996 年再创历史最好水平，达到 50 454 万吨。下面对我国 2000 年的粮食生产能力作一初步分析。

粮食生产是社会再生产和自然再生产的有机结合，受到社会、经济和气候等多种因素的影响。所利用的资源包括光照、降水和土地资源；所投入的劳动资料包括机械、畜力等固定资产，也包括种子、肥料、饲料、农药、农膜、电力等流动资产的投入。除上述投入外，还有劳动者和技术等社会投入，并且受到社会大环境等许多方面的影响。因此，粮食生产能力是影响粮食生产各种因素的正常配置所形成的期望产出能力。

粮食生产各因素之间有着较强的可替代性，对粮食生产的影响相互交织在一起，同时各种因素的影响既有确定性和必然性的一面，又有偶然性和不确定性的一面，但各种因素作用的最终结果都反映在每年的粮食产量上，因此在分析我国粮食可能达到的生产能力时，采用了历年的粮食产量数据的时序回归来确定粮食生产能力的趋势值，并对波动进行分析研究后，以确定粮食生产能力所达到的水平。考虑到 1966～1976 年的数据，由于众所周知的原因，无论从数据到实际状况都属不正常情况，因此以 1976～1995 年 20 年间的粮食产量资料进行时序分析。

在反复比较、理论论证和实证分析的基础上，构建了下列模型：

$$Y=529.483+190.41\times T$$

修正 R－平方＝0.9328 F－统计量＝249.83

模型中 Y 是全国粮食趋势总产量，T 是时序数列，根据这一模型，我们测算 2000 年我国粮食生产能力可达到 52 150 万吨。

粮食生产由于受气候、政策等不确定因素的影响，因此在年度间表现出较强的波动性，我国粮食波动具有两个明显特点：一是呈周期变化，3～5 年为一个周期。二是波动率呈正态分布，多数年度粮食波动范围在正负 3.5%以内，波动值为增减 1 500 万吨。

根据粮食周期波动的数量分析，我们认为，2000 年我国粮食生产正处于一个新周期(1999～2004 年)的上升期，实际产量与生产能力相比处于平年和歉年之间模糊区，因此我们认为实际产量在 51 000 万吨左右。

分品种看，根据 1978～1995 年的资料，粮食总产量中，稻谷比重下降、小麦基本稳定、玉米比重提高，我们预计到 2000 年稻谷比重仍呈下降趋势，大体能占总产的 40%，小麦比重能稳定在 22%，玉米比重会继续提高，达到 25%。这样，根据总产预测值推算，2000 年我国稻谷、小麦、玉米的产量大体可分别能达到：

稻谷 20 700 万吨

小麦 11 390 万吨

玉米 12 950 万吨

建国以来，特别是 1978 年以来，我国粮食生产条件大为改善，投入不断增加，综合生产能力能力有了大幅的提高。从发展过程和潜力看，2000 年粮食生产能力达到 5.2 亿吨左右是完全可能的。

(执笔：毛寒松)

2.4 ’96 我国乡镇企业继续保持较快增长

1996 年是我国乡镇企业发展具有重要意义的一年，它不 仅是“九五”计划的开局之年，对“九五”计划和 2 010 年远 景规划的顺利实现具有重要意义，而且，在 1996 年中还发生 了几件对乡镇企业发展具有历史意义的重大事件，一是我国历史 上首部保护和规范乡镇企业行为的法律《乡镇企业法》的出台；二是为促进中西部地区乡镇企业发展，首次召开了乡镇企业东西 合作经验交流会，使乡镇企业东西合作走上健康、有序的发展道路；三是党和国家领导人江泽民、姜春云等在视察农村工作时对 乡镇企业的发展作了重要讲话，江泽民在河南考察时指出：“发 展乡镇企业，对农村的建设是一项带有革命性的改革，具有深远 的意义。”

总的来看,1996 年我国乡镇企业发展的宏观形势良好,总量继续保持快速增长,乡村集体企业发展显现出新的特点,但乡镇企业高投入低产出、资金使用效率降低的老问题依然存在,同时在发展中还出现了一些值得注意的新问题。

一、1996 年乡镇企业发展宏观形势良好

(一)总量保持较快增长。

——从业人员:1996 年乡镇企业从业人员达 13 508 万人,比上年增加 647 万人,增长 5%。乡镇企业从业人员占农村劳力总数的比重达 29.4%,比上年的 28.6%增加了近 0.8 个百分点。

——增加值:1996 年乡镇企业共实现增加值 17 659 亿元,比上年增加 3 064 亿元,增长 21%,其中,工业增加值 12 627 亿元,比上年增加 1 824 亿元,增长 16.9%。

——资产规模:1996 年乡镇企业资产总额为 31 585 亿元,比上年增加 4 426 亿元,增长 16.4%,其中,固定资产为 13 539 亿元,比上年增加2 404亿元,增长 21.6%。

(二)对国家的贡献保持良好增长势头。

——上交国家税收:1996 年乡镇企业应交国家税收 2 366 亿元,比上年增加 308 亿元,增长 15%,实际上交国家税收 1 436 亿元,比上年增加 156 亿元,增长 12%。

——利税总额:1996 年乡镇企业实现利税总额为 6 253 亿元,比上年增加 944 亿元,增长 17.8%,其中,乡镇企业净利润为 3 886 亿元,比上年增加 635 亿元,增长 19.5%。

(三)招商引资、出口创汇继续增长。

1996 年全国乡镇企业共引进外资 80.5 亿美元,比上年增加 10.5 亿美元,增长 15%;“三资”企业个数为 39 508 个,比上年新增 1 162 个。出口商品交货值 6 008 亿元,比上年增加 613 亿元,增长 11.4%。

二、乡村集体企业发展进人调整期

乡村两级集体企业是乡镇企业的主体,它的发展趋势预示着乡镇企业的未来发展方向。在“九五”开局的第一年,我国乡镇企业在资金、产业政策等宏观调控手段上强化了力度,乡镇企业面临的市场环境也发生了较大变化,加上国家对环保措施的加强,乡村集体企业的发展面临了更多、更大的困难,乡村集体企业的发展进入了向规模化、集约化方向发展和产业结构调整的一个艰难的调整期。

乡村集体企业为增强抵御市场变化的风险,加快了经营方式转变的步伐,1996 年当年组建企业集团 8 380 个,96 年末累计共组建企业集团 13 394 个,96 年当年组建的企业集团个数超过了历年来所组建的企业集团个数;产业结构调整的力度加大,一些不符合国家产业政策和环保要求的企业被关停,当年共关停企业 4.67 万家,减少从业人员约 102.74 万人。1996 年,乡村集体企业为 155 万个,比上年减少 7 万个,减少 4.3%;全年平均职工人数 5 628 万人,比上年减少 2 51 万人,减少 4.2%;实现增加值 10 258.5 亿元,比上年增加 899.7 亿元,增长 9.6%。乡村集体企业个数、从业人员减少,增长速度明显低于全国乡镇企业的平均增长速度,乡村集体企业的发展进入了调整时期。

从不同经济地带来看,乡村集体企业进行经营方式的调整和经营机制的转变主要集中在东部地区,中西部地区还比较落后。到 96 年底,东部地区共组建企业集团 12 216 个,占全国乡镇企业集团个数的 90.4%,年营业收入超亿元的企业集团 2 155 家,而中西部地区仅有企业集团 1 178 家,占全国的 9.6%;企业规模也不断扩大,东部地区乡村集体企业平均每个企业拥有职工 54.6 人,比上年增加 15.9%,企业平均拥有资产251.8 万元,比上年增长 23.2%,资产规模是中西部地区集体企业的 3 至 4 倍。

同时,东部地区乡村集体企业在进行经营方式调整和经营机制转变过程中,乡村集体企业中的从业人员有较大幅度的减少。96 年东部地区乡村集体企业全年平均职工人数为 5 023.1 万人,比上年减少 211.6 万人,减少 6.2%。出现这种现象的原因,一方面是由于乡村集体企业发展速度减缓,吸纳劳动力水平下降,另一方面的原因,是由于东部地区乡村集体企业集约化程度不断提高,逐步由劳动密集型向资金、技术密集型转变,资本、技术替代劳力开始出现。

三、“东西合作”势头良好

自1995年国务院批转《乡镇企业东西合作示范工程》方案以来，我国乡镇企业东西合作已步入健康、有序的发展道路，并取得了明显效果。

两年来，各地共签订东西合作协议项目近30 000个，协议引进资金350亿元，协议总投资700亿元，批准命名东西合作示范区215个，示范区内兴办合作项目5 000多个，总投资约45亿元。通过东西合作，东部地区一些劳动密集型和资源、耗能型产业开始西移，这种有序的战略转移，既为东部地区发展技术密集型、资金密集型和外向型产业创造了条件，也有利于中西部地区资源、劳动力优势的发挥。到1996年，通过东西合作中西部地区已转移农村剩余劳动力约200万人，其中，152个国家级示范项目已安置剩余劳动力5万人。

专栏2.4 '96农村剩余劳动力转移速度继续趋缓

1996年农村剩余劳动力转移的人数占农村劳动力总数的比重为5.4％，低于1994年的7.3％和1995年的6.8％，呈逐年下降态势，是近几年来转移速度最低的一年。

一、1996年农村劳动力转移的主要情况

一是，农村剩余劳动力转移势头明显趋缓。1996年全国农村剩余劳动力转移到二、三产业的人数占农村劳动力总数的5.4％，比上年下降1.4个百分点。当年从非农产业返回到农业的劳动力占农村劳动力总数的比重为1.6％，比上年上升0.2个百分点。净转移劳动力占农村劳动力总数的比重为3.8％，比上年下降1.6个百分点。

二是，各地区转移数量差距较大。1996年转移劳动力占劳动力总数比重超过10％的有安徽、青海和甘肃省；比重在7—10％之间的省份有河北、福建、山东、湖北、四川、陕西；当年转移比重低于4％的地区有北京、天津、吉林、上海、浙江、云南和新疆。

三是，农村剩余劳动力转移仍以男劳动力和整劳动力为主。1996年男劳动力转移占当年农村剩余劳动力转移的比重为70.4％，与上年持平；整劳动力转移所占比重高达94.7％，但比重上升了0.8个百分点。半劳动力转移数量略有减少。

四是，转向第三产业的比重上升。1996年剩余劳动力转移到第三产业的劳动力占当年农村剩余劳动力转移总数的43％，比上年增加了2.4个百分点。另外，转向工业的比重下降了2.2个百分点；转向建筑业的比重基本持平。

五是，剩余劳动力转移仍以本省内为主。1996年农村剩余劳动力在本省内转移的占71.9％，比上年增加1.3个百分点；转向外省的占27.7％，减少了1.4个百分点；转移到国外的为0.4％，略有增加。

六是，从转移的走向来看，仍以向东部转移为主，但比重下降，转向中、西部地区的比重提高了2.3个百分点。1996年农村剩余劳动力向省外转移过程中，转向东部、中部和西部地区的比重分别为70％、17.6％和12.4％。

二、农村剩余劳动力转移趋缓的原因

一是由于农副产品提价；二是国有企业吸纳就业的能力已趋饱和；三是铁路等交通费用大幅度上扬，劳动力易地转移的成本有所增加。

（执笔：范小玉）

四、发展中存在的问题

1. 乡镇企业出口创汇增长势头减缓

由于国家在出口退税政策上的调整和国际市场的变化，96年我国乡镇企业出口创汇的增长速度明显减缓，增长的幅度仅有11.4％，比上年降低了28.8个百分点，增长幅度是历年来最低的。外向型经济的发展一直是我国乡镇企业快速发展的强大牵引力量，出口增长速度的下滑将会影响我国乡镇企业的发展。

2. 资金使用效率降低

1996年，乡镇企业资本金利税率为57.8％，比上年下降2.5个百分点；每百元固定资产创利税39元，比上年下降2.4元；每百元成本费用创利税9.9元，比上年下降0.15元。固定资产投资的回收期延长，成本费用支出效益下降，资金使用效率降低，说明乡镇企业在发展中仍然没有处理好投资与速度、效益的关系。

3. 乡村集体企业吸收劳力能力下降

乡村集体企业是乡镇企业的主体，多年来一直以外延扩大为主要发展手段，吸收农村剩余劳力也保持着稳定增长，但是，由于乡村集体企业主要是工业企业，随着企业生产技术的不断进步和规模的不断扩大，吸收劳动力的能力开始下降，甚至出现排斥劳力的现象，对农村剩余劳力的转移和农民收入水平的提高将产生不利影响。

乡镇企业在发展中存在的问题和难题，在今后一段时期内将会继续存在，解决这些难题没有捷径可走，只有积极推进经营机制的改革，努力实现经济体制和经济增长方式的两个根本性转变；积极开展小城镇建设，引导乡镇企业集中连片发展，提高企业的积聚效益，同时促进第三产业的发展，吸收更多的剩余劳力；继续坚持以市场需求为导向，依靠科技进步，强化企业管理，增强企业的整体素质，只有这样才能逐步克服困难，推动乡镇企业不断发展。

（执笔：阳俊雄）

第三章 工业经济稳步增长 结构矛盾依然突出

第三章　工业经济稳步增长 结构矛盾依然突出

3.1　'96工业经济状况

1996年，国民经济稳定适度增长，宏观经济环境进一步改善。工业经济发展总体情况基本正常，生产持续稳定增长，产品结构调整取得一定进展，企业改革进一步推向深入，工业经济整体实力进一步增强。但面临的问题依然十分突出，主要是企业生产经营困难加剧，困难行业和企业增多，产销衔接不够理想，资金拖欠、产品积压等问题未见缓解，企业亏损严重，利润下降较多，经济效益总体水平仍然较低。1997年工业经济发展，一方面要顺应整个宏观经济环境要求，继续坚持总量控制，保持生产稳定适度增长，避免经济的大起大落；另一方面要切实重视和推进结构调整与微观搞活，采取有针对性的灵活措施，适当为经济发展注入新的活力，以缓解工业经济发展中一些企业生产经营不景气、经济效益低下等矛盾，提高工业经济运行的总体质量。

一、1996年工业经济运行基本情况

（一）生产保持稳定增长。全国独立核算工业企业完成增加值18 026亿元，按可比价格计算，比上年增长13.1%。从整个宏观经济环境与工业自身发展来看，增长速度属基本正常。从工业生产的动态变化与构成看有以下三个特点：一是增势较为平稳。一季度工业增加值增长13.6%，二季度增长13.1%，三季度增长11.8%，四季度增长15.7%。二是国有工业生产增长相对缓慢。国有企业增加值8 742亿元，增长6.4%。在新增工业产出额中，国有经济（包括国有控股部分）所占比重为27.3%，比1995年的38.6%下降11.3个百分点。在工业增长13.1%中，国有经济仅拉动3.6个百分点。三是非国有工业依然保持快速增长，是拉动生产增长的主要力量。集体工业完成增加值5 163亿元，比上年增长17.7%，其他经济类型工业增加值4 121亿元，增长13.1%。

（二）轻重工业增长大体同步，产品结构调整取得一定进展。在投资市场和消费市场呈现适度稳定增长态势的情况下（全年固定资产投资增幅和社会消费品零售总额增幅分别为14.8%和20.1%，扣除价格因素，实际增长分别为10.4%和13.2%），轻重工业生产大体呈现同步增长格局。轻工业完成增加值7 208亿元，比上年增长13.5%，重工业增加值10 818亿元，增长12.7%，轻工业增长略快于重工业0.8个百分点。这与1994年和1995年轻工业分别快于重工业3.1和4.5个百分点相比，有了比较明显改变。

近几年来，轻重工业生产增长的变化与国家宏观经济调控政策和两个市场需求变化是紧密相关的。1992、1993年，经济快速发展，固定资产投资膨胀，对重工业生产拉动相对较强，这两年重工业增长均快于轻工业。1994、1995年，随着国家加强宏观调控，实行“适度从紧”的经济政策，控制固定资产投资规模和新开工项目，而消费品市场保持相对稳定活跃，因而这两年轻工业生产增长又均快于重工业。1996年，投资和消费市场增长大体适度，需求稳定，形成了轻重工业大体同步发展的格局。说明随着市场经济体制改革的不断深入与发展，企业生产受市场引导作用越来越明显，市场对工业生产的制约作用不断强化，企业在组织生产、调整产品结构、改变生产节奏等方面的意识和能力都有所增强。

据对50种主要轻工产品统计，有31种产品不同程度增长，19种产品生产下降。增长较快的主要有照像机、录相机、空调器等家电产品；合成纤维、毛线等纺织产品以及饮料等。生产下降较多的主要是自行车、缝纫机、电视机、收音机、录音机、纯棉布、丝等。

从113种主要重工业产品看，有81种产品增长，32种产品生产下降。其产品增长特点表现为“两稳一快一降”。“两稳”：一是能源产品持续稳定增长。全年生产原煤13.97亿吨，比上年增长2.6%，原油1.57亿吨，增长4.9%。发电量10 813亿千瓦小时，增长7.4%。能源对国民经济发展的“瓶颈”制约作用已不明显。二是主要原材料产品稳定增长。钢产量继1993年达到8 000万吨后，1996年突破1亿吨大关，比上年增长6.2%，成为世界第一产钢大国。钢材产量达到9 338万吨，增长4%。此外，十种有色金属、硫酸、硝酸、纯碱、烧碱、乙烯、合成氨等主要化工原料以及主要建材产品水泥、平板玻璃等均保持了一定的增长。“一快”：通讯及信息设备生产增长快。全年微型电子计算机生产增长66.1%，程控交换机增长18.3%，数字程控增长23.4%，无线寻呼系统设备增长23%。“一降”：主要投资类机械产品生产持续下降。发电设备、交流电动机、工业锅炉、金属切削机床等产品生产比上年均有不同程度下降。

(三)工业产销衔接水平逐步提高，但尚未达到正常水平。从动态趋势看，1996年工业产销率逐季提高。一季度工业产销率只有93.04%，比同期下降1.8个百分点，二季度为94.43%，三季度为96.16%，四季度为98.88%。产销率的逐季提高，说明企业按照市场组织生产的意识和能力在不断增强，同时也体现了国家“限产、压库、促销”工作所取得的积极效果。但从总体上看仍未达到正常水平，全年工业产销率为95.86%，比上年还低0.06个百分点，与正常水平(97%以上)相比低1—2个百分点。因此造成产成品资金占用过多，年末产成品资金占用5 574亿元，增长16.3%，新增700多亿元。按照产成品资金占用相对水平测算，产成品可供销售天数为43.8天，比上年上升1.9天。初步分析，目前产成品资金占用中，约有20%属不合理库存，占压资金1 000多亿元。工业流动资金不能正常流动，又加剧了企业资金的相互拖欠，年末企业应收帐款净额多达9 269亿元，平均每月增加100多亿元。据统计，1996年共增加工业流动资金贷款2 423亿元，但由于边投入边沉淀，造成宏观上资金供应量不少，而微观上资金十分短缺的矛盾现象。

二、1996年工业盈利水平分析

1996年，工业企业亏损严重，利润下降较多，盈利水平低下。但从发展过程来看，经济效益水平呈现出逐季趋向好转。盈亏相抵后利润总额由一季度同比下降54.7%，到上半年下降36.3%，1—3季度下降32.6%，全年下降15.3%。

尽管企业盈利水平下降势头得到一定遏制，但仍然不能忽视：

一是企业亏损持续大幅度上升。全部独立核算工业企业统计，1996年亏损企业亏损额已达1 431亿元，比上年增亏19.5%，亏损率(亏损企业亏损额与盈利企业盈利额之比)达46.4%。从“八五”期间看，1991—1992年，亏损额在470亿元左右，1993—1994年亏损额在640—770亿元，1995年亏损上升为883亿元，而1996年亏损大大超过这一水平。“八五”期间亏损率最高为1991年42.5%，最低为1993年28.5%，1996年则超过46%。从工业企业亏损面来看，1996年为22%，均超过“八五”时期各年的亏损面。

二是企业利润下降较多，影响企业活力增强和生产后劲的补充。企业实现利润总额为1 490亿元，比上年下降8.9%，利润下降幅度也是“八五”以来较大的。

三是绝大部分地区经济效益下降，全国29个地区(不含西藏)中，只有河北、辽宁、山东利润有一定增长，其余26个地区均为下降。有9个地区出现净亏损，他们是吉林、湖南、广西、海南、贵州、陕西、甘肃、青海、新疆。

四是多数行业经营状况不如上年，除烟草、电力、石油少数行业外，其余行业经济效益均不如去年，纺织、机械、轻工、军工、煤炭、有色等依然是亏损大户，冶金、石化、化工、医药、电子等盈利均不如上年。

国有企业生产经营难度大，盈利水平低的问题尤为突出。1996年，国有企业实现利润总额为412.6亿元，比上年下降38%，下降幅度为各类企业之首。在全部企业实现利润总额中，国有企业所占比重从1994年的50.5%，1995年的40.7%下降到1996年的27.7%，而其他经济类型企业利润所占比重上升到43.1%，集体企业上升到29.2%。国有企业亏损面大，涉及职工众多。据对

6.95万户国有企业统计，有2.62万户企业亏损，亏损面为37.7%，比上年上升5.1个百分点，国有亏损企业占有全部国有企业26.8%的资产，有38.3%的职工1 550多万人在亏损企业中工作，对社会的安定是一个潜在压力。

量大面广的国有中小企业处境最为艰难，出现了整体亏损局面。5.5万家国有小型企业盈亏相抵后净亏损近50亿元。根据1995年普查结果显示，国有中型企业净亏180亿元，在1996年微观经济困难进一步加剧，企业效益进一步恶化情况下，国有中型企业整体亏损的局面亦难以改变。国有大型企业也在向"两极化"方向发展，形成盈利大户和亏损大户并存的局面。即极少数盈利大户企业对工业经济效益起着重要的支撑作用，形成了"一俊遮百丑"现象。据对1.8万家大中型工业企业统计，仅大庆石油管理局、玉溪红塔烟草(集团)有限责任公司、上海大众汽车有限公司、宝山钢铁(集团)公司等盈利额列前十位的企业，其利润合计占1.8万家企业利润总额的一半以上。因此，从面上看，微利和经营困难企业仍占多数。在一个地区一两家大企业生产经营的好与坏往往左右着整体的变化。以北京市为例，首钢前两年盈利较好，但扣除首钢，北京市利润却是下降的，1996年首钢经营状况不景气，利润下降较多，但扣除首钢后，全市利润却为增长。

影响工业盈利水平的原因是多方面的。除了经济体制改革不到位、经济结构不合理等深层次问题外，较为直接的原因主要有以下几方面：

首先是企业对市场经济改革和宏观经济环境所发生的变化不适应，使企业长期以来所依靠的"涨价效益"难以为继。近年来，随着市场经济的不断发展，国家对经济的宏观调控能力不断增强，调控手段不断改善，社会总供给与总需求趋向平衡，对通货膨胀的抑制取得明显成效。与此同时，国内市场发生了很大变化，绝大多数工业产品已由卖方市场转向买方市场，产品竞争日趋激烈，国外产品冲击国内市场的情况也越来越严重。在这种市场状况下，工业产品价格已失去了上涨空间，靠涨价效益来维持企业利益已到了穷途末日。1996年工业品出厂价格明显回落，比上年上涨2.9%，原材料、燃料、动力购进价格上涨3.9%，涨幅均为1984年以来的低点，生产资料价格也已回落到1987年以来的最低水平。耐用消费品、部分钢材以及部分机械产品价格已呈下降之势，第二，企业生产成本费用增长过快，是利润减少的重要因素。1996年工业产品销售成本占销售收入比重为81.1%，比上年上升0.5个百分点，销售费用占2.9%，上升0.3个百分点，两项合计增加成本减少利润430亿元。第三，企业特别是国有企业承担改革成本日益加重。近几年来，国家相继出台了财税、金融、价格、外汇、外贸、职工补贴、劳动保险等重大改革和政策调整措施，力度很大，而这些措施的实施最终都要落实到企业，企业短时间内难以消化和适应。同时各种收费、集资、摊派等也是有增无减，使国有企业负担进一步加重。第四，利益向工业以外其他领域分流转移。一是以利息形式向金融部门转移，1996年，企业利息支出总额达到2 470亿元，比上年增长10.8%，利息支出额为盈亏相抵后企业净利润的1.66倍，相当于盈利企业盈利额的84.6%。二是企业利润向农业转移，1990－1995年，农副产品收购价格上涨87.7%，同期农村工业品零售价上升67%，大大低于农副产品收购价格上涨幅度。此外，工业利润以工资福利形式向个人转移，以税收形式向财政转移等，也呈增多之势。

三、1997年工业经济走势的基本判断及对策

在中央经济工作会议确定的"稳中求进"的方针指导下，考虑到1996年国民经济和工业经济发展的实际情况，预计1997年我国工业经济发展将呈现以"稳"为主的旋律，生产将继续稳步增长，企业改革进一步深入，产品结构继续得到调整，经济效益有望进一步好转。为使1997年工业经济达到"稳中求进"，重点要抓好以下几个关键环节。

(一)在总量控制前提下进一步加大结构调整力度。持续"从紧"的宏观经济政策，使经济的总体环境逐步改善，通货膨胀压力减弱，社会供需大体平衡。同时也使经济结构不合理的问题得以充分暴露。因此，应充分利用当前宏观经济形势稳定的大好时机，积极推进结构调整，要在严格限制增量的总量和保持增量结构合理的同时，加大对存量结构调整的力度，积极完善市场经济运行机制和秩序，充分利用市场机制配置资源的根本性作用，促进经济结构逐步向优化、合理的方向发展。

（二）在宏观调控前提下积极搞活微观经济。1996年，在宏观经济趋好的同时，企业生产经营困难加剧，停产半停产企业增多，职工下岗，不能按时领到工资现象也较为严重。从长远看，微观经济搞活、搞好了，宏观经济的好转才有了基础保障。因此，要对微观经济困难的问题予以足够重视，并积极采取切实有效的针对性举措，为企业发展注入新的活力，使宏观经济与微观经济协调健康发展。

专栏 3.1 工业生产指数方法简介

工业生产指数是计算工业发展速度的一种方法，它通过对代表产品个体指数进行加权平均，用以反映全部产品的综合变动情况。目前世界上大多数发达国家均采用这一方法计算工业发展速度。

工业生产指数与我国现在使用的不变价格总产值指数在表现形式上有所不同。不变价格总产值指数直接采用报告期不变价产值与基期不变价产值对比求得发展速度。计算公式为：

$$\overline{KQ}=\frac{\sum Q_1Pn}{\sum Q_0Pn}$$

其中：$\overline{KQ}$：工业产值指数（即发展速度）

Q_1P_n：报告期不变价总产值

Q_0P_n：基期不变价总产值

生产指数采用对个体指数加权平均求得发展速度，计算公式为：

$$\overline{KQ}=\frac{\sum \frac{q_1}{q_0}W}{\sum W}$$

其中：$\overline{KQ}$：工业生产指数

$\frac{q_1}{q_0}$：实物量或经过价格紧缩后的价值量个体指数

W：权数

这两种方法虽然表现形式有所不同，但本质上都是反映消除价格因素影响后工业经济实物量的变动情况。

计算工业生产指数需要两方面资料，一是代表产品的个体指数，采用报告期与基期的实物量或经过价格紧缩后的价值量指标对比求得；一是反映各代表产品个体指数重要性程度的权数。计算个体指数时，由于价值量指标能够反映产品质量的变化，德国、荷兰等一些国家大部分代表产品采用经过价格紧缩后的价值量指标，如销售额、产值等，考虑到我国现阶段价格指数尚不完善而且不能满足时效性要求，在计算个体指数时大部分产品仍采用实物量（即产量）指标。计算权数的指标考虑到与国民经济核算保持一致，采用了世界上多数国家采用的增加值指标。为了减轻工作量并保持一段时期内指数的可比性，决定使用固定权数，五年变动一次。

工业生产指数计算发展速度不仅可以反映工业生产成果的动态变化，也可以用于及时反映每个工业经济运行周期的转折点。一些发达国家用生产指数与订货指数和销售指数相结合，形成反映经济周期波动的指标体系。因而采用生产指数方法是我国统计方法制度适应两个“根本性转变”的重大改革。

（执笔：于新华）

3. 强化行业管理，防止重复建设、盲目发展情况的继续。随着机构改革不断进行，一些工业主管部门陆续转变为事业性质的总会、总公司，但行业管理的职能不但不能因此而削弱，反之必须采取必要政策措施，进一步强化行业管理职能，要通过立法手段，赋予行业管理机构依法管理的权力。特别在一些重要行业，要坚持杜绝不合实际、不合标准的项目，更要坚决杜绝“条子工程”，国家各级政府及各职能部门都应对防止盲目、重复建设负起责任来。

4. 狠抓企业扭亏增盈，改变效益低下状况。要继续认真贯彻执行国务院“关于建立企业扭亏增盈责任制”的文件精神，把扭亏增盈工作落到实处。要根据当前工业企业亏损的实际情况和特点，加大扭亏增盈力度，着力抓好效益好的企业特别是盈利大户的进一步增盈和亏损企业特别是亏损大户的扭亏减亏工作，力争尽快改变当前企业经济效益总体水平低下的局面。

（执笔：张卫华）

3.2 ’96 国有工业企业改革情况综述

企业是国民经济的细胞，国有企业在国民经济中占有主导地位。振兴和发展国有企业对于不断壮大公有制的主体地位，建立社会主义市场经济体制，具有十分重要的意义。党的十四届五中全会明确指出：国有企业改革是经济体制改革的中心环节，建立现代企业制度是国有企业改革的方向。同时，要求大多数国有大中型骨干企业在本世纪末初步建立现代企业制度。为此，国务院有关部门自 1994 年底开始组织建立现代企业制度的试点工作。截至目前为止，除国务院确定的 100 家试点企业外，各级地方政府为探索国有企业改革之路，也根据本地的实际情况，先后选定了一些试点企业，累计达 2 000 多家。两年多来，按照现代企业制度基本特征即“产权清晰，权责明确，政企分开，管理科学”的要求，试点工作成效如何，取得了哪些经验，还有什么问题，如何进一步深化以建立现代企业制度为主要内容的企业改革，这些都是各级党政领导及社会各界十分关注的问题。国家统计局企业调查总队组织各省、自治区、直辖市企业调查队，于今年上半年对遍布全国的试点企业进行了一次调查。调查问卷分为试点企业基本情况、试点企业主要经济指标和试点企业负责人回答的企业改革问卷三部分。

对调查结果的分析表明：自 1994 年底国务院布置建立现代企业制度试点工作以来，试点工作在全国稳步推进，试点企业遍及全国 31 个省、自治区、直辖市，试点工作取得初步成效，具体表现在：试点企业按照社会化大生产的要求和现代企业制度的基本特征进行企业制度创新的观念增强；建立国有资产出资人制度和企业法人治理结构的工作有了明显进展；国有资产明显增值，资产负债率有所下降。同时，通过试点摸清了一些问题，探索了一些路子，为在我国大面积推广现代企业制度积累了经验，奠定了基础。为了推广试点企业的经验，扩大国有企业改革成效，需要进一步解放思想，以邓小平同志提出的“三个有利于”为标准，以搞活整个国有经济为目标，认真抓好国有大企业、大集团的改革，把国有独资公司或全资国有企业的比重保持在一个合理的水平，大力发展多元投资主体的有限责任公司和股份有限公司。并进一步规范公司制企业的运作。同时，要切实转变政府职能，健全社会保障制度，选好、管好企业一把手，并不断提高企业管理水平，加快建立国有资产管理、监督和营运体系。

一、全国建立现代企业制度试点企业概况

（一）试点企业分布情况。

据对全国 2 343 个建立现代企业制度试点企业的调查，试点企业主要是国有大中型工业企业，大多分布在我国的东部地区。

1. 试点企业主要分布在东部地区。

建立现代企业制度试点企业遍及全国 31 个省、自治区、直辖市，东部地区有 1 310 个试点企业，占 56%；中部地区有 617 个，占 26%；西部地区有 416 个，占 18%。试点企业数超过 100 家的省、市有：北京（148 家）、天津（196 家）、河北（152 家）、辽宁（129 家）、上海（242 家）、江苏（152 家）、广东（165 家）、河南（104 家），这八省市试点企业共有 1 288 家，占全国试点企业总数的 55%。

2. 试点企业主要分布在制造业。

在 2 343 家建立现代企业制度试点企业中，制造业有 1546 家，占 66%；批发零售贸易业有 347 家，占 14.8%；建筑业有 69 家，占 2.9%；采掘业有 51 家，占 2.2%；运输邮电业有 50 家，占 2.1%；电力煤气及水的生产和供应业有 35 家，占 1.5%；房地产业有 22 家，占 0.9%；其余 223 家分布在金融保险等其它行业。

3. 试点企业主要是国有企业及国有控股企业。

在现代企业制度试点企业中，国有企业有

1 620家，占 69.1%；国有控股企业有 519 家，占 22.2%；集体企业有 110 家，占 4.7%；非公有制企业有 24 家，占 1%；其它经济类型企业有 70 家，占 3%。

4. 试点企业主要是大型企业。

在现代企业制度试点企业中，特大型企业有 102 家，占 4.4%；大型企业有 1 425 家，占 60.8%；中型企业有 672 家，占 28.7%；小型企业有 144 家，占 6.1%。

（二）试点企业职工及资产状况。

至 1996 年末，2 343 家建立现代企业制度试点企业拥有职工 1 004 万人，其中，工程技术人员 76 万人；资产总计 19 400 亿元，其中固定资产 5 850亿元，流动资产 9 914 亿元。职工及资产主要集中在国有大中型企业（详见表 1）

二、建立现代企业制度试点企业改革进展情况

1. 大部分试点企业已不同程度地按审批后的《试点实施方案》（以后简称《方案》）进行实施。

建立现代企业制度试点工作一般分为《方案》设计、《方案》审批、《方案》实施等阶段。其中，正在实施改革的又分为《方案》已批但公司尚未注册、《方案》已批且公司已注册两种情况。据对全国试点企业的调查，76%的试点企业处在《方案》实施阶段，其中三分之二的企业已实现改制后的公司注册登记。还有 10.4%的企业尚处在《方案》设计阶段，13.6%的试点企业处在《方案》待批阶段。

表 1　1996 年全国试点企业拥有职工及资产

	企业个数（个）	职工总数（万人）	资产总计（亿元）
总计	2 343	1 004	19 400
东部	1 310	616	13 783
中部	617	250	3 637
西部	416	138	1 980
特大型	102	266	5 708
大型	1 425	640	11 710
中型	672	91	1 619
小型	144	7	363
国有经济	1 620	827	15 133
国有控股	519	140	3 298
集体控股	110	18	398
非公有制	24	3	115
其它经济	70	16	456

2. 有 84.8%的试点企业已实行不同形式的公司制，其中近一半的试点企业已改制为股份有限公司或有限责任公司，公司初步形成法人治理结构。

在现代企业制度试点企业中，改制为股份有限公司的有 540 家，占 23%；改制为有限责任公司的也有 540 家，占 23%；改制为国有独资公司的有 909 家，占 38.8%；尚未实行公司制的国有独资企业有 307 家，占 13.2%；其它类型的企业有 47 家，占 2%。实行改制的公司中，71%已成立了董事会，63%已成立了监事会，33%已成立了股东会。由于我国《公司法》已明文规定，国有独资公司不设立股东会，可以说，股份有限公司和有限责任公司的法人治理结构已初步形成。

3. 一半左右试点企业的总经理由董事会聘任。

按照规范运作的要求，实行公司制的企业总经理应由董事会聘任。在调查的全部试点企业中，总经理由董事会聘任的占 52.2%（其中董事会直接聘任的占 34%；由政府部门提名、董事会聘任的占 18.2%）；社会公开招聘有 4 家，占 0.2%；其它方式产生的占 2.6%。但还有 45%的试点企业总经理由上级部门任命（其中由企业主管部门任命的占 23.3%；上级组织部门任命的占 18.8%；职代会选举、上级任命的占 2.9%）。在实行公司制的企业中，总经理由董事会聘任的比例稍高些，占 61%。

4. 政府部门已经基本上不干预企业中层领导的选用，但为数不少试点企业的副经理（副厂长）的任用仍需经政府主管部门批准。

绝大多数（97.6%）试点企业选用中层领导不必经政府部门批准。但不少企业一把手任用副手的操作程序还不符合规范要求。调查显示，试点企业副经理（副厂长）的产生方式由总经理提名、董事会任命的仅占 42%；总经理提名、报主管部门批准任命的占 40%；主管部门提名并决定的占 9%；总经理自主决定的占 4%；其它方式占 5%。符合规范要求的不到一半。

5. 绝大多数试点企业的总经理能够行使《公司法》所赋予的职权。

95%的试点企业的总经理能够组织实施公司年度经营计划和投资方案、拟订公司内部管理机构设置方案、拟订公司的基本管理制度；94%的试点企业的总经理能够主持公司的生产经营管理工作、组织实施董事会决议、制定公司的具体规章；84%的试点企业的总经理能够提请聘任或解聘公司副经理、财务负责人；82%的试点企业的总经理能够聘任或者解聘除应由董事会聘任或者解聘以外的负责管理人员。70%的试点企业自己能够作出重大投资决策。

6. 用工制度有突破，管理工作待改进。

1996 年，62%的试点企业的职工已没有干部与工人的身份差别，合同工比例达 81%，比上年提高 9 个百分点。在企业内部管理方面，89%的试点企业建立了产品质量责任跟踪制度，74%的试点企业有奖惩制度并且能严格执行，25%的试点企业有奖惩制度但很难严格执行，极少数试点企业无奖惩制度。

专栏 3.2 “抓大放小”

“抓大放小”是指在国有企业改革中立足于搞活整个国有经济、对国有企业进行战略性改组的前提下，抓好国有大中型企业、放开搞活国有小型企业的基本思路，是国有企业改革的一个战略措施。“抓大”与“放小”是国有企业改革战略的两个方面，是一个有机的整体。

国家“抓大”的举措主要表现在三方面：一是重点抓好 1 000 家国有大企业。1996 年已安排了 300 家国有大企业同银行签了协议，1997 年将扩展到 512 家，取得资金支持。二是实施大公司、大集团战略，重点发展一批大型企业集团。1996 年搞了 57 家，1997 年将扩大到 115 家，给予政策扶持。三是抓 3 家控股公司，即中国石化总公司、中国有色金属总公司和中国航空工业总公司。国家对上述国有大企业采取切实有效的措施，重点扶持和培养，使其发挥骨干和导向作用。主要措施有：

1. 扩大融资权，具备条件的企业可批准建立财务公司，扩大融资功能。

2. 扩大外经外贸权，企业可直接从事境外商品、劳务经营。

3. 使条件具备的企业证券上市，国家重点联系的 300 家企业可发行可转换债券。

4. 可享受 110 个优化资本结构试点城市推行的兼并政策。

“放小”是指将国有小型企业从政府计划管理体制的笼子里放出来，进入市场经济的大天地。其内容包括四个方面：一是放开改制形式，让国有小型企业自主选择与其生产力发展状况和市场经济要求适应的企业财产组织形式和生产经营内容；二是放开国有小型企业存量资产的流动与重组，引导国有资产向高效益的领域转移；三是放掉旧体制下政府对国有小型企业不适当的行政干预和承担的无限责任；四是下放人事管理权限，允许企业根据自身的财产组织形式确定企业领导人员的选聘方式。“放小”工作在 1996 年取得了明显成效。全国大部分省、自治区、直辖市开展专题研究，制定了专门文件。各地根据本地区企业和市场的实际情况，对国有小型企业采取股份合作制、改组、联合、兼并、租赁承包经营和出售等多种灵活的改革形式，使国有小型企业出现了生机。既创造了一些很好的经验，也为其它方面的改革提供了比较宽松的环境和充分利用的空间，从而有利于国有大中型企业的改革和发展。

1997 年，国有企业改革将处于更加突出的地位。“抓大放小”的战略方针及有效实施将使国有企业改革取得新的进展。

（执笔：杨玉民）

7. 试点企业分离社会性服务机构、分流富余人员取得进展。

1996 年，试点企业分离社会性服务机构 2 265个及相应的人员 11.7 万人。分流的企业富余人员 61.1 万人，约占试点企业职工总数的 6%。其中安排到其它单位 13.1 万人，下岗培训 11.5 万人，提前退休 15.4 万人，待业 21.1 万人。分流的企业富余人员主要流向批发和零售贸易业、制造业、交通运输业、建筑业、房地产业、金融保险业及其它行业。从分流的企业富余人员流向单位的经济类型看，主要依次是：国有经济、集体经济、个体经济、私营经济、中外合资经济及股份制经济。

8. 近四成的试点企业经营者的思想观念已经初步适应社会主义市场经济的要求，仍有六成的试点企业经营者对国家抱有"等靠要"的思想。

据对全国试点企业经营者的调查，41%的企业经营者希望国家的税收政策是国家统一税负，企业平等竞争，但仍有高达56%的企业经营者希望国家的税收政策对本行业或本企业重点优惠。关于对国家投资政策的取向的看法，有35%的企业经营者提倡企业平等竞争，不期望国家的投资政策向本行业或本企业优惠。还有高达63%的企业经营者则希望国家的投资政策对本行业或本企业重点优惠。

三、建立现代企业制度试点企业生产经营情况

1. 试点企业生产经营总量稳定增长。国有控股企业和实行有限责任的公司制企业生产经营增长较快。

从总体上看，试点企业生产经营总量呈现稳定增长趋势。1996年，全部试点企业经营额(销售收入或营业额)达12 125亿元，比上年同期增长4%。分行业看，制造业实现销售收入6 963.3亿元，增长6%；采掘业实现销售收入310亿元，增长12%；建筑业工程结算收入746.2亿元，增长12%。第三产业共实现营业额2 901.1亿元，与上年大体持平。其中，批零贸易业2 658.7亿元，与去年同期相比下降了4%；运输邮电业122.0亿元，增长10%；房地产业95.5亿元，增长14%；金融保险业24.8亿元，增长20%；其它行业1 045.2亿元，增长4%。

分经济形式看，国有控股企业和集体控股企业生产经营增幅较快，前者实现销售收入1 965.8亿元，比上年增长9%，后者为301.5亿元，增长11%。国有企业9 491.2亿元，增幅仅为3%。

分企业规模看，特大型企业完成销售收入3418.2亿元，比上年同期增长7%；小型企业131.7亿元，增长16%；大型企业7 689.2亿元，增幅仅为3%；中型企业866.3亿元，与上年基本持平。

分企业财产组织形式看，国有独资公司实现销售收入7544.9亿元，比上年同期增长4%，占全部试点企业总值的62.2%；有限责任公司1 484.7亿元，增长16%，占全部试点企业总值的12.2%；股份有限公司1 061.5亿元，增长9%，占全部试点企业总值的8.8%。

2. 企业负债率有所下降，资产结构有所改善。

总的说来，试点企业的资产经营状况有所好转，资产增值显著，资产负债率有所下降，企业流动比率和速动比率也略有提高。1996年全部试点企业资产负债率为65.8%，比上年下降了2.4个百分点；资产增值率为26.5%；流动比率为1.056，比上年增加了1%；速动比率达0.722，比上年增加了2%。

分经济形式来看，国有经济资产负债率为66.7%，比去年同期下降2.8个百分点，资产增值率为29.9%，比全国平均数高3.4个百分点，但国有经济流动比率和速动比率较低，分别为1.033和0.7。国家控股经济资产负债率为63%，比去年同期下降0.9；资产增值率为22.2%，低于平均数4.3个百分点。集体控股企业资产负债率为64.4%，比上年增加了0.4个百分点。非公有制企业资产负债率为49.3%，下降1.9个百分点。

分企业规模来看，特大型企业资产负债率最低，为61.9%，比上年下降2.2个百分点；大型企业为67.2%，比上年下降2.4个百分点；而中型企业资产负债率最高，达70%，比上年下降2.5个百分点；小型企业为62.5%，降幅最快，达4.1个百分点；小型企业平均流动比率和速动比率最高，分别为1.413和0.831；特大型和大型企业比率居中；而中型企业最低，只有0.945和0.669。

从财产组织形式来看，股份有限公司资产负债率最低，为58%，比上年下降1.2个百分点；国有独资公司为65.5%，降幅达3.1个百分点。而有限责任公司最高，达73.7%，与上年持平。股份有限公司流动比率和速动比率最高，分别为1.211和0.824；国有独资公司次之；有限责任公司不甚理想，只有0.98和0.697，分别比上年下降2%和1%。

试点企业资产负债状况的改善一方面反映了企业在自身挖潜改造和加强经营管理上下了功夫，另一方面也是国家积极扶持的结果。尤其是对国有大型企业，国家采取了有力的政策扶持，主要体现在国家拨改贷资金转为企业资本额的成倍增长。如1996年国有企业该项金额为80.3亿元，比上年增长1.4倍；国有控股企业增幅也达1.2倍。若按企业规模分，特大型企业该项金额为51.6亿元，增长1.2倍；大型企业为26.5亿元，增长1.9倍。

3. 试点企业总体经济效益下滑，但好于全国平均水平。

1996年全部试点企业实现利润422.8亿元，比上年下降了11%，其中工业企业实现利润315.2亿元，下降13.5%；资金利税率为5.04%，比上年下降了1.14个百分点。流动资产周转天数为298.43天，比上年延缓28天。试点企业亏损面为17.2%。同年，全国乡及乡以上独立核算工业企业实现利润比上年下降15.3%。相比之下，试点企业利润指标降幅要小一些。

3. 资金缺、负债高、相互拖欠、需求不足是影响企业当前生产经营的主要因素。

调查问卷中列举了影响企业当前生产经营的8个问题，要求企业家按照重要程度选择三个。从选择情况看，反映资金紧缺、负债过高、相互拖欠、需求不足、人员过剩、原材料燃料价格偏高、管理机制不完善和设备技术落后是影响企业当前生产经营的主要因素的，分别占调查企业数的65.8%、61.1%、34.1%、31.8%、28.8%、27.2%、22.8%和13.5%（注：因是多项选择，比例之和超过100%）。从试点企业负责人看来，资金缺、负债高是影响企业当前生产经营的主要因素。

四、试点企业经营者对改革工作的评价

1. 试点成效已经显现，进一步提高则任重道远。

这次调查专门设计了有关企业改革的问卷，要求企业负责人回答。对回答结果的汇总与分析提出了一些值得重视的问题。

企业家对开始进行现代企业制度试点以来企业经营状况和效果的总体评价是：效果很好的占5.3%，效果较好的占35.8%，效果一般的占23.9%，尚未见效的占25.3%，其余9.7%的企业未作评价。认为效果很好和较好的约占四成。

分地区看，评价效果好（包括很好和较好）的比例超过50%的地区有河北、上海、山东、四川、新疆5省、区、市。认为尚未见效的比例超过全国平均数10个百分点的地区有西藏、宁夏、山西、贵州、广西、北京、青海7省、区、市。

2. 社会保障制度不完善、政府机构改革及职能转变滞后和企业办社会等历史包袱沉重是推进企业改革的主要障碍。

调查问卷中列举了影响企业改革进程的6个问题，要求企业家按照重要程度选择三个。从选择情况看，反映社会保障制度不完善、政府职能转变滞后、企业办社会等历史包袱沉重、市场体系不健全、产权不明晰、缺乏对企业家的激励和约束机制是影响企业改革快速推进的主要障碍的，分别占调查企业数的80.5%、56.6%、53.1%、43.7%、23.8%、22.7%（注：因是多项选择，比例之和超过100%）。从试点企业负责人看来，社会保障制度不完善、政府职能转变滞后、企业办社会等历史包袱沉重是影响企业改革快速推进的最主要障碍。

五、存在的主要问题

1. 试点工作进展偏慢、花在方案批复方面的时间偏多。

1994年，国家决定开展建立现代企业制度试点工作。到1995年底，全国有1600多家企业被列入试点行列，但仅有一半企业的《试点实施方案》获批。到1996年底，《方案》获批的企业比例增加到75%。但仍有不少企业反映，《方案》批复太慢，影响了企业改革试点工作的进程。

2. 政府机构改革和政府职能转变滞后，不利于企业改革有效地推进。

（1）一些政府部门还保持着计划经济体制下的行为模式，在经济管理和《方案》审批过程中，对企业的资产组合、投资方向、技术改造和企业管理等方面的事务控制过多，斟究过多，花时过长。

（2）地区政府及行业部门权力和利益割据，阻碍了试点企业实行跨地区、跨行业的资产运作和经营。

（3）政府部门办社会中介机构不符合社会主

义市场经济的要求。据调查，有的社会中介组织挂靠某政府部门，实际上是政府部门创办的。有的政府部门靠行政权力，要求试点企业必须到指定的中介组织进行帐务处理和资产评估，收取较高费用，为本单位的小金库增加实力，影响到改革实施工作的科学、规范和公正性。

3. 国有独资公司偏多。

在已改制为公司的试点企业中，国有独资公司占 42%，股份有限公司和有限责任公司各占 29%。国有独资公司偏多不利于逐步实现政企分开，不利于资产的有效组合和制衡机制的形成。

4. 企业富余人员增多。

尽管近两年试点企业分流富余人员的力度有所加大，但至 1996 年底，全部试点企业富余职工仍有 87.5 万人，比上年增加 41%；离退休人员总数为 266.0 万人，比上年增加 9%。两项指标合计占企业职工总数的 35.2%。

富余职工主要集中在大型国有独资企业。1996 年底，特大型与大型企业的富余职工合计为 80.5 万人，占全部试点企业富余职工总数的 92%。其中，国有独资企业富余职工为 70.2 万人，占总数的 80.2%。

六、进一步提高国有企业改革成效的途径

1. 进一步解放思想，以邓小平同志提出的“三个有利于”为标准，以搞活整个国有经济为目标，抓好国有大中型骨干企业的改革，合理降低国有独资公司和全资国有企业的比重，大力发展有限责任公司和股份有限公司，并进一步规范公司制运作。

国有企业可以管好，但要管好过多的国有独资公司和全资国有企业，须对国有资产管理者和国有企业经营者建立循环的激励和约束机制，花费的管理成本和社会费用是很高的。所以只需对关键行业（如垄断性行业、高技术行业、兵器制造业等）的大企业、大集团实行国有独资公司制或全资国有，其它行业要合理地减少国有独资公司和全资国有企业。有条件的，都应改制成有限责任公司和股份有限公司。

2. 切实转变政府职能，为企业创造平等竞争的环境。

各级政府要在正确履行社会经济管理职能和国有资产的管理、监督职能上下功夫，如在建立健全社会保障制度、健全市场体系、解决企业办社会等历史包袱等方面发挥不可替代的作用，为企业创造一个平等的竞争环境。而对企业的资产组合、技术改造和企业管理等应属于企业的行为，由企业经营者来决定。

专栏 3.3 国有企业改制的五种类型

国家体改委、国家经贸委最近提出了国有企业改制的五种类型：

一是涉及国家安全、国防尖端、特殊、公用设施等特定行业的企业，有的仍需保持国营的形式。其中，适宜于公司性经营的行业，按国有独资公司改造，但尽量不搞一家公司的全行业垄断。

二是基础工业、原材料工业、加工工业和第三产业等竞争性行业，按一般公司体制改革、改造。大部分应改造为有限责任公司，条件成熟的可改造成股份有限公司。支柱产业和基础产业中的骨干企业，国家实行控股。

三是全国性行业总公司，逐步改造成为控股公司，形成母子公司结构，以大型企业为核心，以产权连接为主要纽带，可组建为跨地区、跨行业的大型企业集团。四是小型加工零售业、饮食业和服务业等，也要按现代企业制度加以规范，选择独资、合伙、股份合作、有限责任等组织形式。国有小型企业，可将产权逐渐转让给集体或个人。

五是城镇集体企业在界定资产来源、明晰产权关系的基础上，区别不同情况，依法改造为合伙企业、股份合作企业和有限责任公司，少数可直接改造为股份有限公司。

（执笔：钟芬）

3. 选好、管好企业一把手，发挥好企业家的作用。

要选好、管好企业一把手，发挥好企业家的作用，需做三件事：一是按照现代企业管理和公司制规范运作的要求，配好企业一把手；二是要对国有企业经营者建立激励和约束机制；三是国有企业的总会计师或财务负责人应由企业主管部门或国有资产授权经营单位任命，保证企业的财务报表客观、真实，不受企业领导人的左右，使对国有企业经营者的激励和约束有一个公正的依据。

4. 加快建立国有资产管理、监督和营运体系。

国有资产管理不好，浪费严重，民众不容。对国有资产实施多级管理、对国有资产管理者和国有企业经营者实施激励和约束机制十分必要。既要对国有资产管理部门、国有资产授权经营单位的领导和国有企业经营者实施激励机制，也要充分发挥审计部门、新闻媒体、人民大众的作用，对其实施广泛的监督约束，营造国有资产管理和监督系统。

5. 企业要在加强内部科学管理、提高企业综合素质和适应市场经济的能力以及树立良好的企业形象等方面狠下功夫，通过管理上水平，向管理要效益，尽快适应社会化大生产和建立现代企业制度的要求。

（执笔：黄朗辉 杨玉民 吴忠华）

3. 3 '96 工业经济效益

1996 年，随着宏观经济环境的进一步改善以及各地区、各部门认真贯彻落实国务院关于扭亏增盈工作的指示精神，工业企业经济效益从年初几个月严重下滑的态势逐步向好的方向转化，企业盈利状况逐渐好转，亏损有所抑制。但总体看，由于企业特别是国有企业在向市场经济体制转轨过程中还有许多不适应的地方，一些企业不同程度地存在着机制不活、负担沉重、设备老化、管理不善、产品竞争力不强，以及客观上存在着利益转移等诸多问题和困难，致使工业经济效益总体水平依然低下。

一、企业盈亏状况逐步趋向好转，经济效益下滑态势有所抑制

据对全国乡及乡以上独立核算工业企业统计，1996 年一季度，工业企业经济效益曾出现严重下滑态势。企业实现利润总额仅 114.1 亿元，不及上年同期的一半，下降 54.7%；亏损企业亏损额 420.2 亿元，比上年同期增亏 41%；企业亏损面为 25.5%，上升 2.1 个百分点，亏损率（亏损企业亏损额占盈利企业盈利额比重）高达 78.6%，上升 24.4 个百分点。这种状况导致企业投入产出水平低下，一季度百元资金创利税仅 5.89 元，比上年同期下降 2.1 元，百元成本费用投入实现利润 1.06 元，下降 1.6 元。国有企业效益状况更令人堪忧，出现了多年来所没有过的净亏损的局面，净亏损额为 34.1 亿元。针对这一情况，国家继续加强和改善宏观调控，加大结构性调整力度，积极开展“学邯钢”活动和认真实施“三改一加强”的方针；积极开展扭亏增盈工作，各级政府、各部门认真建立“企业扭亏增盈工作目标责任制”。按照国务院的要求，各地区、各部门普遍加大了工作力度，积极采取了一系列有效措施，使经济效益下滑态势得到一定抑制。下半年，企业效益出现好转势头，实现利润总额 961.5 亿元，是上半年的 2.1 倍，亏损企业亏损额 486.5 亿元，比上半年减少 167.5 亿元，利润下降和亏损上升势头都有所抑制，企业亏损面和亏损率也逐步降低。

二、经济效益总体水平仍然低下，扭亏增盈任务艰巨

尽管 1996 年企业生产经营状况逐步趋向好转，经济效益逐季有所改善，但也必须清醒地认识到，当前企业经济效益总体水平仍然低下。主要表现在以下几个方面：

1. 企业利润下降，亏损仍然严重。全年看，企业实现利润总额 1 490 亿元，与上年相比下降 8.9%，亏损企业亏损额 1 431 亿元，比上年增亏 19.5%。企业亏损面为 22%，亏损率为 46.4%。尤其需要指出的是，企业的严重亏损是导致总体效益下降的重要原因。1996 年，盈利企业盈利额为 2 921亿元，比上年增长 3.1%，但由于亏损的大幅度增加，导致盈亏相抵后整个工业实现利润的减少。

2. 国有企业效益状况堪忧，集体企业效益状况相对较好。1996年，国有企业实现利润总额412.6亿元，比上年下降38%，亏损790.7亿元，增亏23.6%。集体企业利润总额435.3亿元，比上年增长15.9%，亏损280.9亿元，上升5.1%。其他经济类型企业利润也有所下降，降幅为3.6%。国有企业效益下降较多，表明企业在适应市场经济体制改革进程中尚面临许多困难，需引起充分重视。1996年在全部工业实现利润总额中，国有企业所占比重从1994年的50.5%，1995年的40.7%下降为27.7%，而集体企业和其他经济类型企业则分别上升为29.2%和43.1%。国有企业亏损面仍然过大，涉及资产、职工较多。1996年12月末，按照企业个数计算的亏损面为37.7%；按销售收入计算为18.4%；按资产计算为26.8%，涉及资产1.35万亿元；按职工人数计算为38.3%，涉及职工1 550多万人。上述四项指标计算的亏损面比上年均有不同程度上升，升幅在2.5—5.1个百分点之间。

专栏3.4　国有工业资产债务状况

近年来，国有工业企业发展面临困境，资产负债率过高，流动比率偏低，企业生产经营风险加大。

1996年，国有工业企业资产负债率平均为65.13%，仅比1995年下降了0.68个百分点，虽比集体企业低6.3个百分点，但比其他经济类型（"三资"、股份制、联营等）平均高5.9个百分点。其中，国有轻工企业资产负债率为71.43%，平均比重工业企业高11.55个百分点；小型企业资产负债率为72.46%，与中型企业持平，比大型企业高11.28个百分点；亏损企业资产负债率高达78.23%，比盈利企业高17.66个百分点。

一般而言，企业自有资产和借入资产的比例应大致相当，即负债约占总资产的50%较为合适，国际上一般把这个比率作为负债警戒线。据此衡量，目前我国国有企业资产负债率明显偏高。过度的负债不仅加大了生产经营的风险，也使国有企业背上了沉重的利息支出包袱，严重影响了企业的经济效益。1996年，国有工业企业利息支出额高达1 389.63亿元，相当于产品销售利润的35.01%，成为仅次于管理费用的第二大减利因素。同时，由于大量债务不能及时偿还，也给金融体制的改革投下了阴影。

流动比率是反映企业偿还短期债务能力的重要指标，反映企业应付短期经营风险能力的高低。从理论上讲，国际公认流动比率要保持在2时，企业财务状况才算稳固，在实际运用中，一般认为流动比例在1.5以上为优良型，1.5以下为普通型，1以下为不良型。1996年，我国国有企业的流动比率为0.92，比1995年下降0.04，比集体、其他经济类型企业分别低0.03、0.16，其中，国有大型企业为0.99，中型企业为0.82，小型企业为0.83；国有亏损企业仅为0.78，均属不良型。企业面临的短期偿债风险很大，一旦遇上不测事件将难以应付。结合以往年份的情况看，国有企业流动负债持续超过流动资产，表明企业有一部分短期借款被用作了固定资产投资及其他长期投资，由于短期借款的利息高，偿还期短，这种做法的弊端和风险是显而易见的。

国有工业企业资产债务状况不合理，其原因是多方面的，从现象上看是企业自有资金不足，举债过多；从本质上看，是国有企业不适应市场经济的发展，管理体制僵化，生产技术落后，产品更新换代慢，产销不畅，加上投资的盲目性，因而经济效益差，资金运用没有形成良性循环，企业自我积累能力低，不得不靠大量举债维持生存。

解决国有工业企业资产债务问题，必须在深化改革的前提下进一步加大结构调整的力度，优化资本结构，增资减债，实行资产重组，在此基础上促进企业加强技术改造和产品开发，改善经营管理，在上规模、上水平、增效益上下功夫，增强企业自我积累，自我发展能力，这是改善国有企业资产债务状况的最重要一环。

（执笔：朱金渭）

3. 大部分地区经济效益下降，多数行业经营状况不如去年。据对全国29个地区（不含西藏）

统计，1996 年有 3 个地区利润总额比上年增长，分别是山东(增长 29.5%)、河北(25.5%)和辽宁(7.4%)，其余 26 个地区均比上年有不同程度下降，其中有 9 个地区出现净亏损，这些地区是吉林(净亏 10．3 亿元)、湖南(7.4 亿元)、广西(6.3 亿元)、海南(0．16 亿元)、贵州(4.85 亿元)、陕西(9.8 亿元)、甘肃(0．1 亿元)、青海(9.9亿元)和新疆(19.1 亿元)。亏损额除内蒙、辽宁因上年亏损基数较高，本年分别比上年略有下降外，其余 27 个地区都有上升，亏损增幅超过 50%的地区有 11 个；有 13 个地区亏损额超过 40 亿元；有 12 个地区企业亏损面超过四分之一。多数行业经营状况也不如上年。1996 年，除烟草、电力、石油等少数行业外，其余行业经济效益均不如上年。纺织、机械、轻工、军工、煤炭、有色等依然是亏损大户；而冶金、石化、化工、医药、电子等行业盈利情况均比上年有不同程度减少。

1997 年，工业经济发展应认真贯彻中央经济工作会议精神，紧紧围绕推进两个根本性转变，加快企业改革步伐，继续加大结构调整力度，在进一步改善宏观调控前提下，积极搞活微观经济。同时要狠抓企业扭亏增盈，改变效益低下状况，进一步提高工业经济运行质量。

(执笔:张卫华)

3.4　'96 钢铁工业

1997 年初，中国冶金部部长刘淇宣布了一个重要信息:1996 年中国钢产量首次突破一亿吨，位居当年世界产钢国第一。这个产量使中国成为继美国、前苏联、日本之后世界上第四个年产钢超过一亿吨的国家。这是我国改革开放以来国民经济持续、快速、健康发展所取得的伟大成就之一。对于为此奋斗了几代人的中国钢铁工业来说，这是一个重要的里程碑，她标志着中国钢铁工业全面进入新的发展阶段。

1996 年的中国钢铁工业发展主要有以下几个特点：

一、生产形势正常、产销衔接较好

1996 年，中国宏观经济继续保持良好的运行态势，为钢铁工业的发展提供了比较好的外部环境。钢铁工业各项主要产品产量取得了较高的增长幅度。1996 年，钢产量达到 10 124 万吨、比上年增长 6.16%，生铁产量 10 722 万吨、增长1.83%，成品钢材产量 9 338 万吨、增长 3.99%。

重视有效生产，企业产销率较好。近年来，随着市场需求的变化，钢铁工业在组织产品生产中重视引导企业适应市场变化、按照市场需求组织生产，努力增产适销对路的产品，搞好产销衔接，使国内钢铁企业的产品产销率全面提高。1996 年，全行业的产销率超过了 99%，许多大型企业甚至达到 100%。从 1996 年主要钢材品种的生产看，薄板、硅钢片、线材、中厚板、带钢呈增长状态；而重轨、轻轨、焊管则呈下降状态。这种品种的增减，一方面反映了钢铁企业贯彻了增“畅”、停“滞”的生产经营方针；另一方面也反映了国内市场对钢材品种需求的变化。

1996 年，中国钢铁工业继续大力发展连铸，连铸坯产量达到 5 393 万吨，比上年增长 21.68%，增幅高于钢产量的增幅；又有 13 个企业和车间实现全连铸；平炉钢产量进一步下降、比上年减产近 100 万吨，原平炉主要生产企业之一的重庆钢铁公司，到 1996 年已经全部淘汰了平炉。

节约能源继续取得成效，全行业吨钢综合能耗从上年的 1.44 吨标准煤下降到 1.40 吨标准煤，全行业节能 400 万吨标准煤左右，是近十几年来节能降耗数量最大、效果最好的一年；高炉喷煤量作为一项新的节能措施，1996 年已达到 480 万吨，比上年多喷 80 万吨。

产品综合质量指标稳定提高。国家监督抽查和行业统检合格率保持较高水平，经有关方面认定，中国钢铁产品达到发达国家同类产品实物质量水平的产品从上年的 115 个增加到 132 个，经认定的钢材产量约 1 500 万吨。行业贯彻实施 ISO9000 标准和质量认证工作深入开展，许多钢铁企业努力提高产品的一次合格率、降低不良品和损失率都取得了较好效果。

二、市场供求基本平衡、国内产品竞争压力增大

1996 年，中国的钢材消费量 10 515 万吨，比上年的 9 785 万吨增加 7.46%；国内生产量占

88.81%，低于1995年的91.77%。从国内市场供求看，约有85%的产品在品种、质量和数量上可以通过国内生产来满足需求。1996年国内市场需求较旺的钢材品种有：硅钢片、薄板、中厚板、线材、无缝管、以及中小型材。但是，尽管国内市场钢铁产品产销衔接较好，供求状况比较正常，市场销售价格却仍然略有下降，1996年，18个大城市钢铁市场平均挂牌价，除线材每吨上涨35元外，螺纹钢下降49元、中板下降48元、0.5mm冷轧薄板下降422元、0.5mm镀锌板下降1 434元、0.5mm镀锡板下降605元、带钢下降304元。价格下跌直接影响到钢铁企业的经济效益。1996年，全国钢材产量比上年增产了600多万吨，而销售收入却减少了53亿元。造成这种局面的直接原因有两个，一是国内钢铁产品市场供求基本平衡、尤其是近年来全社会钢材库存一直偏大；二是钢铁产品的进口对国内市场带来的冲击。1996年，中国进口钢材1 598万吨，比上年增加14.46%，出口钢材422万吨，比上年下降28.83%。

随着国内外市场基本接轨，进口产品不仅在一些高附加值产品上有一定优势，而且在一些普通品种上也从成本和价格上对国内产品构成了竞争压力。如1996年，中国进口盘条材260万吨、型材67万吨，分别占总进口量的16.27%和4.22%；板材进口量达到1 044万吨，占钢材进口总量的65.29%，较上年增加40.51%，仅薄板即增加270万吨。不可否认，国内钢铁企业在产品质量、规格、价格、服务和信誉等方面存在种种不足，从而丧失了这部分宝贵的市场。鉴于这种竞争因素不仅不会减少、而且还会越来越多，如中国关税继续下调，加之“三资”企业在进口产品方面享受一些优惠政策，以及某些国外产品确实存在低价“倾销”行为，而国内缺乏反“倾销”手段，等等。因此，可以预见，今后国内钢铁产品市场竞争将会更加激烈，竞争压力也将会更大。

三、钢铁企业生产经营面临诸多困难、减利因素增多、降低成本任务繁重

1996年，钢铁企业经济运行仍然面临着许多困难，企业产品销售收入下降，经济效益继续下滑。1996年钢铁工业销售收入2 878亿元，比上年减少2.31%；实现利润41.58亿元，比上年下降62.78%。经济效益不好的主要原因是减利因素增多：1996年煤炭、电力、燃料油等上游产品和运输价格继续大幅度上涨；市场上钢材价格继续处于较低价位状态，许多产品价格不同程度地下跌；部分企业增提折旧；企业财务费用支出大增，等等，这些因素使全行业承受了高达214亿元的增支减利费用。

流动资产运营方面有所好转，主要是企业贯彻了没有合同不生产，不付钱不发货的经营方针，取得了一定的效果。1996年钢铁企业的应收帐款和应付帐款都出现了下降。

至1996年底，钢铁工业全行业资产总额为6 469亿元，比上年增加11.30%，负债总额3 633亿元，比上年增加9.7%，资产负债率下降到56.16%。

亏损额和亏损户增加，1996年亏损企业亏损额高达50亿元，比上年增长43%，全行业亿元以上的亏损企业有5户。这些亏损大户的出现，固然有外部因素，但更主要的是企业内部因素，集中反映出这些企业在思想观念和经营管理机制上不适应向社会主义市场经济体制的转变，有些企业对以财务管理、资金管理为中心的管理思路和没合同不生产、不付款不发货的经营方针认识不足，资金管理不力、资金流动状况差。在这方面，大型钢铁企业在生产经营的投入产出效益上明显好于中小企业，在适应市场变化上也具备较强的竞争优势。

四、学“邯钢”、抓管理，钢铁企业转变观念有突破

中国钢铁企业为了克服当前遇到的困难，寻求新的经济增长点，普遍增强了提高企业管理水平和产品竞争力的意识。邯郸钢铁总厂，作为中国工业企业“管理和效益”都取得突出成绩的先进典型，成为钢铁企业探求降低成本、克服困难、提高管理水平的一条有效途径。1996年，全国钢铁企业深入学邯钢，纷纷结合企业自身特点，通过分解落实指标，加大管理考核力度，坚决实行成本否决，真学实干，取得了明显效果。许多企业生产成本实现了下降目标；全行业应收帐款继续保持下降趋势，在107家重点和骨干钢铁企业中，应收帐款平均下降了10%左右，有的企业甚至达到30%。

钢铁企业现代企业制度的试点进入全面实施阶段，1996年，列入国家、部门和地方政府试点工作的钢铁企业有78家。参加国家现代企业制度百户试点的钢铁企业有12家，其中10家的改革方案已得到正式批准并正式挂牌运行。试点工作搞得好的企业，已在减人增效、调整负债结构、分离社会职能、建立竞争上岗机制等难点问题上有所突破。

“精干主体、分离辅助”的改革工作进展较快，国家重点钢铁联合企业中已有56家不同程度地实行了这项改革，宝钢、武钢、鞍钢、攀钢和重钢等企业在这方面取得了很好经验，现代企业制度框架已经建立，机制正在转变中。改革为钢铁企业培植了新的增长点，钢铁企业中的“非钢铁成分收入”所占比重增大，以重钢为例，1996年的“非钢铁成分收入”占到企业总收入的20%以上。钢铁企业在改革中还尽量与社会改革相配套，不同程度地开展了养老、待业、保险、住房、医疗制度和社会保险统筹等改革。

在当前竞争激烈的市场经济中，钢铁企业所具备的优势和遇到的困难各不相同，而且市场形势瞬息万变，企业的优势和劣势也很易转化。改革开放以来，中国钢铁企业在市场风浪中已几经考验。1996年，对于中国钢铁企业来说，从外部环境到企业内部管理都不同程度地遇到了许多困难，但与此同时，也增添了更多战胜困难的经验和信心。

鞍钢积极转变观念，调整发展思路，转换经营机制，加强内部管理，认真学邯钢，生产创历史最好水平，降低成本7.24亿元，降幅达4.8%。

宝钢通过预算管理、比重成本管理等科学管理措施，使企业生产经营始终处于较高水平，取得较好的经济效益，为行业达到一定的利润水平作出了很大贡献。

武钢多年来坚持走质量效益型发展道路，1996年又有新的发展，把质量效益型同加强资金管理结合起来，赋予质量效益型管理模式以价值形态，使其又增添了新的活力。

首钢转变企业发展的“指标”思想，坚持量力而行，努力盘活存量资产，积极促进增长方式的转变，取得明显效果，逐步从资金困难中摆脱出来，生产经营状况有了明显改善。

攀钢在面临巨额减利因素的情况下，扎扎实实地学邯钢，坚决依靠科技兴厂，降低成本效果显著。

邯钢不固步自封，继续虚心向其它企业学习，在各项技术经济指标上分车间分工段向国内高水平的企业看齐，不断完善自身管理机制，工作又上一层楼，取得了很好的经济效益。

唐钢、太钢、上海冶金控股公司、安钢、济钢、昆钢等企业继续保持了良好的发展势头。济钢重视科技进步，有效地改善了技术经济指标，增强了产品的生产竞争力。

马钢、本钢1996年初出现亏损。他们及时抓管理，找差距，通过转换机制，学习邯钢工作有了可喜的进步，全年实现了扭亏增盈。

五、加大投资结构调整力度，重点项目建设得到保证

1996年，中国钢铁工业固定资产投资总额为554亿元，与上年相比略有下降。这个投资规模对于达到现有生产规模的中国钢铁工业来说是适度的，也是调整产业结构、增强发展潜力所必需的。1996年，钢铁工业继续贯彻控制固定资产投资规模的国家政策，强化项目审批程序、严格控制新开工项目；把投资导向始终定位在增加品种、提高质量、节能降耗和环境保护等方面，集中资金予以支持；特别是1996年，钢铁工业在“八五”期间安排的一批调整工艺结构和增加国内短缺品种的项目陆续进入建设高峰，建设进度紧、资金需求大，行业的投资导向为确保这些项目的顺利实施发挥了重要作用。1996年，钢铁工业技术改造投资中，增加品种、提高质量和节约能源投资95.8亿元，占技术改造投资额的37.17%，高于上年的29.62%。1996年基本建设和技术改造的新开工项目也有所减少。从近年钢铁工业投资的发展趋势看，随着企业投资主体的逐步确立和投资资金来源的多元化，国家和行业主管部门加强对全国钢铁工业固定资产投资的方向和结构的宏观引导是十分必要的。

1996年钢铁工业建成投产的重点工程有：武钢三炼钢、宝钢1580mm热轧、攀钢1 220mm冷轧、本钢冷轧、天津钢管公司的直接还原炼铁、抚钢齿轮钢和模具钢、北满特钢的电站用高压锅炉管、大连钢厂合金钢小型连轧机。这些重点工程的建成投产，进一步提高了冶金工业的技术装备水平，增强了钢铁产品的市场竞争力。

1996年，钢铁工业固定资产资产投资构成中，基本建设投资296亿元，增加11.7%；技术改造投资258亿元，下降了14.58%。特别引人注意的是，1996年的钢铁工业投资规模在保持了多年的增长势头后首次转缓；技术改造占总投资额的比重也由多年来一直占50%以上下降到1996年的46.52%。钢铁工业投资规模和结构的这种变化，主要是因为近年来许多钢铁企业经济效益下滑，建设资金的自筹能力减弱。特别对于资金来源主要依靠企业自筹的技术改造投资来说，自筹资金能力减弱直接影响项目的建设进度，从而影响了全行业的投资规模。1996年，技术改造投资中的自筹资金额比1995年减少54亿元，所占的比重也由1995年的76.4%下降到1996年的72.66%。

六、提高竞争力的新形势下中国钢铁工业发展的战略任务

至1996年底，中国钢铁工业已拥有炼钢能力1.19亿吨，炼铁能力1.16亿吨，成品钢材生产能力1.32亿吨。通过“七五”和“八五”的建设，中国钢铁工业的技术装备水平也有了较大提高，因此中国钢铁工业已经具备了较强的发展潜力和竞争实力。但同时，中国钢铁工业所面临的内、外部环境也发生了较大变化：国内大多数普通类的钢铁产品已实现了供求平衡，钢铁产品市场基本与国际市场实现接轨，使得市场的激烈竞争已经不可避免；钢铁企业正逐步成为自主经营、自负盈亏、自我约束、自我发展的法人实体和市场竞争主体，企业的生存与发展将更多地取决于企业自身的经营管理水平，等等。以上这些变化，给中国钢铁工业提出了一个重大课题：如何提高整个钢铁工业的竞争力。而且，这种竞争是全方位的，有国内产品和国外产品问题，有经营管理和销售服务问题，有品种质量和工艺技术问题，有成本、价格和附加值问题，等等。要提高竞争力，首先必须认清中国钢铁工业的优势与不足。钢铁工业目前遇到的竞争压力主要表现在以下几个方面：

1. 产品生产结构与消费结构不相适应。中国市场板带材消费比达40%以上，而国内生产结构中板带材只有34.6%，一些深加工和高附加值产品，如高压锅炉板、石油套管、薄的冷轧薄板、镀锌板、镀锡板、冷轧硅钢片等自给率较低。如镀锡板的自给率不足30%，镀锌板自给率不足60%。加上规格组距不合适，导致这些产品的大量进口。结构调整任务十分艰巨。

2. 技术装备结构不合理。属于国内落后档次的设备仍然占很大比重，亟待淘汰的设备数量还比较多。目前，中国还有1200多万吨平炉钢，700多万吨化铁炼钢，数量较多的横列式轧机、小电炉、小转炉和47%的模铸。由于工艺技术装备水平落后，造成能耗高、污染严重、竞争力低。

3. 钢铁工业劳动生产率处于较低水平。至1996年，中国钢铁工业人均劳动生产率只有30吨左右。国外大型、比较先进的钢铁企业一般都在500吨以上，国内除宝钢可以达到这个水平外，其它企业与这个指标相比差距较大。今后，随着钢铁企业组织结构向专业化方向发展以及生产设备的大型化和自动化，钢铁企业主业人员还需要进一步减少，因此，妥善安置富余人员工作仍然十分繁重。

4. 企业组织结构也不尽合理。钢铁作为重工业产业，其企业必须达到一定生产和经济规模才会有较高的竞争力和较好的经济效益。然而，目前中国的现状是小型钢铁企业众多，尤其是九十年代以后出现的大批乡镇钢铁企业，应该说，其中有相当多的企业根本不具备竞争力和生存力。今后这些企业中必将有一部分会被淘汰，另一部分企业可能通过联合、兼并等资产重组方式，使企业具备合理的经济规模、优化的产品结构和较强的市场竞争能力。

面对以上情况，中国钢铁工业在新的发展阶段将担负着更加艰巨的历史使命，只有继续抓住机遇、转变观念、加快改革，在产品结构、技术装备结构、企业结构等方面得到全面改善，中国钢铁工业才能在今后市场经济的激烈竞争中站稳脚根，赢得优势，才会在不远的将来成为真正的钢铁强国。

1997年，中国钢铁工业的工作目标和任务主

要是围绕以下几方面来展开：在生产经营中以提高市场占有率和产品竞争力为目标，继续抓好降低能耗、鼓励钢铁企业向节能型发展；在经济运行方面继续倡导学邯钢、从严管理、降低成本、提高经济效益，引导企业重视财务管理、提高资金使用效率，鼓励科学决策、民主决策；在技术装备结构中要加大连铸、喷煤、连轧和先进技术装备国产化的投入和发展；通过加强规划研究、搞好投资定位，优先确保符合行业结构调整目标的项目建设需要，避免重复建设；继续坚持积极、合理、有效利用外资发展中国钢铁工业的既定战略；深化企业改革，抓好减员增效、下岗分流、规范破产、鼓励兼并来推动国有企业机制的转换。

（执笔：李红）

3.5 '96 煤炭工业

1996 年是实现“九五”规划的第一年。一年来，全国煤炭战线的广大职工认真贯彻落实中央的方针政策，坚持以经济效益为中心，以扭亏增盈为目标，深化改革，加强两个文明建设，实现了“九五”开好头、起好步的要求，生产建设取得了新的成绩，为煤炭工业“九五”改革和发展奠定了良好基础。

一、1996 年煤炭工业基本情况

1. 以市场为导向，搞好煤炭生产，保证了国民经济发展和人民生活对煤炭的需求。1996 年，全国共生产原煤 13.97 亿吨，比上年增长 2.6%。由于 1996 年国内煤炭市场仍然供大于求，为了加强煤炭总量调控，对一部分煤矿采取了限产压库措施，并按照实际需要和铁路运输能力协调好各方面关系，力求做到供、运、需基本平衡。

2. 1996 年，全国共建成投产矿井 30 对，年生产能力 1 248 万吨。其中新建投产井 19 对，能力 918 万吨；扩建投产井 11 对，新增能力 330 万吨；煤炭系统共建成投产洗煤厂 7 处，能力 1 150 万吨。全年共完成煤炭基建投资 181.24 亿元，新增固定资产 74.4 亿元。

3. 1996 年，煤炭工业经济运行质量明显提高，扭亏增盈工作取得较大进展。各级煤炭管理机构对各类煤矿企业采取分类指导的方针，其中，对国有重点矿着重抓好 36 个特困企业，抓领导班子调整、抓责任制的落实，以销定产，以产定人等措施，取得了明显的经济效果。以财政在中央的 93 个国有重点企业为例，按同口径比较，1996 年比上年减亏 17 亿元以上，全年亏损额已下降到 10 亿元以下，盈利企业由上年的 26 个增加到 1996 年底的 55 个，36 个特困企业已有 10 个实现了扭亏。

国有重点煤矿的各项主要技术经济指标均比上年有所提高，如回采工作面平均月产量比上年提高 3.8%；原煤生产人员效率比上年提高 1.91 吨/工；采煤机械化程度已达 71.7%，比上年也有所提高。

减人增效工作也取得了新的进展。1996 年，国有重点煤矿共精简分流人员 17 万人，其中净减 7 万人。为了贯彻“九五”时期煤炭工业改革与发展纲要，强化煤矿企业的内部管理，对国有重点煤矿实行了“三条线”管理，即对煤矿的煤炭生产、多种经营、后勤服务等三条线分别进行核算和统计，模拟市场运转，逐步打破企业内部的大锅饭，加快煤炭企业经营机制转换速度。

4. 深化煤炭企业改革工作迈出了新的步伐。近几年，煤炭行业进行了建立现代企业制度的试点工作，其中，山东兖州矿务局、河南郑州矿务局、平顶山矿务局和贵州盘江矿务局等单位已改建成国有独资公司性质的公司制企业，股份制改造和上市工作取得积极进展，兖州公司国内上市额度已获国家有关部门批准。

深化煤炭基本建设改革，推广安徽新集煤矿建设经验，实行项目法人责任制工作也取得了明显效果，如经国家批准建设的平朔煤炭工业公司，安家岭露天矿的建设工作，已按项目法人责任制的要求规范化运作。

综上所述，在“九五”的第一年，煤炭系统的各项工作迈出了新的步伐，取得了可喜的成绩。但是，必须清醒地看到，煤炭工业发展中的困难和问题仍很突出，如全行业亏损问题急待扭转，亏损企业的扭亏任务十分艰巨，盈利企业的经济实力还很薄弱；用人多、效率低的现象仍普遍存在；地方

煤矿非法办矿、乱采滥挖的问题仍很严重。从总的来说,煤炭供求总量失衡,煤炭库存居高不下;安全生产不稳定,重大安全事故时有发生;外欠煤矿货款仍然高达210亿元,严重影响煤矿企业资金周转,等等。这些矛盾和问题急需尽快加以解决。

二、煤炭工业发展方向

为了巩固和发展煤炭工业的好形势,扎扎实实地推进煤炭工业的两个根本性转变,今后必须继续坚持以经济效益为中心,以扭亏增盈为目标,加快国有煤矿企业的改革步伐,强化管理,优化结构,平衡总量,依法整顿煤炭生产秩序和煤炭经营秩序,搞好安全生产。

1. 强化煤炭企业管理,巩固和发展扭亏增盈效果,不断提高企业的经济效益。加强企业管理不仅是建立现代企业制度和转变经济增长方式的要求,同时也是实现扭亏增盈的当务之急。目前,一些企业的管理工作漏洞还比较多,所以潜力也还很大。为了顺利实现在1997年内国有重点煤矿总体上扭亏为盈的目标,必须适应社会主义市场经济的形势,加强企业基础工作,继续实行煤炭生产、多种经营和后勤服务等三条线管理,层层落实责任制,以产定人,分流富余人员,要进一步加大贯彻"三不"政策的力度。

目前,很多煤炭施工企业和重点煤矿机械厂处于亏损状态,经济形势十分严峻,因此,也必须转变观念,调整产品结构,开拓市场,尽快走出困境,扭转施工企业和煤炭行业的被动局面。

2. 坚持"抓大放小"的方针,加快国有煤炭企业的改革步伐。首先,要集中精力抓好国有煤炭企业特别是那些关系到国民经济全局的国有重点煤矿,增强这些企业的活力,要把"以产定人"作为切入点,加大国有重点煤矿改革和转换经营机制的力度,要在精简机构、精简人员、调整产业结构等方面狠下功夫;同时,对企业内部的二级单位要实行内部法人,模拟市场运转。

其次,要采取多种形式放开搞活众多的从事煤炭生产及多种经营的国有小企业,如组建有限责任公司;资产出租承包;实行股份合作制;吸收职工群众参股;跨地区、跨行业、跨所有制的联合兼并;将经营不善的小企业由所有者委托给优势企业经营管理;对长期亏损、扭亏无望的小企业实行关停或破产等。

再次,要深化煤炭基本建设体制改革。要真正按照投资体制改革和建立现代企业制度的要求,推行项目法人责任制、招标投标制、工程监理制和合同管理制,特别要抓住推行项目法人制度这个关键环节,以带动地质、设计、施工等方面的改革。

3. 切实搞好煤炭供需总量平衡工作。加强煤炭总量调控,是煤炭部履行政府职能所必须,也是转变煤炭工业经济增长方式,提高经济增长质量所必须,因此,一定要搞好产需衔接,把过高的库存压下来。

4. 优化产业结构,大力发展非煤产业和多种经营。煤炭行业必须认真转变观念,尽快改变单一产业的格局,大力发展非煤产业。近几年来,尽管煤炭企业多种经营发展比较快,但起点仍比较低,规模也比较小,无法适应市场经济的需要。众所周知,煤炭资源无法再生,当一个煤矿的资源采完后,存在着整个企业转产的问题,如果不大力发展非煤产业,不但富余人员和职工子弟无法安排就业,矿井报废后在职人员也无法安排工作,所以必须用战略眼光来看待发展非煤产业,高度重视这项工作。

(执笔:梁冠筹)

3.6 '96石油工业

3.6.1 '96陆上石油工业

1996年是国民经济"九五"计划的第一年。陆上石油工业在党中央、国务院的领导下,广大石油干部、职工认真学习贯彻中央领导同志对陆上石油工业的一系列重要指示,以经济效益为中心,积极推进两个根本性转变,继续贯彻"稳定东部、发展西部"的方针,努力实现"以油气为主、多元开发、国际化经营"的三大战略,经过艰苦奋斗,全面超额完成国家生产经营计划,其它各方面工作也取得了新的进展,使陆上石油工业的发展在"九五"开局取得了一个好的开端。

一、油气勘探开发、生产经营发展取得新的成绩

1. 油气生产创历史新水平。

为了使油气生产保持不断增产，克服老油田产量递减的状况，在油田开发中对老油田实施控水稳油和区块综合治理措施，对新区抓紧产能建设。1996年陆上生产原油1.41亿吨，完成国家计划的102%，比1995年增加160万吨，增长1.15%，是1988年以来增产最多的一年。东部油田努力挖掘生产潜力，提高采收率，控制产量递减速度，实现了基本稳定，大庆油田在5 000万吨水平上保持了稳产，为陆上原油产量稳定增长做出了重大贡献；西部油田产量升幅较大，比1995年增长15%，保证了陆上原油总产量的稳定增长。1996年陆上生产天然气164亿立方米，完成国家计划的102.7%，比1995年增加2.9亿立方米，增长1.8%；四川石油管理局已连续三年天然气产量超过70亿立方米。油气产量的稳步增长，为国民经济的持续发展做出了贡献。

2. 油气勘探取得新的扩展。

陆上油气勘探的工作重点向新区延伸，取得了一批重要成果。对敦煌、罗布泊等十几个盆地进行早期评价，在松辽盆地、准噶尔等地发现了一批5 000万吨以上的吨级储量规模的勘探项目，为扩大勘探准备了阵地。全年完成二维地震9.2万千米，三维地震6 858千米，新增石油探明地质储量7.3亿吨，新增天然气探明地质储量952亿立方米，超额完成油气储量任务，保持了油气储量的持续增长。

3. 炼油化工、多种经营的发展步伐加快。

随着多元开发战略的实施，陆上石油工业的产业队伍结构得到进一步的调整。截止1996年底，多元开发已形成49万人，占职工总数的31%，石油化工、多种经营加快发展，一批技术含量高、附加值高、市场竞争能力强的项目，正在形成新的经济增长点。全年完成生产经营总值280亿元，比1995年增长9%，经营销售收入260亿元，比1995年增长16.8%，创增加值62亿元，实现利税18亿元，分别比1995年增长10.7%和12.5%。出口产品达60多种，销售到美、日、英、德、香港等20多个国家和地区。农副业生产稳步发展，产、供、销一体化的大农业已经形成。

4. 经济效益继续提高。

油气田企业努力贯彻总公司制定的以经济效益为中心加快发展的基本思路，圆满完成“两定两自一挂钩”的生产经营承包任务，在产业结构调整，盘活资产存量、优化资源配置等方面，实现自负盈亏，自求平衡，使企业的发展主要靠挖潜增效，走内涵发展的路子，经济效益不断提高。全年实现销售收入1 429亿元，比1995年增长7.8%，实现利润89.8亿元，比1995年增长3.7%，上交税费206亿元，比1995年提高13.8%，完成增加值1 107亿元，比1995年增长9.9%，按增加值计算的工业全员劳动生产率达15.8万元，企业人均增加值7.09万元。

二、科技兴油、扩大改革开发、实行国际化经营

1. 科技进步取得丰硕成果。

实施科技兴油战略成效显著。在全国评选“八五”期间为国民经济作出重大贡献的十大攻关成果中，总公司占有四项，塔里木盆地油气资源勘探技术、天然气勘探技术、三次采油技术、石油水平钻井成套技术及设备，分别居第一、二、五、六位。有11项科技成果获1996年国家级科技进步奖，其中大庆高含水期稳油控水工程获特等奖，塔里木沙漠石油公路工程获一等奖。全年推广八项新技术示范工程项目和一批单项新技术，取得的经济效益超过10亿元。科技进步促进了陆上石油工业的进一步发展。

2. 改革迈出坚实步伐。

按照国家深化国有企业改革的精神，陆上石油工业研究制定了深化改革、加强管理的总体规划。1996年在组建专业化公司、转变经营机制、加强企业管理等方面，有了明显的好转，取得了新的进步。大港油田已形成油田集团公司——开发公司——作业区三级管理格局，集团公司及72个二级单位通过了ISO9000质量体系认证。各单位普遍推行投资责任制和成本责任制，实行内部资产经营责任制，促进了企业改革的进一步发展。

3. 对外开放与合作进一步加强。

陆上石油工业对外开放步伐加快，全年对外新签合同12个，是对外开放以来签合同最多的一年。截止1996年底，已累计与9个国家和地区的35个公司签定了石油合同，合同金额7.7亿美元。国际化经营也有新的进展。发挥总公司整体实力，积极参与国际石油市场的竞争，海外勘探开

发已由低风险的小型项目，发展到具有一定规模的大中型项目，还有一批勘探项目正在积极评价中。对外工程承包新签合同1 300万美元，全年完成工程营业额8 700万美元，创历史最好水平。

三、1997年陆上石油工业发展的目标

1997年是我国历史发展的重要一年，香港回归祖国和党的"十五大"召开，这是举世瞩目的两件大事。陆上石油经过四十多年的发展，正处在世纪之交、继往开来的时期。1997年陆上石油工业发展目标：积极推进两个根本性转变，加快改革步伐，强化企业管理，搞好经济结构调整；坚持稳定东部、发展西部、油气并举，把勘探工作放在首位，实现储量产量的持续增长；加强油气主业，培育新的经济增长点；坚持科技进步，加快国际化经营的步伐。按照中央领导同志对陆上石油工业作出的批示，发扬大庆精神和艰苦奋斗、"三老四严"的优良传统，搞好二次创业，为加快陆上石油工业的发展，为国民经济的持续稳定发展作出新的更大贡献。

（执笔：吴卫星）

3.6.2 '96海洋石油工业

1996年是实施"九五"规划的第一年，海洋石油总公司在注重建立现代企业制度的基础上，努力实现集约化经营，已初步实现海洋石油经济增长的良性循环。

一、中国近海油气产量实现了历史性突破

1996年9月6日，中国近海原油产量达到1 000万吨年产水平，实现了历史性突破，提前116天完成了国家下达的全年原油生产计划。到年底，中国近海全年共生产原油1 501万吨，实际完成国家原油生产计划的150.1%。全年共生产天然气26.9亿立方米，全年石油当量共计完成1 770万吨。根据国际上一些资料的比较，美国和前苏联于本世界四十年代开始进行现代化海上石油开采，大约用了20至25年才达到这个水平，而中国近海只用了14年。

二、海上油气勘探取得明显成效

1996年中国近海海域共完成地震资料采集163 411公里，其中：海洋石油总公司自营完成51 879公里，外国石油公司完成111 532公里。全年共钻探井48口，其中：海洋石油总公司自营完成40口，外国公司完成8口。海洋石油总公司自营勘探成功率为43.7%，至1996年底，累计自营勘探成功率51.7%，全年新增原油探明储量10 345万吨，天然气探明储量685.25亿立方米。

三、海上油气田开发建设步伐稳健

1996年，中国近海共有两个油气田投入生产，崖13－1气田于96年1月1日正式投产，新增日产能力1 000万立方米；流花11－1油田于96年3月29日正式投产，日产原油8 000吨。这两个油气田是迄今为止在中国近海合作发展的最大的油田和气田。

全年共有7个海上油田进行开发建设，另有7个海上油气田正进行评价。

四、中国近海油气勘探开发对外合作再现新的高潮

1996年在没有对外公开招标的情况下共与外国公司签订石油合同、物探协议和联合研究合同共17个，截止到1996年底，共与18个国家的67家公司签订了126个石油合同和协议。

海洋石油对外合作以来，中外双方在中国近海共投入勘探开发资金94.2亿美元，其中：外国石油公司直接投资53.8亿美元，占全部海上油气勘探开发总投资的57.1%，在全部外国石油公司的直接投资中，风险勘探投资为31亿美元，占57.6%。

由海洋石油总公司参股的海外马六甲区块项目，1996年获得份额产量约38万吨，截止到1996年底，海洋石油总公司已累计从该项目获得份额产量约124万吨。

五、综合经济效益创历史最好水平

1996年海洋石油总公司共实现销售收入139.7亿元，比上年增长了68.2%，共实现利润总额31.8亿元，比上年增长了270.8%，销售利润率达到22.8%，总资产利润率达到10.7%，净资产利润率达到26.3%。

1996年底，海洋石油总公司的资产总额达到315.6亿元，是公司成立初期的11.2倍，年末资产负债率为54.4%，比上年的64.9%下降了

10.5 个百分点,年末国有资产总额达到 144 亿元,是公司成立初期的 6.3 倍,国有资产保值增值率达到 146.9%。

总公司系统全年共向国家纳税 8.4 亿元,比上年增长了 126.6%,整个海洋石油行业(即包括中外合营、联营公司、合作区块及外国承包商)共纳税 21.6 亿元。截止到 1996 年底,海洋石油系统已累计向国家纳税 25 亿元,等于同期国家给海洋石油总公司预算内拨款的 1.7 倍。

1996 年海洋石油总公司因经营业绩提高而实现的增加值达 77.5 亿元,人均年创增加值达到 27.5 万元,比上年增长 58.8%,比总公司成立初期增长了 25.4 倍。

六、海洋石油工业的发展目标

海洋石油总公司已确立登上第二个新台阶的奋斗目标:"九五"期间原油年产量稳产 1 400 万吨;到 2 000 年将达到 1 600 万吨,其中国外拿回 200 万吨;天然气生产能力达到 85－100 亿立方米,按热值计算,共达到 2 400 万吨以上。

为保证这一奋斗目标的实现,海洋石油总公司在 1997 年的具体部署是:(1)继续加大对中国近海自营勘探的投入,在效益高峰期时即注重搞好资源接替;(2)注重对海外油气资源的利用,积极寻找参股海外油气田勘探开发的良机,并加大参股投资力度;(3)进一步深化企业管理改革,在总公司系统建立和完善四个管理中心,即决策中心、科研设计中心、销售中心、经营管理中心,对总公司下属的各专业公司,在坚持逐步走向"四自"道路的基础上,推行资产经营责任制;(4)加快下游项目的建设步伐,将下游项目培育成海洋石油工业新的经济增长点。

(执笔:单联文)

3.7 '96 电力工业

1996 年电力工业紧紧围绕经济体制改革和两个根本性转变,全面落实 1995 年全国电力工作会议精神,抓住国家加大改革开放和国民经济持续平稳发展的有利时机,在"九五"计划开局的第一年,锐意进取,扎实工作,通过精心调度,合理安排,加强管理,使电力生产建设继续稳步增长,对缓解全国紧张的缺电局面,促进国民经济发展和社会进步起到了重要的作用。

1996 年电力工业基本建设完成投资 974 亿元,其中:水电完成 203 亿元,火电完成 521 亿元,送变电完成 212 亿元;更新改造中的"以大代小"投资完成 100 亿元。全年基本建设新增 500 千瓦及以上发电装机 1 681 万千瓦,其中:水电 268 万千瓦,火电1 413万千瓦。全年投产大中型发电机组 1446 万千瓦,其中:水电 232 万千瓦,火电 1 214万千瓦。"以小代大"技术改造投产 218 万千瓦。全年新增 220 千伏及以上输电线路 5 690 公里,变电容量 2 228 万千伏安。到 1996 年底,全国发电装机容量达到 23 654 万千瓦,其中:水电 5 558万千瓦,火电 17 886 万千瓦,核电 210 万千瓦。全年发电量突破 1 万亿千瓦时,同比增长 7.4%。其中:水电完成 1 869 亿千瓦时,与 1985 年基本持平;火电完成 8781 亿千瓦时,同比增长 8.8%;核电完成 100 多亿 千瓦时,同比增长 11.7%。发电装机容量超过日本与发电量一同位居世界第 2 位。

1996 年电力生产建设的特点:一是一次能源供需矛盾有所缓解,但电力的增长低于一次能源的增长。1996 年逐月电力的增长速度一直低于一次能源和原煤的增长速度,这是自改革开放以来除 1984 年和 1985 年两年外电力的增长速度低于一次能源的增长速度,出现的一次能源生产稳步增长,部分地区的电力供需矛盾有所缓解,而东部沿海和经济发达地区电力供需矛盾仍很突出,西北、华中等水电比重高的电网季节性缺电十分严重的新特点。二是大机组投产增多的同时,小火电机组增加的势头仍然未减。1996 年全国共投入 30 万千瓦及以上机组 27 台 938 万千瓦,占全年新投产机组的 55.8%,其中 60 万千瓦及以上的机组投产 3 台,但同时广东、浙江等省新投产小火电机组仍达 36.13 万千瓦和 36.83 万千瓦。三是连续九年投产发电机组超过 1 000 万千瓦,但新开工项目明显不足。电力工业自 1988 年以来,到 1996 年已连续 9 年每年新增发电机组均超过 1 000 万千瓦。但 1996 年国家批准的开工电源项目只有

1 005万千瓦，虽然是1992年以来新开工规模最多的一年，但仍不及当年投产的大中型机组容量。

到1996年底，全国送电线路和变电容量，500千伏已达到13 635公里和5 136万千伏安，330千伏已达到6 218公里和915万千伏安，220千伏已达到102 417公里和20 369万千伏安。全国装机容量超过1 000万千瓦的省份已有河北、辽宁、江苏、浙江、山东、河南、湖北、广东、四川九个省，其中广东省新增发电机组超过300万千瓦，电网装机容量达到2 393万千瓦。装机容量100万千瓦以上11个电网，装机容量达到22 474万千瓦，占全国装机容量的95.0%，其中南方四省联营电网和华东电网装机容量已接近或超过4 000万千瓦。1996年全国又新增百万千瓦电厂8座，使全国百万千瓦电厂达到48座，总装机容量6 033万千瓦，占全国发电装机容量的25.7%。沙角C电厂2号和3号两台66万千瓦机组1996年投产后，全厂装机容量达到198万千瓦，超过谏壁成为中国目前最大的火电厂。全国20万千瓦及以上机组达到390台10 306万千瓦，占全部装机容量的43.6%，成为目前运行中的主力机组。其中最大的核电机组达到90万千瓦，最大火电机组达到66万千瓦。

电力工业以市场为导向，以经济效益为中心，加强经营管理。1996年落实了国务院确定的电价调整方案，狠抓有关经济政策的落实，相继落实了国家电力建设基金，“拨改贷”转资本金、财政定额退税和拨补流动资本金等政策，增强了企业的经济实力，使企业财务状况得到改善，经济形势继续保持稳定，部直属企业利润增长了8%，上缴财政收入增长了10%。资产负债率、资本收益率、总资产报酬率和资本保值增值率等综合财务指标保持稳定或有所好转。供电煤耗达到410克/千瓦时，比1995年降低2克/千瓦时，线路损失率为8.53%，比1995年下降0.24个百分点。电力基本建设以实现合理工期、控制工程造价和达标投产作为推进两个根本性转变的中心工作，促进了电力工程投资效益的提高。由中国自行设计并组织建设的秦山核电站二期工程2台60万千瓦核电机组已于1996年6月正式开工建设。技术改造和技术进步的全过程实行资金控制，实施科教兴电战略，形成有利于电力技术改造和技术进步机制的基本思路。实施可持续发展战略，在规划审查、建设施工、污染治理等方面注重环境保护。积极推进一批电力企业在国内国际两个资本市场融资，加快电力工业发展，提高电力技术含量。

扶贫共富工程取得显著成效。1996年又有江苏、安徽、河北、浙江、福建等省实现了村村通电，到年底全国有12个省(直辖市、自治区)实现了村村通电，华东电网全网实现了村村通电，乡、村通电率达到98.6%、96.7%。

法制建设以《电力法》为龙头，以《电力设施保护条例》、《电网调度管理条例》、《电力供应与使用条例》以及正在上报审批的《电价管理办法》和《农业和农村用电管理办法》为骨干，以相关电力配套规章和地方性电力法规为补充的电力法规体系框架已经初步形成，法制工作有力地引导、推进和保障电力工业的改革与发展，保证了生产、建设和经营的正常进行。

贯彻中共十四届六中全会精神，电力工业广泛地开展创建双文明单位建设活动，全国电力系统已有65%以上的单位被评为地市级以上文明单位，有35%以上的单位被评为省级文明单位。186个电力企业被电力部命名为电力系统“双文明”单位。其中山东省电力公司作为突出代表受到全国职工思想政治工作研究会的表彰，并在济南召开现场会，宣传、推广山东省电力公司的先进经验。

1996年，电力工业各方面改革稳步推进。水电在完善开发体制和市场机制方面取得新的进展，水电工程已全部实行业主责任制、招标承包制和建设监理制；火电建设进一步总结、完善项目法人责任制办法，初步规范设计、施工、设备、物资、工程监理等各项招标工作，强化项目执法监察；制定颁布了《电力工业“九五”科技发展纲要》，推进科技与经济一体化进程，科研院所通过转变观念，开始走上通过市场求发展的路子；部分院校加入企业集团，四所本科院校合并组建两所新的电力大学，即华北电力大学和武汉水利水电大学，基本形成电力教育三级管理体制；电力系统养老保险制度改革取得成效，资金管理制度和工作体系已经建立，电力行业已有95%的职工参加了养老保险。经国务院批准，1996 年 6 月 18 日国家电网建设有限公司在北京挂牌成立。

作为电力工业管理体制改革的重要里程碑，国务院批准了国家电力公司的组建方案，1997 年 1 月 16 日国家电力公司宣布成立，开始了国务院专业部门机构改革的试点。国家电力公司按照“有利于实行政企职责分开的转换经营机制，建立现代企业制度；有利于引入市场竞争机制，调动多家办电、多渠道筹资办电的积极性，促进电力工业的发展；有利于国家对电力工业的宏观调控和对电网的统一规划、统一建设、统一调度、统一管理；有利于资源的合理配置、国有资产的保值增值和有关电力法律法规的贯彻实施”等原则进行经营管理。国家电力公司成立后，电力工业部继续行使对电力工业的行政管理职能，原由该部承担的国有资产经营职能和企业经营管理职能移交给国家电力公司。国家电力公司不具有政府行政管理职能，接受电力工业部等有关部门的行业管理与监督。中国电力企业联合会不再是政府的附属机构，而是要逐步发展成为面向全社会、面向全行业的独立运作的自律性行业管理与服务的组织。国家电力公司的成立开始了电力工业的第二次创业。

（执笔：王宝乐）

专栏 3.5　我国企业集团健康发展

企业集团是适应社会化大生产和社会主义市场经济要求的一种企业组织形式，自 80 年代初期出现以来发展很快，势头良好。目前，登记的各类企业集团达到 2 万多个。国家重点抓的企业集团试点已由 57 户扩大到 120 户。第三次全国工业普查结果表明，我国按营业额指标统计超过 9 亿元的大型工业企业集团有 197 家，上海汽车工业（集团）总公司以营业额 538.3 亿元领中国大型工业企业集团之先。按营业额指标统计前十家大型工业企业集团为：上海汽车工业（集团）总公司、中国华东电力集团、中国东北电力集团、中国第一汽车集团、宝钢集团、武钢集团、中国华北电力集团、中国华中电力集团、首钢总公司、鞍钢集团。

企业集团已经成为我国企业的重要组织形式，在经济发展和体制改革中发挥了一系列积极作用，主要表现在：①促进了企业组织结构的调整；②推动生产要素的合理流动；③形成了群体优势和综合功能；④增强了企业的国际竞争力；⑤为增强国家宏观调控的有效性创造了条件。

但企业集团的发展也存在着一些问题，一是经营规模不够大，经济实力不够强。不少集团核心企业规模小，成员企业数量少。二是还没有健全的自我积累、自我约束、自我发展机制。企业的资产负债率较高，负债结构不合理，建设项目大多依靠贷款，企业再投入的能力十分有限。三是以资本联结为主要纽带的母子公司的体制尚未完全形成，内部管理不规范。四是企业集团发展的外部环境尚需改善。通过深化改革和实践探索，这些问题会逐步得以解决。

目前，重点企业集团应把主要精力放在优化主导产品上，不断提高主导产品的技术含量，扩大主导产品的市场占有率，同时，着力增强三个能力：增强资产扩张能力，通过控股、兼并、收购、委托经营、向异地转移等形式，加快资产扩张步伐；增强技术开发能力，强化技术引进、消化、吸收、创新机制，形成自己的独占技术和专利；增强跨国经营能力，不断提高产品的出口比重。在此基础上，使企业集团更加有力地促进国民经济的持续、快速、健康发展。

（执笔：李荔）

3.8　’96 电子工业

1996 年是“九五”计划的第一年。一年来，我国电子工业积极推进“两个转变”，深化企业改革，继续加强经济运行的综合协调，工业生产保持了较快的发展速度，取得较好成绩，为“九五”发展奠定了良好的基础。

1996 年全国电子工业系统实现工业总产值 2 982亿元，比 1995 年增长 20.7%；实现销售收入 1 947 亿元，增长 18%；实现利税 153 亿元，增长 5%；实现利润略有增长。

一、1996 年电子工业经济运行基本情况

1. 生产保持较快增长。1996 年是我国继续完善宏观调控、促进经济体制和经济增长方式转变的重要一年。在国家调整出口退税政策，人民银行两次下调存贷款利率，国内外市场竞争十分激烈的情况下，电子工业坚持了比较平衡的增长态势，除上半年增幅略低外，下半年生产一直比较好，全年工业生产比 1995 年增长 20.7%。

2. 电子产品结构进一步改善。1996 年电子工业生产增量中，以计算机、通信为主的投资类电子产品的拉动作用进一步加强，成为带动生产增长的主要动力，全年工业总产值增长的 20.7%中，投资类产品拉动了 13%，消费类和元器件类则分别拉动 2%和 5.7%。1996 年共完成投资类电子产品产值 984 亿元，同比增长 40%；完成消费类 1 002亿元，同比增长 11%；完成元器件类 996 亿元，同比增长 17%。投资类中软件业、增值服务业、网络产品销售额达到 160 亿元，同比增长 56%。投资类增长幅度的上升促进了电子工业产品结构的进一步改善，投资类、消费类、元器件类在总量中的比例各占三分之一，改变了以消费类为主的电子产品结构格局。

3. 产销衔接较好。1996 年电子工业生产继续以市场为导向，按市场需求调整生产节奏，全年生产销售衔接比较好，产销率为 96.4%，达到了我部计划完成指标和国家提出的要求。全年产成品库存总额 275 亿元，同比增长 9%；全年库存产品可供销售天数 53.4 天，比三季度少了 10 天；产成品存货折算库存当量 1.8 个月。总的看，库存仍显偏大，应继续抓好限产压库。

4. 三资企业生产快速发展。按我部统计口径，1996 年三资企业完成工业总产值 1 100 亿元，同比增长 34%。三资企业完成销售收入 932 亿元，同比增长 32%；利税 91 亿元，增长 20%。三资企业的工业总产值、销售收入、利税分别占电子工业的 37%、47%和 61%。

三资企业的快速增长改变了我国电子工业生产格局，目前彩电合资占总量的 42%，彩管占 66%，微电子占 66%，程控交换机占 40%。

5. 外贸出口持续增长。1996 年，我国海关电子产品进出口总额达到 360 亿美元，同比增长 18%，出口比进口多 33.1 亿美元。出口额中，来、进料加工贸易 180 亿美元，比 1995 年同期增长 39%，占总额的 91.4%；一般贸易继续下滑，仅为 16 亿美元，比 1995 年同期下降 27%；占总额的 6.8%。

进口金额最大的电子产品是通信产品，共 48 亿美元，其次是计算机及其部件共 27 亿美元，集成电路及微电子组件共 24.2 亿美元，以上三者合计 99.2 亿美元，占进口额的 63.6%。

6. 各地电子工业发展不平衡。29 个省市自治区中，增速高于全国电子工业平均增长速度的有 12 个：北京、天津、河北、吉林、辽宁、福建、山东、广东、湖南、河南、四川和陕西；生产为负增长的有 7 个省市。1996 年超过百亿元产值的有广东、江苏、上海、北京、天津、山东、浙江、福建、四川、陕西、辽宁等省市，工业产值合计占全部电子工业的 80%以上。

7. 生产继续向大公司大集团集中。1996 年，电子百强企业共实现工业总产值1 308亿元，占全行业 45%；实现销售总额 1 254 亿元，占全行业 64%；实现利税 121 亿元，占全行业 67%。部重点抓的六家大公司全年完成工业总产值 367 亿元，占全行业的 12.3%；实现销售额 363 亿元，占全行业的 18%；利税总额 29.7 亿元，占全行业的 19.4%。长虹、康佳、TCL、熊猫四家彩电产量 990 万台，占全行业总量的 50%。

8. 公有经济是电子工业的主体，彩电、VCD 国产名牌占主导。到 1996 年底，电子工业公有经济在全国电子工业总产值中占 57%，实现利税占总额的 51%，继续成为电子工业的主体。虽有部分国有企业由于种种原因，经营困难、效益下降，但整个国有经济和国有控股经济完成的工业总产值仍比 1995 年增长 9.8%。

1996 年国内电子产品市场竞争十分激烈，进口产品、水货的冲击，计算机、彩电、程控机几次降价，国产品牌经受着巨大的市场考验。经过企业在品牌、质量、服务、产品品种等方面的努力，彩电、

VCD 等国产电子产品品牌在市场上已经占主导地位。据全国 106 家商场销售商品的统计，长虹、康佳、王牌、北京、熊猫、金星、海信、创维、牡丹、厦华等国产品牌的彩电市场占有率为 66%；VCD 市场国产品牌反映敏捷，新科、爱多、万利达、先科等组成名牌阵容，占据半壁河山，仅新科一家就占 28%。长城、联想等国产微机市场占有率也进一步提高。

二、1996 年电子工业经济运行中存在的问题

1996 年电子工业经济运行的主要问题是企业经济效益增长缓慢。

1. 经济效益与生产不能同步增长，1996 年生产增长 20.7%，销售收入增长 18%，利税仅增长 5%，利润略有增长。这种情况在百强中也同样出现，1996 年百强中利润增长的只有 44 家，负增长的 56 家，其中亏损 11 家。

2. 亏损企业个数和亏损企业额增加，全年电子工业亏损企业 1488 家，比 1995 年增加 196 家；亏损额达 35 亿元，比 1995 年增长 59%。

3. 部分国有企业生产经营比较困难，增长幅度不大、效益下降、亏损增加。部分国有企业效益下降的主要因素有：国家两次提高农产品价格，工业利润向农业转移；交通能源调价，原材料涨价；市场竞争激烈、销售成本增加；企业工资福利，各种保险费用的增加；更主要的是企业对市场、对当前经济体制和经济增长方式转变不适应。随着社会主义市场经济的建立和改革力度的加大，大部分国有企业将会得到新的发展和提高。

三、1997 年电子工业经济运行的主要目标

经济增长速度为 20%，工业总产值达到 3 500—3 600亿元；

实现销售收入 2 400 亿元以上；

完成利税 180 亿元以上，其中利润：120 亿元；

电子产品出口额 240 亿美元。

重点产品完成目标是：

彩色电视机 2 200 万台，其中出口 500 万台；

彩色显像管 2 066 万台，其中出口 436 万台；

数字程控交换机 1 245 万线，其中出口 125 万线；

微型计算机 155 万台，其中出口 65 万台；

录像机 266 万台，其中出口 118 万台；

录像机机芯 180 万只；

半导体分立器件 120 亿只；

集成电路 8 亿块，其中大规模 1.2 亿块；

电子元件 600 亿只。

（执笔：王秉科）

3.9 ’96 纺织工业

1996 年全国纺织行业面临前所未有的严峻形势，特别是年初纺织生产和销售非常困难。为此，纺织工业加快改革、改组步伐，加大结构调整、扭亏解困的力度，采取了一系列的政策措施，使全国纺织行业经济效益下滑趋势有所遏制，进入下半年纺织工业形势开始好转。

一、纺织工业经济运行状况

1. 纺织工业生产运行速度同比微增。

1996 年纺织工业生产运行速度呈负增长，但降幅逐月放慢，年底扭转了同比下降的态势，全年同比增长 3.83%。比全国工业增长率低 4.57 个百分点。

2. 成品资金占用同比增加、但增幅逐月回落，上半年综合产销率降低，但随后逐月回升，全年高于上年。

1996 年纺织品期末库存同比增加 6.98%，15 大类纺织品中有 10 大类纺织品期末库存同比减少。一季度产品库存增加，其中纱、布的期末库存量持续上升，库存暴满，资金积压严重，尤其纱的期末库存量已高出上年最高库存量的19.56%。

2 月份以来纺织品期末库存金额同比上升 52.41%。企业及时调整营销策略和产品结构，开拓新的国内外市场。3 月份以后纺织品库存增长幅度不断减缓，1—6 月份纺织品期末库存金额同比增加了 21.1%。1—9 月份纺织品期末库存同比增加了 5.63%，8 大类纺织品期末库存比年初库存减少，纺织企业资金占压情况有所好转。

1996 年纺织品综合产销率为 98.78%，高于上年 1.38 个百分点，15 大类纺织品中，10 大类纺织品产销率同比上升，13 大类纺织品产销率高于

97.48%,7大类纺织品产销率高于100%。一季度纺织工业形势严峻,纺织品库存积压,由中国纺织总会统计的15大类纺织品综合产销率为95.01%,低于同期3.68个百分点,二季度累计综合产销率为94.92%,同比降低1个百分点。三季度纺织品销售形势有所好转,三季度累计产销率为96.20%,同比上升0.9个百分点。

3. 出口一度出现负增长,但逐月有所回升,全年比上年略有下降。

1996年,全国纺织和服装出口额为370.95亿美元,占全国出口总额的24.6%,比1995年(379.35亿美元)减少2.2%,其中纺织品出口为121.18亿美元,同比下降12.9%,服装及其衣着附件(含裘皮服装)为249.77亿美元,同比增长4%。从季度看,出口降幅趋缓,一季度出现大幅度下滑,累计下降18.5%,二季度累计同比下降16.6%,三季度累计同比下降9.2%。8—12月同比分别增长8%、9%、30%、19.72%、6.17 %。

4. 经济效益严重下滑,但总趋势逐渐减缓。

1996年全国3 060户国有纺织企业亏损面54.48%,比上年同期上升9.63个百分点。盈亏相抵净亏损85亿元,比上年增亏58亿元。盈利企业1 393户,平均每户盈利189.67万元。亏损企业1667户,平均每户亏损670.24万元,盈亏之比为6:25;而上年盈亏之比为13:25,说明国有纺织工业盈利能力下降。但从分季度看,亏损呈逐季减缓趋势。四个季度亏损企业亏损额分别为36亿元、33亿元、29亿元、13.7亿元;盈亏相抵净亏损分别为30亿元、26亿元、21亿元、8亿元。

全国重点城市国有纺织企业全年净亏损为31.6亿元,比上年增亏23亿元。但每月平均净亏损额逐季减缓;一季度为5.2亿元,二季度为4.1亿元,三季度为2.8亿元,四季度扭亏为盈。10月份盈利1 739万元;11月份盈利3 266万元。12月份盈利42 521万元。造成1996年纺织工业经济运行严重困难的主要原因有三:

一是棉花价格连续上调,超过了国际市场价格,超出了企业和市场的承受能力。进入九十年代以来,棉花价格先后进行了三次大的调整。棉花收购价从236.42元/50公斤,提高到700元/50公斤,供应价由258元/50公斤,提高到861元/50公斤,分别是1989年的3倍和3.3倍。1995年度,国内棉到厂价19 700元/吨,而香港美棉只有76.5美分/磅,折到厂价17 160元/吨。比国内棉到厂价低15%左右。据推算,1996年一年因棉花供应价格提高影响纺织工业效益180亿元左右。原料价格居高不下,不仅造成棉纺企业严重亏损,也削弱了我国纺织产品在国际市场上的竞争力。

二是出口退税率调低及退税滞后直接影响了纺织品出口。由于退税率下降,直接增加换汇成本0.66元,1996年出口退税将影响112亿元。再加上退税平均滞后半年,都直接影响了纺织品的出口。1—10月棉纱线出口下降13.6%,棉机织物出口下降了17.8%。出口受阻加大了国内市场的压力,加剧了纺织企业的困难。

三是国有企业社会负担沉重影响了竞争能力。

从1994年和1995年的情况来看,纺织业的销售毛利率国有企业分别高于非国有企业3.53个百分点和0.53个百分点,而净利润国有企业是亏损的,非国有企业却是盈利的,说明国有企业的财务费用和管理费用要高于非国有企业。这些与特殊的历史原因有关,如:各类社会负担沉重,冗员多,病退休人员比例高,社会摊派多,医疗费用高等,使费用大幅上升。国有企业停工停产面扩大,停产半停产企业占20—30%,职工下岗待业人员增加,部分企业连发工资都很困难。同时国有纺织企业的税负也明显高于非国有企业,以1995年为例,国有纺织企业高于非国有纺织企业的税负0.74个百分点。国有纺织企业在市场竞争中处于不利的地位。

以上三个因素是今年纺织工业经济效益下滑的直接原因,同时也应看到纺织内部的制约因素,纺织工业总量过大的矛盾没有根本解决;纺织工业结构不能适应市场需求的变化;国有企业大多五十年代建厂,技术装备落后设备陈旧,制约了国有纺织工业的发展。

二、1996年纺织工业结构调整、扭亏解困的重要举措

纺织工业的严重困难得到了各级政府的高度重视,也引起了全社会的广泛关注,从中央到地方都采取了一系列紧急措施,帮助纺织行业克服困

难。中央领导同志多次强调纺织工业在国民经济中的重要地位，指出了纺织工业困难的原因和摆脱困境的思路，要求国家经贸委、国家计委及其它有关部门支持纺织工业。国家经贸委多次与纺织总会研究解困政策措施，组织有关部门进行协调，国家计委专门与总会研究纺织行业结构调整的思路和政策建议。国务院还成立了茧丝绸协调小组，研究制订了有关政策措施，推动了管理体制的改革，加强了宏观调控，为丝绸行业扭转困难局面，起到了积极作用，地方政府也相应出台了一系列政策措施，促进纺织结构调整，帮助纺织企业渡过难关。

中国纺织总会和各地纺织行业主管部门全面加强了调查研究，为促进深化改革，调整结构做了大量细致的工作。按照去年年底全国纺织工作会议的统一部署，紧紧抓住"两个根本性转变"这一中心，全面加大改革、改组、改造力度，加快结构调整步伐。加强企业管理。各地都积极探索摆脱困境、适应市场的新路子，纺织工业已经开始出现转机。

1. 国家对棉纺织行业实行资金和政策倾斜。首先是增加对棉纺织行业资金注入。1996 年 4 月初，国家增加了棉纺织企业第一批购棉资金 24 亿元贷款，6 月初增至 70 亿元贷款，这在一定程度上缓解了棉纺企业资金紧张的状况，增加了企业原料库存，有利于棉纺企业合理配棉。70 亿元资金虽然分三批下达到 358 户棉纺企业，但对部分棉纺织行业经济运营发挥了重要作用。其次是对棉花流通体制进行改革。改进省际间棉花供应方式，暂缓执行省间调拨奖励金政策等，对缓解棉纺工业困难起了重要作用。

2. 国家把纺织品的出口退税放在首位。1996 年 5 月 13 日和 6 月 5 日，国家税务总局明确优先退税次序；第一是纺织产品(包括服装针棉织品)，第二是机电产品，第三是丝绸产品。截止到 8 月底，1995 年的欠退税绝大部分已退完。1996 年的退税因出口退税手续比较复杂，到年底可望退到 1996 年 6 月，缓解了出口企业资金周转困难，抑制住了纺织品出口的下降趋势，并使之逐步有所回升。

3. 贯彻了国务院扭亏增盈的电视电话会议精神，对扭亏工作加强领导，明确责任，分类指导，落实扭亏增盈工作目标责任制。对各地区和主管部门主要考核两项指标：一是企业亏损额；二是企业亏损额占全部企业实现利税总额的比重。并按季度、年度进行公布。各级政府主要领导加大了扭亏力度，国有纺织企业出现了可喜的兆头。

4. 国家两次下调贷款利率，减轻了企业负担。

为缓解企业的困难，活跃市场，1996 年国家先后两次调减了银行存款利率。5 月 1 日起流动资金贷款利率平均下调 0.75 个百分点，8 月 23 日起银行贷款利率平均下调 1.2 个百分点。据此测算，纺织企业减少利息支出约 8 亿元。

5. 继续推进两纱两布自营出口改革试点，扩大纺织企业自营出口权的范围。1996 年初又有 20 家棉纺企业获得两纱两布自营出口权，年内又有 156 家企业获得自营出口权，至此全国纺织行业自营出口企业已达 874 家。自营出口减少了中间环节，企业可稳获中国环节那部分利润。

6. 狠抓了质量管理工作。

1996 年全行业共评出 43 个部级优秀质量管理小组，推荐并经过有关方面批准评出了 8 个全国优秀质量小组，筛选出了 60 个产品推荐为国家重点扶持的质量好、效益好，市场占有率高的名牌产品，组织了各类质量抽验、抽查活动，使行业的质量工作上新台阶。据对纺织行业八大类产品，580 个企业的监督抽查，共检测 889 批样品，平均抽查合格率达到了 91.4%。

7. 继续抓好全行业 20 家现代企业制度试点，推荐中国纺织机械工业(集团)总公司等五家企业集团进入国家百强企业集团的试点。

根据国家"抓大放小"，"扶优扶强"的方针，筛选出现规模和效益符合要求的 21 家大型国有企业，进入了国家千户重点联系国有企业中的首选 300 家行列。并排定了总会重点扶持的 50 家集团名单。积极支持企业进行股份制改组，今年共推荐 15 家企业为 A、B、H 股的上市公司。已有 46 家纺织股份有限公司上市，占全国上市公司 446 家的 9.4%，缓解了企业资金紧张的局面。

8. 根据江泽民同志搞好国有企业的八点建议，全国 56 个优化资本结构试点城市加大调整结构，资产重组的力度，已破产79家，破产企业债务53.8亿元，兼并企业261家，组建集团98个，资产规模379亿元，分流人员20万人。

1996年是纺织行业实施“九五”计划的第一年，面对困难与挑战，纺织工业励精图治，锐意改革，务实进取，使纺织工业经济形势开始出现转机。1997年为迎香港回归和党的十五大召开，纺织工业将继续以国有企业的改革、改组、改造为中心，以中心城市为突破口推进纺织工业整体调整，改造传统产业，振兴新兴产业，实现纺织工业地区布局的战略转移，使纺织工业从根本上摆脱困境，再创辉煌。

（执笔：王自海）

第四章 固定资产投资增长控制在适度区间

第四章 固定资产投资增长控制在适度区间

4.1 '96我国固定资产投资形势

1996年国家坚持适度从紧的总量调控政策，继续加强固定资产投资的调控，固定资产投资在平稳增长的同时，增幅缓慢回落，投资总量基本适度，促使了国民经济进一步向好的方面发展。社会总供需保持基本平衡，国内生产总值适度快速增长，通货膨胀得到有效抑制。在总量膨胀得到抑制后，经济结构的矛盾暴露出来。在投资结构方面的主要问题是：投资外延扩大再生产趋势、投资项目小型化、重复建设及地区结构不合理等。为此，今后几年，应在保持投资总量适度增长的前提下，把投资调控的重点放在投资结构方面。

一、1996年投资总量运行基本适度

1996年国家在对固定资产投资的宏观调控上，注意严格控制新开工项目，抓好资金源头的调节，实行投资项目资本金管理制度，落实项目法人责任制、项目招标制和工程监理制，使全年固定资产投资保持了平稳适度增长。全年全社会完成固定资产投资22 974亿元，比上年增长14.8%。按经济类型观察，国有经济投资12 056亿元，增长10.6%；集体经济投资3 661亿元，增长11.3%；城乡居民个人投资3 211亿元，增长25.4%；其他各种经济类型投资4 046亿元，增长23.7%。按投资种类观察，基本建设完成投资8 611亿元，增长16.3%；更新改造完成投资3 623亿元，增长9.8%；房地产建设完成投资3 216亿元，增长2.1%。

据此计算，1996年全社会固定资产投资率为33.9%，虽然仍高于宏观调控所要求的目标，但它是宏观经济朝好的方面发展后产生的结果。同时多年的实践证明，投资膨胀必然导致总量失衡，信贷和货币投资失控，发生严重通货膨胀。投资增长适度，就会促使国民经济保持稳定、快速、健康发展。1996年宏观经济运行良好，社会总供需基本平衡，经济在快速增长的情况下，物价较低上涨，国民经济开始步入适度快速和相对平稳的发展轨道。这些都印证了目前投资规模是基本合适的。

从项目建设情况看，1996年基本建设和限额以上更新改造施工项目个数为95 858个，计划总投资36 967亿元；其中新开工项目57 441个，占全部施工项目个数的比重为59.9%。新开工项目计划总投资7 377亿元，占施工项目计划总投资的比重为20%。

1996年新开工计划总投资500万元以上基本建设和限额以上更新改造项目10 123个，计划总投资6 780亿元，占全部新开工项目计划总投资的比重为91.9%。从建设规模看，500—3 000万元项目7 480个，3 000—5 000万元项目947个，5 000万元—1亿元项目801个，1—5亿元710个，5—10亿元项目90个，10亿元以上项目95个。按主要行业观察，农林牧渔水利业项目550个，能源工业项目908个，原材料工业项目386个，运输邮电通信业项目1 639个。

从资金来源情况看，1996年基本建设、更新改造到位资金12 124亿元，比上年增长15.4%。其中国家预算内资金554亿元，增长4.5%，占全部投资的比重由上年的5%下降到4.6%；国内贷款2 770亿元，增长13.1%，所占比重由23.3%下降到22.8%；债券109亿元，增长173%，所占比重由0.4%上升为0.9%；利用外资1 589亿元，增长15.5%，所占比重与上年基本持平；自筹资金5 970亿元，增长18.2%，所占比重由48.1%上升到49.2%；其他资金1 132亿元，增长7%，所占比重由10.1%下降为9.3%。

1996年基本建设、更新改造全部建成投产项目91 970个，其中大中型基本建设项目200个，

限额以上更新改造项目340个。全国基本建设新增主要生产能力有:煤炭开采1 694万吨,发电机组容量1 741万千瓦,石油开采1 699万吨,天然气开采9亿立方米(含更新改造和其他投资增加的能力),炼铁35万吨,汽车制造12万辆,乙烯26万吨,化肥77万吨,木材采运35万立方米,新增铁路正线交付运营里程2 171公里,增建铁路复线交付运营里程1 534公里,新(扩)建港口码头年吞吐量2 537万吨,局用交换机容量279万门,长途光缆1.8万皮长公里,新建微波电路0.2万公里,新建高速公路1 443公里。

总之,经过三年多的宏观调控,投资规模扩张的势头初步得到抑制,但造成投资规模膨胀的根本问题并未完全解决,因而投资调控的任务将是长期的,搞好投资总量调控的工作不能放松。

专栏4.1 '96中国投资建设十件大事

1. 国务院决定对固定资产投资项目试行资本金制度。

2. 国家计委出台《关于实行建设项目法人责任制的暂行规定》,并推出实施项目法人责任制的典型——新集能源开发有限公司。

3. 国家经贸委决定实施技术创新工程,规划、启动了"双加"二期工程,技术创新与技术改造结合,系统地推进企业技术进步。

4. 对吸收外商投资的关税及进口环节税等政策进行了改革,内外资企业逐步实行同等"国民待遇"。进一步改善投资环境,全年利用外资突破500亿美元。

5. 我国铁路建设史上规模最大、投资最多的国家重点工程——京九铁路全线正式开通运营。

6. 我国电子工业"九五"重大建设项目、我国电子工业史上投资最多的大型电子工程——超大规模集成电路909专项工程在上海奠基。

7. 党中央、国务院决定加大中西部投资力度,南疆铁路等重点项目在中西部开工建设。

8. 国家开始整顿建设市场秩序,建设领域48项不合理收费被取消。

9. 中国工程咨询协会加入国际咨询工程师联合会(简称"菲迪克",FIDIC),我国投资市场服务体系开始与国际接轨。

10. 国家计委批准第一个采用BOT方式试点项目——广西来宾电厂B厂特许权协议的签署,标志着我国引进外资进行基础设施建设有了新的突破。

(执笔:投资司综合处)

二、投资结构 问题比较突出

1996年国家在控制投资总量的同时,也加大了结构调整的力度,重点加强了基础产业、基础设施的资金投入,以缓解投资结构不合理的矛盾,经过努力,投资结构正逐步得到改善。但是由于结构性矛盾是多年积累所形成的,不可能在短期内消除。目前投资结构方面存在的主要问题是:

(一)投资外延化趋势严重。

长期以来,受小生产意识的影响,各地决策者本位主义严重,急功近利,习惯于追求"大而全,小而全"的外延扩大再生产,轻视技术改造和技术创新,用于更新改造的投资增长缓慢,比重不断下降。

1. 从建设性质看,新建、扩建的投资占绝对优势,改建的投资呈下降趋势。"六五"到"八五"时期,国有单位投资中,用于新建、扩建项目的投资所占比重为64.4%,而改建项目投资所占比重不断下降,"六五"时期占29.6%,"七五"时期下降为20.0%,"八五"时期进一步下降为18.5%。1996年这种趋势仍然未变,新建、扩建投资占75.6%,改建投资占16.1%。

2. 从投资构成看,也反映出投资的技术含量较低。"八五"时期与"七五"时期相比,国有单位投资中,设备、工具、器具购置投资比重由30.3%下降为25.7%,下降了4.6个百分点。相反,建安工程及其他投资所占比重则由69.7%上升到

74.3%。1996年情况尚未得到改变，设备、工器具投资占25.2%，建安工程及其他投资占74.8%。

3. 从投资方向看，更新改造投资的力度不足。“八五”时期是我国固定资产投资增长较快的一个时期，平均每年增长36.9%，其中更新改造投资的增幅平均只有34.1%，比平均增幅低2.8个百分点。更新改造投资占投资的比重由1991年的18.3%降到1995年的16.5%。1996年国家明确规定，技术改造要与企业改革、改组相结合，以国家产业政策为依据，以市场需求为导向，以效益为中心，重点安排优势产业和优势企业中节约能源，降低消耗、降低成本，扩大出口，提高产品质量的项目。但1996年更新改造完成投资3 622.74亿元，比1995年增长9.8%，投资比重下降为15.8%。更改投资增长速度偏低、比重下降的趋势仍未得到根本转变，更新改造投资的力度依然不足。

(二)投资项目小型化、盲目建设、重复建设现象严重。

当前我国投资领域中，小项目投资仍占较大比重。1996年资料表明，我国基本建设施工项目个数中，大中型项目占全部施工项目的比重为1.3%，小型项目占98.7%，而从投资看，大中型项目投资占投资额的42.0%，小型项目占55.2%。同时小型项目的在建规模太小。如小钢铁项目平均规模4万吨；小氮肥项目平均规模3万多吨；小水泥项目平均规模8.8万吨等。这些小项目均与合理的经济规模相差甚远。如汽车、钢铁等均不及合理规模的10%，有些项目甚至还不及合理规模的1%。近年来，尽管中央一再强调要避免盲目建设和重复建设，但有些地方在投资约束机制不建全的情况下，从本地区、本部门的利益出发，盲目上项目的状况十分突出。尤其是汽车、摩托车、棉纺锭 、啤酒、白酒、洗衣机、电冰箱、空调器等行业，生产规模已经很大，生产能力利用率很低，但重复建设和盲目建设的现象依然严重。例如：摩托车业，1980年摩托车年产量仅为4.9万辆，1990年增长为96.6万辆，1996年达929.5万辆，成为世界第一摩托车生产大国。而伴随产量超常增长的同时，市场需求并没有相应增长，库存产品大幅度增加，1996年底摩托车产品库存量已达62.9万辆，比上年增长128.5%，市场竞争日趋激烈。据全国第三次工业普查资料表明，摩托车的现有生产能力利用率仅为61.6%，目前现有生产能力的38.4%得不到利用，572万辆的生产能力处于闲置状态，而截止到1995年底，全国摩托车在建规模408万辆，是1996年全年产量的43.9%，这批项目的建成势必会进一步增加产品生产能力利用率低的强大压力。

(三)东、中、西部投资差距依然较大，地区投资结构趋同化现象严重。

我国地理自然条件复杂，文化科技水平地区差异较大，把全国分为三大经济地带，并实行优先发展东部，尔后带动中、西部发展的战略，无疑是把整体经济尽快搞上去的现实选择。“六五”时期，东部投资占51.2%，中部为28.4%，西部为14.7%，到“八五”时期，东部投资所占比重上升为62.7%，而中部下降到21.4%，西部下降到12.5%。东部与中西部比重差距由8.1个百分点拉大到28.8个百分点。1996年东部完成投资14 293亿元，投资比重为62.2%；中部完成投资5 091亿元，投资比重为22.2%；西部完成投资2 882亿元，投资比重为12.5%。

在地区投资差距未得到改善的同时，地区投资结构趋同化现象严重存在。我国投资分散和地区结构趋同是一个长期的问题，近年来仍未得到解决。不少地区不顾本地区实际情况，争相发展化工原料、石油加工、钢铁、汽车、摩托车等项目。趋同化涉及产业、产品越来越多，并有进一步蔓延之势。如摩托车仍有12个地区投资建设，电视机仍有7个地区投资建设，汽车仍有23个地区投资建设等。各地区选择的支柱产业也显示出明显的雷同性。据了解，有22个省市区在“九五”期间拟将汽车作为支柱产业，将机械工业作为支柱产业的有16个，将化工作为支柱产业的有16个，将电子作为支柱产业的有24个，将冶金作为支柱产业的有14个。这些政策执行的结果必然是地区经济结构的趋同。

三、对策与建议

当前，我国宏观经济形势良好，经济增长和物价上涨处在最佳的结合点上，这是多年来所期望的经济运行态势。但同时，在经济增长处于适度水平，宏观总量基本平衡的情况下，经济过热所带来的经济结构不合理问题也明显暴露出来，一部分企业开工不足，停产半停产企业增多，生产能力闲置，经济效益下滑。这就不得不使我们把主要精力用在调整经济结构上来。理顺经济结构必须从存量和增量两个方面入手，在存量调整上要全面贯彻企业改革的基本方针，“抓大放小”，加快改组、改造、改革步伐，加强企业领导班子建设和内部管理。大力调整投资结构，逐步解决“大而全，小而全”和盲目建设、重复建设问题。具体到投资领域，要统一思想，明确调控方向，把握合理的数量界限，采取行之有效的措施，解决投资结构不合理问题。

（一）明确投资调控的指导思想

依照目前整体经济发展状况，投资调控的指导思想应为：

——继续坚持调控投资总量的宏观政策，在保持投资规模基本适度的基础上，下大力量解决投资结构问题，以提高投资的整体效益。

——加大技术改造投资，明显提高其所占比重，促进支柱产业的发展和振兴，加快高新技术产业和产品的开发，使之逐步形成新的增长量和成长链。

——继续加强基础产业、基础设施、公益事业的建设，创造经济快速增长的宽松的硬环境。

——增加对中、西部投资的份额，以遏制三大地带经济差距继续拉大的势头。

——在适度投资规模基础上，提高规模效益和增强专业化程度。

——加快城市民用住宅建设步伐，逐步解决城市居民住房难问题，同时加快城市住房改革，使房地产建设成为新的经济增长点。

（二）合理把握投资调控的数量界限

1. 全社会投资总量的实际增长略高于国内生产总值的实际增长，如果经济增长保持在9%左右，价格控制在7%左右，那么现价投资增长应控制在18－20%。投资率保持在33%左右，最高不超出35%。

2. 通过两、三年的调控，使基本建设、更新改造和房地产三者的投资比例达到50%、30%和20%。

3. 提高中、西部投资比重，使东、中、西投资比重达到60%、25%和15%。

4. 压缩一般加工工业投资，增加基础性、公益性投资，使基础性、公益性投资比重由目前的66.4%提高到70%。其中国家对农业、水利业投资比重由目前的1.7%提高到3%。竞争性投资比重由目前的33.6%回降到30%。

（三）采取综合配套投资调控手段

1. 深化投资体制改革，规范政府管理事权，形成基础性和公益性投资以政府为主体，竞争性投资以企业为主体的投资管理体制。

2. 尽快制定和颁布《投资法》，规范各个投资主体的行为，在投资决策、审批、监督和责任方面有法可依。

3. 认真执行投资项目资本金制度，管好投资资金的源头，控制新开工项目，特别是一般加工工业的新开工项目，防止重复和盲目建设。

4. 采用税收、利率、退税等经济杠杆，鼓励和鞭策投资资金向基础产业、基础设施倾斜，向中西部倾斜，向农业和支农工业倾斜，向水利设施建设倾斜，向技术改造投资倾斜，保重点，保投产，保民用住宅。

5. 抓紧完善国家产业政策体系和行业发展规划，加强对地区经济布局的引导。发挥统计信息导向作用，定期公布长线产业和产品。

（执笔：刘成相　李莉　赵培亚）

专栏 4.2 国家计委提醒企业界十类项目不宜再投资

据国家计委提供的信息，目前我国有十类项目不宜再投资：一是手表，全国积压 1 000 万只。二是化妆品，全国大中型化妆品厂已有 3 000 余家，品种上千，且多滞销。三是毛纺品，目前全国毛纺品生产企业 1/3 设备无米下锅。四是毛巾和床单的产量超过市场容量。五是化纤地毯和机织地毯，生产能力超过实际需求数倍。六是麻袋，年产量达 7 亿条。七是不锈钢制品，原材料短缺，不宜盲目发展。八是塑料壁纸，产大于销，全国产量超过 10 亿平方米。九是食品机械，重复引进严重。十是钢铝制品加工工业，畸形发展，原材料有限。

此外，由于产大于销的原因，近年不宜新建或扩建的项目有：铝合金门窗、人造大理石、水磨石、塑料加工、微型汽车等项目。

（执笔：钟芬）

4.2 '96 我国房地产开发投资情况

在我国，房地产开发业是一个新兴的行业。改革开放以来，尤其是八十年代中期以来，我国房地产开发业从无到有，经历了起步、快速发展和调整整顿三个阶段。房地产开发已形成一个独立的产业，房地产开发投资规模快速增长，房屋竣工面积逐年扩大，房屋销售价格逐年提高，房地产开发在推动国民经济发展中发挥了重要的作用。1996 年受适度从紧的宏观调控政策的影响，房地产开发投资增速回落，商品住宅投资比重下降，商品房销售价格构成不尽合理。

一、我国房地产开发业的发展状况

1. 我国房地产开发业进入平稳发展阶段。在长期的计划经济体制下，我国实行的是土地国家所有、无偿划拨，居民住房实行福利制度，由国家建造、分配和管理，除了一些从事房屋管理和维修的房管部门外，专门从事房地产开发的企业很少，房地产业基本上处于停滞状态。据统计，1985 年全国登记注册的房地产开发企业只有 1 676 个。随着改革开放的进一步深化，国有土地使用权有偿出让制度的实行，城镇住房制度改革的推进，我国房地产业有了迅猛发展。到 1995 年 6 月 30 日，全国登记注册的各种经济类型的房地产开发单位已达 33 482 个。

从房地产开发业发展阶段来看，八十年代中期属我国房地产开发业的起步阶段，九十年代初期则是房地产开发业的快速发展阶段，仅 1992、1993 年两年新开业的房地产开发企业和单位即达 20 899 个，占所有房地产开发企业个数的 62.4%。到 1993 年，房地产开发作为一个独立的产业已初步形成。1993 年下半年，国家加强了对国民经济的宏观调控，房地产开发业从 1994 年开始进入调整和重新组合阶段，新开业企业个数逐年减少，一些不具备开发资格或经营不善的企业退出房地产开发领域。据调查，1995 年 6 月 30 日，全国处于停业状态的房地产开发企业已达 6 679个，基本处于正常营业状态的企业保持在 26 000个左右。1996 年，又有部分企业退出房地产开发市场，处于营业状态的企业只有 20 000 家左右。多数房地产开发企业在剧烈的市场变化中经受了洗礼，企业素质和适应市场的能力得到提高，反映出我国房地产开发业已逐步进入平稳发展的阶段。

2. 房地产开发投资快速增长，已成为固定资产投资的一个重要组成部分。房地产开发投资是房地产开发企业完成的开发工作量，是反映房地产开发领域建设情况的综合性指标。“七五”时期以来，房地产开发投资基本上一直以较高的速度增长。从 1986 到 1995 年的 10 年中，房地产开发投资年平均增长速度（现价）为 41.1%，而同期现价国内生产总值平均增长速度为 19%，同期现价全社会固定资产投资平均增长速度为 20.4%。

“八五”期间，房地产开发投资年平均增长65.5%，同期国内生产总值年平均增长为25.7%，固定资产投资增长为34.7%。其中1992年与1993年房地产开发投资的增长速度分别为117.6%和164.9%。房地产开发投资占全社会固定资产投资的比重也由1986年的3.2%和1990年的5.6%上升为1996年的13.9%。在各种类型的投资中，房地产开发投资总量和占投资的比重已接近更新改造投资，成为固定资产投资的一个重要组成部分。

3. 商品房建设规模扩大，房屋商品化水平提高。从1986年到1996年，全国房地产开发单位累计竣工房屋面积约8.9亿平方米，平均每年增长16.2%，比同期城镇所有新建房屋平均增长速度2.7%高近5倍。房地产开发竣工房屋面积占城镇房屋竣工面积的比重也从1986年的9.2%提高到1996年的25.0%。随着住房商品化水平的提高，居民个人购买商品房的意识也逐步加强，到1996年，个人购买商品房的比例已达44.4%。房地产业的快速发展为加快城市建设，改善城市居民的居住条件做出了贡献。城市人均居住面积从1986年的6平方米提高到1996年的8.5平方米。

4. 商品房屋价格逐年提高。近十几年来，在国民经济和房地产开发业迅猛发展，人民收入水平明显提高的同时，市场物价也逐步上涨。在这个大背景下，房地产产品价格，尤其是商品房屋价格也逐年攀升。全国商品房屋平均售价从1987年的每平方米408元上升到1996年的1 806元，商品房屋价格平均每年上升18.2%，高于同期商品零售价格平均上升10.5%的水平。商品房屋价格的上升，一方面反映了房地产业的发展趋势，另一方面也反映出目前商品房屋价格偏高，超过了多数居民的承受能力，是造成商品房销售不畅，空置率较高的原因之一。

二、1996年房地产开发投资运行的主要特点

1996年，我国投资建设领域宏观调控得到加强和完善，投资总量增长比较平稳，房地产开发投资的过快增长得到有效控制。据年报统计：1996年完成全社会固定资产投资22 974亿元，比上年增长14.8%，增幅回落4个百分点。其中：房地产开发投资完成3 216亿元，仅增长2.1%，增速大幅度回落。

1. 房地产投资宏观调控取得明显成效。自从1993年下半年国家对过热的经济发展实行宏观调控，严格控制固定资产投资规模以来，全国房地产投资增长速度明显减缓，并呈逐年回落的态势：1993年房地产投资高速运行，当年投资增长164%，1994年宏观调控措施逐步到位，停缓建了不少项目，全年投资增速锐减到31.8%，1995年持续回落到23.3%，1996年降为几年来的最低点。

2. 商品房空置面积、销售价格涨幅趋缓。1996年全国商品房空置面积为6 624万平方米，比1995年5 031万平方米(建设部统计数据)增加1 593万平方米；增长31.6%，增幅比上年回落21.3个百分点；销售价格为每平方米1 806元，比上年增长9.9%，增幅回落6.8个百分点。

3. 资金来源中，国内贷款减少，利用外资增加。随着我国金融体制改革的深入、金融市场的规范化管理以及加大利用外资的力度，银行与非银行金融机构贷款规模减少，利用外资情况好于上年。全年房地产开发到位资金中，国内贷款占全部资金来源的比重为23.9%，比上年减少1.8个百分点；利用外资为13.3%，增加0.4个百分点；自筹投资为25.8%，减少1.7个百分点，其他投资为36.2%，减少0.2个百分点。

4. 商品住宅比例持续下降。1994年商品住宅占房地产投资的比重为71.8%，1995年为56.6%，1996年房地产投资中，商品住宅投资占52.8%，办公楼占15.7%，商业营业用房占14.6%。增幅与上年相比，商品住宅投资比重又下降了3.8个百分点，而办公楼、商业营业用房分别增加了2.8和0.9个百分点。

三、当前房地产开发存在的主要问题

1. 房地产投资结构亟待调整。虽然1996年房地产开发投资大幅度下降，但房地产投资结构不尽合理，商品住宅比重下降的负面影响是非常明显的。一是与中央精神相悖。中央经济工作会议指出：加快普通居民住宅建设，可以带动许多相关产业的发展，是形成新的经济增长点的重要方面。二是影响房地产投资效益的提高。住宅投资

比重下降意味着非住宅投资比重上升，而办公楼、商业营业用房的大量增加将导致销售价格上涨，不利于空置面积减少。同时，还会扩大资金缺口，影响住宅乃至安居工程建设，加大房地产开发投资结构调整的难度。因此，必须在采取措施抑制房地产投资总规模增长的同时，引导房地产开发投资投向普通住宅，使住宅建设真正成为国民经济的支柱产业。

2. 商品房屋价格仍然偏高，销售价格构成不尽合理。1996 年商品住宅的平均销售价格为每平方米 1 605 元，按此推算，一套 60 平方米的住宅，需要近 10 万元左右，按照 1995 年城镇居民平均年收入计算，双职工将收入全部用于买房，也需 8 年时间，这个价格是城市居民难以承受的。商品房屋价格偏高的主要原因是现行的房地产价格构成不合理。有关研究资料表明：按照我国现行的成本管理和核算方式，目前，我国房地产价格包括土地费用(土地出让金和拆迁安置费)、建安成本、市政公用设施费、相关税费、房地产企业利润五大部分。这五大部分费用所占比重平均分别为 20%、40%、20%左右，10－15%，5－10%左右。其中，除了建安成本中包括转嫁给消费者的建材涨价费用外，土地、市政公用设施费、相关税费，企业利润占 60%，据了解，与房地产开发相关的税费多达 170 多种，不合理收费占相当比重，而且几方面费用都压不下去，受此影响，1996 年虽然有关方面采取了各种措施来降低商品房售价，但与 1995 年相比，商品房的销售价格仍平均上涨了 215 元。

3. 商品房空置面积增大，浪费严重。1996 年商品房空置面积又有较大增加，如按每平方米售价 1 000 元计算，6 000 多万平方米空置面积至少占压资金 600 亿元。有关研究资料表明，1 万平方米住宅一年未售出的直接经济损失约 214.6 万元。1996 年，全国空置的商品住宅达 4 999.8 万平方米，如空置一年至少损失 100 亿元。因此，千方百计的减少商品房空置面积是房地产业发展必须要认真解决的问题。

四、引导房地产开发业健康发展的对策建议

近几年来，我国的房地产业有了较大的发展，在促进经济发展、改善城市面貌、提高人民居住水平、吸引外资等方面发挥了重大作用，但也存在着一些矛盾和问题。为了促进房地产业健康、有序的发展，促使房地产业成为新的经济增长点，在今后的发展中应注意以下几个问题：

1. 控制房地产开发总量，同经济发展速度相适应

房地产业在我国属新兴产业，随着住房制度的改革，以及新的消费热点的形成，房地产业发展的前景十分广阔，要适当加快房地产业发展步伐，逐步提高其在国民经济中的比重。但是，房地产业发展水平最终取决于经济发展的水平，因此，房地产业的发展应避免盲目性，走健康、有序发展的正确道路。应加强对房地产开发的宏观调控，对房地产开发总量进行适当控制，防止房地产开发的过快发展，造成新一轮的投资膨胀。在发展速度上，随着住房制度改革步伐的加快，住房商品化水平的提高，房地产开发投资的增长速度应略高于国内生产总值和全社会固定资产投资的增长速度。按照“九五”计划的目标，如果国民生产总值每年平均增长 8%，则按现价计算的房地产开发投资增长速度应控制在 25%左右，房地产开发投资占国内生产总值的比率应掌握在 5%左右，占全社会固定资产投资的比重应控制在 20%以内。

2. 调整商品房屋结构，平抑房屋销售价格

目前，我国房地产开发业存在的主要问题之一就是结构不合理，盲目发展花园别墅、高级公寓、度假村等高档房屋，以致造成积压。目前，我国正处于城市化的加速阶段，大量农村人口涌入城市，城市面临的主要矛盾是解决人们住房的基本需要。这一时期，由于受人均收入水平和消费结构的影响，人们还无力购买或租赁高标准的房屋，城市住房消费的重点还是普通住宅。只有当经济发展到一定阶段，城市化过程基本结束以后，高级公寓、别墅等高档房屋才有一定的需求。因此，房地产开发要充分考虑我国经济发展所处的阶段和居民的收入水平，集中财力、物力保证普通住宅、尤其是安居工程的开发建设，减少各种高档公寓、别墅的开发。普通住宅的销售价格也要尽量降低，每平方米的销售价格目前应保持在 1 000 元左右(全国平均价)，使一套约 60 平方米的标准住宅的售价约等于城镇普通居民 5 年的总收入，基本上达到国际上通行的 3－6 年的家庭总收入可购买

一套住宅的标准。为此，必须加强对商品房屋价格的管理，认真清理对房地产开发企业的各种不合理收费，适当降低土地出让价格，减轻房地产开发企业的不合理负担，以平抑商品房屋的价格。

3. 加快消化空置的商品房面积

大量的商品房空置，影响了资金的回收，也造成了浪费，对房地产业和整个国民经济的发展造成了不良的影响，因此，加快现有空置房屋的消化，是发展房地产业的当务之急。要采取各种行政、经济措施，把解决商品房空置问题同提高人民群众住房问题结合起来，同安居工程和普通住房结合起来，政府应在地价、税收、配套费和住房信贷等方面采取优惠措施，以促进空置房屋的消化工作。

4. 改革城市住房制度，培育房地产市场

目前，影响我国房地产业健康发展的根本原因是现行的住房制度。住房制度不进行根本改革，买房不如租房的利益格局不改变，房地产业就不能正常发展，也不可能成为新的经济增长点。因此，必须加快城市住房制度的改革步伐，争取在本世纪末基本实现城市住房的商品化。首先，要提高租用住房的租金，使租房与买房的比较效益基本相当，从长远来看，要使买房的效益略高于租房，以调动居民购房的积极性。其次，要尽快将现有住房出售给居住者，使其进入市场，以盘活现有住房的存量，平抑商品房屋的价格。第三要建立健全各项规章制度和法律法规，完善住房公积金制度和住宅金融保险制度，为购买者提供金融服务和帮助。第四要提高房屋售后管理和服务水平，建立健全各项物业管理制度，解除消费者的后顾之忧。

（执笔：汲凤翔　贾海）

专栏 4.3　固定资产投资项目试行资本金制度

为了深化投资体制改革，建立投资风险约束机制，有效地控制投资规模、提高投资效益，促进国民经济持续、快速、健康发展，国务院决定从 1996 年开始，对固定资产投资项目试行资本金制度。投资项目必须首先落实资本金才能进行建设。

在投资项目的总投资中，除项目法人从银行或资金市场筹措的债务性资金外，还必须拥有一定比例的资本金。投资项目资本金，是指在投资项目总投资中由投资者认缴的出资额，对投资项目来说是非债务性资金，项目法人不承担这部分资金的任何利息和债务；投资者可按其出资的比例依法享有所有者权益。也可转让其出资，但不得以任何方式抽回。

试行资本金制度的范围是各种经营性投资项目，包括国有单位的基本建设、技术改造、房地产开发项目和集体投资项目。个体和私营企业的经营性投资项目参照国务院通知的规定执行。

公益性投资项目不实行资本金制度。外商投资项目(包括外商投资；中外合资、中外合作经营项目)按现行有关法规执行。

投资项目资本金可以用货币出资，也可以用实物、工业产权、非专利技术、土地使用权作价出资。投资者以货币方式认缴的资本金，其资金来源有：

1. 各级人民政府的财政预算内资金、国家批准的各项专项建设基金、“拨改贷”和经营性基本建设基金回收的本息、土地批租收入、国有企业产权转让收入、地方人民政府按国家有关规定收取的各种规费及其他预算外资金；

2. 国家授权的投资机构及企业法人的所有者权益(包括资本金、资本公积金、盈余公积金和未分配利润、股票上市收益资金等)、企业折旧资金以及投资者按照国家规定从资金市场上筹措的资金；

3. 社会个人合法所有的资金；

4. 国家规定的其他可以用作投资项目资本金的资金。

计算资本金基数的总投资是指投资项目的固定资产投资与铺底流动资金之和，以经批准的动态概算为依据。投资项目资本金占总投资的比例，根据不同行业和项目的经济效益等因素确定：交通运输、煤炭项目，资本金比例为 35％及以上；钢铁、邮电、化肥项目，资本金 比例为 25％及以上；电力、机电、建材、化工、石油加工、有色、轻工、纺织、商贸及其他行业的项目资本金比例为 20％及以上。

（执笔：史清立）

4.3 '96国有建筑业生产在降温中平稳发展

1996年国有建筑业企业积极贯彻落实党的十四届五中全会和中央经济工作会议精神，继续深化改革，努力实现两个转变，对建筑业一些深层次问题进行了积极的探索和有益的尝试，取得了一定进展。但目前面临的问题仍然较多，建筑工程质量下降，经济效益滑坡，如何进一步深化建筑业企业改革，加快企业转换经营机制，促进建筑行业健康有序稳定发展，已成为重要的课题。

一、国有建筑业企业生产平稳发展

1996年国有建筑业企业生产在增幅回落中保持平稳发展的态势。全年完成建筑业总产值4 160.2亿元，比上年增长7.8%，增幅有所回落。完成建筑业增加值1 299.8亿元，较上年稳步增长。建筑业在保持"八五"末期成绩的基础上，继续努力拼搏，争速度，抢时间，加快工程进度，缩短建设工期，提前竣工建成了大批国家重点工程项目，为国民经济新增了一批生产能力和工程效益。全年完成建筑业竣工产值2 768.6亿元，比上年增加484.9亿元，增长22.6%。产值竣工率达66.5%，继续保持了较高水平。完成各类房屋建筑面积1.7亿平方米，全年完成的工作量相当于"八五"时期全国城镇以上各种经济类型建筑业企业年平均竣工面积总和的50%，其中住宅竣工面积达8 600多万平方米。

国有建筑业企业劳动生产率继续提高。1996年国有建筑业企业按总产值计算的劳动生产率为48 604元/人，比上年提高3.9%。按增加值计算的劳动生产率约为15 186元/人，较上年提高7.7%，竣工速度大大加快。全年人均竣工产值和人均施工面积也分别从上年的26 075元和54.1平方米，提高到32 347元和56.5平方米，分别提高了18%和4.4%。

招标投标制进一步发展。早在八十年代，国务院成立了建筑业和基本建设改革领导小组，为适应社会主义市场经济的需要和加强政府对工程建设的管理，为建筑业企业和建设单位提供公正、公平、合理的竞争环境，以保证工程质量，严格工期，提高投资效益，制定了建设工程的招标承包制。1996年国有建筑业企业大力推行招标承包制，在26.6万个施工单位工程中，实行招标承包的为9万个，按单位工程个数计算的投标承包面为34%，较上年又有提高；投标承包的房屋建筑施工面积为2.6亿平方米，按工程施工面积计算的投标承包面达54.7%，较上年提高6.3个百分点。达到了施工单位工程个数和房屋建筑施工面积两个承包面同步扩大。

转轨变型、建立一支弹性施工队伍初见端倪。近年来，困扰建筑业企业发展的顽症之一是：施工力量与施工任务不相协调。随着经济体制改革向纵深发展，市场调节能力不断增大，计划调节职能相对弱化，尤其宏观经济"从紧"时，施工队伍与施工任务严重失衡的矛盾愈显突出。反映在建筑市场上"僧多粥少"，竞争激烈，在一定情况下，造成建筑市场的混乱无序。国有建筑业企业在深化改革中，尽快转轨变型，以提高综合施工能力为手段，以提高经济效益为目标，使建筑业得以持续发展，劳动力有序流动，连续多年施工队伍膨胀的痼疾，初步得到了医治。压缩施工队伍规模，调整施工队伍结构，本着严格队伍，不增新的，取缔虚的，清理差的，少关停、多并转等措施，初步实现了减人不减产，调整增效益的目标，从而迈出了艰难可喜的一步。1996年城镇以上国有建筑业企业为7 400多个，约缩减了1.2%；平均人数为770多万人，比上年缩减了5.8%左右。在压缩队伍减少人员的情况下，仍然保持了建筑业产值、劳动生产率继续增长和提前竣工大批重点工程的工程效益。

二、建筑业存在的主要问题

1996年国有建筑业企业在改革中求进步，在降温中求发展，取得了积极的成果，但在前进中还存在着一些问题亟待解决。

1. 经济效益滑坡。1996年国有建筑业企业实现利税139.7亿元，比上年略有上升，仅增长3.7%，增幅较上年回落8.9个百分点，实现利润20.7亿元，较上年下降33%。这是在1995年比1994年下降10.9%的基础上又持续大幅度的下滑。同时，国有建筑业企业亏损面也由1995年的21.5%扩大到25.8%，亏损面增加4.3个百分点。亏损企业达2 352个，较上年增加700多个。

2. 工程质量优良品率下降。近年来,建筑业工程质量不高,工程质量优良品率下降,重大质量事故增多,已成为社会关注的焦点。1996年国有建筑业企业竣工的单位工程为14.14万个,其中优良工程为6.15万个,工程质量优良品率为43.5%,较上年下降0.5个百分点。

3. 新开工工程个数、新开工施工面积同步减少,企业后续任务不足。"九五"起始,国家继续采取适度从紧的经济政策,严格控制新开工项目,使建筑业施工任务相应减少。1996年国有建筑业企业房屋建筑施工面积为48 372.8万平方米,与上年基本持平,但其中本年新开工工程个数和新开工施工面积仅为13.8万个和18 256.5万平方米,与上年相比均呈下降态势,降幅在1—2%。本年竣工面积为17 491.3万平方米,较上年增加15.2%。显然在任务总量基本不变,新开工面积减少而竣工速度又大大加快的情况下,必然造成建筑业后续施工任务的不足。

据冶金部反映,目前已签约的施工任务仅占施工能力的50%;而电力部门反映,全国66家火电专业施工企业,任务严重不足,平均3—4个施工企业才能摊上一个新项目,有些专业施工企业已经几年没有生产任务了。

专栏4.4 建设项目法人责任制

为了建立投资责任约束机制,规范项目法人行为,国家计委制定了《关于实行建设项目法人责任制的暂行规定》(以下简称《规定》)。这是我国投资体制改革的一项重要内容。《规定》包括总则、项目法人的设立、组织形式和职责、任职条件和任免程序、考核和奖惩、附则六部分,共计三十二条,对项目法人责任制的目的、范围、程序、形式及职责作出了具体的规定。《规定》要求国有单位经营性基本建设大中型项目,在建设阶段必须组建项目法人;非经营性大中型和小型基本建设项目可参照本规定执行。《规定》明确要求,实行项目法人责任制,由项目法人对项目的策划、资金筹措、建设实施、生产经营、债务偿还和资产的保值增值,实行全过程负责。

建设项目法人责任制的组织形式和职责如下:

1. 国有独资公司设立董事会。董事会由投资方负责组建。

国有控股或参股的有限责任公司、股份有限公司设立股东会、董事会和监事会。董事会、监事会由各投资方按照《公司法》的有关规定进行组建。

2. 各类建设项目的董事会在建设期间应至少有一名董事常驻现场。

董事会应建立例会制度,讨论项目建设中的重大事宜,对资金支出进行严格管理,并以决议形式予以确认。

3. 根据《公司法》的规定,结合建设项目的特点,建设项目的董事会具体行使以下职权:

负责筹措建设资金;审核、上报项目初步设计和概算文件;审核、上报年度投资计划并落实年度资金;提出项目开工报告;研究解决建设过程中出现的重大问题;负责提出项目竣工验收申请报告;审定偿还债务计划和生产经营方针,并负责按时偿还债务;聘任或解聘项目总经理,并根据总经理的提名,聘任或解聘其他高级管理人员。

4. 国有控股或参股项目的监事会依照《公司法》的规定行使职权。

5. 按照《公司法》的规定,根据建设项目的特点,项目总经理具体行使以下职权:

(1)组织编制项目初步设计文件,对项目工艺流程、设备选型、建设标准、总图布置提出意见,提交董事会审查;

(2)组织工程设计、施工监理、施工队伍和设备材料采购的招标工作,编制和确定招标方案、标底和评标标准,评选和确定投、中标单位。实行国际招标的项目,按现行规定办理;

(3)编制并组织实施项目年度投资计划、用款计划、建设进度计划;

(4)编制项目财务预、决算;

(5)编制并组织实施归还贷款和其它债务计划;

(6)组织工程建设实施,负责控制工程投资、工期和质量;

(7)在项目建设过程中，在批准的概算范围内对单项工程的设计进行局部调整（凡引起生产性质、能力、产品品种和标准变化的设计调整以及概算调整，需经董事会决定并报原审批单位批准）；

(8)根据董事会授权处理项目实施中的重大紧急事件，并及时向董事会报告；

(9)负责生产准备工作和培训有关人员；

(10)负责组织项目试生产和单项工程预验收；

(11)拟订生产经营计划、企业内部机构设置、劳动定员定额方案及工资福利方案；

(12)组织项目后评价，提出项目后评价报告；

(13)按时向有关部门报送项目建设、生产信息和统计资料；提请董事会聘任或解聘项目高级管理人员。

（执笔：郭东）

三、建筑业前景看好

在改革开放的十七年里，建筑业一直走在前列。八十年代开始，首先实行了工资制度方面的改革（百元产值工资含量包干）；工程方面的改革（招标投标制）；信贷方面的改革（实行资金拨改贷）。而且是实行"四自"即"自主经营、自负盈亏、自我发展、自我约束"最早的行业，最早进入市场接受洗礼，最早搞起多种经营。可见建筑行业在改革进程中起到了龙头的作用，其中国有建筑企业更是首当其冲。虽然目前由于种种原因，建筑业遇到了一些困难，但前景仍然乐观。

首先，十四届五中全会提出，"九五"计划和2010年远景目标建议是历史性跨世纪工程。到下世纪前10年，这15年是世纪之交。那时，中国将被世界瞩目，国民生产总值按7.2%发展速度计算，到2000年人均国民生产总值翻两番。建筑业发达与否，是一个国家经济发展的重要标志之一，日本的泡沫经济，首先表现在建筑业衰退。所以全面健康地加速今后15年建设，加快社会主义市场经济机制的建立至关重要。十四届五中全会又重申了石油化工、汽车、机械电子及建筑业是支柱产业。今后15年中，国家将加快水利、能源、交通、通信等基础设施和基础工业建设；振兴机械、电子、石油、化工、汽车制造和建筑业。把建筑业搞上去，使之成为带动整个经济增长和结构升级、优化的支柱产业，这是不容置疑的。

其次，不久我国将进入世界贸易组织，这将给我国的建筑业带来通往世界的便利条件，也必将给建筑行业带来新的生机。积极参与世界经济大循环，不断发展、完善自我。实现自身价值，使建筑业成为真正的支柱产业。

四、对策建议

1. 规范建筑市场，加大治理力度。近年来，国家有关主管部门不断加强对建筑业市场的治理整顿工作，各项管理制度也相继出台，对建筑市场的不良行为起到一定程度的抑制作用。但目前建筑市场仍显混乱，诸如"垫资承包"、"层层转包"等现象还屡有出现。特别是近几年，施工任务减少，市场竞争加剧，有些招标投标工程由明转暗，中标条件苛刻，使建筑业企业一方面要承受低标承包的不公正待遇，另一方面还要承受"垫资承包"、"索要回扣"等不合理的压力。建筑企业反映，这是造成建筑业企业亏损面加大，利润下滑的重要原因之一。

因此，规范建筑市场，加大治理力度，首先应完善招投标竞争机制，杜绝"垫资承包"和"拖欠工程款"，保证招标的公开、公正、公平的竞争，维护建筑业企业的合法权益。同时，要坚决查处"层层转包"、"非法转包"等问题，建立建筑业市场的良好秩序。

2. 强化质量管理，实行两个覆盖。近年来，建筑业产品质量下降，质量通病得不到根治的问题已为众人瞩目，目前工程"质量治差"工作已被列入国家主管部门对建筑业管理的"三治一求"之中。要提高工程质量，尽快扼制质量恶化的趋势，除应建立健全一个由政府、社会、企业三结合的质量保证体系外，还应从标准、规范的基础工作入手，建立文件化质量管理体系，做到有章可循，依此对工程质量实行管理和监督，并将管理和监督覆盖到每一个工程项目，覆盖到每一个工程项目的全过程。开展现场管理，营造提高实物质量的环境，以工程质量的提高，为建筑行业增添新的活力。

3. 建立企业内部施工定额，寻求企业生存发展的立足点。解决当前建筑行业困境的办法，除了苦练内功，增效节能等内部挖潜外，还应该建立施工企业内部的施工定额。施工企业应当根据自身的综合实力，从技术、人员素质、管理水平，结合在各类建设工程中积累的工程造价资料，进行分析、筛选，编制出企业内部施工定额，作为企业内部成本核算的依据和人力、物力、机械配置等方面在施工进度中的依据，同时也是作为企业在工程招标投标中报价的重要依据。建立科学、合理、完整的内部施工定额，是施工企业自下而上发展、壮大的有力措施。

4. 开展综合经营，发挥自身优势。面临激烈竞争的建筑市场，国有建筑业企业竞争力弱化问题日渐突出。其原因是复杂的，但最直接的原因之一，是国有建筑业企业的施工取费标准高，在竞争中难以取得工程项目，加之近年建筑市场僧多粥少，国有建筑业企业日子愈加艰难。尽快摆脱外界不利因素，发挥自身在生产要素方面的优势，开拓进取，发展综合经营，增加收入，走以业养业的道路，不失为缓解建筑业企业工程任务不足和解决闲置人员再就业之良策。面临当前种种困难，建筑业企业要积极创造条件去占领市场，抓住机遇，在竞争中成长，在适应中获得效益。

（执笔：刘秀荣）

专栏 4.5　南北大动脉—京九沿线经济发展机遇

位于京沪、京广铁路干线之间，举世瞩目的南北运输干线—京九铁路，已于 1996 年 9 月 1 日全线正式开通运营。它北起北京，跨越京、津、冀、鲁、豫、皖、鄂、赣、粤 9 省市的 98 个市县，南至深圳，连接香港九龙，全长 2 553 公里。这一伟大工程是我国二十世纪九十年代铁路建设史上规模最大、投资最多、一次建成线路最长的铁路。它的建成将大大缓解我国南北运输的矛盾，使全国路网布局进一步完善，综合运输效益将大大提高，为推动我国经济，特别是沿线经济发展将起到巨大作用。

京九铁路的建成通车，为开发沿线丰富的资源提供了更加便利的条件。京九铁路途经的地区，腹地面积达 13 万平方公里，具有丰富的农业和矿产资源。它所经过的华北平原、黄淮平原、长江平原、赣江平原和珠江三角州地区，不仅是我国农副产品的供应基地和名特产品的出口基地，盛产棉花、小麦、大米、牛羊肉、水果和蔬菜，粮食产量占全国的 14%，棉花占 14.7%；各种名特产品闻名遐迩。而且是富饶的矿藏宝地，已探明的金、铜、锌、钨、钼等有色金属 140 余种，具有商业开采价值的有 30 多种。京九铁路的建成通车，将有力的带动中部地区特别是革命老区、贫困地区的发展。京九铁路的建成通车，将便利港澳同胞对内地的投资、探亲访友和旅游观光。京九线的开通，把世界名城首都北京和“东方之珠”香港紧紧联系在一起，沿线还有遍布人文景观的旅游资源。京九铁路的建成通车，将形成以沿线中心城市为依托，带动周边地区经济飞速发展的新格局。京九线两端经济文化发达城市北京、天津、深圳和香港，将作为沿线地区经济发展的龙头，带动周边地区的经济起飞。因此，各地区抓住京九开通的机遇，展开新的生产力布局，促进经济向腹部地区延伸。京九线的建成通车，对于加强香港和内地的经济联系与合作，促进香港的繁荣与稳定都将发挥重要作用，还为进一步促进我国对外开放，扩大吸引外资创造了良好的投资环境，为沿海经济向内地辐射提供了更加便利的条件。

（执笔：李俊波）

4.4　’96 国家重点建设项目情况

1996 年重点项目建设领域适应国家适度从紧的宏观经济调控政策，积极深化改革，努力加强项目管理，较好的完成了全年建设任务，为实现“九五”计划开了一个好头。

一、投资完成与上年基本持平

1996 年国家共确定 131 个国家重点建设项目，计划安排投资 1 413 亿元，约占全年国有单位基本建设投资的 19%，占基本建设大中型项目投资的 56%。在计划执行过程中，年计划投资调整为1 386亿元。到年底131个国家重点建设项目共完成投资1 330亿元，占调整后年计划投资的96%，与1995年基本持平。主要行业投资完成情况如下：

1.18个煤炭重点建设项目年计划为106亿元，全年实际完成投资87亿元，为年计划的82.1%。有井巷进尺的15个重点建设项目，全年共完成进尺8万多米，为年计划的95%。在古交、阳泉、晋城、平庄、七台河、兖州、枣滕、平顶山、永夏、郑州、灵武等11个矿区完成或超额完成了年度进尺计划。神府东胜矿区全年完成投资15亿元，为年计划的74.7%。

2.32个电力重点建设项目年计划为444亿元，全年实际完成投资417亿元，为年计划的93.9%。其中水电项目全年完成投资181亿元，为年计划的93.7%；火电项目完成投资228亿元，为年计划的95%；核电项目完成投资8亿元，为年计划的72.2%。

水电项目中的长江三峡工程调整年度计划投资70亿元，全年实际完成投资69亿元，为调整后年计划的98.6%。共完成土石方开挖2 094万立方米，为年计划的112.2%，土石方回填804万立方米，为年计划的105.9%，混凝土浇筑180万立方米，为年计划的104.2%。1996年是三峡工程宣布正式开工后的第二年，是实现1997年大江截流的最关键一年，经过建设者的共同努力，工程形象面貌和工程进度都符合总进度要求，为实现大江截流和二期厂坝工程施工准备的有序衔接创造了比较好的条件。

3.14个铁道重点建设项目年计划为222亿元，全年实际完成投资230亿元，为年计划的102.6%。其中增建复线完成投资50亿元，为年计划的98.8%；电气化铁路完成投资31亿元，为年计划的100%；铁路枢纽完成投资8亿元，为年计划的100%；新建铁路完成投资140亿元，为年计划的105.9%。

4.17个交通重点建设项目年计划为117亿元，全年实际完成投资111亿元，为年计划的94.9%。其中11个港口码头建设项目完成投资35亿元，为年计划的96.2%；6个公路、大桥建设项目完成投资76亿元，为年计划的93.8%。

5.4个钢铁重点建设项目年计划为60亿元，全年实际完成投资67亿元，为年计划的111%。其中宝钢三期热轧工程全年完成投资20亿元，为年计划的139%；武汉钢铁公司三炼钢工程完成投资22亿元，为年计划的104%。

6.6个化工重点建设项目年计划为107亿元，全年实际完成投资103亿元，为年计划的96.3%。其中吉化乙烯全年完成投资65亿元，为年计划的101.8%；海南大化肥项目完成投资13亿元，为年计划的139%。

7.5个石化重点建设项目年计划为113亿元，全年实际完成投资119亿元，为年计划的105.3%。其中茂名乙烯全年完成投资53亿元，为年计划的108.7%；辽化二期(一阶段)工程完成投资31亿元，为年计划的100%。

专栏4.6 中国高速公路建设的壮举——沪宁高速公路

沪宁高速公路位于美丽富饶的长江三角洲，它一端系着全国最大的经济中心城市上海，另一端系着闻名遐迩的“六朝古都”南京，并把苏州、无锡、常州、镇江等江南名城联结起来，形成一条繁荣的经济大走廊。

苏南地区历来是我国著名的“鱼米之乡”，物产丰富，风景秀丽。虽然区域面积和总人口分别仅占全国的0.3%和3%，但其国内生产总值却占全国的9.4%。一段时间来，随着经济的高速发展，交通运输的瓶颈制约日趋明显，严重影响了当地经济的进一步发展。修建一条高质量的高速公路成为当地人民的共同期望。1986年至1987年，根据中日两国政府科技合作协定，中日专家合作开展了沪宁高速公路的可行性论证，作出了必须修建沪宁高速公路的结论。1991年2月，国家计委报请国务院批准正式批复同意建设沪宁高速公路，1992年6月14日沪宁高速公路正式开工。当年江苏省专门成立了沪宁高速公路股份有限公司，对外发行股票，负责公路的筹资、管理和经营等业务。

沪宁高速公路是国家的重点建设工程，设计标准高，难度大，是我国高速公路建设中投资最大的项目。工程总概算70.4亿元，实际投资62.1亿元；全长274公里，其中江苏段248公里，公路路基宽26米，中央分隔带宽3米，双向4车道（苏州至镇江按6车道预留用地），全封闭，全立交，主线设计行车时速为120公里，全线设互通式立交20座。为建设这条公路，共征用土地4万余亩，拆迁房屋46万平方米，填挖路基土石方4 100万立方米。全线共建有1 300余座桥梁、涵洞、通道，工程规模空前浩大，建设难度在全国首屈一指。沪宁高速公路上软土地基长达78公里，占全线的三分之一，在如此大规模的软基上建设出一条高标准高质量现代化的高速公路在我国尚属首例。1996年10月28日，在经过一个半月的试运营后，沪宁高速公路正式通车，这标志着我国高速公路的建设和发展又进入了一个更高的阶段。

沪宁高速公路是沪宁地区公路运输的一大动脉，设计时速120公里。预测到2000年，汽车的交通量达4万辆，2010年达5.9万辆，接近设计最大通过量6万辆。它的建成通车对于推进苏南沿江地区的现代化，进一步密切江苏和上海的经济联系，更好地策应上海浦东开发开放，加快以上海为龙头的沿江经济带的发展具有极大的促进作用；它缩短了时空距离，消除了空间隔距，对于优化资源配置，促进专业化协作，改善投资环境扩大对外开放，确保整个沪宁地区的经济持续、快速、健康发展都有着极其深远的意义。

（执笔：王明亮）

二、资金到位率高于上年，拖欠资金明显减少

到年底131个国家重点建设项目实际到位资金1 329亿元，约占调整后年度计划投资的96%，比1995年高1.3个百分点。

1. 分资金渠道观察，中央资金实际到位1 087亿元，约占计划投资的99.1%。其中国家预算内投资、开发银行硬贷款、建设银行贷款均按调整计划到位或超额到位；专项基金到位率为99%；其他资金96%。由于外资工作量没有按计划完成，利用外资到位差一些，仅为年计划的81%。在地方资金上，由于各地在积极筹措资金，保证重点建设方面做了大量工作，使地方资金到位率保持了较好水平，达到年计划的76%，比上年高1.5个百分点，但从具体项目来看，也有少数地方资金到位率不高，全年地方资金到位率低于60%的项目还有20个。

2. 分行业观察，石油项目、石化项目、建材项目和农业项目的资金到位比较好，资金到位率分别为122.5%、123.8%、125.7%和118.4%；邮电项目、卫生项目、粮食项目和医药项目的资金到位比较差，资金到位率分别为67.6%、75.2%、30%和5.1%。

由于资金到位好，拖欠款明显减少。到年底131个国家重点建设项目共拖欠资金82.2亿元，比1995年减少了53.6亿元。分行业观察，拖欠资金较多的是电力项目和化工项目，拖欠资金分别为28亿元和11亿元。

三、"瓶颈"产业的生产能力大幅度增长

1996年国家在项目计划安排上继续按照突出重点，保投产、保收尾、保重点的原则，首先保证国家重点工程，从而有力的促进了重点建设的发展，使我国一些"瓶颈"产业的生产能力得到较大提高。

1996年共投产国家重点建设项目和单项工程64个，另有131个一般基本建设大中型项目和单项工程建成投产。全年基本建设新增发电能力1 330万千瓦（含技改大中型项目机组153万千瓦）；新增原油生产能力1 259万吨；交付运营铁路新线1 977公里，复线1 502公里，电气化696公里；新增高速公路1 233公里；新增连铸能力180万吨，轧钢能力180万吨；新增采煤生产能力945万吨；新增水泥生产能力398万吨；特别是化肥和乙烯建设今年取得较大成就。全年有陕西渭河化肥厂、江西九江化肥厂、海南化肥厂、内蒙古化肥厂、云南磷肥基地、湖北黄麦岭磷化工工程、湖北大峪口矿肥结合项目等7个项目建成投产，新增尿素生产能力208万吨，重钙96万吨。建成投产了茂名30万乙烯、吉化30万吨乙烯和中原乙烯三个项目，新增74万吨乙烯生产能力，新增乙烯生产能力在我国还是第一次。此外广西桂林两江机场、武钢三炼钢工程、安庆石化总厂丙烯腈项目、大连造船新厂等重点工程也已建成投产。这

些项目的建成，对促进国民经济的发展具有十分重要的意义。

（执笔：倪春海　任树本）

专栏 4.7　我国科技含量最高的铁路——南昆铁路

1997 年 3 月 18 日，在广大铁路工作者 6 年零 3 个月的艰苦奋斗下，背负西南人民希望的钢铁大道——南昆铁路提前 105 天顺利全线铺通，大西南终于打开了百年梦想的出海口。

建设南昆铁路曾经是西南人民的梦想。本世纪初，孙中山先生在《建国方略》中就曾勾勒过它的走向。新中国成立后也曾有过修建南昆线的动议，但几经起落，由于各种因素限制，美丽富饶的大西南依旧受着崇山峻岭的阻隔。直到改革开放后，随着我国经济的快速发展，国家才将其列为“八五”重点工程，中央也将其作为加快西南地区经济发展，促进社会进步、民族团结，缩小东西部差距的一项重大战略决策来实施。1990 年 12 月 24 日，南昆铁路终于在广西南宁破土动工。

南昆铁路东起南宁，北接红果，西抵昆明，从北部湾昂首西进，穿越桂、黔、滇三省区的 19 个县市，绵延 899 公里，吸引范围包括广西 15 个县市和贵州、云南各 7 个县市，面积达 12.4 万平方公里。它连接贵昆、成昆、湘桂等铁路干线网络，南下可至广东、广西的港口直接出海，从而把相对闭塞落后的大西南和相对发达的华南沿海地区连结在一起，形成一个更为广阔的经济带。

南昆铁路是国家一级干线，总投资 123.3 亿元，一次建成电气化，年输送能力 1 000 万吨，远期扩能 2 000 万吨以上。南昆铁路经过的地区地形复杂，建设难度异常艰巨。它从起点到终点相对高差 2 010 米，其间地形有八次大的起伏升降，一路上溶岩、瓦斯、软土、滑坡、膨胀岩等不良地质遍布，仅全线经过的高烈度地震区就有 242 公里，为中国铁路建设史上前所未有。几年来，南昆铁路的建设者以非凡的智慧和现代化科技手段，使天堑变通途。沿线共修建隧道 258 座、桥梁 476 座，总长度分别为 194. 6 公里和 79.8 公里。桥梁和隧道的长度占铁路总长的 31%。资料显示，它是迄今国内科技含量最高的一条铁路。这里有全国最长的单线隧道米花岭隧道，全国铁路最高桥清水河桥，还有“天下第一险洞”家竹箐隧道等。南昆铁路的建成标志着我国在艰难山区修筑铁路和建设桥隧的科技水平进入了世界先进行列。

南昆铁路是九十年代中国最大的扶贫工程，全国有五分之一的贫困人口将从这条铁路直接受益。它的建成，促进了沿线资源优势与区位优势的结合，为从根本上改变沿线经济布局和加快实现扶贫攻坚目标创造了条件，也为富饶但贫困的西南地区发展创造了机遇。我们不难预见，大西南的振兴和繁荣指日可待。

（执笔：王明亮）

国内市场繁荣稳定 通货膨胀得到抑制

第五章

第五章 国内市场繁荣稳定 通货膨胀得到抑制

5.1 ’96消费品市场回顾与’97市场形势展望

1996年,在国民经济实现“软着陆”的形势下,消费品市场始终保持了平稳快速增长的运行态势,流通领域改革进一步深化,商品供求环境较为宽松,物价涨幅明显回落,居民消费心理及消费行为趋于正常,消费质量和消费档次明显提高。平稳活跃、稳定繁荣是1996年消费品市场的主要特征。

一、消费品市场运行平稳正常

全年社会消费品零售总额实现24 774亿元,比上年增长20.1%,扣除物价上涨因素,实际增长13.2%。1996年我国消费品市场运行平稳正常,主要表现在以下几方面:

1. 社会消费品零售总额增幅仍处在正常区间。从近几年社会消费品零售总额的增长速度分析,1991—1995年社会消费品零售总额扣除物价上涨因素后,在7—12%的正常区间运行,1996年实际增速高于“八五”期间的平均增速8.2%,是十年来的较高水平。从1996年各月消费品市场运行情况看,消费品零售总额扣除物价上涨因素后,实际增长速度除7月份稍低外,其余各月增幅均在两位数。

2. 消费品市场仍保持供大于求的格局。1996年,农业丰收,粮食获得历史最好收成,加上粮食、食油、食糖、化肥等一些重要商品进口较多,支农产品生产增长加快以及市场变化对一些产品需求减少,国家限制重要商品出口政策等因素影响,改变了一些重要商品在国内市场供应偏紧的情况,这些商品的库存都有较大幅度的增加,且出现了一时供大于求的状况。国内贸易部对商品供求情况的排队表明,1996年下半年供求基本平衡的商品占84.7%,与上半年相比增加18.4个百分点,供过于求的商品比重由上半年的24.3%下降为9.1%;供不应求的商品比重由9.4%下降为6.2%。消费品市场总体延续了前两年以来供大于求的态势,市场商品供应丰富,品种花色增多,居民的选择余地增大,较好地满足了各层次居民的消费需求。“货比三家,优中选优”成为众多消费者的消费行为。

3. 商业体制改革的力度继续加大,市场经营比重发生变化。1996年,我国流通体制改革继续向纵深推进,各种经营形式蓬勃发展,超级市场、连锁店、平价超市、仓储售货、专卖店等发展迅速,各种业态纷纷挤占市场份额。尤其是连锁经营发展最快。据国内贸易部初步统计,到1996年底全国连锁企业已由上年的400多家公司、6 000多家店铺扩大到720家连锁公司,10 000多家店铺。

从近几年各种经济类型商业在社会消费品零售总额中所占的比重看,公有制商业的经营比重逐年下降,主导地位正在发生变化。1993—1995年分别为59.5%、52.7%和49.7%。1996年降至45.7%,比上年下降3.5个百分点。其中国有商业经营比重为27.2%,下降2.6个百分点。与此同时,以个体经济为主的非公有制经济市场份额则逐年上升,由上年的50.8%上升为54.3%。这表明我国流通领域中传统的经济结构已发生了巨大变化。

4. 城乡消费品市场发育规模差距进一步拉大。1996年,城市消费品零售额实现14 951亿元,比上年增长20.8%,县及县以下消费品零售额实现9 823亿元,增长19.2%,相差1.6个百分点,扣除物价上涨因素,实际增幅分别为14.2%和12%,相差2.2个百分点。由于农业丰收和国家支农政策的贯彻落实,农民收入的稳定增长,促成了农村购买力的不断增强。但是,农村商业设施和商业网点建设明显滞后，农民商品购买力转向城市实现的趋势愈来愈明显，特别是大件耐用消费品及中高档商品大多转向城市购买，城乡市场发育规模仍有一定差距。

5. 消费品市场受政策性因素影响程度减弱。1996年，国家相继出台了包括调低进口关税、取消存款保值贴补、两次调低存贷款利率等一些刺激消费、启动市场、推动经济发展与消费品市场密切相关的政策措施。从市场运行情况来看，这些措施的先后出台，对消费品市场没有产生大的影响，消费者选购商品的动机仍然是正常消费需求。据全国城市社会经济调查总队调查，目前城镇居民的储蓄动机是子女教育费(17.8%)、防急需(13%)、防病(11.3%)、防老(10.5%)。持现动机主要是日常生活用钱(57.4%)和购买中意商品(20.9%)。这些均表明居民消费行为已明显理智化，按需购买、正常消费已占主流，也反映出我国消费品市场经过几年的发展变化已逐步趋于正常，受政策因素的影响程度逐渐减弱。

6. 市场畅销商品仍集中在名优商品。从商品销售看，居民消费重点仍在日常生活必需品和部分新型家电产品上，精美食品、名烟名酒、鲜活水产品热销，各款中档服装、各式男女皮鞋倍受消费者喜爱。用品市场呈现淡旺分明的需求格局，销售看好的有化妆品、洗涤用品、名优家电、文体用品和书报杂志等。据全国批发零售贸易业统计，全年文化体育用品零售额比上年增长12.1%，食品增长8.1%，服装鞋帽增长14.1%，家用电器增长15.3%，化妆品增长10.9%。商品零售量增幅较高的是：粮食(15.1%)、食用植物油(12.3%)、摩托车(15.2%)、彩电(19.7%)、家用洗衣机(9.7%)。大屏幕彩电、大冷冻室电冰箱、影碟机、微波炉等家电保持畅销，儿童用品、保健食品销售也十分活跃。

7. 居民消费质量和档次又有了明显提高。随着居民生活水平的不断提高和消费观念的更新，居民消费质量和档次又有了明显提高，消费行为已逐渐由重视量的消费转向质的消费。据全国重点批发零售贸易业统计，家电商品销售中，彩电销售量占全部电视机销售量的93.5%，其中64CM以上大屏幕彩电销售量占彩电销售量的34.8%，全自动洗衣机销量占洗衣机总销量的46%；组合音响销售量占录音机销售量的17.8%。

8. 居民收入稳定增长为消费品市场提供了旺盛购买力。1996年，固定资产投资继续保持稳定增长态势，全年全社会固定资产投资总额扣除物价上涨因素，实际增长12.7%。随着经济的发展，绝大多数居民的收入有了新的提高。1998年城镇居民人均生活费收入4 377元，农村居民人均纯收入1 926元，扣除物价上涨因素，实际收入分别增长3.3%和9%。城乡居民收入的稳定增长成为消费品市场继续走旺的重要推动因素。

9. 市场物价稳中见落使居民消费心理稳定。1996年，我国通货膨胀得到有效控制，物价涨幅已回落到较低水平。全年商品零售价格比上年上涨6.1%，尤其是工业品零售价格比较稳定，其中家用电器、首饰、机电产品等价格的绝对水平均比上年下降。物价涨幅的回落对居民消费心理产生了重要的稳定作用，为消费品市场的平稳运行奠定了基础。

10. 消费支出多元化，购买力分流明显。由于各项改革力度加大，居民对部分商品的拥有量日渐饱和，近年来居民消费支出开始呈现多元化、多渠道的特征，非商品支出的比重进一步扩大。医疗保健、子女入学等支出大幅度增加。1996年一至三季度城镇居民人均医疗保健费和交通通信费支出实际均比上年同期增长19.9%，娱乐、教育文化费支出增长8.4%。今后这些支出将会继续增加，占居民消费比重将会进一步提高。在居民收入保持一定的条件下，居民对商品的需求空间将会相对缩小，可实现的商品购买力将是有限的。

二、消费品市场运行中存在的主要问题

1996年，消费品市场运行中存在的主要问题，一是进出口形势的变化对国内消费品市场产生一定影响，受出口退税税率下调，汇率变动以及出口政策等方面的影响，1996年工业品出口形势发生了新的变化。据海关统计，全年商品出口额仅比上年增长1.5%。出口下降在一定程度上抑制了对工业产品生产的拉动力，也加大了国内市场的压力。在出口下降的同时，商品进口额增长5.1%。其中一些耐用消费品、酒、烟、食品、饮料、纺织品、日用品等产品均不同程度地存在着进口

产品冲击的问题。许多企业生产的产品在与进口产品、合资、独资产品竞争中由于产品质量、促销手段落后等原因,造成同类进口产品抢占市场的局面。受进口或外商投资企业产品影响的主要有大屏幕彩电、组合音响、化纤面料、电子计算机等。因此,进出口形势的变化,出口减少影响了相关行业产品的销售,使部分产品转向国内市场,进口增加又加剧了国内市场供大于求的矛盾。

二是国有商业企业经济效益出现滑坡。由于国有商业经营机制不适应市场经济发展的要求,经济效益继续滑坡。1996年全国215家大型零售商业企业实现销售收入净额仅比上年增长3.9%。扣除物价因素实际为负增长。实现利润总额比上年下降12.1%,下降幅度是近年来少有的。

三是供求结构性矛盾依然存在。虽然部分企业根据市场需求调整了生产结构,但产销率仍然不高,库存继续增加。据统计,1996年工业品产销率为95.86%,比上年下降0.06个百分点,比正常水平约低2个百分点左右。由于产销率下降导致库存积压较重。据推算,目前约有20%左右的产成品资金属于超正常水平。供求结构性矛盾表现在:一方面产品结构出现不少重复建设项目,导致生产能力闲置,产品生产过剩;另一方面产品结构调整缓慢,不适应迅速变化的消费品市场,致使商品供求结构性矛盾较为突出。

三、平稳增长——1997年消费品市场的主基调

1997年是我国经济生活中重要的一年,按照中央经济工作会议提出的"稳中求进"的方针,国民经济将以平稳增长为主基调,消费品市场也将保持平稳增长态势。

工业品需求将稳定增长。名牌、新潮、高档商品的消费比重不断上升,居民消费档次将明显提高,消费多样化特征明显。穿着类商品中服装销售将有较大增长,各式西装、羊毛衫、皮革服、羽绒服等将呈上升势头,穿着舒适、体现个性的服装将是服装市场的主流。针棉织品的需求将是稳步增长的趋势。

用品类商品中洗涤用品、化妆品、儿童用品销售将继续看好,文娱体育用品尤其是健身器材,越来越受到消费者的青睐。家电市场逐步进入更新换代期,需求增长,消费一次到位现象更趋明显,市场竞争主要集中在品牌、品质、价位、服务上,国产名牌家电畅销,64CM以上彩电将保持旺盛的销势。多功能、使用方便的小家电将继续受到广大消费者的欢迎。

1997年食品支出的比重大体维持在52%左右,将比上年增长14%左右。城市居民对方便快捷的食品和旅游休闲食品情有独钟,而且在选购食品时更加注重品牌的质量。城乡居民用于文化教育、居住与服务类等方面的非商品性支出将进一步增加。

市场竞争将更趋激烈。国内产品的名牌效应会进一步起作用。经过十几年的艰苦奋斗,国产家电的名牌产品已在市场上占有很大优势,国内各种品牌之间、国外品牌和国内名牌产品之间的竞争将会更加激烈。

城乡市场仍将有一定差距。开拓农村市场将成为1997年流通工作的重点,但要真正使农村市场滞后城市市场发展的状况有所改观,必须建立在农民收入有较大幅度提高的基础上。因此在今后较长的时间内,城乡消费品市场的差距仍将存在。

大中型零售企业的经营难度将进一步加大。从市场发展趋势分析,由于商场越建越多,可供居民挑选的购物场所不断增加,居民购买力分流将越来越明显。因此,对全国或某一地区而言,消费品零售额将是稳定增长的,但具体到某一家商场销售额则可能增势减缓或下降。利润率也将在社会平均利润率上下起伏。

1997年国外实力雄厚的大型商业零售企业和连锁企业将陆续进入中国,与中国同行在商品价格、质量、服务等方面展开更激烈的抗衡,挤占市场份额,国内零售企业的改革确实已到了关键时刻。过度的市场竞争将加大经营难度,影响企业经济效益。

综上所述,在宏观经济环境趋好的形势下,1997年的消费品市场预计仍是平稳的,不会出现大的起伏。根据1997年GDP增长8%,零售物价上涨6%的调控目标,预计社会消费品零售总额的增长速度约在18%左右,实际增幅为11%左右。

(执笔:严先溥)

专栏5.1 大型百货零售企业经营状况不佳，发展前景不容乐观

1996年是国民经济成功地实现“软着陆”的一年，全国消费品市场呈现平稳快速增长的态势，全年社会消费品零售总额实现24 774亿元，扣除物价上涨因素实际增长13.2%。与全国消费品市场形成鲜明反差的是，大型百货零售企业的经营状况不佳，效益滑坡严重。全国215家重点零售企业共实现销售收入净额855亿元，仅比上年增长3.9%，扣除物价上涨因素实际为负增长。

从大型零售企业经营情况来看，其主要特点一是在众多因素影响下，企业经营业绩不甚理想，促销效果不佳，市场占有率有所下降。二是随着居民消费水平的提高和消费观念的转变，人们对食品的要求也越来越高，大型零售企业以其品种丰富、档次齐全、食品新鲜且信誉好而受到消费者的欢迎。三是VCD、大屏幕彩电、摄像机和全自动洗衣机等高档及换代家电商品销势看好，其他传统家电商品销售下降。四是随着穿着市场竞争的日益加剧，大型零售企业不论是在价格上还是在营销手段上难以适应激烈的市场竞争，从而导致穿着类商品销售不畅。

1996年大型百货零售企业的经济效益出现大幅度滑坡，主要表现为利润下降，亏损更为严重。全年211家重点百货零售企业实现利润总额比上年下降12.1%。截止到12月底，亏损企业已达26家，亏损额为1.9亿元，增亏5.6倍。

造成大型零售企业效益下降的主要原因是：1.近几年来，大型零售企业的发展速度已超过居民的购买力，且企业缺乏特色，千店一面，购买力严重分流，造成企业间的过度竞争，影响到大型零售企业的经营和整体效益。2.随着流通体制改革的进一步深化，不同业态的企业均有了较大的发展。大型零售企业受自身经营机制的限制，转轨速度慢，特别是在价格上难以与其他业态竞争。3.企业定位不合理，过分追求购物环境的优化，耗资巨大，成本和费用也随之增加，难以获得预期的投资收益，企业还为此背上了深重的债务负担。1996年重点百货零售企业资产负债率已达59.3%，比上年上升7.1%。

（执笔：郑学工）

5.2 ’96生产资料市场回顾与’97市场形势前瞻

1996年，在适度从紧的宏观经济政策引导下，我国生产资料市场运行平稳，供需总量趋于平衡，市场价格基本稳定。但是，流通企业购销平淡，经营滑坡，尤其是国有物资系统全行业亏损加剧的状况，应引起重视。

一、生产资料市场运行的主要特点

1.供需基本平衡。

(1)重点生产资料商品的资源和使用总量差率较小。1996年全国22种能源和原材料（包括煤炭、石油、生铁、钢材、有色金属、化工材料、水泥、木材等）主要生产资料当年资源总量1.4万亿元（按可比价格计算），比上年增长6.4%，比当年使用总量仅大14亿元，供需差率为±0.1%，供需总量之间基本处于平衡态势。

(2)主要大类的生产资料供需差幅不大。1996年生产资料主要大类（包括能源类、黑色金属类、有色金属类、化工材料类、木材类等）当年供需差率保持在±2.2%之内，供需矛盾平缓，市场没有出现往年那样的某些生产资料品类持续热销或脱销的波动现象。

(3)在主要生产资料商品结构差距拉开的情况下，库存总额保持稳定。1996年底，主要生产资料产品工业库存结构有所变化。其中下降幅度较大的有：柴油比上年末下降20.7%，锡下降22.2%，钢材下降15.4%，纯碱下降17.1%；上升幅度较大的有：铝及铝材比上年末上升36.4%，化工产品（除纯碱外）上升20%，汽油上升15%，煤炭上升14.8%。但生产资料库存总额保持稳定，年末全国22种主要生产资料产品的工业库存总额为1482.7亿元，仅比年初增长1%，而批发

零售贸易业的生产资料库存总额仅比年初增长0.18%。

2.价格基本稳定。

(1)生产资料出厂价格涨幅回落。1996年是生产资料出厂价格总水平最低的一年。从主要品种出厂价格看,钢材10.1个百分点,是近几年来涨幅最低的一年。从主要品种出厂价格看,钢材、有色金属、木材分别下降1.8%、8.8%和3.25%;涨幅不大的有交通运输设备、橡胶、水泥,分别上涨3.2%、5.1%和2.8%;能源类产品涨幅较大,如煤炭、石油、电分别上涨13.9%、10.6%和13.3%。

(2)生产资料市场销售价格稳中有降。1996年生产资料市场销售价格总水平比上年下降1%,各月环比波动不大,材料升降幅度均在1个百分点之内,全年较为稳定。从主要大类看,钢材、化工材料和机电产品均呈下降趋势,降幅在0.8%—6.8%之间,有色金属下降较多,降幅达12.3%。钢材价格在上年已降至较低价位的基础上继续下滑,且无热销品种,市场上历来受宠的"三板一片",价格都有不同程度的下降。有色金属中,铜、铝价格不断攀高的局面已经改变。10月份后,铜的期货价已跌至1.86万元/吨,现货价跌至2万元左右/吨;铝的期货价降至1.34万元/吨,现货价降至1.4万元/吨。石油、煤炭等能源类产品及建筑材料类产品的市场价格与上年相比,则有不同程度的回升,升幅在3.8%—12.4%之间,从而遏制住了生产资料市场销售价格总水平急剧下滑的局面。

3.流通企业经营滑坡,亏损加剧。

(1)销售额持续下滑。1996年,在生产资料供需总量基本平衡,资源量和使用量都比上年有所增长的情况下,生产资料流通企业购销额继续萎缩。1996年全国批发零售贸易业生产资料销售总额18 312亿元,比上年下降4.8%。从各月份情况看,除1、2月份销售额略有增长外,其余各月均呈下降趋势,其中6月份降幅高达15.6%。在9大类商品中,仅有石油制品类和化工材料及制品类分别上升5.1%和7.2%,其余七类全部下降,其中木材类、建筑材料类、黑色金属类、有色金属类等,降幅均达两位数。在统计的37种重要商品中,有25种销售量比上年下降,下降面达68%。全国物资系统企业经营状况仍处在困境之中。自1994年以来,物资系统企业经营额已连续三年出现大滑坡。1996年购销总额在上年低水平上继续下滑,全年全系统购进总额3495.5亿元,比上年下降15%,销售总额3753.1亿元,下降16.4%,降幅比上年扩大15个百分点。分层次看,省属企业下降6.4%,市属企业下降13.6%,县属企业下降25.5%,部属企业下降29.1%。

(2)企业经营亏损加剧。从对全国重点生产资料流通企业1996年调查情况看,企业亏损面达48.4%,比上年扩大15.6个百分点,亏损企业亏损额比上年增加17.1%。全国物资系统企业在1994、1995两年全行业亏损的情况下,1996年亏损进一步加剧,全年亏损额高达80亿元,比上年增亏78%

二、1996年我国生产资料市场运行状况的主要成因

1.国家宏观调控成效明显,为生产资料市场平稳运行创造了前提。

1996年国家宏观调控成效显著,通货膨胀得到有效抑制,物价上涨度(零售物价上涨6.1%,生产资料出厂价格上涨3.5%)明显低于经济增长率(9.6%),国民经济增长适度,稳定性增强。宏观经济的良好环境,为生产资料市场平稳运行奠定了基础。

2.消费需求不旺,影响生产资料购销偏淡。

与前几年相比,我国固定资产投资和工业生产的高速度已明显减缓,1996年全社会固定资产投资比上年增长14.8%,其中历年增长幅度居高不下的基本建设投产额,增幅回落了7个百分点,全年工业增加值增幅也有所回落,自然形成对生原材料、建设物资需求的下降。

同时,由于国家自1995年中至1996年初,在半年多的时间里,两次较大幅度降低出口退税率,由17%降至3%—9%,加之国际市场主要生产资料产品价格普遍下滑,国际市场需求不足,制约了国内企业出口积极性。1996年主要生产资料产品出口明显下降,据海关统计,1996年我国黑色金属产品出口比上年下降30.2%,有色金属产品下降13.7%,木材下降3.2%。此外,石油、煤炭、化

工等产品的出口增长率也明显低于进口增长率。鉴于上述国内国际双重因素，1996年生产资料需求始终不旺，生产资料购销一直处于平稳偏淡的局面。

3.生产资料商品大量进口，对国内市场冲击较大。

1996年是生产资料商品进口大量增长的一年。据内贸部资料，1996年，16种主要物资进口总额比上年同期增长20.6%，其中煤炭增长97%，钢材增长16%，铅增长57%，铝材增长20%，木材增长19%，硫酸增长45%，烧碱增长21%，橡胶增长43%。进口生产资料商品大量涌进，在丰富了国内生产资料市场资源的同时，也给国内生产企业和流通企业造成一定的冲击，使国内产品的市场份额不断下降。同时，在国际市场中，1996年我国进口量较大的钢材、有色金属和化工等产品，国际市场价格正处于低平期，这些质优价廉商品进入国内市场，也是1996年我国生产资料市场价格水平走低的重要原因。

4.市场竞争加剧，生产资料流通企业市场占有率下降。

近几年来，随着市场经济体制的不断推进，各方参与生产资料购销活动，使生产资料流通领域竞争越来越激烈。生产企业与用户之间的直销增多，呈现出逐渐取代生产资料流通企业这一中间环节，而成为生产资料主要流通形式的趋势。据内贸部测算，1992年生产资料市场占有率是，生产企业和流通企业平分天下，大致各占一半，其中物资系统企业占30%左右，集体和个体经济尚未参与生产资料流通，但1996年，生产企业直销的市场占有率上升至70%，集体和个体经济也已占10%，生产资料流通企业则降至20%，其中物资系统企业仅占10%左右，与集体和个体经济的市场占有率基本相当。

5.流通企业毛利低、负担重、潜亏大。

由于市场竞争激烈，价格下滑，生产资料流通企业毛利率已经降至最低点。据内贸部专家估算，1996年生产资料流通企业毛利率平均仅为1%左右，根本无法对商品流通费用进行有效补偿，成为企业亏损增加的主要原因。

生产资料流通企业贷款利息负担加重是困扰企业经营的又一重要因素。从云南省统计局调查的8家企业看，年支付流动资金贷款利息超过2 000万元，而贷款中被预付和赊销的款项则有相当比重，回收困难。离退休人员的支出负担也越来越重，在职人员与离退休人员的比例达2:1的企业已不在少数，更使企业经营雪上加霜。

一些企业中1993年以前的老库存，因进价较高，潜亏因素很大，并正在转为明亏，这也是1996年企业亏损增加的普遍原因。当然，生产资料流通企业还有经营不善，使亏损加剧及诸如观念、体制、机制等更深层次原因。这是所有国有企业面临并应进一步深化改革予以解决的问题。

三、1997年生产资料市场展望

1997年生产资料市场供需总量仍将保持基本平衡。但受国内国际经济环境有利因素的牵动，市场需求将逐步转旺，市场价格会平缓回升，购销活动亦会趋于活跃。主要依据：

一是，以治理通货膨胀为首要任务的宏观调控已基本实现"软着陆"目标，国民经济持续适度增长，为1997年生产资料市场平稳回升创造了良好的宏观经济环境；1996年国家连续两次降低了银行存贷款利率，适度扩大流动资金贷款规模，并将住房建设、扩大出口和开拓农村市场作为新的经济增长点，固定资产投资规模还将适当扩大。这些必将给持续平淡的生产资料市场注入新的活力。

二是，1997年全球经济预期看好，经济增长速度加快。据预测，1997年世界经济增长率将达到4%左右，这也将对我国生产资料市场产生积极影响。

三是，钢材、汽车等生产资料流通代理制试点工作已进入具体实施阶段，各项配套政策和措施逐步到位和完善，为徘徊中的生产资料流通企业改革带来生机，流通企业整体经营情况会逐渐步出谷底。

（执笔：王毅）

专栏 5.2　发展中的连锁经营

连锁经营兴起于西方发达的市场经济国家，距今已有 130 多年的历史。连锁经营的实质是把社会化大生产和专业分工的原理应用于流通领域，通过“规模化、标准化、系统化”达到降低流通费用，提高经济效益的目的。90 年代初，连锁经营在我国部分大城市和沿海开放地区开始发展，并逐步扩大。截止 1996 年末，连锁经营公司已发展到 700 余家，网点达 10000 个。

从我国目前连锁经营的发展现状看，最受消费者欢迎、发展潜力最大的是便民店和连锁超市。尽管目前我国居民的消费已呈现出多元化、多层次的特征，但从总体上看仍处于温饱向小康的过渡阶段，“大众化”商品仍是消费的主流。因此，面向中等收入水平的广大工薪阶层，以满足人民群众基本生活需求为经营宗旨，发展中低档生活用品和“米袋子”、“菜篮子”食品为主体的商品，以最受消费者欢迎的便民店和连锁超市为发展重点，符合我国的基本国情，具有广阔的市场前景。

连锁经营作为区别于传统商业一家一店分割式的经营方式和管理体制，要求实现经营管理的规范化、标准化和统一化。但目前仍有不少连锁企业对连锁经营的理解只停留在“门面统一”上。连锁经营要求按照“八统一”运作，即统一核算、统一配送、统一商品价格、统一企业标识、统一营业时间、统一销售服务方式、统一经营品种、统一经营管理制度。其中统一配送尤为重要。因为连锁经营的优势就在于统一进货，这样可以降低成本，实现规模经营，获取更高的利润。而一些连锁企业对配送中心的精神实质并不能完全领会，有的连锁公司仍是政策性供货，没有配送中心，又回到了计划管理的体制中；有的尽管有自己的配送中心，但各分店都有进货自主权，致使配送中心形同虚设，失去了作用。一些连锁企业的管理还没有达到真正意义上的连锁要求。此外，连锁业的发展还受到资金和条块分割的束缚，有的连锁业不是按市场需求“连锁”，而是按行业，甚至按产品来分界，条块分割严重。对于大多数资金短缺的国有企业，还受到发展与资金矛盾的困扰。

连锁业要发展，首先必须打破地区所有、部门所有的管理体制的制约，改变目前按行政隶属关系发展，各行其是，相互竞争，造成资金投向的浪费和优势难以发挥的现象，同时，还要不断扩大经营范围，连锁经营才会有旺盛的生命力。

（执笔：李敏）

5.3　’96 全国市场物价平稳运行 ’97 可望继续保持稳定

1996 年，在适度从紧的宏观调控政策下，国民经济继续保持了适度、稳定的增长，通货膨胀压力有所缓解，全国市场物价涨幅持续回落。全年居民消费价格和商品零售价格涨幅保持在一个较低水平，较好地完成了物价调控目标。1997 年继续采取从紧的财政与货币政策和稳健地推进价格改革措施，全国市场物价波动将会继续稳定在一个适度的范围内。

一、市场物价基本情况

（一）市场需求增长减缓，工业品出厂价格涨幅明显回落

1996 年，在社会总供给和总需求趋于平衡，宏观经济环境进一步改善的情况下，工业品市场以多数品种供需平衡或供大于求为主要格局。从供应市场看，钢材、铜、铝、多数化工产品、水泥、汽车、原木、部分机电产品等主要工业产品市场供应量有增无减；从需求市场看，多数工业产品进口增加、出口下降，国内消费市场需求相对缓慢，部分生产资料的消费量增长幅度低于生产和投资增速。

受此影响，全年全国工业品出厂价格比上年上涨 2.9%，涨幅由 1 月份的 8.4%，逐月回落至 6 月份的 2.3%、12 月份的 0.4%；原材料、燃料和动力购进价格比上年上涨 3.9%，涨幅由 1 月份的 9.6%，逐月回落至 6 月份的 4.4%、12 月份的 0.9%。分类看：

1. 生活资料出厂价格涨幅低于生产资料。全年食品出厂价格上涨4.7%，涨幅较上年回落18.5个百分点；衣着产品出厂价格较上年上涨0.5%；耐用消费品出厂价格下降2.3%。

2. 生产资料出厂价格涨幅为近年来最低。全年生产资料出厂价格较上年上涨3.5%，涨幅较上年回落10.1个百分点，较1987年至1994年回落0.9至30.2个百分点，涨幅为近几年来的最低点。

(二)商品零售和居民消费价格涨势明显减弱

1996年全国商品零售价格和居民消费价格分别比上年上涨6.1%和8.3%。其中，新涨价因素分别为3.7和5.2个百分点。

全年居民消费价格变动特点：

1. 总体看，市场物价运行呈现出少有的平稳。

体现在三个方面：一是涨幅低。全年各月商品零售价格同比涨幅均低于8%，居民消费价格涨幅均不超过10%；二是波动小。商品零售价格涨幅最高的是2月份的7.7%，最低的是12月的4.4%。居民消费价格涨幅也在6.9%－9.8%之间波动；三是涨幅逐季平稳回落。一季度全国商品零售价格比上年同期上涨7.7%、二季度上涨6.6%，三季度上涨5.5%、四季度上涨4.6%，平均每季度回落1个百分点。

1996年全国市场物价涨幅

单位：%

月份	商品零售价格涨幅		居民消费价格涨幅	
	同比	环比	同比	环比
全年	6.1	—	8.3	—
1月	7.6	1.8	9.0	2.1
2月	7.7	2.0	9.3	2.3
3月	7.7	0.2	9.8	0.6
4月	7.4	0.5	9.7	0.7
5月	6.5	－0.7	8.9	－0.5
6月	5.9	－1.7	8.6	－1.6
7月	5.8	－1.0	8.3	－0.8
8月	5.8	1.3	8.1	1.5
9月	5.0	1.0	7.4	1.5
10月	4.7	－0.3	7.0	－0.2
11月	4.6	－0.1	6.9	－0.1
12月	4.4	0.6	7.0	0.7

2. 从构成看，居住和服务项目价格比上年分别上涨11.4%和16%、食品价格上涨7.6%、其它消费品价格上涨6.4%。

(1)农产品市场稳定，价格未出现异常变动。

1996年农业生产形势较好，粮食喜获丰收，农副产品供给充足，各类食品价格走势平稳。

粮食价格比上年上涨6.5%。1月份粮食价格比上年同月上涨11.2%，2月以后价格涨幅逐月回落，6月份仅为3.1%。7月1日国家调整粮食销售价格，涨幅有所反弹，7、8两月分别比上年同月上涨8%和8.6%。随着调价措施的逐步到位以及市场粮食供应的充裕，9月份以后粮价开始回落，个别地区集市粮价甚至低于国家粮食规定价。

粮食价格的调整，并未带动其它农产品价格的大幅度攀升。肉禽及其制品价格比上年上涨4.5%，其中出现了6、7、8、9四个月的价格上扬。主要原因是，1995年以来猪肉低价位上恢复性上升，生猪处于出栏淡季与需求增加的影响所致。10月以后，各地区加强了相应的调控措施，增加生猪出栏量，缓解了市场供需矛盾，肉价平稳回落，11月和12月价格分别比上月下降0.9%和0.8%；蛋类价格略有偏高，比上年上涨16.5%，其中，1—9月比上年同期上涨20.6%，10月以后，价格明显回落，10、11、12月蛋类价格比上月分别下降5.2%、6.1%和3.3%；鲜菜受季节性因素影响，各月价格波动较大，与上年相比，全年涨幅较高，达到19.7%。价位居高不下的主要原因仍然在流通环节过多和利润太高。

(2)零售工业品价格有升有降，总体水平涨势平稳。

1996年，家用电器和机电产品价格继续下降，分别比上年下降1.3%和4.2%；书报杂志、服装和中西药品涨幅略高，分别比上年上涨36.9%、8.5%和8.8%；其它工业消费品价格涨幅较低。

(3)服务收费项目价格逐月上涨，涨幅趋高。

1996年，各地区继续调整房租、水电、电信等项目收费价格，价格涨势较为强劲，目前已经成为社会各界关注的物价热点问题。全年居住项目价格比上年上涨11.4%，服务项目价格比上年上涨16%。两项合计影响居民消费价格上涨约2.5个百分点，影响程度达28%。分类看，居民住房房租上涨47.8%，居民用水上涨23.7%；管道煤气上涨30.5%；各种交通费平均上涨17%；洗理费上涨15.6%；文娱费上涨22.8%；学杂保育费上涨20%。总的来看，各类服务收费价格有进一步上涨的趋势。

3. 从各地区看，市场物价涨幅同步回落。

1996年各地区物价涨幅均呈现逐月回落态势。分省(区、市)看，全国29个省(区、市)商品零售价格全年涨幅均已回落至9%以内，涨幅较低的有海南、广东、广西、福建，均在4.5%以内。涨幅较高的有新疆、陕西，分别为8.8%和8.1%；分城乡看，全年农村零售商品价格涨势继续强于城市，农村商品零售价格比上年上涨6.4%，涨幅高于城市0.6个百分点。

此外，1996年农业生产资料价格波动不大，全年上涨8.4%，是近3年来价格涨幅最低的。

专栏5.3　商业的四次革命

自第三次社会大分工，使商业从手工制造业中分离出来，作为一个独立产业以来，在其几个世纪的历史沧桑中，归结起来，共经历了四次大的革命。

第一次商业革命发生在19世纪中期，主要表现是原有的零售店铺由众多的百货商店代替：商店建筑规模迅速扩大、营业面积大规模扩大、经营商品品种大大增加、商品明码标价等。

第二次商业革命主要表现在商业组织形式上的革命，即连锁商店的出现 。二十世纪初，受商业零售业自由竞争的影响，为增强竞争优势，扩大营业额，在激烈的商业竞争中立于不败之地，一些大的商店纷纷在同一地区(城市)或不同地区设立连锁店；而规模稍小的商店为抵御大户的排挤，也纷纷联合起来形成规模价格优势。

第三次商业革命以自选市场的出现为标志。自选市场诞生于20世纪30年代的美国，现在已遍布世界各国。其最大重点是开架售货，顾额自选商品，在出口处统一付款，省时、效益高、简捷、便利。

第四次商业革命以购物中心的出现为标志。

(执笔：钟芬)

二、市场物价涨幅持续回落的原因

1996年市场物价涨幅保持在一个较低的水平，其主要原因是，在当前宏观经济运行的大势背景下，采取以稳为主、适度微调的宏观调控手段，取得了较为明显的成效。

(一)社会总需求增势减弱，宏观经济环境得到改善。

在从紧的宏观调控措施下，压缩总需求成为抑制物价上涨的首要措施。1996年，随着调控措施的逐步到位，社会总需求得到较好控制。从货币供应看，年末现金流通量M0为8 802亿元，比上年增长11.6%，狭义货币供应量M1为28 514.8亿元，比上年增长18.9%，广义货币供应量M2为76 094.9亿元，比上年增长25.3%，各层次货币供应趋于合理；从投资情况看，全社会固定资产投资总额比上年增长14.8%，增幅较为适度；从消费需求看，虽然稳中有旺，全国消费品零售总额比上年增长20.1%，但与1993年至1995年相比，仍属正常。此外，出口需求受到较强的抑制，增幅比上年有较大的下降。需求增速的减慢，有效地保证了国民经济的适度增长，为全年物价总水平涨幅的回落创造了一个较为宽松的宏观经济环境。

(二)农业生产形势较好，农产品供应丰富。

1996年，各级政府增加了对农业的投入，抓紧了与居民生活密切相关的“米袋子”、“菜篮子”建设，成效比较显著。粮食生产创历史新纪录，总产量达5 045亿公斤，肉、蛋、菜等主要农副产品供应充足，为稳定市场物价奠定了物质基础。据测算，1996年，食品价格影响居民消费价格总水平上涨3.7个百分点，影响程度为45%，大大低于1994年和1995年的65%。

(三)居民通货膨胀预期降低，储蓄倾向仍然较强。

1996年4月1日取消保值贴补率，随后又两次调低储蓄存款利率，这些举措对增加货币供给、提高货币流动性收到了预期效果，居民储蓄存款高速增长的势头有所遏制。但并没有因此冲击市场物价，城乡居民消费心理稳定，储蓄存款继续增加，年末达到38 521亿元，比年初增加 8 858.5 亿元，明显抑制了投向市场的即期需求，缓和了需求对市场物价上涨的压力。

(四)稳步推进价格改革措施。

1996 年的粮食价格调整措施，由于出台时机比较适当，对市场物价上升虽有一定的影响，但未产生示范效应；其它对物价造成间接影响的能源、交通等基础产业的调价措施，由于在调价范围、力度等方面把握较好，也未对市场物价造成大的影响。这反映出宏观调控的运行手段和方式已日趋成熟。

三、1997 年市场物价预测

1996 年宏观经济运行呈现出良好的发展态势，预计这种态势将会继续保持一段时间。1997 年市场物价的运行，新涨价因素可能略有增强，涨幅在二季度末将会逐步由低位向上攀高，但出现大幅度反弹的可能性较小。

在各主要商品的市场供求大体平衡的情况下，1997 年应继续注意宏观调控力度的把握。从目前情况看，一是要防止调控力度的过快放松；二是价格改革与调整措施出台，要注意配套措施得力与时机的选择，以防加剧居民的通货膨胀预期。此外，为了保障居民生活，各地还应加强收费项目的监管工作，从严控制新的调价项目。

预计 1997 年全国商品零售价格涨幅维持在 2%左右，居民消费价格涨幅在 4%左右。其中，1996 年居民消费价格上涨对 1997 年的滞后影响大约 1.8 个百分点，商品零售价格的滞后影响仅为 0.9 个百分点。

(执笔：万良)

专栏 5.4　启动市场莫忘八亿农民

农村市场发展相对滞后于城市市场，是我国商品市场发展的一大特征。1996 年尽管农民收入水平得到了较大的提高，但并未拉动消费增长达到合理水平，原因何在?

首先，农民消费支出具有双重性，即生活支出和生产性支出，特别是后者的支出近年来已高达 30%以上，而农村物价涨幅却快于城市。1996 年，城市零售物价比上年上涨 5.8%，而农村则上涨 6.4%，农资零售价格更高达 8.4%。农民为保持一定的生产规模，只得抑制对生活消费的支出，这是影响农村消费品市场发展的重要原因之一。

其次，农民负担重的问题并没有根本好转。据调查，1996 年农民人均纳税、上交集体承包任务、集体提留和摊派三项金额合计为 107 元，比上年增长 21%，增幅虽比上年有所降低，但与收入增幅接近，负担仍未减轻。

第三，农村市场流通渠道问题仍较突出。从收购农产品看，渠道较单一。除国有流通渠道外，其他多带有临时性或投机性质，农产品短缺时抢购，过剩时退出市场。因此，农产品卖难问题总难解决。而工业品下乡方面，供给结构也满足不了农民的多层次需求，农村购买力向城镇转移的趋势日渐增强。

应该看到，我国城市消费品市场已进入相对平稳发展时期，而农村市场却具有极大的发展潜力，完全可能成为市场发展新的增长点。因此，必须切实贯彻落实好中共中央、国务院关于 1997 年农业和农村工作的意见，保持农业丰收的良好发展势头，同时，要改变目前农产品流通渠道过于单一、市场行为不规范的现象，充分引进市场机制，减少农产品丰收卖难的现象发生，以增加农民收入。在对农村工业品供给方面，要注意研究农民购买力分布及变化和农村的消费环境，注意在农村发展城市大型企业的分支机构，提高商品档次和服务水平，总之，启动农村市场，不可淡而化之！

(执笔：罗卫华)

第六章 财政收入增长较快 金融形势相对平稳

第六章 财政收入增长较快 金融形势相对平稳

6.1 '96 财政形势回顾

1996 年是“九五”计划的第一年，在邓小平同志关于建设有中国特色社会主义理论和党的基本路线的指引下，我国宏观经济环境得到进一步的改善，国民经济运行保持了良好态势。在经济保持适度增长的同时，通货膨胀得到有效的控制，已经成功地实现了“软着陆”。在此基础上，财税改革继续深入，国家财政运行状况比较好，财政收入增长较快，财政支出在努力保证重点建设和各项事业发展的同时，增长速度得到了一定的控制，圆满地完成了年度收支预算。财政的宏观调控作用进一步增强，这为“九五”财政计划的完成打下了良好的基础。

一、财政计划圆满完成

1996 年财税体制改革继续深入开展，取得了明显的成效，财政工作也进入了一个比较平稳发展的时期。适度从紧的财政政策基本到位。

(一)财政收入增长较快

1996 年初提出从紧安排国家预算的总盘子，财政收入增长速度要比支出快 1.2 个百分点。从执行情况看，全国财政收入增幅快于支出增幅 2.4 个百分点，这是近年来所少见的。1996 年全国财政收入完成 7 407.99 亿元，比 1995 年增加 1 165.79亿元，增长 18.7%，比“八五”时期的平均增长速度快 2.4 个百分点。1996 年财政收入超过按现价计算的国内生产总值的增长速度，遏制了十年来财政收入占国内生产总值比重不断下降的局面。

财政收入增长较高，主要来源于税收收入的增加。1996 年税收收入占当年财政收入的 93.3%，继续保持了在财政收入中的主导地位。1996 年各项税收收入完成计划较好，达到 6 909.82亿元，比 1995 年增长 14.4%。

税收收入的快速增长，是由于主要的税收项目增值税、消费税、营业税、企业所得税等完成计划较好。1996 年增值税、消费税、营业税、企业所得税分别占税收收入的 42.9%、8.9%、15.1%和 14.2%，它们分别比上年同期增长 13.7%、13.7%、20.5%和 11.5%。同时，增收较多的税收项目还有：关税、证券交易印花税、农业税和个人所得税。

1996 年财政收入超额完成预算，特别是税收收入超收较多。其原因：一是由于国民经济持续稳定增长，使财政收入增加。1996 年在通货膨胀得到有效抑制的同时，国内生产总值继续稳定增长，按可比价计算，比 1995 年增长 9.6%，这样就进一步扩大了财源，使财政收入的稳定增长有了可靠的基础。二是随着财税新体制的确立和不断完善，一个稳定的财政收入增长机制已初步形成。各级政府高度重视区域性财源建设，努力发展经济，注意培植地方税源。三是清理税收减免增加了收入。在降低关税税率的同时，逐步取消不规范、不符合国民待遇原则的进口税收优惠政策；为了进一步规范税制，对一些行业和产品的增值税过渡性优惠政策进行了清理，对所得税和其他税种的过渡性优惠政策提出了清理意见。四是强化了各项收入征管工作。各级征管部门积极改进征管方式和征管手段，加大了征管力度，严厉打击偷税、骗税和各种虚开、代开增值税发票等违法犯罪行为，严格审核出口退税，加强对加工贸易的税收管理，实施了加工贸易进口料件银行保证金台帐监管制度，堵塞了漏洞，保证了收入的稳定增长。五是整顿财经秩序取得了初步成效。按照国务院的统一部署，1996 年在加强经常性监督检查的同时，重点开展了清理预算外资金、清理“小金库”、整顿会计秩序和财税大检查工作，查处了一批违反财经纪律的问题，相应增加了一些收入。由于上述的各种因素，使1996年的全国财政收入在连续三年大幅度增长的基础上，又增收1 124亿元。

（二）财政支出努力保证各项重点支出，同时其增幅低于收入增幅

1996年财政支出在增支压力很大的情况下，加大了对农业、教育等重点支出的投入力度。全年财政支出为7 937.55亿元，比上年增长16.2%，低于收入的增幅，比“八五”时期的平均增长速度降低了1.5个百分点。

用于经济发展方面的支出增加较多。一是1996年基本建设支出（不包括用国外借款安排的基建支出）达到907.44亿元，比1995年增长15%，比“八五”时期的平均增长速度快7.4个百分点。二是挖潜改造资金和新产品试制费安排较多，1996年这两项支出达到523.02亿元，比1995年增长5.8%，这两项支出增加的原因：主要是国家财政加大了对国有企业、科研单位技术改造和技术开发，新产品研制的投入。三是国家继续加大对农业的投入，1996年国家财政用于支援农村生产和相关部门事业发展等方面的支出为510.07亿元，比1995年执行数增长18.6%。

用于各项事业费增加也较多。如1996年文教科学卫生事业费支出1 704.25亿元，比1995年增长16.2%，占财政支出的比重为21.5%，比“八五”时期的平均增长速度略有提高。1996年国家财政按照《教育法》和《中国教育改革和发展纲要》的有关精神，继续加大了对教育的投入，有力地保证了教育事业发展的需要。全年国家财政安排的教育事业费为891.5亿元，比1995年增长了15.4%。同时，财政对科技事业也给予了大力支持。1996年国家财政在切实增加科技投入的同时，继续优化支出结构，着力加大了对农业科学研究、基础性研究、高技术研究的投入力度，并有计划、有重点地增加设备购置和房屋修缮等专项投入，改善科研单位的工作条件，保证科技事业发展的资金需要，促进科技体制改革的深化和“科教兴国”战略的实施。1996年国家财政安排的科学事业费为109.85亿元，比上年增长13.4%。

二、国家债务成为重要的筹资渠道

1996年，国家财政债务收入为1 967.28亿元，其中国内发行的国库券收入1 847.77亿元，占债务收入总额的93.9%，向国外借款为119.51亿元，占债务收入总额的6.1%。

（一）国债已成为“金边债券”

进入1996年，为完成国债发行任务，我国不仅加快了国债的发行速度、扩大了发行规模，而且发行品种和发行方式也屡屡创新。

1996年国债发行的主要特点是：

1. 实行滚动发行，增加国债品种。实行滚动和经常发行的方式，适应了财政预算和中央银行公开市场业务的需要，同时提高了国债的发行效率。就国债的品种而言，既发行了1年期以内的短期国债，又发行了5年、10年期的中长期国债；既发行了贴现国债，又发行了附息国债。国债的期限结构更加合理，品种更加丰富，因而较大地刺激了投资者对国债的需求，使1996年国债发行较为顺利。

2. 发行短期贴现国债和长期附息国债。这是1996年国债发行的创新之处。这种发行方式既改变了我国国债的整体结构，也为中央银行的公开市场业务提供了很好的工具，从而为财政货币政策的配合开辟了道路。长期附息国债既符合国债市场惯例，又迎合了我国投资者的一般投资心理，因而也受到普遍欢迎。

3. 招标方式取得成功。1996年国债发行分别采用了价格招标、划款期招标和收益率招标的方式，均取得了成功，这表明我国国债利率的市场化改革已经在金融市场上处于领先地位，这对于建立和完善国债市场体系，支持财政、金融体制改革，增强国民经济宏观调控力度等，都具有十分重要的意义。

4. 国债发售方式的变革：挂牌分销，委托购买。这种发售方式有助于个人投资者认识国库券作为金融资产的投资意义，有利于股票持有人把国库券纳入其资产组合。这样，国债市场的流动性可望得到进一步的提高，股票市场和国债市场的联系也进一步加强。

随着国债发行规模的迅速扩大和可上市国债的增加，国债的成交量与日俱增，国债二级市场也有了较大发展，国债在证券市场上发挥着越来越重要的作用，这表明我国国债市场建设已取得长

足进展，正不断走向成熟和完善。

由于国债已成为老百姓心中名副其实的“金边债券”，因此1996年国债发行比较顺利。国债收入不仅弥补了中央财政赤字，还及时偿还了到期的债务本息。

（二）外债发行取得成功

1996年，我国继续将目光投向国际资本市场，发行外债取得成功。财政部代表中国政府在国际资本市场进行发债筹资，主要发行了扬基债券、全球债，国际资本市场对此反应良好，这进一步扩大了中国政府在国际资本市场的影响，并建立了良好的国际形象。发行国际债券不仅筹集了国家建设急需资金，而且有效地调整了国家总体债务期限结构，缓解了国家债务偿债压力。

三、财政法制建设进一步加强，财政监督职能进一步强化

1996年财政法制建设得到了进一步的加强。一年来分别制定、颁布了一系列财税法规。主要包括：《企业国有资产产权登记管理办法》、《事业单位财务规则》、《个人所得税（修订）》、《罚款决定与罚款收缴分离的规定》、《遗产税条例》、《契税条例（修订）》、《耕地占用税暂行条例（修订）》、《车船使用税暂行条例（修订）》、《房产税暂行条例（修订）》等财政行政法规。为了配合《行政处罚法》的颁布实施，财政部还组织开展了财政规章及规范性文件的清理工作，涉及的财政规章及规范性文件达2000件。财政“三五”普法工作也已全面展开。

为了强化财政监督职能，探索和改革财政监督方式和方法，在开创财政监督工作新领域方面，也迈出了坚实的步伐。一是在财政收入监督方面，把监督环节从财政收入解缴单位引伸到收入征收、划解、退付各个环节，初步探索了财政机关对本级预算收入实施全方位监督的路子，提高了监督层次和成效。各地财政监督检查机构还试行开展了对会计师事务所等社会中介机构执业质量的检查。二是积极探索预算支出监督路子，逐步开展了对一些财政专项支出资金管理和使用情况的跟踪检查，初步改变了“重收入、轻支出，重支出、轻管理”的状况。这不仅有利于促进预算支出用款单位依法管理和使用财政资金，而且也有利于财政部门加强对预算支出的审核和监管。

四、财政存在的问题不容忽视

1996年，尽管党中央、国务院确定的实行适度从紧的财政政策得到了较好的贯彻执行，财政收入保持了较高的增长，但是财政仍存在着困难和潜在风险：一是中央财政赤字仍然偏大，完成“九五”计划规定的压缩财政赤字的目标非常艰巨；二是中央财政的债务依存度偏高；三是税收流失仍然严重，随意减免税以及偷税、骗税、抗税、欠税等现象还时有发生；四是支出约束不严，增长较快，铺张浪费现象比较严重，国家掌握的有限财力与各项建设和事业发展需要之间仍有很大差距；五是财经秩序混乱的状况还没有根本改观；六是越权设立基金、乱收费的现象还很普遍，预算外收费侵蚀税基也比较严重，国家财力分散的势头还未得到扭转，收入分配关系还没有理顺。部分国有企业生产经营困难，亏损增加，停产、半停产企业和下岗人员增多，也将增加财政困难。这些问题需要在以后的工作中着力加以解决。

（执笔：孙莉）

专栏 6.1 ’96国债市场状况

1996年我国国债市场在前几年发展的基础上又有了较快发展，市场规模不断扩大。主要特点是：在一级市场国债发行规模创历史纪录，在二级市场国债现券与回购交易量大幅度上升。

1996年国债一级市场，发行总量大幅增加，品种明显增多。其主要特点是：一国债发行规模创历史最高记录，全年共发行国债2 050.82亿元人民币和14亿美元的外债，比1995年增长33%；二国债发行品种增多。据统计,1996年国债共发行12期,其中国内发行10期,包括记帐式6期、无记名2期、凭证式1期和特种国债1期;国外发行2期,包括在美国发行的杨基债券和在英国发行的美元全球债券;三是国债发行较为顺利。在发行规模如此迅猛膨胀下,1996年发行工作却开展得极为顺利,几乎每一期国债都十分抢手,尤其是三年期以上券种,出现供不应求局面。

1996年国债二级市场,国债现券与回购交易量大幅度上升。据统计,1996年上交所国债与回购交易量累计成交17 401.5亿元,占上交所证券总交易额的62.91%。因此,上交所国债市场的基本格局和特点基本反映了1996年中国国债二级市场的基本格局和特点。一是现券交易与回购交易大幅度上升。1996年上证所国债现券交易4 962.38亿元,比上年增长6.44倍;国债回购12 439.16亿元,比上年增长10.44倍;二是大多数国债现券和回购价格呈先升后降的趋势;三是二级市场的操作方式有所创新;四是现券收益率和回购利率与银行利率差距扩大。

序号	名称	期限	计息日	到期日	发行价	到期价	面收益率	发行总额
1	96记帐式一期	1年	96.1.12	97.1.12	89.2	100	12.11%	135亿元
2	杨基债券	7年	96.1.23				6.625%	3亿美元
		100年					9%	1亿美元
3	96记帐式二期	0.5年	96.2.12	96.8.12	95	100	10.53%	210亿元
4	96无记名式一期	3年	96.3.10	99.3.10	100	143.5	14.5%	300亿元
5	96记帐式三期	0.25年	96.3.15	96.6.15	100		9.92%	150亿元
6	96记帐式四期	1年	96.4.2	97.4.2		100	12.04%	170亿元
7	96凭证式一期	5年	96.5.15	2 001.5.15	100	165.3	13.06%	300亿元
8	96记帐式五期	10年	96.6.14	2 006.6.14	100	111.83	11.83%	249.2亿元
9	美元全球债券	5年	96.6.27				7.375%	7亿美元
		10年	96.7.1				7.75%	3亿元
10	96无记名式二期	3年	96.8.6	99.8.6	100	132.88	10.96%	325.52亿元
11	96特种定向债券	5年	96.9.3	2 001.9.3	100	108.8	8.80%	10亿元
12	96记帐式六期	7年	96.11.1	2 003.11.1	100	108.56	8.56%	201.1亿元

(执笔:李晓超)

6.2 '97财政发展前景展望

一、1997年宏观经济环境分析

1997年是我国历史发展中具有特殊意义的一年。无论从国际环境还是从国内政治经济条件看,都有利于宏观经济继续保持良好的运行态势。

首先,从国际环境来看,世界经济和国际贸易都将维持比较强劲的增长势头。据有关国际组织预测,1997年整个世界经济增长率将达4%左右,世界贸易额预计增长8.4%。随着中国经济的国际化进程不断加快,参与国际分工与合作的前景日益广阔。1996年中国出口总额占GDP的比例已达到18.3%,这意味着中国国内生产总值近1/5要通过国际市场来实现。世界贸易容量的扩大将带动中国出口需求稳步增长,并成为促进1997年中国经济持续快速发展的重要因素之一。

其次,从国内政治经济环境来看,1997年香港将结束其殖民地统治回归祖国,党的十五大也即将召开。这两件大事客观上要求国民经济继续保持良好的运行态势。

从供给方面分析,各种资源供应基本可以保证经济的较快增长。一是连续两年农业生产获得好收成,增加了农产品的有效供给;同时,1996年主要农业和生产资料如农膜、化肥、农药等都呈现出产大于销的格局,库存增加较多。二是工业生产资料供应充足。1996 年煤炭呈现产大于销的格局，现有库存已达近 2 亿吨，加上当年新增产量，可以满足经济增长的需要；原油产量大体将维持 1996 年水平，需求缺口可通过适当安排进口来解决；钢材、水泥、有色金属等原材料库存也都比较充足。三是铁路、公路、港口的运输能力将有较大增加，随着京九线的建成通车，以及其他一些交通建设项目的投产使用，交通运输的“瓶颈”制约会得到进一步缓解。四是资金供给能力继续增强，1996 年城乡居民储蓄存款新增 8 859 亿元，为银行贷款增加了新的资金来源；1 050 亿美元的外汇储备，不仅有利于 1997 年继续吸引外资，增加资金供应，而且也为我国通过扩大进口来弥补部分投资品与消费品不足、缓解国内商品结构性矛盾提供了必要条件。

从需求方面来讲，一是投资需求仍将保持比较强劲的态势。受前几年投资增长过快的滞后影响，“八五”结转到“九五”的基本建设大中型项目，加上小型基本建设、更新改造、房地产和其他投资项目，以及非国有经济投资项目，估计现有全社会固定资产投资在建项目总规模达 5 万多亿元。“九五”期间还要计划安排一些重点建设项目。另外，银行贷款利率的下调，将刺激企业技术改造投资的增加，预计投资增长幅度不会低于 1996 年。二是消费需求，尤其是农村消费需求有较大增长潜力，1996 年农村居民人均收入实际增长 9%，随着减轻农民负担政策的进一步落实，农村购买力将会有较大幅度增长，这必将带动消费需求的扩张。三是国际需求方面。随着国际市场和世界贸易的不断扩大，以及外贸企业经营机制经过近两年的调整增强了对国际市场的适应能力，1997 年出口增长将会快于 1996 年。

当然，1997 年经济发展中也存在一些不利因素，主要是各种结构性矛盾在短时间内还不可能根本解决，国有企业经营面临的困难一时也难以彻底消除，这些不仅会影响财政金融的健康发展，也会给社会安定带来某些不利影响。同时，农业基础薄弱问题也比较突出，农业劳动生产率水平偏低和现行的生产方式在一定程度上仍将阻碍农业生产的产业化和现代化。

二、国家财政发展态势的预测分析

今年以来，财政运行继续保持良好态势。对照全年的预算安排情况，从初步统计汇总上来的数字看，今年一季度国家预算执行情况还是不错的，全国财政收入比上年同期增长 29.3%，增长幅度是历年来同期最高的，比预算安排的 14%的全年增长速度高 15.3 个百分点。当然，其中也存在一些不可比的因素，主要是外贸企业出口退税进度较慢，受此影响，致使中央财政收入增幅虚高。即使扣除这一因素，一季度财政收入增长也在 20%以上，速度还是比较高的。全国财政支出比上年同期增长 18.3%，财政支出增长速度相对较低，比财政收入增长速度低 11 个百分点。全国财政收支相抵，收入大于支出 300.57 亿元(去年同期收入大于支出 132.77 亿元)，为历年同期财政结余最多的。一季度的国家预算执行情况表明，财政改革与发展开局顺利。

从全年的财政发展趋势来看，随着外贸出口增长，出口退税进度会逐步加快，从而影响中央财政收入增幅。另外，从有关部门掌握的纳税申报统计看，零税率和低税率申报户数明显增多，加大了增值税的征管难度。这些因素将影响财政收入的快速增长。支出方面也存在一些增支因素，一是一些价格调整措施的出台需要财政增加补贴性支出；二是行政事业单位调整工资政策的出台，将增加财政支出。全年财政支出的压力还是比较大的。同时，根据上述对宏观经济环境的因素分析，总的看来，1997 年宏观经济环境相对比较宽松，国民经济仍将保持较高的增长速度，预计全年 GDP 增长 10%左右。在此基础上，1997 年财政发展的基本态势是：

从财政收入方面来看，根据我们利用宏观财政模型对 1990—1996 年财政与经济的关系所作的回归分析，GDP 每增长 1%，财政收入增长 0.67%。分年度来看，1994 年实际新财税体制以来，财政收入增长对 GDP 增长的弹性系数呈逐年上升态势，1996 年略超过 1，达到 1.1。考虑到由于国民经济仍将保持较快增长，随着我国各类经济组织的增多和各地财源建设项目逐渐发挥效益，财政收入会有更多的来源；由于进一步深化改革，积极推进经济增长方式的转变等因素的作用，1997 年财政增收的潜力还是比较大的，财政收入对GDP的弹性系数可能会有所提高，将高于实行新体制以来的平均弹性系数(0.76)。另外，考虑到工商税收在经过连续四年的高速增长之后，基数较大，增长率会有所下降，以及国有企业经营困难的状况很难在短期内扭转仍将影响财政收入的增长。综合这些因素分析，我们预测，1997年财政收入仍将保持较高的增长速度，但将低于1996年增长18%的速度，预计增长15%左右。再从财政支出方面来看，1997年预算支出安排面临着三方面的任务和要求，一是要落实“九五”计划要求逐年压缩财政赤字的目标；二是要发扬艰苦奋斗、勤俭建国的优良传统和作风，树立过紧日子的思想，压缩一般性支出，同时，保证重点建设和事业发展的资金需要；三是1997年香港回归祖国，为了平稳过渡，中央财政要有所准备。因此，1997年财政支出的压力是比较大的，必须采取切实可行的措施控制财政支出，力争做到财政支出增长低于收入的增长，从而达到逐年压缩财政赤字的目的。

三、1997年财税管理和改革政策主要取向

考虑到各种因素的影响和经济工作大局的要求，1997年国有财政政策的指导思想是：认真贯彻落实党的十四届五中、六中全会和中央经济工作会议精神，继续实际适度从紧的财政政策，促进经济结构的调整和优化，全面强化税收征管，使财政收入继续保持较快的增长速度；坚持量入为出，控制支出总量，优化支出结构，保证重点需要，反对铺张浪费，使财政支出的增长低于收入的增长幅度；进一步压缩财政赤字，控制债务规模；大力整顿财经秩序，继续深化财税改革。1997年财政改革和发展的主要政策有以下几个方面：

1. 继续加大税收征管力度，保持财政收入快速增长的势头。切实严格依法治税，严禁乱开减免税口子或违反规定擅自批准缓税，加强进口税征管，完善出口退税管理制度和税收稽查制度，严厉打击各种偷税、逃税和骗税等违法行为。大力清理欠税，在继续压缩旧的欠税基础上，争取新一年不再发生新的欠税。努力抓好个人所得税征管工作，特别是对高收入行业及高收入者个人所得税的征管，将该收的税都及时足额收上来。进一步加强土地出让金征收管理。

2. 建立行之有效的预算约束机制，遏制财政支出的过快增长。继续严格控制支出总量，优化支出结构，保证农业、教育、科学等重点支出的合理增长和国家政权建设必需的开支，控制一般性支出，认真执行《预算法》，严禁在预算执行中随意追加开支，确保支出增长低于收入增长。坚决执行国家统一的工资政策，各地区、各部门不得擅自发放各种津贴、补贴。严格控制机构和人员编制。大力精简会议，压缩公用经费开支。地方财政新增收入要重点用于消化滚存赤字，解决基层财政困难和其他历史遗留问题。

3. 继续深化各项财税改革。从1997年1月1日起，将国有金融保险企业的所得税税率由55%降为33%，同时，将金融保险业营业税税率由5%提高到8%，提高税率增加的收入归中央财政；将证券交易印花税分享比例由原来中央与地方各占50%，调整为中央占80%，地方占20%。要进一步完善增值税征收管理办法，扩大增值税发票交叉稽核的范围，坚决堵住利用增值税发票偷骗税的漏洞。改进个人所税税征收办法，严格实行代扣代缴和法人支付与个人收入双向申报制度。进一步改革和完善过渡期转移支付办法，改进测算方法，调整标准支出的项目和因素，建立激励机制，逐步向规范化转移支付制度过渡。继续支持国有企业改革试点，加强国有资产管理，努力实现国有资产保值增值。不断完善社会保障制度，促进社会稳定。

4. 继续大力整顿财经秩序。研究建立控制财政支出过快增长的约束机制，严肃查处挥霍浪费财政资金、擅自提高支出标准和挤占挪用重点支出的违纪行为。进一步贯彻落实国务院《关于加强预算外资金管理的决定》精神，坚决制止擅自将预算内资金转到预算外的错误做法，将该纳入预算管理的各种基金(收费)收入及时足额纳入财政预算，对预算外资金实际收支两条线管理。强化企业财务约束，帮助企业建立健全经营管理的各项基础工作，继续整顿会计秩序，研究制定与企业会计制度相适应的成本核算办法及单位内部控制制度。

(执笔：汪义达)

专栏 6.2　养老保险近期目标已明确

我国养老保险近期目标已经确定：即到本世纪末，基本建立起适用城镇各类职工和个体劳动者，资金多渠道，保障多层次，权利与义务相对应，管理和服务社会化的养老保险体系。

今后一个时期我国职工养老保险改革的主要动作是：

首先，统一基本养老保险制度。从职工缴费角度看，将按职工工资的11%建立个人帐户，其中个人缴费8%（目前个人缴费多为3%，今后每年提高一个百分点），企业缴费划入3%（现在多为8%，今后逐步降低）；社会统筹部分由统筹地区人民政府确定，企业缴费比例一般不得高于平均工资的20%。

当退休职工受益时，他所领取的养老金分两部分，一是基本养老金，标准不超过当地职工平均工资的25%，可以依据缴费年限长短划分若干档次；二是个人账户养老金，月发放标准为个人账户累计储存额除以120。现在各地实行不同方案，明年要向统一方案过渡，最后过渡期限为1998年年底。可见，建立个人账户对职工养老有很大意义。

其次，提高养老保险统筹层次。目前基本养老保险以县级统筹为主，管理层次过低，分散风险的功能小，今后将对基础养老金确定统一比例，并实行资金全国统一调剂。“九五”期间，率先对基础养老金在省级统一缴费比例和统一调剂资金。

第三，调整基本保险待遇水平。目前国有企业的基本养老保险待遇这一块水平偏高，多数地区的替代率在80%－90%之间，统一方案框架设计的基本养老保险目标替代率平均水平低于60%。

为了保证职工生活水平不因基本养老金替代率下降而降低，必须大力发展补充养老保险。国家体改委在养老保险制度改革方案中指出，对企业开展的补充保险，缴费水平在职工工资总额5%以内的，从成本中开支，个人参加企业补充养老保险和个人储蓄性养老保险的，缴费不高于个人工资10%的部分，从个人所得税税基中扣除。这对保护职工利益是很有好处的。

最后，养老保险的覆盖面今后也将扩大。今后将努力探索三资企业、私营企业和个体工商户参加养老保险的具体政策。

（执笔：巴威）

6.3　’96财政收入占国内生产总值的比重略有上升

财政收入占国内生产总值（以下简称GDP）比重是一个重要的宏观经济指标，它反映了一个国家一定时期内政府财政对该国经济活动成果的集中程度。这一比重在不同国家或同一国家的不同时期是不一样的，它随着政府事权大小的不同而有所差异。

改革以来，我国的财政收入占GDP比重呈现出持续下降的势头，可以说既是改革的目的，也是改革的结果，有其必然的一面。但随着改革不断向深度和广度的推进，特别是进一步加大对企业改组、改造和改革的力度后，出现了一系列影响社会安定如失业、收入差距等问题。这些问题难以通过微观机制解决的事实又要求政府事权的相应扩大，客观上又要求提高财政收入比重。

面对这一形势，近几年政府一直在积极努力地提高财政收入占GDP比重，但其下降的势头却一直在继续，直到1996年才得到初步缓解并略有提高。但也必须清醒地看到1996年这一比重上升基础脆弱和不稳固的一面，目前当务之急就是在培育税收来源、加大收入征管力度的同时，建立起确保财政收入占GDP比重上升的稳固的正常机制。

一、财政收入占GDP比重下降势头稍有遏止

改革开放以来，财政收入虽然在经济总体增长的同时保持了一个较高的增长势头，但由于其增长速度仍低于经济增长速度，结果其占GDP比重仍呈现出持续下降的势头。

始于1978年的改革开放，核心在于放权让利，大大地调动了微观经济主体的积极性和创造性，整个经济充满着活力和动力，表现在经济运行

结果上：一方面经济快速增长，1978－1995 年GDP(现价)年平均增长 17.7%；另一方面财政收入也快速增长，同期年平均增长 10.6%。财政收入的增长慢于经济的增长导致了改革以来财政收入占 GDP 比重持续不断的下降，由 1978 年的31.2%下降到 1995 年的10.7%。

但随着改革开放的进一步深化，特别是改革由宏观改革逐步向微观改革的转移，进一步加大对企业改组、改造和改革的力度，以及开放度和范围不断扩大，市场竞争进一步激烈后，经济运行中出现了一些直接影响社会经济稳定的现象和问题：一是失业问题日益突出。企业改革的目标模式是让企业成为以追逐最大利润为目的的独立的经营主体。表现在用工制度上，就是企业能够根据自身的情况吸纳就业人员或解聘职工；开放度的扩大，必然是市场竞争的加剧，影响到一些企业的经营。这些因素的作用和影响，必然是失业问题的日益突出；二是收入差距不断扩大。分配制度和分配格局是整个经济体制改革最主要的着力点之一，分配领域也是改革开放以来变化最大的方面，尤其以收入差距的扩大最为突出。这种差距的扩大既有合理和必然的一面，也有需要纠正的一面。这些问题的出现或突出，是微观经济活动所不能解决的，只有政府也即宏观经济活动才能承担起这一重任，相应又有扩大政府事权要求，提高财政收入占 GDP 比重的压力。随着改革开放的进一步不断深化，这种要求也越来越迫切，压力也越来越大。

针对这一变化，政府自进入 90 年代以来，可以说想了很多办法，也采取了很多措施，但从实际效果看并不理想。在 1996 年以前，财政收入占GDP 比重不仅没有上升，反而仍持续下降。据测算，财政收入占 GDP 比重在 1991－1995 年期间每年平均下降近 1 个百分点。

到 1996 年情况有了好转。据财政部初步统计，1996 年全国财政收入 7 407.99 亿元，比 1995年增长 18.7%，比现价国内生产总值增长 17.2%高出 1.5 个百分点，财政收入增长快于国内生产总值的增长，提高了财政收入占国内生产总值的比重。1996 年财政收入占国内生产总值比重为10.8%，比 1995 年提高了 0.1 个百分点，财政收入相对整个经济而言出现了好的转机。

1991－1995 年间财政收入占 GDP 比重变动表

年　　份	1991	1992	1993	1994	1995	1991－1995
财政收入/GDP(%)	14.57	13.08	12.56	11.19	10.71	11.95

二、进一步提高财政收入占 GDP 比重任务仍很艰巨

1996 年财政收入占 GDP 比重出现有所提高的势头，可以说是近几年政府积极采取多种经济政策的结果，也是各种规章制度逐步走向规范的反映，更是整体经济不断好转的表现，它的提高产生了较好的社会反响，也提高了政府宏观经济调控的能力，更为重要的是增强了政府进一步遏制以致提高财政收入占 GDP 比重的信心和决心。

但也必须清醒地看到，1996 年出现的财政收入占 GDP 比重上升的势头虽然有其必然的原因，但其基础是十分脆弱的，也是很不稳固的。

1996 年财政收入占 GDP 比重出现上升的势头，有其必然性，主要有：一是经济快速稳定增长。1996 年国内生产总值在 1995 年持续增长的基础上，又保持了一个较高的增长势头，1996 年增长9.6%；与此同时价格较为稳定，1996 年零售商品价格指数上涨 6.1%。经济的快速增长和价格的稳定，为财政收入快速增长提供了良好的条件；二是新财税体制的实施和落实。新财税体制改革的实施，对规范税收制度，理顺税收关系，以及财政收入的快速增长起了重要作用。税金收入主要有消费税、增值税、营业税、企业所得税、关税、农业税、耕地占用税等。1996 年各项税收收入 6909.8亿元，增长 14.4%；三是征管力度的加大，扩大了征收的部分。1996 年财政其他各项收入 817.8 亿元，增长 53.7%，比国内生产总值增长高 37.3 个百分点，是财政收入占国内生产总值比重提高到10.8%一个不可忽视的因素；四是微观经济主体纳税意识的提高，是确保 1996 年财政收入占GDP 比重上升的重要因素，但这种意识尚缺乏稳固的基础。长期以来，由于受各种因素的影响，包

括住户和企业在内的微观经济主体纳税意识极为淡薄，经过改革以来特别是近几年来的宣传，我国微观经济主体的纳税意识已大大提高，为1996年财政收入占GDP比重提高的一个重要因素。

1996年财政收入占GDP比重的上升，虽然有其必然的一面，但其基础脆弱和不稳固的一面也是比较明显的，主要有：一是规范性较强的税金收入增长并不十分强劲；而非规范的其他各项收入却增长较高。目前我国财政增收项目主要有税金收入和其他各项收入，两者最主要的区别在于规范程度的不同，前者有较强的规范性，并在上交比例上、上交方式上以法律的形式固定了下来，征收者和上交者都有着较为规范的行为准则，因此其增长的稳定性比较高；而后者就缺乏一定的规范性，上交者和征收者对未来应该上交或征多少、何时交或征都缺乏预期，上交者和征收者都缺乏较强的行为准则，其增长的稳定性比较弱。从两者对1996年财政收入占GDP比重上升的贡献看，后者要大于前者，正是因为这一点，才表明1996年财政收入占GDP比重上升的基础脆弱，也不够稳固。二是冲减收入仍保持了一个较高增长势头。目前我国冲减收入的项目主要有出口退税和国有企业亏损补贴。出口退税是政府为鼓励企业出口较多的产品，而实行的减免税收的一种制度。因此它的增长实际上就意味着税收的减少。1996年出口退税增长55.5%，可以预计，随着近期国内需求的下降，出口将会进一步增加，出口退税将不会太少。国有企业亏损补贴是指政府对国有企业因政策因素出现的亏损而进行的补贴。这一部分在未来仍不会有较大的减少。三是从总体上看纳税意识仍很淡薄，税收征管成本仍比较高。通过加强税法宣传教育，企业和个人的纳税意识都有较大提高，纳税的主动性和自觉性明显增强，但与纳税的要求相比仍有一定差距，偷税漏税仍比较普遍，对纳税意识淡薄的现象应有足够认识。面对这一现实，税收征管的成本相应也会有所提高。

综上所述，1996年财政收入占GDP比重的上升，是经济快速稳定增长，新财税体制的实施和落实，征管力度的加大和微观经济主体纳税意识的提高等因素作用的结果，有其必然的原因。但也应当看到伴随这一比重的上升，非规范性收入和冲减收入仍保持较高增长势头，微观主体纳税意识仍比较淡薄，税收成本还比较高。可见，这一比重上升的基础是十分脆弱的，也是不够稳固的，提高这一比重任重道远。

三、近期提高财政收入占GDP比重的基本对策

1996年出现的财政收入占国内生产总值比重上升的势头，增强了政府进一步提高这一比重的信心和决心。从各方面因素分析看，近期尽管存在着很多有利的因素，但由于存在着体制、政策和大环境等一些十分不利的因素，要进一步提高财政收入占国内生产总值比重，仍需要下大力气。初步考虑可以从建立体制、规范政策和营造环境着手，以确保财政收入占GDP比重在经济增长的同时保持一个稳步持续上升的势头。

确立切实可行的政策目标是制定一个好政策的基础和前提。改革开放以来财政收入占GDP比重下降到目前如此低的水平，可以说是长期形成的，因此提高这一比重也不是一蹴而就，需要一个时间过程。根据现实和可能，我们认为在1997—2000期间每年将财政收入占国内生产总值比重提高两个百分点还是可能的，到2000年这一比重将达20%。

按这一目标要求，必须加大政策操作力度，完善税收制度，建立财政收入内在的增长机制；将预算外和各种基金纳入预算管理，规范预算政策；保持经济稳定增长，培育税收来源。

（一）保持经济稳定增长，培育税收来源。经济增长是税收增长的基础，只有经济保持稳定的增长，才能确保税收的稳定增长。

（二）加大税收征管力度，防止偷税漏税。健全的税法，需要有力的征收手段才能保证税收的稳定增长，防止偷税漏税。

（三）完善税收制度，建立财政收入内在增长机制。目前我国的税收制度，基本上是按经济增长的同比例进行征收的，是非累进的，因此最多也只能保证财政收入的增长保持经济增长的速度。要确保财政收入占GDP的比重，必须改进税收制度，加大税收的累进功能。

（四）将预算外和各种基金纳入预算管理，规范预算政策。预算外和各种基金，完全体现着政府职能，但又不纳入预算管理，不仅影响政府职能的

充分发挥，也影响预算管理的严肃性，间接影响财政收入的增长。建议应将预算外和各种基金纳入预算管理，规范预算政策。

（执笔：李晓超）

6.4 '96财税改革概况

一、改革的基本背景

1995年我国国民经济保持了持续、快速、健康发展的势头，为1996年的经济发展创造了一个良好的基础，但是国民经济运行中仍存在着一些突出矛盾和问题，物价上涨幅度仍处于较高水平，1995年全年商品零售价格指数上升了14.8%，推动物价上涨的一些因素还没有完全消除，通货膨胀的压力较大；国有企业改革步伐不快，部分国有企业生产经营困难，企业亏损增加，产成品资金占用增多，相互拖欠严重，经济效益不好；部分社会成员之间收入差别悬殊，一些低收入者生活比较困难；财政收入占国内生产总值比重过低，中央财政和部分地方财政仍较困难。1996年是实施“九五”计划和2010年远景目标纲要的第一年，针对发展中存在的矛盾和问题，政府把经济工作的重心，放在了进一步抑制通货膨胀，保持宏观经济形势稳定，推进国有企业改革，促进经济稳步增长方面，力争为“九五”计划开好头，起好步。

财税体制改革，服从于经济稳定和发展的大局，采取了稳步推进的方针，在坚持新财税体制基本框架不变的前提下，按照进一步完善社会主义市场经济体制和对外开放的要求，对财政体制和税收制度进行了局部性的调整和完善。

二、财税改革的主要内容成效

（一）进一步完善分税制财政体制。一是对过渡期转移支付办法进行了修订，主要是针对过渡期转移支付办法中标准收入和标准支出的测算等一些技术性问题，在调查研究的基础上进行了修改，使之能更准确地反映地方的财力状况；研究建立支出评价的指标考核体系，加强对地方使用资金效果的监督。二是规范省以下财政，针对一些省、区对下推行分税制改革时，在税种划分和税收返还过程中存在的问题，按照《完善省以下分税制财政管理体制的意见》对各地进行督促检查，并重新核定了地方预算资金调拨比例，以缓解基层财政部门预算资金调度紧张的困难。

（二）整顿财经秩序，加强预算外资金管理。根据国务院领导对清理整顿财政周转金确定的“控制规模，限定投向，健全制度，加强监督”十六字方针，财政先后制定了《关于财政周转金清理整顿工作中若干问题的通知》、《地方财政周转金呆帐处理暂行规定》、《地方财政周转金会计制度（试行）》等规定。为贯彻《国务院关于加强预算外资金管理的决定》，研究制定了《预算外资金管理实施办法》、《中央预算外资金财政专户管理暂行办法》等，建立起了中央财政专户，并对养路费、车辆购置附加费、铁路建设基金、电力建设基金、三峡工程建设基金等11项政府性基金（收费），制定了专门的财务管理办法。

（三）调整进出口税收政策。一是下调了关税税率。我国关税长期存在着高税率，多减免，名义税率与实际税率严重背离的情况。为了扩大对外开放，从1996年4月1日起，我国政府决定把关税平均税率从35.9%降至23%，并实行新的《中华人民共和国进出口关税条例》。二是对加工贸易全面实行保证金银行台帐监管制度。在总结宁波、苏州、东莞等市加工贸易进口料件实行保证金台帐监管试点经验的基础上，从1996年7月1日起，在全国范围内推行加工贸易进口料件纳税保证金银行台帐监管制度，规范加工贸易行为，堵塞税收漏洞。三是全面清理进口税收优惠政策，结合降低进口关税税率，从1996年4月1日起，取消对特定经济区域、新办外商投资企业和技术改造项目等进口税收减免政策；在此之前已批准的外商投资企业、技术改造项目，按投资额大小，分别给予一至二年过渡期；对经济特区、浦东新区、苏州工业园区进口自用物资交纳的关税，采取定额度，五年返还，逐步递减的办法。四是对部分进口商品实行配额制度和暂定关税税率。为了配合清理进口环节税收优惠政策和降低进口关税税率，保障国内生产所需的重要设备和原材料进口，先后对303种商品实施了公开或内部关税暂定税率；对粮食、植物油等12种商品实行配额制度。五是调整了部分进口税收规定，对“九五”期间列入国家经贸委技改计划，国内不能生产的进口设备，其进口增值税先按17%征收，然后返还企业8个百分点，作为国家注入的资本金；从1996年8月1日起，对入境旅客行李和个人邮递物品的进口税率，由五级调整为四级；将边境贸易减半征税政策延长至1998年底；从1996年9月1日起，对出境免税店销售的烟、酒、工艺品、丝绸、服装、保健品(包括药)等产品实行退(免)税。

(四)改革和完善国有企业财务制度。围绕着促进国有企业改制，加强财务监督，加快技术进步，财政部门采取了多项积极的改革措施：一是积极做好国有企业优化资本结构试点从18个城市扩大58个城市的有关工作，重点是落实好把试点城市国有企业上交所得税的15%返还企业，增加国有企业流动资本。二是配合国有企业改制，制定了《国有企业兼并有关财务问题的暂行规定》和《国有企业实行破产有关财务问题的暂行规定》，明确了财政部门在国有企业改制中的职责，防止国有资产流失。三是制定了《财政部和国家税务总局关于促进企业技术进步有关财务税收问题的通知》，并把财政对企业技术改革的贴息拨付给银行，改为直接按项目拨付给企业，以便更好地促进国有企业的技术进步和把技术成果产业化、商品化。四是针对国有企业财务秩序混乱等问题，代国务院起草了加强国有企业财务监督的通知，对国有企业的财务管理制定了具体的监督办法。

(五)改革行政事业单位财务制度，加强对财政支出的管理和控制。为控制行政事业经费的过快增长，财政部制定了《事业单位财务规则》和分部门制定了事业单位财务管理办法，取消了原财务制度规定的事业单位实行全额预算、差额预算和自收自支三种预算管理形式，规定事业单位统一实行“核定收支，定额或者定期补助，超支不补、结余留用”的预算管理办法，事业单位必须将全部收入都纳入单位预算，与财政拨款统一核算，统一管理，建立全面反映单位各项资金活动和财务收支状况的新预算管理体系。同时，还积极研究制定《行政单位财务规则》，以加强对行政机关经费的管理和控制。

(六)改革流通领域的有关财务制定，积极支持流通体制改革。为促进我国粮食生产长期稳定发展，财政部配合国务院提高粮食购销价格的决定和粮价改革，制定了《国家定购粮食价格调整后有关财政、财务处理问题的通知》，具体规定了提高粮食购销价格后有关财政政策和财务处理办法；与解放军总后勤部、国家粮食储备局共同制定了军粮供应和管理体制的改革方案，解决了提高粮价后军粮供应出现的问题；与内贸部共同制定了《加强民用煤管理，进一步做好民用煤供应工作的意见的通知》，将原来财政对民用煤价格的暗补，改为建立地方民用煤储备基金和价格风险基金制度。

(七)积极参与保险制度改革，加强社会保险基金的财务管理和监督。财政积极参与制定了由国务院批转的《关于职工医疗保障制度改革扩大试点的意见》，并制定了《关于积极参加职工医疗保障制度改革扩大试点，加强财务管理工作的有关问题的通知》等配套性文件，明确了财政部门在医疗保险制度改革中的职责。另外，还积极参与和推动城镇企业职工养老保险、失业保险、医疗保险，以及社会救济等项社会保险制度改革。

(八)改革国债发行方式，推进国债发行的市场化。一是以划款期、价格或收益率为标的，对国债发行采用了单一价格的荷兰式或多种价格的美国式市场招标，成功地迈出了通过市场发行国债的步伐。二是调整国债品种结构，针对我国以往的国债多是3至5年期的一次性还本付息国债，品种结构单一，还本付息期过于集中的问题，发行了1年期以内的短期国债，以及5年期、7年期和10年期的中长期国债，以及贴现国债和付息国债，既满足了投资者多元化的投资需求，也改善了国债品种和期结构。

(九)加强财政法制建设。1996年，在财政部门积极推动下，财政法制建设取得了较大进展，制定和颁布了一系列财税法规，主要包括《企业国有资产产权登记管理办法》、《事业单位财务规则》、《罚款决定与罚款收缴分离的规定》、《遗产税》、《契税条例(修订)》、《耕地占用税暂行条例(修订)》、《车船使用税暂行条例(修订)》、《房产税暂行条例(修订)》，在财政税务部门在依法行政，依法治税方面开创了一个新局面。

三、存在的问题及进一步改革的思路

新财税体制已稳定地运行三年，每年财政部都在对新体制进行调整和完善，但现行财税体制仍存在着一些需要进一步解决的问题，主要表现在以下几方面：

一是中央财政与地方财政的支出范围划分仍不科学和明确，经常出现中央开地方财政减收增支的口子，或地方挤占中央财政收入的问题；

二是过渡期转移支付制度规模过小，用以确定地方合理支出需求和收入水平的指标体系尚不完善；

三是地方税体系不健全，税种过于分散和老化，地方日渐感到收入潜力不足，基层财政无税可分；

四是企业所得税实行中央与地方按隶属关系分享，既不利于调整产业结构，促进统一市场的形成，转变政府职能，加强中央政府的宏观调控能力，又使得地方在财源建设方面存在许多顾虑；

五是在商品批发和零售环节征收增值税存在较大漏洞，许多企业长期以来的进项税大于销项税，逃避税收，使得增值税收入增长速度相对比较低。

针对上述问题，改革的基本思路，是在坚持现行财税体制基本框架不变的基础上，对新财税体制作一些局部性的修改和完善。近期财税改革的重点可放在以下一些方面。

首先，要进一步科学地划分中央与地方政府的事权范围，把中央政府和地方政府的事权进行分类，在此基础上，来确定中央财政和地方财政的支出范围。

其次，完善预算体系和地方税体系，充实地方财力。赋与省级一定的税收管理权，在不侵蚀中央税基和损害其他地区正当利益的前提下，允许省级地方开征地方税；逐步把现有的预算外资金和政府性资金纳入预算管理，建立相应的预算管理模式；对地方现有的行政事业性收费进行改革，把具有税收特性的收费改为地方税，制定更加严格的行政事业性收费立项标准，把现有的一些地方税合并为财产税，并适当扩大其税基。

第三，加大转移支付的力度。在中央财政收入不断扩大的前提下，适当扩大对地方的转移支付规模，调整有关的测算指标体系，促进地方间经济和社会的协调发展。

第四，尽快将企业所得税改为中央与地方按率共享或按比例共享，进一步减少国有企业与政府间的联系，打消地方政府在财源建设方面的顾虑。

第五，进一步改革和完善个人所得税制度，使个人所得税的征收范围能覆盖个人的全部收入，以缓解收入分配不公矛盾，增强税收的调控能力。

第六，加强对增值税的征管，加紧建设全国联网的计算机交叉核查网络建设，最大限度地减少商品环节的增值税流失 。

（执笔：邱江涛）

专栏 6.3 个人住房担保贷款出台

1997 年 4 月末，中国人民银行颁布实施《个人住房担保贷款管理试行办法》，这一办法将首先在国务院确定的实施安居工程的 223 个城市中试行。为此，中国人民银行已安排国有商业银行 100 亿元贷款规模，专项用于发放个人住房担保贷款。近几年，为适应住房制度改革和城镇居民购房的需要，有些商业银行陆续开办了个人住房抵押贷款业务，累计发放贷款近 100 亿元，解决了 120 多万户家庭购买住房的资金需要。但是由于缺乏统一的管理规定，商业银行在办理这项业务时做法不尽一致，尤其在贷款的利率、期限、抵押等方面有许多不同之处，不利于个人住房抵押担保贷款业务有序、健康地发展。《试行办法》总结了几年来商业银行办理个人住房抵押贷款的经验和做法,对贷款的对象、条件、程序、期限、利率、担保、房屋保险、借款合同的变更和终止、抵押物和质押物的处理等都作了统一规定,从而为规范发展个人住房贷款业务奠定了良好的基础。

《试行办法》综合考虑了城镇居民的购房需要和承受能力,贷款具有期限长、额度大、利率优惠的特点。例如个人住房担保贷款最长期限为20年,贷款最高额为购买自用普通住房价格的70%,个人可申请一部分低利率的公积金住房贷款,用信贷资金发放的贷款,利率在同档次固定资产贷款利率的基础上,下浮一个档次执行。但这一办法明确规定了银行不对购买高档豪华商品房发放个人住房担保贷款。

《试行办法》的颁布实施,将对进一步规范个人住房担保贷款业务,扩大个人住房担保贷款的数额,提高我国城镇居民购房能力,推进城镇住房制度改革,支持和培育新的经济增长点,具有十分重大的意义。

(执笔:杜 宇)

6.5 '96中国金融改革回顾及'97展望

1996年我国出台了几项重大金融改革措施。有几项是首次推出因而具有里程碑意义。这些改革措施作为社会主义市场经济体制的重要组成部分,已经并将进一步对我国社会主义市场经济的发展产生积极的促进作用。几项重大改革措施包括:

第一,人民币经常项目可兑换的实现。这是我国外汇管理体制方面一个具有里程碑意义的重大改革,也是我国整个经济体制改革的一个重要组成部分。1996年11月,央行负责人正式致函国际货币基金组织,宣布中国自12月起接受国际货币基金组织协定第八条第二、三、四款的义务,实现人民币经常项目可兑换。这就意味着,我国从此将对(不以资本转移为目的的)经常性国际交易支付和转移,包括所有无形贸易的支付和转移不加以限制,不实行歧视性的货币安排或多重货币,所有法规和规章都必须遵守这一原则。从而提前兑现了我国所做出的在2000年以前实现人民币经常项目可兑换、达到国际货币基金组织协定第八条要求的承诺。1994年通过的《中共中央关于建立社会主义市场经济体制若干问题的决议》,曾规定我国外汇管理体制改革的长远目标是"逐步使人民币成为可兑换货币",即要实现包括经常项目和资本项目可兑换在内的人民币自由兑换。实现人民币经常项目可兑换,无疑是向这一目标所迈出的关键性的一步。

第二,农村金融体制的改革。长期以来,农村金融系统在支持农业和农村商品经济的发展中发挥了重大作用,但同时也存在着许多不适应农村经济发展的地方。为了落实党中央、国务院关于切实加强农业的精神,金融部门不仅要逐年增加农业信贷的投入,更重要的是要深化金融体制改革,建立与我国农村经济发展相适应,能更好地促进农村经济发展的农村金融体系。为此,央行就农村信用社的管理体制和业务运营、中国农业发展银行的机构设置与发展等问题组织了多次深入调查,在调查研究的基础上起草了农村金融体制改革方案。1996年8月,国务院正式颁布了《国务院关于农村金融体制改革的决定》。根据这一决定,我国农村金融体制改革的重点是:加快农村信用社管理体制改革,恢复农村信用社的合作金融性质;发展由中国农业银行等金融机构组成的农村商业性金融体系;根据业务需要和精简机构的原则,增设中国农业发展银行的营业机构,基本实现业务自营和农产品收购资金的封闭运行;逐步建立农业保险体系;清理整顿农村合作基金会。改革的目标是形成一个商业性金融、合作金融、政策性金融分工协调的农村金融体系,有效促进农业现代化和农村经济全面发展。

第三,货币政策调控方式的改革。1996年以来,中国人民银行在继续实行适度从紧的货币政策的同时,也开始了对货币政策工具的重大改革,主要是更多地采用基于市场运作的间接调控手段。1996年4月9日开始,央行试行了以国债为工具的公开市场操作。与此同时,还加大了央行再贷款的回收力度,有效地冲消了外汇占款扩张等因素对基础货币供应所造成的冲击。公开市场业务是发达的市场经济国家通用的基于市场运作的货币政策工具之一，我国中央银行首次采用这一货币政策手段。这是我国中央银行在货币调控方面从直接调控向间接调控所迈出的重要一步。

第四，对金融和金融市场监管的加强。在金融监管方面，中国人民银行在1996年所强调的指导思想是从单纯的合规稽核向审慎性监管与合规性稽核相结合的转变，突出加强金融机构的风险管理。按照这一指导思想，央行强化了现场检查与非现场监督的结合，加强了对金融机构的稽核与监管，处理了有问题的金融机构；二是严格市场准入，把好金融机构的优生关；三是制定了《金融机构高级管理人员任职资格管理暂行规定》；四是清理了前两年金融机构之间搞假回购形成的债务拖欠。这些措施对于防范金融风险，维持正常的金融秩序，保证金融体系的安全运行起了重大作用。

1997年拟将出台的金融改革措施主要有四个方面。第一，加强商业银行内部管理体制的改革；第二，按照《国务院关于农村金融体制改革的决定》，全力推进农村金融体制改革；第三，加快货币政策操作工具和操作方式的改革；第四，进一步规范和发展金融市场。

商业银行内部管理体制的改革主要内容是：以加强风险管理和内部控制为核心，建立、完善并落实各类内部管理规章、制度和业务工作程序；一心一意办银行，靠服务质量参与有序竞争；努力精简机构，降低成本支出，提高积极效益；采取得力措施，降低不良资产的比率，同时补充国有商业银行的资本金。

1997年农村金融体制改革的重点是：一、抓紧把农村信用社规范成农民民主管理的农村社区性合作金融组织，建立信用社风险防范体制；二、完成农业发展银行机构下设工作，推出农副产品收购资金封闭运行办法；三、着手农村地区商业银行体系的调整；四、完成农业保险体系发展规划；五、整顿农村合作基金会。

货币政策操作工具和操作方式的改革主要将涉及：存款准备金制度的改革；公开市场操作业务的推进及完善调控基础货币的政策工具组合；理顺利率结构；为在1998年改革流动资金贷款管理办法，对货币供应量转向以间接调控为主，做好必要准备。

在金融市场方面，改革方针是规范与发展相结合。一是在建立、健全法规的基础上推进直接融资，积极稳妥地发展资本市场，发展资本市场投资机构和中介服务机构；二是进一步规范同业拆借市场，促进短期资金的融通。完成对各地融资中心的清理整顿工作，使之成为具有独立法人资格和足够资金的货币市场中介机构；三是按照《票据法》的规定，加快规范和推广商业票据，培育票据市场。

我国金融业在“九五”时期的主要任务是：第一，实行适度从紧的货币政策，保持人民币币值的稳定；第二，加强金融监管，规范金融机构行为，防范金融风险，维护金融业的安全稳健运行；第三，加快金融业的市场化改革，提高金融对外开放水平，初步建立起适应我国社会主义市场经济发展需要的金融体制；第四，加强金融系统精神文明建设和队伍建设，切实改进金融服务质量，树立金融业良好的社会形象，促进我国国民经济持续、快速、健康增长。

（执笔：王大用）

专栏6.4 人民币实现经常项目下的可兑换

1996年11月27日，中国银行行长戴相龙正式致函国际货币基金组织（IMF），宣布：中国不再适用国际货币基金组织协定第十四条第2款的过渡性安排，中华人民共和国自1996年12月1日起，将接受国际货币基金组织协定第八条第2款、第3款、第4款的义务，实行人民币经常项目下的可兑换。从此中国加入了115个已实现本币经常项目可兑换的IMF成员国的行列。这也意味着，中国从此将对（不以资本转移为目的的）经常性国际交易支付和转移，包括所有无形贸易的支付和转移不得加以限制。

接受 IMF 第八条款义务，实现人民币经常项目可兑换，显示和表明了现阶段中国经济良好发展状况，同时，也展现出未来发展和有益的前景，主要表现在以下方面：

1. 有利于中国融入和参加到国际间交往中。在中国宣布接受 IMF 第八条款的当天，IMF 总裁康德苏先生在华盛顿发表书面声明，对中国政府这一举措表示欢迎，他认为："这是中国在历史性变革和果断融入世界市场经济进程中的又一座里程碑，实现经常项目可兑换，将进一步加强国内、国际对中国改革光明前景的信心，这一步骤以及计划中的其他结构改革预示着中国美好的未来，并将有益于世界经济。"我国历经 18 年的改革，终于有条件由第十四条款国过渡为第八条款国，并自豪地向国际货币基金组织正式宣布且为其所接受。这对中国外汇管理体制与国际通行规则接轨，对加入经常性交易的多边支付体系，促进我国经济融入世界经济，对中国加入世界贸易组织均提供了有利条件和树立了良好的对外开放形象。

2. 有利于完善国家宏观调控机制。近年中国政府一方面不断加强宏观调控，经济成功地实现了"软着陆"目标，有效地调节了国内供需平衡，国际收支状况不断改善，外汇储备迅速增加，1996 年末已达到1 050 亿美元，人民币汇率保持基本稳定，在此基础上有步骤地通过 1994 年和 1996 年的分步改革实现了人民币经常项目完全可兑换的目标；另一方面，外汇体制的稳步推进使中国外汇市场建设取得了重大突破，为国家实施宏观调控提供了有效的工具，中国人民银行通过在银行间外汇市场设立的外汇公开市场操作，平抑了供求，稳定了汇率，外汇市场已成为中央央银行实施宏观调控的一个重要载体，实现人民币经常项目可兑换，对促进外汇市场发育，为国家完善宏观调控提供了更有利的手段。

3. 有利于更好地利用两个市场、两种资源。接受 IMF 第八条款义务，实现人民币经常项目可兑换，表明中国放松外汇管制，实行更加自由、开放、透明和简便的外汇管理制度，减少了外汇资源配置过程的行政干预，加强了市场调节在外汇分配领域的主导作用。这首先，有利于中国加快产业结构调整和产品升级换代，使企业能更为"自由"地吸收国外先进技术和先进设备，同时有利于把企业进一步推向国际市场，通过进口商品的竞争促使企业加快技术进步，提高生产效率通过市场价格的信号促使企业按比较优势进行投资，发展生产，从而促进国内资源的合理配置和充分利用。其次，实现人民币在经常项目下的可兑换后，对外商投资企业获得国民待遇以及外国投资者的合法收益有了充分的法律保障，增加了外国投资者投资中国的信心。从长远看，这将大大改善中国的投资环境，符合外商的长期投资利益，从而吸引更多的外资进入中国。

实现人民币经常项目下可兑换是我国外汇体制改革的现阶段目标，我国外汇体制改革的长期目标是实现人民币可兑换，要达到这一目标，必须依据国情和国力循序渐进。人民币经常项目的可兑换成功实现使我们完全有信心和理由相信中国将国际经验与中国具体国情相结合的渐进性改革能够迈向最后的成功。

（执笔：崔晓红）

6.6 '96—'97 货币政策

一、1996 年货币政策的实施环境

1996 年货币政策的实施环境好于 1995 年。主要表现在：

1. 从经济运行基础看。1995 年的宏观调控取得显著成效，这为 1996 年经济金融运行打下了一个良好的基础。前几年过热的经济增长速度逐步降温，投资回落，物价回落，有利于中央银行有效地调控货币供应量。

2. 从制度建设看。1995 年《中国人民银行法》、《商业银行法》、《保险法》和《票据法》的颁布实施，为 1996 年的金融运行和货币政策调控提供了坚实的法律依据和法律保障。

3. 从社会环境看。经过近几年的宏观调控，金融业愈益为社会各界所关注和重视。1995 年犹为如此。这为 1996 年的货币政策实施打下了良好的社会基础。

4. 从金融秩序看。1995 年加强金融监管，促使金融业分业经营，将会使 1996 年的金融秩序明显好于 1995 年，这为 1996 年的货币政策操作奠定了良好的微观金融基础。

但 1996 年的货币政策仍然面临着严峻的挑战。(1)1995 年物价回落的基础不稳。1995 年的物价回落在一定程度上是靠行政限价、财政补贴压价和延缓出台价格改革措施取得的，农业在某种程度上是"靠天吃饭"，回落的基础不牢固。

(2)潜在的通胀压力仍然很大。1995年货币供应量的增幅虽有明显回落,但代表社会总需求的广义货币供应量M2,远未回落到控制的目标之内。增幅仍然偏高。如果宏观经济调控失当,政策过于松动,M2中的准货币(M2—M1)就会无节制地转变成M1,引起货币流动性增强,即期需求增加。(3)影响货币供应量的主要因素不能完全为货币政策所控制。在1995年影响货币供应量的主要因素中,消费基金膨胀和体制外融资在1996年仍会在一定范围内存在,而这两个因素货币政策却无法加以直接调控。这增加了控制货币供应量的难度。(4)结构矛盾仍会严重地困扰货币政策操作。时刻困扰货币政策操作的企业资金问题,在我国现阶段实际上是一个经济结构调整摩擦的问题。缓解企业的资金矛盾,必须理顺经济结构,而货币政策在这方面的作用十分有限。货币政策需要财政政策和投资政策的协调配合,而在这方面我们的经验少,这仍将是今后货币政策操作中的矛盾焦点。

专栏6.5 中央银行公开市场操作业务

4月9日,中国人民银行以国债为工具的公共市场操作系统正式启动。公开市场业务是西方国家货币当局使用频率最高的“微调”工具,中央银行通过买入或卖出有价证券,向金融市场投放或收回资金,可以使商业银行的资金头寸发生变化,进而调节整个社会货币供应量,实现中央银行的货币政策意图。建立在外汇操作市场上的国债公开市场,截至10月底,共累计办理国债回购28次,成交金额30多亿元。尽管目前成交量尚小,还没有真正起到宏观调控的作用,但它的意义在于初步建立了公开市场业务的操作机制。

(执笔:李晓超)

二、1996年货币政策所采取的主要措施

1996年针对经济增长目标和相应的货币发展目标,中央银行积极探索运用多种货币政策工具加大间接调控力度。所采取的主要政策措施是:

1. 建立全国银行间同业拆借市场。于1996年初试运行,为发挥利率杠杆的间接调控作用奠立了基础。

2. 进行公开市场业务操作。于1996年4月试行国债公开市场业务操作,通过影响商业银行的超额储备来调节货币供应量。

3. 大力应用利率政策工具改善社会公众的预期,调整货币的流动性。1996年,针对物价涨幅回落,储蓄存款和企业单位定期存款高增长,货币流动性减慢,企业负担重以及社会资金周转缓慢等情况,中央银行在4月及时宣布停办新的储蓄存款保值贴补业务,并先后于5月1日和8月23日两次降低金融机构存贷款利率。

4. 注入资金增加企业的流动性。

5. 改进和完善再贴现政策,促进商业票据的推广。

6. 中央银行继续收回对金融机构的贷款对冲操作外汇储备及其外汇占款的增加。

7. 货币政策配置以信贷政策和改善金融服务予以实施。1996年信贷政策采取一系列措施注重优化信贷结构。根据经济发展的需要,1996年下半年追加国家银行贷款规模1 330亿元,主要用于增加农副产品收购贷款,以及工业企业更新设备、技术改造和支持出口企业生产经营等,贷款投资向结构合理。6月份采取的改进金融服务的10条措施,支持了国有大中型企业的发展。全面推行《贷款通则》,推广《贷款证》及主办银行制度,支持产品有市场、有效益企业的生产发展;在银行与效益好的企业之间建立相对稳定的关系,以提高银行的贷款质量。

三、1996年货币政策的实施效果

1996年实施适度从紧的货币政策效果显著,基本实现了低通胀、高增长的宏观目标。

全年国民经济持续适度增长,国内生产总值

增长 9.6%，工业增加值增长 12.5%。粮食供求情况进一步好转，消费市场表现为供求基本平衡、供略大于求的态势，这对控制物价上涨和保持宏观经济的平稳运行起到了重要的保障作用。零售物价年平均上涨率由 1994 年的 21.7%，1995 年的 14.8%，下降为 1996 年的 6.1%。不仅实现了年初确定的 10%以内的调控目标，而且大大低于经济增长度，保持了人民币币值的稳定。国际收支基本平衡，当年外汇储备增加 254 亿美元，总额达到 1 050亿美元，跃居世界第二。人民币汇率基本稳定。适度从紧的货币政策基本达到预期目标。

从金融运行实绩情况看，全年广义货币供应量 M2 增长 25.3%，增幅比上年回落 4.1 个百分点，实现了年初制定的计划目标。M2 增幅下降，说明潜在的通货膨胀压力逐渐缓解。对当期产出和物价具有直接影响的是狭义货币供应量 M1。M1 全年增长 18.9%，比上年提高 2.2 个百分点，增长是适度的。调整货币流动性的政策取得成效。构成 M1 重要组成部分的流通中现金 M0，全年增加 917 亿元，控制在计划目标 1 000 亿元以内。

1996 年适度从紧的货币政策在调控总量的同时，配之以信贷政策兼顾了对结构的调整。一季度及时足额下分贷款规模，上半年多增 1 000 亿元规模指标，全年金融机构新增贷款 10 683 亿元，比上年多增 1 343 亿元，其中国家银行新增 7 938亿元，多增 1 023 亿元。新增贷款优先保证了对农业的信贷投入，保障了农副产品收购资金的供应和国家重点建设的合理资金需要，对产品销路好、有效益、讲信誉企业的合理流动资金需要也积极主动地予以了支持。这改善和增加了企业的流动性，缓解了部分企业的资金紧张状况，促进了生产的发展。

但也要看到，1996 年货币政策操作也还存在许多值得改进的地方。首先是实施特定政策措施的条件和各项政策措施的搭配问题。如中央银行公开市场操作本是一个很好的政策工具，但在我国现阶段其作用有限。要真正发挥作用，还需要创造条件。再就是财政政策和货币政策的搭配问题，虽在国债上有新的突破，但仍存在不少的问题，目前财政仍较困难，虽然预算赤字规模不大，但财政该支未支、该补未补，而由银行垫支的缺口，即隐性财政赤字规模仍很大，信贷资金财政化的现象仍很严重。货币政策在某些场合行使着财政的职能，如贷款救济发工资、降息减轻企业负担等。由于政策措施搭配乏力，往往出现特定政策调控越位的情况，这又引发新的问题。如近年银行经营效益下降，风险加大就是证明。

第二是政策工具出台过于集中。近两年中央银行宏观调控引进了一系列的间接调控工具，有些政策工具是逆调节，有些是顺调节，在不同的条件下怎样匹配，目前尚在摸索之中。

第三是政策时机、力度和时滞把握的不够。这主要是受对形势判断的影响。形势判断的及时性和预见性有待加强，这在很大程度上依赖于对决策支持系统的建设。

四、1996 年货币政策成功的经验

总体上看，货币政策在 1996 年取得相当的成功。这是连续几年来执行适度从紧货币政策进行宏观调控的最终结果。成功主要来自以下几个方面：

（一）调控目标明确：始终把控制通货膨胀作为宏观调控的首要任务不动摇；克服了政策的左右摇摆，避免了政策因素引起的经济短期周期波动。这轮宏观调控把治理通胀作为宏观政策的首选目标，此后虽经历了一系列的改革，数度为企业资金紧张所困扰，但降低过热的经济增长速度、控制投资过快增长、治理通货膨胀的决心和政策不变。实践证明是十分正确的。

（二）政策措施对路：针对导致通货膨胀的不同原因采取了不同的对策；在调控总量的同时，始终注重结构调整，保持需求适度增长，防止了经济因宏观调控急剧滑坡。中国是一个人口众多的发展中国家，没有一定的经济发展速度是不行的。为避免在治理通胀中的经济大滑坡，宏观政策寻求了“软着陆”的方案。宏观政策在控制总需求的同时，针对导致通货膨胀的不同原因，突出了以保农业、保国有大中型企业和保重点建设为内容的结构调整政策。这是在有效控制住通货膨胀的同时，经济仍保持适度较快增长的根本原因。

（三）调控方式改进：宏观调控行为由直接控制为主逐步转为直接控制和间接控制相匹配、更多地注重使用间接调控工具，实现了加强调控与推进改革的有机结合。财政政策和货币政策是对市场经济实际间接调控的主要工具。财政的分税制和涉外税制改革是成功的。中央银行1994年以来已逐步将注意力由过去集中分规模转移到主要调控货币供应量这个中介目标上。在政策操作上,中央银行适时地建立了全国银行间同业拆借市场,重视对中央银行贷款、再贴现、特种存款和利率等政策工具的运用,密切监测商业银行备付金的变动,尝试引入公开市场操作,并针对外汇占款增加较多采取对冲操作,通过调控基础货币来调控货币供应量的间接调控格局已经基本形成。1996年12月1日我国对外宣布实现人民币经常项目下可自由兑换,这表明中国经济的开放度又有实质性的提高。实现了调控、改革与开放三者的有机统一。

(四)调控工具协调:宏观政策工具之间的搭配有新的突破。国债是财政政策和货币政策协调配合的重要结合点之一。近年来国债发行较多,改变了部分资金的运用渠道,增强了财政结构调整的能力。这是近年结构调整取得进展的重要原因。

(五)微调预调结合:重视对公众预期的调控,增加宏观调控政策的透明度,让宏观调控政策为公众所理解和支持。利率调控主要是一种预期调控。这轮宏观调控十分重视对利率政策工具的运用。在通胀高时国家适时地提高了存贷款利率;在通胀得到有效控制,物价水平回落到适当水平时,国家适时地取消了保值储蓄,并适时地调低了存贷款利率。利率调整对宏观经济的稳定运行发挥了积极的作用。

五、1997年宏观经济走势及货币政策取向

综合各个方面的情况看,1997年宏观经济会继续保持平稳运行的态势。只要继续坚持适度从紧的宏观政策,1997年经济和物价不会出现大的反弹。预计全年经济增长率(GDP)为9.7%左右。投资在调整结构的同时,也会保持适度增长,名义增长率在20%左右,投资率将会在33%左右。消费仍会保持平稳增长的势头,预计消费的实际增长将略高于经济增长。1997年零售物价的涨幅可望在4%以内。随着国内经济稳定增长、世界经济复苏和中国国际地位的提高,以及外贸企业加强管理,外贸形势将会进一步好转,进出口贸易的增幅将明显高于1996年,不会出现大的起伏。贸易收支大体平衡,略有顺差。外商直接投资仍会继续保持近几年的增长势头。外汇储备将继续增加。人民币对美元的汇率在一定范围内将会保持相对稳定。预计全年广义货币(M2)增幅在20%左右。

要维持以上这种相对稳定的宏观经济态势,1997年货币政策取向应是继续坚定不移地贯彻实施适度从紧的货币政策,防止宏观经济出现新一轮的膨胀。目前,经济和物价都处于相对稳定的发展时期,宏观调控成果来之不易,为巩固目前低通胀、高增长的宏观形势,适度从紧的宏观政策不能放松。在货币政策措施上,中央银行应倾力于:

1. 在继续从严控制货币供应总量增长的同时,加大结构调整的力度,通过优化资金的配置结构来推动产业结构和产品结构的调整。以往调控资金的配置结构主要通过贷款规模管理来进行。1997年的资金分配结构调整,除在一定范围内继续进行信贷规模管理外,应规范和加大再贴现的力度,通过票据转移和贴现这种市场行为,促进供求结构调整。重视和发挥利率杠杠在调整结构中的作用。应积极、慎重、有步骤地发展直接融资,推动产业基金的发展。通过宏观调控和市场筛选的双向作用,使结构问题在1997年有一个大的改观。

2. 中央银行对各项政策工具的选用应相机决择。目前我国的货币政策工具多,但如何使用,则应视具体情况而定。1997年在加强中央银行对金融机构贷款和再贴现管理的同时,应创造条件加大公开市场操作力度。可以将中央银行融资券和政策性金融债作为近期公开市场操作的主要工具。中央银行货币政策工具主要是调控基础货币,以此保持货币供应量在目标区间内波动。

3. 重视对汇率这个政策工具的运用。人民币已经实现经常项下可自由兑换,要象重视利率那样重视汇率。汇率调控的主导思想是在一定的范围内保持其相对的稳定。

4. 目前经济运行处于相对平稳发展的好时机,应把眼光放远一点,为减轻经济周期波动的振幅,宏观政策应主动寻求维持经济中长期可持续增长的措施。如结构问题、农业问题、区域平衡发展问题等等。当前的重点宜放在结构调整和企业改革、改组上。要重视企业的技术改造，提高企业的国际竞争力。

（执笔：万存知）

专栏 6.6 人民银行两次调低存贷款利率

作为重要经济杠杆的利率，针对通货膨胀率的不断下降，需求不断减弱的形势，在 1996 年两次下调了存贷款利率，为稳定需求，稳定经济增长，实现全年宏观经济调控的目标发挥了积极重要作用。

第一次下调存贷款利率是 5 月 1 日。在存款中，活期存款利率由年利率的 3.15%下调到 2.97%，下调了 1.8 个百分点；一年期定期存款由年利率的 10.98%下调到 9.18%，下调了 1.8 个百分点。在贷款中，一年期流动资金贷款年利率由 12.06%下调到 10.98%，下降了 1.08 个百分点。固定资产投资贷款分类有所调整，但利率水平也有所调低。

第二次下调存贷款利率是 8 月 23 日。在存款中，活期存款利率由年利率的 2.97%下调到 1.98%，下调了 0.99 个百分点；一年期定期存款利率由年利率的 9.18%下调到 7.47%，下调了 1.71 个百分点；在贷款中，一年期流动资金贷款年利率由 10.98%下调到 10.08%，下调了 0.9 个百分点；一年期固定资产投资贷款年利率由 11.52%下调到 10.08%，下调了 1.44 个百分点。

1996 年中央银行连续两次调低利率，取得的成效是比较明显的，也是有目共瞩的。一是表明中央银行进一步推进利率改革，争取灵活有效地运用利率杠杆调控经济，以达到稳定币值、促进经济增长的决心和姿态；二是有利于保持投资和消费需求的稳定增长，确保了整体经济的稳定增长；三是大大缓解了企业困难，使企业每年可减少利息支出1 000多亿元；三是调整了货币结构，增加了货币流动性，促进了商品销售。

（执笔：李晓超）

第七章 交通通信业持续发展

第七章　交通通信业持续发展

7.1　'96 交通运输业平稳发展

1996 年，伴随着国民经济的适度增长，交通运输业在改革与发展中开拓前进，呈现了稳步增长、健康发展的局面。全年全社会各种运输方式完成客运量 124 亿人，比 1995 年增长 6.0%；完成旅客周转量 9 143 亿人公里，增长 1.6%；完成货运量 130 亿吨，增长 5.0%；完成货物周转量 36 454亿吨公里，增长 2.0%。交通运输业固定资产投资继续得到加强 。在全国固定资产投资总规模得到严格控制的情况下，1996 年国有经济投向运输邮电业的固定资产投资 2 752.37 亿元，比上年增长 19.3%，比全社会固定资产投资总额增幅 14.8%高 4.5 个百分点。运输企业各项改革继续稳步推进。

一、'96 交通运输业平稳发展

1. 运输设施进一步增强。

国家铁路营业里程达到 5.67 万公里，其中，复线里程达到 18 423 公里，比上年增加 1 514 公里，复线比重由上年的 31%上升到 32.5%。公路里程增加 28 780 公里，达到 118.6 万公里，增长 2.5%，其中等级路 948 068 公里，比重达 80%，高速公路 3 422 公里，比上年增加 1 281 公里；民用航空航线里程增长 3.3%，达到 116.65 万公里，其中国际航线达到 38.63 万公里。

各种运输工具也有不同程度的增加。到 1996 年底，拥有铁路机车 15 403 台，比上年增长 1.7%，其中，内燃、电力机车比重由上年的 71.30%上升到 75.45%；客运列车 33 778 辆，比上年增长 4.24%；货运列车 443 893 辆，比上年增长2.58%。公路运输工具中民用汽车拥有量 1 100 万辆，比上年增长 5.78%。其中载客汽车 488 万辆，比上年增长 16.78%。民用运输飞机净增 30 架，达到 750 架。

2. 各项重点建设项目取得新进展 。

铁路：举世瞩目的京九线按计划于 1996 年 4 月 1 日全线分流，9 月 1 日配套建成交付运营；浙赣复线、北京西客站等工程收尾配套完工；兰新、淮南、商阜、沪宁、沪杭、阜淮复线、川黔、郑武、鹰厦、宝中电化、大准线引入枢纽工程和秦沟专用线等 12 项工程完成收尾工作，全部销号；南疆、邯济、西安安康线开工建设；铁路头号重点工程－南昆铁路建设进展顺利，宝成复线、湘黔电化作为重点工程，均按实际需求安排投资。全年完成铁路基本建设投资 325.8 亿元。

公路：重点建设了沪宁、沪杭、杭甬、佛开、泉厦、沈长、长湘、太旧、石新、京沈（宝坻－山海关）等高速公路和沈本、深汕、楚大、吐乌大、济德等一级汽车专用公路。其中，太旧、沪宁、杭甬等高速公路全线通车。

港口：建成投产泊位 26 个，新增吞吐能力 340 万吨。同时安排了一批能源、集装箱、重要原材料和粮食装卸泊位等续建项目。秦皇岛港煤四期、汕头深水港区二期工程、南通狼山港区二期工程等项目竣工投产；上海罗泾煤码头、烟台西港池二期、青岛前湾二期等重点项目进展顺利。内河建设加大了投资力度，加快了建设步伐。全年改善内河航道里程 518 公里，其中三级航道 281 公里，年末全国内河通航里程达 11.16 万公里。

民航：桂林、郑州、宜昌等机场和太原机场飞行区等项目完工投入运营；首都机场航站区扩建工程，南京、福州、贵阳、银川等机场的迁建，乌鲁木齐、哈尔滨、厦门、南京等机场改扩建等工程均按计划进行。

3. 交通体制改革稳步推进。

铁路运输体制改革迈出了坚实的步伐。主要围绕三方面进行。第一，点面结合，大力推进体制转变。按照"统筹规划、总体设计、立法规范、分步实施"的方针，对已经批准改制方案的企业抓好实施。广铁集团改革试点工作深入展开，以母子公司结构为主体的改制方案已经确定，大连铁道有限责任公司按照试点方案进行运转，广深股份有限公司股票境外上市获得成功；面上则主要抓好企业的内部改革，积极推动铁路企业结构调整，管理体制改革有实质性突破，通过新成立铁路局和撤消铁路分局等措施，由铁路局直接管理站段，摸索出了解决运输企业管理重复、两级法人经营同一资产等问题的办法，并精简了机构。第二，全面拓展，加快走向市场的步伐。从经营机制、运输组织等各个方面进行全面改革。货运调价已出台实施，八项运输改革措施全面推广，客货运量较少的1 000多个车站已停办业务，严重虚糜的部分客运列车已停驶，增开部分旅游、空调列车。第三，落实权责，加快经营机制转换。

交通部系统改革开放稳步推进，继续向建设社会主义市场经济体制转轨。深化了交通企业转机建制工作。组建了一批企业集团，实行资产重组和规模经营，进行了建立现代企业制度试点，重点抓了48家企业建立现代企业制度试点工作，中国长江航运集团已正式挂牌，又有一批交通企业改制为规范的股份有限公司；狠抓扭亏增盈工作，对大中型交通企业国有资产保值增值情况进行了考核；加强内部管理，学邯钢、学青岛港、学“华铜海”轮，苦练内功；总结推广了搞活汽车运输企业的经验；继续进行了交通企业职工养老保险制度改革试点。加快了运输市场的培育和发展，大力整顿了客货运输秩序，市场管理有所改善，上海航运交易所于1996年11月正式挂牌开业。开展了整顿道路客运市场秩序的工作，加强了省际客运和零担货运管理，对机动车驾驶员培训管理工作进行了协调，同时对全国水运市场状况进行了调查研究。在交通建设市场方面，实行了施工企业资信登记等制度，开展了重点建设项目执法监察和工程造价分析工作。规范了公路经营权有偿转让和公路资产重组上市工作，发布了一批交通技术标准和规范。交通法制建设得到加强。发布了《上海航运交易所管理办法》、《水路运输服务业管理办法》、《公路建设市场管理办法》等23个交通法规、规章，进一步健全了交通行政执法和执法监督制度。国务院法制局已将《公路法》提交国务院领导审核，对《港口法》正在进行协调、修改。

民航部门继续完善管理体制，适当扩大了地区管理局权限，改善了机场指挥管理机制，扩大了航空公司经营自主权。

二、'96 运输生产的主要特点

1. 铁路客运降幅较大，货物运输增幅减缓。

全年铁路完成客运量9.42亿人，比1995年下降8.3%；旅客周转量3 325亿人公里，下降6.2%。1996年铁路客运的主要特点，是受客票价格大幅上调等因素影响，日均客流量维持在240万人左右，与铁路总客运能力大体相当。列车超员现象缓解。

全年铁路货运量完成16.88亿吨，仅比1995年增长1.7%；货物周转量12 971亿吨公里，仅增长0.8%。1996年全路第一次出现了日请求车减少的局面。一些限制口运输状况好转，如进入华东地区德州和符离集的货物通过量，分别下降了6.8%和7.2%；华中蒲圻和坪石的通过量也分别比上年下降了7.2%和6.6%；进出关运量在1995年下降9.9%的情况下，1996年又下降2.2%。多数货类需求不旺，支撑铁路运量增长的主要因素是煤炭运量稳定，比1995年增加4 660万吨，增长6.9%。扣除煤炭运量增长的因素，实际下降2 372万吨。此外，地区间物资交流增势减弱，管内运量所占比重达60.6%。长距离运输货物的相对减少，缩短了平均运距，使铁路货物周转量增幅减慢，出现了周转量增幅低于运量增幅的少见局面。

2. 水运客源继续减少，货运需求仍然不足。

1996年，水运客源继续多年来的下滑势头，全年完成客运量2.3亿人，比1995年下降4.3%；旅客周转量161亿人公里，下降6.5%。全年完成货运量12.74亿吨，增长12.6%；货物周转量17 863亿吨公里，仅增长1.8%，其中交通部直属企业完成的周转量比1995年下降了1.6%。由于国际航运市场不景气，国内客货运输需求减弱，水运生产中交通部门客货运量均有所下降。而水上船舶运输能力近几年持续快速增长，导致水运市场供求失衡，运能明显大于运量，能力出现了一定闲置，货运价格也因此大幅下滑。

1996年全国主要港口完成货物吞吐量12.74

亿吨，比1995年增长14.5%。受外贸进出口增速明显减缓的影响，外贸货物吞吐量增幅也逐渐回落。除国际集装箱增幅达26.3%、进口金属矿石和钢材有一定增长外，进口粮食、化肥、原油等主要大宗货物均比上年有大幅下降或持平。港口内外贸吞吐量构成开始发生变化，外贸吞吐量所占比重呈缓慢下降趋势；外贸吞吐量增幅一改多年高于内贸吞吐量增幅的状况，第一次出现内贸吞吐量增幅高出外贸吞吐量增幅3个百分点。

3. 公路运量稳步增长。

1996年全社会公路运输完成客运量112亿人，比1995年增长7.8%；旅客周转量4 909亿人公里，增长6.6%；货运量98亿吨，增长4.6 %；货物周转量5 011亿吨公里，增长6.7%。公路运输生产的突出特点：一是交通部门汽车客运形势较好。公路客运企业在深化改革进程中不断探索新路子、新方法，企业改革取得一定成效。交通部门客运量在1995年下滑之势得到控制的情况下增长了6.9%。二是高速公路客运业取得新进展。1996年，我国新增公路2.9万公里，公路通车里程达到118万公里，其中高等级公路达1.93万公里，高速公路全年建成1 281公里，是历史上增长最快的一年。随着高等级公路的开通，汽车运行时间大幅度降低，加之班次密度大，以及竞争所带来的优质服务，吸引了大量旅客。此外，公路运输部门抓住有利时机，在保持和发展城乡间客运市场的同时，不断拓展城市间客运市场空间，特别是跨省干线客运市场。目前，已开辟跨省客运线路7 000多条，开行跨省客运班次3万多个，跨省客运市场份额已占1/3。

4. 民航客运增幅回落，货运需求仍较旺盛。

1996年民航完成客运量5 555万人，货运量115万吨，分别比1995年增长8.6%和13.7%；完成总周转量80.61亿吨公里，增长12.8%。民航客运在上年大幅攀升之后，受价格上调的影响，客运量虽仍快速增长，但增幅回落较大，达18个百分点。而货运需求仍保持较高增幅，其中国内航线货运增长幅度较大。

5. 管道运输又有新进展。

全年输送原油1.49亿吨，输送天然气111.2亿立方米，分别比1995年增长4.92%和4.80%。到1996年底，原油、天然气管道延展长度达20 454公里，其中输原油管道11 081公里，输天然气管道9 374公里。输油、气管道里程分别达到10 090.16公里和9 171.17公里，比上年增长14.0%和9.42%。

专栏7.1　客运列车提速

随着市场经济的发展，对旅客运输提出了更高的要求。

近几年来，以短途运输为主的公路客运和以长途运输为主的航空运输发展很快，而铁路运输发展缓慢，在各种运输方式中所占的份额逐年以较大幅度下降。铁路面对运输市场的激烈竞争，只有加快改革步代，采取一系列措施，才能把失去的市场找回来。1985年铁路客运量占全社会客运量的18.1%，1990年下降为12.4%，1995年又下降到8.8%。十年中铁路客运量所占的份额下降了9.3个百分点。1985年铁路旅客周转量占全社会旅客周转量的54.5%，1990年下降到46.4%，1995年又下降到39.4%，十年中下降了15.1%个百分点。相反，公路和民航呈大幅度上升趋势。公路客运量1995年占全社会客运量的88.8%，比1990年增长4.9个百分点，比1985年增长12个百分点；公路旅客周转量1995年占全社会旅客周转量的51.1%，比1985年和1990年分别增长12.2和4.5个百分点。航空客运量和旅客周转量在全社会运量中虽占比重不大，但增长很快。1995年航空客运量和周转量分别占全社会客运量及周转量的0.4%和7.6%，比1985年分别增长0.3和5.0个百分点。

铁路客运在市场的激烈竞争中陷入了困境，要扭转这种局面，摆脱困境，一是加快兴建高速铁路，尽快赶上发达国家。但建高速铁路需要大量投资，我们这个发展中国家，资金不足，需要解决的矛盾很多。目前只能采取第二条措施，即从中国铁路的实际情况出发，在既有线路上作文章。如：加快线路改造、更换提速道岔、配置大马力机车和新型高强度客车、完成自动闭塞改造，以及对有人看守和无人看守道口实行监护等措施，以达到提高旅行速度，缩短运行时间，提高舒适度的目的。

铁道部自1996年起为提高旅客列车运行速度作了必要的准备工作，1997年4月1日起实施新的运行图。新图中重点在京山、京广、京沪三大干线铁路上提高旅客列车速度，开行快速列车，在不同区段上速度可达每小时110—140公里。新图安排了9对快速列车。即北京—大连81/82次、北京—哈尔滨17/18次、北京—长春59/60次、北京—上海13/14次和21/22次、北京—济南35/36次、北京—南京西65/66次、北京—武昌37/38次、北京—秦皇岛201/202次。同时，还开行了78趟以北京、上海、广州、成都、郑州、武汉、西安、沈阳等大城市为中心的"夕发朝至"的列车。这些快速列车比原来的特快列车快，使旅客更加舒适，又节省时间。如：北京—大连的81/82次比原来的特快列车缩短4小时45分；北京—南京西的65/66次比原来缩短4小时19分；北京—武昌的37/38次比原来缩短3小时10分；北京—长春的59/60次比原来缩短2小时16分。根据客流的需要，还将开行一些短途快速列车。

高速铁路是现代化铁路的重要标志，世界第一条时速为250—300公里的高速铁路于1964年在日本建成之后，法国建成时速为270公里的高速网，欧洲北部建成了跨国高速铁路，俄罗斯联邦也决定建时速为300公里的高速铁路。我国已成功地进行了时速为212公里的高速试验，高速铁路在中国正处于研究阶段，相信在不久的将来，高速铁路一定会出现在中国大地上。

（执笔：葛凤云）

三、当前存在的主要问题

1．企业经济效益不佳。

交通运输企业近年来受原材料价格涨幅高等因素影响，亏损面不断扩大。尤其是国有大中型企业，面对激烈的市场竞争，活力不足，经营困难，市场占有率下降，经济效益滑坡。相当部分企业经营机制转换迟缓，管理不善，资产流失，亏损额上升。铁路虽调整了价格，但依然亏损。交通部直属六大航运企业除广州海运集团略有盈余外，全部亏损。一直效益较好的港口企业，也出现了亏损。民航运输企业的资产负债率高达84%，目前进入还本付息高峰，财务费用急剧增长。

2．运输市场发育不良。

开放、竞争的格局虽已形成，但统一、有序的目标远未达到。由于立法相对滞后，管理措施不健全，运输市场出现的一些新问题，亟待整治。例如：水路运输市场发展较快，船运公司数量增加较多，目前从事国际海上运输的船运公司290家、运力2 350万载重吨，国内沿海航运公司1 300多家，内河航运公司5 100多家。由于国内运力大于运量的矛盾突出，企业间削价竞争现象比较严重。公路运输市场在客运方面，强行拉客、敲诈勒索、中途甩客、殴打乘客、无证经营等现象比较突出；货运方面则是诈骗货主、争抢货源、欺行霸市等情况比较严重。这些现象，严重破坏了运输市场的正常秩序，带来许多不安全因素。

3．交通运输设施重复建设的现象依然存在。

交通运输基础设施有重复建设的现象，个别地区还很严重。例如：长江、珠江三角洲一带县县建港，有的省为了让"本省的货走本省的码头"，在两省相距不远的地方争建大码头，势必造成货源紧张，码头利用率不高。在公路建设上也有盲目攀比、争上高等级公路的现象。如果交通运输基础设施像目前这样"大而全，小而全"地分散重复建设，势必加剧建设资金紧张，回收困难，影响效益的发挥。

四、几点建议

1．重视发展综合运输，提高综合运输能力和综合运输效益。

要发挥综合运输优势，调节运力余缺，提高综合运输能力。重点要搞好煤炭、石油等大宗货物和外贸物资的水陆联运，衔接好装船港、卸船港的能力配套，沿海、远洋船舶运力的配套；铁路、公路等陆上通路的集疏运能力的衔接等，综合安排运输组织，扩大综合运输能力。另外，要在运输繁忙的地区和主要干线，继续组织好各种运输方式之间相互的交流，以发挥各自优势和特长的综合运输观点，搞好合理分工和分流，调整运输结构，提高综合运输效益。

2. 加快推进企业改革，使企业尽快走出困境。

1997年，交通运输改革与发展的重点之一应是加快推进企业改革。在今后较长的一段时期里，交通运输业的难点仍将是企业的经济效益问题。由于我国交通形势正由紧张走向缓和，因此运输企业以数量扩张来发展生产的经营思路和方式必须改变。各级交通部门应为企业发展创造良好的市场氛围和环境，促进企业生产以质量求效益，以效益求发展，实现企业运营机制的转换。要进一步培育和发展运输市场体系，规范市场交易秩序，鼓励竞争，打破地区封锁、部门分割和行业垄断，充分发挥市场机制的作用。

3. 继续加强和改善宏观调控。

根据运输市场需求的变化，采取经济和法律手段，辅之以必要的行政措施，引导运输市场健康发展，重点是规范运价，严肃查处乱涨价、乱收费和欺诈行为。

在交通设施建设方面，要贯彻“先规划，后建设”的原则，按照国家统一规划布局，严格按基本建设程序办事。除了大的项目由国家统筹规划之外，有关部门对中小项目的规划也要有所参与。中小项目的建设也要实施项目申报备案制度。只要把住规划和投资两个大的关口，上下齐心协力，从大局出发，重复建设的现象就会得到控制。

（执笔：刘玉琪）

专栏7.2 国家为何要清理邮品

经国务院批准，邮电部于1996年9月15日至11月30日，清理、销毁了部分不适应现行邮政资费标准的普通邮票和1992年至1994年三年中出版发行的部分特种邮票和纪念邮票。这一举措，不仅是建国以来首次大规模销毁邮品，也为长期低迷的集邮市场注入了活力和生机，深得集邮爱好者的拥护。那么，国家为何要清理邮品，销毁邮票呢？

其一，我国邮资价格长期偏低，邮费价格上涨幅度远远落后于现代化运输工具和运费价格增长的幅度，实际邮政成本与邮政价格长期背离，邮政部门补贴大，包袱重。为适应顺邮资价格的实际需要，因此决定大规模销毁库存的低面值邮票。

其二，邮票是一种特殊商品，它的使用价值除了作为邮递凭证外，主要在于其可收藏性，面对后者来说，它的价格在很大程度上取决于其稀缺性。因此，同种邮品发行量越多，其收藏价值就越低，邮市就越低迷，价格就越低，也就越容易积压。为启动邮市，减少积压，降低邮票成本，提高售价，增加销售额，有计划地销毁部分长期积压的邮票，是国际上的惯用做法。

其三，在传统经济体制下，我国的集邮市场很不发达，邮票仅仅是作为邮政凭证和邮政费用。随着经济体制改革和市场经济新秩序的形成，集邮市场也逐渐发展起来。人们对市场经济规律的认知程度也日益提高。1992—1994年，我国的集邮市场刚刚起步，人们对邮票市场的规律缺乏认识，纪念邮票和特种邮票发行量大；相反，邮品的市场需求量小，邮票库存积压严重。个别邮票经营部门采用搭车销售或低面值销售，既损害了我国邮票的形象，也损害了集邮爱好者的利益。随着集邮市场的形成和发展，销毁或部分销毁长期积压库存的邮品成为必然。

（执笔：钟 芬）

7.2 迅速发展的邮电通信业

1996年邮电通信业发展的整体水平明显提高。全年完成邮电业务总量1 342亿元，比上年增长35.7%，其中中央国有业务总量完成1 134亿元，比上年增长34.1%。全年完成邮电通信业增加值866.6亿元。全国公用通信网规模容量、技术层次已迈上新台阶，综合通信能力、通信质量、全网运行效益、服务水平有了明显的提高。邮电新业务和增值业务不断涌现。

1996 年邮电业务完成情况如下表：

	单位	1996 年	比上年增长(%)
邮电业务总量	亿元	1 342	35.7
函 件	亿件	79	—0.01
特快专递	亿件	0.7	27.6
邮政储蓄收储余额	亿元	2 242	34.5
公用网电话用户	万户	6 179	39.4
数字移动电话比重	%	24	—
无线寻呼用户	万户	2 536	45.8
分组交换用户	万户	5.6	98.4
数字数据用户(DDN)	万户	5.1	—
计算机互联网络用户	万户	3.4	—
电子信箱用户	户	10 098	66.4
传真存储转发用户	户	1 240	—

一、国家公用通信网的综合通信能力进一步增强

1996 年邮电部门贯彻依靠科技进步发展通信的方针，电信网的规模容量、技术层次又上新的水平。新建成的京太西、汉渝、宁杭、济青等 4 条长途光缆干线，新建、扩建 31 座卫星地球站，基本建成了以光缆为主体，以数字微波和卫星通信为辅助手段的大容量数字干线传输网。全国光缆线路长度达到 13 万公里，其中，一级光缆线路长度达到 3.9 万公里，数字微波线路长度达到 5.2 万公里。目前程控交换、光纤通信、数字微波、卫星通信、移动通信、数据通信已成为国家通信网的主体。电信网已经完成由人工网向自动网的过渡，基本实现了模拟技术向数字技术的转变。

专栏 7.3 中国公用互联网(CHINANET)的现状及发展

CHINANET 是邮电部门经营管理的基于 Internet 网络技术的中国公用计算机互联网，是国际计算机互联网(Internet)的一部分，是中国计算机互联和信息资源共享的骨干网。通过 CHINANET 的灵活接入方式，用户可以方便地共享国内的信息资源和服务，并可接入全球 Internet，享用全球 Internet 上的丰富资源和各种服务。

一、CHINANET 的网络结构

CHINANET 的网络由骨干网、接入层网和全国网管中心组成。

CHINANET 骨干网是主要信息通道，主要负责转接全网的业务，并为接入网提供接入端口。

CHINANET 接入网由各省接入层网络构成。接入网负责提供用户接入端口，并与电话网、分组网等互联，以方便用户的接入。

CHINANET 干线速率初期为 128KB/S、256KB/S、512KB/S、2.048MB/S，以后将逐步升至 E3(34MB/S)甚至更高。

CHINANET 设置三个国际路口实现与国际 Internet 的互联。国际出入口分别设在北京、上海和广州，三个出入口路互为备份，以保证网络的可靠性。

CHINANET 支持 Internet 的所有应用，主要包括：

· 个人间的通信和信息交流，如电子邮件(E—mail)，网络新闻(News)，会话(Talk)等。

· 网上资源(如超级计算机资源)的共享，如远程登录(Telnet)

· 信息的查询、检索和获取(如 FTP，GOPHER，WWW)，用户可通过 CHINANET 访问 Internet 网上成千上万的 WWW、GOPHER、FTP 服务器，以及网上的各种电子图书馆。

· 不断涌现的各种科研、教育和商业应用。如电子广告，电子商务，远程教学等。

二、接入方式 CHINANET 为公众提供了各种接入方式，以满足不同层次用户的需求，这包括：

· 电话拨号入网，用户可通过电话网联入 CHINANET，使用这种方式入网较为经济、灵活，适合于业务量小的单位和个人。

·分组网入网　用户通过分组交换网进入CHINANET,上网速率在1200－64000BPS,这种方式适用于通信量不是很大的网络用户。

·帧中继入网　帧中继入网速率为9600BPS－2948KBPS,适用于所有以主机或网格上网的用户。

·专线入网　专线上网通信速率高,适合于大业务量的网络用户使用,入网速率为1200BPS－2048KBPS。

CHINANET提供当前Internet网上通用的各种路口协议,如BGP、IS－IS、OSPF、RIP等。

三、CHINANET应用的开发

为了更好地服务于用户,针对Internet的发展特点,邮电部门在加速网络建设的同时,也十分重视网上各类应用的开发。目前邮电部门正组织力量开发自己的在线信息服务系统(尤其是中文系统),并且正与各有关部门联系、协调,组织各类信息源,建立中国的信息导航系统,目前CHINANET网上已有大量的国内信息,如在网上用户可看到中国青年报、中国日报、股市行情等。

此外,邮电部门正积极参与全球Internet上的主要活动,从技术、政策等各方面了解Internet的最新动态,使CHINANET能更好地适应全球的发展,及时将Internet网的最新技术引入CHINANET,更好的为CHINANET的用户服务。同时通过参与全球Internet的各种活动,扩大CHINANET的影响力,争取在Internet将来的发展中发挥自己的作用。

(邮电部数据通信局)

全国城乡电话交换机总容量突破1亿门,达到1.08亿门。局用交换机容量达到9 291万门,程控化比重为99.9%,全年新增长途话路47.3万路,话路总数达到117万路。其中,一级话路新增12.1万路,达到19.1万路。在长途话路中,长话业务电路106.8万路,其中数字电路占96.0%。长途自动交换机容量全年新增64.3万路端,达到426万路端。移动通信网已覆盖大部分县市和部分乡镇。模拟网实现全国漫游,数字网实现全国省会城市漫游。大部分省(区、市)开始建设大容量、高速率的光纤传输系统,宽带数字网及交换系统正在网上试运行。

邮政通信建设取得新的进展,综合运输能力明显提高。以公路运输为主的多种运输手段的快速邮政运输网已经形成,尤其是干线邮运网能力明显增强,全年新增一、二级邮路216条,新增铁路、公路干线邮路9.8万公里,航空邮路15万公里。新增汽车3 703辆,其中大吨位汽车415辆。全年邮政生产用房达1 053万平方米,进一步改善了生产环境。

二、中西部地区邮电通信进人快速发展时期

1996年邮电业务总量增幅超过全国平均水平的18个省区中有14个在中西部地区,邮电业务收入增幅超过全国平均水平的22个省(区、市)中有17个在中西部,其中青海、云南、贵州增幅居全国前三位。中西部地区邮电业务总量结构发生明显变化,电信业务所占比重迅速上升,一些省已接近全国平均水平。中西部有12省的邮电固定资产投资增幅超过全国平均水平。其中西藏、甘肃、青海比上年翻了一番。各省区局用电话交换机、长途电路、长途自动交换机等主要通信能力增长速度大都超过全国平均水平,中西部地区局用交换机容量超过百万门的省已达到14个,基本上实现县以上传输数字化、交换程控化。中西部邮电通信快速发展表明,这些地区社会经济对通信的需求日益旺盛,国家重视开发中西部的战略决策收到明显成效。

三、国际及港澳业务进一步发展

到1996年底,我国与141个国家和地区通邮,与63个国家和地区有直达电路。国际邮件已通达世界各国和地区,并与一些国家开办了新业务。全年完成国际及港澳业务总量156亿元,比上年增长13.4%。国际通话1.3亿次,港澳台通话3.6亿次,分别比上年增长17.1%和10.3%;其中对台通话4 666万次,比上年增长13.5%。国际及港澳信函完成1.5亿件,发展平稳。

四、邮政局所增加较快

全国新增邮政局所10 598处,达到7.24万处,每一局所服务面积和服务人口分别达到132.6平方公里和1.65万人,服务能力继续改善。营业窗口的电子化水平继续提高,电子化营业网点全年新增2 332个,达到4 581个。邮政储蓄"绿卡"工程已通达10个城市,1 000多个邮政网点开通活期储蓄通兑通取。特快专递查询网进展较快,新建152个查询点，全国201个城市建立了查询系统，并与23个国家联网互换投递查询信息。38个城市安装了信函自动化分拣设备。计算机管理手段在邮政业务中得到推广和应用。高层次、多种手段的通信服务受到社会好评，邮购、受托代办等邮政新业务发展较快。

全网通信质量明显改善。全国长途自动来话接通率达到49.5%，省内去话接通率达到45.6%，模拟移动电话全网忙时接通率达到38.2%，邮件时限逾限率为0.11%。

五、移动通信业务迅猛发展

我国的公用移动通信是从1984年开始的，虽然起步较晚，但发展迅速。我国的移动通信网主要由蜂窝式模拟移动电话网和GSM标准数字移动电话网组成。至1996年底，模拟移动电话网交换机总容量达到442万等效门，无线信道数量达到23.2万个，覆盖范围达到全国28个省(区、市)，314个地市，1 372个县。移动电话平均用户数达到513.3万户，实现了全国自动漫游，成为世界覆盖范围最大的移动电话网之一。

1996年是我国移动通信业务飞速发展的一年。全年移动电话新增用户322万户，达到685万户，比上年同期增长88.8%，移动电话普及率达到0.59部/百人，市场占有率达到99.2%。1996年中国电信已在全国2 300多个县以上城市开办了无线寻呼业务，全年无线寻呼用户新增797万户，达到2 536万户，比上年同期增长45.8%，无线寻呼普及率达到2.08部/百人，全国市场占有率达到69.5%。

1996年1月，全国有北京、天津、河北、江苏、上海、浙江、福建、广东、广西、湖北等15个省(区、市)开通了数字移动电话网。1996年6月又在全国23个省(区、市)的173个地市320个县提供了数字移动电话业务。到1996年底，我国GSM数字移动电话交换机总容量已超过274万等效门，无线信道数量达到17.1万个，覆盖面积达28个省(区、市)，266个地市，1 258个县，用户数达164.8万户，实现了全国自动漫游，还与国外及港澳地区7家运营公司开办了国际自动漫游业务。

专栏7.4　中国的移动通信业

中国电信移动通信网主要包括移动电话网和无线寻呼网两大部分。1996年是中国电信移动通信事业飞速发展的一年，全年移动电话新增用户322万，达到685万，与1995年相比增长88.8%，移动电话普及率为0.59部/百人，全国市场占有率为99.2%。全年无线寻呼新增用户797万，达到2 536万，与1995年相比增长45.8%，无线寻呼普及率为2.08部/百人，全国市场占有率为69.5%。

中国电信移动电话网由TACS标准900M蜂窝式模拟移动电话网和GSM标准数字移动电话网组成。第一个模拟移动电话局于1987年11月在广州开通。全网主要设备由瑞典ERICSSON和美国MOTOROLA公司提供，由于初期两家公司的设备不能互联，一些省市将频率分成A、B两段使用，形成了两个相互独立的系统。1996年1月，在全国电信部门的努力下，中国移动电话网实现了两个系统间的联网。至1996年底，公用模拟移动电话网移动交换机总容量达到442万等效门，无线信道数量达到24.57万个。覆盖范围达到28个省、区、市，314个地市，1 372个县。用户数达到520万，实现了全国自动漫游，并在列车、轮船等交通运载工具上开办了公用移动电话业务，成为世界上覆盖面积最大的移动电话网之一。

中国电信于1994年在北京、上海、广东开始进行数字移动电话商用网试验。由于GSM标准的数字移动电话网具有标准统一、接口开放、话音质理好、频率利用率高、安全保密、提供业务种类多等优点，1996年1月1日，中国电信在我国15个省、区、市的主要城市正式开通了数字移动电话网。1996年6月30日，中国电信在全国23个省、区、市的173个地市，320个县提供了数字移动电话业务。至1996年底，中国电信的GSM数字移动电话交换机总容量已超过274万等效门，无线信道数量达到15.2万个。覆盖范围达28个省、区、市，266个地市，1 258个县。用户数达164万，不仅基本实现了全国自动漫游，还与国外及港、澳地区的7个数字移动电话运营者开办了国际自动漫游业务，成为继公用模拟移动电话网之后，中国电信的又一个大规模公用移动电话网。除向广大用户提供基本通话外，还可以向用户提供话音信箱、传真数据、呼叫前转等项业务。

1996年中国电信已在全国2 300多个县以上城市开办了无线寻呼业务，县以上城市覆盖率达到90%以上。中国电信无线寻呼网采用电话特服号码126、127、128、129作为各地寻呼台的电话号码，全网可提供人工、自动两种接入方式，并可人工/自动兼容，寻呼系统可数字/汉字寻呼兼容，126、127台还实现的全国联网。

为了满足我国社会主义市场经济建设的需要，适应两个转变的要求，中国电信正在加快公用移动通信网络的建设，认真提高通信服务质量，为向全国人民提供一个覆盖范围更广，服务质量更高，更方便迅速安全可靠的移动通信网而努力。

(执笔：苏金生)

六、邮电通信服务水平和服务质量明显提高

全国新发展城乡电话1 746万户，电话用户总数达到6 180万户，其中移动电话685万户，公用电话达到136.3万部，其中全年新增52万部公用电话。投币电话、磁卡电话等多种通话方式给用户带来更加方便的服务。全国电话普及率达到6.33%，比上年提高1.67个百分点。城市电话普及率达到22.4%，建成了一大批电话小区、电话村镇。全国已通电话的行政村达到40万个，占行政村总数的54%。数据通信用户达到15.5万户。邮电部门向社会提供的各种新的信息服务业有了较快发展。“上海热线”等信息服务业务发展迅速，168、160信息服务台已达到600个以上，168业务实现北京、天津、上海、广州等8个大城市联网。邮政储蓄余额达2 242亿元，邮购、受托代办等邮政新业务受到社会欢迎。邮电部门坚持把用户满意作为衡量标准，针对服务热点、难点问题，积极推进计算机管理，简化业务流程和手段，增加了服务网点，经过1996年的努力，全国电话装机平均历时明显缩短，较多城市实现了一个月内装机，电话修机及时率达到95%，一些城市为方便用户交电话费，采取了多点集中交费的新办法；城市中具备条件的楼房通邮率达到93.7%；省会以上城市和部分地市实行了服务承诺制度。

七、邮电业改革和管理取得新进展

按照实现两个根本性转变的要求，邮电系统制定了改革通信建设管理体制、加强邮电经营服务工作，调整企业管理方式，加强劳动组织管理，完善经营承包考核，加强队伍建设。各地邮电企业将生产运行体制改革与三项制度改革结合起来，配套实施，取得较好效果。进一步完善经营承包责任制，加大了对网络运行效益、通信服务质量和人才培养等方面的考核力度，初步形成了有利于面向市场和集约化经营的考核指标体系，全网运行效益明显改善。

八、通信行业管理不断加强

1996年邮电部颁发了关于加强通信市场管理，规范竞争行为的制度和规定。各级通信行业管理部门与有关部门配合，认真查处通信市场中的违法经营行为，对电话信息服务市场、集邮市场和入网通信终端设备等进行了清理整顿，严厉打击了盗码并机违法犯罪活动，查处了电信业务转售、电话回叫等行为，维护了国家利益和用户权益。进一步加强对放开经营业务的管理，全国已审查批准经营放开业务单位2 815家，加强了对专用网的协调、管理与服务。

九、通信企业财务收入增加，经济效益继续提高

1996年全国邮电业务收入完成1 632亿元，比上年增长62.8%。其中中央国有邮电通信企业业务收入1 416亿元，比上年增长63.4%，地方国有农话通信业务收入216亿元，比上年增长59.4%。在中央国有通信业务收入中，邮政业务收入179.3亿元，比上年增长21.4%；长途电信收入464.6亿元，比上年增长13.3%；市内电话收入772亿元，比上年增长30.8%。

1996年邮电通信业取得了较大的成绩，但还跟不上国民经济快速增长的步伐。如通信网整体水平还不能满足社会多层次、多样化的需求，邮电

改革在一些方面还应加大力度;部分邮电企业管理还比较粗放;职工队伍整体素质有待进一步提高。今后要着眼于提高社会效益和经济效益,深化改革,进一步改善服务质量,加强行业管理和企业管理,使我国邮电通信整体水平进一步提高。

(执笔:贾 顺)

专栏 7.5 宽带网——多媒体通信的理想途径

多媒体一般指多种信息媒体的综合,或者从更深一层的含义讲是一种融合。用多种媒体表达同一事物,再通过信息的融合就可以获取更完整的信息。当然,多媒体不仅仅指信息本身,更主要的是指处理和应用它的一系列技术和一整套系统。多媒体通信是指在一对通信客体上,同时有两种上的媒体在同一网络中交互信息。或者更广议地说,就是人们在传递和交换信息时,不再只利用单一的信息媒体,而是同时利用多种媒体。多媒体通信的三个主要特点是:集成性、交互性和同步性。多媒体通信是近几年迅速发展起来的一种通信方式,它把计算机的交互性、通信的分布性和电视的真实性融为一体。人们仅用一次呼叫建立,就能自由地交流多种信息(如声音、图象、数据、文体等)。人们希望用这种更逼近现实的方式进行通信。但是,由于多种媒体的信息特性离散,而且涉及多点、多方通信,因此多媒体通信对网络的要求很高,现有通信网络(包括电话网、电视网和计算机网络)都不能给予很好的支持,解决的途径之一是选择宽带网络。

宽带网络一般是指传输速度大于155Mb/s、交换方式为异步转移模式(ATM)、用户接入速度至少64kb/s 的多种接入方式的网络,它以光纤为传输媒介,以信元为传输、交换的基本单位,充分利用虚信道、虚通道,网络时延小,带宽分配灵活,能够传送多种媒体,特别是数据量大、突发性强的图象信息,如影视点播等,它既能支持交互型业务又能支持分配型业务,是多媒体通信的理想途径,我国人口众多、通信信息量巨大、宽带网络是必须的。

目前国内部分地区及部分用户群对宽带多媒体业务已有很强的需求,许多部门对宽带多媒体网络建设的积极性很高,邮电系统在北京、上海、广东等地已建成若干带带多媒体试验网,并提供了多媒体信息服务、影视点播及桌面视频会议等业务。尽管宽带多媒体技术及业务的体制和标准还不完善、业务成本还很高,但是我们还是本着积极跟踪实验、慎重稳妥发展的指导思想,计划将北京、上海、广东宽带多媒体试验网互联,以构成广域宽带多媒体试验网,目的是更好地支持多媒体通信业务,以适应时代的发展。

(中国邮电电信总局 王晓平)

第八章 对外经济稳中趋升 国际收支形势良好

第八章　对外经济稳中趋升 国际收支形势良好

8.1　'96 我国对外贸易发展情况

我国对外贸易在经过了几年的高速增长之后，进出口增速逐渐下降，受国家宏观调控政策和国际环境变化的影响，1996 年进出口贸易起伏大，呈现出阶段性波动，但全年进出口贸易总体水平仍实现了国家宏观调控的目标。

一、1996 年对外贸易发展的特点

1996 年我国对外贸易发展呈现出以下特点：

(一)进出口贸易起伏大，呈现出阶段性波动。

1996 年我国进出口贸易总额为 2 899 亿美元，比上年增长 3.2%，其中出口 1 511 亿美元，增长 1.5%，进口 1 388 亿美元，增长 5.1%；全年贸易顺差 123 亿美元。进出口贸易的发展经历了从 1991 年到 1995 年的高速增长阶段，1996 年开始进入低速波动，在全年外贸运行过程中，出口先降后升、进口先升后降。上半年我国外贸出口形势严峻，连续 6 个月出现负增长，1－6 月比上年同期下降 8.2%，7 月份开始，外贸出口形势逐渐好转，止跌回升；我国外贸进口 1－5 月呈现增长势头，增长幅度由 1 月份的同比增长 55.4%逐渐下降到 6 月份的 0.4%，9 月份同比下降 8.8%，12 月份又回升，增长 8.4%，呈现出高起低走、年末回升的运行轨迹。

(二)进出口贸易结构性变化突出。

在进出口贸易额呈现出阶段性波动的同时，进出口贸易格局在贸易方式、企业性质、商品结构等方面也发生了明显的变化。

1. 加工贸易(包括来料加工装配贸易、进料加工贸易、出料加工贸易)进出口总额首次超过进出口贸易总额的一半。1996 年加工贸易进出口总额达 1 466.1 亿美元，比上年增长 11%，占我国外贸进出口总额的 50.6%。其中：加工贸易出口 843.5亿美元，增长 14.4%，比重由上年的 49.5%上升到 55.8%；加工贸易进口为 622.8 亿美元，增长 6.7%，比重由上年的 40.7%上升到44.9%。而同期一般贸易出口额为 628.4 亿美元，比上年下降 11.9%，其在出口总额中的比重下降 6.4 个百分点。一般贸易进口额为 393.6 亿美元，比上年下降 9.2%，其在进口总额中的比重下降 6.8 个百分点。我国加工贸易主要特点是：(1)加工贸易产品主要出口到香港、美国、日本和欧盟等国家和地区，其合计占我国加工贸易出口总额的 80%，(2)加工贸易区域分布由南向北发展，上海、江苏、山东等 9 省的加工贸易总额占全国的 95%。

2. 外商投资企业和集体企业出口强劲，国有企业出口下降。1996 年外商投资企业出口 615.1 亿美元，增长 31%，集体企业出口 30.7 亿美元，增长 34.7%。而国有企业的出口为 860.6 亿美元，下降 13.2%，在出口总额中所占比重由上年的 66.7%下降到 57%，降低了 9.7 个百分点。外商投资企业出口强劲主要表现在加工贸易上，1996 年出口 530.8 亿美元，占加工贸易出口总额的比重增加了 6 个百分点，而国有企业加工贸易出口比上年却下降 2.6%。在一般贸易出口中，外商投资企业和集体企业都保持了较强的增长势头，分别增长 72.7%和 30.8%，国有外贸企业出口则下降 18.3%。由于国有外贸企业出口占一般贸易出口的 85%，因此导致了一般贸易整体出口水平滑坡。

3. 沿海地区出口增长，中西部地区出口下降且幅度较大。在全国 30 个省(自治区、直辖市)中只有天津、辽宁、江苏、浙江、福建、山东、广东等七个地区出口(按贸易目的地和货源地)有所增长；中西部地区出口下降幅度大，湖北、广西、四川、甘肃、新疆等下降均超过 10%，加大了中西部与沿海地区的差距。带动沿海地区出口增长的直接因素是高新技术开发区和保税区的出口增势强劲，其中保税区同比增长 51.9%，高新技术开发区增长 10.1%，保税区以其优惠的政策，高新技术开发区以其产品的高技术水平在国际市场竞争中占有明显的优势，成为这些地区出口贸易新的增长点。

4. 机电产品继续保持第一大类出口商品地位，工业原材料进口仍有较大幅度增长。在出口中，机电产品仍为我国第一大类出口商品，出口总额达 482 亿美元，比上年增长 9.9%，占全国外贸出口的比重上升到 32%，比上年提高 2.4 个百分点，机电产品出口净增 43.5 亿美元，超过全国外贸出口增长量的 22.9 亿美元。

在机电产品进口中，纺织机械、金属加工机床、塑料橡胶加工机械、集成电路、飞机、自动数据处理设备、汽车零件等进口均超过 10 亿美元；此外，工业原材料进口有较大增长，钢材进口 1 599 万吨，比上年增长 14%，初级形状塑料进口 785 万吨，增长 32%；原油进口2 262万吨，增长 10%，成品油进口1 581万吨，增长 10%，纸及纸板进口 449 万吨，增长 49%。但家电产品进口大幅度下降，如电冰箱及冷冻箱进口下降 26.6%，空气调节器进口下降 32.6%，磁带录像机和放像机进口下降 85%，电视机进口下降 26.4%，组合音响进口下降 55.2%。

5. 对外贸易市场多元化格局取得了明显进展。1996 年我国对各大洲的贸易额均有不同程度的增长，其中，对大洋洲增长 19.7%，对拉丁美洲增长 10%。但我国的进出口市场仍相对集中，对日本、美国、香港、欧盟等四大贸易伙伴的进出口总额达1 833亿美元，占我国对外贸易总额的比重为 63%。从出口看，虽对港澳台呈下降趋势，但对日本、韩国、新加坡等亚洲国家仍保持了较高的增长势头，对欧洲、北美洲则比上年分别增长 3.8% 和 7.8%，对英国、德国、法国、卢森堡、瑞士、爱沙尼亚、哈萨克、美国、澳大利亚、新西兰出口也保持了一定的增长。

(三)外贸总体经济效益不佳，亏损额继续扩大，规模和效益的矛盾日益突出。

1996 年我国在出口退税、关税及外贸管理等方面进行了一系列的改革，从整体看，经营和管理机制好的外贸企业适应市场的能力在不断加强，取得了较好的经济效益，而多数企业尚不能适应改革的新形势，一些企业“出口亏损靠国家补贴”的传统观念还没有完全改变，忽视内部经营管理和自身经营机制的转换。与此同时，多数外贸公司存在的企业负担过重、资产负债率偏高、富余人员多等历史问题，严重影响了国有外贸企业的国际竞争力和经济效益，有的企业已濒临破产的边缘。从总体看外贸企业 1996 年经济效益仍不佳，据经贸部统计，全国独立核算的七千多家企业亏损额比上年增长近一倍，亏损面达 57%。出口成本居高不下，全年平均出口换汇成本一直高于同期汇率水平。

二、1996 年对外贸易发展的成因分析

1996 年我国对外贸易发展是由多种因素决定的，其中最直接的因素是国内、国际环境和有关外贸政策的调整：

(一)1996 年我国为了抑制通货膨胀，实行了适度从紧的政策，工农业生产稳步增长，国内供给状况大为改善，对缓解财政困难，稳定汇率起了积极的作用。由于国内市场繁荣货源充足，90%以上的商品供过于求或供求平衡，小麦、玉米、大米、食用植物油、原棉等进口量明显减少；加之近几年国内家电产品质量有了长足的发展，且价格低廉，维修方便，这些都在一定程度上减轻了对国外进口产品的需求。所以录像机、电冰箱、冷冻箱、空气调节器、电话机等家用电器类商品进口明显减少。

(二)国际市场竞争日益激烈，国际上贸易保护主义加剧，对我国扩大出口造成很大影响。由于我国尚未加入世界贸易组织，不能享受该组织多边协议的权利和多边的关税优惠待遇，在国际竞争中处于不利的竞争地位，如在乌拉圭回合纺织品协议生效后，与我国有双边纺织品贸易协议的美国、加拿大、欧盟等对我设限增多，使我国 40—50%的出口纺织品受到配额限制；而国际上区域经济集团化的发展，贸易保护主义的增强，对我发展外贸、实现出口市场多元化十分不利，如欧盟强化对从盟外进口产品的共同管理制度，对我出口产品实行数量限制的趋势加重，对我反倾销案件的增多，都限制了我国大宗传统商品的出口。另外受国际主要货币汇率变化的影响，在人民币汇率基本稳定的情况下，由于美元日趋坚挺，日元大幅

度贬值，对以美元为主要计价结算方式的我国对外贸易也产生一定不利影响。

（三）国家为了适应社会主义市场经济的要求和国际通行规则，以更加开放的姿态参与国际竞争和国际合作，促进国民经济的发展，1996年相继出台了一些新的政策和措施，1月1日出口退税率继续下降，从4月1日起进口关税平均水平由36%下降到23%，同时取消了外商投资企业、经济特区和各类开发区、重点建设和技术改造项目等享有的进口关税减免优惠待遇，下半年，为防止利用加工贸易走私，加强对加工贸易进口的管理，在全国推行了加工贸易保证金台帐制度。政策环境的变化对外贸进出口产生了直接的影响。主要表现在：

（1）退税率下调，出口退税不及时，影响了企业的出口积极性。近年来随着我国出口贸易的迅速增长，出口应退税额也迅速扩大，但受退税指标的限制和退税率调低的影响，出口企业的退税额下降。1996年退税指标继续短缺，退税手续繁杂，退税进度迟缓，又进一步占用了企业的资金，加重了企业的利息负担，加剧了资金的紧张状况，造成外贸企业出口成本上升，影响出口货源的组织和出口商品定单的履约，从而影响了企业的出口规模。虽然从10月份起国家从资金和退税手续上实行了调整，加快了退税步伐，但国有企业出口下降已成定局。

（2）进口税收政策调整没有刺激进口的大幅度增长。1996年国家对进口政策进行了较大的调整，从1995年12月31日起，取消176个税目商品的进口控制措施；从1996年4月1日起我国进口总体关税水平降至23%。同时，国家决定减少和规范进口减免政策，只按照国际通行规则和我国的实际情况，调整和保留部分进口税收减免规定。对进口设备和原材料等一律按法定税率征收关税和进口环节税。虽然关税下降幅度比较大，但由于取消了许多的进口优惠，再加上企业资金紧张，并没有引起进口大幅度增长，一季度外商投资企业进口和一般贸易进口增长出现了一个小高潮，但接下来即趋于减缓，说明目前条件下进口政策调整刺激进口的作用有限。

（3）取消了对原苏联、东欧国家及其他国家易货贸易和经济合作项目下进口货物的减免关税和进口环节税规定，1996年我国易货贸易发生额大幅度下降，比上年下降52.1%，其中出口下降60%，进口下降44.4%。

三、未来发展的对策建议

对外贸易已成为我国经济发展的重要动力，充分利用国内、国外两个资源和两个市场、实现资源和市场的优化配置是我国进行社会主义市场经济建设的一个重要内容。因此，应当继续深化外贸体制改革，转变外贸增长方式，在充分顾及国情的基础上加快与国际通行规则接轨，努力促进对外贸易的更大发展。为此建议：

（一）尽快解决出口退税"征管脱节的矛盾"。我国的出口退税制度已实施多年，从新税制改革以来，原有的退税办法改革滞后，使出口退税面临巨大的困难和矛盾，对于少征多退、骗税、多征少退的现象已到了非改不可的地步。我国应按国际惯例建立全新的出口零税率机制，实行"征、管、抵、退"一体化，把退税款从财政中分离出来，实行"足额退税、有效监控"和征退平衡的原则，将出口商品的征税转移到出口企业，采取有效措施解决出口退税中出现的征退脱节的矛盾，切实实行出口产品零税率。

（二）加快进口管理体制的改革。近几年，我国通过取消进出口指令性计划、改革配额许可证办法、大幅度降低关税等措施，促进了进口的增长，但外贸进口管理中仍存在某些长线产品过量进口、低价倾销冲击国内市场，损害国内相关产业等问题。因此加快进口管理体制的改革，提高外贸进口的管理水平，已成为当务之急。外贸进出口政策，应根据国家产业政策的要求从弥补国内空缺，促进经济发展出发，加快外贸进口管理的改革，要采取国际通行办法，尽快建立反倾销，反补贴、产业损害等法律制度，保护民族工业和我国经济建设事业的健康发展。

（三）加速外贸出口经营机制改革，实施大公司、大集团战略，走内外贸结合、科工贸一体化的发展道路。外贸公司要以市场为导向，以经济效益为中心，采取自营进出口、代理制等多种形式，扩大规模经营，降低经营管理费用，加快转换企业经营机制。走与实业、内贸相结合的道路，培养一批以工业为龙头的大型工贸集团和跨国公司。业务主管部门应赋于更多具备条件的企业进出口经营权，为外贸出口走出困境创造条件。

1997 年我国的对外贸易仍将处于调整阶段发展，我国的对外贸易发展偏紧的政策环境不会有很大的变化，今后应当从偏重出口规模增长转向为更加重视对外贸易的平衡，从以低廉价格取胜、以较多的消耗资源和在某种程度上牺牲环境向更多地发挥科学技术进步的作用转变，从依赖政府支持向依靠开发和利用经济的比较优势转变，从根本上讲，就是要实现对外经济贸易由粗放型向集约型发展转变，从而保持对外开放的良好势头，促进我国的对外经济贸易与国民经济协调发展。

（执笔：彭福伟）

8.2 '96 我国利用外资继续增加

1996 年，我国利用外资工作认真贯彻两个根本性转变的指导方针，努力改善投资环境，提高了利用外资的效益、投资结构亦有所优化，初步扭转了重数量轻质量的现象，全年新批外商投资项目和协议额虽比上年下降，但实际利用外资额较上年增加一成多。

一、外商直接投资的主要特点

1. 新批外商投资项目和协议额减少，实际到资额增加，规模扩大。1996 年新批外商投资项目 24 556 个，协议金额 732.8 亿美元，分别比上年同期下降 33.7%和 19.7%；实际使用外资额 417.3 亿美元，比上年增长 11.2%。受进口税收政策调整的影响，四月份以后我国新批项目和协议外资额趋向减少，4 至 12 月月平均新批项目 1 771 个，比一季度下降 38.3%；月平均协议外资额 51 亿美元，下降 44%；月平均到资额 37.6 亿美元，则比一季度增长 42.4%（见表一）。外商投资项目规模继续扩大，全年全国新批项目平均规模上升到 298.4 万美元，比上年的 246.6 万美元增长 21%，其中工业平均项目平均规模由上年的 222.7万美元增加到 276.2 万美元，增长 24%。外商投资工业项目的资金密集度明显提高。

表一　1996 年外商直接投资分月统计表

项目单位：个
金额单位：亿美元

指 标	1月	2月	3月	4月	5月	6月	7月	8月	9月	10月	11月	12月
新批项目	2 038	1 655	4 922	2 141	1 708	1 598	1 588	1 666	1 600	1 461	1 657	2 522
同比变化(%)	−19.3	−17.2	77.5	−19	−41	−49.2	−36.8	−40	−28.5	−29	−44.3	−70.2
协议金额	71.5	59.3	142.6	79.6	51.7	51.6	28.9	43.5	45.4	41	47.3	70.4
同比变化(%)	49.9	46.1	105.2	134.8	2.6 倍	−35.4	−37.9	−26.6	−41.2	22.2	−54.4	−74
实际到资	22.3	23	34	30.7	42.7	50.3	17.4	41.2	27.5	38.9	39.6	49.7
同比变化(%)	19.9	33	6.3	33.5	47.2	17.3	−45.3	36	11	19.2	30.4	−19.3

2. 外资来源更趋均衡。我国外资主要来源地的港澳台投资有所下降，而欧美等发达国家来华投资踊跃。1996 年香港、澳门和台湾的投资项目分别比上年下降 40%、46%和 34%，协议外资额分别下降 32%、60%和 12%；而芬兰、丹麦、法国、荷兰和瑞典的协议外资额则分别增长 1.4 倍、1.3 倍、92%、48%和 10%，亚洲新兴工业国家韩国协议投资额也增长 41%。从实际投资额看，年投资额超过 10 亿美元的国家和地区按位次排列为日本、台湾、美国、新加坡、香港、韩国和英国。香港和台湾投资额比上年分别增长 3%和 10%，而英国、韩国、新加坡、日本和美国则分别增长 42%、30%、21%、18%和 12%。从发展看，东南亚和欧洲国家来华投资增长较快。如马来西亚的实际投资比上年增长 78%，以色列增长 30 倍，挪威、瑞典、瑞士等国也分别增长 17.5 倍、4.2倍和 3 倍。

3. 外商投资地域仍集中于东部沿海地区。1996 年东部地区新签外商投资协议 644.7 亿美元，占全国的 89%，比上年增加 2 个百分点；实际使用外资 365.4 亿美元，占全国的 88%，与上年持平，平均规模 324.3 万美元，增长 22.4%。1996 年中西部地区加大了招商引资的力度，出台了不少政策和措施，国务院也扩大了内地外资项目审批权限(由一千万美元提高到三千万美元以下)，但是，外商投资仍显不足，中西部 18 个省区新签外资协议 4 597 个，比上年下降 36%，比东部地区降幅大 3 个百分点，占全国的比重不到五分之一，比上年减少 0.7 个百分点；协议金额 81.4 亿美元，比上年下降 31%，比东部地区降幅多 13 个百分点，所占比重为 11.2%，比上年减少 1.8 个百分点；从实际投资看，中西部地区实际使用外资 49.3 亿美元，增长 10%，占全国的 11.9%，减少 0.2 个百分点。下降的主要原因一是部分内陆地区开放意识和利用外资合理配置生产要素、带动经济发展的意识有待提高，二是扩大中西部开放与资源开发利用、农牧业综合开发扶贫和落实民族政策等具体问题有待解决。

4. 外商投资结构有所调整。在我国大力发展基础产业和支柱产业的政策指引下，1996 年外商对能源基础产业及化工、电子等行业的投资协议额增加，规模扩大。煤炭采选业新签外资协议额比上年增长 7.1 倍，石油天燃气开采业增长 5.1 倍，石油加工业增长 1.5 倍，炼焦煤气煤制品增长1.5倍，化学工业增长 11.7%，电气机械器材制造业增长 1.4%。外商对基础产业的投资规模也有所扩大，石油加工业的平均投资规模由上年的 331.1 万美元增加到 1 090.6 万美元，猛增 3.3 倍，电子通讯设备由 258.3 万美元增加到 291.1 万美元，增长 12.7% ，建筑业的平均项目规模由 203.4 万美元增加到 516.9 万美元，增长 2.5 倍，交通运输业由 633.2 万美元增加到 815.9 万美元，增长 1.3 倍。工业项目中，部分行业或因生产能力过剩或因市场相对饱和或因有关政策法律的影响，而出现下降，如我国纺织行业由于生产能力过剩和市场饱和，1996 年投资纺织工业的外资协议额下降了 53.4%，与此相类似的还有房地产业和宾馆饭店业，分别下降 18%和 69.5%。

5. 外资企业出口创汇能力继续加强。1996 年我国外商投资企业出口总额 615.1 亿美元，比上年增长 31.1%，大大超过全国出口增长 1.5% 的幅度，其中外商独资企业出口增长 36.8%，增幅分别比合资、合作企业多 5.8 和 19.8 个百分点。在外商投资企业的出口中，以补偿贸易的方式增长最快，达 2.9 倍，一般贸易、来料加工装配贸易和进料加工贸易的增幅也分别比去年增长 72.7%、56.3%和 23.9%，分别超过全国平均增幅的 84.6、39 和 10.7 个百分点。外商投资企业已成为我国国民经济的重要组成部分和外贸出口的新的增长点。

6. 跨国公司来华投资方兴未艾。目前世界上最大的 500 家跨国公司已有约 200 家来华投资，我国经济的高速增长以及拥有 12 亿人口的巨大市场已成为吸引跨国公司的强大磁石，这些跨国公司的投资规模大，技术起点高，对扩大我国外商投资的整体规模和带动我国技术水平的提高有较强的推动作用。如摩托罗拉公司是美国第 2 大电子电器设备公司，在华投资额已达 12 亿美元，美国第一大计算机和办公设备的 IBM 公司投资也达 1 亿美元，比利时的贝尔电话制造有限公司在华投资生产的程控交换机已超过 1 800 万线，产品升级到第三代，其先进的通讯技术使我国程控交换机技术跻身世界先进水平。此外，跨国公司还对我国的机场、地铁、电站、高速公路、石油勘探开发等方面表现浓厚的兴趣。

二、存在的问题和建议

1. 外商投资协议额下降将影响我国利用外资的规模。由于 1996 年 4 月 1 日我国取消了外商投资企业享受进口设备免税的优惠政策，使部分外商产生疑虑，对我国的投资政策及投资环境持观望态度，加上部分省市在 4 月 1 日前加速审批，更加剧了紧张气氛，全国 60%省区新签外资协议有较大幅度下降，其中海南下降 90%，湖南下降 65%，云南下降 46%，四川下降 43%，黑龙江下降 37%，北京下降 35%。此外，税率问题已成为影响外商投资的一个重要因素，目前我国的进口关税的总体水平仍较高，为 23%，而出口退税率又下调(初级农产品为 3%，加工农产品为 6%，制成品为 9%)，而且企业进口原材料、零部件、生产产品出口还需缴纳 8%的增值税，外商对此反映较大，这对外商投资新的出口型企业和已投资的以出口为主的企业带来较大压力。

2. 中方配套资金不足，影响合资、合作企业外资的流入。1996 年中外合资、合作企业实际到资 207.5 亿美元和 81.1 亿美元，比上年分别增长 8.8%和 7.6%，二者在外商实际投资额中所占比重由上年的 70.9%降为 69.1%，减少 1.8 个百分点，而外商独资企业到资 126.1 亿美元，增长22.2%，比合资企业和合作经营企业的增长幅度高 8—9 个百分点；外商独资企业的实际投资额所占比重也由上年的 27.5%提高到 30.2%，增长 2.7 个百分点。合资合作企业到资增幅减缓，独资企业高速增长的反向变化，主要是有些部门和地区在我方资金没有落实的情况下，仓促对外招商引资，终因我方资金不到位或到位率低，使整个项目失败，这种情况在中西部地区尤为突出。

3. 投资农业项目仍很少。1996 年外商对我国农林牧渔水利业新签的协议外资额仅为 11.4 亿美元，比上年下降 34.4%，所占比重也由上年的 1.9%下降到 1.6%。这与我国农业规模极不相称，主要原因一是我国农业基础还很薄弱，管理水平较低，无法形成大规模集约化的生产，二是农业投资项目资金回报率低，三是在招商引资的政策导向上还缺乏有力的措施。

4. 经济效益不佳问题仍较突出。1996 年部分外商投资企业在宏观经济环境变化的条件下，经营亏损现象严重。在这些亏损企业中，一部分属于正常性或政策性亏损，但也有相当一部分是虚亏实盈，少数外商不择手段偷、漏、骗、欠税已成为公开的秘密，因此，既要对外商投资企业进行政策导向，也要加强监督，严格管理。

在我国周边的东南亚、独联体、东欧、拉美国家都放宽了招商引资的政策，在大力吸引外资的激烈竞争中，上述问题的存在势必影响我国综合投资环境，并使我国利用外资处于不利的地位，进而延缓外资的实际到位和我国经济发展进程。因此建议进一步加强有关利用外资经济法规的建设。针对我国的市场机制不够完善，相当多的国内企业还没有建立现代企业机制，因此在法规的建立过程中，既要考虑给与外商以足够的国民待遇，吸引其投向我国需要的行业，又要保护我国幼稚的民族工业和我国的名牌产品。二是在吸引跨国公司的投资同时，还要防止跨国公司的经营目标侵占国内市场，冲击国内企业。三是在吸引外资向中西部投资的同时要注意政策的可操作性和配套设施的建设。四是加强对外商投资企业的监督和管理，特别是财务方面的监督和管理，避免少数外商虚亏实盈转移利润现象的发生。

（执笔：陈 斌）

专栏 8.1 '96 跨国公司在华投资的特点

随着我国国民经济的持续稳定增长，1996 年西方跨国公司对华投资步伐有所加快，投资额增加。据统计，在世界最大的 25 家跨国公司中，来华投资的有 10 家，占 40%。这些跨国公司在华投资有以下特点：

1. 平均投资规模大，技术起点高，对基础设施投资增多。如美国的摩托罗拉公司是美国的第 2 大电子电器设备公司，年收入达 270 亿美元，年利润 18 亿美元，目前在华投资为 12 亿美元；美国第一大计算机和办公设备的 IBM 公司在华投资也达到 1 亿美元；比利时的上海贝尔电话设备制造有限公司在华生产程控交换机超过 1 800 万线，产品已升级换代到第三代，并开始生产 GSM 移动通信系统，其先进的通讯技术使我国程控交换机技术水平与世界差距缩短了几十年，达到当代先进水平。此外，跨国公司对在中国投资能源、交通运输等基础设施方面表现出浓厚的兴趣，如对机场、地铁、电站、高速公路、石油勘探开发等方面投资增多，且多以 BOT 方式进行投资。

2. 投资方式更趋多样化。目前越来越多的跨国公司一改其传统的投资策略，专门针对我国市场的特点进行投资，不仅限于建立独资企业，而且开始积极与我国大中型国有企业合资建厂，还以控股的方式在华设立分支机构。如美国的摩托罗拉公司、福特公司和通用汽车公司在我国的北京、上海、天津等地投资建厂；日本的三洋电机、松下电器、澳大利亚的普林公司、美国的泛太平洋塑料公司、宇宙资源技术开发公司、荷兰的飞利浦集团等在我国均设立了分支机构。

3. 国际金融集团对在华投资和开展业务的愿望强烈。1996年随着我国放开国外金融机构在华开展金融业务以来，一些跨国的金融投资公司纷纷在华设立代表机构，其业务范围包括对我国特定行业的投资基础提供资金、与其他制造公司联合为投资项目共同组织财团、直接为中国企业在国外资本市场筹集资金等。

4. 市场占有率是跨国公司在华投资的动力。中国12亿人口与经济的长期增长中蕴含着潜在的巨大消费市场吸引跨国公司不断扩大其投资规模，以期占有更大的市场份额，1996年中国电脑市场全面增长，总销售量192万台，其中美国IBM首次取代康柏(COMPAQ)公司，而实现市场份额第一。此外，化妆、家用电器和小汽车的市场占有率也较高。

5. 美国是最主要的跨国公司在华投资国。1996年在对华投资的美国大型跨国公司中，有12家超过一亿美元，协议投资总额40.1亿美元，占我国协议外资额的5.5%，是美国对华投资协议额的57.9%，其中摩托罗拉公司是美国在华投资的最大跨国公司，1996年投资约12亿美元，其中包括在天津新建一家耗资5.1亿美元的半导体晶片装配厂。

(执笔：陈 斌)

8.3 '96我国旅游业硕果累累

1996年我国旅游业取得了丰硕成果，旅游总收入达2 487亿元人民币，比上年增长18.5%，占当年国民生产总值的比重为4%；国际旅游再创佳绩，国内旅游蓬勃开展，出境旅游增势不减，旅游业已成为我国经济新的增长点。

一、国际旅游业再创佳绩

1996年我国国际旅游业实现了两个突破，一是来华人数首次突破五千万人次，达到5 112.8万人次，比上年增长10.2%；二是国际旅游外汇收入首次突破百亿美元大关，达到102亿美元，增长16.8%，相当于当年我国外贸出口的6.8%比上年提高0.9个百分点。我国国际旅游业经过18年的努力发展，接待国际旅游人数排名世界第6位，旅游外汇收入位居世界第9位。其发展变化呈现以下主要特点：

1. 客源日益多元化，港台客源稳定增长。

1996年来华入境游客中，外国人为674.4万人，比上年增长14.6%，其中日本来华人数最多，达154.9万人，增长18.7 %；韩国69.4万人，增长31.1%；美国57.6万人，增长12%；俄罗斯55.6万人，增长13.6%。这四国分列外国游客前4位。在亚洲客源国中，东盟的菲律宾、泰国、新加坡、印度尼西亚和马来西亚仍保持总量增长，与上年相比，马来西亚、泰国、菲律宾的增幅均在10%以上；周边国家的蒙古和南亚的印度、尼泊尔等国来华人数增长较快，以印度最为突出，增长22.5%。在欧洲客源国中，英国游客为20.5万人，比上年增长11%；德国17.9万人，增长7.5%；法国12.4万人，增长4.1%。由于中国国际航空公司与北欧航空和芬兰航空联手开辟新线路，每周已有20多个通往中国的往返定期直达航班，加之近年加强了对北欧促销活动，瑞典、丹麦、芬兰、挪威和冰岛来华游客近三年以14.5%的速度递增，1996年达到9.7万人；此外北美的加拿大来华人数也增长21.6%。

1996年港台旅游客源稳定增长，回大陆人数为3 632.2万人，比上年增长12.7%，其中香港游客回内地人数达3 458.8万人，增长12.7%。增长原因，一是随着'97香港回归的日趋临近，到内地投资、经商和寻求发展的港人不断增加；二是内地与香港交通工具多样化和入境手续进一步简化，也方便了港人来往；三是内地连续推出的系列旅游活动吸引了大量香港市民。1996年台湾旅游客源继续增加，回大陆人数为173.4万人，比上年增长13.2%，约占台湾出岛旅游的30%，保持了稳定发展态势。

2. 来华外国游客中，中老年游客和商人、退休人员所占比重有所提高。

1996年来我国外国游客中，从年龄分组看：中老年人有497.8万人，占外国人总数的73.8%，比上年提高2个百分点。从各洲所占份额看，亚洲60%、欧洲23.8%、美洲12.6%、大洋洲2.7%。从职业分组看，商人、退休人员共计235.9

万人，占外国人总数的比重为35%，比上年提高4个百分点。主要集中在日本、韩国、美国、俄罗斯，其次是新加坡、马来西亚、英国、德国、泰国、法国和澳大利亚，与我国对外经贸主要伙伴国的分布一致。

3. 旅游主题活动叠起，为各地旅游发展添彩。

1996年旅游主题是中国度假休闲游，它把纯旅行观光引向集文化、特色、休闲和参与为一体的旅游形式，组合成一种高品位的旅游项目。为开发我国的旅游度假产品，国家批准并陆续开工兴建的12个国家级旅游度假区，带动了54个省级度假区的兴建和一批专项旅游产品的开发。如武夷山旅游度假区首批项目现已建成，有住宿区、休闲度假区、高尔夫度假区、综合度假区和特色旅游区等5个功能区，还开辟了垂钓人工湖、水上活动项目、回归自然山水游、徐霞客文化游等专项活动。据国家旅游局对1996年前三季度的统计，国家级旅游度假区接待海内外游客433.4万人次，其中过夜游客186万人次；营业收入3.2亿元，实现利税3 439万元。此外，各地的精选旅游线路和富有地方特色的旅游活动不断完善，更现新意。如浙江富阳的农家乐，游客或舂米、踩踏水车，或垂钓野炊，或夜宿江边茅舍，从中一品“聆听江涛声，悠悠春江情”韵味。

高品味的旅游活动增强了对国际游客的吸引力，全国30个省、市、区中位居前四位的广东、北京、上海、福建共接待国际游客1 157.7万人次，占全国各地接待总量的59%。与上年相比，增长5成以上的地区有河北、黑龙江；增长2成以上的有吉林、江西、湖北等9省。国际旅游外汇收入超亿美元的地区有：广东26.4亿美元，北京22.5亿美元，上海11.7亿美元，福建5.5亿美元，江苏3.2亿美元等15个省、市、区。与上年相比河北、湖北增长70%以上，安徽、江西、湖南、贵州、陕西增长30—50%。各地旅游接待的主要特点：一是由于各地旅游人文资源和自然资源的不断组合，已经形成不同层次、不同形式的地域区间，如华东旅游区、长江旅游区、珠江三角洲旅游区等，起到了资源与市场互补的效应。二是国际游客的地区流向日益明显，外国游客流向较为广泛，港澳同胞多集中在江苏、上海、浙江、福建、广东和陕西，台湾同胞则在福建、广东及上海。三是旅游经济效益在旅游热线地区明显增长。1996年国际游客较为集中的线路有长江三峡、黄山和少数民族风情集中地区，其中三峡热线已经形成集名山、自然风光、古今文化、民俗风情于一线，吃、住、行、游、购、娱等设施及服务项目齐全的黄金线路，特别是1997年三峡工程即将截流，“告别三峡游”对游客产生了巨大的吸引力，川鄂两省充分利用三峡优势发展旅游业，1996年共接待国际游客82.4万人，比上年增长28%，提高22.7个百分点；旅游外汇收入2.9亿美元，增长45%，提高22.5个百分点。取得了良好的经济效益。

二、国内旅游蓬勃开展

1996年我国国内旅游业发展明显加快，国内居民出游人数达6.4亿人次，比上年增长1.6%；旅游收入1 638亿元人民币，增长19.1%。它是我国社会稳定、经济发展、旅游产业形成的结果，也是人们物质、文化生活水平提高的表现。这主要得益于：

1. 旅游观念的转变。我国国内旅游始于80年代初期，发展在90年代以后，这期间正是我国政治稳定、经济持续增长，多数地区解决了温饱，开始奔向小康，人民物质、文化生活不断提高；加之双休日和带薪假期的实施，使人们可自由支配的闲暇时间成倍增加，在报纸、电台、电视等媒体加大对旅游景点和旅游活动宣传力度的作用下，国内居民的旅游意识大为提高，外出旅游的愿望急剧增长。如今过春节相互询问的已经不是买了什么吃的、穿的，而是问到哪里去玩了，这种观念上的转变，为国内旅游奠定了广泛的客源基础，为国内旅游的发展创造了必要条件。

2. 国内旅游促销活跃，旅游产品有新意。1996年国内旅游宣传促销无论在资金投入还是手段上都有超过国际旅游之势，电视、电台及报刊上都有多种多样的旅游节目；加之自1992年以来，我国每年推出一项旅游主题活动，在全国各地形成“月月有活动，季季有高潮”的节日氛围，旅游产品丰富且质量提高，既有16条精选线路，如长城游、丝绸之路游等，又有体现绝、奇、美、胜的35个旅游王牌产品，秦俑兵马之绝、黄山四景之奇、海南亚龙湾之美、桂林山水之胜；充满浓郁地方特色旅游活动，不仅吸引了国际游客也对国内游客产生很强的诱惑力。1996年国内旅游的消费热点地区是长江三峡游、海南游、武夷山游和西双版纳游。

3. 旅行社积极参与。在我国国内旅游发展过程中，旅行社是一个贯穿始终的晴雨表，占有重要地位。目前全国有一、二、三类旅行社3 800家，都经营国内旅游业务，过去只注重接待海外旅游者的老牌大社，如国际旅行社和中国旅行社也来加盟。1996年由旅行社承办接待的国内旅游人数为2 489万人次，比上年增长32.4%。国内旅游开展比较好的上海春秋国际旅行社，以经营国内旅游起家，以其优质服务、良好信誉及合理价格组织上海市民国内游，在国内旅游市场上独树一帜，1996年接待国内游客13.3万人次，旅游收入1.5亿元，人均创利税9万元，固定资产达到3 000万元以上，成为旅行社行业中的典范。

1996年我国国内居民出游呈现出中小城市居民到大城市旅游，大城市前往旅游热点地区和风土民情独特地区旅游的双向对流态势；旅行时间以周末和节假日出游为多；人员组成以家庭和亲朋好友为主；旅游费用自费比例不断上升。

旅游业的发展特别是国内旅游的不断增长推动了一些旅游自然资源丰富但经济落后地区脱贫致富。据国家旅游局调查推算，目前我国至少有1万个村庄、300多万人口通过发展旅游摆脱了贫困，湖南的湘西、安徽皖南山区、云南西双版纳、丽江、四川的川东地区及江西瑞金和井冈山地区，都通过发展旅游业，使当地人民的年收入从几十元提高到百元、千元，走向富裕。

三、出境旅游继续增加

1996年我国大陆公民出境人数为758.8万人，比上年增长6.2%，其中因公出境517.4万人，占出境总人数的68.2%；因私出境214.4万人，占31.8%，分别增长1.8%和4.4%。

我国大陆公民因私出境约有5成是由旅行社组织的。1996年有组织的出境游呈现两热：一是赴东南亚、香港、澳门旅游热，占旅行社组团的60%；二是春节期间出国度假旅游热，约占旅行社全年组团量的10－15%。这些特点说明了人们在物质生活水平不断提高的同时，渴望开阔眼界的精神需求不断增长，且有一定的经济承受能力；此外春节假期延长和出境旅游手续简便也是推动出境旅游的原因之一。目前我国因私出境的公民中，参加旅行团出游的比例不断上升，人员以老年人、新婚夫妇及三口之家为多。

四、问题与建议

1996年我国旅游业在取得佳绩的同时也存在一些不容忽视的问题，主要是：

1. 旅游交通费用居高不下。

1996年我国宏观调控取得预期目标，零售物价和居民生活消费品价格水平保持在一位数的增幅内，但是旅游业总体价格增幅居高不下。主要原因是近年来，国家加大了对不合理价格体系的改革力度，交通客、货运价格水平不断攀升，如飞机票价格继春节上调20%以后，7月份又有数十条航线上调，各航空公司还对旅游热线地区机票减少或取消折扣；旅游列车价格也增长50%以上。这些都加重了旅游者负担，国际游客在国内段交通费上的支出已占总旅游花费的27%左右，超过其他费用的比重。对吸引游客和对外促销产生不利影响。

2. 国际客源招徕渠道狭窄。

在我国主要客源市场上，虽已形成比较稳定的销售渠道，但在市场开拓上还存在两点不足：一是海外销售范围窄，与世界大旅行社联系少，如在美国前十位旅行商中，除"运通"旅行社外，其他9家都未开展与中国的业务；二是旅游经营品种单一，没有突破观光旅游的范围。面对国际上许多文化交流组织、宗教团体、大公司的旅游部、各种俱乐部都组织外出旅游的巨大市场，我国用于宣传招徕的经费、促销方式和开拓市场的能力明显不足。

1997年我国旅游业将大力加强行业精神文明建设，全面提高服务质量，努力办好'97中国旅游年。实现接待国际旅游者5 300万人次，旅游创汇110亿美元；国内旅游6.5亿人次，旅游收入1 800亿元人民币的目标。为此需要大力开拓国际客源市场，进一步开展对国内旅游市场的专项治理，规范旅游价格，开发旅游资源与保护、美化环境相结合，从而进一步改善中国旅游业的整体形象。

（执笔：张晓露）

专栏 8.2　12 个国家级旅游度假区建设稳步发展

1996 年中国旅游的主题是度假休闲游，在这一主题活动中，经国务院批准立项的大连金石滩、青岛石老人、无锡太湖、苏州太湖、上海佘山、杭州之江、福建武夷山、湄州岛、广州南湖、昆明滇池、北海银滩、海南亚龙湾等 12 个国家级旅游度假区，加快了招商引资的步伐和工程建设进度。据国家旅游局统计，截至 1996 年 9 月份，12 个度假区累计招商项目 604 个，合同金额 84 亿美元，其中外资额 63.8 亿美元，占总金额的 76%；实际到位资金 13.6 亿美元，其中外商投资额 9.1 亿美元，占 66.9%。1996 年部分旅游度假区已开始运营。

无锡国家旅游度假区中的月亮湾度假中心，建有碧波苑俱乐部、绿波湾度假山庄、啤酒花园饭店和国际垂钓中心，这些项目的落成使度假区初步拥有休闲度假、康复理疗、会议接待等诸项功能，其中国际垂钓中心已成功地举办过 4 届国际垂钓比赛，吸引了 2 000 多名中外垂钓高手参加，在东南亚地区享有一定声誉。拥有 15 公里海岸线、得天独厚海洋景观的青岛石老人国家旅游度假区，尽情在"海"上作文章，陆续建成海洋公园、国际游艇俱乐部等，其中海洋公园的海豚馆受到中外游客的欢迎。目前石老人国家旅游度假区已具有别墅 300 多栋、度假公寓 250 多套的接待能力。该度假区为配合'96 中国旅游度假休闲游活动，推出休闲活动 14 项，有青岛国际啤酒节、春节合家乐烟火夜、民间艺术博览会等活动，内容丰富，特色鲜明。度假区的建成大大提高了我国旅游产品的档次，增强了对游客的吸引力。

（执笔：张晓露）

8.4　'96 我国对外合作继续扩大

1996 年我国对外经济合作事业在实行具有全局意义的"两个根本性转变"中，又有新的发展，主要发展指标呈现出全面增长。全年我国在 180 多个国家和地区共计新签合同份数 24 891 份，比上年增长 28.8%；新签合同金额 102.7 亿美元，增长 6.2%；完成营业额 77 亿美元，增长 16.8%。从全年构成情况分析主要有以下变化：

一、从对外经济合作方式分析：1996 年呈现出三个"最"的特征，一是，对外承包工程新签合同额与完成营业额所占比重最大，二者均占到总额的 75%以上；二是，对外劳务合作签订的合同份数最多，全年为 22 723 份，占到总份数的 91.3%；三是，设计咨询业务发展在三种方式中增速是最高的，全年新签合同份数比上年增长 45.9%，新签合同额增长 46.4%，完成营业额增长 22.9%（分方式情况详见表一）。

表一　1996 年对外承包和劳务合作情况　　金额单位：万美元

项目	合同份数（份）	比上年增长（%）	新签合同额	比上年增长（%）	完成营业额	比上年增长（%）
总　计	24 891	28.8	1 027 318	6.2	769 610	16.8
承包工程	1 634	4.9	772 834	3.3	582 051	14.0
劳务合作	22 723	30.6	227 953	13.6	171 191	27.1
设计咨询	534	45.9	26 531	46.4	16 368	22.9

二、从在世界各大洲及国家（地区）分布情况分析：首先从洲别情况看，仍主要分布在亚洲，签订合份数、合同金额、完成营业额分别占到国境外工程总数的 66.1%、68.8%和 73.6%。各大洲的平均项目规模中，非洲位居第一，高达 191.3 万美元，比上年增长 99.7%，其次是大洋洲及太平洋岛屿为 114.2 万美元，减少 13.9%（各大洲情况见表二）。从国别地区看，新签合同金额超一亿美元

以上的国家和地区有16个，比上年增加1个。完成营业额超过一亿美元以上的国家和地区共计11个，增加2个。新签合同额和完成营业额名列第一位的是香港地区，其新签合同额和完成营业额分别为20.5亿美元和18.4亿美元，分别比上年增长0.2%和17.9%。

表二　1996年中国在各洲对外承包和劳务合作情况

洲别	合同份数（份）	合同额（万美元）	营业额（万美元）	签订合同国家个数
亚洲	9 761	615 613	457 928	38
非洲	790	151 113	92 942	50
欧洲	1 430	57 784	28 103	43
拉丁美洲	104	6 161	4 947	33
北美洲	1 123	23 573	15 700	2
大洋洲及太平洋岛屿	201	22 946	8 652	14

三、从从事对外承包工程和劳务合作业务的公司情况分析：首先从中央与地方情况看，1996年从事对外承包、劳务合作和设计咨询的公司共计476家，比上年增加123家。其中，中央专业公司92家，增加21家。地方公司384家，增加102家。其次，从新签合同额与完成营业额看，全年新签合同额在一亿美元以上的对外承包劳务企业有20家。其中，中央专业公司有11家，地方公司9家；完成营业额在一亿美元以上的有15家，其中，中央专业公司9家，地方公司6家。

我国对外经济合作事业已走过18个年头，到1996年末，累计对外签订承包工程和劳务合作合同金额达603.4亿美元，完成营业额398.6亿美元，累计外派承包劳务人员130.5万人次，带动国产设备与材料出口20多亿美元。我国公司开展承包、劳务业务的市场从初期的中东地区扩展到亚、非、美、欧、大洋洲的180多个国家和地区。公司的经营水平不断提高，规模不断扩大，逐步向实业化、国际化方向发展，竞争实力不断增强，国际地位不断提高。

1996年为了认真总结开展对外经济合作事业的经验，研究在新形势下，如何转变观念、加快企业改革、实现两个根本转变、开创对外经济合作事业的新局面，我国召开了全国对外经济合作工作会议。会上对外贸易经济合作部的吴仪部长作了报告。报告中充分肯定了我国对外经济合作事业的发展与成就，并指出当前存在的困难和问题以及对今后工作的几点意见。

当前存在的主要问题：

1. 资金紧张、融资能力不强，已成为我国企业发展的主要障碍。当今国际承包市场竞争日趋激烈，带资承包已成为工程的基本条件和关键因素。有些技术含量高、能带动机电产品和成套设备出口的大型项目目前启动资金很大，由于资金匮乏，我国企业不得不放弃许多很好的项目。

2. 企业经营管理水平不高，经济效益不理想。近年，通过深化改革和强化管理，外经企业的管理水平普遍提高，但是，我国企业与发达或较发达国家的公司相比，在管理水平上还有很大的差距。一些外经企业内部管理机制、民主决策机制不健全，以包代管的现象严重，财务管理、资金管理薄弱。

3. 经营秩序亟需整顿。近年，经济秩序混乱的情况经过整顿虽有所好转，但目前仍是妨碍对外承包工程和劳务合作业务顺利发展的主要障碍之一，主要表现在：(1)乱投标，内部混乱；(2)压价竞争，肥水外流；(3)相互拆台，自相“残杀”；(4)有章不循，非法经营。

吴仪部长对今后搞好对外经济合作工作提出了如下主要意见：

1. 加快外经贸行业以及对外承包、劳务工作的两个根本性转变；

2. 加强外经行业社会主义精神文明建设；

3. 转变观念，提高竞争意识；

4. 深化企业改革，加强企业管理；

5. 积极贯彻市场多元化战略，努力拓展老市场，开拓新市场；

6. 积极贯彻“以质取胜”战略；

7. 加强法制建设，整顿经营秩序；

8. 加强各有关部门的合作，促进对外经济合作事业快速发展。

1996年我国对外经济合作事业取得的进展，为实施“九五”计划打下了良好的基础。通过进一步分析问题，明确方向，为今后继续扩大我国同世界各国的经济技术交流，加强同发展中国家的更好合作，又迈出了坚实的一步。

（执笔：崔晓红）

专栏 8.3　加工贸易成为我国主要的贸易方式

1996 年中国加工贸易进出口总额达 1 466 亿美元，比上年增长 11%，占中国外贸总额的比重达 50.6%，首次超过一半，成为中国进出口贸易的主要方式。其中出口 943.3 亿美元，增长 14.4%，进口 622.8亿美元，增长 6.7%。其主要特点有：

(一)机电产品与中国传统出口商品的加工贸易出口有较大增长。1996 年，加工贸易出口机电产品 363 亿美元，增长 18%，占中国加工贸易出口总额的 43%。其它出口超过 10 亿美元的传统大宗商品有服装及衣着附件，纺织纱线，织物制品，鞋，玩具，塑料制品，旅行用品及箱包、钢材。

(二)外商投资企业加工贸易的主体地位更加突出。1996 年，外商投资企业加工贸易总额为 946 亿美元，占中国加工贸易总额的 65%，比 1995 年的比重增加 5 个百分点。国有企业加工贸易总值为 500 亿美元，下降 3%，所占比重由上年的 39%下降到 34%，这一变化，与部分国有企业合资后性质改变、成为外商投资企业有关，也体现了外商投资企业开展加工贸易的优势。

(三)加工贸易的地区分布呈现由南向北发展的趋势。1996 年广东加工贸易所占比重继续下降，加工贸易进出口额为 809 亿美元，增长 8.4%，占全国的比重继 1995 年比 1994 年下降 6 个百分点后，又下降 2 个百分点，为 55%，而北部沿海地区呈现出快速增长的势头。加工贸易额超 10 亿美元的地区还有上海(122 亿美元)、江苏(100 亿美元)、山东(86 亿美元)、福建(81 亿美元)、辽宁(68 亿美元)、天津(54 亿美元)、浙江(39 亿美元)、北京(37 亿美元)等，以上 9 省市加工贸易总额 1 396 亿美元，占全国的 95%。

(四)香港、美国、日本和欧盟等国家和地区是中国加工贸易产品出口的主要市场。1996 年，中国对香港、美国、日本和欧盟等国家和地区的加工贸易分别为 213 亿美元、192 亿美元、172 亿美元和 96 亿美元，合计占中国加工贸易出口总额的 80%。对韩国、新加坡和台湾出口额也都超过 10 亿美元。

加工贸易快速稳定增长，是由于加工贸易受税收政策调整的影响比较小，以及中国在对外开放不断扩大的过程中，吸引外商投资大幅度增加所致。加工贸易的快速增长，对于推动中国对外贸易的发展，发挥中国在国际竞争中的比较优势，拓宽国际市场，有效利用国际和国内两种资源，扩大就业，进一步参与国际经济大循环有着重要的意义。但规模庞大的加工贸易也带来一些不利的问题，如使中国成为东亚及东南亚国家和地区转口贸易的承担者，使双边贸易平衡、倾销投诉和制裁等贸易摩擦时有发生，并与国内同类商品争夺出口市场，增加了中国对重点敏感商品监管和打击利用加工贸易进行走私等问题的难度。随着加工贸易保证金台帐制度进一步实施，以及中国加工贸易管理体制的进一步完善，加工贸易将健康平稳发展。

(执笔：彭福伟)

8.5　'96 外经贸体制改革稳步前进

实行经济体制从传统的计划经济体制向社会主义市场经济体制转变和经济增长方式从粗放型向集约型转变，是党的十四届五中全会和全国人大八届四次会议确定的今后 15 年经济工作的指导方针之一，是关系到“九五”计划和 2010 年奋斗目标能否实现的两个带有全局意义的关键性转变。对外经济贸易事业作为国民经济的重要组成部分，必须尽快实行两个转变。

对外经济贸易是连接国内市场和国际市场的桥梁，是实现国内经济和国际经济互补互利的重要渠道。实现社会主义现代化，离不开发展对外经济贸易和参与国际间的分工与交换。加快两个转变，将使我国外经贸体制更符合国际规范的要求，从而为对外开放的扩大、国民经济的发展、我国国际竞争力的增强创造更有利的条件。

加快外经贸体制转变，就是要按照在本世纪末初步建立社会主义市场经济体制的总体要求，在本世纪末建立以经济和法律手段为主的、符合社会主义市场经济要求和国际通行规则的外经贸宏观管理体制及其运行机制；基本上实现“统一政策，放开经营，平等竞争，自负盈亏，工贸结合，推行代理制”的改革目标。加快外经贸增长方式的转变，就是要从主要依靠数量、规模和速度的增长，转向主要依靠提高质量、效益和优化结构，在实现外经贸可持续增长目标的同时，最大限度地提高外经贸发展的宏观、微观经济效益。

1996年我国外经贸体制改革围绕十四届五中全会提出的实现“两个转变”，按照市场经济原则和国际贸易通行规则，继续完善以经济、法律手段为主的外经贸间接调控体系，外经贸经营体制和管理体制改革稳步进展。

一、以放开外贸经营权为重要特征的外贸经营制度改革取得长足进展

改革开放以来，我国外贸进出口经营主体实现了多元化，形成了国有外经贸企业、自营进出口生产企业、三资企业几路大军。1996年国家加快赋予了国有大中型生产企业自营进出口权，赋予了第二批100家科研院所科技产品进出口经营权，并对有固定经营渠道、有外贸供货、多年来对外贸发展作出了贡献的地县级外贸货源公司的进出口经营权放宽了审定标准，对少数民族地区和西部地区还给予了一定的政策倾斜。截至去年底，我国各类外经贸企业达1.2万家（其中自营进出口生产企业5千多家），外商投资企业14万多家。1996年9月30日，外经贸部发布《关于设立中外合资对外贸易公司试点暂行办法》，在上海浦东新区和深圳经济特区试办中外合资外贸公司，这是我国外贸经营制度改革向纵深发展的重要标志，表明我国对外开放水平更高、信心更足，外商不仅在我国生产领域，而且在流通领域占有合资合作的一席之地。目前，中外双方有合资意向的企业正在积极洽谈之中。此外，根据我国的对外承诺，外贸经营权最终将由审批制转向依法登记制，1996年已在5个经济特区进行生产企业外贸经营登记制试点。一种多层次、多种类外经贸企业多渠道经营的大经贸格局正在我国逐步形成。

二、国有外经贸企业内部机制改革是1996年外经贸体制改革的重点

随着对外开放的扩大和经济体制的转变，国有外经贸企业原有的商品垄断、行业垄断、市场垄断的优势已被打破；市场机制的建立，使得经营环境的不稳定性增强，风险加大；银行的商业化经营，使得企业不可能在无资产抵押的情况下长期负债经营；企业生存、发展、竞争的压力越来越大。外经贸企业生存的危机感和改革的紧迫感日益增强。

1996年外经贸企业改革的重点是抓国有资产保值、增值和科学管理。搞好国有资产的保值增值，是关系到社会主义制度命运的重大问题。各级各类国有外经贸企业围绕国有资产保值增值和科学管理，积极推进现代企业制度、综合商社和设立监事会、内部职工持股等试点，加速了外经贸企业经营机制转换，实行资产经营责任制；各类外经贸企业内部的劳动、人事、分配、社会保险制度改革也在逐步深化；企业的规模经营，跨地区、跨行业兼并联合得到鼓励和支持；同时，加强了对海外企业的管理，防止海外企业资产流失等。外经贸企业改革及五矿、化工、粮油等总公司的改革试点取得了积极进展。企业的经营管理正从商品经营的层次提高到资产经营的层次，企业逐步树立起资产经营意识，明确资产经营责任；企业内部机制的改革正按建立现代企业制度和发展社会化大生产的要求，以经济效益为中心，建立资产经营机制，完善各项管理制度，如投资决策制度、财务核算制度、劳动人事制度、分配制度、审计制度和客户档案管理制度等向建立完善的决策机制、激励机制和约束机制方向发展。

三、利用外资政策的调整对进一步理顺外经贸管理体制、规范经营秩序具有很大的促进作用

不断完善以经济、法律手段为主的外贸间接调控体系，按照市场经济原则和国际贸易通行规则，加强对外经贸的宏观调控，发挥关税、汇率、信贷利率等经济杠杆的调控作用是宏观经济管理模式改革的重点，关税、利率正在成为宏观调控的主要手段。1996年国家加快了对进口税收政策的改革和调整，在进一步降低进口关税总水平之时，取消了过多的、不平等的进口税收减免规定，向着建立统一、规范、公平、合理的进口税收政策迈进了一大步，4月1日出台了三项规定：取消外商投资企业、经济特区和各类开发区、重点建设和技术改造项目等原先享有的一些进口关税减免待遇；将

包括外商投资企业在内的所有企业纳入统一结售汇体制;为防止利用加工贸易走私,保证加工贸易健康发展,在全国范围内对加工贸易实行银行保证金台帐制度。这三项规定的出台体现了国民待遇原则和建立社会主义市场经济体制必然要求的公平竞争原则,从而为我国在更高水平与层次上对外开放和利用外资改善了外经贸经营环境。

四、外贸代理制是外贸体制改革的要点

我国从 80 年代中期开始,把"推行外贸代理制"作为外贸体制改革的重要内容之一。1988 年提出了"自负盈亏、放开经营、工贸结合、推行代理制"的改革方向。1993 年十四届三中全会决议又提出"统一政策、放开经营、平等竞争、自负盈亏、工贸结合、推行代理制"的外贸改革方针。1996 年李鹏总理在第 80 届广交会接见海外客商时指出:"对外贸易必须进行改革,推行代理制,促进市场多元化,以适应我国经济体制改革和剧烈竞争的国际市场的需要,"再次把代理制与外贸体制改革联系在一起。

外贸代理虽在 80 年代中期就被正式提上外贸体制改革的日程,但多年来实施情况却不理想。难以推行的体制原因在于我国生产体系和外贸经营体制之间关系不顺,行业之间和部门内部分工协作关系未得到充分发展,所以实践中的外贸代理制就不可能完全体现生产与流通领域企业之间的分工协作和互相依存,加之缺乏一套符合实际情况的具体管理代理行为的法律规范以及外汇管理、银行信贷等配套措施,所以十余年来外贸代理制一直没有广泛推行。有些外贸企业仅仅因为流动资金严重不足或为了避免风险而搞代理,而有的生产企业则是因为没有进出口经营权,或没有稳定的销售渠道和客户、缺乏外贸专业人才、缺乏许可证和配额等而不得不委托外贸企业代理。这种外贸代理关系很不稳固,工贸双方也不完全是出于自觉自愿。在西方国家,生产企业一般都有进出口经营权,但除了少数大型企业外,大多数企业都请外贸企业代理进出口。生产企业自营出口,就外贸领域来讲起码有两方面的意义。一方面,技术含量高的产品出口,特别是非常复杂的技术产品,是不可能由外贸企业垄断出口的;另一方面,只有更多的生产企业有了自营出口权,外贸企业才会有发展代理业务的迫切感,才会更积极地推行代理制,为生产企业开拓市场牵线搭桥、提供服务。

1996 年,各级外经贸部门加强了对代理制的宣传引导,尽管还不可能一下子广泛推行,但越来越多的外贸主管部门和企业认识到,代理制是现代外贸的主要经营方式,它有利于实现规模经营,实现外经贸资源的优化组合。目前,外贸企业和生产企业在生产和经营上都遇到一些困难,这正是外贸企业转变经营方式、与生产企业建立和发展代理关系的大好时机,外贸企业应当主动发展代理进出口业务。在转变传统的外贸收购制的经营方式的变革中,以服务为特征的稳定、有序、高效的代理制必将成为外贸经营的发展方向。一些外贸企业在提高认识的基础上已将外贸代理制作为今后工作的重点。

五、在进出口商品经营管理制度改革方面,继续规范出口商品配额、许可证的分配制度

积极推进对部分出口商品配额的有偿招标,改进、完善了《出口商品配额招标办法》和《实施细则》,扩大了招标商品范围;改革了茶叶、丝绸、两纱两布的出口经营体制;制定并实施外经贸商标战略;进一步贯彻出口退税制度,同时兼顾财政负担的实际情况,国务院决定自 1996 年 1 月 1 日起调低出口退税率分别为 3%、6%和 9%。外贸经营范围也进一步放宽,除国家组织统一联合经营的 16 种出口商品和国家实行核定公司经营的 14 种进口商品,其它商品及技术的进出口业务,各类外贸企业均可经营,取消了以往进口商品分 3 类管理的办法,实行目录管理。目录外商品放开经营,目录内商品核定公司经营,并由进出口商会负责监督和协调。对进口配额、进口许可证实行规范化管理,改革和调整进口关税,自 1996 年 4 月 1 日起,我国进口关税总水平由 35.9%降至 23%,降低了近 5 000 项产品的关税,降幅高达 36%。总之,1996 年进出口商品经营管理制度改革步履坚实,发展稳定。

六、加强对技术进出口的立项和合同管理,是1996 年技术贸易管理体制改革的一项重要内容

外经贸部会同有关部门编制了我国禁止、限制出口技术目录,防止由于出口不当给国家和企业带来重大损失;对技术引进项目实行登记制和技术引进合同实行注册制，确立了从项目承担代理登记有效到技术设备进口合同注册生效的管理程序。

七、我国外经贸体制改革在加强对劳务合作的规范化管理、改革对外援助方式、完善政府贷款机制方面，也同样迈出了坚实的步伐

1996年4月，外经贸部与有关部门联合发布了关于加强对外劳务合作归口管理有关问题的通知，还先后单独或与其他部门联合颁发了若干通知、规定、暂行办法等，以保障我国在一些重点国家和地区劳务合作业务的健康发展，改善对这些地区劳务出口的经营秩序；6月，外经贸部与有关部门协商颁布试行了关于对外提供优惠贷款援助暂行规定，积极抓紧已签政府贴息优惠贷款协议项下的项目落实工作和努力推动援外项目实行合资合作；按照商业银行的特点就银行转贷费用收取限额，银行评估项目准则和评估时限以及脱钩转贷问题，外经贸部还与有关部门协商，探讨建立一个既兼顾各方利益又符合社会主义市场经营客观要求的转贷机制。同时，在探索、寻找一条既符合政府贷款特点又可打破经合发组织限制的贷款使用途径。

总之，我国外经贸体制改革在“九五”开局之年继续深化，稳步进展，为从“大经贸”战略高度完成“九五”计划和2010年远景规划打下了一个良好的体制基础。

（根据外经贸部材料整编）

专栏8.4　我国最大的外商投资生产企业

随着我国经济的发展和投资环境的改善，外商投资企业在华投资建厂的数量和规模不断增大，成为我国国民经济中的重要组成部分。

在200家最大的外商投资生产企业中，销售额最大的是上海大众汽车有限公司，1994、1995连续两年名列榜首，1995年销售额184.3亿元，比上年增长45%；利润总额名列榜首的是广东核电合营有限公司，利润总额10.3亿元，总资产和出口额最多的也是广东核电合营有限公司，分别为344.1亿元和4.6亿元。

在200家最大的外商投资生产企业中，投资汽车和电子行业的约占三分之二，其中销售额前十名的汽车厂家有上海大众汽车有限公司、北京吉普汽车有限公司、重庆庆铃汽车股份有限公司、一汽大众汽车有限公司、上海－易初摩托车有限公司、五羊－本田摩托车（广州）有限公司、江西五十铃汽车有限公司、北京轻型汽车有限公司、天津华利汽车有限公司和洛阳北方易初摩托车有限公司；电子行业销售额前十名的厂家有摩托罗拉（中国）电子有限公司、上海贝尔电话设备制造有限公司、深圳康佳电子（集团）股份有限公司、北京松下彩色显像管有限公司、天津三美电机有限公司、爱普生电子技术（深圳）有限公司、华强三洋电子有限公司、三洋电机（蛇口）有限公司、青岛三美电机有限公司和上海永新彩色显像管有限公司。

（执笔：陈斌）

8.6　’96外汇收支情况

1996年，国家宏观经济调控取得明显成效，国家外汇储备在外汇体制改革稳步推进中大幅增加，年末国家外汇储备突破1 000亿美元大关，达1 050.3亿美元，比年初增加314.3亿美元，增长42.7%。

一、1996年外汇收支情况

1．贸易收支规模缩小，但净结汇额增加。1996年我国贸易结汇收入比上年下降5.9%；贸易售汇支出下降11.1%，结售汇规模均有所缩小，但净结汇比上年增长21.8%。收支规模的缩小主要反映在国内企业，全年国内企业收入下降

14.8%；支出下降17.1%。贸易项下的三资企业收支均成倍增长，分别增长1.4倍和1.8倍。因此，减缓了贸易收支下降的态势。

2. 非贸易收支规模略有扩大，收支继续保持顺差。我国非贸易项目收支在整个外汇收支中所占比重并不大(1996年占12.9%)，但其顺差额占全部顺差额的比重1996年达到52.6%，对增加外汇储备起到重要的作用。1996年非贸易收入比上年增长1.8%；非贸易支出增长4.3%，收支相抵顺差比上年略有增加。

3. 资本收支规模扩大，收支相抵仍为逆差。1996年资本收入比上年增长1.4倍，是外汇收支主要项目中增长最突出的，其中，主要是外商投资收入增长1.3倍，境外借款收入增长2.3倍，出售有价证券增长89.1%；全年资本支出增长44%。其中，购买有价证券和外商投资企业资本汇出均成倍增长。

4. 外商投资企业进入结售汇体系，净结汇明显增加。1996年7月1日实行外商投资企业结售汇后，三资企业的结售汇量大幅度增加。全年外商投资企业结汇占总结汇额的17.2%(1995年为7.5%)；售汇占总售汇额的9.8%(1995年为3.1%)；结售汇顺差比上年增长90.7%。

二、外汇储备增加的成因

外汇体制实施重大改革以来的三年中，是我国历史上外汇储备增加最多的年份，1996年又是三年中之冠。分析其原因主要是：

1. 宏观经济调控取得成效是外汇储备增加的根本原因。近年我国实行适度从紧的货币政策和财政政策，国民经济持续保持稳定的增长，特别是1996年国家宏观调控取得明显的成效，全年国内生产总值增长9.6%，通货膨胀得到有效控制，全国零售物价涨幅回落到6.1%，物价上涨低于国民经济的增长水平，达到了国家调控预期目标。由于通过从紧的货币政策和财政政策控制货币供应量的适度增长和财政赤字的扩大来调控社会总需求，抑制通货膨胀。因此，既保障了国民经济的稳定增长，又有效地抑制了国内对进口和对外汇需求的扩张。同时中央银行两度降息，国家出口退税速度加快，以及商业银行的信贷支持，促进了外贸出口的增加。还由于我国投资环境的不断改善，外资持续大量流入。这些因素促成了我国外汇储备大幅增加，也是我国有效实施宏观调控的结果。

2. 外汇体制改革的不断深入是外汇储备增加的主要原因。自1994年我国外汇体制实行重大改革，实行银行结售汇制度，取消外汇分成；实行以市场供求为基础的、单一的、有管理的浮动制。继而1996年又将外商投资企业纳入银行结售汇体系；实现了人民币在经常项目下可兑换。一系列的改革均促使了外汇储备的大幅增加。1993年末仅为212亿美元的储备额，到1994年末则达到516亿美元增加了304亿美元，增长1.4倍。1995年末达到736亿美元，增加了219.8亿美元。1996年在较大的基数上仍保持了上年的增长速度，外汇储备达到了1 050.3亿美元，居世界前列。

3. 对外经济贸易的全方位的发展是外汇储备增加的直接原因。从对外贸易情况看，我国对外贸易连续三年保持顺差分别为53.9亿美元，166.9亿美元，123亿美元；从利用外资的情况看，由于我国投资环境的不断改善，吸引力不断增强，外资流入保持持续增长态势，近三年实际利用外资分别为432.1亿美元、481.3亿美元、548亿美元；从对外经济合作和国际旅游事业的情况看，对外承包工程和劳务合作的完成营业额连年持续增长，国际旅游收入也连年增加。另外近年我国的服务贸易迅速发展，交通运输、港口服务、邮电、咨询、保险等行业为国家获得相当的外汇收入。正由于我国对外经济贸易的全方位发展促成了国家外汇储备的增加。

三、1997年外汇收支形势的展望

1996年宏观调控取得的明显成效为1997年外汇形势奠定了良好、有利的基础条件。因此，对外经济贸易仍将保持稳步发展，外汇收支也可望继续保持顺差。

1. 贸易收支分析，1997年我国已将进出口总额调控目标确定为3 100亿美元。从出口方面看，促进增长的因素主要是：国民经济持续稳步发展，在一定程度上会带动出口的增加；世界上发达国家经济的增长也在一定程度上有利于我国出口的增长。从进口方面看，随着外商投资快速增长以及国有企业技术改造、国家经济结构的调整将会引起相关进口的较大幅度增加。还由于我国“双紧”

政策"九五"期间不变,国民经济发展将继续维持在一个适度的水平,因此,进口贸易的发展也将维持在适度的增长范围内。综合各方面因素,预计贸易收支仍将保持顺差,但顺差额较上年可能减少。

2. 非贸易收支分析,由于近年服务贸易的迅速发展,特别是我国利用外资领域不断扩展,一些过去未对外商开放的行业,如航空、货运代理、保险、会计师事务所等第三产业,已开放了吸收外资。为此带动我国非贸易收支规模的扩大,特别是收入的增加,必将继续保持非贸易收支的顺差。

3. 资本项目分析,外商投资企业纳入银行结售汇以来资本项目结售汇规模已呈现出迅速扩大趋势,1997 年该趋势会更加明显。由于外资的流入和对外偿还债务的双重因素,预计资本项目将实现基本平衡,改变上年逆差状况。

1997 年上半年我国对外经济开局已呈现出较好的发展态势。对外贸易呈现顺差,外汇储备继续增加。综合分析 1997 年我国外汇收支形势,预计全年外汇储备规模将会继续增大,但增长幅度可能会小于上年。

(执笔:崔晓红)

专栏 8.5 机电产品——中国第一大类出口产品

1996 年机电产品出口在中国对外贸易面临比较困难的形势下,继续以高于全国出口总额的速度增长,并继续保持和巩固了中国第一大类出口商品的地位,按海关统计,机电产品出口 482.1 亿美元,比上年同期增长9.9%,高于全国出口总额增长速度8.4个百分点,机电产品出口在出口总额中的比重上升到 31.9%,比上年提高 2.4 个百分点;电机产品出口比上年净增 43.5 亿美元,成为中国外贸出口增长的支撑点。

机电产品出口情况

单位:万美元

项　　目	1996 年	1995 年	同比增长(%)
全国出口总额	15 106 571	14 876 974	1.5
其中:工业制成品	12 914 071	12 728 333	1.5
机电产品出口	4 820 563	4 385 585	9.9
一、金属制品	541 098	520 473	4.0
二、机电仪产品及设备	4 279 465	3 865 112	10.7
1. 机械及设备	1 089 534	867 095	25.7
2. 电气及电子产品	2 026 944	1 899 620	6.2
3. 运输工具	417 354	395 399	5.6
4. 仪器仪表	298 970	242 802	23.1
5. 其他	456 663	460 196	−0.8

1. 机电商品出口结构进一步改善。技术含量比较密集的机电仪产品及设备出口 427.9 亿美元,比上年增长 10.7%,占机电产品出口的比重上升到 88.8%;劳动力密集的金属制品出口 54.1 亿美元,增长 4%,其所比重下降到 11.2%;出口超过 1 亿美元的商品达 81 种,出口 419.2 亿美元,占全国机电产品出口总额的 87%;计算机及零部件、船舶、通信设备等一批技术含量较高的商品出口明显增长。

2. 一般贸易下降,加工贸易增幅较大。一般贸易机电产品出口 109.9 亿美元,比上年下降 22.8%。机电产品加工贸易出口 362.8 亿美元,比上年增长 18.5%,比重由上年的 69.8%上升到 75.3%。其中进料加工贸易出口 270 亿美元,增长 21.9%;来料加工装配出口 92.8 亿美元,增长 9%。

3. 出口市场不断扩大,对欧洲、北美、非洲出口有较大增长。在机电产品主要出口市场中,对香港出口下降4.5%，转口贸易减少，对美国、日本、欧盟出口仍以高于全国机电产品出口增长速度增长，对上述几个国家和地区出口额合计达355.4亿美元，占机电产品出口总额的73.7%。中国机电产品在发达国家和地区的竞争力有所提高，向欧洲、北美出口分别增长17.3%和13.1%。对非洲出口增长13%，但出口绝对额尚小，市场依然很大。

4. 外商投资企业机电产品出口快速增长，国有企业出口较大幅度下降。1996年外商投资企业机电产品出口269.1亿美元（其中外商独资企业出口122.2亿美元），比上年增长30.4%，在全国机电产品出口中所占比重达55.8%，比上年提高了8.8个百分点，成为推动机电产品出口继续增长的重要力量。国有企业受国内政策调整及自身不适应等原因，出口额由上年224.8亿美元下降到203亿美元，在全国机电产品出口总额中的比重从51.3%下降到42.1%。

5. 自营出口蓬勃发展，已成为新的出口增长点。据统计，全国各地机电自营出口均有较大幅度增长，平均增长幅度达到三成以上。

6. 各地区发展不平衡，中西部地区与沿海地区差别扩大。按外贸业务统计，排名前三位的广东、江苏、上海，继续在较高起点上较快增长，1996年三省市机电产品出口净增54.7亿美元，对保持机电产品出口增长起到了重要的作用。在沿海省市出口较快增长的同时，中西部18个省区中，有半数出口下降，占全国机电产品出口总额的比重由上年的9.8%下降到7.8%，差距进一步扩大。

（执笔：彭福伟）

第九章 文教、科技与社会事业取得新进展

第九章　文教、科技与社会事业取得新进展

9.1　'96社会发展概况

1996年是我国实施“九五”计划与2010年远景目标纲要的第一年。在党的十四届五中、六中全会精神指导下，我国各项社会事业全面发展，各项改革继续深入，社会发展问题日益受到各级政府和人们的重视与关注，社会事业满足人们日益增长的社会精神生活需求的能力得到加强，为实现跨世纪宏伟目标开了好头。

一、教育规模扩大，义务教育继续推进，职业教育得到大力发展

1996年，正规教育在校学生人数达2.35亿人，比上年增加835万人，全国已有50%的县(市、区)基本普及九年义务教育，全国适龄儿童入学率为98.81%，小学生五年巩固率为85.4%，比上年提高2.6个百分点。小学升学率达到92.6%，比上年提高1.8个百分点。

职业教育发展显著，1996年职业学校在校学生数已占高中阶段全部学生数的56.8%；成人技术培训学校已达44.28万个，其中农民技术培训学校占95%，毕业人数已达8 337万人。

高等教育管理体制改革深入，普通高校数由上年的1 054所减少到1 032所，招生96.58万人，比上年增加4万人；成人高校招生94.52万人，比上年增加3.14万人。

教育事业的发展有效地改善了我国人口的文化素质，全年扫除青壮年文盲406万人，每十万人口中大、中、小学在校学生人数分别为246人、5 576人、11 124人，分别比上年增加6人、470人、234人。

二、卫生事业继续稳定发展，农村卫生状况有所改善

1996年，全国共有卫生机构18.9万个，比上年略有减少；医院病床286.6万张，比上年增加3.02万张；各类卫生技术人员431.2万人，比上年增加5.5万人，其中医院卫生院医生138万人，增长6%。卫生服务能力增强，每千人口病床数为2.40张，比上年增加0.1张；每千人口医生数为1.63人，比上年增加0.01人。

农村三级预防保健网扩大，生活卫生状况有所改善。1996年全国有医疗网点的自然村数占全部行政村的89.05%，实现合作医疗的自然村占总村数的17.6%，平均每千农业人口乡村医生和卫生员1.45人。农村改水工作成绩显著，累计改水受益人口达82 412万人，占全部农村人口的86.7%，拥有卫生厕所的户数已达5 376.3万户，占农村人口的20.9%。

1996年12月，中共中央、国务院召开建国以来首次全国卫生工作会议。会议学习讨论了《中共中央、国务院关于卫生改革与发展的决定》，指出了卫生事业在我国经济社会发展中的重要地位和作用，明确了我国卫生事业的性质和卫生工作的方针，确定了今后十五年卫生工作的奋斗目标和卫生改革的目的和指导思想，具有重要的现实意义和深远的历史意义。

三、环境保护事业取得新进展，环境状况依然严峻

1996年，我国政府明显加大了对环境的整治力度，召开了第四次全国环境保护会议，发布了《关于环境保护若干问题的决定》和《国家环境保护“九五”计划和2010远景目标》，并首次向国内外发表了《中国的环境保护》白皮书。

环境保护工作取得新进展，当年新建7个国家级自然保护区，年末全国自然保护区达799个，占国土面积的7.19%。林业系统建立各类森林公园780处，面积720万公顷。当年完成造林面积491.9万公顷，其中“三北”防护林体系完成造林134.2万公顷，森林覆盖率为13.92%。在生态农

业建设方面，全国已启动100个生态示范区建设试点，20个地市开展了生态农业建设，覆盖面积达2亿亩。

环境法制建设步伐加快，环境依法整理工作得到加强。截止1996年底，我国已制定各类环境保护标准347项，年内设立的建设项目环境影响评价制度执行率为81.6%，当年投产的建设项目“三同时”执行率达89.97%，全年完成环境污染限期治理项目5 717个，总投资42.4亿元。全国城市建成2 319个烟尘控制区，建成1 734个环境噪声达标区。到1996年底，全国已取缔、关闭和停产15种污染严重企业60 700个。

工业污染有所减轻。1996年全国各种工业污染物排放量有所减少，工业废气中烟尘排放量758万吨，比上年降低9.5%；粉尘排放量562万吨，比上年降低12.1%；二氧化硫排放量1 397万吨，与上年基本持平。工业废水排放量205.9亿吨，比上年降低7.2%。工业废水处理量238.7亿吨，排放达标率59%，均比上年有所提高。工业固体废物产生量6.6亿吨，比上年增加0.2亿吨；工业固体废物排放量1 690万吨，比上年减少552万吨。

1996年环境状况形势依然严峻。以城市为中心的环境污染仍在继续，并向农村蔓延，生态环境破坏的范围还在扩大。我国北方城市大气污染普遍严重，超标大于30%的城市仍占85%以上，大中城市汽车尾气污染加剧；全国酸雨面积已占国土面积的1/3左右，遍布十多个省市；全国七大水系近一半的河段污染严重，湖泊、水库富营养化程度不断加剧，海洋部分近海有机物含量超标，造成海洋生物体油烃含量较高；荒漠化土地面积达262.2万平方公里，占国土面积的27.3%。

四、文化事业继续发展，艺术创作与演出进一步繁荣

1996年，党中央召开十四届六中全会，专题研究了以宣传文化事业为主题的精神文明建设问题，对文化事业的发展产生了重大而深远的影响。截止年末，全国共有艺术表演团体2 665个，文化馆2 892个，公共图书馆2 631个，博物馆1 219个，档案馆3 600个；广播电台1 244座，中、短波和转播电台743座，广播人口覆盖率84.2%，电视台880座，电视人口覆盖率86.2%；电影放映单位6.9万个，全年生产电影故事片110部，发行各种新片174部，有11部次影片在国际电影节上获得14项奖；国家和省级报纸全年出版180亿份，各类杂志出版23.1亿册，图书出版71.6亿册。

各地文化主管部门和艺术团体，强化精品意识，向社会贡献了一大批优秀节目。文化部直属院团全年新创作剧目14台，新演出不同曲目的音乐会19套。第六届文华奖评出歌剧《苍原》等一批优秀剧目。文化部首次举办了1996年中国国际交响乐年活动和全国歌剧观摩演出活动、儿童剧新剧评比演出和昆剧新剧目观摩演出等活动，为纪念中国共产党成立75周年创作演出大型文艺晚会《壮丽航程》，为庆祝香港回归祖国倒计时一周年，创作演出大型文艺晚会《月圆序曲》，为纪念红军长征胜利60周年创作演出大型文艺晚会。各地文化主管部门也举办了许多有影响的文艺活动，极大地丰富了群众文化生活。

创建文化先进县活动、万里边疆文化长廊建设和实施少儿文艺的“蒲公英计划”工程继续深入。1996年全国已有120个全国文化先进县，83个万里边疆文化长廊建设地区和单位，建成21个国家级“蒲公英”农村儿童文化园。文化下乡活动已连续三年，1995年“重走长征路”演出，1996年“心连心艺术团”慰问老区特区演出等，取得了良好效果。

五、竞技体育成绩显著，群众体育蓬勃发展，体育产业发展势头良好

1996年我国竞技体育成绩丰硕。在举世瞩目的亚特兰大奥运会上，我国运动员勇夺16枚金牌，22枚银牌，12枚铜牌，取得了金牌和奖牌数均列第四位的好成绩。在世界重大比赛中，我国运动健儿共获得世界冠军75个，创22项世界纪录，使建国以来我国运动员获得的世界冠军总数突破1 000大关，达到1 031个，创世界纪录数达851个。

“全民健身计划”顺利实施。1996年全国已有30个省(区、市)和9个部委成立了实施全民健身计划的领导机构。在“全民健身计划”宣传周期间，全国近3亿人次参加各种形式的健身活动。为配合“全民健身计划”，国家体委下发《关于公共体育馆向群众开放的通知》，要求各公共体育场馆“打开大门，面向社会，服务于民”，北京、上海、天津等城市的公共体育场馆全部开放，取得显著的社会效益和经济效益。

体育运动项目管理体制改革深化，体育产业发展迅速。体育运动项目管理体制改革，推动各运动项目面向社会，面向市场。目前，男子足球，排球，篮球均成立了单项俱乐部，创出了一条社会办体育的路子。体育产业发展势头良好，1995—1996 年度发行体育彩票 12 亿元，第四届全国体育用品博览会成交额 18 亿元。

六、社会保障水平稳步提高

1996 年全国建立农村社会保险网络的乡镇 15 751 个，农村社会保障服务网络覆盖率为 35%，乡敬老院覆盖率为 65.2%。农村养老保险持续快速发展，年投保人数 6 594 万人，保费收入 44.1 亿元，全国已有 31.6 万农民领取养老保险金 18 197.2 万元。

截止到 1996 年底，全国已有 101 个城市建立了最低生活费保障制度，地方政府和企事业单位已为建立最低生活费保障制度投入资金 3 亿元。城市在职职工参加养老保险社会统筹人数已达 8 800万人，占全部企业职工的 78.8%，参加失业保险 8 333 万人，占全部企业职工的 74.6%，参加社会统筹的离退休人员 2 300 万人，占离退休人员总数 93%。医疗保障制度改革继续推进，全国已有 58 个城市(县)开展了社会统筹与个人帐户相结合的社会医疗保险制度改革，参加职工大病医疗费用社会统筹的在职职工达 791 万人。

1996 年国家救济贫困户 4 149 万人次。民政部门扶持贫困户 672.1 万户开展生产自救，当年脱贫 200.4 万户。城镇 84.9 万户生活在最低生活保障线以下的居民及时得到国家救济。

1996 年为重灾年，洪涝、地震、台风等自然灾害突出，全年受灾影响人口 3.23 亿人，因灾死亡人口 7 273 人，各类灾害直接经济损失 288 亿元。救灾出动人力 405 万人次，抢险转移群众 2 000 多万人次。全年自然灾害救济费支出 30.8 亿元，比上年增加 31.1%。

七、法制建设进一步加强

截止到 1996 年底，全国人大制定法律和有关法律问题的决定 311 部，国务院制定行政法规 700 多件，行政规章 4 000 多件，具有中国特色的法律体系基本形成。

到 1996 年底，全国共有律师事务所 8 265 个，执业律师 10.02 万人，应聘担任法律顾问25.4 万家，受理刑事辩护和刑事案件 25.1 万件。公证工作得到较大发展，全国有公证处 3 167 个，公证人员 17 019 人，全年办理公证 792.72 万件。

1996 年我国加大了对刑事案件和重大违法活动的打击治理力度，在党中央和国务院的直接领导下，全国上下开展声势浩大的“春季严打”和“冬季严打”斗争，狠狠打击了犯罪分子的嚣张气焰，取得十分明显的社会成果，社会治安状况有所好转。公安机关全年破获刑事案件 127.91 万起，查处治安案件 311.76 万起，刑事案件立案比上年下降 5.4%，重大案件立案比上年下降了 1.7%，社会安全感明显增强。在“严打斗争”中，各级法院集中力量，依法严厉打击各种危害国家安全和社会治安的刑事犯罪活动，全年受理刑事一审、二审和审判监督案件 70.61 件，比上年上升 23.84%，全年受理各种严重危害社会治安的刑事案件比上年上升 32.7%。各级检察院按照“破大案、捉逃犯、打团伙”的要求，把“严打”的锋芒直指危害社会治安的刑事犯罪、恶性暴力犯罪、流窜犯罪和团伙犯罪，特别是带黑社会性质的犯罪团伙和流氓恶势力。全年共批捕重特大犯罪嫌疑人 25.42万人，起诉重特大刑事案犯 24.7 万人。政法部门相互配合，有力地维护了我国社会秩序的稳定和经济持续快速的发展。

（执笔：安新莉）

9.2　’96 文化事业

1996 年，各级文化主管部门认真学习落实党的十四届五中六中全会精神，坚持以邓小平建设有中国特色的社会义理论指导工作，使我国的文化事业出现了可喜的局面。

一、艺术事业在改革中前进

1996年我国广大文艺工作者坚持“为人民服务,为社会主义服务”的正确方向,一手抓改革,一手抓繁荣,大力繁荣社会主义文艺,宏扬民族优秀传统文化,使我国艺术创作和演出呈现出欣欣向荣的景象。

1. 中直艺术表演团体改革取得突破性进展

根据党中央、国务院对文化体制改革的一系列指示精神,文化部连续三年把艺术表演团体改革作为工作重点,取得突破性进展。继1994年实施以改革投资机制、实行演出补贴制为重点的第一步改革取得实质性进展之后,又全面实施了以布局结构调整和考评聘任为重点的第二步改革。在适应我国国情和遵循艺术生产规律的基础上,科学借鉴国内外的有益经验,以区别不同艺术风格和样式为主,兼顾不同艺术品种和门类,采取撤销与合并相结合、调整建制保留名称相结合的方法,将中直院团由原来的13个调整为10个。同时,按照国家有关政策,改革中直院团人事制度,对中直院团演职人员进行考评聘任。各院团在取得应聘资格的人员中进行严格的岗位考核和聘任,使在岗人员减少了900人。同时,采取一系列措施整体推动中直院团改革,使中直院团完成了从适应计划经济的旧体制向适应社会主义市场经济新体制的平稳过渡。

中直院团在重点进行第二步改革的同时,将改革所形成的各种优势转化为艺术创作优势,积极组织艺术生产,全新创作剧(节)目14台,新排演不同曲目的音乐会19套。中国京剧院新创作的现代京剧《北国红姑娘》获得“五个一工程”奖,新组建的中国交响乐团首演音乐会获得成功,引起国内外强烈反响,受到广泛好评。

2. 艺术创作和演出进一步繁荣

1996年全国文化系统的2 664个艺术表演团体全年共新排上演剧目4 300个,其中新创作并首演的剧1 919个。艺术表演团体的国内演出场次41.9万场,比上年增加0.7万场,平均每团演出158场,比上年增加4场。其中本剧种演出33万场,占总演出场次78.8%;到农村演出27万场,占总演出场次64.4%。国内观众达到4.79亿人次。

第六届文华奖评出了歌剧《苍原》、川剧《山杠爷》、采茶戏《榨油坊风情》、舞剧《边城》等一批优秀剧节目。同时,对历届文华奖获奖剧目中1个演出超出千场,7个超出500场,59个超百场的剧院团进行了奖励。

首次举办1996年中国国际交响乐年的活动,对倡导和发展高雅艺术起到了有力的推动作用。举办全国歌剧观摩演出,全国儿童剧新剧目评比演出;全国昆剧新剧目观摩演出,程长庚诞辰185周年纪念演出,推出了100多台各式新剧目,集中展现了这些艺术门类的创作成果。为纪念中国共产党成立75周年创作演出了大型文艺晚会《壮丽航程》,为庆祝香港回归祖国倒计时一周年,创作演出了大开型晚会《月圆序曲》,为纪念红军长征胜利60周年创作演出了大型文艺晚会《伟大的长征》,创作了1996年文化部春节文艺晚会《东方神韵》。各地举办了许多有影响的文艺活动,如“文化艺术上山下乡工程”、“演出季”、“彩色周末”、“文化广场”、“农民艺术节”等,丰富了群众文化生活,促进了艺术的繁荣发展。

3. 活跃的演出市场

尽管文化娱乐业近年发展迅猛,歌舞厅、卡拉OK厅等娱乐场所无处不有,但艺术表演场所仍然是人们日常生活中不可缺少的主要文化娱乐活动场所。虽然1996年全国文化部门共有艺术表演场所1 934个,比上年减少24个,下降1.2%。座席数179.2万个,比上年减少7.7万个,下降4.1%。但艺术表演场所全年共演出261.6万场,比上年增加5.13万场,增长24.4%,结束了演出场次连年下降的走势。其中艺术演出5.5万场,比上年增加0.2万场,增长3.8%,占演出场次的2.1%。国内观众5.94亿人次,比上年增加3.47亿人次,增长140.7%,其中观看艺术演出的人数6 308万人次,比上年增加2 656万人次,增长72.7%。这说明剧团创作的剧目贴近人们生活,并且演出质量有所提高,把观众吸引回到剧场。全年艺术演出收入8 277万元,比上年增加1 380万元,增长20%,占艺术表演场所事业收入的比重也由上年的8.7%上升到17%,增加8.3个百分点,达到了社会效益经济效益双丰收的目的。

二、公共图书馆事业稳步发展

公共图书馆作为一项具有社会教育职能和情

报职能的社会文化事业，在进入市场经济的信息社会时期，起着其他事业无法代替的作用。

1996 年全国公共图书馆 2 631 个，比上年增加 16 个。总藏量达到 3.37 亿册(件)，其中古籍 2 787万册，图书 2.5 亿册，报刊 5 134 万册，缩微制品 131 万件，视听文献 57 万件。书架单层总长度 966 万米，共发放有效借书证 529 万个。全年总流通人次 1.48 亿人次，其中书刊外借人次 7 731 万人次，书刊外借册次 1.35 亿册次。为读者举办 31 991次各种活动，有 1 281 万人次参加。同时，解答咨询 123 万条，代检索课题 4.5 万项，编制二、三次文献 5.6 万种。公共图书馆以其广泛、深入、细致的服务，促进了社会主义经济建设等各方面的发展。

1996 年 8 月 25 日至 31 日，在我国举行了第 62 届国际图联大会。共有来自 93 个国家和地区的 2 600 余名代表与会，李鹏总理出席大会并发表重要讲话。体现了中国政府对图书馆事业的高度重视和支持。此次大会规模之大，规格之高，超过了国际图联历届大会，在中国图书馆事业史上也是空前的。大会期间召开了 208 个专题会议，中外代表紧紧围绕“变革的挑战：图书馆与经济发展”这一主题，共同探讨图书馆在世纪之交所面临的机遇与挑战，研究图书馆在促进各国经济发展中的作用与前景。我国代表提交论文 58 篇，占论文总数的四分之一，为我国代表历届提交论文之冠。大会还举办了国际图书博览会、图书馆专用设备和技术展、电子图书馆展。这次大会，加深了中国图书馆界同国际图书馆界的互相了解，进一步增进了友谊，为今后的国际交流与合作奠定了基础，对推动我国图书馆事业的发展也将产生深远影响。

三、群众文化事业有了长足的发展

1996 年全国共有群众文化机构 45 253 个，其中群众艺术馆 392 个，文化馆 2 892 个，文化站 41 969个(含乡镇文化站 39 121 个)。由群众艺术馆、文化馆(站)举办的展览为 7.64 万个；组织文艺活动 24.7 万次；举办训练班 13.1 万班次，共结业 432 万人次；放映录像 440 万场，有 17 亿人次观看。群众艺术馆和文化馆负责指导的农村集镇文化中心 19 626 个，文化俱乐部(室)127 285 个，图书室 63 901 个，文化户 17 858 户，群众业余演出团(队)28 993 个。

创建文化先进县活动和万里边疆文化长廊建设以及实施少儿文艺“蒲公英计划”的进一步引向深入，有力地促进了农村文化事业的全面发展。1996 年 5 月，文化部召开第四次全国文化先进县经验交流会，总结推广河北等地以小康文化目标开展创建活动的经验，表彰了 54 个全国文化先进县(市、区)，在全国进一步形成小康文化建设的热潮。截止到 1996 年底，全国所有省、区、市都开展了创先进县的活动，边疆 18 个省、区全面开展了文化长廊的建设工作，“蒲公英计划”在一些地方取得新进展。共涌现出 120 个全国文化先进县，83 个万里边疆文化长廊建设先进地区行政单位，建成 21 个国家级“蒲公英农村儿童文化园”。持续开展的文化扶贫、送戏下乡、建立“万村书库”等活动，受到了全社会的关注和广大农民的热烈欢迎。万里边疆文化长廊建设工程已被列入《国民经济和社会发展“九五”计划和 2010 年远景目标规划》，边疆文化长廊建设取得新的进展。

群众文艺作品的生产更具有基础性的导向作用，群星奖的评比，有效地促进了业余文艺创作精品的产生，对繁荣业余文艺创作发挥了重要作用。1996 年 11 月，在宁波进行了第六届群星奖的评选，从全国 28 个省、区、市报送的 300 个节目中评选出 193 个获奖作品，其中有 1 个大奖，22 个金奖，29 个银奖，52 个铜奖，89 个优秀奖。

截止 1996 年底，有 245 个乡被命名为民间艺术之乡，33 个乡被命名为特色艺术之乡。命名活动弘扬了民族民间艺术，增养了一批民间艺术创作队伍，一些艺术特色之乡靠民间艺术走上致富道路，取得综合效益。

四、文化市场管理进一步加强

1996 年，文化市场有计划分阶段开展了专项集中治理行动，在音像市场、演出市场管理和完善宏观调控手段等方面取得了成绩。

自 5 月起，按照国务院的统一部署，在全国范围内开展了声势浩大的市场集中治理行动。各级党委、政府和音像市场管理部门高度重视，雷厉风行，摧毁了一批制黄贩黄的作案窝点，打掉了一些非法出版犯罪团伙，关闭了违法经营的光盘复制企业，加强了对光盘生产源头的管理，取缔了激光视盘放映厅，整顿了录像厅，遏制了非法音象制品的传播，大力整顿了非法出版物集散地，提高了正版音象制品的市场占有率，音像市场面貌有了明显改观。

加强了对国内组台演出和演员个人营业性演出活动的管理。对演员个人参加营业演出实行许可证制度，健全了组台演出管理办法，有效地遏制了“走穴”，加强了对文艺团体在职人员外出演出的管理。

为准确掌握信息，保证决策的科学性，完成了全国文化娱乐业首次普查，基本上摸清了娱乐业的总体发展水平、内部门类构成和行业地区分布状况。在普查的基础上，初步建立了文化市场统计报表指标体系，将娱乐、演出、音像、美术等市场的统计正式纳入国家文化统计报表制度。

1996 年，全国文化娱乐业共有 15.1 万家，主营营业收入 197 亿元，创利润17.68亿元，上交税费 29.7 亿元，增加值 138.17 亿元。音像市场有经营机构 3.5 万个，主营营业收入 16.55 亿元，利润 3.19 亿元，应交所得税 1 077 万元。美术市场有经营机构 1 802 个，主营营业收入 3.7 亿元，利润 1 770万元，应交所得税 356 万元。文化艺术经纪与代理业经营机构有 48 个，主营营业收入 893 万元，利润 278 万元。在文化市场管理机构登记的民间剧团有 2 396 个，个体演职人员 32 413 人，时装表演队 696 个。

全国共有各级文化市场管理机构 3 106 个，其中行政管理机构 2 196 个，文化市场稽查机构 910 个，基本上形成了从中央到地方的较为完整的管理网络和稽查队伍。

五、文物博物馆工作取得新成绩

经国务院批准，1996 年颁布第四批 250 处全国重点文物保护单位。全年共安排维护保护项目 390 项，一批重要古建筑得到抢救维修，长江三峡库区文物抢救性考古发掘有了新的进展，山东青州龙门寺佛教造像窑藏等重大考古新发现令人瞩目。在保护的同时，充分发挥文物在精神文明建设中的作用，《近代中国》、《红岩魂》、《敦煌艺术展》等一批文物精品展览的举办，在社会上产让了强烈的反响，取得了很好的效果。

1996 年，全国文物业有文物保护管理机构 1 869个，其他文物保护管理机构 72 个，博物馆 1 210个，文物商店 114 个。全国文物业共有文物保管品、藏品 1 194 万件，其中一级品 6.2 万件；举办陈列 2 283 个，展览 2 908 个，参观人次达 6 亿人次，门票收入 6.88 亿元。全年进行文物保护维修的单位1 008个，维修面积 162 万平方米，其中国家级 234 个，占总维修单位数的 23.2%，维修面积 52 万平方米，占总维修面积 32.1%。

六、艺术教育全面发展

1996 年，全国文化部门共有各类教育机构 229 个，比上年增加 1 所。其中，高等艺术院校 12 所，中等专业学校 130 所，文化干部院校 24 所，其他教育机构 63 所。1996 年，高等艺术院校招生 2 603人，毕业 1 625 人，在校生7 445人；中等专业学校招生 19 055 人，毕业 10 079 人，在校生 56 373人。

“适应社会发展需要，以提高教学质量和办学效益为目标”是发展艺术教育的重要方面，为此艺术教育系统在 1996 年提出并实施了几大举措：第一，全国高等艺术院校教学评估指标的制定和部属院校成人、函授、夜大学教育的评估工作；第二，加强教材建设，实施跨世纪的系统工程《艺术教育大系》的编写；第三，课程体系建设修定了全国高等艺术院校 6 个艺术门类，45 个专业的教学方案；第四，积极拓宽专业，努力适应社会发展需要，增加办学活力；第五，加强师资队伍建设；第六，筹办了“中国京剧优秀青年演员研究班”，并于 10 月 8 日开班；第七，继续深化艺术院校招生和毕业生就业制度改革；第八，积极稳妥地促进各种联合办学。

七、对外文化交流扩大

1996 年，经文化部审批的对外文化交流项目 1 580 起，1 260 人次，其中，派出文化代表团 15 起，56 人次；艺术表演团组 500 起，7 200 人次；艺术展览 190 起，450 人次。接待外国政府代表团 25 起，122 人次；艺术表演团组 220 起，2 900 人次；艺术展览 110 起，210 人次。

1996 年，我国与缅甸、泰国、新加坡、拉脱维亚签订政府文化合作协定。分别与法国、英国、澳大利亚 19 个国家签订文化交流执行计划。

1996年,我国派出170人次参加杂技、器乐、声乐、舞蹈等20余项国际艺术比赛,荣获各种奖项31个。

八、对港澳台地区文化交流有了进一步发展

配合1997年香港回,1999年澳门回归,促进两岸和平统一,对港澳台地区文化交流有了进一步的发展。1996年,对港澳文化交流项目467项,4 787人次。其中,内地赴港348项,3 291人次,香港来内地54项,843人次;内地赴澳门55项,608人次,澳门来内地10项,45人次。两岸文化交流项目268项,2 171人次。其中,赴台项目201项,1 537人次;台湾来祖国大陆67项,664人次。

(执笔:李建军)

专栏9.1 我国的六代留学生

第一代,留学时间在1872－1900年。主要包括早期留美幼童和海军的留学欧洲的学生,约有200人左右。

第二代,留学时间为1900－1911年,留学人数近20 000人,90%以上留学日本,学习专业以政法、师范教育为主。他们对民族的贡献主要集中在政治领域,可以说,他们是晚清政府"新政运动"和孙中山领导的"辛亥革命"的骨干力量。

第三代,留学时间大致为1921－1927年。这代留学生主要是留学于日本、法国和俄国。他们对中国的贡献主要是马克思主义在中国的传播和新型政党在中国的建立。

第四代,留学时间大致为1928－1949年。这一时期,中国留学教育已趋于成熟,留学人员中获硕士、博士学位的人数大大增加。他们学成回国后,大多数进入国内高等院校或研究机构。

第五代,留学时间大致在1949－1965年,主要留学于苏联及东欧社会主义国家,学成回国后,多数成为国内经济建设的主力军;80年代后,第五代中国留学生在中国最高领导层崛起,成为中国共产党第三代领导层的核心。

第六代,留学时间为1978年至今,留学人数迅速增加,超过了前五代留学人数的总和,他们将在21世纪的中国大展风采。

(执笔:钟 芬)

9.3 '96教育事业

1996年是开始实施《教育事业发展"九五"计划和2010年远景目标纲要》的第一年。在各级政府的重视和支持下,经过教育战线广大干部和师生员工的共同努力,全国教育事业的改革和发展取得了显著成绩。

一、基础教育

为了实现在本世纪末基本普及九年义务教育(简称"普九")的目标,国家教委制订了"积极进取,实事求是"的工作方针,提出了全国划分三类地区,分步实施的工作思路。1996年10月国家教委召开了全国"普九"工作汇报会,检查并交流了各地"普九"工作进展情况,研讨了义务教育实施过程中的新情况和新问题,对今后的"普九"工作做出了部署。

1996年全国又有457个县(市、区)通过了"普九"验收,使"普九"验收的县(市、区)总数达到1 482个,人口覆盖率达到50%以上。京、津、沪三大城市和江苏、广东两省已按要求实现"普九"。以西藏自治区5个区县实现"普六"为标志,全国特困地区"普九"工作取得了突破性进展。

小学阶段入学人数占学龄人口比例提高,辍学人数减少,女童和男童、农村和城市、贫困地区和发达地区学龄儿童入学率的差距进一步缩小。连续完成五年学习的人数比例增大。1996年全国有小学64.6万所,招生2 524.66万人,在校生13 615万人,比上年增加419.85万人;小学学龄儿童入学率(按各地相应学龄、学制计算)达到

98.81%，比上年提高 0.29 个百分点，其中男女童入进率分别是 98.98%和 98.63%，性别差由上年的 0.7 个百分点下降到 0.35 个百分点。小学生辍学率 1.3%，比上年下降 0.2 个百分点。小学学生五年巩固率为 85.4%，比上年提高 2.6 个百分点，其中女童五年巩固率为 85.6%，比上年提高 3.1 个百分点。小学毕业生升学率达到 92.6%，比上年提高 1.8 个百分点。

初中阶段义务教育有较大发展，初中入学率有明显上升，辍学率下降，初中毕业生升学率提高，教师学历合格率提高。1996 年全国初中学校 6.76 万所，招生 1 791.38 万人，比上年增加 8.89 万人。初中在校生 5 047.95 万人，比上年增加 320.44 万人。初中辍学率 3.46%，比上年下降0.3 个百分点。初中毕业生升学率 49.76%。

1996 年小学教师学历合格率 90.9%，比上年提高 2 个百分点。初中教师学历合格率 75.5%，比上年提高 6.4 个百分点。

1996 年全国中小学校舍建筑面积 9.33 亿平方米，比上年增加 1.06 亿平方米。其中危房 1 332.6万平方米，危房率 1.42%，比上年的 1.77%下降 0.43 个百分点。

学前教育。1996 年全国幼儿园 18.73 万所，比上年增加 6 886 所，在园幼儿（包括学前班）2 666.33万人。因适龄儿童人口减少，幼儿园入园率有所提高。幼儿园园长和教师共 117.38 万人，比上年增加 22.88 万人。

特殊教育。1996 年全国特殊教育学校 1 428 所，比上年增加 49 所；招收残疾儿童 4.82 万人；在校残疾儿童 32.11 万人，增加 2.55 万人。其中在盲聋哑学校就读的学生 9.01 万人，在弱智儿童学校及辅读班就读的学生 3.58 万人，在普通学校特教班及随班就读学生 19.51 万人。

普通高中。1996 年全国普通高中 1.39 万所，比上年减少 116 所；招生 282.23 万人，增加 8.58 万人；在校生 769.25 万人，增加 56.09 万人；毕业生 204.93 万人。高中专任教师学历合格率 57.95%，比上年增长 2.75 个百分点。

实施“希望工程”，帮助失学儿童重返校园。由中国青少年发展基金会发起并在全国实施的希望工程，自实施以来已累计筹资 9.78 亿元，资助失学儿童 154 万多名，援建希望小学3 600多所，奖励和培训贫困地区小学教师 3 000 多名，为乡村小学捐建了 1 万套希望书库。到 1996 年底，希望工程已在全国近 600 个国家级贫困县援建或落实了至少一所希望小学。

在抓好“普九”的同时，加强了中小学由“应试教育”转向素质教育的工作。素质教育是以全面贯彻教育方针，培养学生能力、发展个性为目的，面向全体学生，全面提高学生的思想道德、文化科学、劳动技能和身体心理素质，促进学生生动活泼地发展，为学生走向社会、学会生活，成长为社会主义事业的建设者和接班人奠定基础。摆脱“应试教育”、转向素质教育成为各地普遍重视研究的问题。湖南省汨罗市大面积实施素质教育的实践，为其它地区的素质教育工作提供了成功的经验。一年来，各级地方政府、教育部门在加强薄弱学校建设方面采取了许多有效措施，使一大批薄弱学校的面貌发生了可喜的变化。

二、中等职业技术教育

1996 年 6 月，国家教委与国家经委、劳动部联合召开了第三次全国职业教育工作会议，进一步明确我国跨世纪发展职业教育的目标、任务和措施。之后，各地、各部门认真贯彻落实《职业教育法》和全国职教育会议精神，出台了一批发展职业教育的政策和措施。分别召开了城市和农村教育综合改革的全国性现场研讨会。各地农村特别是贫困地区基础教育、职业教育、成人教育“三教统筹”和农、科、教结合工作取得成绩，对推动农村经济发展和社会进步发挥了较大作用。

1996 年全国职业高中、普通中专、技工学校招生 386.47 人，比上年增长 4.75%；在校生 1 010.35万人，比上年增长 7.57%。高中阶段职业技术教育招生和在校生人数占整个高中阶段学生的比重分别达到 57.8%和 56.8%。

职业高中。1996 年全国职业高中 8 515 所，招生 158.23 万人，在校学生 395.75 万人，增加 17.12 万人，毕业生 120.79 万人。职业高中专任教师 26.85 万人，比上年增加 1.36 万人。

中等专业学校。1996 年全国普通中等专业学校 4 099 所，比上年增加 50 所；招生数 152.34 万人，增加 24.25 万人；在校生 422.79 万人，增加

50.64 万人。普通中等专业学校教职工 54.28 万人，比上年增加 1.28 万人。专任教师 26.74 万人，增加 0.06 万人。普通中等专业学校专任教师中具有本科以上学历的教师比例达到 64.74%，比上年增长 1.72 个百分点。生师比由上年度的 14.6：1提高到 15.8：1

技工学校。1996 年全国技工学校 4 467 所，招生数 75.9 万人，增加 1.85 万人；在校生 191.81 万人，增加 11.22 万人；毕业生 71.64 万人。技工学校教职工 33.49 万人，其中专任教师 15.44 万人。

国家教委对逐步建立起职业教育与普通教育共同发展、相互衔接、比例合理的教育体系进行了积极研究和探索，在一些地区和个别学校进行了试点。

三、高等教育

研究生教育进一步发展。1996 年全国招收研究生 5.94 万人，其中博士生 12 562 人，硕士生 46 632人。在校生 16.23 万人，比上年增加 1.69 万人。其中博士生 35 203 人，硕士生 126 832 人。毕业研究生 3.97 万人。

普通高等教育稳步发展，高校招生基本实现了预定的宏观调控目标。1996 年普通高等学校招收本专科生 96.58 万人，比上年增加 3.99 万人。其中招收本科生 50.53 万人，招收专科生 46.09 万人，本专科招生比例为 1：0.91，与上年相比，本科比重有所提高。普通高校本专科在校生 302.11 万人，比上年增加 11.47 万人。本专科毕业生83.86万人。每 10 万人口在校大学生数达到 457 人。在校生平均规模由上年的2 757人提高到 2 927人，平均每校增加 170 人。按国家规定的人员编制标准折合为本专科学生计算，生师比由上年的8.9：1提高到 9.6：1。

1996 年全国成人高等教育招本专科生(含电大普通班)94.52 万人，基本上实现了国家招生计划的宏观调控目标。本专科在校生 265.57 万人，比上年增加 8.57 万人。

深化高等教育管理体制改革，推进布局结构调整，提高办学效益。几年来，通过共建、合作、合并、划转、协作等形式，使改革迈出了较大步伐，取得了显著成绩，出现了较好的势头。迄今为止，全国已有 60 多所高校实行了中央部门和省(市)共建，8 所高校转由地方管理，118 所高校合并为 50 所，约 200 所高校实现了多种形式的联合办学。高教管理体制改革进一步优化了高校布局，长期存在的条块分割、自我封闭、服务面向单一的状况有所改变，进一步密切了教育和经济、科技的关系，促进了办学条件的改善。

进行普通高校大学生招生“并轨”、缴费上学制度改革。招生并轨改革是按国家任务招生计划和调节性招生计划(含委托培养和自费生)形式分别划定两条录取分数线(双轨)来选拔新生的办法，改办按总的招生计划划定一条分数线(单轨)进行录取，在同一地区实行同一录取标准。招生并轨改革的目的在于，使高等教育主动适应社会主义市场经济的需要，更好地贯彻教育公平性的原则，减少社会不正之风的干扰，转变高等学校的培养机制，激励学生奋发学习，提高教育质量。

1994 年以国家教委所属高等学校为主体的 40 余所高等学校进行了招生并轨改革试点，1995 年有 257 所，1996 年有 660 余所高等学校进行了招生并轨，占全国招生学校总数的三分之二，1997 年，将全面完成所有普通高校的招生并轨。

“211”工程开始起步，建设高质量人才培养基地。“211”工程(即：面向 21 世纪重点建设 100 所左右高等学校以及一批重点学科)是国家重点建设工程，其建设目标是：面向 21 世纪，重点建设 100 所左右高等学校以及一批重点学科，使其总体上处于国内先进水平，其中一部分重点高等学校和重点学科，接近或达到国际同类学校和学科的先进水平，大部分学校的办学条件得到明显改善，在人才培养、科学研究、学科建设、管理水平、办学效益上取得较大成绩，以适应国家、地区和行业发展需要，起到骨干和示范作用。同时，推动高等教育体制的改革。实施“211”工程，旨在为实现我国经济和社会发展战略，建设培养高层次人才和解决重大科技问题的基地，以增强综合国力和国际竞争力。

“211”工程建设的主要内容包括：重点学科、公共服务体系和基础设施建设三大部分。目前，已有近百所高等学校通过部门预审，部分学校的可行性研究论证和立项审核已经基本完成，中央地方和部门建设经费已开始投入,并已取得初步成效。

高等教育自学考试教育蓬勃发展,为有志成才者提供了广阔的天地。高等教育自学考试是对自学者进行以学历考试为主的高等教育国家考试。是个人自学、社会助学和国家考试相结合的高等教育形式。自学考试的创立为可以和愿意接受高等教育的每个公民提供了公平的机会,为"鼓励自学成才"和选拔人才开辟了一条新的途径。

从1983年国家开始实施自考制度以来,开考专业已发展到425种,专业覆盖面遍及文、理、医、法、农、师范类学科,毕业学生154.37万人,其中本科7.6万人,专科146.77万人。1996年报考人数达300多万人,取得毕业证书人数达到26.51万人,其中:取得本科毕业证书人数达到1.57万人,取得专科毕业证书人数达到24.06万人。

四、成人培训与扫盲教育

大力推进岗位培训和继续教育。1996年全国成人技术培训学校44.28万所,比上年增加4.4万所。成人技术培训学校共培训结业8 337.02万人次。目前仍有5 648.87万人在校学习。成人技术培训学校教职工42.57万人,其中专任教师16.94万人。全国各类成人高校非学历教育结业人数157.16万人次。其中证书教育13.92万人次,岗位培训118.71万人次,大学后继续教育8.03万人次,其它16.49万人次。

扫盲工作。到本世纪末全国基本扫除青壮年文盲,是我国教育发展的重点之一。1996年全国扫除文盲406.78万人。截止1997年初,全国已有10个省(区、市)和2 078个县级单位实现了基本扫除青壮年文盲的目标,分别占省(区、市)总数的30%和县(市、区)总数的73%,顺利实现了我国扫盲工作第一阶段的规划目标。

卫星电视教育。几年来,我国广播电视教育迅猛发展,到1996年,我国从中央到省、地、县建立教育电视台、收转台940多座,卫星地面接收站1万多个。全国有75%的省、地(市)级有线电视台转播CETV的卫星节目。以中国教育电视台为中心,以遍布全国的地方教育电视台有线电视台卫星地面接收站为依托的卫星电视教育网络建设已初具规模。

(执笔:郑富芝)

专栏9.2 今后15年的教育发展目标

国家教委正式公布,"九五"期间教育发展目标是,普及九年义务教育和扫除青壮年文盲,同时积极发展职业教育和成人教育,适度发展高等教育,优化教育结构,努力提高教育质量和办学效益,形成具有中国特色的、面向二十一世纪的社会主义教育体制的基本框架。

根据这个目标,国家教委还确定了不同地区的实施计划:"九五"期间,全国在占85%的人口地区普及九年义务教育,在10%的人口地区普及5年至6年小学教育,5%的人口地区普及3年至4年初级小学教育;青壮年文盲率下降到5%以下;大城市和沿海经济发达地区努力普及高中阶段教育,全国各类高中阶段职业学校在校生占整个高中阶段在校生的比重提高到60%左右;高等教育在校生达到650万人左右,18岁至21岁学龄人口毛入学率提高到8%左右,重点发展高等专科层次教育,特别是面向广大农村、中小企业、乡镇企业、城镇第三产业的高等专科教育和专科层次的高等职业教育;农村和城市未继续升学的初中毕业生接受各种培训人数的比重分别达到50%和70%以上。

2010年教育事业发展的主要目标是,全面普及九年义务教育,扫除青壮年文盲,职业教育和成人教育有更大发展,人口中接受高等教育的比重接近中等发达国家水平,各级各类学校办学条件有较大改善。

(执笔:林 夕)

9.4 '96卫生事业

1996年,我国卫生工作在邓小平同志关于建设有中国特色的社会主义理论指导下,继续深化改革,得到稳步发展。

一、卫生机构继续减少,医院床位略有增长,卫生人员队伍继续扩大

1996年,全国各类卫生机构总数为18.88万个,比上年减少1 254个。全国医院、卫生院6.8万个,比上年增加157个,其中,县及县以上医院1.51万个,增加285个,农村卫生院减少520个,其他医院减少54个。独立门诊部(所)10.35万个,比上年减少934个;疗养院528个,减少54个;卫生防疫站3 635个,增加6个;妇幼保健所、站2 764个,减少68个;药品检验所(室)2 000个,增加5个;医学科研机构427个。

全国高等医药院校123个,比上年减少3所,在校学生26.27万人,毕业生6.14万人。中等医药学校550个,在校生43.22万人,毕业生11.26万人。

全国医院、卫生院床位总数为286.63万张,比上年增加3.02万张,增长1.06%。全国平均每千人口医院床位数为2.4张。

全国卫生人员总数达541.9万人,比上年增长0.85%。其中,卫生技术人员431.18万人,增加5.49万人。卫生技术人员中,高级技术人员(师级)增加8.54万人,中级技术人员(士级)减少3 922人,初级技术人员减少2.66万人。

全国医生数为194.12万人(其中医师147.52万人),比上年增加2.35万人,护师、士数为116.26万人,增加3.69万人。全国平均每千人口医生数为1.63人,护师、士数为0.95人。

二、农村卫生工作得到进一步巩固和发展

农村卫生工作是关系到九亿人群健康的大事,直接影响农业经济发展与农村社会稳定,也是扶助贫困地区农民脱贫致富的重要条件之一。1996年农村卫生工作以继续落实人人享有卫生保健规划为龙头,大力推进合作医疗和农村卫生三项建设(县防疫站、县妇幼保健站和乡镇卫生院建设)。农村卫生工作得到各级领导的重视并取得明显成效。

1996年,全国有县级综合医院2 067所,平均每所医院有床位173.3张、医生66.7人、护师(士)68.6人;县卫生防疫站1 729所,平均每站卫生技术人员39.9人;县妇幼保健所1 545个,平均每所卫生技术人员25人。与上年比较,三类机构平均人员略有增加,县医院平均床位数稍有减少。

全国有农村卫生院5.13万个,比上年减少520个(主要是由于行政区划变动所致),床位73.47万张,比上年增加1 681张,卫生技术人员94.21万个,增加2.32万人。平均每所乡卫生院有床位14.3张,卫生技术人员18.4人。全国平均每千农业人口有乡卫生院床位0.81张,卫生技术人员1.19人。

1996年,全国有医疗点村数占全国行政村总数的89.05%,比上年增加0.12个百分点。实现合作医疗的村数(医药费实行减免的村数)占总村数的17.59%,比上年增加6.41个百分点。乡村医生、卫生员131.61万人,全国平均每千农业人口有乡村医生和卫生员1.45人。

截止到1996年底,全国已有60%左右的县基本达到初级卫生保健规划目标的低限要求,初级卫生保健工作取得突破性进展。

三、病床使用率继续下降,医疗费用增长幅度仍然较高

1996年,全国医院总诊疗人次数为22.39亿次,其中门、急诊人次数为20.68亿次。全国医院提供的平均每一居民全年总诊疗次数约为1.9次,其中门、急诊1.7次。

其中:县及县以上医院总诊疗人次数12.41亿次(其中门、急诊11.24亿次),占全国总数的55.43%;其他医院0.40亿次(其中门、急诊0.37亿次),占全国总数的1.79%,卫生院9.58亿次(其中门、急诊9.07亿次),占全国总数的42.79%。

1996年,全国医院入院人数为5 023万人,每百总诊疗人次的入院人数为2.2人,每百门、急诊人次的入院人数为2.4人。全国医院提供的平均每万人口住院人数为420.2人。其中,县及县以上医院3 063万人,占全国总数的60.98%,每百总诊疗人次的入院人数为2.5人,每百门、急诊人次的入院人数为2.7人；其他医院37万人，占总数的0.74%，每百总诊疗人次的入院人数为0.9人，每百门、急诊人次的入院人数为1.0人；卫生院1 923万人，占总数的38.28%，每百总诊疗人次的入院人数为2.0人，每百门、急诊人次的入院人数为2.1人。

1996年，全国县及县以上医院病床使用率为64.7%，比上年下降3.3%；其他医院为53.9%，下降22.4%；卫生院为36.9%，下降8.4%。

县及县以上卫生部门医院中，卫生部属综合医院病床使用率为93.0%，医学院校附属综合医院为87.2%，省、自治区、直辖市属综合医院为83.5%，肿瘤医院为81.1%，其他各类医院均在80%以下。

医院病床使用率呈逐年下降趋势的主要原因是，公费、劳保等医疗制度在社会各部门、单位发生了不同程度的变化，许多患者在住院医疗上自我约束，使医院住院病人大量减少。

1996年，全国县及县以上医院每一出院者的平均住院日为14.2天，其他医院为16.7天，卫生院为4.4天。

县及县以上医院中，卫生部门医院出院者平均住院日为13.7天，工业及其他部门医院为16.0天，集体所有制医院为14.8天，私人开业及其他医院为17.0天。

同上年相比，全国医院医疗费用增长幅度仍在30%以上。全年县及县以上卫生部门综合医院平均每一诊疗人次医疗费用为52.5元，比上年增长31.6%，药费增长26.2%，药费占医疗费用的61.5%。平均每一出院者住院医疗费用2 189.6元，比上年增长31.3%，药费增长24.0%，检查治疗费增长37.2%，药费占医疗费用的49.8%，检查治疗费(含手术费)占26.6%。

卫生部属综合医院平均每一诊疗人次医疗费用最高，为98.4元，其次是省、自治区、直辖市属医院，为80.8元。这两级综合医院门诊药费占医疗费用的比重在各级医院中最高，分别为66.3%和64.1%。与上年相比，直辖市区、省辖市(地区)属医院医疗费用增长幅度最高，为36.7%，其次是省辖市区、地辖市医院，为32.4%。

卫生部属综合医院平均每一出院者住院医疗费用高达5 773.8元，省、自治区、直辖市属医院为4 716.9元。卫生部属和县属综合医院住院药费占医疗费用的比重均为52.3%，在各级综合医院中最高。直辖市区、省辖市(地区)属，省辖市区、地辖市属，县(旗)属综合医院的医疗费用增长幅度均在30%以上，其中县(旗)属综合医院最高，为34.2%。

医院药费在医疗费用中占有较大比重，并且增长幅度仍然不低，是影响整个医疗费用增长幅度居高不下的主要因素。

四、预防保健和妇幼卫生工作继续得到加强

1996年的疾病控制工作以进一步贯彻实施《传染病防治法》为基础，以《全国重大疾病控制工作“九五”规划纲要》中提出的各项任务和指标为依据，继续加强重大疾病防止，控制重点传染病、寄生虫病。全年法定报告传染病总发病率为166.10/10万，比上年下降5.82%，其中霍乱和病毒性肝炎发病率分别为0.31/10万和63.41/10万，比上年分别下降67.72%和0.35%。结核病防治已达到或接近达到90年代防治规划中期工作指标。全国按期实现了以乡为单位儿童免疫接种率达到85%的目标。寄生虫病、麻风病防治工作取得新的进展。

地方病防治工作积极贯彻落实国务院办公厅下发的《加强血吸虫和地方病防治工作的几点意见》，坚持血吸虫病的综合防治。1996年底，全国实有血吸虫病人数为807 578人，比上年下降12.9%。全国碘缺乏现症病人数为1 355.5万人，比上年下降15.6%。

全国农村改水、改厕工作成绩显著。1996年，全年农村已改水受益人口达82 412万人，比上年增加3.4%，已改水受益人口占农村总人口的86.7%。年末全国农村卫生厕所总数为5 376.3万座，有卫生厕所人口占农村总人口的20.9%。

1996年的妇幼卫生工作以实施《中华人民共和国母婴保健法》为中心，进一步加强妇幼卫生管理，规范母婴保健行为。全国县新法接生占接产总次数的比重为91.13%，比上年提高4.0%。全国住院分娩率为61.09%，比上年提高5.3%，其中，市住院分娩率为77.78%，县为51.58%，分别比上年提高10.0%和2.7%。全国已创建爱婴医院

4 730 所,居全球之首。

五、人民健康水平继续提高

通过“婴儿及5岁以下儿童死亡率”、“孕产妇死亡率”和“死亡原因”等综合反映居民健康水平的主要指标,可以看出我国人民健康水平继续提高。

1995年监测地区婴儿死亡率为36.4‰,比1994年的39.9‰下降8.77%。监测地区5岁以下儿童死亡率为44.5‰,比1994年的49.6‰下降10.28%。1995年监测地区孕产妇死亡率为61.9/10万,比1994年的64.8/10万下降4.48%。

传染性疾病防治工作取得明显的成效,使与环境及生活等因素有关的慢性病成为我国人口死亡的主要原因。根据18个省、自治区、直辖市的35个市和80个县死因统计点年报资料,1996年构成我国城市地区全人口死亡前5位的死因依次为:脑血管病22.28%,恶性肿瘤21.66%,心脏病16.37%,呼吸系病15.28%,损伤和中毒6.52%,五种死因占城市全部死亡人数的82.11%;构成农村地区全人口死亡前5位的死因依次为:呼吸系病25.2%,脑血管病17.35%,恶性肿瘤16.36%,损伤和中毒11.13%,心脏病10.80%,五种死因占农村全部死亡人数的80.84%。

(执笔:毛嘉文、胡建平、薛 明)

9.5 '96体育事业

1996年的体育工作实现了全国体委主任会议提出的“要为实现九五计划和15年远景目标开好头、起好步做贡献”的要求,取得了显著成绩,受到党中央、国务院的充分肯定和全国人民的赞誉。

一、全民健身计划顺利实施

全民健身计划颁布以后,得到各级政府、社会各界的广泛重视和支持,得到全国人民的普遍拥护和响应。全国已有30个省(区、市)和9个部委成立了实施全民健身计划的领导机构。在“全民健身计划宣传周”期间,有近3亿人次参加了各种形式的健身活动,上百个城市、近千万人次参加了全民健身广播体操表演赛。《社会体育指导员技术等级制度》和《中国成年人体质测定标准》的颁布实施,标志着全民健身计划正沿着规范化轨道深入发展。第三届工人运动会、第三届农民运动会、第四届残疾人运动会和第五届大学生运动会的成功举办,有力地促进了群众性体育活动的开展。

二、奥运争光计划取得重大进展

在举世瞩目的第26届奥运会上,我国运动员在困难多、对手强、干扰大的情况下,高举爱国主义旗帜,发扬团结拼搏的精神,克服重重困难,夺得了16枚金牌、22枚银牌、12枚铜牌,取得了金牌和奖牌总数均列第四位的好成绩,完成了党中央、国务院提出的“成绩好、精神好、政治好、安全好”的要求,向党和人民交出了一份满意的答卷。在黑龙江省哈尔滨市成功地举办了第三届亚洲冬季运动会,我国运动员夺取了金牌和奖牌总数第一的好成绩。在1996年世界重大比赛中,我国运动员共获得世界冠军75个,创30次世界纪录,使建国以来我国运动员获得世界冠军总数突破1 000大关,达到1 031个,创世界纪录数达到851个。

三、体育科研教育工作取得积极成果

1996年,体育科研和人才培养力度加大。以奥运会为重点,国家体委先后组织了400多名科技人员,组成63个课题及专题研究组,进行科研攻关和科技服务。反兴奋剂的教育和检查力度进一步加大,全年共实施国内外和赛内外兴奋剂检查2 080例,确保了奥运会任务的完成,用事实有力地驳斥了西方反华势力在兴奋剂问题上对我国的攻击。国家体委直属院校的办学管理体制改革、招生改革、教学改革进一步推进,竞技体校建设得到加强。共举办各级教练员岗位培训班36个,培训教练员1 245人。在对优秀运动队进行九年义务教育的同时,广泛开展优秀运动员的职业教育,提高了优秀运动员退役后的再就业能力。

四、体育法制建设步伐加快

1996年是体育法颁布实施后的第一年。全国各地通过举办体育法的学习班、培训班、宣传周等活动和利用电视、广播、报刊等传播媒介,广泛开展学习、宣传和贯彻执行体育法的活动,使全民的体育法制意识得到增强,体育法制建设得到进一步重视。1996年4月召开的第一次全国体育法制工作会议，提出了体育法制三步走的目标。后来又相继制定了《1996－2000年体育立法规划》、《1996－1997年重点体育立法项目》和《国家体育系统法制宣传教育的第三个五年规划》。据不完全统计，1996年有13个省(区、市)人大和政府颁布了地方性体育法规13项，全国人大和近10个省(区、市)人大开展了体育法的执法监督检查，查处和纠正了一些违反体育法的行为。

五、体委系统的改革进一步深化

为了适应体育事业发展的需要，国家体委按照“一手抓奥运，一手抓改革”的方针，根据中央对深化改革的总体部署，在确保完成参加第26届奥运会任务的同时，决定以运动项目管理体制改革为重点，进一步推动体委系统的改革。在组建第26届奥运会中国体育代表团时，按照“公平、公正、公开”的原则，第一次采取了国际选拔与国内选拔相结合的方式选拔参加奥运会的运动员，取得了较好的效果。篮球、排球、乒乓球、网球、围棋和武术等项目，也加大了训练体制和竞赛体制的改革力度。

六、体育产业呈现良好发展势头

1996年，体育战线遵循“以体为本，全面发展”的方针，在开发体育经济功能，培育体育市场，调整体育产业结构等方面，做了一些卓有成效的工作。第26届奥运会中国体育代表团无形资产的开发有较大幅度增加；对中国奥委会名称、标志的使用和保护，对在役运动员作商业性广告等作出相应规定；1995－1996年度的体育彩票发行工作基本完成；第四届全国体育用品博览会的成交额达18亿元，比上届增长了一倍。竞赛市场的培育也带动了体育主产业的发展。现在体育产业的发展正逐步由过去的“体育办产业”的方式向“办体育产业”的方向转变。

七、体育场馆设施建设取得较大进展，场馆利用率进一步提高

体育场馆设施是开展体育活动的基本物质条件。建国以来，我国体育场馆设施有了较快的发展。据上年末结束的第四次全国体育场地普查统计，截止到1995年底，我国共有各类体育场地61.6万个，其中，党的十一届三中全会以来新建场地43.9万个，占建国以来新建场地数的71.7%。全国体育场地总面积为7.8亿平方米，人均体育场地面积达到0.65平方米。

为了提高体育场馆的使用率，国家体委下发了《关于体育场馆向群众开放的通知》，要求全国公共体育场馆“打开大门，面向社会，服务于民”，全国体育场馆的开放工作取得了明显进展。北京市的106个公共体育场馆已全部向社会开放，每月进馆参加活动的人数在70万人次以上。天津市所有46个公共体育场馆已全部面向社会开放，平均每日开放时间在10小时以上，每日进馆活动人数达3万余人。上海市的69个公共体育场馆，除16个因进行基建、改建外，其余53个全部面向社会开放，每日开放时间6小时，80%以上的场馆做到双休日、节假日坚持开放，开放项目近30项。

体育事业面临的主要困难和问题是：如何深化体制改革，加强宏观管理，实现政事分开；如何加快体育科技、教育的发展，改革科研体制和体育院校管理体制，增强事业发展的活力和后劲；如何解决阻碍体育事业发展的一些具体难题；如何加强法制建设，逐步做到依法行政，依法治体等等。

（执笔：赵时杰）

9.6 '96环境保护事业

1996年，我国政府对环境保护工作继续给予高度重视，环境保护事业取得重大进展。3月，全国人大八届会议通过的《中华人民共和国国民经济和社会发展“九五”计划和2010年远景目标纲要》，明确提出了我国跨世纪环保目标；国务院向国内外发表了《中国的环境保护》白皮书；7月，国务院召开了第四次全国环境工作会议，对实现跨世纪的环保目标作了总动员和总体部署；8月，国务院作出了《关于环境保护若干问题的决定》；9月，国务院批准了《国家环境保护“九五”计划和2010年远景目标纲要》。一年来各地区各部门认真贯彻落实国务院《关于环境保护若干问题的决定》和第四次全国环境工作会议精神，严格执法，积极稳步地推行各项环境保护管理制度和措施，环境保护工作取得了明显进展。

一、环境保护力量增强

1996年，我国各级环境保护机构已达8 400个，各类工作人员达95 562人，分别比上年增长8.9%和5.9%。环境检测站2 223个，比上年增加68个，各级环境监测人员36 586人，比上年增加3.2%。

二、自然保护和生态建设继续推进

1996年，国务院批准新建国家级自然保护区7处，国家级自然保护区达106处。全国已建各类森林公园780余处，12处自然保护区加入《国际人与生物圈保护区网络》，海洋自然保护区已达61个。全年共完成造林面积491.9万公顷，防沙治沙工程完成综合治理开发面积86.7万公顷。全国生态农业建设试点县160个，乡村级试点2 000多个，覆盖面积达2亿亩。农村户用沼气池保有量超过600万户，省柴节煤灶累计推广1.77亿户。

三、工业污染防治工作取得成效

1996年，国家下达了第三批环境污染限期治理项目121个，全国共完成限期治理项目5 717个，限期治理投资42.4亿元。全国取缔、关停15类60 700家污染严重的小企业。

全年开发建设项目立项80 220个，执行环境影响报告制度的有64 538个，执行率为81.6%。全国地市级以上城市普遍实行排放水污染物许可证制度，对42 412个企业发放41 720个排污许可证。

全国县以上工业企业燃料燃烧废气除尘率为90%，比上年提高0.3个百分点；生产工艺废气净化处理率75%，比上年提高4.2个百分点；工业废水处理率81.6%，比上年提高4.8个百分点；外排废水达标率59.1%，比上年提高3.7个百分点；工业固体废物处置1.15亿吨，比上年减少0.27亿吨，"三废"综合利用率43%，比上年提高0.1个百分点。

四、区域环境整治力度加大

1996年，海河、辽河、淮河、巢湖、滇池、太湖的水污染防治工作取得重要进展，个别河段的污染程度有所减轻。截止到1996年6月30日，沿淮4省共关闭年产5 000吨以下的小造纸厂1 111家，对413家污染严重的企业进行关停或采取限产限排措施，有97家重污染企业实现了达标排放，共削减化学需氧量47.4万吨/年。国家安排2.5亿元贷款支持28个重点项目的污染治理。已解决严重污染地区167.2万居民饮水问题。

五、城市基础设施和环境建设加强

1996年，全国已建成烟尘控制区2 319个，面积12 961平方公里，建成环境噪声达标区1 734个，面积6 222平方公理。城市公共绿化覆盖率由上年的23.9%上升到24.4%，集中供热面积达73 433万平方米，比上年增长13.6%，13 835.5万户居民用上了燃气，用气普及率由上年的70%提高到73.3%，城市供水普及率为94.99%，比上年提高2个百分点。新增城市污水日处理能力98.5万立方米，清运垃圾粪便13 756万吨，垃圾粪便无害化处理率为49.1%，比上年提高5.4个百分点，城市环境卫生有所改善。

六、完善环境立法，加大执法力度

1996年，全国人大常委会通过了《中华人民共和国环境噪声污染防治法》和关于修改《中华人民共和国水污染防治法》的决定。有关部门先后制定《废物进口环境保护暂行管理规定》、《电力工业环境保护管理办法》、《关于加强煤炭工业环境保护工作的若干规定》、《关于加强乡镇企业环境保护工作的规定》等。全年各地共制定地方性环境法规24件，地方环保规章118件。全国人大常委会和环资会、国务院环委会对北京、上海、天津、陕西、青海、宁夏等地区进行了环境执法检查。

1996年，国家发布42项环境标准，其中国家标准32项，行业标准10项，原33项环境标准被替代。截止年底，环境保护国家标准有347项，环境保护行业标准28项。

为制止"洋垃圾"污染转嫁，在有关部门的配合下，国家环保局认真查处了上海、新疆、天津等地发生的非法进口"洋垃圾"事件，严厉打击了非法进口废物的违法行为。1996年有200多艘转移"洋垃圾"的船只被拒于国门之外。

七、环境保护对外交流与合作继续扩大

我国积极参与国际环境事务，认真履行国际公约。截止1996年我国已签署和加入了18项国际环境条约，1996年又参加了《联合国气候变化框架公约》第二次缔约方会议、《生物多样性公约》

第三次缔约国会议、联合国可持续发展委员会议等六个国际会议，并采取各项措施认真履行承诺。同时我国积极引进国外环境保护的先进经验和技术，组织承办了各种国际环境研讨会。我国与联合国和美国、加拿大、德国、英国、日本、芬兰等国家举办了22次国际会议、研讨班、培训班；1996年中国环境与发展国际合作委员会在上海召开了第五次会议，有关国际机构和国家的专家应邀参加。1996年底，我国已同19个国家签署了双边合作协议，多渠道引进环保资金，仅国家环保局就引进贷款20多亿美元，有力地促进了环保工作的开展。

八、环境治理任务依然艰巨

1996年，我国以城市为中心的环境污染仍在继续，并向农村蔓延，生态破坏的范围仍在扩大。1996年全国城市空气环境污染北方重于南方，空气污染仍以煤烟型污染为主，降尘和酸雨危害最大，污染程度在加重；江河湖库水域仍普遍受到不同程度的污染，除个别水系支流和部分内陆河流外，总体上仍呈加重趋势；工业较发达城镇附近的水域污染严重，县及县以上工业污染状况减轻，乡镇企业污染呈上升趋势，乡镇工业污染已成为环境污染的重要因素；土地荒漠化、土壤盐碱化问题仍很严重。环境治理任务依然艰巨。

（执笔：江 欣）

9.7 '96科技事业

1996年，全国各行各业认真贯彻落实党中央、国务院《关于加速科技进步的决定》和全国科技大会精神，促进了科技事业蓬勃发展。中国科技界加快体制改革，把加速科技进步作为保持我国国民经济快速发展的重要手段。这一年，广大科技工作者注重运用现代科学技术手段进行经济管理，合理配置资源，提高宏观经济运行质量，应用高技术改造传统产业，促进产业结构的优化和升级，重视科技成果的转化应用，加快新产品的开发和新产业的形成，培育新的经济增长点，不断开拓进取，以适应市场经济的迅速发展。

1996年，我国科技工作蓬勃发展，态势喜人：国家科技领导小组成立，科教兴国和可持续发展两大战略被列入国民经济和社会发展"九五"计划和2010年远景目标纲要，国务院公布了"九五"期间深化科技体制改革的主要目标、任务、措施，建国以来首次全国科普工作会议召开，中共中央总书记江泽民发表重要讲话并强调指出："科学技术普及工作对两个文明建设有着重要作用。"这标志着国家加强了对科技工作的宏观领导，科教兴国和可持续发展被确定为两大战略。同年5月，全国人大委员会通过了《中华人民共和国促进科技成果转化法》。该法于10月1日开始实施。它是促进科学技术和经济相结合的一部重要的法律。同年颁布首届中国工程科技奖。全社会对科学技术的认识进一步深化。科技作为第一生产力，不仅是创造物质文明的巨大动力，对精神文明建设也具有重要推动作用。这一切为科学技术的大发展创造了更加有利的条件，预示着我国科技事业发展的美好前景。

科技队伍继续壮大。1996年末国有企事业单位共有各类专业技术人员1 986万人，比上年末增长4%。全国县级以上国有独立研究开发机构5 826个，高等院校办科研机构3 398个，大中型工业企业办科研机构12 033；大中型建筑业企业办科研机构543个，从事科技活动人员273万人，其中科学家和工程师167万人。企业、高校、科研机构的合作日益加强。1996年参加"产、学、研"合作的单位45 000个，设立合作研究开发项目15 800项，参加人数67.5万人。这种企业与高等院校、科研院之间密切结合而稳定的交流、合作制度，最终加速科技成果的转化，不断增强企业的市场竞争力，同时促进了科技资源的合理配置。

科技经费投人增加。1996年，全国科技机构、高等院校、工业和建筑企业等单位用于科技活动的经费支出为953亿元，其中研究与发展经费支出327亿元，增长14.3%，相当于国内生产总值的0.5%，与上年持平。目前，工业发达国家研究与发展经费占国民生产总值的比重为2%以上。发展中国家这一指标也在1%以上。我国研究发展经费支出中，政府财政经费支出占三分之二，企业自筹经费占三分之一。因此，加大企业科技经费投入强度，建立以企业为主体的科技投入体制，是实现本世纪末研究与发展经费占国民生产总值的比重达到1.5%以上的根本途径。

科技事业取得新的成果。1996年，全国共取得省部级以上重大科技成果3.1万项，其中达到国际先进水平的占17%。获国家奖励的成果647项，其中国家技术发明111项，国家科技进步奖536项。以上科技成果覆盖了农业、工业、交通、重大装备、高新技术、资源开发、环境保护和国防建设等经济和社会发展的各个领域。主要科技成果有：脉冲预电离管高性能铁电压电陶瓷、智能化经纬仪检测系统、油田高含水期“稳油控水”系统工程、攀钢1 350毫米板坯联铸机成套设备、电力系统暂态稳应用技术。622兆比特同步数字系列光纤通信系统、国际通信卫星测控天线、话音卫星通信系统、全天候实时航空遥感系统并投入使用。280千安大型槽铝电解工业性试验成功。在转基因农作物研究方面，首次在世界上获得青枯病转基因马铃薯株系。农作物新品种扬麦158号、中棉19号，已大面积推广。1996年，我国年专利申请量首次突破10万件大关。上年中国专利局共受理专利申请102 735万件，比上年增长24%。其中发明专利申请为28 517件，实用新型专利申请为49 604件，外观设计专利申请为24 614件。在全部专利申请中，国内专利申请为82 193件，来自国外的专利申请为20 542件，比上年增长45%，专利申请量位于前5位的国家是：日本、美国、德国、韩国、法国。这表明中国的改革逐步深化，投资环境逐渐改善，增加了对外商技术与资金的吸引力。大量的外国先进技术的涌入，对推动我国科技水平的提高有着积极的作用，但同时对民族工业的发展也提出了严峻的挑战。

国家重大技术创新工作取得初步成效。全年完成重大科技公关180项，重大科技成果转化工程。国家组织完成技术开发、新技术推广、消化吸收、工业性试验92项。全年新建成国家工程技术研究中心88个，国家工业试验基地5个，国家级企业技术中心40个，推动了产业的技术进步，对产业结构的优化起到了良好的推动作用。为稳定地加强基础研究这个层次，我国政府的工作重点在于加强和改善科研基础设施和装备条件，吸引人才、稳定科研队伍，以及在鼓励开展广泛的基础科学研究的同时，有选择地支持一批重大基础研究项目。1996年国家自然科学基金资助科学项目4 109项，资助金额6.4亿元。对瞄准科学前沿的基础研究、发展交叉学科和开拓科技新领域的研究、促进技术创新的应用研究、资源环境等研究起了推动作用。国家重点实验室的建设贯彻改革精神，打破原有的封闭、保守的研究模式，实行“开放、流动、联合”的运行机制，广泛吸收国内外的研究人员在实验室进行研究工作。在优先发展学科和工程技术学科中建设了156个国家重点实验室，1996年，对26个国家重点实验室的仪器设备进行更新改造，带动了一批院校的实验开放研究。这些科研基础设施的建设，为我国科学研究现代化和在世界高科技领域占有一席之地做了必要的物质准备，科技成果质量不断提高。

技术市场更加活跃。诞生于改革开放之初的我国技术市场，现已成为以市场机制调整科技资源与经济资源合理配置、促进技术成果迅速转化为现实生产力的主要渠道。据统计，目前我国已有各类技术贸易机构5.4万家，技术市场从业人员超过百万人，其中专业人员60万人。1996年全国共签订技术合同22.6万项，成交金额300亿元，分别比上年增长2.1%和11.8%。这表明，引入市场经济的竞争机制和约束机制，促进了科技成果源源不断地转化为现实生产力，并推动我国商品市场、服务市场、资金市场、证券市场的发育和发展。技术市场已成为社会主义市场体系的重要组成部分，成为联结科技与经济的一座金桥。通过技术市场科研机构、大专院校的科技成果，不断推向生产领域，流向工矿企业、乡镇企业以至广大的农村，经济发展注入活力。技术市场已成为“科教兴国”的重要手段。

产品质量监督工作日益规范化。产品质量国家监督抽查制度是我国政府对产品质量实施宏观管理的一种重要手段，通过对产(商品)质量进行监督抽查，提高生产者、经销者的质量意识，督促企业不断改进和提高产品质量，保护广大消费者和用户的合法权益，维护社会经济秩序。为建立社会主义商品经济的正常秩序，加强政府对社会的技术经济监督，1996年已建立产品质量监督检验机构 2 400 个，拥有技术监督人员 11.6 万人，初步形成技术监督网络体系。1996 年国家监督抽查产品 8 318 种，产品抽样合格率 77.2%。全年制定、修订国家标准 1 387 个，其中新制定 818 个。全国共有法定计量技术机构 3 378 个，全年强制检定计量器具 2 432 万台件。我国的技术监督网络加速了各行各业各领域采用国际标准和国外先进标准的研究和步伐，提高我国生产技术水平，促进企业的技术进步，提高产品水平和竞争能力。

气象、测绘科技服务工作逐步加强。国家有计划、有组织地加强了气象科技的物质技术基础建设。截止 1996 年底我国每个县都建立了气象台站，建成并使用气象台站 2 591 个，国家还注重把高新技术应用在气象科技服务中，建立卫星云图接收站 190 个，其中采用同步卫星 159 个，提高了天气预报的准确性和时效性。国家还注重把为农业服务放在首位，1996 年建立农业气象观测站 1 140个，农作物观测点 796 个，土壤湿度观测点 827 个。由于加强了基础工作，为各地区按排农业生产和夺得农业丰收起到了积极作用，在国民经济中崭露头角。我国加大测绘科技体制改革力度，从传统测绘向地理信息产业转变。1996 年测绘部门测绘各种比例尺地图 89 242 幅，公开出版地图 983 种。测绘部门将以市场为导向，以产业化为方向，建立充满活力的自我发展机制，逐步向经营型转变，实行企业化管理，测绘科研单位要面向市场、面向行业，逐步形成机构开放、人员流动、外部联合、内部协调，具有资助研究开发和自我发展的能力。

软科学的兴起。我国的软科学是在改革开放方针指引下，伴随着社会主义商品经济的发展和社会的进步逐渐发展形成的，迅速发展的软科学研究已成为我国科技事业的重要组成部分，并在社会主义事业中发挥了重要作用。1996 年，根据三种国际检索工具，即《科学引文索引》、《工程索引》和《科学技术会议录索引》，我国科技人员在国际上发表的期刊论文和会议论文26 395篇，比上年增长 22%。按论文数量排序，我国已从徘徊多年的世界第 15 位跃居第 11 位。被引用论文篇数最多的前六个学科是物理、化学、生物、基础医学、材料、电子通讯。1996 年高校被收录的论文数占我国被收录论文总数的 62%。被引用论文篇数最多的五所大学是南京大学、北京大学、复旦大学、中国科技大学、清华大学。

（执笔：李 坚）

专栏 9.3 规模宏大的科技计划

国家重点科技攻关计划是我国规模宏大的科研计划。八十年代初在“经济建设必须依靠科学技术，科学技术工作必须面向经济建设”的正确方针指引下，我国政府为了加速给国家提供科技成果，解决科技力量分散的弊病，开始采用重点科技攻关项目的管理办法。据统计，每年科研单位、高等院校、工业企业有 10 万科技人员参加攻关。“六五”期间取得科技成果3 597 项。“七五”期间获得科技成果 7 636 项，其中有3 796 项成果应用到社会、经济、生产领域，取得直接经济效益 400 亿元。“八五”期间取得科技成果 6 万多项，达到国际先进水平的占 35%，国内领先水平的占 36%，已获得国家专利近 800 项，新产品、新工艺 5 000 项，新材料 3 000 种，共获得国家级、省、部级奖励 1 274 项，取得经济效益 600 亿元。

为国民经济贡献巨大的十大攻关成果：

1. 塔里木盆地油气资源
2. 天然气勘探技术
3. 攀枝花的钛资源综合利用
4. 金川镍的综合利用
5. 三次采油技术
6. 水平钻井成套技术设备
7. 高炉氧煤强化炼铁技术
8. 连铸连轧技术
9. 串联联合法生产氧化铝新工艺及赤泥综合治理

10. 工程塑料改性技术

十大世界领先水平的攻关成果：

1. 航空遥感实时传输系统
2. 5毫米薄带连铸连轧技术
3. 陶瓷刀具批量生产技术
4. 离子束生物工程应用技术
5. 磷石膏分解技术
6. 城市污水回用成套技术
7. 农作物细胞工程育种
8. 江西原地堆浸稀土开采技术
9. 柿竹园(CF)法选矿技术
10. 地勘期煤田瓦斯预测技术

总之，科技攻关极大地促进了我国粮食增产稳产和农村经济的发展，显著地推动了产业的技术进步，对产业结构的优化起到了良好的促进作用。攻关加快了高技术与传统产业的结合。科技攻关注重创新，形成一大批专有技术和具有知识产权的新技术、新产品。这是我国所有科技计划中参加人数最多、规模最宏大的科研计划。

（执笔：李 坚）

9.8 '96政法事业

1996年，在党中央、国务院和各级党委、政府的领导下，我国的政法事业进一步得到发展。立法步伐加快，普法工作不断深入，各级政法队伍不断加强自身建设，严厉打击各种刑事犯罪和经济犯罪活动，为保持我国的社会稳定和经济持续发展作出了重大贡献。

一、法制建设和普法工作取得新进展

1996年，我国继续坚持一手抓经济建设，一手抓法制建设的方针，立法步伐加快。到1996年底，全国人大及其常委会已制定法律和有关法律问题的决定311部，国务院及其有关部门制定行政法规700多件，行政规章4 000多件。我国政治、经济和社会生活的基本的、主要的方面已经做到有法可依，具有中国特色的法律体系基本形成。通过制定法律，特别是通过修订刑法和刑事诉讼法等法律，我国公民的民主权力进一步得到有效保障。在加快立法步伐的同时，普法工作不断加强，在前几年已经进行了两个五年普法活动的基础上，1996年又开始第三个五年普法工作。

二、政法队伍自身建设加强

1996年，全国公安机关领导的人民警察人数已达111.2万人，比1991年增长30.1%。1995年，全国各级法院达3 505个，法官近17万人，法官人数比1991年增加3万人。1996年全国共有律师事务所8 265个，执业律师10.02万人；公证处3 167个，公证人员17 019人 。

各级公安机关通过开展学习“济南交警”活动，先后涌现出“漳州110”、本溪公安局、天津公安消防总队等一大批先进典型和先进个人，全年有144 080个民警被授予荣誉称号或记功嘉奖，23 135个集体受到奖励。通过学习“漳州110”的先进经验，加快了以110为龙头的快速反映机制建设步伐，全国地级以上城市都已建立110报警服务台，提高了公安机关的快速反映能力，进一步密切了警民关系。

各级人民检察院结合检察职业特点和队伍建设的实际，开展了以“秉公执法，清正廉明”为基本内容的检察职业道德建设。全年检察系统有339个单位和602人受到省级党政机关记功和命名表彰，105个集体和382人受到最高人民检察院表彰。各级检察部门按照“学懂、弄通、会用”的要求，有计划地组织广大检察人员认真学习、全面理解全国人大修改刑事诉讼法的决定，共举办各类培训班、研讨班1 870余期，业务素质和执法水平有所提高。

各级法院通过开展学习优秀法官谭彦“公正廉洁、爱岗敬业、顽强拼搏、无私奉献”的活动，掀起了“争创优秀法院、争做优秀法官、争建优秀法庭”的热潮，全年有2 953个单位分别被授予集体一、二、三等功，9 060人分别荣立一、二、三等功，其中46人被评为全国法院模范称号。按照“法官法”的要求，各级法院积极开展了多种形式的岗位培训，全体法官和工作人员的素质有所提高。

三、严厉打击各种刑事犯罪活动，社会治安形势有所好转

1996年初，我国刑事犯罪一度出现上升趋势，各地相继发生了一些危害严重的大要案件，严重威胁社会治安稳定。为扭转社会治安形势,公检法等部门相互配合,在党中央的直接领导下,在全国开展了声势浩大的“春季严打”和“冬季严打”斗争,狠狠打击了犯罪分子的嚣张气焰,取得了十分明显的社会效果,受到广大人民群众的普遍赞誉,刑事案件上升的势头得到有效遏制。

在“春季严打”斗争中,全国公安机关共破获刑事案件109万多起,其中重特大案件39万多起,犯罪团伙相继被摧毁,恶贯满盈的重大逃犯落入法网,慑于“严打”的浩大声威,4万多名案犯投案自首,人民群众扭送违法犯罪分子达3万多名。在“冬季严打”斗争中,全国开展了以“破大案、打团伙、追逃犯”和扫除“黄赌毒”为主要内容的严打整治活动,仅三个月,共破获刑事案件38万起,摧毁犯罪团伙5万多个,抓获逃犯2.3万名,取缔有违法活动的歌舞厅、桑拿按摩室、游戏厅2万多家。1996年全国共立刑事案件160万多件,比上年下降5.4%。重大案件立案69万多起,比上年下降1.7%,人民群众的安全感明显增强。

全国各级法院集中力量,依法严厉打击各种危害国家安全和社会治安的刑事犯罪活动,把杀人、抢劫、爆炸、绑架勒索、强奸和重大盗窃等犯罪,特别是各种涉枪犯罪和带有黑社会性质的集团犯罪、流氓恶势力犯罪作为“严打”斗争的重点。全年受理刑事一审、二审和审判监督案件706 133件,比上年上升23.84%,全年受理各种严重危害社会治安的刑事案件比上年上升32.7%。

全国各级检察院按照“破大案、捉逃犯、打团伙”的要求,把“严打”的锋芒直指危害社会治安的刑事犯罪、恶性暴力犯罪、流窜犯罪和团伙犯罪,特别是带黑社会性质的犯罪团伙和流氓恶势力。全年共批捕重特大犯罪嫌疑人254 155人,占批捕总数的37.7%,起诉重特大刑事案犯247 010人,占起诉总数34.9%。配合公安、司法行政机关,加强对在押人犯的政策教育,促使人犯坦白交待犯罪线索17 176条,检举揭发他人犯罪线索73 867件。

四、严厉打击经济犯罪,有力地维护了正常的市场经济秩序

近几年我国经济快速发展,经济体制改革不断深入。在经济体制转型的过程中,由于法制的不健全,一些不法分子钻空子,进行经济犯罪活动,经济诈骗、走私、制贩假币等案件较为突出,新型经济案件不断出现,涉外经济纠纷增多。1996年,公安机关共破获经济诈骗案件6.3万起,比上年上升16%,案值在10万元以上的案件近6 000件,比上年上升3.1%;在深入开展打击违法走私斗争中,加强对重点地区走私犯罪进行综合治理,全年查处走私案件1 147起,遏制了走私犯罪的猖狂势头;加强对伪造制贩假币犯罪的打击力度,全年查处伪造制贩假币案件5 128件,比上年上升1.7倍。

五、坚决查办贪污、贿赂、徇私舞弊等职务犯罪大案要案,反腐败斗争力度加大

1996年,各级检察机关认真执行法律赋予的查办贪污贿赂犯罪和国家工作人员徇私舞弊等职务犯罪案件的职责,全年共立案侦查贪污、贿赂、挪用公款、巨额财产来源不明等犯罪案件61 099件,立案侦查徇私舞弊、非法拘禁、玩忽职守等渎职和侵犯公民人身权利、民主权利等犯罪21 257件;为国家和集体挽回经济损失67.8亿元。查办党政领导机关、司法机关、行政执法机关和经济管理部门的犯罪嫌疑人13 530人,比上年上升3.5%;查办县处级以上领导干部2 699人,比上年上升10%;查办贪污、贿赂、挪用公款案件34 879件,比上年上升7.7%;查办执法人员贪赃枉法、徇私舞弊案件2 592件,比上年上升26.9%;查办了一大批侵吞国家财产、危害改革,国家工作人员滥用职权,严重渎职,农村基层干部犯罪等案件,有力地促进了反腐败斗争的开展。

六、审判和法律服务工作得到加强

1996年,全国各级人民法院和军事、海事、铁路运输等专门人民法院,充分发挥审判职能作用,全年共受理刑事、民事、经济纠纷、行政、海事海商等各类一审、二审和审判监督案件571.3万件,比上年增长了16.84%,上涨幅度超过前几年;全年审结一审、二审和审判监督案件568.2万件,比上年上升了16.53%,结率为94.5%。

全国律师应聘担任法律顾问25.4万家,比上年增长8.7%;承办刑事辩护和刑事案件代理25.1万件,比上年增长23.1%,是近年增长最多的一年;民事诉讼代理38.9万件,比上年增长

23.2%；代理经济诉讼38.1万件，比上年增长17.2%；代理行政诉讼2.3万件，比上年增长28.4%，提供法律服务能力和水平有所提高。截止到1996年底，我国已在大中城市设立法律援助中心47个，办理援助案件近1 000件。法律援助制度的建立，为社会上因经济贫困、身体健康不佳等因素影响无力聘请律师的贫困人员、体弱和残疾人等无偿提供法律援助，有利于实现公民合法权利和司法公正，在社会产生了积极影响。

（执笔：安新莉）

9.9 '96民政社会保障事业

各级政府民政部门所从事的社会救济、社会福利、优抚安置等工作是我国社会保障体系的重要组成部分（我们称其为民政社会保障）。1996年，各级民政部门以改革总揽全局，认真做好民政社会保障工作，使其在维护社会稳定、促进经济发展、保障人民生活等方面发挥了重要作用。

一、民政社会保障发展状况

（一）农村社会养老保险

农村养老保险持续快速发展，深受农民群众的欢迎。全年投保人数6 594万人，保险收入44.1亿元，分别比上年增长28.2%和20.1%。全国已有31.6万农民领取了养老金，全年养老金支出1.8亿元。截止1996年底，全国积累农村养老保险基金99.5亿元。

（二）救灾工作

1996年为重灾年。洪涝、地震、台风等灾害较为突出，对灾区群众的生活、基础设施及社会影响较大，损失严重。旱灾属中等偏轻年份，农业生产条件较好。全国农作物受灾面积4 698万公顷，其中成灾面积2 123万公顷，绝收面积535万公顷。倒塌房屋809万间，损坏2 015万间。受到灾害影响的人口3.23亿人，其中因灾死亡7 273人，遭受洪水围困2 058万人。部分地区的生命线工程、工矿企业、公共设施也遭到不同程度的破坏，各类直接经济损失2 882亿元。

党中央、国务院和地方各级党委、政府对灾情及救灾工作十分关心，主要领导亲临一线，慰问灾民，现场指挥抗灾救灾工作，把抢险救灾工作作为压倒一切的重要任务。人民解放军、武警部队官兵、公安干警和民兵在抢险救灾中发挥了重要作用。人民解放军、武警部队共出动兵力405万人次，飞机、舰艇6 000多架、艘次，机械车辆14万台次，参加各类抢险5.2万人次，抢险转移遇险群众2 000多万人次，抢救、抢运、空投各种物资4 100万吨。

中央和地方政府加大了对灾害救助的投入，全年自然灾害救济费支出30.8亿元，比上年增长31.1%；接收的救灾和扶贫捐款、捐物折价共18亿元；救灾周转金、储金储粮会投入10.1亿元。全年不同渠道、不同方式的灾害救助资金投入（支出）总计达58.8亿元。灾民的生产生活得到了较为妥善的安排，在吃、穿、治病等方面，全国救助灾民8 430万人次，妥善安置灾区受灾害直接威胁的群众1 216万人，帮助灾民重建住房600余万间。灾害救助管理体制改革继续推进，地方政府分级负担的救灾款已占救灾款总支出的30.2%，比上年提高10.1个百分点。救灾扶贫基金会和储金会等19万个，共积累资金47.9亿元，比上年增加10.8亿元。

（三）社会救济

改革农村社会救济工作，在坚持"输血"与"造血"相结合，走救济与扶贫并举路子的同时，发挥了社会互助的作用。国家救济贫困户4 149万人次，集体补助贫困户的金额达3.5亿元。民政部门扶持了672.1万贫困户开展生产自救，当年有200.4万户脱贫，脱贫率为29.8%。农村"五保"政策得到了较为妥善落实，集体经济供养五保户244万人，共筹集供养金17.7亿元，国家还定期救济26万人。民政部门组织的"扶贫济困送温暖"捐助活动共募集衣被9 500万件，价值约10亿元，在一定程度上弥补了社会救济投入的不足。

城市社会救济改革获得重点突破。截止到1996年底，全国已有137个城市建立了最低生活保障制度，比上年增加近120个；共有84.9万生活在最低生活保障线以下的城镇居民及时得到了国家的社会救济。地方政府和企事业单位已为建立最低生活保障制度投入资金3亿元。社会救济标准有所提高(具体情况见下表)：

社会救济标准表

(单位：元/人、%)

	年平均水平(元/人)	比上年增长%
城镇孤老残幼	736	4.8
享受原工资40%救济退职老职工	579	8.8

(四)社会福利与社会服务

城镇社区服务建设受到各级政府的重视，得到快速发展。全国城镇社区服务设施已达12.7万处，其中综合性的社区服务中心5 055个，分别比上年增长15.5%和15.4%。便民利民服务网点25.9万个，比上年增长10.7%。

城乡各种社会福利院、敬老院稳步发展。截止到1996年底，全国收养性福利事业单位为4.3万个，与上年持平；共设有床位100.8万张，比上年增长3.3%，全国平均每万人口拥有福利床位已达8.2张；收养76.9万人，比上年增长2.9%。床位利用率为76.3%，比上年略有降低。其中，社会办的敬老院、光荣院有4.1万个，床位84.4万张，收养64万人，收养人数比上年增长3.1%。

社会福利企业保持适度的增长，全年福利企业创造增加值433.5亿元，比上年增长10%。全国共有福利企业5.9万个，比上年减少0.1万个。企业职工人数为216.8万人，其中残疾职工93.6万人，分别比上年减少2.4%和0.3%。民政部门直属福利企业亏损额从上年的2.1亿元上升到1996年的5.1亿元，增加142.8%。城镇、街道分散安置28.4万残疾人就业，其中13.4万残疾人从事个体经营。

农村社会保障服务网络继续扩大。全国建立农村社会保障网络的乡镇数已达15 751个，社会保障服务网络覆盖率为35%，比上年提高2个百分点。乡敬老院的覆盖率为65.2%。每百个乡拥有社会福利企业68个。

(五)优抚安置

优抚、安置政策得到落实。国家抚恤补助各类优抚对象447万人，占优抚对象的11.4%。抚恤补助标准得到提高(具体标准见下表)：

抚恤补助标准表

	年平均水平(元/人)	比上年增长(%)
烈　属	794	6.3
在乡革命伤残人员	857	12.9
在乡复退军人	445	12.1

群众优待烈军属304万户，社会统筹的烈军属的群众优待金额为25.2亿元，比上年增长9.6%。完成了退伍义务兵、志愿兵和军队离退休干部等的安置任务。

全国军队离退休干部休养所有1 316个，各种优抚卫生事业单位122个，国家和社会办光荣院1 284个，烈士纪念建筑物管理单位740个，分散的烈士纪念建筑物7 020处。

(六)资金筹集与投入

民政事业费是民政社会保障工作的主要投入来源。1996年全国民政事业费总支出达121亿元，比上年增长16.9%。其中：抚恤费31.9亿元，离休费6.2亿元，退休退职费13.9亿元，社会救济福利费22.8亿元，自然灾害救济费30.8亿元，其他民政事业费15.4亿元。全年民政系统基建投资完成额为10.3亿元。民政部接受境内外救灾和助贫的社会捐赠款物折合人民币达28亿元，全部按捐赠者的愿望用于灾区和贫困地区人民群众的生活安排。

二、民政社会保障面临的主要问题

(一)基础薄弱，不能适应社会主义市场经济的要求。主要表现在：

1. 农村社会保障覆盖面偏小，全国65%以上的乡镇尚未建立农村社会保障服务网络；

2. 优抚救济对象生活贫困，“八五”期间优抚救济对象补助标准仅提高32%，增幅比城镇居民生活费收入低77个百分点，比农民纯收入低47个百分点，优抚对象生活难、住房难、医疗难问题尤其突出，在一段时期内还可能加重；

3. 1996年城乡各种福利院床位数仅完成国家计划任务的95.6%，且危旧房面积接近30%，不能适应我国人口老龄化等要求；

4. 社会福利企业由于资金、技术条件和人员素质的限制，在现代企业的竞争环境中处境艰难，加之受社会福利企业税收优惠政策面临调整的影响，福利企业开始萎缩，企业总数比上年减少了0.1万个，辞退残疾职工人0.1万人；

5.人事制度和企业用工制度的改革，使城市退伍兵和残疾人就业安置工作的难度加大。

（二）地区间发展不平衡。为评价各地区的民政社会保障发展水平，民政部选择了农村社会保障网络覆盖面、农村养老保险覆盖率、每万人拥有社会福利院床位数等反映民政社会保障发展状况的12个指标，对1996年各省、自治区、直辖市的民政社会保障发展水平进行了测算。从测算结果看，各地区民政社会保障发展水平差距甚大，如最高的上海市高出全国平均水平4.7倍，最低的贵州省则只有全国平均水平的45%。

（三）抚恤补助救济标准的调整跟不上人民生活水平的提高。烈属定期抚恤标准的调整增长幅度低于城乡居民收入增长幅度10.9个百分点，在乡革命伤残军人抚恤低4.3个百分点，在乡复退军人补助低5.1百分点；城镇孤老残幼救济标准的调整幅度低于城镇居民收入增长幅度8.2个百分点，享受原工资40%救济的退职职工低4.2个百分点，与一般群众的收入差距进一步拉大。

（四）国家投入不足。1996年全国民政事业费总支出仅占全国财政总支出的1.53%，与上年持平。民政系统基建费仅占全国基本建设投资1.2‰，比上年还下降了0.1个千分点。

三、几点建议

（一）从建立社会最低生活保障线着手，加速建立适合社会主义市场经济要求的农村社会保障体系。

（二）确立我国社会保障制度的基本内涵，确立中央与地方在社会保障方面应承担的责任，并首先根据我国的国情和国力，明确国家基本保障的目标、基本原则和基本内容，避免走西方国家实施高福利政策，制约经济发展的老路。制定《全国社会保障发展"九五"计划和2010年远景目标纲要》，使社会保障制度改革能够统筹兼顾，更加有序。

（三）增加民政社会保障投入，改革民政社会保障资金管理体制，缩小地区间差距，提高社会保障整体水平。

（四）抓紧修订、颁布《社会救济法》、《退役士兵安置法》等法律法规，加快社会保障的立法进程，依法管理社会保障。

（五）抓紧建立相应的最低生活保障、物价补偿和随人民生活提高标准调整机制，保证大多数救济对象的基本生活水平不降低，维护社会稳定，防止两极分化。

（六）大力发展社区服务和社会福利设施建设，推进社会保障服务社会化的进程，减轻国有单位管理社会福利单位的负担。

（执笔：陈越良）

专栏9.4　国家科委提出十条扶贫意见

我国扶贫工作取得了重大成绩，但至今仍有5 800万人尚未解决温饱。针对当前扶贫开发工作所面临的形势和任务，国家科委提出如下10条意见：

1.坚决贯彻依靠科技振兴贫困地区经济的指导思想。

2."九五"期间，国家科委每年将向贫困地区推荐200项以上的先进实用技术，力争到本世纪末科技对贫困地区农业和农村经济增长的贡献率达到40%以上。

3.要按照科学的规划调整传统产业布局，提高产业规模效益，并力争开发出具有较强竞争能力的优质龙头产品。

4.要建立一批可持续发展科技示范工程，使之从注重发展的数量和规模向注重发展的质量和效益转变；建立可持续的农业发展科技示范，形成现代集约持续农业模式。

5.要改革科技服务的方式方法，逐步引入有偿服务和竞争的机制，拓宽科技服务领域。

6. 要扶持建立实用技术培训基地或培训中心，积极开展多层次的、多种形式的职业教育和技术培训，使贫困地区群众普遍掌握1至2门生产和致富技能。

7. 要建立贫困地区科技人员奖励基金，对在科技工作中做出突出贡献的人员给予重奖，对长期在贫困地区工作的科技人员给予特殊津贴。

8. 要通过互派和干部挂职锻炼等形式，加强贫困地区与发达地区间的干部交流。

9. 要广开门路，积极筹措科技扶贫资金，形成多层次、多渠道的科技扶贫资金投入体系。

10. 广泛开展国际间的科技交流和合作，要把推动贫困地区经济、社会领域的科技进步作为首要目标。

（执笔：林 夕）

第十章　人口增长平缓　劳动就业压力仍大

第十章 人口增长平缓 劳动就业压力仍大

10.1 '96 中国人口

1996 年是我国"九五"计划的第一年。1996 年全国人口变动情况抽样调查的结果表明，我国的人口增长速度保持平稳，人口出生率为 16.98‰，死亡率为 6.56‰，自然增长率为 10.42‰，年底全国总人口达到 122 389 万人，全年净增人口 1 268 万人。

一、平稳渡过第三次生育高峰期

自 80 年代中期，我国进入第三次生育高峰期以来，即 1963 年至 1972 年出生的人口相继进入生育旺盛年龄组，庞大的育龄妇女群给控制人口快速增长带来极大的压力。1985 年至 1996 年十年间，经历了我国"七五"和"八五"计划两个时期，"七五"时期控制人口的压力最大，全国年平均人口出生率高达 22‰，1987 年达到高峰值为 23.33‰，此后计划生育工作进一步加大了力度，并将发展社会经济与严格控制人口过快增长相结合，使出生率逐年下降。90 年代初期我国的人口出生率已降至 20‰以下，进入低生育水平国家的行列。"八五"期末人口出生率已降至 17‰，1996 年低于 17‰，反映出"九五"计划第一年控制人口增长工作出现的良好势头，并为保持人口的平稳增长态势打下了坚实的基础。

1. 全国出生人口 2 067 万人

1996 年人口出生率降到 16.98‰，比 1995 年的 17.12‰下降了 0.14 个千分点，全年出生人口 2 067 万人，比上年的 2 063 万多出生了 4 万人。"七五"期间全国共出生人口 1.22 亿人，平均每年出生人口为 2 432 万人。"八五"期间共出生人口 1.07 亿人，平均每年出生人口为 2 134 万人。"八五"比"七五"期间少出生了 1 500 万人，平均下降幅度为 12.25%。1986—1995 年的十年生育高峰期内，共出生人口 2.29 亿人，自然增长人口 1.53 亿人。尽管"七五"时期未完成人口计划，但由于"八五"期间计划生育工作进一步加大了力度，有效地控制了人口的增长速度，并较好地完成了人口计划。1996 年作为"九五"计划的第一年继续保持了人口的平稳增长，为完成"九五"人口计划开了好头，也表示我国已平稳地渡过了第三次生育高峰期。然而，尽管人口出生率水平稳中有降，但由于我国人口总量持续增长，因此，全年出生人口仍比上年有所增加。

2. 各省出生率水平均有所下降

1996 年全国各省、自治区、直辖市的人口出生率均有不同程度的下降，出生率最低的是上海仅为 5.60‰，最高是西藏为 24.70‰，两者相差 19.1 个千分点。从分地区的人口出生率来看，低于 13‰的有上海、北京、天津、山东、浙江、江苏、辽宁、黑龙江、吉林和湖南 10 个省、直辖市；在 13‰至 18‰之间的有福建、河北、河南、陕西、安徽、湖北、内蒙古、山西、四川、广西和江西 11 个省、自治区；高于 18‰的有广东、甘肃、宁夏、新疆、海南、云南、青海、贵州和西藏 9 个省、自治区。

自 1990 年以来，人口出生率持续大幅度下降的省份有湖南，由 24.03‰降至 12.81‰，下降幅度高达 47%；福建由 23.45‰降至 13.22‰，下降了 44%；河南由 24.03‰降至 14.28‰，下降了 41%；安徽由 25.04‰降至 16.00‰，下降了 36%；陕西、江苏、山东和湖北四省分别下降了 8 个千分点。这些省份在"八五"期间，认真进行了人口与计划生育目标管理责任制的考核工作，计划生育工作力度明显加大，使高生育水平逐年有较大幅度的下降，但是，生育水平并未达到相对稳定状态，仍须继续坚持严格的人口与计划生育目标管理责任制。

3. 全面完成年度人口计划

1996年全国的人口计划出生率为18.05‰，而实际的出生率为16.98‰，比计划出生率低1.07个千分点，仍有6%的余量。从分地区来看，实际出生率低于人口计划出生率最多的省份是新疆，为6.41个千分点，即尚有25%的余量接近人口计划出生率；其次是内蒙古、福建、山东和吉林四省、区，实际出生率比计划出生率低4个多千分点；低3个千分点的省份有陕西(3.71)、黑龙江(3.60)、河南(3.52)、湖南(3.39)和广西(3.07)。实际出生率大大低于计划出生率的主要原因，一是计划生育工作力度较大，严格控制了计划外生育；二是部分地区层层压缩生育指标；三是实际调查的出生率可能偏低；四是计划的出生率指标余地较大。1996年全国30个省、自治区、直辖市均完成了年度人口计划。

1990－1996年全国人口变动情况比较

年份	总人口(万人)	出生人口(万人)	死亡人口(万人)	净增人口(万人)	出生率(‰)	死亡率(‰)	自然增长率(‰)
1990	114 333	2 391	762	1 629	21.06	6.67	14.39
1992	117 171	2 119	771	1 348	18.24	6.64	11.60
1994	119 850	2 104	771	1 333	17.70	6.49	11.21
1995	121 121	2 063	792	1 271	17.12	6.57	10.55
1996	122 389	2 067	799	1 268	16.98	6.56	10.42

二、人口出生率平稳下降的原因

1. 进一步强化了人口与计划生育目标管理责任制

各级党政领导高度重视计划生育工作，明显加大了计划生育工作的力度，由于各省认真落实了“三为主”，积极稳妥地推行“三结合”，使计划生育工作更加法制化、经常化和规范化。认真落实人口与计划生育目标管理责任制，加强基层基础工作，原计划生育工作先进的省份，1996年继续保持先进，使计划生育工作再上一个新台阶，原计划生育工作薄弱的省份，努力争取改变落后面貌，加大计划生育目标管理责任制的考核力度，积极引导计划生育工作不断向纵深方向发展，这对于我国人口出生率保持平稳下降，人口增长数量的减少发挥了主导作用。

2. 生育旺盛年龄妇女人数进一步减少

继1992年我国的生育旺盛年龄20—29岁妇女人数达到峰顶以来，生育旺盛年龄妇女人数开始逐年减少，由1992年的1.23亿降至1995年的1.18亿，减少了500万人，1996年比1995年又减少了183万人，为1.16亿人。20—29岁妇女在全年的生育中，占全部育龄妇女生育的86%。因此，这部份妇女人数的减少对于减少一胎和二胎出生人口，降低人口出生率起到了一定的作用。

3. 平均初婚初育年龄提高

随着我国经济改革开放的深入发展，以及市场经济体制的建立，在晚婚晚育的倡导下，人们的家庭婚姻生育观念发生了很大的变化。全国的平均初婚年龄逐年提高，由1990年的22.12岁提高到1992年的22.53岁，1995年提高到22.93岁，1996年又提高到23.30岁。1990年到1996年的6年间，平均初婚年龄提高了1.08岁。1996年有5个省、市的女性平均初婚年龄超过24岁，最高的是北京，达到25.2岁，山东为24.58岁，广东为24.17岁，上海和浙江分别为24.10岁和24.03岁。在初婚年龄提高的同时，平均初育年龄也随之逐年提高，由1994年的23.92岁提高到1996年的24.24岁，从初婚到初育的时间为1.04年。随着平均初婚和初育年龄的提高，影响了当年的出生人口数量，对于减轻当年出生人口的压力，降低人口出生率也起到了积极的作用。

4. 多孩生育比重下降

近几年妇女生育孩次比重结构变化较大，一孩比重逐年上升，多孩比重逐年下降。多孩比重由1990年的19.32%下降至1992年的12.03%，

1995 年下降到 7.44%，1996 年又降为 6.58%。1990 年多孩出生人口高达 462 万，占当年出生率 4 个千分点，1996 年多孩出生人口为 136 万，仅占当年人口出生率的 1 个千分点。1996 年全年出生人口 2 067 万人中，一孩出生人口为 1 403 万人，占 67.87%，二孩出生人口为 528 万人，占 25.55%，多孩出生人口为 136 万人，占6.58%。将 1996 年人口出生率 16.98‰分解开来看，一孩出生率为 11.53‰，二孩出生率为 4.34‰，多孩出生率为 1.11‰。由此可以看出，1996 年一孩和二孩的出生率为 15.87‰，正好与按政策生育水平相吻合。

如上所述，1996 年人口出生率的下降，表明了我国第三次生育高峰期已平稳渡过，逐渐进入相对稳定的生育阶段。

1990—1996 年妇女生育孩次比重及女性平均初婚初育年龄

年份	生育孩次比重(%)			女性平均初婚年龄	女性平均初育年龄
	一孩	二孩	多孩		
1990	49.51	31.17	19.32	22.12	23.20
1992	60.45	27.52	12.03	22.53	23.48
1994	62.75	27.75	9.50	22.73	23.92
1995	67.00	25.57	7.44	22.93	24.07
1996	67.87	25.55	6.58	23.20	24.24

三、我国人口年龄结构向老年化发展

1996 年我国人口年龄结构按照 0—14 岁少年人口、15—64 岁劳动力年龄人口、65 岁以老年人口的构成来看，0—14 岁人口为 3.23 亿，占 26.39%，15—64 岁人口为 8.23 亿，占 67.20%，65 岁以上人口为 0.78 亿，占 6.41%。与 1990 年相比，0—14 岁人口增加了 731 万人，比重下降了 1.22个百分点；15—64 岁人口增加了 5836 万人，比重增加了 0.37 个百分点；65 岁以上人口增加了 1488 万人，比重上升了 0.85 个百分点。

随着我国计划生育工作的深入开展，少年人口数量减少，比重逐年下降。80 年代初期，我国少年人口比重高达 34%，为了缓解我国人口高速增长的巨大压力，减少第三次生育高峰期带来的冲击，加大了计划生育工作的力度，高峰期出生人口明显减少，导致 80 年代末期少年人口比重降至 28%。进入 90 年代以后，我国的计划生育工作朝着健康的轨道发展，逐步进入规范化、法制化阶段。经过近二十年的努力，90 年代初期我国妇女生育水平已进入低生育水平国家的行列。少年人口比重的下降势必导致老年人口比重的上升。65 岁以上老年人口由 80 年代初期的 4.9%，上升到 1996 年的 6.41%，14 年间上升了 1.51 个百分点。随着我国生育水平的降低，老年人口会增加很快，到 2000 年我国人口的年龄结构将成为老年型结构，65 岁以上老年人口将达到 0.9 亿，比重超过 7%。尽管我国的老年人口年龄结构只相当于日本 70 年代、美国 40 年代、英国 30 年代、法国和瑞典 18 世纪末的水平，但到 2000 年后我国老年人口增长速度会加快，数量大，所以我们必须提前做好相应的准备工作，进一步完善老年人口的养老保险、老年人口的社会福利设施等等。

四、我国人口婚姻关系稳定

据 1996 年人口变动情况抽样调查，1996 年我国 15 岁以上人口为 9.01 亿，其中男性为 4.51 亿，女性为 4.50 亿。从婚姻状况来看，男性未婚人口为 1.05 亿，占男性 15 岁以上人口的 23.39%；有配偶的为 3.24 亿人，占 71.95%；丧偶的为 1 651万人，占 3.66%；离婚的为 451 万人，占 1%；女性未婚人口为 7227 万，占女性 15 岁以上人口的 16.06%；有配偶的为 3.37 亿人，占 74.96%；丧偶的为 3 794 万人，占 8.43%；离婚的为 248 万人，占 0.55%。与 1990 年相比，15 岁以上未婚人口的比重已大幅度下降，男性由 28.95%降至23.39%，下降了 5.56 个百分点。女性由 21.10%降至 16.06%，下降了 5.04 个百分点。有配偶男女的比重大幅度上升，男性由 66.42%升至 71.95%，女性由 70.03%升至 74.96%，分别上升了 5.53 和 4.93 个百分点。丧偶男女的比重与 1990 年大体相同，女性丧偶比重仍大大高于男性，为 8.43%，男性为 3.66%，女性高于男性 4.77 个百分点。之所以女性丧偶比重高于男性，一方面是由于丈夫的年龄高于妻子的年龄，另一方面是女性的平均预期寿命高于男性，1996 年全国人口的平均预期寿命为 70.80 岁。其中男性为 68.71 岁，女性为 73.04 岁，女性平均预期寿命高于男性 4.33 岁。

专栏 10.1 中国的人口老龄化问题

人口老龄化是指人口中老年人口比例日益上升的变动过程。它是现代社会出现的人口现象，是随着死亡水平和生育水平下降而必然出现的人口年龄结构的变动趋势。

衡量人口年龄结构有多种方法，其中之一就是把人口年龄结构划分为年轻型、成年型和老年型。一个人口从年轻型向成年型再向老年型的转变就是一个老龄化的过程，反之，则是人口的年轻化。目前我国的人口年龄结构已经从年轻型转变为成年型，并正在向老年型转变。但我国人口年龄结构的变化并不是一个不断老龄化的过程，而是经历了曲折的变动历程。

从建国初期的 1953 年第一次人口普查到 1964 年第二次人口普查，我国的人口年龄结构是在年轻化，由接近成年型变为典型的年轻型。这是因为新中国成立后，随着人民生活水平的提高和医疗卫生事业的进步，人口死亡率下降很快，特别是婴儿死亡率下降更快，而人口出生率在原来较高水平上又有所提高，使人口中的少儿人口比例上升，人口年龄结构年轻化。从六十年代后期开始，在死亡水平继续降低的同时，生育水平也开始下降，特别是七十年代初我国大力推行计划生育政策后，人口出生率和总和生育率急剧下降，少儿人口比例降低，老年人口比例升高，人口年龄结构开始老化。到 1982 年第三次人口普查时，人口年龄结构由年轻型转变为成年型。随着八十年代我国生育水平的进一步下降，人口年龄结构继续老化，到 1990 年第四次人口普查，已变为典型的成年型。进入九十年代后，我国的人口老龄化进程加快，人口年龄结构开始向老年型转变。

我国是一个幅员辽阔的国家，各地区的社会经济发展水平有很大差异，这种差异对各地区的人口老龄化有很大影响，因此，各地区间人口老龄化程度也存在很大差异，这是我国人口老龄化的一个显著特点。根据 1996 年全国人口变动情况抽样调查数据，我国人口老龄化程度的地区差异大致可分为三类：第一类包括上海、北京、天津、江苏、浙江、山东和四川等省市，经济发展水平较高，生育率和死亡率都居于国内较低水平，人口老龄化程度最高，65 岁及以上老年人口占总人口的比例均在 7%以上。第二类包括河北、山西、内蒙古、辽宁、吉林、黑龙江、安徽、福建、江西、河南、湖北、湖南、广东、广西、海南、贵州、云南和陕西，人口老龄化程度居中，65 岁及以上老年人口比例在 5—7%。第三类包括西藏、、甘肃、青海、宁夏和新疆，经济发展水平低，生育率较高，人口年龄结构轻，老龄化程度最低，65 岁及以上老年人口比例在 5%以下。

人口老龄化的地区差异决定了各地区人口将陆续进入老年型，预计其时间相差在 30 年以上，而且各地区人口老龄化的程度有继续扩大的趋势。

与一些发达国家相比，虽然目前我国的人口老龄化程度还比较低，还未进入老年型国家行列，但人口老龄化速度却非常快，且今后的发展速度将是世界上最快的国家之一。预计我国 65 岁及以上老年人口比例从 5%增加到 7%大约需要 20 年，与以往世界上人口老龄化速度最快的日本所用的时间相同。从 7%增长到 14%，预计只要 28 年，而法国用了 115 年、瑞典用了 85 年、德国和英国用了 45 年。如此之快的人口老龄化速度是我国人口老龄化的另一个显著特点。

从未来我国人口发展情况看，到 2000 年我国 65 岁及以上老年人口占总人口的比例将超过 7%，从而进入老年型社会。此后老年人口比例将不断增长，人口年龄结构向高度老龄化发展。根据预测，我国未来人口年龄结构的变化过程可以分为三个阶段：(1)从现在到 2000 年，人口由成年型向老年型转变。65 岁及以上老年人口比例上升到 7.01%，少儿人口比例下降到 25.3%，年龄中位数超过 30 岁，但老少比只有 27.8%，说明我国人口年龄结构已基本进入老年型，但还未完全进入。(2)2000—2020 年，成为典型的老年型人口。65 岁及以上老年人口比例由 7.01%上升到 11.4%，少儿人口比例从 25.3%下降到 19.3%，老少比为 59.3%，年龄中位数超过 36 岁，人口年龄结构已经成为典型的老年型，完成了由成年型向老年型的转变。(3)2020—2050 年，向高度人口老龄化发展。65 岁及以上老年人口比例达到 20.6%，少儿人口比例下降到 16.3%，老少比高达 127%，年龄中位数超过 43 岁，人口年龄结构高度老龄化。

作为人口发展的客观规律，人口老龄化的出现是不可避免的。对它可能造成的社会经济影响，我们既不能掉以轻心，也不必过分夸大。而应该未雨绸缪，及早采取对策，尽可能地缓和人口老龄化所带来的问题，增强全社会对人口老龄化的承受能力。

(执笔：武 超)

1. 女性20—24岁未婚比例近50%

从年龄别未婚比例来看，近几年年轻女性未婚比例大幅度上升，20—24岁年龄组女性未婚比例由1990年的41.35%上升到1996年的49.57%，25—29岁年龄组由4.29%上升到6.81%。女性未婚比例的上升，主要是由于年轻妇女进入高等教育人数的增加，女性就业机会的扩大，经济地位的提高，导致了结婚年龄的提高，女性平均初婚年龄由1990年的22.12岁上升到1996年的23.20岁。尽管女性未婚比例有所升高，但与其它国家相比仍处于较低水平。我国20—24岁女性未婚比例只有49.57%，而美国为60.80%，法国为72.10%。日本为85%；我国25—29岁女性未婚比例为6.81%，而上述各国都在28—40%之间。

2. 离婚比例略有上升

据调查，1996年处于离婚状态的人口为699万人，其中男性为451万人，女性为248万人。男性离婚人口占男性15岁以上人口的1%，女性离婚人口占女性15岁以上人口的0.55%。与1990年相比，男性离婚比例上升了0.17个百分点，女性上升了0.21个百分点。从受教育程度来看离婚比例，男性文化程度为小学和文盲的高于其他文化程度的比例，分别为1.17%和1.44%。大专以上文化程度的男性离婚比例最低，为0.65%。高中和大专以上文化程度的女性离婚比例最高，分别为1.09%和1.32%，小学文化程度的离婚比例最低，仅为0.35%。可以看出，大专以上文化程度的男女离婚比例形成明显的对照，女性处于离婚状态的比例为1.32%，高于男性0.65%的一倍，反映出大专以上文化程度的男性离婚以后，有50%的已再次结婚，而女性则十分慎重再次组成家庭，故离婚后再婚的比例较少。

五、我国东中西部地区人口与经济发展状况

根据“七五”计划提出的按照社会经济发展水平以及地理区域位置，将我国划分为东部沿海地带12个省份，中部内陆地带9个省份和西部边远地带9个省份三大区域。

从东中西三大区域来看，随着改革开放的深入，社会经济的发展以及人口增长速度存在着明显差异，地理区域的自然条件与环境，直接影响着地区经济发展，人口增长速度的差异，直接影响着人均国民生产总值的增长。1996年我国东部沿海地带人口达到49 962万人，占三大区域总人口的41.19%，与1990年相比，人口增加了3 155万人，年平均人口增长率为1.35%；中部内陆地带人口为43 354万人，占35.74%，比1990年增加了2 940万人，年平均人口增长率为1.21%；西部边远地带人口为27 979万人，占23.07%，比1990年增加了2149万人，年平均增长率为1.39%。

东部沿海地带人口出生率相对较低，1996年除广东、广西和海南外，其余9个省的出生率在全国范围内均处于较低生育水平，出生率仅为5.6‰至13.85‰；中部内陆省份的出生率在全国范围内属于中等生育水平，在12.4—17.53‰之间；西部边远省份的出生率属于较高水平，在15—24‰之间。从全国的生育水平来看，可划分为低、中、高三种类型，而这三种生育水平类型正好与东、中、西部的经济水平类型相吻合。

东部沿海地带12个省、区、市的经济发展水平相对较高，尤其是京、津、沪、浙、粤的经济实力雄厚，1995年人均国内生产总值（GDP）居全国前五位，上海人均GDP为18 943元，北京为13 073元，天津为10 308元，浙江为8 075元，广东为7 973元，东部地带其余7个省区的人均GDP在3 543元—7 299元之间。由于京、津、沪、粤经济发展快，科学技术水平比较发达，引吸了大批外来迁移流动人口，其中包括高科技人才和大量农村剩余劳动力人口，广东1995年的省际流入人口（居住半年以上）达340万人，上海为120万人，北京为118万人。如果流入人口按居住一个月以上时间计算，北京的外来流动人口高达270余万。经济的高速发展对劳动力有着十分明显的高需求，第二、第三产业国内生产总值所占份额占绝大部分。东部沿海地带12个省份中，1995年经济发达省份从事第一产业人口的比重均低于全国平均水平的69.64%以下，上海只占12.02%，北京为17.44%，天津为28.75%，浙江为44.75%，广东为50.13%，江苏为53.47%；而且第二、第三产业国内生产总值比重大大高于第一产业，上海第二、第三产业总值比重高达97.5%，北京为

94.2%，天津为93.1%，辽宁为86.0%，广东、江苏和浙江均为83%。可以看出，东部沿海地带无论从地理位置，还是经济发展水平都占有绝对的优势。从环渤海经济圈以北京和天津为经济发展的核心地区，到长江三角洲经济圈以上海为核心的经济高速发展地区，以至于延伸到珠江三角洲以广东为经济发展的核心地区，这三个经济圈形成了一条经济高速发展的网带，每一个经济圈都具有其特点。环渤海经济圈以其政治、文化和高科技为自己的优势，高科技领域的研究，并转化为生产力，形成了以高科技为新增长点的经济火车头；长江三角洲经济圈以现代轻工业为主体，异军突起的乡镇企业不仅发展了工业，也促进了农业现代化的发展；珠江三角洲经济圈以其对外开放的前沿阵地，成为吸引国外资金、技术、设备和国际信息产业的大市场。

我国中部内陆地带的人口出生率处于中等水平。中部内陆地带的9个省份出生率水平在12‰左右的有吉林、黑龙江和湖南三个省，山西、内蒙古、安徽、江西、河南、湖北6省都接近全国的出生率水平，在16‰左右。中部内陆地带9个省区的特点是，有一些老工业基地，如吉林、黑龙江和山西，国有大中型企业集中，工业基础扎实，但是工业设备技术相对陈旧落后，企业离退休职工庞大，负担过重。以减缩职工，增加效益为改革手段，又造成下岗职工增多，处于两难地位；有四个人口大省，河南9 172万人，湖南、安徽和湖北都超过或接近6 000万人。这四个人口大省主要是农业省份，第一产业人口比重较多，占73%至84%，人均GDP均在3 300元－4 100元之间，从国内生产总值三大产业分配来看，各占三分之一左右。由于这些省份与东部省份相邻近，周边省份经济发展较快，从而吸引了大批劳动力向东部省份迁移流动。据1995年调查，这些省份均迁出大于迁入。安徽迁出人口137万，迁出率为2.29%；江西迁出人口80万，迁出率为1.88%；河南迁出人口122万，迁出率为1.35%。

我国西部边远地带9个省区是三大地带中人口比重最少，只占23.07%，而土地面积占全国二分之一强，属于地广人稀的地带。由于受地理条件与环境较差的制约，经济比较落后，生育水平高于全国的平均水平，除陕西和四川外，其它7个省出生率水平均在18‰至24‰。人均国内生产总值在三大区域内属最低水平，除新疆外，人均GDP均低于东部沿海地带2－3倍，从事第一产业人口比重达到62.89%至86.42%。可以说西部地带省份均属以农牧业为主的省份。由于受到经济发达地区的强烈吸引和四川人多地少的外推力，1995年外出劳动力高达264万，迁出率为2.34%。由于其它省区处于边远地区，信息比较闭塞，离土离乡观念比较淡漠，所以迁移人口较少。

以上可以看出，东部沿海地带利用现有的优势条件，在人口处于低水平增长的情况下，经济会进一步加速发展，可以说东部沿海地带是我国首先提前进入小康社会的排头兵；中部内陆地带近年来人口快速增长的势头被有效遏制，人口处于平稳增长态势，加之人口机械变动迁出高于迁入，人口总量会缓慢增长，其经济也受到东部沿海地带经济高速发展的较强辐射，预计中部内陆省份的经济“离陆”时代不会太远；西部边远地带在我国人口生育水平虽然处于较高水平，但是按照国际标准，低于20‰被称为低生育水平社会，西部多数省份已开始进入低生育水平。尽管西部边远地带的国内生产总值处于低水平，但是如果利用现代技术充分开发利用自然资源，调整好产业结构，东部与西部联袂发展，进一步向西部倾斜政策，西部边远地带会出现类似中东地带的发展新面貌。

六、当前我国人口发展中的问题及对策

我国从70年代中期实行人口计划生育政策以来，已经历了二十多年，在控制人口快速增长方面取得了明显的成绩。我国的人口增长由过去5年增长1亿人口，延长到70年代后7年增长1亿人口。我国在控制人口总量增长速度上取得了很好的效果，人口计划管理从宏观到微观，已基本形成了比较科学的、完整的管理体系。但是，我们应该看到当前我国人口发展中的一些问题，各地计划生育工作的发展还很不平衡，流动人口的计划生育管理有待加强，人口素质亟待提高，失业人口与再就业工程，农村剩余劳动力的转移，人口老龄化社会，以及东中西部地区人口与经济发展水平的差异等问题。

1. 继续强化人口与计划生育目标管理

近几年我国人口出生率持续下降，我国妇女生育水平保持平稳，总和生育率为1.8左右，人口自然增长率由八十年代初期的15‰降至1996年的10.4‰，人口增长得到了有效的控制。计划生育政策得到了广大群众的拥护和理解。然而，有些群众的生育意愿并未从根本上改变，尤其是农村地区，涉及到农民的切身利益和实际情况，尽管传统的生育观念比以前有所转变，但考虑到家庭劳动力和养儿防老等问题，其生育意愿与生育政策仍有一定的差距。若计划生育工作稍有放松，计划外生育及多孩生育就会出现反弹。因此，只有继续抓紧抓好计划生育工作，严格执行人口与计划生育目标管理责任制，才能保证到2000年将我国的总人口控制在13亿以内这一伟大战略目标的实现。

2. 流动人口的计划生育管理难度很大

据调查，目前全国农村流动人口总规模已达7 000万人，其中跨省的农村流动人口约2 500万人，跨县市的农村流动人口5 200万人。流出地主要是四川、湖南、河南、安徽、山东、浙江、江苏、江西等人口大省，流入地主要是大城市或经济发达地区，如北京、上海、天津和广东。流动人口中主要是青壮年人口，女性15—39岁人口占女性流动人口的86.1%。据调查，1996年北京市外来流动人口在北京的出生人口中，计划外生育占外来流动出生人口的30.9%；被调查的妇女中，持有户籍所在地为外出人口开具的计划生育证明的仅占41%；居住3个月至2年无暂住证的占46.4%。可以看出，流动人口计划生育管理工作的难度相当大。无论是流出地还是流入地对流动人口的计划生育管理均有较大的漏洞，一些农村人口甚至把迁入地当作逃避计划生育的避风港，这一情况应引起各级政府的密切注意。我们应该坚决贯彻1997年中央计划生育和环保工作座谈会的精神。流动人口的计划生育工作，流出地和流入地都要负责，但是以流入地的管理为主。

3. 我国的人口素质亟待提高

当今时代乃至21世纪是生产力高速发展的时期。在这一时期内，科学技术作为第一生产力，已成为人类社会现代生产的一大特征。科学技术含量高的生产设施需要高素质的劳动力来操纵，这是勿庸置疑的硬要求。而从目前我国的人口素质来看，文盲较多，人口整体文化水平较低，且在农村地区甚至有新文盲产生。据调查推算，1996年我国15岁以上的文盲半文盲人口为1.6亿，其中15—49岁青壮年的文盲为5 168万人，占总文盲人口的1/3。6—14岁未在校且不识字的人口为1 318万人；小学肄业或辍学的人口为156万人，初中肄业或辍学的人口为50万人。16—49岁青壮年在业人口59 271万人中，文盲人口达4 670万人，占7.9%；小学文化程度的为20 365万人，占34.4%；大专以上文化程度的只有1 719万人，只占2.9%。可以看出，16—49岁的青壮年文盲几乎都是新中国成立后产生的，而6—14岁未在校且不识字、小学肄业或辍学的人口中继续产生着新的文盲，这对我国发展基础教育普及九年义务教育成为十分不利的影响因素。在业人口中青壮年人口的文化素质低，对于当今高科技产业的发展，应用先进的科学技术转化为生产力，以及对我国经济的高速发展都造成严重的阻碍，为了面对21世纪我国经济的飞跃发展，必须大力加强人口文化素质的基础教育，以及在业人口的职业技术教育，消灭新文盲人口的产生，将九年义务教育以及青壮年扫除文盲的工作，作为教育工作的重中之重。

4. 减少失业人口，发展再就业工程

调查数据表明，1996年调查的失业率为3.95%，失业人口为815万人，其中毕业后未找到工作的有330万人，占40%；企业破产、辞职辞退、合同期满的有80万人，占10%；其余为企业下岗人员、正在寻找工作的人达300万，占37%。1996年企业下岗未就业人员500万人，比上年增加了一倍。随着国有企业的机制适应于市场经济的要求，减员增效是改革企业的手段之一，下岗人员会进一步增加。因此，目前面临着失业人口的安置和下岗职工的再就业问题，对于毕业后寻找工作的人，在已有文化水平的基础上，应进行必要的职业岗位培训；对于下岗职工，应大力推行再就业工程。国家和企业共同负担下岗职工的再就业培训工作，按照市场的需求培养成有一技之长的有用人才，为经济的发展、社会的稳定提供一个良好的环境。

5. 农村剩余劳动力的转移方向

关于农村剩余劳动力的问题,据调查资料测算,我国农村地区15—60岁劳动力人口高达5.27亿人,占农村总人口的61.28%。目前农村向城镇流动人口的总规模仅为7 000万人,而农村尚有剩余劳动力1亿人左右。农村劳动力多,土地资源少,形成了巨大的缺口,农村劳动力向其他产业的转移势在必行。随着经济的发展,乡镇企业异军突起,并吸收了大量的农村剩余劳动力,为农村剩余劳动力的转移提供了方向和很大的容纳空间。随着小城镇的迅速发展,伴生乡镇、村办企业的迅速发展,农村非农化减少从事第一产业的人口,产业结构发生了变化,可在很大程度上缓解农村剩余劳动力对大中城市的压力,促进农村经济的多元化发展,提高农民的收入,逐渐缩小城乡差异。因此,大力发展我国的小城镇建设,发展乡镇企业,转移农村剩余劳动力,以减轻流动人口对大城市的压力,减少城镇失业人口的数量。

6. 面临人口老龄化的挑战

近几年我国老龄人口的比重逐年上升,1996年65岁以上老年人口达到6.41%,为7 845万人,到2000年我国将进入人口老龄化社会,65岁以上老年人口的比重将达到7%,人数将达到近9千万人。我国老年人口将在30年时间内成倍增长,老年人口比重由7%上升到14%,意大利完成这一过程用了60年,美国用了70年的时间,法国用135年,由此可见我国人口老龄化的速度之快。21世纪我国将面临着人口老龄化的挑战,并会产生新的社会需求和矛盾,现在我们就应清醒地认识到这一挑战的份量。具体讲,从现在起就应进一步建立健全和完善对老年人口的社会保障体系,为我国人口老龄化社会的到来做好必要的准备。

(执笔:徐 刚)

10.2 '96就业变化特点突出 就业压力继续攀升

1996年是"九五"计划的头一年,也是经济结构和就业结构调整力度较大的一年。随着经济体制改革的进一步深入和劳动用工制度改革的加强,1996年劳动就业形势发生了较大变化,主要表现在:非公有制经济成为劳动就业的主要增长点;劳动关系的主体地位得到加强;职工下岗问题变得较为突出;失业率呈上升趋势。如何在加大改革力度的同时减轻就业压力仍将是政府和社会今后几年面临的重要课题。

劳动就业形势呈现新变化

(一)就业规模继续扩大,就业结构有所变化。

按人口资料推算,1996年末全国劳动力资源达到8.34亿人,比1995年末增加了1 181万人,占总人口的比重也由上年的67.9%上升为68.2%,这主要是随着人口健康状况的改善,高年龄人口中劳动能力衰退较慢的结果。

在劳动力资源中,在校学生、家务劳动者等非经济活动人口有13 775万人,比上年增加253万人,占资源的16.5%,比上年上升0.1个百分点;经济活动人口69 665万人,比上年增加928万人,占资源的83.5%,比上年下降0.1个百分点。这一升一降主要是我国青年中在校的比例在增加,就业的比例在减小,这既反映了我国教育事业在发展,又反映了人们市场竞争意识的增强,努力提高自身素质以增强竞争自立能力已成为广大青年的积极追求。

就业队伍进一步壮大。1996年末全国有从业人员68 850万人,比上年增加903万人。这主要是经济稳定增长对劳动力的需求相应增加的结果。1996年仅城镇就新增就业人员705万人,显示了政府和社会对劳动就业工作的关注和工作成效。

从业人员的年龄结构和文化素质有所变化。1996年从业人员中年龄在25—34岁的占31.7%,60岁以上的占5.8%,从业人员平均年龄为36.4岁,也比上年有所增加。劳动力人口年龄趋大是全部人口老年龄化进程的一个重要反映。从受教育情况看,1996年从业人员中高中及以上文化程度的占51.6%,比上年略有增加,这也是劳动力人口素质提高的重要体现。

就业结构继续改善。在全部从业人员中,从事第一产业的有34 769万人,占50.5%;从事第二产业的有16 180万人，占23.5%；从事第三产业的有17 901万人，占26%。与上年比，第一产业下降了1.7个百分点，第二、三产业分别上升0.5和1.2个百分点。

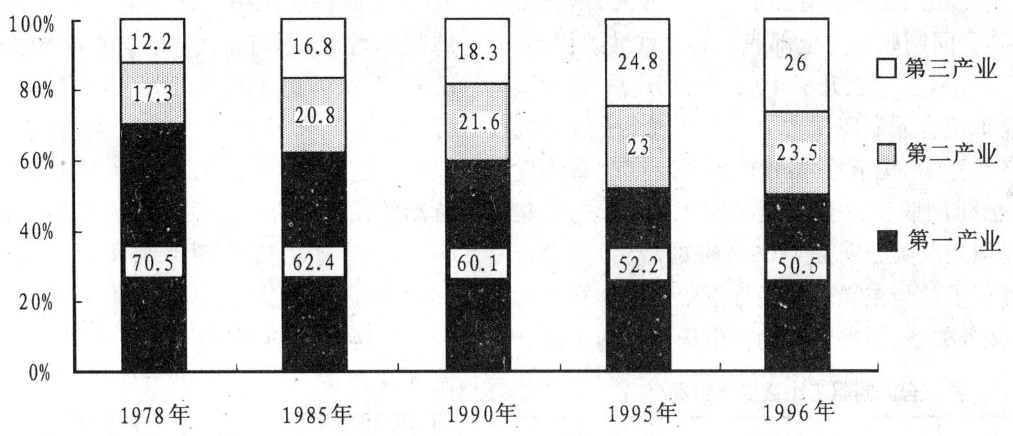

从业人员产业构成图

从业人员的地区分布也发生了新的变化。东部地区从业人员为28435万人，较上年下降了0.95%，中、西部地区从业人员为40415万人，较上年增长3%。这主要是因为：①中、西部地区人口自然增长较快，带动了劳动力的增长；②东部地区企业改革力度较大，下岗人数较多；③国家投资开始向中、西部倾斜，中、西部地区开始了经济加速发展期，对劳动力的需求相对增加；④前几年大批涌向东部地区就业的农民工陆续返乡创业，他们"饱肚子，挣票子，学点子，回去办厂子"，成为中、西部地区脱贫致富的重要力量。

(二)城乡非公有制经济成为劳动就业的主要增长点。

据统计，1996年末城镇各种合营和外资经营的其他经济单位从业人数达942万人，比上年末增加65万人；城乡私营个体从业人员达6 188万人，增加618万人。两项合计(相当于我国的全部非公有制单位)从业人数达7 130万人，占全部从业人数的10.4%。合计比上年增加683万人，占全国从业人员增加数的75.6%。城乡非公有制经济实际上已成为全国劳动就业的主要增长点。

在城乡非公有制经济中，私营个体经济的崛起引人注目。这类经济在"文革"中被当作"资本主义尾巴"而全部割除，改革开放十几年来在国家有关政策的鼓励和引导下，私营个体经济迅猛发展，不仅在活跃城乡经济、方便人民生活方面作出了重要贡献，在吸纳城镇失业人员，促进社会稳定方面也发挥着独特的作用。近年来在城镇从事私营和个体经营的不仅有一般城镇居民、进城的乡村剩余劳动力和离退休人员，还有一大批下岗职工，他们抛弃了"等政府安置，靠国家救济，要企业保'铁饭碗'"的陈旧观念，走上自强自立的新路，大批第二产业职工转向第三产业。"纺嫂"变成"商嫂"，机械工改行在社区干起了钟点工，办起了"净菜社"，有的下岗职工还应聘为家庭服务员，凭借有住房、有知识、有信誉等优势逐步进入了过去被进城农民工"垄断"的一些行业。从目前城镇的发展趋势看，私营个体经济还有着强劲的增长势头，将进一步成为城镇经济的重要组成部分。

(三)劳动关系基本格局逐步形成，劳动关系主体地位得到明确和加强。

各项改革的深入以及劳动力市场的培育和发展，促进了劳动关系的调整和劳动关系基本格局的形成。具体表现为：

首先，劳动关系双方维护自身合法利益的意识不断增强。《劳动法》及一系列配套法规的颁布和施行，劳动争议仲裁体制的基本形成，使劳动关系双方能够找到诉诸法律的依据和场所，他们可以使用相关的法律维护自身的利益和地位，1996年劳动争议案件的上升充分说明了这一点。

其次，普遍实行的劳动合同制度使劳动关系主体地位得到加强。1996年合同制职工人数达7 580万人，比1995年增加了1 484万人，增长了24.3%。合同制职工占全部职工的比重继续提高，达51.1%，较上年上升了10.2个百分点。其中城镇企业单位合同制职工占企业职工总数的64%。分经济类型看，国有企业劳动用工制度改革力度最大，合同制职工占企业全部职工的69.6%，集体和其他企业则分别占48.5%和67.7%。劳动合同制规范了社会主义市场经济下劳动主体双方的权利、义务关系，促进了劳动力市场体系的形成。

表1 合同制职工比重变化情况（%）

类型＼年份	1985	1990	1992	1994	1995	1996
合　计	3.3	12.1	17.2	25.9	40.9	51.1
国　有	3.7	13.3	18.9	26.2	40.1	69.2
城镇集体	2.2	8.1	11	20.1	37.4	47.2
其　他	11.4	26.3	29.8	45.6	62.8	67.6

第三，以双向选择为特征的单位自主用工权及劳动者的自主择业意识明显增强，劳动者的流动频率加快。表现在：

1. 城镇职工中与单位建立与解除劳动关系的频率增加。据年报统计，1996年城镇职工中，职工辞职、被辞退117.4万人，终止和解除合同159万人，两项合计达276.4万人，占全部职工的1.9%。这也从一个方面反映了过去“从一而终”的劳动关系已被合约关系为主的劳动关系所取代。

2. 劳动力流动频率加快。从城镇职工看，1996年调出调入人员共524.5万人，流动率为3.5%，再加上前面所列各项，仅职工在单位间的流动率即达5.4%，如再考虑单位内部的岗位变动，则流动率更大些。从全社会看，劳动力流动呈现以下特点：①在大量农村劳动力“离乡进城”的同时，部分进城劳动力返乡创业和部分城镇职工“上山下乡”，城乡间劳动力的单向流动正演变成双向流动；②在中、西部劳动力向东部经济发达地区流动的同时，东部劳动力也有向中、西部流动的趋势，从而将促进中、西部的经济和社会发展；③在第一、二产业劳动力向第三产业转移的同时，

表2 分行业职工变化情况

单位：万人

行业＼年份	1996		1995		1996较1995增减	
	全部职工	其中女职工	全部女职工	其中女职工	全部职工	其中女职工
合　计	14 845.3	5 745.2	14 907.9	5 755	−62.6	−9.8
农　业	617.4	231.6	660.1	248	−42.7	−16.4
采　掘	885.5	230.7	914.3	237	−28.8	−6.3
制　造	5 293	2 365.6	5 438.9	2 458	−145.9	−92.4
电　力	271.5	85.9	256.7	81	14.8	4.9
建　筑	1 035.3	205.5	1 052.9	204	−17.6	1.5
地　质	127.9	31.9	133.7	33	−5.8	−1.1
交　通	829.7	224	824.4	218	5.3	6
批　发	1 807	845.5	1 827.8	847	−20.8	−1.5
金　融	288.1	118	273.2	109	14.9	9
房　产	81.5	28.1	77.1	26	4.4	2.1
服　务	458.2	215.7	448.8	209	9.4	6.7
卫　生	451	252.9	438.1	244	12.9	8.9
教　育	1 344.9	559.1	1291	522	53.9	37.1
科　研	176.4	60.1	177.8	60	−1.4	0.1
机　关	1 075.4	251.1	1 027.1	232	48.3	19.1
其　他	102.5	39.2	66.1	25	36.4	14.2

黑龙江、新疆等地区也出现了第二产业劳动力转而从事种植、养植业，在第一产业开辟了新的就业领域，实现了劳动力与劳动资料的有效结合。

(四)城镇单位职工人数首次减少，其他经济单位职工人数保持增长势头。

自新中国成立以来，我国城镇经济单位职工人数随着经济增长而一直呈上升的势头。但到1996年，这种势头受到遏制，职工人数首次下降。与1995年的14928万人相比，职工人数减少了62.6万人，下降了0.4%。

国有经济单位吸纳劳动力的作用大大减弱，职工人数也首次出现减少的情况。在计划经济条件下，城镇国有单位一直在追求经营规模的扩大和职工人数的增加，近年来国有单位改革深化，减人增效成为改革的主要内容，这种改革在1996年表现尤为明显，从而使职工人数比上年底减少5.6万人，年底为10 949.4万人。如果把已下岗离开企业但仍统计为企业职工的因素考虑进来，则减少的职工人数有近千万人。

职工人数下降，主要集中在集体经济单位。1996年城镇集体单位有职工2 954.2万人，比1995年同期减少了121.8万人，在1995年下降4.2%的基础上，又下降了4%，已接近于1983年的职工人数。

分企业、事业、机关看，城镇单位职工人数的大量减少，主要集中在城镇企业单位。1996年企业单位的职工人数较上年减少了192.5万人，下降了1.7%。而减少的职工又集中在制造业、采掘业、批发零售业和建筑业等行业上。仅制造业职工就比1995年减少145.9万人，下降了2.7%。减少的职工主要是生产工人，其次是企业管理人员和服务人员，工程技术人员减少的比例较低。

分地区看，辽宁和黑龙江职工人数减少得最多，分别减少了30.7万人和20.3万人。这两个地区主要是我国的老工业基地，大型重工企业比较集中。由于历史原因，企业负担和社会包袱沉重，为减轻负担，提高经济效益，大量分流人员是必须采取的一项措施。

值得一提的是，尽管女职工人数也有所减少，但在减少的职工总数中所占比例较低。1996年女职工人数为5 745.2万人，比1995年减少9.8万人，只占职工减少人数的15.7%。女职工减少最多的也是制造业，达92.4万人，主要是纺织行业不景气裁员造成的。在一些行业大量裁员使女职工不断减少的同时，文化教育、卫生、机关和社会服务等行业部门的女职工人数却大大增加。这充分说明了女职工在这些行业有着择业方面的优势，特别是新技术的大量采用，不少行业劳动强度减轻，过去女职工不能上岗的工种现在也可以胜任，因而女职工占全部职工的比重并未下降，反而略有提高。这也表明了政府和社会部门很重视女性就业问题(分行业女职工就业变化情况见表2)。

职工人数减少，原因是多方面的。主要有：

(1)企业改革进入"攻坚"阶段，下岗分流成为必然选择。过去企业普遍存在富余人员过多、经济效益下滑及劳动效率低下等问题。许多企业一方面大量固定工无活干，另一方面却雇用大批临时工、农民工，这主要是就业观念陈旧所致。因此，减人增效是目前减轻企业负担和困难、提高生产效益的主要手段，而临时工、进城农民工则成为首当其冲的精减对象。据统计，1996年企业单位雇用的临时工为825.9万人，比上年减少89.4万人；使用的进城农民工1 061.5万人，比上年减少143.8万人，这两类职工占全部职工的比重都大大降低。

(2)企业破产和兼并使职工大大减少。在经济结构调整的过程中，部分国有企业，相当多的城镇集体企业，由于生产设备老化，技术落后，管理混乱，职工素质较低，产品无市场。再加上生产规模小，资金匮乏，在日趋激烈的市场经济竞争大潮中难以立足。在国家规范破产政策、加大破产力度的情况下，这些缺乏竞争力的亏损企业纷纷破产，而破产企业的要求都是"关门走人"。此外，部分中小型企业被其他企业甚至是乡镇企业兼并，而兼并方的基本要求也是人员的减少。这都是导致职工人数减少的重要原因。

(3)企业当年自然减员人员增多。年报资料表明，1996年企业离、退休人员达230多万人，较上年增加3.2万人，如果再加上在企业内部提前退休(简称"内退")，则减员人数还要多。

在职工人数普遍减少的大趋势下，有两个现

象值得注意：

(1)在国有和集体单位职工人数大量减少的同时，其他经济单位的职工人数却保持了继续增长的势头。1996年其他经济单位职工人数为947.1万人，比上年增加了64.7万人。这些以外资、合资、股份制和港澳台商投资为代表的企业，以包袱少、管理手段先进及适应市场能力强等优势，在市场竞争中充满活力。根据工业普查资料，其他经济单位的劳动效率经济效益指标大大高于国有和集体单位。这是其他经济单位职工人数唯一保持增长态势的重要原因。

(2)在企业职工人数大量减少的同时，机关、事业单位人数却在大量增加。1996年企业职工较上年减少了192.5万人，而机关、事业单位职工人数却分别增加了100.5万人和29.2万人，分别增长了4%和2.9%，分别达到2 635.4万人和1 037.6万人。机关、事业单位职工人数增加，一方面是政策性安置的大中专技校毕业生和退伍军人较多，但值得研究的是雇用的临时工也有所增加。部分职工从企业下岗，却在机关、事业单位找到了临时性的工作，实现了“再就业”。机关单位受编制的限制部分机构纷纷转为事业单位，又引起事业单位数和人员同时大量增加。在企业竞争日趋激烈、“铁饭碗”、“铁工资”均被打破的情况下，机关、事业单位以其职业和收入相对稳定而深受许多人的青睐。但在机关单位机构臃肿、冗员较多、办事效率低下而亟需“消肿”的情况下，职工人数却大量增加，既增加了财政支出，又不利于公务员队伍的建设和机关高效廉洁作风的形成，应当引起高度注意。

专栏10.2 城镇失业率

失业率是失业人口占全部经济活动人口的比率，它与经济增长率、通货膨胀率、国际收支一起被称为反映宏观经济运行状况的最重要的四大指标，各国政府无不把降低失业率，实现充分就业作为其首要的宏观经济目标予以关注。

我国目前使用的失业率是城镇失业率，即城镇失业人口占城镇经济活动人口的比率，而没有使用一般意义上的失业率即包括城乡的全社会的失业率。因为现阶段我国乡村实行的是“按人头分配土地”的土地分配制度，每个乡村劳动力都拥有最基本的生产资料——土地，只要本人有工作愿望都可以实现就业，不会导致失业，而且乡村劳动力即使不愿耕种土地也不会留在乡村寻找工作，而是进入城镇。因此一般认为我国乡村不存在失业问题。应该说明的是，乡村不存在失业问题并不等同于乡村劳动力不存在失业问题，只要他们进入城镇寻找工作，在调查中一般就会统计为城镇失业人员。

目前，我国城镇失业率资料的取得有两个途径，一是利用劳动部门的失业登记资料取得，即所谓的登记失业率；二是政府统计系统通过对城镇住户进行的城镇劳动力调查取得，即所谓的调查失业率。同时统计两个失业率的意义在于：失业登记着重反映的是政府必须优先给予就业扶助的失业人口的数量，而调查失业率则着重反映失业人口对劳动力市场供求关系的影响。由于两者的作用存在着上述的差别，因此其统计范围也不尽相同。首先，登记失业的人应是具有本城镇户籍的人，而住户调查登记的对象是在本地区居住半年以上的常住人口，既包括有本地城镇户口的居民也包括居住半年以上的农业户口和外地居民；其次，失业登记有年龄限制，如果超过这个年龄应不再予以登记，而失业调查则没有年龄限制；第三，登记失业只按实际登记人数统计，即使完全符合登记条件，只要没有登记也不统计，而失业调查则不论是否登记，只要符合失业定义均统计为失业人口。通过以上的对比可以看出，两种失业率各有其作用，如果是为了制定某项具体措施为失业者提供帮助，则应侧重使用登记失业率；如果是反映宏观经济运行状况，研究制定长远的就业政策，则应侧重使用调查失业率。

近年来，随着社会主义市场经济体制的逐步建立，我国城镇失业率呈现出逐步上升的势头，但由于各级政府对就业问题的重视，我国城镇失业率仍保持在比较低的水平上。1996年末，城镇登记失业率为3%，城镇调查失业率为3.95%，低于多数市场经济国家的失业率水平。

（执笔：张志斌）

下岗人员增多，就业压力增大

1996年全国劳动就业的突出问题是：企业职工中下岗人员增多。这对提高企业效率，增强企业在市场上的竞争力当然是十分必要的，但对劳动力市场的压力增大也是必然的。职工下岗的基本情况是：

(一)下岗职工数量大，生活费用低。这里下岗职工的概念是指：由于用人单位的生产和经营状况等原因，已离开本人的生产单位，并已不在本单位从事其他工作，但仍与用人单位保留劳动关系的职工。包括放长假、下岗待工、退出工作岗位休养等职工。不包括下岗后仍在企业参加转岗等培训的职工。根据这一定义，1996年城镇单位下岗职工达891.6万人，占全部职工人数的6%。下岗职工基本集中于企业单位，占下岗职工总数的97.5%，达868.9万人。在各种经济类型中，国有和集体经济单位下岗职工分别为573.7万人和287.1万人，分别占下岗总人数的64.3%和32.2%；其他经济单位下岗职工只占3.5%。从行业上看，制造业、批发零售业、建筑业和采掘业下岗人数最多。其中制造业和批发零售业下岗职工分别为513.2万人和165.2万人，占本行业职工总数的9.7%和9.1%。下岗职工的地区分布也较集中，主要分布在东部和中部地区，下岗人数在50万人以上的有辽宁、黑龙江、四川和湖北四省，其中辽宁、黑龙江分别为117.9万人和93.5万人，列全国前两位；下岗人数在40—50万人之间的有湖南、江苏、吉林、上海等省市；只有西北地区和西南部分省份下岗人数在10万人以下。

表3 几个主要行业职工下岗情况

单位：万人

	合计	采掘	制造	建筑	交通	批发
下岗职工	891.6	47.5	513.2	66.6	41.3	165.2
下岗职工占全部职工%	6.01	5.36	9.70	6.43	4.98	9.14

下岗职工的待遇与处境各不相同。有的能按月领取一定生活补贴；有的企业只发给一次性生活补助；而有的下岗职工不享受任何待遇。尽管有的下岗职工实现了再就业，但仍有相当一部分职工未找到工作，生活较窘迫。据年报统计，全国下岗职工的平均生活费只有925元，相当于全国职工平均工资的14.9%。由于地区的差异，下岗职工的平均生活费也不相同，最低的只有321元，最高的达3 013元。

城镇劳动力抽样调查表明，在下岗职工中，已有半数人员实现了再就业。也就是说，在891.6万下岗职工中，仍有445.8万人未实现就业。因此，如何安排好这部分人的就业和生活，对于保持社会的稳定和发展至关重要。

(二)失业人数增多，失业率上升。据劳动部门统计，1996登记的失业人员达552.8万人，比1995年增加了33.2万人，登记失业率为3%。据国家统计局的城镇劳动力抽样调查推算，1996年失业人数达815万人，较上年同期增加25万人，调查失业率为3.95%。尽管两种统计的口径有所不同，但失业人员都呈增加的趋势。日益庞大的失业队伍带来了越来越大的就业压力，也是影响社会稳定的重要因素。

专栏10.3 职工下岗情况简析

职工下岗是国有企业深化改革过程中出现的一种新现象。目前统计中对下岗人员的定义是：因企业经营等原因职工离开企业回家，但与企业还保留名义上的劳动关系。

企业对下岗人员所给的待遇是不同的。不同地区不同企业给下岗人员的待遇差异大，有的企业给下岗人员按月发给一定量的生活补贴；有的企业仅发给一次性的补贴；有的企业不给任何补贴但允许下岗人员到企业报销医药费；有的企业职工下岗后上述待遇均不享受，下岗人员完全自谋生路(称为“两不找”)。

下岗人员下岗后的处境各有不同。有的下岗人员已通过各种途径(包括政府的再就业工程)重新就业，其中有的就业后待遇尚好的，已无回原单位上班的要求；有的下岗人员正以各种方式寻找工作；有的下岗人员靠企业发给的生活费尚过得去，且对企业还抱有期望，只是在家等待安置而无寻找工作的行动。

由于统计渠道不同，所得出的下岗人员的人数不一样。据劳动部门对企业统计，1996 年末全国企业下岗人员在 750 万人左右。但由于这还没有包括企业倒闭职工全部下岗的情况，因此，实际下岗的职工人数要大于这个数据。

为准确全面掌握下岗人员的实际就业状况，国家统计局在 1996 年三季度开始建立的城镇劳动力抽样调查制度中，为下岗人员设置了若干指标。经调查，1996 年底调查下岗无业人员的基本情况是：

经推算，下岗无业人员为 534 万人，占同期下岗人员的半数以上。占同期国有企业职工的 7%。

按性别分，女性居多，有 316 万人，占 59.2%；男性 218 万人，占 40.8%；与女性职工只占全部职工的 38%形成了强烈的反差。这说明在企业裁减人员的过程中，女职工下岗要比男职工多，而再就业人员中女性则比男性少。

按年龄分，下岗人员中以中年人居多。其中 16 至 24 岁的占 11.1%，25 至 44 岁的占 70.4%，45 岁以上占 18.5%。中年人上有老下有小，生活负担较重，这些人下岗无疑会给家庭生活等带来较多的困难。

按受教育程度分，下岗人员中初中居多，占 56.8%，高中占 27.1%，大专及以上占 2.3%，小学及以下占 13.8%。而在全部城镇就业人员中，初中程度的仅占 32%。这说明受教育程度较低的职工下岗的可能性较大，劳动者的素质——尤其是受教育程度是市场经济下就业竞争的重要因素。

按下岗未工作时间分，半年以内的占 40.2%，半年到一年的占 28.9%，一年到两年的占 16.9%，两年以上的占 14%。按大多数企业规定，企业对下岗人员在半年内可负担一定量的生活费，超过半年即自理。而调查表明，下岗半年以上的人员仍有 320 万人，占全部下岗人员的半数以上，这部分人的生活多是较困难的，更应当受到重视和关注。

随着企业改革的进一步深化，企业下岗人员还将增多。如何认识和解决下岗问题，是关系经济发展社会稳定的一个重要课题。从各地已采取的各项措施来看，上海的政策是比较得当的。这就是：对下岗人员区别对待，下岗人员中的青年人推向市场自谋职业，中年人由企业和政府积极安排再就业，接近退休的人员由政府给养起来。这样既体现了就业的市场机制，又缓解了历史上遗留下来的问题，有利于企业的深化改革和社会的稳定。

（执笔：宋长青）

减人、降压：如何走出两难的境地？

在正常情况下，经济增长与对劳动力的需求是同步的。经济发展，劳动力就业率就会上升，反之即下降。但这一规律在我国的现阶段却没有呈现。在城镇，经济增长必须以企业减人、失业率上升为代价。特别是在企业，只有甩掉人员过多的包袱才能赶上市场发展的潮流。但是，失业率的上升势必使部分城镇居民生活水平下降，长期失业还会引起社会不稳定。目前企业以减人增效为主要内容的改革力度正在加大，企业要求精减的人数与已下岗的人数相差甚远。据有关资料测算，城镇单位职工富余量在 30%左右，根据目前职工总数 14 845.3 万人计算，今后可能有 4 000 万人下岗分流。不论如何掌握改革的力度，下岗人员大量增加将是一个不容小视的问题。在乡村，实行土地集约化经营是提高农业生产效率，走现代化农业的必由之路，但与此同时也将有大量乡村劳动力从土地上游离出来，在新的就业领域不能充分吸纳这些劳动力的情况下，也会形成一支比城镇下岗人员更为庞大的失业大军。如何走出这种两难境地，是需要认真研究和解决的问题。我们认为以下几点必须予以注意的：

（一）修正或重新确定我国的失业率的控制目标。我国是一个人口和劳动力资源十分丰富而自然资源相对贫乏的国家，又是一个以自立更生为主要国策的国家。在以竞争为主要特征的市场经济条件下，把失业率控制目标订得过低是不可能也是不必要的。当然，过高的失业率也会引起一系列的社会问题，因此，根据我国国情，参照市场经济国家的做法，“九五”末期将我国的城镇失业率（具体是指按国际通行标准的调查失业率）控制在 5%以内是比较恰当的。在这一目标下，我们在减人增效以及就业方面所能回旋的余地将大得多。

（二）根据我国的国情，要赶上世界上先进的管理水平和科学技术，我国要兴建一大批用人少、效率高的现代化企业，否则就不能证明我国的经济现代化水平。但与此同时，我国还应兴办一大批以安置劳动力为主要目的的劳动密集型企业，这类企业的劳动效率、经济效益可能不高，但因解决了一大批劳动力的就业问题，其社会效益肯定是好的。这种两类企业并存的的现象应是中国现代化进程中的一大特色。大力兴办劳动密集型企业，不仅应得到政府的重视和扶持，也应得到社会的关注和支持。

（三）不容否认，我国就业工作的重点和难点实际上是在农村，而农村的大量剩余劳动力又不能全部涌入城镇。因此，大力发展立体农业、精细农业特别是推行农业产业化，是解决我国农村劳动力就业的主要出路。这方面山东、上海等地已有成功做法。应大力推广农业科学技术，培养一大批“工厂化”生产的新型农民，变农闲为农忙，变人手多为人手缺，变劳动力剩余为劳动力供求基本适度。

（四）加快社会保障制度的改革，是改革中关系全局的重要问题。社会保障面越大，解决减人增效和就业问题的力度也就越大；社会保障水平越高，在改革进程中社会的稳定性就会越强。目前欧洲有些市场经济国家的失业率在10%以上，但在社会稳定方面似无大的问题，正是上述两个因素作用的结果。我国政府和社会已充分认识到社会保障制度改革的重要性和紧迫性。可以相信，一个完善的社会保障体系将为我国改革的历史巨轮保驾护航。

（执笔：孟灿文）

专栏10.4　我国人才市场

我国的人才市场建设工作是在人才流动工作的基础上开展起来的。

党的十一届三中全会以后，党和国家积极倡导人才的合理流动，以双向选择为特征的人才流动逐渐成为全社会的共识。党的十四大提出建立社会主义市场经济体制的任务后，人事部1993年开展了“解放思想，研究市场，找准位置”的讨论，进一步明确提出要深化人事制度改革，将人才市场体系建设作为建立与社会主义市场经济体制相配套的新的人事管理体制的重要内容，纳入“三个制度、三个体系”（三个制度指分类管理的人事制度、科学合理的工资分配制度和多层次的社会保险制度，三个体系指宏观人事管理体系、人才市场体系和人事法规体系）之中，把人才市场建设工作提到了前所未有的高度。党的十四届五中全会强调提出我国今后十五年的奋斗目标，关键是实现两个根本性转变。人事部从服从和服务于两个根本性转变的角度出发，提出人事工作的两个调整，即把适应计划经济的人事管理体制调整到与社会主义市场经济相配套的人事管理体制上来，把传统的人事管理调整到整体性的人才资源开发上来，为人才市场提供了进一步发展的机遇，同时也提出了更高、更紧迫的要求。

人才流动与人才市场建设工作开展以来，坚持为人才服务、为用人单位服务的宗旨，注重发挥人才市场的人才效益和社会效益，为改革开放和经济建设提供了大量急需的人才。据不完全统计，1983年至今，仅通过各级政府部门所属的人才交流机构就实现人才流动570多万人次。其中为国有企业配置人才近70万人次，为艰苦贫困地区配置人才近12万人次，为乡镇企业和农业生产第一线配置人才120多万人次。各级政府人事部门根据市场经济发展和当地经济建设的需要，把人才流动和人才市场建设工作当作一项重要任务来抓，提到议事日程，使人才市场建设工作取得了一定的成绩。

一、人才市场体系初步形成。目前，各省（除台湾外）、地（市）及95%以上的县（市）都建立了基础性人才市场，全国各类人才流动服务机构达3 900余家，挂牌的人才市场1 800余家。在基础性人才市场迅速发展的同时，人事部为了满足更大范围内合理配置人才资源的要求，作出了与地方合建区域性人才市场的决策，相继建立了中国沈阳人才市场、中国北方人才市场、中国上海人才市场、中国武汉人才市场、中国南方人才市场、中国成都人才市场和中国西安人才市场等七大区域性人才市场，完成了区域性人才市场的布局。专业性人才市场建设也开始起步，已经建立了中国唐山企业家人才市场、中国化工人才市场、中国中原毕业生人才市场和中国济南企业管理人才市场等四个专业性人才市场，同时根据《专业性人才市场发展意见》，还将在“九五”期间组建若干个不同类型的专业性人才市场。随着基础性、区域性和专业性人才市场的不断发展，人才市场体系已初步形成。

二、人才市场的政策法规建设上了台阶。1994年8月，中组部、人事部颁发了《加快培育和发展我国人才市场的意见》，进一步明确了至2000年我国人才市场发展的指导思想、总体规划和工作目标。各地结合贯彻《加快培育和发展我国人才市场的意见》，根据经济发展和人才市场建设的需要，制定并出台了一系列有关人才市场建设的文件规章。江苏、云南省人大通过了有关人才流动和人才市场的地方性法规，哈尔滨、长春、西安、南昌、重庆、上海等市也经本省(市)人大批准颁布了有关人才流动和人才市场的地方性法规，北京、河南等大部分省市区都颁布了有关人才市场的政府规章。人才市场的立法力度得到加强。

三、人才市场的管理得到加强。1996年1月，人事部颁布了《人才市场管理暂行规定》，建立了人才招聘应聘广告审批制度、人才市场中介组织审核审批制度、举办人才交流会的审批制度、人才市场中介组织年审制度，进一步加强了对人才市场的监督和管理。各地也在人才市场迅速发展的同时，注意加强对人才市场的管理，普遍建立了广告审批制度、人才市场中介组织管理制度和举办人才交流活动的审批制度。1996年11月，人事部颁布了《国务院所属部门成立人才市场中介机构审批暂行办法》、《国务院所属部门成立的人才市场中介机构年审暂行办法》和《全国性人才交流会审批暂行办法》等三个配套规章，并于12月与中组部联合下发了《流动人员人事档案管理暂行规定》，进一步加强对人才市场的宏观管理。四、人才市场的服务功能不断完善。各地都建立完善了流动人员档案管理、档案工资调整、职称资格考评、人才培训、人才测评、流动人员因私出国政审等工作制度。许多地方建立了比较完善的人才信息库，充分利用各种媒介发布各种人才信息，并实现了部分人才市场之间的信息联网。

人才市场的发展，改善了我国专业技术人员和各类人才的配置和使用状况，减少了人才的积压和浪费，优化了人才结构，调整了人才布局，在实现人才自主择业、单位自主用人方面发挥了重要作用；人才市场的发展，为改革开放和经济社会各项事业的发展输送了大量人才，使人才资源的配置适应了国民经济发展的战略要求；人才市场的发展，促进了人事制度和其它各项制度改革，推动了科技、教育、文化、卫生等各项事业的发展；人才市场的发展，推动了“尊重知识、尊重人才”的社会风尚的形成。

(执笔：冯 怡)

第十二章 人民生活水平继续提高

第十一章　人民生活水平继续提高

11.1　'96 农村居民收支增长较快

1996 年是国家实施“九五”计划的第一年，回顾过去的一年，各级政府认真贯彻党中央、国务院关于加强农业和农村工作的指示精神，采取多种措施发展农村经济、增加农村居民收入，农村经济保持了持续发展势头，农村居民实际收入增长达到“八五”以来最高纪录，农村居民实际生活消费支出也达到近年来的最快增速，为实现本世纪末国家的宏伟计划以及 2010 年的远景目标开了一个好头。

一、收入：

（一）现状及特征

1．农村居民实际收入增长快。据对全国 30 个省（区、市）、67 610 个农村住户的抽样调查，1996 年，在国家再次提高农副产品收购价格的同时，对工业品和其他生活消费服务价格进行宏观调控，使通货膨胀得到明显抑制，农村居民由此获得较多实惠，农村居民人均纯收入达到 1 926 元，比上年增加 348 元，增长 22%，扣除物价因素，实际纯收入增长 9%，增长速度创“八五”以来的最高纪录。

2．家庭经营收入仍居主导地位。1996 年农村居民全部收入来源中：基本收入（包括工资性劳动报酬收入和家庭经营纯收入）人均 1 813 元，比上年增加 334 元，增长 22.6%，占全部纯收入的比重为 94.1%；其中，家庭经营收入依然是农村居民收入的主体，人均家庭经营纯收入 1362 元，增加 237 元，增长 21%，占全部纯收入的比重为 70.7%；工资性劳动报酬收入人均 451 元，增加 97 元，占 23.4%。此外转移性和财产性收入人均 113 元，增加 15 元，占 5.9%。

3．总量构成及增量构成变化较小。和上年比较，1996 年，农村居民收入来源的总量结构在 1 个百分点内变动，增量结构则在 2 个百分点内变化，主要是工资性劳动报酬收入比重提高。在 1996 年农村居民全部纯收入增加额中，基本收入对纯收入的贡献为 95.8%，较上年提高了 2 个百分点，转移性和财产性收入为 4.2%，下降 2 个百分点。在基本收入中，工资性劳动报酬收入对全部纯收入的贡献为 27.9%，比上年提高 2.4 个百分点，家庭经营纯收入为 67.9%，下降 0.4 个百分点。

4．中西部地区发展速度加快，收入增长超过东部。1996年，国家加大了对中西部地区的政策

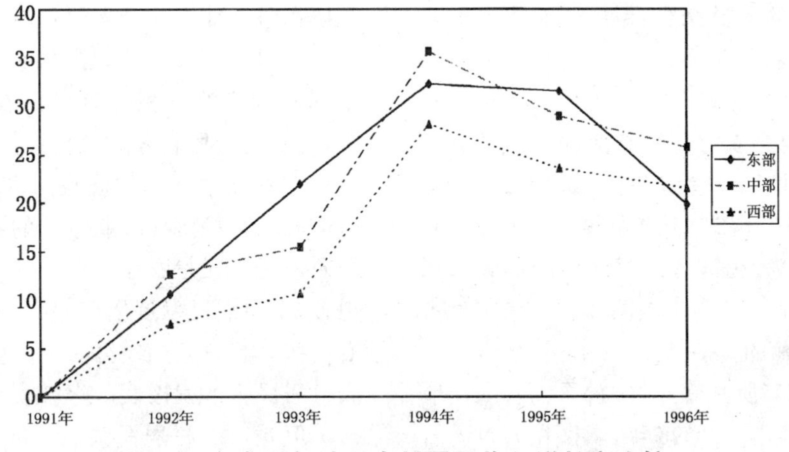

图一　东中西部地区农村居民收入增长率比较

支持力度，推动了中西部地区农村经济的较快发展。同时，农业的丰收，也促进了以第一产业为主的中西部地区农村居民收入的较快增长。1996年，尽管东中西部地区农村居民收入仍存在较大差距，农村居民人均纯收入分别为2 549元、1 763元和1 288元，但比较上年，中西部农村经济发展速度加快，收入增长均超过东部。其中中部地区达到25.7%，西部地区增长21.5%，东部地区增长19.8%。值得提出的是，西部地区农村居民收入接近全国平均速度、且超过东部地区的较快增长，是自90年代后首次出现的现象(见图一)。

(二)收入增长的主要因素

1. 粮食丰收，为农村居民收入增加夯实了基础。1996年，国家进一步强化农业基础地位，发展粮食生产的政策环境得到改善，粮食定购价格的提高，再次激发了农村居民发展生产的积极性；加之有利的气候条件等多种因素综合作用结果，赢得了我国农业生产较大丰收，粮食生产获得历史最好收成，奠定了农村居民收入增加的物质基础。农村居民抽样调查资料反映，1996年，农村居民人均纯收入增量中，家庭经营纯收入增加额为237元，占67.9%，家庭经营纯收入中的一产业收入增加额为199元，占57%。其中，粮食纯收入增加额人均有77元，对全部纯收入增量的贡献超过五分之一。

2. 从事非农产业人员增多，非农产业收入稳定增加。1996年，广大农村居民在发展农业生产的同时，积极拓宽致富门路以增加收入。一方面，尽管在国家的紧约束政策调控下，农村居民从事乡镇企业工作的人员减少，但由于有更多的农村居民充分利用农闲时间，走出农村或就地寻找收入门路，外出从事非农产业的工作的人员总量仍然增多，平均每个农村居民从劳动工资性方面获得的报酬收入增加97元，增长27.5%；另一方面，农村居民家庭经营二、三产业收入比上年增加38元，增长22.5%，比家庭经营第一产业收入增长幅度高1.7个百分点。上述两项收入增加额占全部纯收入增加额的38.8%。

3. 农民负担有所减轻，对农村居民收入的有效增长产生积极影响。1996年，国家在通过各种政策及大量宣传强调调整农村居民利益关系，保护农村居民切身利益不受侵犯、规范农村居民负担经济内容等方面所作的努力，对减轻农村居民不合理负担，增加农村居民实际收入起到了良好作用。和上年比较，农民负担有所减轻。主要表现在：一是负担增幅低于纯收入。1996年全国农村居民人均纯收入1 926元，比上年增长22.1%，同期农村居民上交集体提留和各项集资摊派额合计69元，比上年增长14.4%，负担增幅低于纯收入7.7个百分点；二是负担比重有所下降。按农村居民负担管理条例规定的计算口径分析，1996年农村居民上交集体提留和各项集资摊派额两项支出额占上年农村居民生产性纯收入的比重比上年下降了0.2个百分点；三是各省(区、市)农村居民的不合理负担均有不同程度减少。

4. 农产品产量增加的收入，减少了农村居民收入的价格损益。1996年，国家在继续提高部分农副产品收购价格的同时，对工业品和其他生活消费服务价格进行了宏观抑制调控，减少了农村居民收入的价格损益，确保了农村居民丰收之年收入的相应提高。资料分析表明，由于粮食、畜禽产品及其他经济作物产品价格的提高，农村居民人均可多增加收入100余元，由于粮食、畜禽产品及其他经济作物产品产量的增加，农村居民人均又可多增收入100余元，合计可多增收入200余元，与此同时，因农村生活消费及农业生产资料价格指数的上涨，农村居民人均多支出170余元，收支相抵，人均仍可获益30余元。

(三)要正确评价农村居民人均纯收入的变动

1996年，农村居民收入形势比预料的要好，主要得益于如下几个方面：

一是近年来中央、国务院对农村工作的高度重视及制定的一系列有利于农村经济发展的政策，对农村居民收入的增长提供了制度保障。二是国家对农业生产的物质投入在近年相应加大，使这期间农村经济和农业生产的发展有了较坚实的物质依托。三是农业实用科学技术的逐步广泛应用，对农村居民发展生产起到良好的稳定作用。所有这些，均对促进农村内外环境的持续改善，提高农村居民生产积极性产生了积极影响。

但是对农村居民收入的较多提高，也应有一个正确评价。

一是农村居民实际购买能力的提高低于收入增长。1996 年，由于农村居民人均实物收入增加更多，影响到农村居民购买能力以及购买工业品支出增长不多，人均购买能力由 1995 年高于收入增长变化为 1996 年低于收入增长；对工业品的购买总额增速也只有 15.8%，比 1995 年低 10.1 个百分点。

二是收入更趋集中。若按调查人口 5 等分比较，呈现出 20%调查人口最高收入组的农村居民，拥有 40.4%的纯收入份额；而 20%调查人口最低收入组的农村居民，只拥有 7.5% 的纯收入份额。

三是中西部地区农村居民纯收入中实物纯收入高达 45%。1996 年，在我国农业生产稳步发展，粮食作物增产的大好形势下，中西部省份农村居民收入的动态增长高于东部地区，其中中部地区农村居民纯收入增长比东部地区高 5.9 个百分点，西部地区农村居民纯收入增长比东部地区高 1.7 个百分点，但比较来看，中西部省份主要是依靠种植业尤其是粮食生产获得收入，纯收入中的农业份额中部地区占 69.9%，西部地区占 69.3%；因此，从纯收入的构成分析，中西部地区农村居民纯收入中以实物形式表现的收入份额更多，均达到 45%，而东部地区实物收入份额只占 28%。

二、消费：

1996 年农村居民人均生活消费支出 1 572 元，比 1995 年增加 261 元，增长 20%，扣除物价上涨因素影响，实际增长 10.5%，比上年同期快 4.3 个百分点，是近年来增长速度最快的一年。

1. 食品消费质量明显改善

1996 年，农村居民人均食品支出 885 元，比上年增加 117 元，增长 15.3%，扣除物价上涨因素，实际增长 7.2%。食物消费支出份额在生活消费支出中的比重（即恩格尔系数）由上年的 58.62%下降到 56.33%。主食支出人均 361 元，副食支出人均 359 元，主食、副食分别比上年增长 13.9%和 13.5%；另外，食品支出中在外饮食部分增长很快，人均支出 34.2 元，增长速度高达 37.3%。随着农村居民收入的增加，主食、副食结构发生了质的变化，在外饮食迅速增加，这表明农村居民的食品消费质量有了明显的改善。

从主要食物的消费量来看，除粮食略有下降外，其它食物均有所增加。其中，食用油增长 4.7%，蔬菜增长 3.9%，家禽增长 5.5%，蛋类增长 4%，特别是猪肉和水产品分别增长了 12%和 20.3%。

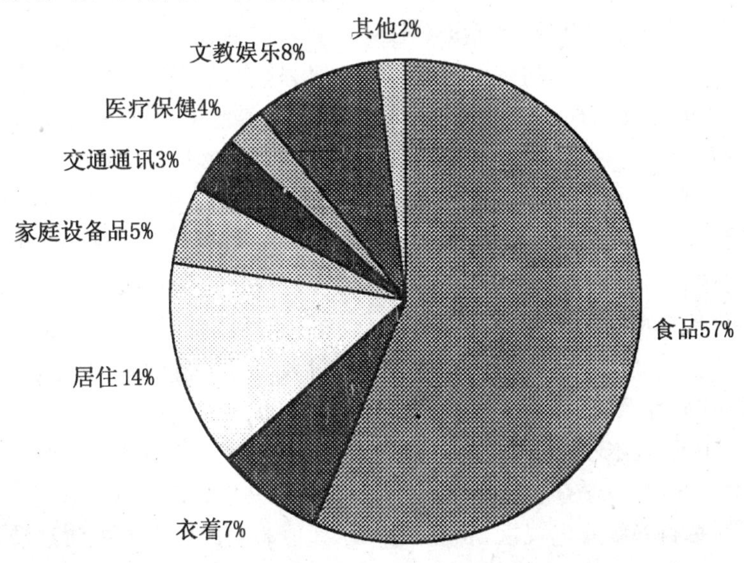

图二　1996 年农村居民生活消费结构

2. 衣着成衣化消费势头强劲

1996 年农村居民人均衣着支出为 113.8 元，比上年增加 24 元，增长 26.7%；扣除物价上涨因素，实际增长 18.2%，比上年快 7 个百分点。其中，成衣服装支出增幅最大，人均 44.9 元，增长 30.5%，其增加额占全部衣着支出增加额的 57%；鞋帽袜类和衣着材料支出分别为 32.5 元和 16.5 元，分别比上年增长 26.5%和 16.7%。

3. 农村居民居住条件追求质量提高

居住支出主要包括住房支出、电费、燃料等，是农村居民各项生活消费中第二大开支。1996 年农村居民居住支出人均 219 元，比上年增加 36.9 元，增长 20.2%；扣除物价上涨因素，实际增长 12.3%。其中住房支出为 135 元，比上年增长 23%，住房支出中购买建材支出为 107 元，增长 18.9%。

年内农村居民人均新建生活用房面积 0.81 平方米，比上年增长 3.8%，年末人均住房面积为 21.7 平方米，增长 3.3%。其中，钢筋混凝土结构面积为 4.44 平方米，比上年增长 43.2%。这表明，农村居民不仅在量上改善居住条件，而且更注重居住质量的提高。

4. 家庭设备及日常用品购置趋热

农村居民家庭设备及日常用品消费人均支出 84.2 元，增长 23%，扣除物价上涨因素，实际增长 17.5%。其中，耐用消费品支出为 27.4 元，增长 21.6%。年末耐用消费品拥有量比上年末增长较多，平均每百户拥有电风扇 100 台，增长 13.6%，洗衣机 21 台，增长 23.5%，电冰箱 7 台，增长 40%。在 1995 年大部分耐用消费品拥有量增幅超过 10 %的基础上，1996 年又出现了持续增长、且增长幅度更快的局面。

5. 文化娱乐投资增加

随着物质生活的改善，农村居民对精神生活的要求提高，因而这方面消费支出增长较快。1996 年农村居民用于文化教育用品及服务的人均支出为 132.5 元，比上年增加 30.1 元，增长 29.4%，扣除物价上涨因素，实际增长 17.1%。其中文娱机电消费品支出 18.1 元，增长 11.7%；购买书报杂志支出 7.7 元，增长35.1%；学杂费 91.8 元，增长 34.6%。年末平均每百户拥有电视机 88 台，增长 9%，收录机 31 台，增长 9.7%。

6. 医疗保健用品及服务支出增长快

1996 年农村居民人均用于医疗保健的支出为 58.3 元，比上年增长 37.1%。其中医药卫生保健用品费用 33.7 元，增长 29.4%，医疗保健服务费 23.8 元，增长 48.3%。

另外，农民用于交通和通讯方面的支出增幅也较大。

1996 年，随着中西部地区农村经济发展速度的加快，中西部地区农村居民在收入增长较快的同时，生活消费的增长速度也超过东部地区。东部地区农村居民人均生活消费支出 1974 元，中部 1 451元，西部 1 181 元，东部地区比上年增长 18.1%，中部地区增长 22.2%，西部地区增长 20.3%，中西部地区的增长幅度超过东部地区及全国平均水平。尽管东中西部地区农村居民生活消费水平仍存在较大差距，但与上年比较，东、中、西部地区生活消费比由1：0.71：0.59变化为 1：0.74：0.60，中西部地区与东部地区的差距有所缩小。

1996 年农村居民在收入较快增长的同时，生活消费水平也进一步提高，农村居民实际收入和生活消费都达到“八五”以来最高纪录，且生活消费的实际增长速度还比收入快 1.5 个百分点。纵观近几年，从收入与消费支出对比看，农村居民生活消费的实际增长速度超过了收入的增长速度，消费倾向（消费占纯收入的比重）也逐步提高。这样的增长势头，一方面是对过去长时期低收入导致农村居民消费不足的补偿，是可以理解的。同时，这也给启动农村市场带来了契机；但另一方面，消费增长过快、持续超过收入增长的现象值得研究，应加以合理的引导。我国农村居民具有生产投资主体和消费主体的双重职能，资金流向在生产投资和消费之间具有较强的替代性，此消彼长，而农村居民可用于生产与生活的资金总量是有限的，生活消费增长过快，必然影响农村居民的生产投入，从而直接影响农业发展后劲的增强。

注释：

(1)农村居民购买力＝全年现金收入－缴纳税款－上交集体承包任务－ 集体提留和摊派－其他非生产性支出－储蓄借贷现金支出＋年初存款余额＋年初手存现金。

(2)农村居民工业品需求＝生产费用支出现金＋生活消费品支出现金－食品支出现金。

（执笔：唐 平 彭丽荃）

专栏 11.1 基尼系数

基尼(Gini)系数是国际上通用的反映居民收入差异程度的分析指标之一。它的经济含义是：在全部居民收入中用于进行不平均分配的百分比。基尼系数的大小，反映了居民收入差异程度的大小。基尼系数最小等于 0，表示收入分配绝对平均；基尼系数最大等于 1，表示收入分配绝对不平均，即百分之百的收入被一个人所占有。实际的基尼系数介于两者之间。

基尼系数是以洛伦茨曲线为基础来计算的。洛伦茨曲线是一个平面坐标图，横坐标 X 为收入百分比，纵坐标 Y 为人口百分比，图形如下：

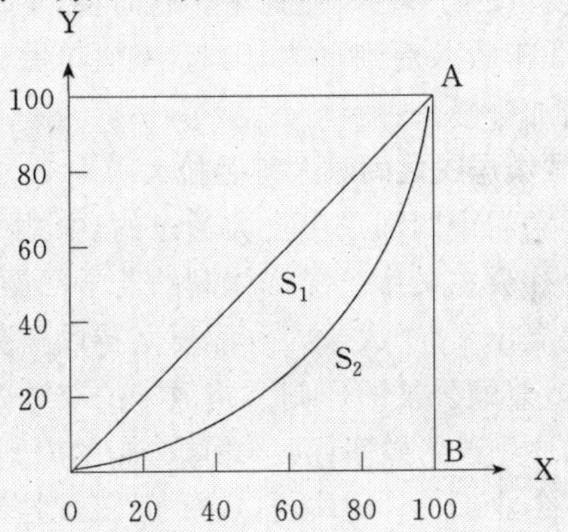

上图对角线 OA 为绝对平均线，人数比重等于收入比重，表明所有社会成员的收入都相等。折线 OBA 称为绝对不平均线，表示百分之百的收入都集中在一个人手中，而其他社会成员的收入为零。这是两种极端情况，在现实生活中，实际收入分配往往表现为一条曲线，即洛伦茨曲线，表达式为 Y=L(X)。洛伦茨曲线直观形象地表明了社会收入分配的不平等程度，曲线越接近于直线 OA，说明收入分配越平等；曲线越接近于折线 OBA，反映收入分配越不平等。

基尼系数的测定主要有两种方法：一是不分组计算；二是分组计算。

不分组情况下的基尼系数计算，首先是将收入(Y)按大小顺序排队，分别计算各人(或各户)收入占总收入的比重，国际上常用的计算公式是：

$$G=\frac{2}{n}(1y_1+2y_2+\cdot\cdot\cdot+ny_i)-\frac{n+1}{n} \quad (1)$$

其中：n—为个人或户数

y_i—为每个人或每户收入与总收入的比率

i=1，2，3，...n，为按收入由小到大排列。

按分组计算的基尼系数公式简化式为：

$$G=\sum_{i=1}^{n}X_iY_i+2\sum_{i=1}^{n}X_i(1-V_i)-1 \quad (2)$$

其中：X——各组人口比重

Y——各组收入比重

V——各组累计的收入比重

n——1，2，3，...，n 为分组数

基尼系数的主要优点是它考虑了全部居民的收入状况，任何层次居民收入的变化都会对最终的基尼系数产生影响。一般认为基尼系数在 0.2 以下为“高度平均”，0.2－0.3 为“相对平均”，0.3－0.4 为“比较合理”，0.4 以上为“差距偏大”。根据对全国农村居民抽样调查资料的测算，1996 年我国农村居民收入分配的基尼系数在 0.32，因此，从总体上看，目前我国农村居民收入差异是在合理区间。

在使用基尼系数进行比较时，必须注意所使用的基尼系数是根据同样的人口及收入分类方法计算出来的，因为不同的分类方法所计算的基尼系数是不同的。

(执笔：唐 平)

11.2 '96 城镇居民生活水平稳步提高

据对全国 3.5 万户城镇居民家庭抽样调查，随着国家经济的稳步发展，1996 年城镇居民生活继续得到改善。从全年看，城镇居民生活特点突出一个稳字：收入增长平稳，高于物价涨幅，低于国内生产总值的增长；居民消费心态稳定，消费结构变化合理。但仍有半数以上低收入家庭的收入水平比上年下降，生活更加窘迫，城镇贫困户生活困难问题不可忽视。

一、城镇居民收入稳步增长，收入结构变化不大

前几年，城镇居民收入大幅度增长，但增长的大部分被物价上涨所抵消。1996年党和国家加大宏观调控力度，高通货膨胀率得到有效控制。全年城镇居民人均可支配收入4 839元，比上年增长13%，增长幅度比上年回落9个百分点；扣除物价因素，实际增长3.8%，比上年实际增幅低1个百分点。

1. 国有、集体职工工资收入仍是家庭收入的主体。

1996年城镇居民人均国有、集体职工工资收入3 251元，比上年增长11.2%，扣除物价因素，实际增长2.3%；国有、集体职工从单位得到的其他收入人均262元，增长14.6%，扣除物价因素，实际增长5.3%。两项收入占全部收入的比重为72.5%，仍然是居民收入的主体。

1996年工资收入增长的主要因素，是机关、事业、团体单位的职工，按规定普遍提薪，并补发了调资差额，部分企业单位也增加了工资。

2. 居民家庭收入渠道拓宽。

多种经济成份、多条就业渠道和企业经营者自主权的扩大，使城镇居民家庭收入渠道不断拓宽，呈现收入多元化特点。1996年城镇家庭人均从其他各种经济类型单位得到的收入增幅显著，为98元，比上年增长43.6%，扣除物价因素，实际增长32%。

城镇居民家庭来自个体劳动者收入增长迅速。市场经济的发展，为个体经济的发展提供了有利条件，多渠道的经营产生了较实惠的经济效益。1996年城镇居民家庭来自个体劳动者收入人均为116元，比上年增长27.9%，扣除物价因素，实际增长17.6%。

3. 离退休人员收入略有增加。

党和政府历来关注离退休人员的生活状况，1996年在职职工增加工资的同时，政策性地给离退休人员增加了离退休金。另外，一些离退休人员为了改善生活，帮补家计，纷纷加入再就业行列，离退休再就业人员补差收入也有较大幅度增长。按家庭人口平均离退休金和离退休再就业收入共652元，比上年增长13.8%，扣除物价因素，实际增长4.6%，略高于职工收入增幅。

4. 财产性收入增加。

在市场经济的推动下，人们的投资意识和金融意识不断增强，相当一部分居民家庭持有债券、股票、集资券等有价证券。经过近几年的财产积累，家底日渐丰厚，投资方式的多样化，改变了结余货币增值的单一渠道，居民财产性收入猛增。1996年人均财产性收入112元，增长23.8%，扣除物价因素，实际增长13.8%。他们因自己积累的财产不等，而获得不同量的财产性收入，这也是社会主义市场经济条件下，新出现的一种现象。

以上增收因素较多，但增加幅度小，比例低，对总体收入增长拉动作用不大。有相当部分企业亏损，经济效益滑坡，不景气状况没有得到根本性好转。又有一些企业处于转轨时期，下岗职工增多，职工收入受到影响，因而1996年城镇居民收入增加缓慢。

二、城镇居民之间收入差距拉大

党的十四届三中全会通过的《中共中央关于建立社会主义市场经济体制的若干问题的决定》明确提出了“个人收入分配要坚持以按劳分配为主体，兼顾公平的原则”，将原来的兼顾效率与公平的原则改为效率优先，兼顾公平的原则。改革了国有企业工资管理体制，实行了“工效挂钩”制度，机关事业单位实行了结构工资制，同时改革税制，开征个人收入调节税等一系列重大措施，扭转了长期存在的平均主义分配倾向，城镇居民不同社会群体之间、不同地区之间收入水平逐渐拉开差距。

1. 高低收入户之间收入差距扩大。

据3.5万户的抽样调查，1996年可支配收入最高低收入户之比，为1∶3.8，困难户的差距更大，为1∶4.1。从最高收入者的职业构成看，各行各业中都有高收入的，已不限于私营企业主和个体工商户，各类物资流通公司、外贸、金融机构，房地产开发公司中的经营者，一些国有企业的承包租赁者及某些特殊职业，如名演员、名律师等，还有股票证券经营者中获高利者。从目前来看，社会上确实出现了一批高收入层，但并未形成大的群体，就其收入来源看基本上是合理的，大多是合法劳动所得。

2. 不同地区之间居民收入差距拉大。

不同地区之间，由于经济发展水平和改革开放程度的差异，城镇居民个人收入差别继续扩大。从就业状况看，家庭人口中从事其他所有制(指全民与集体、全民与私人合营；中外合营或外资)的职工，上海最多，平均每百户有13.95人，广东其次为11.8人。集体所有制的职工，江苏最多，平均每百户51.35人，新疆最少为6.3人。个体经营者广东、福建最多，分别为11.54人和11.04人。反映到城镇居民家庭全年人均可支配收入，上海最高为8 178.5元；广东次之为8 157.8元；甘肃最低为3 353.9元；内蒙次之为3 431.8元。在4 000元以下的省也不少，有吉林、黑龙江、江西、河南、陕西、青海、宁夏等。

沿海开放战略的巨大成功，激起了中西部发展经济的强烈欲望，中西部渴望发展，居民渴望富裕。地区之间的差异，有主客观的原因，自然条件和竞争环境的差别，发挥资源配置的效率不同，不同行业、不同企业的经济发展状况决定了个人收入的差距，但主观上择业观念的差异，也是影响家庭收入的重要因素。有的城市引导城市劳动者适应社会主义市场经济的要求，破除传统意识，转变择业观念，实施“再就业工程”，认真解决下岗职工和失业人员的再就业问题，采取多种形式发展第三产业，广开就业门路，创造更多的就业机会。

三、结余购买力进一步扩大，储蓄倾向继续增强

1996年银行停办了保值储蓄，两次降低存款利率，城镇居民的储蓄存款仍稳定增长。据调查，城镇居民收支差额逐年扩大，1996年城镇居民人均可支配收入实际增幅比消费支出高出2个百分点，绝对额高出920元，比上年差额增加175元，增长23.5%。城镇居民平均储蓄倾向为0.19，比上年增加2个百分点，边际储蓄倾向达0.31。1996年城镇居民人均提取储蓄存款621元，存入储蓄存款769元，存取差额148元。据统计，1996年城乡居民储蓄存款新增8 805亿元，比上年多增679亿元。到1996年底，城乡居民储蓄存款余额已达3.8万亿元，户均金融资产3万元。

我国现有居民储蓄率和城镇居民人均金融资产规模已经达到日本证券大众化时期的水平，居民金融投资风险意识不强，直接融资极少，绝大部分是储蓄。从城镇居民储蓄的动机看，把钱存入银行，纯粹为了获取利息的人是极少数，相当部分的人是为了应付生活急需，中年人为孩子教育，老年人为防病养老。住房制度、医疗制度的改革，家庭需要支出多少，尚是未知数，对于预期收入不高的家庭，即使利息再低，必然攒钱继续存入银行，仍是绝大多数居民家庭的第一选择。

四、城镇居民消费心态稳定，消费质量继续提高

1996年城镇居民人均消费支出3 919元，比上年增长10.8%，扣除物价因素，实际增长1.8%。由于价格较为稳定，部分地区肉、蔬菜、水果价格与上年基本持平，有时甚至低于去年，因此，城镇居民消费质量继续提高，大多数食品消费量比上年有所增加。

1. 食品消费质量提高，恩格尔系数继续下降。

1996年城镇居民人均购买食品支出1 905元，比上年增长7.9%，扣除物价因素，实际增长0.2%。调查表明，目前人们食品消费中主食比重不断下降，且注重粗细粮结合，荤素搭配，副食比重不断上升，同上年相比，食品消费量普遍增加。1996年城镇居民人均购买食油7.7公斤，比上年增长0.7%；肉禽类27.9公斤，增长2.1%；鱼虾4.8公斤，增长1.1%；鲜菜118.5公斤，增长1.7%；干鲜瓜果46.6公斤，增长2.6%；鲜乳品4.8公斤，增长4.6%。

消费量减少的食品有蛋类，人均消费10.1公斤，下降2.2%；酒类9.7公斤，下降2.1%；坚果及果仁3公斤，下降1.6%。

随着城镇居民收入稳步增加，城镇居民在外用餐支出逐年增长，1996年人均支出186元，比上年增长15.9%。

恩格尔系数(食品消费比重)继续下降，自1994年突破50%后，1996年达到48.6%，比上年减少1.3个百分点。(见下表)

近几年我国城镇居民恩格尔系数

	人均消费支出(元)	人均食品支出(元)	恩格尔系数(%)
1993年	2 110.81	1 058.20	50.1
1994年	2 851.34	1 422.49	49.9
1995年	3 537.57	1 766.02	49.9
1996年	3 919.47	1 904.71	48.6

2. 医疗保健支出增幅较猛。

1996年城镇居民医疗保健消费大幅度增长，人均支出143元，比上年增长30.1%，扣除物价因素，实际增长19.4%，为各类消费增幅之首。其中人均药费支出109元，比上年增长30.4%；购买滋补药品10元，增长14.2%；医疗保健服务支出17元，增长31.1%；购买保健用品和医疗器具支出6元，增长56.8%。

医疗消费由福利型逐渐转向自理型，居民医疗保健开销迅速增大，其中有合理的部分，也有不合理的部分。一方面难以负担不断高涨的药品价格，另一方面还难以承受名目繁多的医疗收费项目。此外，居民自我保护意识加强，在“花钱买健康”心理的驱使下，滋补药品和保健用品支出不断增加。

3. 精神文化消费比重继续增加。

1996年城镇居民人均娱乐、教育、文化消费375元，比上年增长19.9%，扣除物价因素，实际增长8.6%；占消费支出的比重由上年的8.8%上升到9.7%。其中，人均购买文娱用耐用品90元，比上年增长15.3%；教育支出204元，增长23.1%；文化娱乐消费81元，增长17.4%。

居民文化生活多样化，教育投入明显加大。望子成龙是每个家长的共同心愿，众多居民重视智力投资，子女教育支出显著增加。同时，更注重自身素质的提高，成人教育投入增多。长期以来，居民消费重实物、轻精神，重商品、轻非商品的消费观念未有根本性改变，消费渠道狭窄，精神文化消费的比重仍然不高。

4. 居住消费稳步增长。

随着城镇居民居住条件的逐步改善，居住支出逐年增加。1996年人均支出301元，比上年增长20.1%，扣除物价因素，实际增长1.4%。其中人均房租支出64元，比上年增长58.2%；人均消费自来水29吨，增长5.7%；电187度，增长10.3%；管道煤气29立方米，增长4.1%；液化石油气14公斤，与上年持平；煤炭127公斤，比上年减少2.3%。居住支出占消费支出的比重由上年的7.1%上升到7.7%。

由于就业、分配制度尚未理顺，房改不会在很短时间内完成，是一个比较长的过程。随着居住条件的不断改善，居住支出在近期仍会是缓慢增长的。

5. 交通通信消费增势趋缓。

城镇居民交通通信支出在前几年大幅度增长之后，增速开始放慢。1996年人均支出199元，比上年增长16.4%，增幅比上年减少12.5个百分点。其中人均交通支出96元，增长15.8%；通信支出103元，增长17%。交通通信发达，大大缩短了时空距离，为人们的工作和生活带来了便捷，居民乐意在这方面花钱，今后随着居民收入普遍增加，这方面的投入仍将继续上升。

6. 衣着消费比重与上年持平，成衣消费增加，衣料消费减少。

1996年城镇居民人均衣着消费支出528元，比上年增长10.2%，扣除物价因素，实际增长2.3%。其中服装消费支出324元，比上年增长12.4%；衣着材料消费支出56元，比上年减少4.2%；鞋、袜、帽等其他衣着消费支出132元，增长11.5%；衣着加工服务费16元，增长12.6%。

衣着消费呈现多层次和个性化。居民购买各式中、高档时装明显增多，中、高收入者尤甚。一些中、低档服装凭其价格优势深受普通工薪族和低收入者的欢迎。

7. 家庭设备、用品及服务消费比重下降，耐用消费品支出减少。

1996年城镇居民人均家庭设备用品及服务支出298元，与上年基本持平。人均耐用消费品支出161元，比上年减少8.1%，其中人均购买家具支出40元，比上年减少8.3%；住房装饰32元，减少6.1%；家庭设备90元，减少8.7%。

居民购买各类家用电器设备整体上看稳中有降。以大屏幕彩电、VCD、全自动洗衣机等为代表的“新一代”家电的迅速崛起，开始了家电消费新一轮的更新换代。居民购买耐用消费品受经济条件所决定，消费层次性更为明显，高收入户的一般日用消费品基本饱和，对部分耐用品进入更新换代时期，追求新型、新潮的商品，而低收入户则正在使用甚至没有低档次的耐用品。

从目前城镇居民消费来看，基本上不存在“集中消费”、“示范效应”的模式，成熟的消费者越来越多，人们很少冲动购买，不再同时投向一种或几种商品。居民消费的热点不突出，多样化、多层次是当今城镇居民消费的主要特点。

五、半数以上低收入家庭收入下降，生活更加困难

1996 年各级政府在社会保障方面做了大量工作，目前已有 137 个大中城市建立了最低生活保障线，使这些城市的贫困户生活得到基本保障。但是尚未建立最低生活保障线的 500 多个城市的贫困户生活仍很困难。据部分省市可比调查户调查资料表明，1996 年有 37.5%的城镇居民家庭收入比上年减少。其中占调查户 20%的低收入家庭中，减收户比重高达 53.7%，这就是说，半数以上的低收入家庭的收入比上年同期减少。

据调查 1996 年全国城镇居民家庭中，占调查户 10%的最低收入家庭平均每人每月生活费收入 180 元，与占调查户 10%的最高收入家庭同口径的收入之比为 1：3.9，与上年相比收入差距没有缩小。其中，有 1.1%的家庭平均每人每月生活费收入低于 100 元，这部分家庭入不敷出，生活难以为继，在贫困线上徘徊。希望各级有关部门在加大农村扶贫力度的同时，从维护社会稳定的大局出发，同样抓好城镇扶贫工作。

（城调总队 住户处）

专栏 11.2 137 个城市建立最低生活保障线

改革开放以来，我国城市居民生活水平总体上有了较大提高，但仍有部分居民家庭生活艰难。近几年，随着国有企业改革步伐的加快，破产、停产、半停产企业下岗职工问题日益突出，加上一些收入低、生活困难的离退休人员、无业人员和原来的社会救济对象，构成了城市居民中的贫困群体，1996 年底总数为1 176万人。

城市贫困问题现在已经得到了各级政府以及社会各界的广泛关注，各地在扶贫问题上也做了不少努力，如普遍实施了最低工资标准，1993 年上海率先实行最低生活保障制度，随后，厦门、福州、青岛等城市也相继实施。截止 1997 年 1 月底，全国建立最低生活保障制度的城市已达 137 个，遍及全国 24 个省(区、市)，其中直辖市 2 个，地级市 95 个，县级市 40 个。

最低生活保障线，亦即贫困线，是指在一定的时间、空间和社会发展阶段的条件下，人们基本生活所必需消费的商品和劳务的最低费用。在已建立的 137 个城市中，最低生活保障线从人均月收入 70 元到 230 元不等。最低生活保障制度就是对收入低于最低生活保障线的贫困家庭实行救济。

96 个地级以上城市最低生活保障线一览表

单位：元/人 月

城市	保障标准	城市	保障标准	城市	保障标准	城市	保障标准
北京	170	吉林	105	龙岩	120	湛江	150
石家庄	120	大庆	110	南平	120	深圳	220
秦皇岛	120	上海	185	南昌	80	揭阳	150
唐山	140	南京	120	新余	105	东莞	210
廊坊	130	无锡	120	青岛	140	中山	220
承德	120	盐城	100	潍坊	110	惠州	165
邯郸	120	苏州	140	威海	130	肇庆	140
邢台	120	南通	120	烟台	120	汕尾	120
保定	120	淮阴	100	济南	120	珠海	200
张家口	121	杭州	150	日照	110	汕头	180
沧州	120	萧山	140	德州	100	阳江	160
衡水	120	宁波	150	枣庄	110	潮州	150
呼和浩特	100	温州	160	淄博	110	海口	170
沈阳	85	绍兴	120	郑州	120	重庆	120
大连	155	湖州	140	武汉	120	昆明	120
抚顺	120	嘉兴	140	长沙	120	东川	100
本溪	150	金华	130	株州	120	南宁	125
锦州	120	舟山	150	广州	200	桂林	120
鞍山	140	台州	125	佛山	230	柳州	120
盘锦	165	合肥	120	云浮	160	梧州	110
辽阳	130	福州	150	韶关	140	北海	130
丹东	100	厦门	220	清远	150	钦州	125
铁岭	100	三明	120	江门	200	防城港	120
朝阳	120	泉州	130	河源	120	兰州	120

（执笔：程学斌）

11.3　'96 工资增幅回落分配差距仍大

工资是单位对职工实行按劳分配的主要形式，也是职工生活费用的主要来源，在由计划经济向社会主义市场经济过渡的新时期，虽然出现了职工收入来源多渠道，收入形式多元化，但部分职工的工资在自己的全部收入中已不是主要部分，但从总体上讲，研究职工工资增长和工资关系仍然有一定的意义。

工资水平和工资关系的决定因素较多，一般来说，主要有三大因素。一是经济发展水平和发展速度；二是自然地理条件，自然地理条件较差地区的职工要比其它地区职工付出的劳动消耗更多；三是国家的有关政策，如为了保证边疆或少数民族地区的发展和稳定，国家对这些地区在工资分配方面给予了特殊的照顾。研究1996年工资增长和工资关系变化情况就可以发现，上述三个方面因素的影响是很明显的。

1996年，随着国家各项宏观调控政策的落实，职工工资总量增长过快的势头得到了有效遏制，工资增长幅度比上年明显回落，由于通货膨胀得到了有效抑制，职工平均实际工资增幅仍保持与上年相同的水平。但部分经营困难企业及经济发展水平较低的地区拖欠职工工资情况严重，下岗职工生活费用较低。

据年报统计，1996年，全国职工工资总额达9 080亿元，比上年增加980亿元，增长12.1%，增幅比上年回落9.6个百分点，是近十年来增幅最低的一年。其中，国有单位6 792.7亿元，增加712.5亿元，增长11.7%；其他经济单位761.4亿元，增加123.6亿元，增长19.4%，保持了较快的增长速度；集体单位1241亿元，增加59亿元，仅增长了5%。

由于工资总额受职工人数变化和平均工资变动两个因素的影响，而在近几年职工人数变化是相当大的，因此，比较能准确反映工资变化和工资关系的还是职工的平均工资。1996年，全国职工平均工资为6 210元，比上年增长12.9%，增幅比上年低8.3个百分点。扣除物价因素，实际增长仍达3.8%，保持了上年增长水平。

1996年职工平均工资变动的主要特点是：

一、国有和其他经济单位工资增长较快，城镇集体单位增长缓慢

1996年，国有单位平均工资为6 280元，增长11.6%，其他经济单位平均工资8 261元，增长10.7%，城镇集体单位4 302元，增长9.4%。以城镇集体单位工资为1，三种经济类型单位平均工资之比由1995年的1.43：1：1.90，扩大为1.46：1：1.92。这是因为，国有单位虽有部分企业经营困难，效益下滑，但从整体上看仍然保持了一定的发展速度，工资水平也在提高，特别是部分大型国有企业是国民经济的支柱，经济效益好，工资水平也高，另外，机关、事业单位的工资保持了稳定增长的态势；其他经济单位发展势头强劲，工资在高水平的基础上继续增加，有的外资企业职工月平均工资已过万元，对内资企业有较大的影响，吸引了大批内资企业的优秀人才；而城镇集体单位中虽有部分企业经营状况尚好，工资水平也不低，但多数集体企业是在国有单位、乡镇企业和合资合营单位的夹缝中艰难地生存，市场适应能力较差，经济效益普遍低下，工资水平在较低的基础上也只能维持缓慢的增长。

二、地区间工资增长不均衡，工资差距拉大

我国地区间自然地理条件和经济发展水平差距很大，居民收入及工资水平也存在巨大的差异。从工资增长速度看，1996年，平均工资增幅居全国前列的为西藏、云南、吉林、北京、天津，增幅都在17%以上。而海南、广西、湖南、甘肃和辽宁的工资增幅则较低，不到10%，其中海南只有2.5%，工资增长速度与地区经济的发展速度成正相关关系。地区间工资增长的不均衡，使各地平均工资的差距继续拉大。平均工资较高的地区有西藏、上海、北京、广东、天津，其中西藏和上海都已过了万元大关，而黑龙江、内蒙古、江西、陕西、贵州、河南六省的平均工资则不到5 000元，工资高低之比由1995年的2.24：1扩大到2.43：1，工资差距由5 145元扩大到6 523元。其原因除了西藏是由于国家政策给予特殊政策，大幅度提高了机关事业单位职工工资水平外，主要是经济发展水平上存在着差异，在经济发达地区，企业的经济效益多较好，可以随时提高工资水平，政府财政也有较充裕的经费，往往突破国家的计划和有关政策规定给机关事业单位增加津贴和补贴；而在经济欠发达地区，企业经济效益多较差，难以承受较高的工资支出，政府财政也很紧缺，即使国家有了增资政策和指标，也难以落实。从近几年各地区工资变动的情况看，工资增长的市场机制已大大加强，而国家的政策约束能力已大大削弱。因此，缩小工资水平和差距首先应缩小经济发展上的差距。

三、工资水平较高的行业工资增长较快，行业间工资差距进一步扩大

改革开放以来，我国国民经济各行业市场开放程度不同，在市场竞争中所处的地位也有很大区别。目前对各行业大体可以分为三类，一是完全竞争性行业，如商业、制造业、建筑业等；二是部分竞争部分垄断行业，如金融保险业、交通运输业等；三是垄断性行业，如电力、邮电。而各行业的工资水平与其在市场竞争中所处的地位有很密切的关系，完全竞争性的行业为了提高其竞争性，必须压低职工工资以降低人工成本，工资大多保持在较低的水平；部分竞争部分垄断的行定的工资水平则有高有低；而一些垄断性行业的职工工资水平不仅高且增长速度也快，虽然其中有的行业已经出现了亏损，但工资仍只增不降。我国若干行业1996年工资水平表见下表：

若干行业职工工资水平及增长情况

行 业	平均工资（元）	增长速度（%）	以制造业为1	
			1996年	1995年
电力	8 816	12.4	1.56	1.51
金融保险	8 406	14.0	1.49	1.43
房地产	8 337	13.7	1.48	1.42
科学研究	8 048	17.6	1.43	1.32
运输邮电	7 870	13.3	1.39	1.34
采掘	6 482	12.6	1.15	1.11
建筑	6 249	8.0	1.11	1.12
制造	5 642	9.2	1.00	1.00

从上表可以看出，各行业的平均工资水平增长速度差距是很大的，电力、金融保险业的工资水平之所以高，与其垄断性经营不无关系；而制造业工资低，虽然有过去的重复建设，社会负担重，管理水平低等因素，但近年来遇到了国际国内市场竞争的巨大压力也是重要原因。一些行业的工资是高水平基础上的高增长，而另一些行业是低水平基础上的低增长，这必然导致行业间工资差距的进一步扩大。与电力行业相比，制造业职工的平均工资要低3 174元，建筑业要低2 567元，工资差距分别比上年扩大了500元和509元。可喜的是采掘业中的煤炭企业多实行以产定员、多种经营等措施，亏损面缩小，亏损额下降，一些矿务局工资发放开始转入正常，并通过不同形式全部或部分补发原拖欠工资，工资增长速度加快。这也说明，要缩小行业和企业间工资水平上的差距，除了国家在政策上注意消除垄断保护和鼓励竞争外，企业多练“内功”，提高自身在市场上的竞争力，也十分重要的。

四、机关、事业工资增长快于企业

机关、事业单位与企业的工资资金来源是不同的，其决定机制也应不同。机关、事业单位职工工资主要来自国家和地方财政，因此财政对机关、事业单位职工工资的约束力很强；而企业工资资金完全来自自身的经营和发展，因此企业的经济效益对其工资有决定性的影响。机关、事业单位职工与企业职工的工资水平比较也是一个复杂的问题，科学的比较应是两类单位中同等条件人员的工资水平比较。但我们目前还缺乏这方面的资料，因此只能用总体平均工资水平进行比较。据统计，1996年，机关单位平均工资为6 352元，比上年增长14.6%；事业单位为6 241元，增长13.5%；企业（指非农企业，下同）为6 040元，比上年增长10.6%，比机关低4个百分点。在国有单位中，企业职工平均工资为6 462元，机关为6 358元，事业为6 282元，企业的工资水平仍高于机关、事业单位，但机关、事业单位工资增幅高于企业，机关、事业单位工资水平与企业的差距正在缩小。这种变化趋势与经济发展和改革的进展情况也是吻合的。1996年，随着国家各项社会保障制度改革措施的出台，企业上交的退休费统筹金、失业保险金、医疗保险金、住房公积金等费用增加较多，社会负担相对加重，也影响到工资水平的提高。而1996年国家财政情况相对较好，机关、事业单位的工资资金多能保证，再加上部分机关、事业单位还在政策允许的范围内（也有违反政策的情况）自筹了部分工资资金，因此工资稳定增长。但是，机关、事业单位用"创收"的办法来解决工资资金问题毕竟弊多利少，它扰乱了正常的工作秩序，败坏了机关的风气，损害了政府和国家公务员的形象，应当随着改革的深化而逐步规范或取消。

五、停发、减发、拖欠职工工资的现象仍较严重

按《劳动法》及有关法规制度要求，用人单位不能出现停发、减发、拖欠职工工资的现象。但目前我国是处在向社会主义市场经济新体制过渡的特殊时期，部分企业生产经营面临着很多困难，经济效益下降，职工也难以按时足额领到工资，有的企业拖欠职工工资达数月。东北和西部地区停发、减发、拖欠职工工资比较严重，如黑龙江全省拖欠职工工资达30个亿，相当于全省工资总额的8.3%；河北拖欠工资也高达11.7亿元，比上年增加7.6亿元。在一些经济比较落后、财政比较困难的地区，机关、事业单位拖欠职工工资的现象也时有发生。甘肃省三季度拖欠职工工资（主要是机关事业单位）的县有30多个，有的拖欠时间达半年以上。从生产方面看，工资是人工成本的重要组成部分，但从消费方面看，工资是消费资金的重要来源，停发、减发、拖欠职工工资不仅影响职工的生活和社会安定，而且由于降低了居民的消费能力，反过来也会影响到经济的发展。

六、下岗职工的生活费较低，生活比较困难

大批职工下岗是企业改革深化过程中出现的一种新的劳动经济现象。1996年企业下岗人数较多，有的职工下岗时间较长，虽然有一些下岗职工通过各种途径走上新的就业岗位，取得一定的劳动报酬，生活尚过得去，但全国仍有500多万下岗职工处于无业状况。政府、企业和社会对下岗人员的再就业和生活问题都十分关心。为保证下岗人员的基本生活，政府、企业和有关部门联合筹集资金，给下岗职工发放了一定量的生活费。据统计，1996年全国共发放下岗职工生活费82.5亿元，平均每人900多元，相当于职工平均工资的15%。但各地区各类单位生活费发放情况很不均衡。分地区看，北京、上海两市下岗职工人均生活费分别为3 013元和2 226元，而黑龙江省只有321元，全国下岗职工人均生活费不足千元的有12个地区。分经济类型看，其他经济单位下岗职工的生活费为1 526元，国有单位1 075元，城镇集体单位仅557元。分企业和事业、机关看，事业、机关单位下岗职工生活费较高，分别为1 667元和1 750元，而企业仅为915元。虽然部分下岗职工还有一些其他收入，但大多数下岗职工的生活都较困难。

（执笔：杨建春）

11.4 我国小城镇的发展

一、发展背景

我国政府把小城镇建设纳入了重要工作日程，提出了积极发展小城镇的城市建设方针，适应小城镇发展的需要，经国务院批准，1984年对建制镇的标准重新进行了修订。新标准颁布以后，我国建制镇平均以每年近1 000个的速度迅猛发展，1996年达到17 500多个，总人口2亿多人。目前，小城镇已成为深化农村改革，解决深层矛盾，顺应农村经济发展的必然要求和重要途径，许多小城镇已经或正在完成由一般农村集市向新型城镇的转变，对我国社会经济的快速发展作出了巨大的贡献。

二、发展现状

在过去的十几年里，我国小城镇建设有了较快发展。规划工作从无到有，基础设施得到改善，经济水平进一步提高。

1. 镇区人口、面积具有一定规模。从人口情况看，平均每个小城镇(【注】以下资料来自1996年全国1 035个建制镇的抽样调查)镇区人口1.63万人，占全镇总人口的35.5%。其中非农业人口占主体地位，为1万人，占63%；农业人口为6 300人，占37%。从面积看，建成区面积为176公顷，占镇域总面积的1.9%。建成区布局基本合理，住宅占地最多，占31.7%；工商业和金融占24.4%；公共建筑、交通各占7.8%；市政占地4.3%。

2. 镇区就业人口多，比例大，大多分布在二、三产业。全国平均每个调查镇镇区就业人口达1.15万人，为镇区总人口的71.6%，比城市高出

23个百分点。究其原因主要是流动性人口就业比例偏大。在就业人口中来自镇外的就业人口已达44.5%，跨镇区就业已成为小城镇就业的重要组成部分。按产业结构分，第一产业为2 000人，占17%；第二产业为5 100人，占44.4%；第三产业为4 400人，占38.6%。二、三产业在小城镇就业中已占有主导地位。按所有制分，集体企业有3 310人，占28%；个体企业有2 960人，占25%，国有企业有2 620人，占22%。这三类企业占就业人口的绝大比重。

3. 社会性基础设施发展较快，而且往往是住宅及商业、服务业首先启动，率先发展。从调查情况看，小城镇拥有各类中专院校、成人学校、职业技工中学、普通中小学及幼儿园。特别是中小学教育已得到普及，平均每个小城镇在校中小学生数达4 000多人，全部在校学生数占全镇总人口的1/10；平均每个调查镇拥有幼儿园已达6个，每个幼儿园在园儿童数100人。各类文化设施的建设正处于蓬勃发展阶段，影剧院、文化站、图书馆、电视台(站)、广播台(站)平均每镇达到1个，基本满足了小城镇居民多种多样的文化生活需要。医疗卫生事业、社会福利事业也有了较快的发展。平均每个小城镇拥有卫生院(所)8个，每个院(所)平均拥有专业医务人员22人。拥有福利院、敬老院1个，每个福利院、敬老院有专业人员5人，收养27人。

4. 技术性基础设施已具有一定的规模。交通以公路为主，发展较快，道路铺装率达73%；平均每镇生活供水，自来水普及率达68%；生活用燃气普及率为51%；电话装机容量达5 000门。但总体来看，发展较为滞后。自来水普及率离大中城市95%以上的水平还有很大差距，且上下水不配套；生活用燃气更大大低于大中城市水平。特别是对废水和垃圾处理能力弱，处理率低。每个小城镇废水处理率仅27%，垃圾处理率为45%。

5. 小城镇建成区经过十几年的快速发展，经济总量已达到了可喜的规模，平均每个小城镇经营总收入达6.5亿元，拥有固定资产原值3亿多元，固定资产净值2亿多元，每年利税总额达5 000多万元。居民收入在农村中居有较高水平，镇区居民人均纯收入为3 100多元，比全国农村人均纯收入高出近1倍。

6. 工商业是小城镇获得持久发展的最大动力源。调查结果显示，平均每个小城镇工业企业收入为3.4亿元，占镇区总收入的52%，就业人数占企业总人数的一半以上，成为小城镇经济发展的主要支柱。工业的发展及商业的繁荣增加了地方收入，成为小城镇获得持久发展的最大动力源。平均每镇工商业税收达600多万元，占镇财政预算内收入的63%。

7. 第三产业已成为小城镇发展的重要组成部分。在平均每个调查镇经营总收入6.5亿元中，第三产业收入为2亿元，占31%，已成为小城镇发展的重要组成部分。如浙江湖州市织里镇第三产业经营收入达28.4亿元，占该镇经营总收入的84%。从镇区企业情况看，平均每个调查镇有企业950个，其中第三产业686个，占72.2%；从业人数8 800人，其中第三产业3 200人，占36%。随着小城镇社会经济的发展，第三产业在小城镇经济中比重也将会逐步提高，对国民经济和社会发展的促进作用也将越来越重要。

8. 集市贸易的发展，给小城镇带来了勃勃生机。调查镇平均社会商品零售总额为15 800万元。平均每个调查镇镇区集贸市场4个，年商品贸易成交额达1.9亿元，有的已达到相当规模。

9. 文教、科学、卫生事业普遍得到重视，对农村的辐射带动作用日益显著。小城镇普遍重视文教、科技卫生事业的发展，在财政预算内支出中有近40%用于文教、科学、卫生事业，高出全国平均水平16个百分点。文教、科技、卫生事业的发展不仅丰富了居民的生活，提高了人民素质，而且对周围农村的辐射带动作用日益明显，为建设现代文明的新农村做出了重要贡献。

三、小城镇的快速发展，对我国农村经济乃至国民经济都将产生深远的影响

首先，小城镇是实现农村剩余劳动力转移的有效途径。目前，我国农村仍有1亿多的剩余劳动力需要转移，而且数量每年还在不断增加。许多研究表明依靠发展大中城市吸纳农村剩余劳动力的能力是有限的，而在接收农村剩余劳动力方面发挥了重要作用的乡镇企业正在向内涵效益型转变，吸纳农村剩余劳动力能力也在下降。在这种情况下，大力发展小城镇则能成为实现农村剩余劳动力快速转移的有效途径。我国有1.75万个建制镇，3万个乡人民政府所在地集镇，如果每个小城镇平均接纳2 000个农村剩余劳动力，则可以解决1亿多劳动力就业，从而大大缓解农村劳动力就业的压力。如果平均每个小城镇再接纳2 000人，则可以使在城镇就业的农村劳动力达80%以上，从而从根本上改变我国农村劳动力就业结构。

其次，发展小城镇有利于加快农村城市化进程。城市化是社会进步、经济发展的必然。一般发达国家城市化水平达80%以上，一些发展中国家也有着较高的水平，如印度、巴基斯坦等城市化水平达40%。我国由于农村人口众多，城市化水平比较落后，不到30%，提高城市化水平任重而道远。

第三、小城镇有利于加快乡镇企业的发展，实现农村工业化。乡镇企业曾经为农村经济的发展作出了重大贡献。但是问题也日益暴露出来。乡镇企业规模小，每个企业平均仅6人，布局极端分散，大部分分布在农村，不仅难以管理，而且无法实现相应的聚集效益。通过小城镇的发展，使目前分散的部分工业企业集聚到小城镇，实现生产要素的合理流动和资源的最佳配置，促进乡镇企业上规模、上档次，加快发展步伐，走有中国特色的农村工业化道路。

第四、发展小城镇是我国农村企业转变增长方式，实现经济可持续发展的重要途径。农村企业转变增长方式，走可持续发展的道路，是发展农村经济必须面对的重要问题。我国人口众多，人均资源相对贫乏。发展小城镇可以加强对资源利用的规划管理，特别是增强企业保护耕地的意识，监督合理使用耕地，最大限度地减少资源的浪费和对环境的破坏，实现农村经济的持续稳定增长。

目前，由于体制及各种客观和主观上的原因，小城镇在发展中也暴露出种种问题。主要有：缺乏科学合理规划，建设上带有盲目性、土地浪费时有发生，建设资金、技术匮乏，东中西发展不平衡等。针对这些问题，要通过深化改革，加强规划，采取切实可行的发展战略，促进小城镇健康快速发展。

（执笔：刘存信　张明梅）

专栏11.3　我国的贫困状况与扶贫计划

贫困与发展是当前世界的两大课题，我国政府于1994年颁布实施的《国家八七扶贫攻坚计划》（以下简称“八七计划”），旨在用本世纪末的最后七年时间，基本解决全国8 000万贫困人口的温饱问题，结束中国农村绝对贫困的历史。从“八七计划”实施以来，我国的扶贫工作取得了明显的成绩，贫困人口由1992年底的8 000万人减少到1996年的5 800万人，中国的反贫困战略取得了阶段性成果。

一、中国贫困的概念

贫困，可以分为绝对贫困和相对贫困。在我国，农村贫困标准的界定一直采用绝对贫困的概念，即在一定的社会生产和生活方式下，一个人或一个家庭的生活水平达不到一种社会可接受的最低标准。在短时期内如果扣除物价影响，这个最低的贫困标准变化不大。以此为根据，确定出了1995年我国的贫困标准为农民人均纯收入530元。

二、贫困现状

经过多年的扶贫开发，我国的贫困人口已由1978年的2.5亿下降到1996年的5 800万，扶贫工作取得了阶段性的成果。我国的脱贫进程大体可分为三个阶段：

第一阶段，1978—1985年间，农村实行了联产承包责任制，推动了农村经济高速增长，贫困状况大大缓解。农村贫困发生率由30.7%降到14.8%，贫困人口从2.5亿减少到1.25亿，平均每年减少1 786万人；

第二阶段，1986年国务院成立了扶贫开发领导小组，从那时起我国开始了有组织、有计划、大规模的扶贫开发工作。国家为了集中人才物，重点扶持集中连片的贫困地区，首先确定了“七五”时期国家重点扶持的331个贫困县，确定了消灭贫困的主攻目标，到1992年底，全国农村的贫困人口减少到8 000万，贫困发生率下降到8.8%。

第三阶段，1994年始，制定并实施了《国家八七扶贫攻坚计划》，并重新确定了592个贫困县为重点扶持县，其中涵盖了全国农村70%以上的贫困人口，重新确定了扶贫攻坚的主战场。但由于脱贫难度越来越大，1993—1996年四年间，贫困人口共减少了2 200万人，平均每年减少550万人，较之于前一阶段脱贫速度大为减慢。

三、"九五"脱贫，任重而道远

1994年颁布实施的《国家八七扶贫攻坚计划》提出，从1994年到2000年，基本解决全国8 000万贫困人口的温饱问题，结束中国农村绝对贫困的历史，平均每年脱贫近1 200万人口。但"八七"计划实施以来，平均每年只有550万的贫困人口脱贫，离"八七计划"的要求还有很大的差距。从1997年到2000年只有四年的时间，要解决剩余贫困人口的温饱问题，仍需要每年脱贫1 400万以上，而且还不能出现返贫人口，这足以说明最后4年脱贫任务之艰巨。而且剩下的贫困人口，主要分布在中西部的深山区、石山区、黄土高原干旱区、高寒荒漠区、地方病高发区、及水库库区，大部分地方地理位置偏僻，交通不便，自然条件恶劣，生产和生活条件十分艰苦。

贫困人口虽然越来越少，但脱贫难度越来越大，扶贫任务越来越艰巨。1996年中央扶贫工作会议上，党中央、国务院再一次提出要如期实现"八七扶贫攻坚计划"，表明我国政府要在本世纪末基本解决贫困人口温饱的决心和信心，虽然扶贫任务重、困难多，但只要全国人民齐心协力、共渡难关，"八七计划"定会如期实现。

（执笔：张 毅）

中国经济在世界位次稳步提高

第十二章

第十二章　中国经济在世界位次稳步提高

12.1　'96 中外经济和社会发展比较

和平和发展是当今世界的两大主题。近年来，世界绝大多数国家，无论是发达国家，还是发展中国家，都利用"冷战"结束(1991 年)后相对有利的国际环境，发展经济，增强综合国力。1996 年，除欧洲经济增长速度下降，亚洲发展中国家增长速度略缓外，世界其他国家经济增长速度均高于或相当于 1995 年的速度：美国、大洋洲继续稳定增长；日本经济开始复苏；拉美和中、东欧国家摆脱长期经济衰退，走上稳步增长轨道；撒哈拉以南非洲国家经济增长率 10 多年来首次超过人口增长率；俄罗斯经济虽为负增长，但也出现复苏迹象。此外，发展中国家一改长期以来随着发达国家，特别是美国经济景气波动而波动的现象，连续多年以较高速度增长，这主要是世界经济区域集团化、多极化以及东亚和东南亚经济崛起所致。1996 年，经济增长的国家首创 1973 年以来的最高纪录。也就是说，世界经济进入普遍增长的新时期，发展中国家经济发展趋势尤其看好。

1996 年，中国宏观调控取得显著成效，有效抑制了通货膨胀，经济增长 9.6%，虽略低于上年，但国民经济仍处于快速发展区间，基本实现了"软着陆"的调控目标。中国经济和世界经济的联系进一步加深，综合国力得到加强，有效利用了国际商品、资本、技术市场，促进了本国经济的发展。

一、中国经济总量位居世界前列

1996 年，中国国内生产总值达 68 594 亿元，若按世界银行三年调整汇率法折算，估计约为 8 146亿美元，仍居世界第七位和发展中国家首位，约占世界国内生产总值的 2.7%和发展中国家的 14.4%，而 1994 年的比例则仅为 2.4%和 11.9%。在"八五"末、"九五"初，中国综合经济实力继续得到加强。

中国国民生产总值及人均国民生产总值与有关国家和地区比较

	世界银行三年平均汇率法			
	国民生产总值(亿美元)		中国相当于有关国家和地区的%	
	1990 年	1995 年	1990 年	1995 年
世界总计	208 390	276 873	2.0	2.7
发达国家	163 000	225 082	2.6	3.3
美　国	54 458	71 000	7.6	10.5
日　本	31 409	49 636	13.2	15.0
德　国①	14 113	22 523	29.5	33.1
法　国	10 998	14 511	37.8	51.3
英　国	9 236	10 947	45.0	68.0
意大利	9 706	10 881	42.8	68.5
加拿大	5 428	5 737	76.6	129.8
西班牙	4 294	5 323	96.9	139.9
韩　国	2 311	4 351	179.9	171.2
发展中国家	45 390	51 791	9.2	14.4
中　国	4 159	7 449	100.0	100.0
巴　西	4 028	5 798	103.3	128.5
俄罗斯		3 319		224.4
印　度	2 948	3 197	141.1	233.0
墨西哥	2 145	3 046	193.9	244.6

注：①1990 年指原联邦德国。

1996年中国人均国民生产总值超过650美元(按世界银行三年调整汇率法估算),按1995年世界银行人均收入水平分组,仍为低收入国家(765美元以下)。

中国主要工农业产品产量居世界的位次得以提高和巩固。1996年,中国谷物、棉花、油菜籽、肉类、煤、布、水泥、电视机产量继续保持世界首位,钢产量首次突破1亿吨,达到10 124万吨,从1995年的世界第二位跃居首位,其他产量则保持上年的位次。

中国主要工农业产品产量的国际比较

	单位	工农业产品产量		居世界的位次		占世界总产量的%		相当于美国的%	
		1990	1996	1990	1996	1990	1995	1990	1995
谷物	万吨	40 781	45 127	1	1	20.9	21.9	130.4	150.2
棉花	万吨	451	420	1	1	24.4	24.0	132.6	121.9
油菜籽	万吨	696	920	1	1	28.4	28.2	107倍	39倍
肉类	万吨	2 857	5 915	2	1	16.3	25.4	99.5	155.4
钢	万吨	6 635	10 124	4	1	8.6	14.2①	74.0	101.9
煤	亿吨	11	13.97	1	1	21.6	30.4①	118.4	132.3①
原油	万吨	13 831	15 733	5	5	4.7	5.2①	37.3	43.7①
电	亿度	6 212	10 813	4	2	5.3	8.6①	20.6	28.4①
布	亿米	189	209	1	1			486.4	565.0①
水泥	亿吨	2.1	4.9	1	1	18.2	31.1①	295.6	631.8
化肥	万吨	1 880	2 835	3	2	12.7	19.0	77.4	99.9
糖	万吨	582	640	6	4	4.7	4.7	83.9	82.1
电视机	万台	2 865	3 541	1	1	21.0	24.5①	190.2	236.5①

注:①1994年数字。

目前,中国人口数占世界总人口的21.1%,对照中国主要工农业产品产量占世界的比重可以发现,中国人均主要农产品产量超过世界平均水平,而主要工业产品产量(除煤、水泥和电视机以外)则低于世界平均水平。

在看到中国经济总量扩张所取得成就的同时,还应当看到,与国外相比,中国整体经济素质不高,存在经济结构不合理和经济效益低下,即高投入低产出的问题,主要表现在以下几个方面:

(1)单位国内生产总值所需的各种投入较多,投入产出比过高。以1994年为例,中国平均每百美元国内生产总值消耗227.4公斤标准煤的能源,其中有177.3千瓦时的电力,分别是日本的17倍和8倍,是世界平均水平的5倍和3.5倍,是印度的1.9倍和1.3倍。中国经济的高能耗主要表现在占国内生产总值近一半的工业的高能耗上:1994年中国每百元工业增加值消耗能源总量和电力分别是日本的32倍和15倍,是墨西哥的6.6倍和5.2倍。

(2)全员劳动生产率低下。1996年,中国全员劳动生产率为9 902元,若按世界银行三年平均汇率法计算,折合1 179美元,分别为1995年日本、美国、韩国、墨西哥的1.6%、2.1%、3.4%、5.5%,仅比印度高16.2%。

(3)表现最为突出的是工业企业效益低下,亏损面扩大。

1994年中国国民经济能耗指标与有关国家和地区比较①

	每百美元国内生产总值		每百美元工业增加值	
	消耗能源(公斤)	耗电(千瓦时)	消耗能源(公斤)	耗电(千瓦时)
世界总计	44.6	50.3		
美国	44.7	49.8	24.8	44.3
日本	13.5	21.0	11.0	18.2
德国	21.7	25.9	15.1	25.3
韩国	44.6	49.4		
中国	227.4	177.3	350.6	278.7
印度	117.1	131.4		
印度尼西亚	51.8	35.1		
墨西哥	49.5	38.0	53.2	53.5

注:①能耗为各种所需能源消耗折合标准煤后的合计数。

二、中国对外经济在世界的地位

经过十九年的改革开放,一方面中国综合国

力得到增强，另一方面与世界经济的联系也不断加深。作为世界第七经济大国、第一人口大国、第十一大出口来源地和发展中国家第一经济大国，中国经济在世界经济中占有越来越重要的地位。在商品贸易市场、国际资本市场和国际旅游市场，中国均占有重要地位。

（一）中国是世界第十一大商品出口来源地

1996年，中国进出口贸易总额达到2 899亿美元，比上年增长3.2%。其中出口额达到1 511亿美元，比上年增长1.5%，位居美国、德国、日本、法国、英国、意大利、荷兰、加拿大、香港和比利时一卢森堡之后的世界第十一位。1995年，中国出口额占世界的3.0%，比1990年上升1.2个百分点。与中国国内生产总值居世界第七位相比，中国对外贸易仍有很大发展潜力。

中国出口产品结构不断改进。自1995年起，附加值率较高的机电产品超过纺织品而成为第一大类出口商品。1996年，中国机电产品占全部出口的31.9%，高于世界平均水平(29.6%)，但低于主要发达国家水平(美国、日本、德国等)。

由于实行了贸易多元化战略，中国出口产品的地区结构有所改善，1996年对大洋洲和拉丁美洲出口增长较快。与世界进口市场结构相比，欧盟和拉美国家占中国出口额的比重偏低，对这些国家的出口仍有较大潜力；与亚洲发展中国家出口市场相比，中国对美国、非洲所占比重偏低，有必要进一步开拓这些国家的市场。

经历了1992～1995年进出口贸易高速增长后，1996年中国对外贸易额仅增长3.2%。这主要是1996年实行外贸体制改革，而国营外贸企业对市场经济适应能力较差所致。同时，非国有经济(主要是外资企业)对外贸易发展很快，占全部对外贸易额的比重上升较快，国有企业外贸额1996年甚至出现负增长。此外，受宏观经济政策影响，中国出口市场的地区结构年度波动较大。所有这些都是亟待解决的问题。

1993年以来，随着进出口贸易平衡状况的改善，中国外汇储备保持上升势头。到1996年底，中国外汇储备首次突破千亿美元大关，达1 050亿美元，居世界第二位(仅次于日本)。

（二）中国吸收外资总额居发展中国家首位

1996年，中国实际利用外资总额达548亿美元，比上年增长13.9%。其中外商直接投资417.3亿美元，增长11.2%，占当年发展中国家吸收外商直接投资总额的三分之一。

80年代末以来，发展中国家吸引外资的竞争趋于激烈，吸收和容纳外资的能力正成为一国竞争力的重要标志。1990年以来，中国吸引外国长期资本一直居发展中国家前列，1993年吸收外国资本总额从原来的第三位(仅次于墨西哥和巴西)上升到发展中国家首位和世界第二位(仅次于美国)。据估计，目前世界有50%以上的跨国公司把中国当成首选投资目标。

近年来，中国的外商投资结构进一步改善，基础设施、基础产业和支柱产业项目以及资金、技术密集型项目增加。外资在中国国民经济和对外经济关系中发挥了越来越重要的作用。1996年，外资企业对外贸易额占全部贸易额的比重已达47.3%。

同时，也应注意到，由于实行外贸体制改革，特别是取消外资企业所享有的进口税率优惠政策，1996年中国协议引进外资额呈锐减势头，为改革开放以来所罕见。这意味着今后几年内，实际引进外资总额会出现下降。这对于中国国际收支的稳定和偿付外债本金，都将是考验。

对于引进外资工作，有关方面应当予以足够重视，这方面的政策要有连贯性，要特别加强对吸引外资工作的规范化管理，税制方面的优惠措施也应通盘考虑，做到全国一盘棋，努力避免各地间在税率优惠方面的竞争。

1995年底，中国外债余额为1 065.9亿美元，仅次于巴西和墨西哥，居世界第三位；偿债率(外债还本付息额与商品和劳务进出口额的比重)为7.3%，低于国际公认的安全线20%。在这一方面，除了防范外债风险外，还必须组织好国内配套资金，并提高举借外债所得资金的使用效益。

（三）中国国际旅游业收入居世界第九位

1996年，中国全年接待外国游客、海外华侨和港澳台同胞5 112.8万人次，占世界国际旅游人次的8.6%，分别居世界第二位(仅次于法国)和发展中国家首位，位次分别比1990年提高11位和两位。1996年，中国旅游外汇收入达102亿美元，位居美国、西班牙、法国、意大利、英国、奥地利、德国和香港地区之后的世界第九位和发展中国家(地区)第二位(仅次于香港)，分别比1990年提高16位和4位。

三、中国经济增长的特点

(一)实现软着陆的宏观调控目标

1996年，中国成功地实现经济软着陆，有效地遏制了通货膨胀，从国际经济发展的角度看，这一成就是十分难得的。

西方宏观经济学以追求低通货膨胀和低失业率的经济增长为主要目标，着重研究政府宏观经济政策取向(如货币政策和财政政策等)。但由于宏观经济运行的均衡点难以界定，周期性经济规律必然导致经济景气波动，特别是资本主义经济的固有矛盾不可调和，宏观经济政策难免导致不良后果：紧缩的货币和财政政策遏制了总需求，并影响了经济景气；宽松的宏观政策在刺激经济增长，但从长期发展趋势看，又必然导致通货膨胀压力加大；最严重的后果是宏观政策失灵所导致的高通货膨胀和经济衰退同时存在，即所谓"滞胀"。市场经济国家，无论是发达国家还是发展中国家，都存在周期性经济规律。只不过发达国家总体经济增长速度低，在景气低迷时陷入萧条和衰退，而一些发展中国家则因总体发展速度较高而表现为低速增长。

近二十年，韩国、新加坡、泰国这样的亚洲"四小龙"和新"四小龙"国家，经济高速发展中同样存在一定的周期性。也就是说，经过2～4年的扩张期后，经济转入1～3年的稳定期或放缓期，通过对各种经济增长因素的调整，重新进入高速增长期，如此反复地推动经济长期持续高速增长。

每次经济周期中，美国的扩张期和收缩期的时间长短也不尽相同。1976年至1982年的经济周期中，表现为双谷底的经济衰退期长达三年。在随后的1983年至1991年经济周期中，经济扩张期长达七年之久，创二战结束后的最长纪录。1988年，美国经济增长率为3.9%，通货膨胀率达4.1%(已超过4%的低通货膨胀界限)，尽管失业率为近15年来的最低点(5.2%)，但经济过热的特征已得到充分表现。为此，1988年3月至1989年5月，美国联邦储备委员会实行所谓经济"软着陆"计划，试图通过连续多次上调利率的宏观微调来降低通货膨胀率，同时努力使经济增长率不至于过快降低和出现经济衰退。但本次经济扩张期较长，积累的矛盾很多，特别是里根政府长期实行减税等刺激投资和消费的经济政策，使得政府债务和个人债务迅速膨胀(其中1990年公共债务相当于国民生产总值的1.42倍)、国际收支和财政收支赤字迅速扩大，结果经济微调虽然降低了过高的通货膨胀，但同时遏制了消费和投资，加速了经济衰退。可以说，美国"软着陆"计划最终彻底失败了。

中国从1991年开始的新经济周期中，1992年至1995年经济增长率连续四年达到两位数的高速增长，同时通货膨胀压力明显加大，1993年至1995年三年居民消费物价总指数上涨率达到两位数，其中1994年达到24.1%。为了实现经济持续稳定增长目标，政府采取了逐步微调的紧缩政策，到1996年，基本实现了软着陆的宏观调控目标，通货膨胀率(消费物价指数上涨率)从1994年的24.1%降至8.3%，经济增长率从1992年的14.2%降至9.6%，在有效遏制通货膨胀的同时保持了经济的快速增长。

(二)经济增长的稳定性加强

1978年以来，中国经济增长的周期表现为每五年左右的经济高涨和紧缩的交替出现。经济高涨与高通货膨胀同时出现，因而表现为经济过热。与1977～1981周期、1982～1986周期以及1987～1990周期相比，1991年开始的最近一轮经济周期具有明显的特点：一是经济扩张期从过去的两年至四年延长到六年，其中两位数以上的增长率年份从过去的两至三年延长为四年；二是经济增长率的波动幅度从1977～1981周期的7个百分点、1982～1986周期的6.4个百分点与1987～1990周期的7.8个百分点降至5个百分点(1997年GDP增长率按9.5%计算)；与上一轮周期相比，控制物价的紧缩力度控制得较好，实现了软着陆的调控目标，经济增长率仍保持在快速增长区间(10%左右)。1991年以来的经济稳定增长之所以得以实现，国内深化经济体制改革、建立社会主义市场经济体制和加强宏观调控是主要原因，中国经济与世界经济联系进一步加深，世界经济进入普遍稳定增长的新时期这一良好的外部环境也是十分重要的有利因素。

(三)经济增长方式开始转变

长期以来,中国经济增长主要依靠高投资和粗放经营的生产规模扩大,同时产业结构不尽合理。党的十四届五中全会和全国人民代表大会八届五次会议确定的今后15年经济建设的总体要求是:“切实转变经济增长方式,显著提高国民经济整体素质和效益,使社会生产力有一个大的发展”,提出了“优化产业结构”和“大力振兴支柱产业”的主要任务,具体要求是“着力加强第一产业,调整和提高第二产业,积极发展第三产业”,“振兴机械、电子、石油化工、汽车制造和建筑业,使之尽快成为带动整个经济增长和结构升级的支柱产业”。

长期以来,中国经济结构不尽合理,特别是第三产业比重偏低。九十年代,中国加大了产业结构调整力度,第二产业占国内生产总值的比重有所上升。1996年,中国第一产业增加值占国内生产总值的20.2%,比1990年下降6.9个百分点;第二产业占49%,上升7.4个百分点;第三产业占30.8%,下降0.5个百分点。目前发达国家三次产业结构为2:26:64,发展中国家为17:28:55。与发达国家相比,中国第一产业比重偏高,第三产业比重偏低;与发展中国家相比,中国第二产业比重较高,而第三产业比重也同样偏低。

1995年三次产业就业人业人口占全部就业人口的比重分别为52.9%、23%和24.1%,其中第二、三产业分别比1990年上升1.6和5.5个百分点。第三产业就业人口比重上升而增加值比重下降,说明第三产业主要是当作吸收就业人口的手段来发展的,其对提高整体经济素质的重要性未得到足够重视。与中国经济发展水平相当国家第三产业占GDP的比重为41%(见《世界银行发展报告》1996年),与之相比,中国长期滞后的第三产业仍明显落后。与“七五”期间相比,“八五”期间中国三次产业对国内生产总值增长的推动力(三次产业按不变价计算的增加值增长额占GDP增长额的比重)分别为8%、67.3%和24.7%,“七五”期间则分别为14.1%、50.7%和35.3%。可见,“八五”期间的经济增长更主要是依靠第二产业的增长,而第三产业的作用没有得到加强。通过国际比较可以发现,中国第一产业劳动生产率低下、第二产业效益过低、第三产业发展不足以及整体经济发展不平衡,使得中国整体经济素质不高,并制约着中国经济的长期稳定发展。中国调整产业结构的任务仍很艰巨。

按不变价计算,近年来中国劳动生产率提高较快,使其对经济增长的贡献加大。1990年全行业劳动生产率比1985年提高11.7%,第一产业和第三产业提高比较大,第二产业几乎没有变化;1995年全行业劳动生产率比1990年提高65.8%,其中第二产业提高82%,第一和第三产业也有不同程度的提高。“七五”期间,全行业劳动生产率对经济增长的贡献率(假定劳动力的投入不变时,劳动生产率提高所导致的GDP增量占全部GDP增量的比重)为31.5%,第二和第三产业的贡献率不足30%。“八五”期间,全行业劳动生产率的贡献率为76%,除第三产业贡献率略低于50%外,第一、第二产业比重均高于80%。

中国劳动生产率提高及其对经济增长的贡献率　　单位:%

	“七五”时期		“八五”时期	
	1990年相当于1985年的%	劳动生产率提高对经济增长的贡献率	1995年相当于1990年的%	劳动生产率提高对经济增长的贡献率
全部行业	111.7	31.5	165.8	76.0
第一产业	112.3	58.9	141.2	108.3
第二产业	102.1	12.7	182.0	84.2
第三产业	108.9	29.8	128.7	49.0

石油化工、机械、汽车和建筑业发展基础良好,技术含量较高,对相关产业的带动作用较大,其中建筑业及居住水平的高低是能否实现小康及达到中等发达国家水平的关键之一,这些行业完

全有必要和可能发展成为支柱产业。1995年,中国电气设备及器材、电子及通讯设备工业独立核算工业企业产值(按1990年不变价计算)分别比上年增长23.5%和43%,远高于全部独立核算工业企业增长率(14.4%);石油加工和炼焦业、普通机械则分别增长12.6%、10.4%,也高于经济增长率;专用设备制造业及运输机械业增长率为7.9%和3.6%,低于经济增长率。1995年,中国建筑业增加值占国内生产总值的6.6%。1991年以来,建筑业增加值增长率已连续六年高于经济增长速度,其中1995年高3.4个百分点。可见,石油化工、机械和建筑业发展势头良好,而汽车制造业则需要加强规划、培植和管理,使之尽快成为带动整个经济增长的支柱产业。

一些国家和地区消费支出构成①

单位:%

	年份	食品和饮料	服装和鞋类	住房、燃料和能源	家用设备及支出	医疗保健	交通和通讯	教育、休闲与娱乐	其他
中国									
城市	1995	49.9	13.5	7.1	8.4	3.1	4.8	8.8	4.4
乡村	1995	58.6	6.9	13.9	5.2	3.2	2.6	7.8	1.8
高收入国家和地区									
瑞典	1992	19.8	6.5	31.4	5.8	3.1	16.1	9.8	7.6
丹麦	1992	21.2	5.3	28.2	6.2	2.3	15.3	10.1	11.4
加拿大	1992	15.8	5.3	24.5	8.8	4.7	14.4	11.1	15.5
新西兰	1990	18.7	5.2	22.4	6.9	6.4	15.7	7.8	16.8
澳大利亚	1992	20.6	5.5	20.3	6.6	7.3	14.8	9.8	15.0
日本	1992	20.1	6.2	20.2	6.1	11.0	9.8	10.3	16.3
法国	1992	18.6	6.1	20.0	7.7	9.8	16.1	7.6	14.1
英国	1992	21.6	5.7	19.4	6.5	1.6	16.8	10.2	18.2
荷兰	1992	14.9	6.7	18.5	7.0	13.1	13.4	10.1	16.3
美国	1992	12.0	6.1	18.3	5.9	17.5	13.6	10.2	16.5
意大利	1992	19.9	9.8	15.9	9.3	6.8	12.1	8.9	17.2
香港	1992	15.6	22.2	15.3	13.3	5.8	10.3	8.2	9.2
上中收入国家									
墨西哥	1992	33.6	7.1	12.8	10.4	4.2	12.2	5.2	14.6
韩国	1994	29.7	4.0	12.3	6.9	6.3	13.2	12.5	15.1
下中收入国家和低收入国家									
印度	1991	54.1	10.0	9.8	4.3	2.3	11.5	3.8	4.2
泰国	1991	31.0	11.6	8.1	10.9	8.0	12.9	4.7	12.9
菲律宾	1992	57.7	3.7	4.1	13.5		5.0		16.0

注:①各国国民核算资料,不完全可比。其中按世界银行收入分组方法,1992年可分为669美元以下的低收入国家、670～2 669美元的下中收入国家、2 670～8 350美元的上中收入国家和8 356美元以上的的高收入国家。

改革开放以来,通过引进外资和增加出口,中国劳动密集型加工工业得到长足发展。这一发展并不是以牺牲其他发展中国家的出口市场份额为代价的,因为亚洲"四小龙"正从劳动密集型加工工业向资本密集型转变,中国只不过是占据这些国家和地区劳动密集型产品所减少的国际市场份额。70年代中期到80年代中期,韩国、中国台湾省、香港和新加坡(亚洲"四小龙")实施重化工业化战略,实现从劳动密集型产业向资本密集型产业的转变,把石油化工和机械制造业等建设成为支柱产业。目前亚洲"四小龙"产业结构正从资本密集型向技术密集型转变,预计它们将部分地从目前占据相对优势的石油化工、机械等行业的国际市场撤出，并把这些行业的投资转向中国，这对中国来说同样也是发展机遇，通过引进外资和产业规划等，中国培育支柱产业的目标是能够实现的。

（四）中国科教文卫事业居世界中等偏上水平

尽管目前中国科学家和工程师人数居世界前列，但研究和开发经费占国内生产总值的比重却仅为0.5%，远低于发达国家平均2%的水平，相当于发展中国家平均水平。

通过对成人识字率、入学率和教育经费占国内生产总值比重等指标的国际比较，可以看出，中国初等和中等教育发展水平较高（超过世界平均水平），高等教育比较落后（仅略高于发展中国家平均水平），基本适应现阶段生产力发展水平的要求。但要提高经济增长的质量和转变经济增长方式，发展高等教育的任务仍很艰巨。

中国居民享有的卫生保健达到世界中等偏上水平。目前，中国平均预期寿命为70.8岁，高于世界平均水平（63岁）；平均每一医生服务人口数为631人，优于世界大多数国家；中国婴儿死亡率为31‰，低于世界平均水平。

（五）中国居民生活质量相当于发展中国家平均水平

在吃的方面，据联合国粮农组织统计，中国居民平均每天食物热值为2 727大卡，高于世界平均水平（2 718大卡）；平均每人每天蛋白质含量和脂肪含量均超过亚洲国家平均水平。在穿的方面，中国人均布的消费量相当于世界平均水平。在住的方面，中国城镇人均居住面积相当于发展中国家平均水平，农村人均住面积高于世界平均水平。在用的方面，中国农村电视机和中国城镇彩色电视机普及率均高于世界平均水平；电话机普及率低于发展中国家平均水平。在行的方面，中国人均轿车拥有量极低，仅相当于世界平均水平的十分之一左右。

尽管从人均收入的角度看，中国属于低收入国家行列。但从消费结构看，中国正处于温饱型向小康型过渡的过程中。中国改革开放和经济建设的成果给绝大多数居民带来了好处，使他亲身体会到经济发展和社会进步。

（执笔：闫海琪）

专栏12.1　世界粮食状况与中国的粮食问题

1991～1995年世界粮食产量年均为19.20亿吨，五年里，二年增产，三年减产，1995年的粮食产量为18.99亿吨，比1994年下降2.8%，而同期世界粮食库存除1993年外，一直呈下降趋势，1996年下降到1981年以来的最低水平。1991年至1995年世界粮食贸易量基本维持在2亿吨左右。其中，发展中国家是缺粮地区，它们的缺粮要靠发达国家供给。目前世界谷物主要集中在美国、法国、加拿大、澳大利亚和阿根廷等五国，其谷物出口量之和占世界总出口量的81.2%。由于需求大于供给，世界粮食价格5年内在波动中趋于上升。

自1978年以来，中国粮食产量总体上说是保持增长趋势，1996年比1978年增长65.5%，年均增长2.84%，而同期人口增长27.1%，年均增长1.34%，也就是说粮食产量增长快于人口的增长。

然而随着人口的不断增加，耕地面积的不断减少和单位耕地面积产量增长速度的放慢，中国粮食供求形势不容乐观。主要表现在：

（1）耕地占用日趋严重。据统计，从1980年至1994年，全国耕地净减少6 598万亩，如按75%的耕地用于粮食生产，亩产按400公斤计算，相当于我国每年减少1 979万吨粮食生产能力。

（2）人增粮紧的矛盾日趋尖锐。由于人口的不断增长，我国每年人均生产粮食始终未突破400公斤，不仅低于世界平均水平，与其它粮食生产发达国家相比，差距更大。

（3）农业投入不足，缺乏后劲。

(4)一些沿海发达地区，由于比较利益的驱动，出现了忽视粮食生产的倾向。

随着人口不断增长，城市化趋势加强，人均收入增加，以及居民饮食更加丰富和结构多样化，中国在今后一段时间里始终面临着缺粮问题。纵观近几十年来的世界粮食供需状况，像中国这样的人口大国，过分依赖国际市场必将处于被动局面。因此，中国决不可能完全依靠国外来解决它的粮食供应问题，而只能主要依靠自己的力量来养活十几亿人口。

如果今后中国对农业生产采取一些措施，预计到下个世纪中期有可能实现粮食基本自给。为实现这个目标，我们必须作出艰苦不懈的努力，需要采取一些对策和措施：

严格控制人口，保护和改良现有的耕地；增加农业生产投资，实施科技兴农；保护农民种粮积极性，提高种粮效益；注意节约粮食；充分利用国际市场，调剂国内粮食缺口。

（执笔：吕庆哲）

12.2 '96世界经济形势及'97展望

一、'96世界经济持续稳定增长

1. 发达国家经济增长略有上升

1996年发达国家经济增长快慢不一，从总体上来说，发达国家经济增长速度由上年的2.1%上升到2.3%。

(1)美国1996年第一季度经济增长率为2%，第二季度高达4.7%，是1994年以来最高的增长速度，主要是由于私人消费支出和政府开支增加，以及外贸出口和企业固定资产投资都高于预期水平的缘故。但下半年的经济扩张速度因长期利率明显上扬而趋于缓和，第三季度的经济增长率已减缓到2.1%。预估1996年美国经济增长率由上年的2%上升到2.4%，通货膨胀率为2.9%，失业率为5.4%。

(2)日本1996年第一季度经济增长率高达12.7%(换算成年率)，然而从第二季度起经济增长开始下滑，第二季度比上季下降0.7%，季增长转为负增长是1994年第四季度以来首次发生，主要是公共投资增幅减缓和个人消费开支下降所致。由于首季度两位数的高增长，预估1996年日本经济增长率由上年的0.9%上升到3.6%，通货膨胀率为0.1%，失业率为3.4%。

(3)1996年欧盟经济增长速度继续减缓，结构性失业率居高不下。

1996年欧盟经济增速下降，主要是因为各成员国为达到1999年实现货币一体化的标准而采取了紧缩开支、降低赤字的措施，预估1996年欧盟经济增长率由上年的2.5%下降到1.6%，失业率为11.3%，通货膨胀率为2.5%。到目前为止，欧盟15国中，财政赤字达到《马约》标准的只有卢森堡、丹麦和爱尔兰，国债达标的只有卢森堡、英国和法国。从目前情况看，欧盟在1999年初建立经货联盟和实行统一货币尽管还存在着很多困难，但准备工作正在加紧进行，1997年达标的国家将会增加，统一货币将可能如期实行。

德国从1996年初以来，受马克升值、工资上涨侵蚀企业利润的影响，第一季度经济增长率仅为0.2%，第二季度回升到1.2%，累计上半年GDP增长率为0.7%。由于税赋降低及电费调降，消费者可支配收入增加带动了民间消费支出的增加，再加上商品进口价格下跌和出口增长，德国经济逐渐好转，第三季度经济增长率达2%。预估1996年德国经济增长率为1.4%，失业率为10.3%，通货膨胀率为1.5%。

英国1996年第一、二季度的经济增长率分别为1.9%和2.2%。由于英国脱离了欧洲汇率机制，从第二季度起设备投资和个人消费都在顺利增加，景气也在扩张，第三、四季度经济增长率分别达2.3%和2.7%。预估1996年英国经济增长率为2.4%，失业率为7.5%，通货膨胀率为2.9%。

法国1996年第一季度经济增长率为0.9%，第二季度受工作日减少、政府削减公共支出和私人消费支出下降的影响，经济增长率下降到0.5%。因6月份的利率调降有助于私人消费支出的增长，以及在德国经济逐渐复苏的带动下，下半年的经济形势逐渐好转，第三、四季度经济增长率分别达1.4%和1.8%。预估1996年法国经济增长率为1.3%，失业率为12.4%，通货膨胀率为2.0%。

意大利1996年第一季度经济增长率为1.5%，第二季度比上季下降1.6%，较上年同期仅增长0.5%。商品出口的增长对过去3年来意大利经济增长有着重要的贡献，但是由于里拉升值已使意大利出口扩张速度趋缓，同时制造业投资也呈现下降趋势。预估1996年意大利经济增长率由上年的3%下降到0.7%，失业率为12.1%，通货膨胀率为3.9%。

2. 发展中国家经济增长稳中有升

由于墨西哥和阿根廷经济复苏、非洲经济增长势头增强、亚洲经济稳定增长，预估1996年发展中国家经济增长速度由1995年的5.9%上升到6.3%。

亚洲地区自1996年年初以来，受半导体市场不景气的影响，以及一些国家为了防止经济过热，限制了预算支出，使得经济增长趋势减缓，预估1996年经济增长率由上年的8.9%下降到8.2%，仍居世界之冠，同时通货膨胀率也由上年的10.9%下降到7.9%。1996年中国通货膨胀率得到有效抑制，国民经济保持快速增长，增长速度为9.6%，居民消费物价上涨率降至8.3%，基本实现了宏观调控"软着陆"的目标。预估今年亚洲"四小龙"的经济增长率由上年7.5%减缓到6.2%，其中韩国1996年前三季度经济增长率分别为7.9%、6.8%和6.4%，低于上年同期的10%、9.7%和9.8%的水平，韩国经济增长减速的重要原因是出口下降，及同日本竞争的钢铁、石油化学制品由于竞争力因日元贬值、韩圆升值而下降，预估1996年韩国经济增长率由上年的9%下降到7.0%；中国台湾省1996年前两季的GDP与上年同期比分别增长5.1%和5.4%，第三季度继续增长，达5.6%，预估1996年的经济增长率由上年的6.1%下降到5.7%；香港1996年上半年由于出口大幅度减少而影响了经济增长，而下半年由于劳动力市场的升温，刺激了消费支出增长，另外股票、房地产交易活跃、银行获利强劲增长都有助于提高民间投资意愿，因此经济增长有所好转，预估1996年香港经济增长率为4.7%；因电子业产品占新加坡制造业产出的44%，受全球电子业生产不景气的影响，新加坡电子产品生产1996年第二季度的增长率下降到7%，创下1992年以来的最低点，且整体制造业的产出由第一季的14%骤降至6.3%，预估1996年新加坡的经济增长率由上年的8.9%下降到7.0%。东盟国家中的印尼，为了抑制通货膨胀，中央银行采取紧缩银根的措施，致使1996年印尼的经济扩张速度减缓，但由于民间企业投资增长较预期强劲，加之石油价格于1996年9月初的上扬有助于出口的扩张，预估1996年印尼经济增长率比上年的8.1%有所下降，但仍可达7.8%；马来西亚历经连续三年的强劲增长后，由于政府采取一系列降温措施，经济增长正逐渐减缓，预估1996年经济增长率由上年的9.5%下降到8.5%；出口增长是带动泰国经济扩张的原动力，由于1996年泰国出口较上年大幅度下滑，预估1996年泰国经济增长率由上年的8.7%下降到6.8%；菲律宾在国内生产状况良好与海外劳工汇款不断增加的带动下，1996年前三季的GNP增长率达7.1%，创下过去5年来最高纪录，预估1996年菲律宾经济增长率为6.8%，达到了政府制定的6.5%至7.5%的目标；越南经济继续保持强劲增长，预估1996年经济增长率仍可达到上年的9.5%，通货膨胀率由上年12.8%下降到9%。印度由于基础设施的瓶颈制约和国内实行高利率政策，经济增长速度有所放慢，预估1996年经济增长率由上年的6.8%下降到6.4%，通货膨胀率也由上年的10.2%下降到7.9%。

尽管政治不稳定和阿以和平进程受阻，中东地区仍显示出经济有所好转的迹象，1996年经济增长率可达到4%，通货膨胀率为10年来最低水平。沙特阿拉伯是世界上最大的石油生产国和出口国，前几年经济负增长，由于近年来石油价格上涨和政府实施财政改革，沙特阿拉伯财政和经济状况已经大体上从海湾战争中恢复过来，预估1996年国内生产总值增长0.7%。

1995年受墨西哥金融危机的影响，拉美地区经济增长减慢，1996年该地区大多数国家都已摆脱了墨西哥金融危机的阴影，外资流入迅速增加，而且资本结构改善，短期资本减少，直接投资增加，从而推动经济回升，预估拉美地区1996年经济增长率由上年的0.9%上升到3%。智利是拉美地区经济形势最好的国家，1996年的经济增长率达到7.4%；巴西已开始抑制通货膨胀，其通货膨胀率1996年可控制在12.3%；1995年受货币危机的影响，墨西哥经济下降7%，但1996年开始复苏，第二、三季度经济增长率高达7.2%和7.4%，预估1996年墨西哥的经济增长率可达3.6%以上；阿根廷1996年经济增长率为2.5%，而1995年出现了4.4%的负增长，今年的通货膨胀率可稳定在0.3%，这是15年来的最低水平。

非洲经济近几年逐步回升：1993年增长1.4%；1994年增长2.5%；1995年增长3%，同整个非洲人口增长率持平。如果说这三年属于恢复性回升，那么1996年则进入了相对稳定的恢复和发展期，预估其国民生产增长率可达4.8%，是80年代以来非洲经济增速最快的一年，并首次超过3%的人口增长速度，扭转了多年来人均收入下降的局面。另外，非洲的通货膨胀率也由1995年的32.1%下降到1996年的21.3%。南非尽管失业率高，但每季度经济增长率逐步攀升，预估1996年经济增长率可高达4%。摩洛哥1995年经济出现了6.9%的负增长，而1996年可望增长9.2%。阿尔及利亚1996年经济增长率可达4.2%，而通货膨胀率不会超过16.9%，大大低于上年的30%。

3. 中、东欧国家经济增长减缓，俄罗斯经济增长依然下滑

1996年东欧七国经济增长开始减缓，GDP增长率由1995年5.5%降到4%，GDP增幅回落是1992年实施经济改革以来的首次。由于来自欧盟国家的出口需求下降，捷克1996年GDP增长率比预期要低，预计达到5.1%。波兰国民经济从1993年开始以5.1%的平均速度持续而稳定增长，其中1995年国民经济已恢复到1989年的实际水平，在中、东欧国家中名列前茅，1996年以来波兰经济继续保持增长势头，失业率下降，通货膨胀率得到有效控制，但对外贸易形势、企业财政状况和农业形势不如上年，预计1996年波兰经济增长率低于上年，但仍可达5.5%。保加利亚1996年春天谣传部分企业发生信用危机，预计1996年其经济增长率可能降为零。匈牙利财政亏损额扩大，持续实施紧缩银根的政策，高价商品的消费减少，预计1996年经济增长率可能维持在1.5%的水平。

1995年下半年，俄罗斯经济出现了相对稳定趋势，基本上实现了零增长。俄政府产生了乐观情绪，认为1996年将是俄罗斯经济开始增长的一年，增幅达4～6%，然而1996年1月至9月俄罗斯国内生产总值比上年同期下降6%，工业产值下降5%，唯独通货膨胀率不断下降，预计1996年俄罗斯国内生产总值比上年下降5～6%，工业总产值下降4%，农业产值下降3%。俄罗斯经济滑坡的主要原因是受大选、进口冲击内需、相互拖欠、影子经济等各种因素的影响。

专栏12.2 1995年世界500家最大企业排行

美国《幸福》杂志每年度按照制造业和服务业的营业额对全球前500家大企业进行排序。1995年度世界500家最大企业排行特点是：

一、日美等发达国家在世界大企业中仍占绝对优势，发展中国家大企业上榜比重不到5%

世界500家最大企业分布在全球27个国家和地区中，上榜企业数位于前十名的国家有：美国（153家）、日本（141家）、法国（42家）、德国（40家）、英国（32家）、瑞士（16家）、韩国和意大利（均为12家）、荷兰（8家）、西班牙和加拿大（均为6家）。发展中国家上榜企业只有24家，仅占世界500家大企业的4.8%。前三名的仍然是上年度的三家日本企业：三菱商事、三井物产和伊藤忠商事，这三家企业的营业额分别为1 844亿美元，1 815亿美元和1 692亿美元。

二、最大企业的经营规模增长加快，获利增长速度减缓

1995 年世界 500 家最大企业的营业总额达 11.4 万亿美元，增长 11.1%，比 1994 年营业总额增长 8.9%的速度快 2.2 个百分点，企业经营规模呈扩大趋势。其中，日本上榜企业的营业额最高，达 39 848 亿美元；美国上榜企业的营业额居第二位，为 32 214 亿美元；德国上榜企业营业额居第三位，为 10 172 亿美元。

1995 年世界 500 家最大企业的利润总额达到 3 233亿美元，增长 14.7%，比 1994 年利润总额增长 62.1%的速度慢 47.4 个百分点。1995 年获利最高的企业是英荷合资的皇家壳牌公司，利润额达 69.05 亿美元，其次为美国的通用汽车公司(68.81 亿美元)和通用电气公司(65.73 亿美元)。从各国企业获利总体水平看，美国上榜企业利润额最高，达 1 580 亿美元；英国上榜企业的利润额居第二位，为 382 亿美元；日本上榜企业的利润额居第三位，为 301 亿美元。

三、贸易业和石油精炼业分别为世界大企业中营业额与利润额最高的行业

1995 年世界 500 家大企业分布在 45 个行业中，按营业额排序，贸易业仍居各行业之首，其营业额达 13 782 亿美元，占 500 家大企业营业总额的 12.1%，上榜 21 家贸易业企业主要集中在欧亚国家；居第二位的行业是商业银行业，上榜企业数由 59 家增加到 64 家，营业额达 11 730 亿美元，占 10.3%；汽车及零件业居第三位，营业额达 10 873 亿美元，占 9.6%。按利润额排序，石油精炼业是获利最高的行业，利润额达 348.1 亿美元，占 500 家大企业利润总额的 10.8%；居第二位的行业是电子和电气设备业，利润额为 243.4 亿美元，占 7.5%。商业银行业居第三位，利润额达 204.7 亿美元，占 7.4%。

四、中国只有四家企业上榜，亟待提高企业经营规模和集约化程度

1995 年中国(包括台湾省和香港)上榜的大企业只有 4 家，其中，中国大陆两家、香港地区 1 家、中国台湾省 1 家，比上年减少了两家企业(中国大陆减少 1 家，台湾省减少 1 家)。在上榜的四家企业中，中国银行排在第 167 位，中国粮油进出口公司列第 338 位，香港地区的怡和有限公司列第 416 位，台湾省的中国石油公司列第 458 位。中国银行在 64 家商业银行中，排在第 24 位，营业额为 192.78 亿美元。中国粮油进出口公司在 21 家贸易企业中，排在第 19 位，营业额为 123.05 亿美元。香港地区的怡和有限公司在食品和药品商店行业的 25 家企业中，排在第 18 位，营业额为 106.36 亿美元。台湾省的中国石油公司在石油精炼业的 21 家企业中，排在最后一位，营业额为 96.42 亿美元。1994 年排在第 209 位的中国化工进出口总公司和排在第 489 位的台湾省台湾电力公司，在 1995 年大企业排行中落榜。

(执笔：杨京英 铁 兵)

二、1996 年世界经济出现的一些新特征

1. 全球贸易持续增长，但增长速度减缓。

近年来随着世界经济的稳健增长，世界贸易也日趋活跃。据 WTO 统计，1995 年世界贸易较上年增长 8%，贸易额首次突破 6 万亿美元。1996 年因受西欧和北美的消费需求缩小，以及亚洲国家高速度的贸易增长势头减缓的影响，预计全球贸易增长率由上年的 8%下降到 5%左右，仍高于世界经济 3.8%的增长速度。1997 年世界贸易的增长将随着西欧经济的复苏而加速。

自 1996 年初以来，亚洲地区进出口贸易普遍减缓，主要是因为：美国电子产品价格下跌对一些国家，如马来西亚(电子产品占总出口的 65%)、泰国(占 20%)造成负面冲击；欧洲一些国家 1996 年初需求降低，直接或间接影响亚洲国家对欧洲的出口。

1996 年中国进出口贸易总额达 2 899 亿美元，比上年增长 3.2%。其中：出口 1 511 亿美元，比上年增长 1.5%；进口 1 388 亿美元，增长 5.1%，进出口增长速度都大大低于上年的水平。

1996 年美国出口为 6 117.2 亿美元，比上年增长 6.2%，进口 7 993.4 亿美元，增长 6.7%，进、出口增长率均低于上年两位数的水平，贸易逆差达 1 876.2 亿美元，又创历史新高。

1996 年日本对外贸易状况也大不如上年，全年贸易出口额为 4 112.6 亿美元，较上年减少 21.1%，进口 3 495.4 亿美元，增长 4.0%，贸易顺差比上年减少近一半。

1996 年欧盟经济由于结构性调整，影响了进出口贸易，预计全年出口增长率由上年的 7.2%降为 4.5%，进口增长率由上年的 6.6%下降到 3.6%。作为世界第二贸易大国的德国，1996 年对

外贸易状况也不景气，出口只比上年增长2.4%，进口增长2.3%。

1996年世界贸易中的一个大问题是美国的霸道行为，世界贸易组织倡导的自由贸易原则受到美国的干扰。近年来美国恢复了西方经济火车头的作用，连续几年保持经济增长率高于日本和西欧，又突出了美国在“一超多强”世界格局中的超级大国地位。所以美国有恃无恐，不顾其它国家的利益，推行治外法权，国会通过了损害别国利益的“赫尔姆斯—伯顿法”和“达马托法”，祸及西欧、加拿大和拉美一大批国家，引起了它们的不满，纷纷制定反措施予以报复，严重影响到正常的国际贸易秩序。

2. 世界谷物产量有所回升，国际市场粮价开始下跌

据国际粮食理事会预测，1996/1997年度世界粮食产量比上年增长5.9%。其中小麦产量为5.73亿吨，其它粮食作物形势更好，将增长10%。中国粮食在1995年获得丰收后，1996年又是一个历史上高产丰收年，总产量达5.045亿吨。目前国内粮食供求状况大为好转，市场粮价稳中有降，粮食库存为历史最高水平，市场供应的保证程度明显增加。

由于世界粮食产量增加，以及中国在本年度粮食供需平衡，解除了国际粮食市场可能因中国大量进口谷物的压力，国际粮价开始下跌，芝加哥粮食期货市场上的小麦价格已从1996年4月份的7.20美元/蒲式耳下滑到11月的3.84美元/蒲式耳，玉米的价格也只有2.78美元/蒲式耳。

3. 全球通货膨胀率得到较有效的控制

发达国家近年来一直处于低通货膨胀时期，1994年和1995年的通货膨胀率分别为2.3%和2.4%，预计1996年为2.3%。西方七国中，日本通货膨胀率最低，1994年和1995年分别为0.7%和－0.1%，1996年维持在0.1%左右；意大利最高，1994年和1995年分别为4.0%和5.2%，1996年有所下降，预计为3.9%；美国近几年来通胀率一直在3%以下。

发展中国家1993年和1994年通胀率高达42.7%和46.8%，1995年已下降到19.8%。进入1996年以来，一些国家通胀率进一步得到控制：如中国1995年零售价格涨幅为14.8%，而1996年降到6.1%；印度1995年的通胀率为10.2%，1996年也已降到1位数水平，为8.5%；虽然土耳其和巴西仍处在高通货膨胀期，但与前几年相比也明显降低，土耳其1994年和1995年通胀率达106.3%和93.6%，1996年12月份已降到79.8%，巴西1993年和1994年的通胀率高达2 103.3%和2 123.6%，预估1996年控制在11.1%左右；受金融危机的影响，墨西哥1995年通胀率达35%，1996年开始逐月下降。预估发展中国家1996年的通货膨胀率由上年的19.8%下降到13.1%，其中表现最佳的是亚洲地区，1996年的通胀率下降到1位数水平，为6.6%。

东欧地区1993年通货膨胀率达364.5%，俄罗斯1992年更高达1 353%。目前东欧和俄罗斯的通胀率在逐年回落，俄罗斯的通货膨胀率1996年已回落到47.8%，波兰、捷克和匈牙利也分别降到了19.9%、9.0%和23.6%。

4. 股票成为全球投资新热点

1996年全球利率水平处于历史低点，且相对稳定，刺激了股市，使得股市异常活跃。其主要原因是投资者持有大量现金，以及一些国家私有化和公司体制改革使更多的公司走到股市上来。总之，1996年发行的股票总额肯定达到前所未有的最高额。

5. 美元汇率持续攀升，国际汇市较为平稳

1995年4月东京外汇市场的美元兑日元曾打破1比79.75的战后纪录，然而从1995年下半年起日元开始贬值，1996年10月29日曾一度跌到1美元兑114.92日元，首次回到了3年零7个月以前的水准。

出现日元持续下跌的主要原因是：在日本国内，长期和短期利率始终处于低水平，日元和美元之间的利率差不断扩大，这就迫使人们将日元资产转变为美元资产；日本贸易顺差持续减少，国际收支经常项目盈余连续下降；日美两国领导人对当前汇率变动采取允诺态度，助长了人们抛售日元购买美元。另外，1996年美、日、德等国在外汇市场上保持了较好的合作关系，政策上协调一致，使汇市较为平稳。

专栏 12.3　人类生存面临的七类环境问题

近十几年来，随着全球人口的急剧膨胀、工业化进程的加快，人类向自然索取的无止境扩大，人类面对的环境问题日趋严重，人类赖以生存与持续发展的基本条件正遭到威胁。主要体现以下七个方面：

(1)森林资源遭到破坏

多年来不正确的乱砍乱伐，导致了森林环境功能降低，吸收有害气体能力降低，大气质量恶化和水资源紧缺，直接或间接地导致生态灾难的发生。森林资源的破坏，导致水土流失和土壤退化，全球每年约有600万公顷的土地出现沙漠化或有沙漠化危险。据联合国粮农组织统计，1994年世界总的耕地面积为134 531.8万公顷，比1970年减少8.7%；世界森林覆盖率比1970年减少12.4%。

(2)生物资源遭到破坏。

由于人类活动，森林砍伐，草原开垦，湿地干枯，使生物多样性受到破坏，每天约有50—100种物种灭绝，这是自恐龙消失以来最快的物种灭种时代。今后20年内，人类活动将会造成50至100万物种的灭绝。

(3)水资源日益贫乏。

随着全球人口的急剧增长，1996年世界人均可用淡水量比1970年减少了10%以上。目前世界有1/3的人口生活在淡水资源严重不足的地区，预计在今后10年内，全世界的水需求量将超过可供水资源的数量，人均一年的用水量将在30年内减少32%，即从1995年的7 500万吨降至2025年的5 100吨，全球2/3的人口将处于缺水状况。目前世界上已有80个国家约20亿人面临淡水不足的问题，其中严重缺水国有28个国家，主要分布在中东、北非以及撒哈拉等地区，印度的南部以及墨西哥，其水资源问题也尤为严重。目前我国人均拥有水资源为2 700立方米，是世界人均水量最少的国家之一。

(4)固体废料和有毒化学品污染日趋严重。

这些废料和有毒化学品通过各种途径污染水域、土壤和空气环境直接或间接危害人类健康和地球生态系统，预计本世纪末，将有20亿人得不到基本的卫生条件，每年有520万人死于与废料危害有关的疾病。

(5)酸沉降危害加剧。

酸雨的降落使植物和农作物受害和枯死，使土壤酸化引起有害金属元素溶出，伤害植物根部，使江河湖泊酸化，导致水生物减少，同时它还腐蚀各种材料和古迹，影响人体健康。

(6)温室效应及全球变暖。

地球气温上升会引起海水膨胀和陆地冰雪融化，使海平面上升，在过去的100年间，全球海平面升高了10—20厘米。温室效应还可引起全球气候变化，如高温、干旱、洪涝、疾病、暴风雨和热带风等一系列不良后果。

(7)臭氧层耗损。

大气层中的臭氧层是保护地球生命的天然屏障。由于人类的活动，大气层中的某些化合物含量增加，逐渐损坏和破坏臭氧层，使臭氧浓度降低，致使地球表面有害紫外线辐射增加。有资料估计，臭氧层中臭氧浓度减少1%，地面紫外辐射量增加2%，皮肤癌发病率增加2—5%，同时给野生动物和水生生物等地球生物带来灾难。

目前我国已经把环境保护列入经济发展总体决策之中，环保投资占GNP的比重逐年增长，由1980年的0.4%上升到1995年的0.8%；但仍远低于发达国家，如德国为1.6%，日本为1.7%，美国为1.3%。据专家估计：当环保投资达GNP的1.5%时，污染将得到控制，达到2.5%时，环境质量将会得到全面改善。因此，我国在发展经济的同时，一定要妥善处理好经济发展与环境保护的关系，再也不能走“先发展经济，后治理环境”的老路了。

(执笔：任晓燕)

三、1997年全球经济将继续保持稳定增长

展望1997年，全球经济将继续保持稳定增长，经济增长率将从1996年的4.0%上升到4.4%，是1988年以来的最高速度。

亚洲地区的一些国家，比如中国、印尼和马来西亚，为了避免经济过热，政府采取宏观调控政策，适度放慢经济增长速度。尽管如此，预计1997年亚洲地区经济增长率仍将高达8.3%，仍是世

界上经济发展最快的地区。在非洲,经济增长率超过3%的国家数目从1995年的20个增加到了1996年的32个,通货膨胀率也从1994年的42.2%下降到了1996年的25.5%,这种趋势还将继续,预计1997年非洲地区的经济增长率为5%。随着1996年墨西哥和阿根廷的经济复苏,拉美一些国家也摆脱了经济危机,逐渐步入正常化轨道,预计1997年拉美经济增长率可达4.4%。

中、东欧国家,如波兰、匈牙利、捷克、斯洛伐克、斯洛文尼亚和波罗的海沿岸国家经济转轨已见成效,1995年和1996年经济增长都保持在4%以上,预计1997年经济增长率仍可保持这种势头。俄罗斯近几年经济一直是负增长,随着国内通货膨胀率的降低和一些其它经济条件的好转,可望在1997年实现"零"的突破。

发达国家的通货膨胀率普遍较低,为其经济顺利运转提供了宽松的环境,预计1997年发达国家经济增长率为2.9%。预计1997年美国经济增长率为3.6%;因住宅投资低迷和公共投资减少,以及1997年4月1日提高消费税率对价高的耐用消费品销量的影响,预计1997年日本经济增长率将下降到2.3%;1996年下半年欧盟一些国家经济开始好转,对外贸易也逐步增加,预计1997年欧盟经济增长率可达2.4%。

(执笔:吕庆哲)

专栏12.4　信息能力是衡量国家综合国力及国际竞争力的重要标志

在即将进入二十一世纪之际,以微电子为基础、计算机为核心、光纤和卫星通讯为先导的信息技术,推动世界进入了信息时代。在信息时代,信息能力将成为决定生产力、综合国力和国际竞争力的关键因素。目前,美国、日本等发达国家的信息产业已成为其国民经济的支柱产业和经济发展的主要动力。

提高国家信息能力,对提高国家综合国力和国家竞争力具有重要作用:

1. 发展信息产业提高国家信息能力,可以加快国民经济的增长速度,提高综合国力。

信息产业发展水平是社会信息化和社会现代化的标志,目前世界发达国家已经由工业化经济转变为信息化经济,信息产业成为国民经济发展的动力和增强综合国力的基础。从反映国家经济实力的GDP指标看,目前发达国家的经济总量中已有50%以上的增加值是由信息产业创造的;从经济增长速度看,信息产业产值增长速度大大高于国民经济的总增长速度,信息产业对国民生产总值增长的贡献率高于其它各个产业。近几年来,美国经济保持了较快的增长速度,主要是由高速发展的信息产业所带动。据国际信息产业协会统计,九十年代初,在美、日等发达国家信息高速公路建设的推动下,信息产业已经成为发达国家乃至世界经济的基础产业。

2. 较高的信息能力对国民经济产生"产值倍增效应",可以提高国家竞争力。

一方面,通过信息可以联接生产与市场、生产与消费,因而较高的信息能力不但可以创造价值,而且具有高增值性。另一方面,由于信息的价值具有多维性、间接性和累积性,信息的利用会产生一连串的综合经济效果,在提高劳动生产率的同时,构成信息经济的扩散效应。据测算,70年代信息技术和信息经济对美国生产率提高和对日本经济增长的推动作用都在15%以上。例如美国用信息技术建立的农田灌溉自动决策系统投入运行后,充分利用原有的水利资源,投资与效益比为1:250。据中国有关调查分析,信息技术对传统产业改造的投入产出比可以达到1:10以上的倍增效应。

生产率的提高和财富的积累,是国家竞争力提高的基础,较高的信息能力可以迅速地聚集财富,对国民经济产生"产值倍增效应"。在信息时代,运用高科技提高信息能力是提高国家竞争力的主要手段。

3. 发展信息产业提高国家信息能力,可以优化经济结构,提高国民经济整体素质,从而使国民经济具备较高的持续发展能力。

信息产业是国民经济的先导产业,信息技术和信息产品,对国民经济各个部门和各个行业具有广泛的适用性和极强的渗透力。在信息产业的渗透下,经济结构趋于软化,物质经济正在变为信息经济。在以高效、智能化的信息经济为主的软化经济结构时代，信息作为现代生产要素之一，通过优化生产素质、导向生产要素的合理有效配置、促进生产力系统的有序运行，使国民经济具备较高的素质和持续发展能力。

由于信息能力在国家的经济、政治、军事等各方面具有重要的地位和作用，在信息时代，信息能力已经成为衡量世界各国综合国力和国际竞争力非常重要的标志。

据有关资料计算，目前信息产业产值占GDP的比重，发达国家一般为40－65%，新兴工业化国家为25－40%，发展中国家为25%以下。我们利用信息化指数方法，对1990年美国、日本、英国、中国、印度和巴西等国社会信息化程度进行了初步计算。结果表明，美国最高；法国、英国、日本和韩国处于信息能力发展的第二层次，分别相当于美国的87.6%、86.4%、78.4%和72.7%；印度、巴西和中国则处于较低层次，仅相当于美国的48.4%、40.7%和25.0%。1995年，国际互联网络已覆盖了全球160个国家和地区，用户达6 000万户，并以每月10－15%的速度增长，其中70%的用户在美国。美国联网主机的数目也是最多的，达340万台；西欧国家为50万台；相比之下，占世界人口12.6%的非洲国家，联网主机仅有2.7万台，只有美国的0.8%。

（执笔：杨京英）

第十三章 '96香港经济发展概况及展望

第十三章 '96 香港经济发展概况及展望

香港作为国际大都市和金融中心、作为中国内地和世界各国的桥梁与窗口。今天，终于又回到了祖国的怀抱，再次成为世人关注的焦点。

13.1 '96 香港经济回顾

一、香港概况

香港，地处我国内地的南端，珠江口东测，总面积为 1 084 平方公里。北面以深圳河为界与深圳特区隔河相望；西面隔珠江口与珠海、澳门遥遥相对；东面和南面面向大海；西北距广州约 130 公里，有广九铁路和广深公路相连，也有水路相通，1996 年，又有京九铁路与祖国心脏相连。从世界地理上看，香港位于欧亚大陆东南部，扼太平洋和印度洋航海要道之要冲，地理位置十分优越。

香港由香港岛、九龙半岛和新界三个地区和周围 230 多个岛屿组成。其中，香港岛位于全港地区的南边，是香港地区第二大岛屿，北面与九龙半岛以维多利亚港为界相望；新界和九龙半岛则位于全港地区的北边，紧紧与祖国内地相连。香港地区山峦起伏，海拔在 50 米以下的平地只有 191 平方公里。总面积 82%左右的地区为山丘。近年来，随着填海造地运动的推进，许多近海山丘被夷为平地。1996 年底，全港大约有 5%的土地是填海得到的。

香港从地理分布上划分为四个地理分区，即香港岛、九龙、新界和离岛；在行政上划分为 19 个行政区。其中，香港岛辖四区：中西区、湾仔区、东区和南区；九龙辖六区：麻油区、旺角区、九龙城区、观塘区、深水 SHE 区和黄大仙区；新界辖八区：荃湾区、沙田区、葵青区、屯门区、元朗区、大埔区、北区、西贡区；离岛自成一区，叫立湾区。

香港四季分明，春温多雾，夏热多雨，秋日晴和，冬季干冷。受湿热的热带海洋性气候影响，全年平均气温高达 22.8 摄氏度，属典型的亚热带季风气候。

二、香港的经济概貌

香港是较早被开发的地区之一。二次世界大战以后，香港借助其优越的地理位置和得天独厚的地理条件，背靠祖国内地腹地，利用内地廉价的劳动力和丰富的资源优势，衔接欧、亚、美、澳四洲，创造了世界经济奇迹，一跃成为经济迅速崛起的亚洲"四小龙"之一，成为镶嵌在亚洲东南的一颗璀灿的明珠。40 多年来，香港本地生产总值 GDP 增长了 20 多倍，人均 GDP 增长了 10 多倍。80 年代年均增长 6.9%，90 年代以来，年均增长 5.4%。

香港地区山多地少，人口密度大，资源紧缺、地理位置特殊等，决定了香港经济以贸易、航运和金融结算为主的经济结构特点，也使香港成为国际金融、贸易、航运、旅游中心。在生产总值中，商业服务业和金融服务业创造的产值占 50%以上；而农业和工业所占比重则连年下降，到 1996 年，农业、渔业和采掘、制造业仅占 10%左右，加上建筑业，广义的工业和农业创造的产值也仅占生产总值的 16%，工业制造业的比重则只有 8.8%。

1995 年，香港地区生产总值 10 845.7 亿港元，比 1994 年增长 4.7%。1996 年 1—3 季度，完成生产总值 8 183 亿港元，比 1995 年同期增长 5.1%，全年完成 11 953.2 亿港元，增长 4.7%。其中，政府支出增长 4.6%，较 1995 年提高 0.2 个百分点；私人消费支出增长 4.4%，增幅提高 3.2 个百分点；当地固定资产增长 11.1%，增幅提高 1.5 个百分点。分季度看，香港地区国民经济继 1995 年增幅减缓，由 1994 年的 5.4%降为 1995 年的 4.7%，到 1996 年第一季度跌至谷底，自第二季度经济增幅开始回升，到年底，与上年比，经济增长速度由谷底的 3.3%上升到 5.8%，增幅呈逐季加快的势头。(详见下图和表一)。

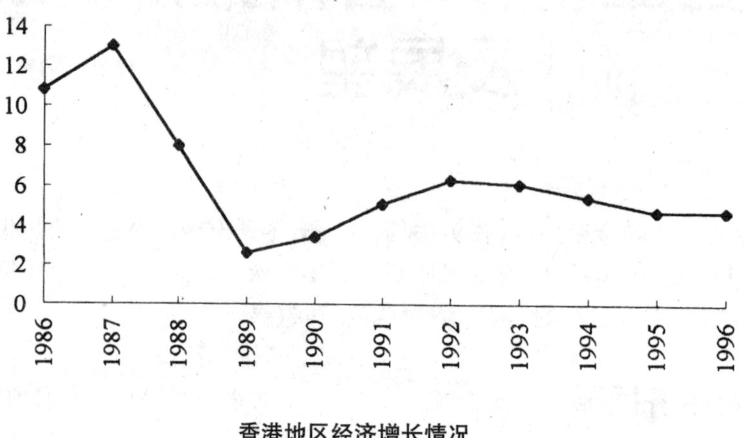

香港地区经济增长情况

专栏 13.1　香港的历史沿革

香港，(明末清初，香港岛上的香港仔已成为东莞等地所产沉香的出口要地，“香港”一名由此而起。)别名香江，位于珠江出海口东侧，濒临南海，毗连深圳，包括香港岛、南九龙和“新界”三个部分，面积约1 069平方公里。从秦代到清代的 2000 多年间，至今香港上属的行政区划经过多次演变。公元前 214 年，秦始皇攻灭岭南后首次在此地设立三个郡，其中的南海郡地跨粤东、粤中及粤北大部，下辖番禺等四县。南海郡和番禺县的治所都在番禺城(今广州市)。一直到东晋初年，香港隶属番禺县不变。公元 331 年(东晋成帝咸和六年)，从广州南海郡中划出东官郡，下辖宝安等六个县，香港隶属宝安县。公元 757 年(唐肃宗至德二年)，又在岭南道广州都督府下设立东莞县，香港遂隶属东莞。公元 1573 年(明神宗万历元年)，从东莞县又划出一个新县——新安，香港改属新安县。民国以后，为了避免与河南省新安县重名，改用古名宝安。

1840 年，英国发动第一次鸦片战争，通过 1841 年的第一个不平等条约《南京条约》强行割占了香港岛；1856 年发动第二次鸦片战争，并于 1860 年通过《北京条约》割去了九龙半岛界限街以南的领土。1898 年英国强迫清政府签订了《展拓香港界址专条》，“租借”深圳河以南、九龙半岛界限街以北以及周围岛屿的中国领土，即一般所谓的“新界”，为期 99 年。

新中国成立后，中国人民政府坚决维护国家主权和领土完整，主张在条件成熟时，用适当的方式和平解决香港问题。1982 年 9 月，英国首相撒切尔夫人访华，中英双方领导人同意通过外交途径进行有关香港前途问题的谈判，1984 年 12 月 19 日中英政府签署了关于香港前途的《中英联合声明》。1985 年 2 月 7 日，英国议会通过香港法案，规定从 1997 年 7 月 1 日起，结束英国对香港的主权和治权；4 月 19 日，中华人民共和国全国人民代表大会通过了与英国政府关于香港前途联合声明的批准书。自此，香港进入过渡期。

1996 年 11 月 15 日，香港特别行政区第一届政府推选委员会成立；12 月 11 日，推选委员会选出了第一任特区行政长官——董建华；12 月 18 日，董建华在北京接受中央政府任命，并于 1997 年 7 月 1 日正式就任香港特别行政区第一任行政长官。

(执笔：杜 宇)

表一　香港经济增长情况　　单位:%

指标名称	1994 年	1995 年	1996 年	一季度	二季度	三季度	四季度
生产总值	5.4	4.7	4.7	3.3	4.6	5.1	5.8
政府支出	3.9	4.4	4.6	2.9	5.2	5.3	4.9
私人消费	6.7	0.8	4.4	3.6	3.3	4.5	6.3
固定资产投资	15.7	9.6	11.1	11.5	10.1	5.8	17.1
货物进口	14	13.8	4.3	5.2	2.2	3.4	6.5
货物出口	10.4	12	4.8	4.9	3.9	4.9	5.4
服务进口	8.8	5.8	2	2.4	1.3	1.7	2.5
服务出口	6.5	11.3	6.2	7.3	5.3	7.1	5.3

注:资料来源《香港经济概况》。

从生产总值的支出构成看,政府消费支出达1 060.8亿港元,占生产总值的比重提高了1个百分点,达到8.9%;居民私人消费支出7 187.8亿港元,所占比重比上一年提高0.7个百分点;固定资产投资总额3 654.9亿港元,所占比重比1995年略有上升;净进口达1 419.3亿港元,较1995年减少96.5亿港元,比重下降2.1个百分点;服务净输出1 300.2亿港元,比1995年增加166.8亿港元;库存产品减少315.9亿港元,所占比重下降3.1个百分点(详见表二)。

表二　香港地区生产总值构成情况　　单位:亿港元、%

年份	总额	政府支出	私人消费	固定资产投资	净进口	服务净输出	库存净增加
1994	10 108.9	8.3	58.6	29.8	8.4	9.6	2.1
1995	10 845.7	8.8	60.2	30.1	14.0	10.5	4.5
1996	11 953.2	8.9	60.1	30.6	11.9	10.9	1.4
1—3	2 717.0	9.3	62.5	31.3	15.0	10.2	1.7
4—6	2 899.7	12.5	59.7	31.7	15.6	11.0	4.1
7—9	3 106.6	8.8	57.7	28.7	6.3	10.9	0.1
10—12	3 229.8	8.4	60.9	30.7	10.7	11.5	0.3

注:资料来源《香港统计月报》。

三、香港的金融业

二次世界大战以来,特别是80年代以来,香港对外取消外汇管理制度,实行一系列自由化的金融政策:外汇、黄金自由进出,自由买卖;任何获准开业的外国银行都可以从事境内外存、贷款业务、证券投资、汇兑、期货、保险、信托、基金、租赁、财务咨询及黄金买卖等金融业务,金融活动完全国际化。这一系列金融政策,极大地促进了香港地区金融业的发展,促成了香港国际金融中心的地位。到1996年,来自世界40多个国家的500多家金融机构在香港地区开设了金融业务,世界最大的100家银行中,有81家在香港设立了分行。香港的外汇交易量居世界第六位;黄金市场交易量自80年代以来一直同伦敦、纽约、苏黎世并列世界前茅;香港的外国银行之多,仅次于伦敦、纽约而名列世界第三。

香港没有中央银行,香港的货币发行大部分由商业银行(主要是渣打银行和汇丰银行)承担,只有少部分辅币(5元以下的硬币)由政府发行,但从1995年开始,中国银行也参与香港发行港币。1996年底,货币发行量为871.1亿港元,比1995年末多发行54.4亿港元。其中,由政府发行的辅币为45.41亿港元,增发5.7亿港元;由商业银行发行的纸币为825.8亿港元,增发48.8亿港元。

香港实行三级制的金融管理体制,银行业务机构分为持牌银行、有限制牌照银行和接受存款公司。持牌银行可以经营一切银行业务,有限牌照银行主要从事"商人银行"或"批发银行"的业务,接受存款公司主要提供私人消费贷款、租购及一般零售性贷款业务。

香港的自由金融政策,包括外汇、黄金自由进出、自由买卖,任何获准开业的外国银行都可从事境内外存、贷款业务、证券投资、汇兑、期货、保险、信托、基金、租赁、财务咨询及黄金买卖等金融业务，金融活动完全国际化。

到1996年末，各类存款总额24 333.3亿港元，比1995年增加2 218.8亿港元，定期存款和储蓄存款分别为17 130亿港元和5 205.8亿港元，比1995年分别增加115.2亿港元和811.8亿港元。年末各项贷款余额39 132.6亿港元，比1995年增加1 747亿港元，增长4.7%。其中，港币贷款余额增加2 089亿港元，增长16.9%。1996年香港金融业呈以下两个特点：一是无论是货币发行量、供应量，还是各项存、贷款都快于经济的增长速度。二是各项金融指标第四季度的增加额都远远高于前三季度，表明香港经济自1996年第三季度起开始回升(详见表三)。

四、香港对外贸易

香港的地理和自然条件，决定了她必须依靠外贸业来发展经济。大量的生活必需品要依赖进口，这就必须努力扩大出口以换取外汇。同时，香港又是一个自由贸易港，其贸易的自由程度是任何一个国家或地区所无法比拟的，这在很大程度上刺激了香港转口贸易的发展，也为香港的经济发展带来了可观的外汇收入。使对外贸易成了香港经济的支柱产业，香港也因此成了世界贸易中心。按不变价计算，1991－1996年香港商品劳务进出口总量是同期生产总值的3.53倍。1996年香港对外贸易的地位有所削弱，按当年价计算，有形贸易(商品)和无形贸易(劳务)也为当年生产总值的2.85倍。对外贸易是香港经济最主要的经济支柱之一。正因为此，国际环境的发展变化对香港对外贸易的发展乃至整体经济的运行都有着重大影响。1996年，香港外贸总额达29 335亿港元，比1995年增长3.5%。其中，进口15 355.8亿港元，出口13 979.2亿港元，分别比上年增长3%和4%。商品贸易逆差1 376.6亿港元。近年来，香港贸易连连逆差，这主要是因为在出口总额中，港品出口大量减少所致(详见表四)。尽管全年转口贸易总额增加了732.9亿港元，比1995年增长了6.6%，但同期港产品出口却比上年下降了8.4%，净减少194.7亿港元。

香港对外贸易的迅速发展，得益于祖国内地，通过“前店后厂”和转口贸易发展起来的。在进口商品总额中，来源于内地的商品比重占近40%，其余主要来源于美国(7.8%左右)、日本(13.6%左右)和台湾地区(8%)。在商品出口总额中，香港本地生产品只有17%左右(其中近30%是卖给了内地，其余港品的出口地主要是美国，占29%左右)，其余80%以上是转口贸易，而转口贸易商品中近六成来源于中国内地(详见表四、五)。从商品种类上看，香港进口的商品主要是机械运输设备、

表三　香港流通货币、货币供应量及存款情况　　单位：亿港元

指　标	1994年	1995年	1996年	一季度	二季度	三季度	四季度
一、货币流通量							
发行总额	781.4	816.7	871.1	844.5	825.4	841.4	871.1
其中：商业银行发行	744.0	777.0	825.8	801.4	783.7	798.7	825.8
政府发行	37.5	39.7	45.4	43.2	41.7	42.7	45.4
公众持有货币	677.8	773.4	765.2	744.8	732.3	744.2	765.2
二、货币供应量							
总计	19 884.8	22 661.0	25 072.9	23 377.2	23 572.4	24 002.9	25 072.9
其中：港币	9 909.1	12 106.2	14 652.3	12 698.2	13 078.1	13 661.3	14 652.3
三、所有认可机构							
存款总额	19 417.0	22 094.9	24 333.3	22 725.8	22 934.1	23 343.5	24 333.3
持牌银行存款	18 843.3	21 530.1	23 748.9	22 155.7	22 326.9	22 738.9	23 748.9
其中：活期	1 175.5	1 191.4	1 413.2	1 211.5	1 242.1	1 319.5	1 413.2
定期	13 662.7	15 944.8	17 129.9	16 370.6	16 380.6	16 638.7	17 129.9
储蓄	4 005.1	4 394.0	5 205.8	4 573.6	4 704.2	4 780.7	5 205.8
有限制牌照银行	374.8	381.3	429.0	403.4	446.7	449.5	429.0
接受存款的公司	198.9	183.6	155.5	166.8	160.6	155.1	155.5
四、各项贷款							
贷款总额	32 645.5	37 385.6	39 132.6	37 006.2	37 849.2	38 202.2	39 132.6
其中：港币	11 193.8	12 373.3	14 462.4	12 877.9	13 541.4	13 852.3	14 462.4

表四　'96香港贸易概况　　单位:亿港元,%

年份	进口		#来自中国内地的比重	出口总额	港品出口		#去向中国内地的比重	转口贸易中来自中国内地的比重
	总额	累计增长			总额	累计增长		
1994	12 507.1	16.6	37.6	11 700.1	2 220.9	−0.4	29.7	57.6
1995	14 911.2	19.2	36.2	13 441.3	2 316.6	4.3	27.4	57.2
1996	15 355.8	3.0	37.1	13 979.2	2 121.6	−8.4	29.1	57.6
01	1 302.8	24.1	36.9	1 201.9	189.9	3.4	28.7	55.9
02	959.7	10.6	36.7	904.2	141.9	2.5	22.2	61.2
03	1 208.1	6.4	30.9	966.8	143.8	0.3	31.9	50.1
04	1 330.4	6.9	34.7	1 160.8	171.8	0.3	32.7	55.2
05	1 299.2	4.7	37.6	1 179.1	176.2	−1.7	30.8	55.8
06	1 238.0	3.2	36.7	1 087.8	169.0	−3.7	27.9	58.4
07	1 385.7	3.2	39.0	1 319.5	208.0	−5.0	26.9	59.5
08	1 320.7	2.9	40.9	1 248.7	181.8	−5.8	29.1	61.7
09	1 306.9	2.5	40.7	1 260.9	182.6	−7.5	26.5	62.8
10	1 381.1	2.8	38.7	1 299.0	194.3	−7.8	30.4	58.9
11	1 310.5	3.0	36.9	1 184.1	180.1	−7.6	30.4	56.8
12	1 314.1	3.0	35.5	1 166.7	182.2	−8.4	29.2	53.7

表五　香港贸易商品分类构成

年份	进口商品			港品出口			转口贸易		
	机械运输设备	杂项制品	以材料分类的制成品	机械运输设备	杂项制品	以材料分类的制成品	机械运输设备	杂项制品	以材料分类的制成品
1994	34.7	27.0	20.8	28.0	50.6	11.9	32.2	38.1	17.5
1995	37.1	25.0	20.5	29.4	49.8	11.1	33.0	36.2	17.7
1996	37.0	25.7	20.1	28.0	50.5	11.6	33.0	36.6	17.6

杂项制成品类和主要以材料分类的制成品，所占比重分别为20.1%、37%和25.7%；出口的商品和转口贸易也主要是这三类商品，出口品中三者所占比重分别为28 %、50.5%和11.6%，转口品中，三者分别占33%、36.6%和17.6 %。

五、香港旅游业

旅游业和金融、贸易，共同构成了香港的三大支柱产业。到1996年底，香港地区共有各类酒店、旅舍及宾馆88个，其中，高档酒店占半数以上，中档价格的酒店占38.8%；客房33 052间，入住率达88%，其中高档酒店入住率最高，分别达到89%。全年抵港旅客近5 000万人，比1995年增长8.2%，其中，访港旅客达1 170万人(其余为中转旅客)，比1995年增长14.7%。。在访港旅客中，多数来自日本、中国内地、中国台湾和东南亚其它国家和地区，分别占来港旅客的20.4%、19.8%和5.6%和12.4%。访港旅客消费总额824.6亿港元，比1995年增加95.2亿港元，增长13.1%。离港旅客4 983.7万人，其中，离港旅游的香港地区居民3 714万人，比1995年增长7.8%，其中，离港前往中国内地的旅客占83.6%。1996年，无论是来港旅客，还是旅游收入，均是90年以来增长较快的一年(详见表六)。

表六　1996年香港旅游业概况

年份	接待能力			抵港旅客(万人)	访港旅客(万人)	#来自中国内地(万人)	旅客消费额(亿港币)	港人境外旅游(万人)
	客户总数(个)	入住率(%)	酒店数(个)					
1994	33 490	85	75	4 344.4	933.1	194.4	625.1	3 258.7
1995	33 052	85	75	4 611.2	1 020.0	224.3	729.4	3 444.3
1996	33 536	88	76	4 991.3	1 170.3	231.1	824.6	3 714.0

专栏 13.2　香港的旅游业

香港是亚洲最受欢迎的旅游胜地，旅游业已成为香港赚取外汇的第二大行业。数十年来，人们一直向往香港的骄人成就和优美景色，前往香港渡假和公务。所有旅客或多或少对香港经济的发展有所贡献。据统计，1996 年 7 月至 12 月访港旅客每人平均消费 6 774 港元，平均逗留时间为 3.59 天，而此期间的旅客人数多达 627.8 万人。随着香港回归的到来，它将再次成为世界的焦点。至本世纪末，旅游业很可能是香港赚取外汇最多的行业，对本地经济更加重要。

香港政府于 1957 年成立了香港旅游协会(Hong Kong Tourist Association)，负责向全世界宣传香港和发展香港的旅游业。该会在成立初期，职员人数很少，海外办事处也不多。现在，该会在香港总部和 18 家海外办事机构工作的雇员人数已超过 300 人。

旅游业得以蓬勃发展的原因是多方面的。其中，对访港旅客提供足够资源和设施，是重要因素之一。1996 年至 1997 年度，政府一次性拨款 5 000 万港元给予香港旅游协会，用以成立旅游业发展基金，以进行各种可行性研究及改善现有旅游点。令人鼓舞的是，目前香港很多与旅游业有关的企业家和公司对前景也都充满了信心，他们不但不自满于其现有的设施或服务水平，而且力求在各方面更上一层楼。

说明上述情况的最佳例子，也许是座落在湾仔的香港会议展览中心。目前，所有访港的旅客之中，约三成属业务公务性质。这些旅客在香港逗留的时间，比一般旅客多出一倍，而消费更是一般旅客的三倍。香港会议展览中心扩建计划在 1997 年 6 月的如期完工，无疑将确保香港保持在全球的顶级会议展览中心的地位。

另外一项将会有助于旅游业发展的庞大工程，是跨越九七的赤鱲湾新机场。新机场的首条跑道将于 1998 年 4 月竣工。届时，配备各项现代化设施的新机场将会 24 小时运作，预期每年处理的乘客量可高达 3 500万人次。当第二条跑道和二期工程完工后，香港每年处理的乘客量可达 8 700 万人次。

（执笔：李　梅）

六、香港的运输、通讯业

香港地处亚洲大陆的南端，肩挑欧美两个大陆，加之香港三面环海，北面隔深圳河与深圳相望，有广九铁路(京九铁路)和广深公路与中国内地相连，交通便利。特殊的地理位置和地理环境，使香港的交通运输和通讯业迅速发展，成为国际中转中心。1996 年，进出香港的飞机达 159 843 班次，比 1995 年增长 6.5%；前三个季度，远洋轮船抵港 30 268 艘，注册吨位达 13 509 万，离港 30 247艘，注册吨位达 13 491 万；进出火车 53 936辆，其中，货车 50 181 辆，分别比 1995 年下降 21%和 22.3%；进出的汽车总量 891.2 万辆，其中客运车辆 72 万辆，分别比 1995 年增长5.3%和 2.4%；到 1996 年底，香港地区各类汽车拥有量 53.3 辆，比 1995 年增长 1.3%。

交通运输和对外贸易的发展，促进了香港地区邮电通讯业的发展。到 1996 年底，香港地区电话机有效负载量达 350.8 万条，比 1995 年增长 5.1%；电话操作线路达 340 万条比 1995 年增长 5%；图文传真机 30.8 万条，比 1995 年增长 13%。在所有投入使用的电话线路中，60%是居民住宅电话。处理各类邮寄信件 11.9 亿件，比 1995 年增长 0.9%；邮寄各类包裹 168 万件，比 1995 年下降 6.4%。

七、香港制造业

自 80 年代中期以来，香港地区以中国内地改革开放为契机，大力发展前店后厂式经济，把大量加工制造业转移到了内地，使香港本地加工制造业大幅度收缩。1996 年，香港地区的制造业继续下滑，1—3 季度，工业生产指数比 1995 年同期下降 4.4%。其中，电器及电子产品业和金属加工业下降最多，分别下降 11%和 10%，而机器和设备制造则增长 1%(详见表七)。

专栏 13.3　香港的航空运输业

香港是国际上重要的航空枢纽：

1. 1995 年，航空运输业的生产总值约 186 亿港元，占香港生产总值 1.8%；1996 年，该行业提供约 23 000个岗位。

2. 启德机场是世界上最繁忙的机场之一，以香港为基地的国际航空公司有三家，即国泰航空公司、港龙航空公司及香港华民航空有限公司。

3. 1996 年，航机班次增加 5.8%，全年总数达 158 797班，其中 80%使用宽体式飞机。

4. 1996 年，香港处理超过 156 万吨的空运货物(总值达 5 938 亿港元)，较 1995 年增加 7.3%，1995 年空运货物为 145 万吨(总值达 5 638 亿港元)。

5. 1996 年，机场客运大楼处理的旅客总数达2 960 万人次，较前一年的 2 740 万人次增加 7.8%。

6. 1996 年底，为香港提供定期航班服务的航空公司共 66 家。每周提供约 1 400 班直航来回定期航班服务，联系香港与 100 多个城市的交通。此外，平均每周还有 210 班不定期航班服务。

(执笔：李 梅)

八、人口与劳动就业

香港，也是世界上人口最稠密的地区之一。到 1996 年末，人口达 631 万，自然增长率为 2.5%。人口密度为每平方公里 5 821 人，比 1995 年增加了 145 人。就人口的性别构成而言，1996 年，由于香港地区合法公民男女之比为 50.1:49.9；就人口的国籍构成而言，香港是一个中洋相处，东西文化相汇的地区，居民国籍十分复杂，有中国人，也有英国、美国、菲律宾、泰国、澳大利亚、葡萄牙、马来西亚和印度人。其中，95%以上是中国人，六成以上是在香港出生的人口，30%多是在中国内地出生的。

表七　香港制造业增长指数(以数量计算)　单位：%

行　业	1995 年	1996 年 1—3 季度	一季度	二季度	三季度
所有制造业	1	−4	−3	−4	−5
服装制造业	−4	−5	−3	−3	−8
纺织业	−15	−8	−7	−8	−8
塑胶制品业	−1	−6	−8	−10	−1
电器及电子消费品制造业	15	−11	−8	−12	−13
机械及设备制造业	−4	1	6	4	−4
加工金属制品业	*	−10	−11	−13	−7
纸品制造及印刷业	1	−2	2	−4	−5

注：* 增减少于 0.5%。

劳工市场在 1995 年萎缩后有较大改善。由于过渡时期香港政治、经济形势较好，社会稳定，经济回升，就业需求增长迅速，劳工市场供求状况明显改善，失业率明显下降。到 1996 年底，有劳动人口 314.5 万人，其中女性占 39.1%。劳动人口参与率 61.6%，其中，女性劳动人口参与率为 47.8%。经季节调整后的失业率由 1995 年的第四季度的 3.5%回落到 1996 年的 2.6%，失业人口由 1995 年底的 9.05 万人下降为 8.12 万人。人力使用密集程度有所增加，就业不足率由 1995 年第四季度的 2.3%跌至 1996 年第四季度的 1.6%，其中，第三季度全港失业率最低，只有 1.4%(详见表八)。同时，所有主要经济行业工作时间较长的就业人口所占比重均告上升，其中，每周工作 50 个小时以上的人口占就业人口的比重提高了 1.8 个百分点，而每周工作 60 个小时以上的人口所占比重提高了 0.3 个百分点(详见表九)。

表八　香港地区人口及就业情况

年　份	劳动人口 万　人	#男	劳动人口参与率%	就业人数 万　人	失业人数 万　人	失业率 %	就业不足率 %
1995	300.1	194.1	62.0	290.6	9.56	3.2	2.1
一季度	292.9		61.9	285.2	7.73	2.8	1.4
二季度	300.9		62.1	292.1	8.86	3.1	2.1
三季度	301.8	184.7	62.2	290.7	11.10	3.5	2.5
四季度	304.6	187.0	61.9	294.6	10.56	3.5	2.3
1996	309.4	189.4	61.9	300.8	8.61	2.9	1.7
一季度	306.5	187.5	62.0	297.4	9.18	3.2	2.0
二季度	309.0	188.3	62.0	300.0	9.05	3.1	1.8
三季度	307.6	187.4	61.4	299.5	8.09	2.6	1.4
四季度	314.5	194.5	62.2	306.3	8.12	2.6	1.6

注:1.劳动人口参与率,是指从事经济活动人口(即就业和失业者)在15周岁(含15周岁)以上人口中所占比例。2.表中的失业率是经过季节调整后的数据。

表九　每周工作50小时以上的就业人口比重　　　单位:%

行　业	1995年					1996年				
	全年	一季度	二季度	三季度	四季度	全年	一季度	二季度	三季度	四季度
平　均	25.5	24.7	24.5	26.5	26.1	26.8	25.6	26.4	26.3	28.8
其中:50—59小时	11.5	11.3	11.3	11.8	11.4	11.4	10.3	11.1	11.4	12.7
60小时以上	14.0	13.4	13.2	14.7	14.8	14.3	15.2	15.3	14.9	16.0
商业、餐饮业及进出口	34.1	—	—	—	35.5	35.4	35.2	35.3	34.4	36.6
运输及通讯业	26.8	—	—	—	27.5	28.5	26.0	26.7	28.1	32.9
金融、保险、地产业	15.7	—	—	—	16.5	17.6	15.6	17.0	16.6	21.0
居民服务业	30.4	—	—	—	29.6	30.6	30.1	30.3	30.7	31.3
制造业	15.8	—	—	—	15.7	16.3	14.3	16.5	15.7	19.1
建筑业	17.1	—	—	—	17.6	17.9	16.1	18.9	17.8	18.6

九、香港的物价

1996年,香港物价继续攀升,但上涨幅度明显放缓。综合消费物价指数上涨6.5%,比上年减缓2.5个百分点。其中,甲类消费品价格指数上涨6%,涨幅比上年低2.7个百分点,乙类消费品价格指数、恒生指数上涨6.6%和7%,分别较上年低2.6个百分点。

分季度看,各类消费物价指数无论是同比还是环比,涨幅均呈先快后慢态势、第四季度微翘。分项目构成看,食品、耐用消费品杂项物品价格升幅普遍较低,而住房、衣履及交通等项费用价格上涨幅度较大。香港物价涨势趋缓的原因,一方面是受当地劳动工资成本普遍降低、租金下降,使当地通胀压力大大减弱。另一方面,由于香港的各主要商品供应地,如中国内地、美国、日本等国家和地区经济增速减缓,国内需求相对不足,通胀下降,进口商品价格压力小。但是,也应看到,随着经济的回升、就业需求的增加和就业人数的增多,劳工工资水平在年终又有所提高,工资成本压力再次加大。

专栏 13.4　香港的优良港口和航运业

香港位于东西方水上交通要道，是国际航运中心之一，是远东地区、东南亚的交通运输枢纽和货物集散地。在香港岛和九龙半岛之间，东起鲤鱼门、西至马湾岛和灯笼岛东的维多利亚港，举世闻名。它面积约5 200公顷，东西长、南北宽约1.5－9.6公里不等，水深2－14.5米，吃水12米的万吨远洋船舶也可以自由来往停泊，港区可莠时停泊150艘万吨巨轮。它与美国的旧金山、巴西的里约热内卢并成为世界三大良港。港口设施先进，按进出港中心航道划分停泊区与锚地，并广设系铂浮筒供远洋轮船寄碇，借助驳船往来穿梭于铂位之间进行接发货运作。位于海港西北角的葵涌货柜码头是目前世界上最繁忙，效率最高的港口之一，有19条主要航线连接世界各地。停泊港内系泊位的装卸货船平均留港时间只需2.5天，停泊在葵涌码头的货柜轮，平均约13个小时即可装卸完毕。

香港已与世界上100多个国家和地区的460多个港口有运输和贸易往来，行成了一个以香港为枢纽，航线通达五大洲、三大洋的海上运输网络。世界各地的300多家轮船公司总部、分公司或代理处设在香港。香港拥有一只庞大的商船队，其规模之大，仅次于日本，希腊等少数几个国家。就货柜吞吐量，使用港口设施船只数目、吨位，装卸货物量而言，香港是世界上最繁忙的港口之一，葵涌港已连续5年成为世界第一大货柜港。1996年集装箱吞吐量为1 330万个。

航运业的发展，为创造本地生产总值、增加就业机会以及吸收外来投资者贸易洽谈和旅游观光等方面作出了重要贡献。1993年航运业及相关行业占本地生产总值的15%，提供约35万个工作机会，处理全港90%的贸易，使全港20%的公司得以维持经营。据有关资料显示：1992－1993年度，全港财政收入的133.4亿港元中，有50%直接或间接取自香港航运业。

（执笔：杜 宇）

13.2　'97香港地区经济发展展望

一、对'97香港地区经济总体情况的预测

香港地区的经济以其得天独厚的地理位置和宽松高效的自由贸易制度，特别是80年代中国内地改革开放政策因素的推动，经济迅速发展(年均增长6.9%)。但进入90年代后，受世界经济增长减缓、汇率变动、出口受限，部分港人对回归前途不甚明朗、当地消费需求不足等因素的影响，经济增幅降低(90年代以来，香港地区经济年均递增5.4%)，至1995年抵达经济循环周期的谷底，当年经济仅增长0.8%。随着世界经济的复苏和1997年7月1日的临近和回归形势的逐步明朗，1996年香港经济形势逐步好转，经济增幅逐季加速。

1997年，港内人士对当地经济普遍看好：其一，1997年7月1日，中国中央政府恢复对香港行使主权，香港成为中国特别行政区，这将使香港与内地之间的经济联系更加密切，经济发展空间将进一步拓宽，有利于香港经济的继续回升。其二，世界各国经济仍有一定发展。各主要研究机构的分析、预测结果普遍显示，1997年，大多数国家经济增长率仍将较快，这无疑将会推动以贸易为主要支柱产业的香港地区经济的发展。其三，随着回归日期的逐步临近和中、英交接的平稳过渡，香港局势逐步明朗，一方面使绝大多数港人对未来充满信心，部分移居海外的港人陆续回港，人气普遍高涨；另一方面，回归过程中主权移交等一系列庆典活动和世界银行年会等国际盛事都在香港地区开展，加之中国内地开展的'97国际旅游年活动，都将刺激香港地区经济的增长。

二、'97香港地区对外贸易情况的预测

1996年，香港对外贸易发展步伐与90年代初相比明显减慢，当年整体货物出口增长仅为4.8%，比1995年低7.2个百分点，其中港产品出口呈现负增长8.4%，转口出口贸易增长与1995年相比也下降了6.8个百分点；货物进口贸易发

展速度下降幅度更大，为9.5个百分点，年增长率为7.5%。1997年，综合考察国际因素和中国内地等外部环境的影响，香港地区的对外贸易形势将会明显好转，1996年香港对外贸易发展步伐减慢的局面将会有所改观，增长速度将比1996年有所加快。虽然美元在1997年可能继续维持强势，但自1995年年中至今已大幅度上扬，进一步升值的机会极为有限，1997年美元强势对香港货物出口价格竞争力所构成的不利影响也相应较为缓解，从而减弱对出口贸易的抑制作用。此外，世界电子产品全球下跌周期可能在1996年底已经见底，预料1997年对电子产品的需求可能会略有回升。这样，无论是对香港本地产品出口和全球性的转口贸易发展都将起到推动作用。

据估计，1997年香港的有形贸易中，转口贸易预计将会有两位数的增长，升幅约为10%左右，较1996年8%的增幅为快，但与过去5年年均17%的增长速度相比，仍然很低；港产品出口由于受产业升级、结构调整，大量行业移往内地的影响，将会仍然保持目前低增长或零增长的格局；1997年香港的进口贸易在整体经济回升，本地需求上升的推动下，增长幅度将会有所增大，大约为9%左右，高于1997年4%的水平。1997年香港的无形贸易将会伴随着有形贸易的回升，预计也将会有大幅度的上升，尤其是国际旅游业受九七回归交接仪式的影响，增长将更为显著；无形贸易的其他行业如金融保险业、国际航运业也在有形贸易规模扩大的推动下，预计1997年也将会有明显的增长。

上述判断，是基于以下分析得出的：

1. 对外贸易发展的外部环境大大改善，有利于香港地区对外贸易的发展。

据国际货币基金组织估计，1996年全球经济增长3.8%，1997年增长率将会达到4.1%；美洲银行按商品出口额计算，1996年国际贸易增长6.8%，1997年将会增长8.4%。世界经济发展的逐步回升和国际贸易规模的扩大将会为香港对外贸易的发展创造良好的条件，1997年香港的对外贸易发展的国际环境将会明显好于1996年。

就美国而言，1996年美国经济增长2.5%，1997年经济增长率可望继续维持现有水平，大致在2.2－2.6%左右。1996年第四季度美国失业率仅为5.3%，低于充分就业的6%失业率水平，消费物价上涨也仅为3.1%，这将不可避免地刺激1997年美国国内消费和进口需求的上升，据预测增幅在6%左右，从而有助于推动以美国为主要市场的香港对外出口贸易的发展。

就西方其他主要发达国家来说，1997年日本经济会在1996年增长3%的基础上进一步有所增长，据预测年增长率为2%左右，消费物价上涨大约0.5%，进口需求将会达到7%；德国由于马克相对疲软，出口表现持续增强，据预测1997年德国经济将会进一步复苏，增长率将会高于1996年1.3%的水平为2－2.5%，消费物价上涨在2%以下，进口需求增幅为4%；1997年英国经济增长的步伐也将有所加快，经济增长率将在1996年增长1.8%的基础上增长3%左右，消费物价上涨约3%，进口需求增长7%；据预测其他欧洲联盟国家的经济也将会有不同程度的好转，增长率约为1.5－2.5%。据经济合作组织预测，1997年整个组织成员国进口需求量将增长6.4%，高于1996年5.5%的增长速度。

亚洲地区，据亚洲开发银行估计，1997年亚洲新兴工业国家、中国以及东盟经济体，经济增幅将会达到7.3%，仍将是全球经济最具活力的地区。这一地区经济的快速成长，在增加其在世界贸易总量中比重的同时，区域内双边贸易增长将会以更快的速度增长。亚洲地区经济的持续快速增长，对于香港外贸发展来说，将起到举足轻重的作用。

2.'97中国对香港主权的恢复和内地经济的“稳中求进”，都将在较大程度上促进香港地区经济的发展。

自70年代末以来，香港经济发展中，内地在香港出口结构转变过程中，即由货物出口为主转变到以转口贸易为主的过程中，中国内地因素起到了积极的推动作用。1985年，中国内地取代美国成为香港最大的贸易伙伴。中国内地既是香港转口贸易的最大市场，也是香港转口贸易的最大供货市场。1978－1995年间，在香港转口贸易中，以中国内地为市场的贸易占32%，以中国内地为原产地的贸易占进55%。同期，香港对内地出口增长了780多倍，占同期香港出口总量的18.2%，香港从内地进口增长了50倍，占同期香港进口总量的34.3%。所以，1996年中国内地经济发展对香港外贸起到关键作用。

1996年，祖国内地整体经济发展态势良好，在高通货膨胀回落的同时，保持了经济的快速增长。全年国内生产总值增长9.6%，零售物价上涨幅度控制在6.1%的水平，宏观经济环境进一步改善。1997年，中国内地经济发展将会继续是"稳中求进"，年内中国恢复对香港行使主权和党的十五大召开，内地积极深化改革，宏观经济环境进一步宽松。预计全年经济增长9－10%，零售物价上涨幅度大约控制在2%左右。

1996年12月1日，中国实现经常项目下人民币自由兑换，进口需求将会有所增加；随着出口退税降低对出口影响的逐步消化，加上海峡两岸经贸关系逐渐恢复正常，中国的进出口贸易将会进一步回升。这对于香港经济来说，无疑起着巨大的推动作用。7月1日，香港成为中国特别行政区，两地之间的经济联系更加密切，贸易往来更加频繁，交易规模将会进一步扩大。

三、对'97香港地区内部需求情况的预测

1.私人消费继续增加

香港私人消费经过1991～1993年均实际增长8.2%的消费高峰后，自1994年起，私人消费的增长逐渐放慢，1995年增长年仅为0.8%，以致一些商业机构部门转向其它行业，消费开支出现同期性的下降趋势。1996年下半年开始，零售百货业逐步走出谷底，消费需求慢慢进入复苏期，全年私人消费开支增长4.4%，是继1995年0.8%增幅后的显著回升。从消费构成上看，耐用消费品如汽车、家庭电器等的消费回升较为迅速，1996年第四季度的实际增幅曾高达13%，这在一定程度上表明香港居民对97年回归祖国的香港经济继续保持繁荣稳定充满信心。

1997年，香港回归祖国进程的顺利过渡，国际社会对香港的经济继续看好，对香港经济继续保持繁荣信心增强。这一方面会刺激旅游业收入的上升。另一方面也会吸引大量国际资本进入香港，进而推动香港股票市场和房地产市场的进一步繁荣。而香港房地产市场和股票市场经过94及95年的先后调整，1996年起已出现反弹，股市则从95起逐步回升，并于1996年11月创历史新高。1996年第四季度失业率下降至2.6%，比1995年同期下降近一个百分点，表明香港劳工市场压力进一步有所缓和，普通居民的就业前景相对较好，同时全年上涨6%的甲类消费物价指数，也将有助于消费心理的进一步稳定，这将对于1997年消费需求的回升产生积极影响。

1997年是香港主权回归之年。主权回归移交庆典的各种活动，以及世界银行年会等国际盛事都将在香港举行，届时将会有大批游客来港参观回归庆典活动，对香港旅游业和消费市场的繁荣都将起到推动作用。据香港统计，1996年旅港游客人数为1 170万人次，比1995年增长14.7%，相当于当地人口的1.86倍。旅客的大量增加，使香港各类酒店、旅社及宾馆暴满，1996年客房入住率高达88%。当年旅港游客在当地消费824.6亿港元。发达的旅游业为香港赚取了大量外汇，创汇能力仅次于成衣制造业，是香港经济繁荣的重要支柱行业之一。据估计，1997年旅游业总收入将会上升到1 000亿港币，再创历史新高。这肯定会使酒店、零售、饮食和娱乐等多个行业得益。

2.政局明朗，投资增加

香港政治形势已日趋明朗化，首任特别行政区行政长官及临时立法会已顺利产生，香港特别行政区第一届政府的23名主要官员，已得到中央政府的正式任命，港人看到中央政府实施"一国两制、港人治港、高度自治"的诚意和决心，将有助于消除公众对九七回归疑虑，有助于投资者进行长期策划与投资。

1997年香港投资需求，就楼宇及建设投资来看，近几年公营部门由于受机场核心工程接近完成的影响而有较大幅度的放缓，1996年实际增长率由1995年17.1%下降到8.9%，预计1997年公营部门的楼宇及建设投资将继续维持缓慢增长的格局；私营机构由于受九七回归庆典活动和物业市场吸纳量增加的推动，以及近年来股票市场畅旺，居民收入增加因素的影响，1996年楼宇及建设投资增长率将由1995年的下降7.9%转变为上升3%，预计1997年私营机构的楼宇及建设投资步伐将会比1996年有所加快。就机器及设备投资来看，1997年公营部门的机器及设备投资在经过1995年增长43%及1996年大幅上升59%之后，增长速度将会有所减慢；但私营机构的办公室设备投资将会随着计算机化进程和办公自动化过程呈现稳定增长的态势，工业机器设备及建设机器设备投资也将随着整体经济的回升，投资规模有所扩大，这样私营机构机器及设备投资的增长将会部分抵销公营部门投资增长放慢的不利影响；预计1997年香港整个机器及设备投资的增长率仍将会比1996年的13.5%有所减慢。

值得一提的是，在投资香港的过程中，不但当地资本投资将会有所增加，此外，国外资本仍将不断流入香港。至1996年6月底，在香港设有分公司或办事机构的外国大公司、大企业、银行总数达4 523家，比上年同期增加12%。目前香港不仅没有出现如某些人预言的国际资金大量抽走的情况，相反的是国际资本的不断增加。1997年初，国际货币基金组织在考察香港经济的报告中明确判断，香港九七过渡不明朗的因素已基本消除，香港回归后将更加繁荣。

四、对'97香港地区物价走势的基本判断

1996年香港的通货膨胀比较温和，全年甲类物价指数上升仅6.0%。这主要是内部产生的劳工成本和租金上涨压力较小，1996年第四季度就业不足率由1995年第四季度的2.3%下降到1.6%，经季节调整失业率也由1995年第四季度的3.5%下降到2.6%，1996年底新租出楼宇租金比上年底温和上升4%；同时外部主要供应经济体系的通货膨胀如中国内地、日本、美国等国家通货膨胀下降或低水平的通涨，美元保持强劲，由进口商品所带来的价格上涨甚微所致。

1997年，香港地区的通货膨胀，由于整体经济的回升，本地内部需求进一步增加，预料由内部产生的通货膨胀压力将会加大，另一方面世界商品价格普遍稳定，以及美元仍然保持强势，进口通货膨胀将会继续呈现缓慢的局面。综合两者因素的影响，预计1997年香港通货膨胀压力将会比1996年有所加剧。其一，房地产价格压力。香港地区土地价格原本偏高，土地成本远远超过了世界各大城市，成本推动房产价格普遍较高，房地产价格对香港地区经济成长的通胀压力历来较其它发达国家和地区大。无论是商品办公楼、服务行业客房，还是当地居民住房，无论是出租价格还是出售价格，都居世界各大城市之首。1996年，因经济增长相对缓慢，房地产价格受到抑制，对经济成长的压力相对减轻。但随着香港经济的回升和'97回归过程中一系列庆祝活动的举行，来港定居、旅游和公干的各方人士越来越多，土地和房产价格自1996年下半年已开始上扬。到3月份，香港地区普通写字楼每平方米月租金已达10美元，名列“全球最昂贵的办公室租金排行榜”第二（东京每平方米12.6美元，名列榜首），豪华住宅楼每平方米售价2万多港币。'97通胀中，来自房地产的压力还将进一步加大。其二，劳工价格压力。'96香港劳动工资受经济增速影响，总体水平较往年要低。但从第四季度起随着经济的逐步回升，工薪总水平有所提高，来自劳工方面的压力有所加大。'97通胀压力中，劳动工资方面的压力仍是不可忽视的。其三，国际贸易、汇率的压力。一方面，1996年年初，由于日元汇率持续升高，接踵而至的是美元的强劲，加之中国内地实施“软着陆”战略，经济回落，使港品出口连连受抑，出口对当地物价拉动不大。另一方面，由于各主要供应经济体系国家和地区国内通胀下降并保持较低通胀率，使香港进口产品价格上涨不多，进口品所带来的通货膨胀压力甚微。1997年，据圈内人士和各国际研究机构推测，美元汇率将会继续强劲，但升幅将大大减弱，同时，世界各国经济已开始回升。例如：国际货币基金组织预计，1997年世界经济总量将增长4.1%，比1996年增长幅度高0.3个百分点。欧洲经济发展与合作组织预计欧盟多数国家经济发展将快于1996年。其中，德国，将增长2.2%（1996年为1.1%），法国，2.5%（1996年为1.3%），意大利，1.2%（1996年为0.8%），英国，3.3%（1996年为2.4%），加拿大，3.3%（1996年为1.5%）。这无疑会刺激港品出口的增长，从而拉动香港地区物价上涨，同时，也会使香港进口品价格上扬，加大香港'97通胀压力。

（执笔：张英香　杜宇）

专栏 13.5 香港特别行政区行政长官和临时立法会

一、香港特别行政区行政长官

香港特别行政区行政长官是特区行政首长，代表特别行政区对中央人民政府和香港特别行政区负责。根据全国人大的决议和香港基本法的有关规定，香港行政长官由当地通过协商或选举产生，由中央政府任命。行政长官由年满 40 周岁，在港居住连续满 20 年，并在外国无居留权的香港永久性居民中的中国公民担任。香港特别行政区享有高度的自治权，行政长官可行使较大的权力。

1996 年 12 月 11 日，经 400 位推选委员会委员以无记名方式投票选举，董建华以 320 票当选为香港特别行政区第一任行政长官。同年 12 月 18 日接受中央政府的任命，于 1997 年 7 月 1 日在香港就职。

董建华，1937 年出生于上海，分别在中国、香港和英国接受过教育。董建华的夫人是董赵洪娉女士，现有三个已婚子女和两个外孙，全部居住在香港。董建华曾任香港东方海外(国际)有限公司主席兼行政总裁、香港行政局议员及香港基本法起草委员会咨询委员、香港特别行政区筹备委员会副主任、香港事务顾问、中国政协委员。

二、香港特别行政区临时立法会

由于英方在涉及香港回归过渡的重大事务中，采取不合作态度，推出所谓的“政改方案”，违反了《中英联合声明》和中英政府达成的有关协议和谅解，导致了港英最后一届立法局不能以“直通车”方案过渡九七香港回归之后。为了避免暂时的立法真空，在第一届立法局产生之前必须有一机构代行权力。

1996 年 12 月 21 日，香港特别行政区第一届推选委员会在深圳选举香港临时立法会。这届选举共有 130 位候选人参加，其中有外国居留权的 26 人，中国籍的 104 人。经 400 位推选委员会委员以无记名方式投票，选举产生了 60 名临时立法会议员。在 60 名临时立法会议员中，既有工商界人士，也有劳工、基层界人士和专业精英，其中港英立法局议员有 33 位当选，持外国护照的有 11 位当选。临时立法会的产生，为香港的平稳过渡起到了重要作用。

(执笔：杜 宇)

’96中国经济大事记

’96 中国经济大事记

全国计划会议强调1996年要把抑制通胀作为宏观调控的首要任务，把加强农业放在发展国民经济的首位。财政工作会议强调，1996年继续贯彻适度从紧财政政策。体改工作会议确定1996年体改工作以全国改革为中心环节，务求实现重点突破。

1月份，国务院就改革和调整我国进口税收政策发出通知，决定从1996年4月1日起，将我国进口关税总水平逐步降低到一般发展中国家的平均水平。

1月8日姜春云副总理在中央农村工作会议上作了题为《为实现“九五”农业发展目标，争取今年农业有一个好收成而奋斗》的重要讲话。会议重点部署了1996年农业和农村工作，要求全国上下努力，力争1996年农业有个好收成。会议强调，要实现农业和农村经济的发展目标，必须着重解决好坚持贯彻优先发展农业的方针，真正把农业放在首位，切实解决好农民关注的热点问题，保护和调动广大农民的积极性等八大问题。

北京西站正式开通运营。1月21日我国铁路建设史上规模最大，设施最先进的特大型现代化铁路客站——北京西站正式开通运营。

2月7日全国科普工作会议在北京召开。会议确定科普工作要面向全社会和广大人民群众，重点是农民、青少年和干部。

3月5日至3月17日，第八届全国人民代表大会第四次会议在北京召开。会议表决批准了《中华人民共和国国民经济和社会发展“九五”计划和2010年远景目标纲要》。

4月3日，“863”计划10周年工作会议在京召开。江泽民强调实施科教兴国战略，对于今后15年我国的发展和整个现代化的实现至关重要。

4月1日至3日，国务院经济特区工作会议在广东珠海市召开。这次会议的主题是按照党中央关于进一步办好经济特区的精神，着重研究在新形势下，经济特区如何增创新优势、更上一层楼的问题，是一次推动经济特区进一步发展的重要会议。

4月8日，国务院办公厅召开全国职工医疗保障制度改革扩大试点工作会议，确定试点工作将由镇江、九江两市扩大到全国范围几十个城市。江泽民就搞好国有企业发表重要讲话 。

4月27日至5月4日，江泽民总书记在上海国有企业进行考察，并召开了有四川、河北、辽宁、山东、上海的八家企业负责人参加的座谈会。江泽民强调深化国有企业改革、建立现代企业制度，必须以“三个有利于”作为判断是非得失的标准。要鼓励探索，允许试验，坚持解放思想，实事求是，大胆去试，大胆去闯。

中国人民银行降低存贷款利率。中国人民银行决定从5月1日起，降低金融机构各项存贷款利率。存款利率平均降低0.98个百分点，并取消华侨人民币储蓄存款利率种类，合并到相应期限档次的人民币储蓄利率中。贷款利率平均降低0.75个百分点。

5月29日新华社报道，在南海西部发现和证实了我国海上第二大气田东方1－1气田。据探明天然气含量达801亿立方米。它将为我国海南大化肥基地提供20年的稳定气源，对国民经济的发展具有重要意义。

6月9日新华社报道，我国将在全国范围内推进城市最低生活保障制度，以保障城市贫困居民最基本的生活。

6月17日，经过三天的磋商，中美双方就知识产权有关问题达成一致。美方代表宣布，美国将取消拟对华采取的贸易报复措施，并承诺将中国从特殊三〇一重点国家名单中去掉。我国代表同时宣布，中方也取消拟对美国实施的贸易反报复。

6月20日，中国人民银行行长戴相龙宣布，从1996年7月1日起，我国将对外商投资企业实行银行结售汇，并实现人民币经常项目下可兑换。

农业部、监察部推出减轻农民负担三项制度。为贯彻落实党中央、国务院关于减轻农民负担的指示，农业部、监察部将向全国推出农民负担预决算制度、农民负担监督卡制度和农民负担专项审计制度。

中国人民银行决定降低存贷款利率。经国务院批准，中国人民银行决定自1996年8月23日起，再次降低金融机构各项存贷款利率。存款利率水平平均降低1.5个百分点，贷款利率水平平均降低1.2个百分点。人民银行与金融机构的存、贷款利率也作适当调整。

国务院决定扩大吸收外商直接投资生产性项目审批权项。新华社9月14日报道，为了进一步扩大对外开放，国务院决定适当扩大内地省、自治区和计划单列市，国务院有关部委、直属机构以及其他有关院、总公司吸收外商直接投资的审批权限，由现行项目总投资额1 000万美元以下提高到3 000万美元以下。

国务院决定进一步深化农村金融体制改革。新华社9月16日报道，国务院近日作出进一步深化农村金融体制改革的决定。改革的重点是恢复农村信用社的合作性质，进一步增强政策性金融的服务功能，充分发挥国有商业银行的主导作用。

10月7日至10日，中国共产党第十四届中央委员会第六次全体会议在北京举行。这次会议主要讨论了思想道德和文化建设方面的问题，审议并通过了《中共中央关于加强社会主义精神文明建设若干重要问题的决议》。全会明确提出社会主义精神文明建设的指导思想，强调要加强精神文明建设，任何时候都不能以牺牲精神文明为代价换取经济一时的发展。

10月16日，国务院任命董建华为香港特别行政区第一任行政长官。

10月29日，人大常委会第22次会议通过乡镇企业法、环境噪声污染防治法、人民防空法和解放军选举全国人大和县级以上地方各级人大代表的办法等4部法律。

11月21日至24日，中共中央和国务院在北京召开中央经济工作会议。全会对1997年经济工作提出“稳中求进”的总体要求，强调坚持以邓小平建设有中国特色的社会主义理论为指导，全面贯彻党的基本方针，落实十四届五、六中全会的精神，切实推进两个根本转变，继续实行适度从紧的财政货币政策，降低物价上涨幅度，加强农业基础地位，加快改革特别是国有企业改革步伐，加大结构调整力度，培育新的经济增长点，积极开拓市场，提高对外开放水平，促进国民经济持续、快速、健康发展和社会全面进步。

我国实行人民币经常项目可兑换。11月27日，中国人民银行行长戴相龙正式致函国际货币基金组织，宣布中国自1996年12月1日起，实行人民币经常项目下的可兑换。这使我国外汇管理体制与国际通行规则接轨，为外商对华贸易和来华投资、为中国企业走向国际市场提供宽松的环境和有利条件。

人民日报发表评论《正确认识当前股票市场》。12月16日人民日报发表特约评论员文章《正确认识当前股票市场》。文章分析了我国股票市场形势，指出10月份以后出现暴涨的原因，强调股市有涨有落，提醒股民注意股市风险，并进一步抑制股市上的过度投机行为。

统计资料

目　　录

1－1 各地区人口状况及人口密度情况（1996年）

地　区	年底总人口（万人）	平均人口（万人）	自然增长率（‰）	人口密度（人/平方公里）
全　国	**122389**	**121755.0**	**10.42**	**127**
北　京	1259	1255.0	2.68	749
天　津	948	945.0	3.56	839
河　北	6484	6460.5	7.30	345
山　西	3109	3093.0	10.34	199
内蒙古	2307	2295.5	9.66	20
辽　宁	4116	4104.0	5.96	282
吉　林	2610	2601.0	6.93	139
黑龙江	3728	3714.5	7.35	82
上　海	1419	1417.0	－1.40	2252
江　苏	7110	7088.0	5.53	693
浙　江	4343	4331.0	5.51	427
安　徽	6070	6041.5	9.50	435
福　建	3261	3249.0	7.28	269
江　西	4105	4084.0	10.51	246
山　东	8738	8721.5	3.84	558
河　南	9172	9136.0	7.84	549
湖　北	5825	5798.5	9.15	313
湖　南	6428	6410.0	5.61	303
广　东	6961	6914.5	11.96	391
广　西	4589	4566.0	10.01	194
海　南	734	729.0	14.20	217
四　川	11430	11377.5	9.33	201
贵　州	3555	3531.5	14.36	202
云　南	4042	4016.0	12.93	103
西　藏	244	242.0	16.20	2
陕　西	3543	3528.5	8.48	172
甘　肃	2467	2452.5	11.79	54
青　海	488	484.5	14.69	7
宁　夏	521	517.0	13.78	101
新　疆	1689	1675.0	12.85	10

注：1. 全国总人口包括现役军人数，分地区数字中则未包括。
2. 全国直接推算的总人口数，与分地区推算的总人口数之和相差 1094 万人。

1-2 国民经济和社会

指　　标		总量指标				
		1980	1985	1990	1995	1996
人口与就业						
人口	**(万人)**					
年底总人口		98705	105851	114333	121121	122389
市镇人口		19140	25094	30191	35174	35950
乡村人口		79565	80757	84142	85947	86439
男性人口		50785	54725	58904	61808	62200
女性人口		47920	51126	55429	59313	60189
就业	**(万人)**					
从业人员数		42361	49873	63909	67947	68850
#职工人数		10444	12358	14059	14908	14845
城镇失业人数		541.5	238.5	383.2	519.6	552.8
宏观经济						
国民核算	**(亿元)**					
国民生产总值		4518	8989	18598	57495	67560
国内生产总值		4518	8964	18548	58478	68594
第一产业		1359	2542	5017	11993	13884
第二产业		2192	3867	7717	28538	33613
第三产业		966	2556	5814	17947	21097
支出法国内生产总值		4551	8792	18320	59405	68498
#最终消费		2976	5773	11365	34529	40172
居民消费		2317	4589	9113	27839	32589
政府消费		659	1184	2252	6691	7583
资本形成总额		1590	3386	6444	23877	26867
固定资本形成		1318	2641	4732	20301	23336
存货增加		272	745	1712	3577	3531
固定资产投资	**(亿元)**					
全社会固定资产投资总额		910.9	2543.2	4517.0	20019.3	22974.0
#国有单位		745.9	1680.5	2986.3	10898.2	12056.2
集体单位		46.0	327.5	529.5	3289.4	3660.6
个体经济		119.0	535.2	1001.2	2560.2	3211.2
财政	**(亿元)**					
国家财政收入		1159.9	2004.8	2937.1	6242.2	7408.0
中　央		284.5	769.6	992.4	3256.6	3661.1
地　方		875.5	1235.2	1944.7	2985.6	3746.9
国家财政支出		1228.8	2004.3	3083.6	6823.7	7937.6
中　央		666.8	795.3	1004.5	1995.4	2151.3
地　方		562.0	1209.0	2079.1	4828.3	5786.3
物价总指数	**(上年 =100)**					
商品零售价格总指数		106.0	108.8	102.1	114.8	106.1
居民消费价格总指数			109.3	103.1	117.1	108.3
农产品收购价格总指数		107.1	108.6	97.4	119.9	104.2
利用外资	**(亿美元)**					
签订利用外资协议额			98.7	120.9	1032.1	816.1
实际利用外资额						
能源生产与消费	**(万吨标准煤)**		46.5	102.9	481.3	548.0
能源生产总量		63735	85546	103922	129034	131557
能源消费总量		60275	76682	98703	131176	138811
产　　业						

发展总量与速度指标

速度指标(%)						
指数(1996比以下各年)				平均增长速度		
1980	1985	1990	1995	1981－1996	1986－1996	1991－1996
124.0	115.6	107.0	101.0	1.4	1.3	1.1
187.8	143.3	119.1	102.2	4.0	3.3	3.0
108.6	107.0	102.7	100.6	0.5	0.6	0.4
122.5	113.7	105.6	100.6	1.3	1.2	0.9
125.6	117.7	108.6	101.5	1.4	1.5	1.4
162.5	138.1	107.7	101.3	3.1	3.0	1.2
142.1	120.1	105.6	99.6	2.2	1.7	0.9
102.1	231.8	144.3	106.4	0.1	7.9	6.3
462.5	277.3	189.6	109.7	10.0	9.7	11.2
469.1	282.1	193.2	109.6	10.1	9.9	11.6
234.8	158.0	128.7	105.1	5.5	4.2	4.3
618.1	383.9	249.8	112.1	12.1	13.0	16.5
550.7	271.2	173.3	107.8	11.3	9.5	9.6
2522.1	903.4	508.6	114.8	21.9	21.4	34.6
1616.3	717.4	403.7	110.6	18.6	19.6	30.1
7957.8	1117.7	691.3	111.3	33.1	24.5	44.8
2698.5	600.0	320.7	125.4	23.5	16.2	19.2
638.7	369.5	252.2	118.7	12.3	12.6	16.7
1286.9	475.7	368.9	112.4	17.3	15.2	24.3
428.0	303.3	192.7	125.5	9.5	10.6	11.6
646.0	396.0	257.4	116.3	12.4	13.3	17.1
322.6	270.5	214.2	107.8	7.6	9.5	13.5
1029.6	478.6	278.3	119.8	15.7	15.3	18.6
349.5	294.9	181.9	106.1	8.1	10.3	10.5
	327.9	198.5	108.3		11.4	12.1
420.6	329.8	200.8	104.2	9.4	11.5	12.3
	826.8	675.0	79.1		21.2	37.5
	1178.5	532.6	113.9		25.1	32.1
206.4	153.8	126.6	102.0	4.6	4.0	4.0
230.3	181.0	140.6	105.8	5.4	5.5	5.8

续表 1

指　标		总量指标				
		1980	1985	1990	1995	1996
农业						
耕地面积	(千公顷)	99305	96846	95673	94971	
农林牧渔业劳动力	(万人)	29808	30352	33336	32335	32260
农林牧渔业总产值	(亿元)	1922.6	3619.5	7662.1	20340.9	23428.7
主要农产品产量	(万吨)					
粮　食		32056	37911	44624	46662	50454
棉　花		270.7	414.7	450.8	476.8	420.3
油　料		769.1	1578.4	1613.2	2250.3	2210.6
甘　蔗		2280.7	5154.9	5762.0	6541.7	6687.6
甜　菜		630.5	891.9	1452.5	1398.4	1672.6
茶　叶		30.4	43.2	54.0	58.9	59.3
水　果		679.3	1163.9	1874.4	4214.6	4652.8
肉　类			1926.5	2857.0	5260.1	5915.1
水产品		449.7	705.2	1237.0	2517.2	2813.0
工业						
工业总产值	(亿元)	5154.3	9716.5	23924.4	91893.8	99595.3
主要工业产品产量						
布	(亿米)	134.7	146.7	188.8	260.2	209.1
机制纸及纸板	(万吨)	535	911	1372	2812	2638
糖	(万吨)	257	451	582	559	640
家用电冰箱	(万台)	5	145	463	919	980
电视机	(万台)	249	1668	2685	3496	3542
#彩色电视机		3	435	1033	2058	2538
家用洗衣机	(万台)	25	887	663	948	1075
录音机	(万台)	74	1393	3024	8581	8633
照相机	(万架)	37	179	213	3326	4121
原　煤	(亿吨)	6.2	8.7	10.8	13.6	14.0
原　油	(万吨)	10595	12490	13831	15005	15733
发电量	(亿千瓦小时)	3006	4107	6212	10070	10813
钢	(万吨)	3712	4679	6635	9536	10124
成品钢材	(万吨)	2716	3693	5153	8980	9338
水　泥	(万吨)	7986	14595	20971	47561	49119
独立核算工业企业财务指标						
年底固定资产原价	(亿元)	4154	6926	14390	44989	52027
年底固定资产净值	(亿元)	2843	4725	10139	32287	34493
利润和税金总额	(亿元)	1065	1657	1946	5050	5147
建筑业						
建筑业企业人数	(万人)	983	1701	1717	2512	2992
建筑业总产值	(亿元)	347	985	1948	9505	11579
施工房屋面积	(万平方米)		35492	37923	89863	129087
竣工房屋面积	(万平方米)		17073	19553	35666	60048
交通运输						
货运量	(万吨)	546537	745763	970602	1234810	1296200
铁　路		111279	130709	150681	165855	168803
公　路		382048	538062	724040	940387	983860
水　运		42676	63322	80094	113194	127430
管　道		10525	13650	15750	15274	15992
空　运		9	20	37	101	115
客运量	(万人)	341785	620206	772682	1172596	1244722
铁　路		92204	112110	95712	102745	94162

续表 2

速度指标(%)						
指数 (1996 比以下各年)				平均增长速度		
1980	1985	1990	1995	1981－1996	1986－1996	1991－1996
108.2	106.3	96.8	99.8	0.5	0.6	
292.9	197.6	156.7	109.4	6.9	6.4	7.8
157.4	133.1	113.1	108.1	2.9	2.6	2.1
155.3	101.4	93.2	88.2	2.8	0.1	
287.4	140.1	137.0	98.2	6.8	3.1	5.4
293.2	129.7	116.1	102.2	7.0	2.4	2.5
265.3	187.5	115.2	119.6	6.3	5.9	2.4
195.1	137.3	109.8	100.7	4.3	2.9	1.6
684.9	399.8	248.2	110.4	12.8	13.4	16.4
	307.0	207.0	112.5		10.7	
625.5	398.9	227.4	111.8	12.1	13.4	14.7
1040.0	589.3	317.4	116.6	15.8	17.5	21.2
						12.9
155.2	142.5	110.8	80.4	2.8	3.3	1.7
493.1	289.6	192.3	93.8	10.5	10.1	
249.0	141.9	110.0	114.5	5.9	3.2	11.5
19600.0	675.9	211.7	106.6	39.1	19.0	1.6
1422.5	212.4	131.9	101.3	18.0	7.1	13.3
84600.0	583.4	245.7	123.3	52.4	17.4	4.7
4300.0	121.2	162.1	113.4	26.5	1.8	16.2
						8.4
11666.2	619.7	285.5	100.6	34.6	18.0	19.1
11137.8	2302.2	1934.7	123.9	34.3	33.0	63.8
225.8	160.9	129.6	102.9	5.2	4.4	4.4
148.5	126.0	113.8	104.9	2.5	2.1	2.2
359.7	263.3	174.1	107.4	8.3	9.2	9.7
						7.3
272.7	216.4	152.6	106.2	6.5	7.3	10.4
343.8	252.9	181.2	104.0	8.0	8.8	15.2
615.1	336.5	234.2	103.3	12.0	11.7	
1252.5	751.2	361.5	115.6	17.1	20.1	23.9
1213.3	730.0	340.2	106.8	16.9	19.8	22.6
483.3	310.6	264.5	101.9	10.3	10.9	17.6
304.4	175.9	174.3	119.1	7.2	5.3	9.7
403.2	314.0	193.7	105.1	9.1	11.0	11.6
	363.7	340.4	143.6		12.5	22.6
	351.7	307.1	168.4		12.1	20.6
237.2	173.8	133.5	105.0	5.5	5.2	4.9
151.7	129.1	112.0	101.8	2.6	2.4	1.9
257.5	182.9	135.9	104.6	6.1	5.6	5.2
298.6	201.2	159.1	112.6	7.1	6.6	8.0
151.9	117.2	101.5	104.7	2.6	1.4	0.3
1277.8	575.0	310.8	113.9	17.3	17.2	20.8
364.2	200.7	161.1	106.2	8.4	6.5	8.3
102.1	84.0	98.4	91.6	0.1		

续表 3

指标		总量指标				
		1980	1985	1990	1995	1996
公路		222799	476486	648085	1040810	1122110
水运		26439	30863	27225	23924	22895
空运		343	747	1660	5117	5555
沿海主要港口货物吞吐量	(万吨)	21731	31154	48321	80166	85152
邮电通信业						
邮电业务总量	(亿元)	19	30	82	989	1342
函件	(亿件)	33.1	46.8	54.9	79.6	78.7
报刊期发数	(万份)	16431	30172	20078	21689	21157
交换机容量	(万门)	443	613	1232	7204	9291
城市		200	337	826	5456	6924
农村		243	277	406	1747	2367
电话机	(万部)	419	626	1274	5762	7047
城市		284	476	1026	4709	5538
农村		135	150	247	1053	1509
国内商业						
社会消费品零售总额	(亿元)	1794	3801	7250	20620	24774
对外经济贸易和国际旅游						
进出口总额	(亿美元)	381.4	696.0	1154.4	2808.5	2899.0
进口额		200.2	422.5	533.5	1320.8	1388.4
出口额		181.2	273.5	620.9	1487.7	1510.6
国际旅游						
来华旅游人数	(万人)	570	1783	2746	4639	5113
旅游外汇收入	(亿美元)	6.2	12.5	22.2	87.3	102.0
金融保险						
金融机构各项存款	(亿元)				53882	68596
金融机构各项贷款	(亿元)				50544	61157
国内保险承保额	(亿元)		6895	19366	66039	98179
国外保险承保额	(亿美元)			599	46450	28283
教育、科技、文化						
教育						
专任教师数	(万人)					
普通高等学校		24.7	34.4	39.5	40.1	40.3
中等学校		317.1	296.7	349.2	388.3	404.0
小学		549.9	537.7	558.2	566.4	573.6
在校学生数	(万人)					
普通高等学校		114.4	170.3	206.3	290.6	302.1
中等学校		5677.8	5092.6	5105.4	6191.5	6635.7
小学		14627	13370	12241	13195	13615
国家用于教育支出	(亿元)	114.2	226.8	462.5	1193.8	
科技						
科学家、工程师数	(万人)				154.58	166.73
研究与发展经费支出	(亿元)			125.4	286.0	327.0
技术市场成交额	(万元)			750969	2683447	3002045
文化						
出版数量						
图书	(亿册.张)	45.9	66.7	56.4	63.2	71.6
杂志	(亿册)	11.2	25.6	17.9	23.4	23.1
报纸	(亿份)	140.4	199.8	160.5	178.9	179.5
故事影片产量	(部)	82	127	134	146	110
电视节目制作时间	(小时)		38056	91572	383513	550739

续表　4

速度指标(%)						
指数 (1996 比以下各年)				平均增长速度		
1980	1985	1990	1995	1981－1996	1986－1996	1991－1996
503.6	235.5	173.1	107.8	10.6	8.1	9.6
86.6	74.2	84.1	95.7			
1619.5	743.6	334.6	108.6	19.0	20.0	22.3
391.8	273.3	176.2	106.2	8.9	9.6	9.9
3793.3	2379.8	862.7	135.7	25.5	33.4	43.2
237.8	168.2	143.4	98.9	5.6	4.8	6.2
128.8	70.1	105.4	97.5	1.6		0.9
2097.3	1515.7	754.1	129.0	20.9	28.0	40.0
3462.0	2054.6	838.3	126.9	24.8	31.6	42.5
974.1	854.5	583.0	135.5	15.3	21.5	34.2
1681.9	1125.7	553.1	122.3	19.3	24.6	33.0
1950.0	1163.4	539.8	117.6	20.4	25.0	32.4
1117.8	1006.0	610.9	143.3	16.3	23.4	35.2
395.1	221.0	187.8	113.2	9.0	7.5	11.1
760.1	416.5	251.1	103.2	13.5	13.8	16.6
693.5	328.6	260.2	105.1	12.9	11.4	17.3
833.7	552.3	243.3	101.5	14.2	16.8	16.0
897.0	286.8	186.2	110.2	14.7	10.1	10.9
1645.2	816.0	459.5	116.8	19.1	21.0	28.9
			127.3			
			121.0			
	1423.9	507.0	148.7		27.3	31.1
		4721.7	60.9			90.1
163.2	117.2	102.0	100.5	3.1	1.4	0.3
127.4	136.2	115.7	104.0	1.5	2.8	2.5
104.3	106.7	102.8	101.3	0.3	0.6	0.5
264.1	177.4	146.4	104.0	6.3	5.3	6.6
116.9	130.3	130.0	107.2	1.0	2.4	4.5
93.1	101.8	111.2	103.2		0.2	1.8
			107.9			
		260.8	114.3			17.3
		399.8	111.9			26.0
156.0	107.3	127.0	113.3	2.8	0.6	4.1
206.3	90.2	129.1	98.7	4.6		4.3
127.8	89.8	111.8	100.3	1.5		1.9
134.1	86.6	82.1	75.3	1.9		
	1447.2	601.4	143.6		27.5	34.9

续表 5

指　　标		总量指标				
		1980	1985	1990	1995	1996
家庭、生活、环境						
家庭						
家庭总户数	(万户)	22271	23804	27738	31676	32008
城镇居民平均每户家庭人口	(人)	4.2	3.9	3.5	3.2	3.2
农村居民平均每户家庭人口	(人)	5.5	5.1	4.8	4.5	4.4
婚姻						
结婚数	(万对)	719.8	831.3	951.1	929.7	934.0
离婚数	(万对)	34.1	45.8	80.0	105.5	113.2
居住						
城市居民人均居住面积	(平方米)	3.9	5.2	6.7	8.1	8.5
农村居民人均居住面积	(平方米)	9.4	14.7	17.8	21.0	21.7
生活						
城镇居民人均生活费收入	(元)	439	685	1387	3893	4377
农村居民人均纯收入	(元)	191	398	686	1578	1926
城乡储蓄存款余额	(亿元)	399.5	1622.6	7034.2	29662.3	38520.8
工资和福利						
工资总额	(亿元)	772.4	1383.0	2951.1	8100.0	9080.0
职工平均工资	(元)	762	1148	2140	5500	6210
职工保险福利费	(亿元)	136.4	331.6	937.9	2361.3	2725.3
离休、退休、退职职工人数	(万人)	816	1637	2301	3094	3212
离退休、退职职工保险福利费	(亿元)	50.4	149.8	472.4	1541.8	1817.8
卫生						
医院、卫生院	(个)	65450	59614	62454	67807	67964
医生	(万人)	115.3	141.3	176.3	191.8	194.1
医院、卫生院床位数	(万张)	198.2	222.9	262.4	283.6	286.6
市政建设						
自来水供应量	(亿吨)	88.3	128.0	382.3	496.6	466.1
下水道长度	(公里)	21860	31556	57787	110293	112812
城市煤气和天然气供气量	(万立方米)	254428	411853	2389354	1940248	1985908
公共汽(电)车总数	(辆)	32098	45155	62215	136821	148109
铺装道路长度	(公里)	29485	38282	94820	130308	132583
绿地面积	(公顷)	85543	159291	474613	678310	665119
环境、灾害						
治理污染资金使用额	(亿元)		22.2	45.4	98.7	95.6
环境污染事故数	(起)		2716	3462	1966	1446
环境污染事故罚款金额	(万元)		926	1602	407	376
火灾发生数	(起)	54333	34996	57302	37136	36856
火灾损失	(万元)	17609	28422	51182	107777	102909
交通事故发生数	(起)		97573	250244	271843	287685
交通事故损失	(万元)		6599	35362	152267	171769

注:1. 本表总量指标中的价值量指标除邮电业务总量指标外均按当年价格计算。

2. 本表速度指标中,国民生产总值、国内生产总值及三次产业、物价指数、农林牧渔业总产值、工业总产值、建筑业总产值、邮电业务总量、社会消费品零售总额、城乡居民收入、工资总额、平均工资和职工保险福利费、离退休、退职职工保险福利费指标均按可比价格计算。

3. 邮电业务总量,1991 年后按 1990 年不变价格计算,1990 年及以前按 1980 年不变价格计算。

续表 6

速度指标(%)						
指数 (1996 比以下各年)				平均增长速度		
1980	1985	1990	1995	1981－1996	1986－1996	1991－1996
143.7	134.5	115.4	101.0	2.3	2.7	2.4
76.2	82.1	91.4	100.0			
80.0	86.3	91.7	97.8			
129.8	112.4	98.2	100.5	1.6	1.1	
332.0	247.2	141.5	107.3	7.8	8.6	6.0
217.9	163.5	126.9	104.9	5.0	4.6	4.0
230.9	147.6	121.9	103.3	5.4	3.6	3.4
233.6	183.6	150.0	103.3	5.4	5.7	7.0
300.8	155.5	134.4	109.0	7.1	4.1	5.0
9642.3	2374.0	547.6	129.9	33.0	33.4	32.8
275.4	188.5	146.1	103.0	6.5	5.9	6.5
193.0	155.3	138.0	103.8	4.2	4.1	5.5
468.1	236.0	138.0	106.1	10.1	8.1	5.5
393.6	196.2	139.6	103.8	8.9	6.3	5.7
845.0	348.5	182.9	108.4	14.3	12.0	10.6
103.8	114.0	108.8	100.2	0.2	1.2	1.4
168.3	137.4	110.1	101.2	3.3	2.9	1.6
144.6	128.6	109.2	101.1	2.3	2.3	1.5
527.9	364.1	121.9	93.9	11.0	12.5	3.4
516.1	357.5	195.2	102.3	10.8	12.3	11.8
780.5	482.2	83.1	102.4	13.7	15.4	
461.4	328.0	238.1	108.3	10.0	11.4	15.6
449.7	346.3	139.8	101.7	9.9	12.0	5.7
777.5	417.5	140.1	98.1	13.7	13.9	5.8
	430.6	210.6	96.9		14.2	13.2
	53.2	41.8	73.6			
	40.6	23.5	92.4			
67.8	105.3	64.3	99.2		0.5	
584.4	362.1	201.1	95.5	11.7	12.4	12.3
	294.8	115.0	105.8		10.3	2.4
	2603.0	485.7	112.8		34.5	30.1

1-3 国民经济和社会发展结构指标

单位：%

指　标	1985	1990	1995	1996
人口与就业				
人口				
城乡结构				
城镇	23.7	26.4	29.0	29.4
乡村	76.3	73.6	71.0	70.6
性别结构				
男	51.7	51.5	51.1	50.8
女	48.3	48.5	48.9	49.2
就业				
产业结构				
第一产业	62.4	60.1	52.2	50.5
第二产业	20.9	21.4	23.0	23.5
第三产业	16.7	18.5	24.8	26.0
经济类型结构				
国有单位	18.0	16.2	16.6	16.3
集体单位	6.7	5.6	4.6	4.4
联营经济单位		0.2	0.1	0.1
股份制经济单位			0.5	0.5
外商投资经济单位		0.1	0.4	0.4
港澳台商投资经济单位		0.01	0.40	0.40
其他经济单位		...	0.02	0.01
私营企业		0.1	0.7	0.9
个体	0.9	1.0	2.3	2.5
从事农林牧渔业的农民	74.3	74.0	71.9	71.2
宏观经济				
国民核算				
国内生产总值产业结构				
第一产业	28.4	27.1	20.5	20.2
第二产业	43.1	41.6	48.8	49.0
第三产业	28.5	31.3	30.7	30.8
国内支出结构				
最终消费	65.7	62.0	58.1	58.6
居民消费	52.2	49.7	46.9	47.6
农民	33.2	28.0	23.0	23.8
非农业居民	19.0	21.7	23.9	23.8
政府消费	13.5	12.3	11.3	11.1
资本形成	38.5	35.2	40.2	39.2
固定资本形成	30.0	25.8	34.3	34.1
存货增加	8.5	9.3	6.0	5.1
净出口	−4.2	2.8	1.7	2.2
投资				
经济类型结构				
国有单位	66.1	65.6	54.4	52.5
集体单位	12.9	11.9	16.4	15.9
联营经济单位			0.6	0.6
股份制经济单位			4.3	4.5
外商投资经济单位			7.8	8.2
港澳台商投资经济单位			3.4	3.6
其他经济单位			0.3	0.7
个体	21.0	22.5	12.8	14.0
资金来源结构				
国家预算内资金	16.0	8.7	3.0	2.7
国内贷款	20.1	19.6	20.5	19.5

续表 1

单位：%

指　标	1985	1990	1995	1996
利用外资	3.6	6.3	11.2	11.7
自筹和其他投资	60.3	65.4	65.3	66.1
财政				
财政收入结构				
中央	38.4	33.8	52.2	49.4
地方	61.6	66.2	47.8	50.6
财政支出结构				
中央	39.7	32.6	29.2	27.1
地方	60.3	67.4	70.8	72.9
利用外资				
实际利用外资结构				
对外借款	57.8	63.5	21.5	23.1
外商直接投资	35.7	33.9	77.9	76.1
外商其他投资	6.4	2.6	0.6	0.7
能源生产与消费				
能源生产总量结构				
原煤	72.8	74.2	75.3	74.8
原油	20.9	19.0	16.6	17.1
天然气	2.0	2.0	1.9	1.9
水电	4.3	4.8	6.2	6.2
能源消费总量结构				
煤炭	75.8	76.2	74.6	75.0
石油	17.1	16.6	17.5	17.5
天然气	2.2	2.1	1.8	1.6
水电	4.9	5.1	6.1	5.9
产业经济				
农业				
农林牧渔业产值结构				
农业	69.3	64.7	58.4	57.8
林业	5.2	4.3	3.5	3.3
牧业	22.1	25.7	29.7	30.2
渔业	3.5	5.4	8.4	8.6
工业				
全部工业总产值结构				
按经济类型分				
国有工业	64.9	54.6	34.0	28.5
集体工业	32.1	35.6	36.6	39.4
#乡办工业	7.8	10.2	13.0	11.8
村办工业	6.8	10.0	12.9	16.0
合作经营工业	1.6	2.3	2.3	3.4
城乡个体工业	1.9	5.4	12.9	15.5
其他经济类型工业	1.2	4.4	16.6	16.6
#股份制工业			3.5	3.3
外商投资工业			5.9	6.7
港澳台商投资工业			6.1	5.5
建筑业				
建筑业总产值结构				
国有经济	48.2	48.0	39.5	35.9
城镇集体经济	20.4	21.0	20.0	31.9
私营经济				0.3
联营经济			0.1	0.2
股份制经济			1.5	2.4
外商投资经济			0.3	0.4
港澳台商投资经济			0.4	0.4
其他经济施工企业			0.01	0.04
农村建筑队	31.5	30.9	38.2	28.5

续表 2 单位：%

指　标	1985	1990	1995	1996
运输业				
货运量结构				
按运输方式分				
铁　路	17.5	15.5	13.4	13.0
公　路	72.1	74.6	76.2	75.9
水　运	8.5	8.3	9.2	9.8
民用航空	...	...	0.01	0.01
管道输油(气)	1.8	1.6	1.2	1.2
国内商业				
批发零售贸易商品销售总额结构				
国有商业			65.8	63.9
集体商业			26.6	26.3
私营企业			0.8	1.6
联营经济商业			1.5	1.1
股份制商业			4.6	5.7
外商投资商业			0.2	0.4
港澳台商投资商业			0.3	0.4
其他经济单位			0.3	0.2
对外经济贸易和国际旅游				
出口商品结构				
初级产品	50.6	25.6	14.4	14.5
工业制成品	49.4	74.4	85.6	85.5
进口商品结构				
初级产品	12.5	18.5	18.5	18.3
工业制成品	87.5	81.5	81.5	81.7
来华旅游人数结构				
外国人	7.7	6.4	12.7	13.2
华侨	0.5	0.3	0.2	0.3
港澳台同胞	91.8	93.3	87.1	86.5
金融保险业				
金融机构资金来源结构				
各项存款			83.9	86.8
金融债券			2.6	3.1
国家投资债券			0.2	0.2
货币流通量			12.3	11.1
所有者权益			6.4	5.7
当年结益			0.3	...
其他收入			−5.7	−6.9
金融机构资金运用结构				
各项贷款			78.7	77.4
有价证券及投资			6.6	7.1
国家投资债券贷款			0.1	0.1
黄金占款			0.3	0.3
外汇占款			10.5	12.1
库存现金			1.1	0.8
财政透支			0.9	0.7
财政借款			1.8	1.4
教育、科技、文化				
教育				
在校学生结构				
大学生	0.9	1.2	1.5	1.5
中学生	27.3	29.1	31.5	32.3
小学生	71.8	69.7	67.1	66.2
专任教师结构				
大学	4.0	4.2	4.0	4.0
中学	34.2	36.9	39.0	39.7

续表 3

单位：%

指　标	1985	1990	1995	1996
小学	61.9	59.0	56.9	56.3
科技				
科技经费收入结构				
上级拨款		30.8	26.4	26.8
自筹资金		43.2	43.1	41.0
银行贷款		12.2	13.0	14.1
其他收入		13.8	17.5	18.1
科技经费支出结构				
内部支出		92.2	95.9	96.0
#研究与发展经费支出		36.8	36.8	34.3
生活、环境				
生活				
城镇居民消费结构				
食品类	52.2	54.2	49.9	48.6
衣着类	14.6	13.4	13.5	13.5
用品及其他	28.4	27.6	29.5	30.2
居住	4.8	4.8	7.1	7.7
农村居民消费结构				
食品类	57.8	58.8	58.6	56.3
衣着类	9.7	7.8	6.9	7.2
用品及其他	14.2	16.1	20.6	22.6
居住	18.2	17.3	13.9	13.9
福利				
职工保险福利费结构				
国有单位	82.5	82.9	83.9	84.3
城镇集体单位	17.1	16.3	12.5	11.7
其他单位	0.4	0.8	3.7	4.1
离退休人员结构				
国有单位	71.2	75.7	77.6	78.3
城镇集体单位	28.5	24.6	20.1	19.2
其他单位	0.3	0.5	2.3	2.5
卫生				
医生结构				
中医	23.8	20.9	18.7	17.9
西医师	42.6	60.0	61.8	62.2
西医士	33.5	18.8	19.0	19.3
医院床位结构				
市医院	43.2	52.9	61.3	62.5
县医院	56.8	47.1	38.7	37.5
环境、灾害				
治理污染资金使用结构				
治理废水	44.6	47.6	45.6	49.5
治理废气	32.4	32.6	33.2	29.4
治理固体废物	9.0	11.2	14.1	9.5
治理噪声	2.3	2.6	2.2	1.0
其他	11.7	6.0	4.9	10.5
火灾事故损失额结构				
特大	41.4	35.1	35.8	31.2
重大	33.4	27.8	38.3	41.9
一般	25.2	37.2	25.9	26.9
交通事故损失额结构				
特大	18.0	12.5	11.8	12.2
重大	14.6	19.8	22.0	21.8
一般	67.4	67.7	66.2	66.0

1-4 国民经济和社会发展比例和效益指标

指　标		1985	1990	1995	1996
人口与就业					
人口					
出生率	(‰)	21.04	21.06	17.12	16.98
死亡率	(‰)	6.78	6.67	6.57	6.56
自然增长率	(‰)	14.26	14.39	10.55	10.42
就业					
就业者负担人口		1.12	0.79	0.78	0.78
三次产业从业者比例					
(以第一产业为100)					
第一产业		100	100	100	100
第二产业		33.5	35.5	44.1	46.5
第三产业		26.8	30.8	47.5	51.5
城镇失业率	(%)	1.8	2.5	2.9	3.0
宏观经济					
国民核算					
三次产业增加值比例					
(以第一产业为100)					
第一产业		100	100	100	100
第二产业		152.1	153.8	238.0	242.1
第三产业		100.6	115.9	149.6	151.9
全社会劳动生产率	(元/人)	1797	2902	8606	9963
第一产业		817	1306	3381	3993
第二产业		3711	5652	18261	20774
第三产业		3061	4915	10651	11785
人均国内生产总值	(元)	853	1634	4854	5634
固定资产投资					
全社会固定资产投资相当于					
国内生产总值比例	(%)	20.2	24.4	34.2	33.5
全社会房屋建筑面积竣工率	(%)	82.0	78.6	67.7	68.9
基本建设固定资产交付使用率	(%)	68.2	80.0	63.7	71.6
基本建设项目建成投产率	(%)	50.7	53.8	57.0	59.0
财政					
国家财政收入相当于国内生产总值比例	(%)	22.4	15.8	10.7	10.8
国家财政支出相当于国内生产总值比例	(%)	22.4	16.6	11.7	11.6
地方收入相当于中央财政收入比例	(%)	160.5	196.0	91.7	102.3
地方支出相当于中央财政支出比例	(%)	152	207	242	269
预算外资金收入相当于国家财政收入比例	(%)	76.32	92.22	38.60	
外债负债率	(%)	5.6	14.8	15.5	14.3
物价指数					
工农商品综合比价(1978=100)		66.6	62.8	52.0	53.0
利用外资					
实际利用外资额相当于签订利用					
外资额比例	(%)	47.1	85.1	46.6	67.2
能源生产与消费					
能源生产弹性系数		0.73	0.58	0.83	0.21
能源消费弹性系数		0.60	0.47	0.66	0.60
每万元国内生产总值消耗的能源	(吨)	8.6	5.2	2.2	2.0
产　业					

续表 1

指　标		1985	1990	1995	1996
农业					
人均耕地面积	(公顷)	0.09	0.08	0.08	
农业从业者人均耕地面积	(公顷)	0.33	0.29	0.29	
每公顷耕地农业机械总动力	(千瓦)	2.09	3.00	3.80	
每公顷耕地用电量	(千瓦小时)	510	883	1743	
每公顷耕地化肥施用量	(公斤)	178	271	378	
每公顷耕地生产的农业产值	(元)	2510	5178	12514	
农业从业者人均农产品产量	(公斤)				
粮食		1222	1357	1435	1562
棉花		13.4	13.7	14.7	13.0
油料		50.9	49.1	69.2	68.4
肉类		62.1	86.9	161.8	183.1
水产品		22.7	37.6	77.4	87.1
每公顷播种面积农产品产量	(公斤)				
粮食		3483	3933	4240	4483
棉花		810	810	879	890
油料		1338	1480	1572	1761
工业					
独立核算企业效益					
固定资产利税率	(%)		13.52	11.23	9.89
资金利税率	(%)		12.20	8.29	7.11
产值利税率	(%)		10.41	9.19	8.20
国有独立核算企业效益					
固定资产利税率	(%)	22.40	12.90	9.29	7.87
资金利税率	(%)	23.80	12.40	8.01	6.54
产值利税率	(%)	21.80	12.00	11.10	10.03
建筑业					
技术装备率	(元/人)		2467	4264	4154
产值利税率	(%)		5.42	4.18	4.30
全员劳动生产率（按总产值计算）	(总产值元/人)		13109	38680	39033
运输邮电					
客运量弹性系数		1.26	−0.62	0.69	0.64
货运量弹性系数		0.30	−0.47	0.44	0.52
铁路网密度	(公里/万平方公里)	54	56	57	59
公路网密度	(公里/万平方公里)	982	1071	1205	1235
铁路货运密度	(吨/公里)	25088	28217	30376	29771
公路货运密度	(吨/公里)	5709	7041	8128	8297
平均每一沿海港口泊位货物吞吐量	(万吨)	84	50	63	66
邮电通信业					
邮电业务总量弹性系数		1.35	33.15	4.16	3.72
城镇百人拥有电话机数	(部)	1.90	3.40	13.39	15.40
农村百人拥有电话机数	(部)	0.19	0.29	1.23	1.75
国内商业					
批零和餐饮业人均消费品零售额	(元)	17681	25852	50213	56285
对外经济贸易和国际旅游					
进出口总额相当于国内生产总值比例	(%)	23.1	30.0	48.0	42.3
每一来华游客花费	(美元)	70	81	188	199

续表 2

指　标		1985	1990	1995	1996
金融保险					
金融机构存款相当于					
国内生产总值比例	(%)			92.1	100.0
金融机构贷款相当于					
国内生产总值比例	(%)			86.4	89.2
国家银行现金支出相当于收入比例	(%)	103.6	101.7	100.6	100.8
教育、科技、文化					
教育					
学龄儿童入学率	(%)	96.0	97.8	98.5	98.8
小学升学率	(%)	68.4	74.6	90.8	92.6
初中升学率	(%)	41.7	40.6	48.3	48.8
学校教师负担系数	(%)				
高等学校		5.0	5.2	7.2	7.5
中等学校		17.2	14.6	15.9	16.4
小学学校		24.9	21.9	23.3	23.7
科技					
研究与开发经费支出相当于					
国内生产总值比例	(%)		0.71	0.50	0.50
文化					
每百万人有电影放映单位	(个)	173	128	78	56
每百万人有艺术表演团体	(个)	3.13	2.45	2.21	2.18
每百万人有公共图书馆	(个)	2.21	2.21	2.16	2.15
每百万人有博物馆	(个)	0.67	0.89	0.99	1.00
家庭、生活、环境					
家庭					
负担少儿系数	(%)	43.73*	41.520	40.160	38.490
负担老年系数	(%)	8.33*	8.370	10.060	10.320
婚姻					
离婚率	(‰)	0.88	1.38	1.75	1.85
生活					
城镇与农村居民收入增长率比例 (1978＝100)		0.45	0.48	0.56	0.53
福利					
职工保险福利相当于工资总额比例	(%)	24.0	31.8	29.2	30.0
离退休退职相当于在职人数比例	(%)	13.2	16.4	20.8	21.6
卫生					
每万人医院数	(个)	0.56	0.55	0.56	0.56
每万人医生数	(人)	13.3	15.4	15.8	16.0
每万人医院床位数	(张)	21.1	23.0	23.4	23.4
医院病床使用率	(%)	82.7	80.9	66.9	64.7
市政建设					
城市自来水普及率	(%)	81.0	89.2	93.0	94.9
城市用气普及率	(%)	22.4	42.2	70.0	73.2
每万人绿地面积	(公顷)	13.7	32.2	36.7	35.2
环境、灾害					
平均每起火灾损失	(元)	8121	8932	29022	27922
平均每起交通事故损失	(元)	676	1413	5601	5971
平均每起环境污染事故罚款金额	(元)	341	4627	2065	2593

注：1."*"负担少儿和老年系数为1987年数。

2. 预算外资金收入自1993年开始不含国有企业和主管部门收入。

1—5 平均每天主要社会经济活动

本表价值指标均按当年价格计算。

指　　标		1985	1990	1995	1996
每天创造的财富					
国内生产总值	(亿元)	24.6	50.8	160.2	187.9
第一产业		7.0	13.7	32.9	38.0
第二产业		10.6	21.1	78.2	92.1
#工业		9.4	18.8	67.7	79.7
建筑业		1.1	2.4	10.5	12.4
第三产业		7.0	15.9	49.2	57.8
#运输邮电业		1.1	3.1	8.4	9.6
商业		2.4	3.9	13.5	15.2
财政收入	(亿元)	5.5	8.0	17.1	20.3
财政支出	(亿元)	5.5	8.4	18.7	21.7
粮食	(万吨)	103.9	122.3	127.8	138.2
棉花	(万吨)	1.1	1.2	1.3	1.2
油料	(万吨)	4.3	4.4	6.2	6.1
猪牛羊肉	(万吨)	4.8	6.9	11.7	13.1
水产品	(万吨)	1.9	3.4	6.9	7.7
布	(万米)	4019	5173	7129	5729
原　煤	(万吨)	238.4	295.9	372.6	383.6
发电量	(亿千瓦小时)	11.3	17.0	27.6	29.6
原　油	(万吨)	34.2	37.9	41.1	43.1
钢	(万吨)	12.8	18.2	26.1	27.7
成品钢材	(万吨)	10.1	14.1	24.6	25.6
水　泥	(万吨)	40.0	57.5	130.3	134.6
每天消费量					
最终消费	(亿元)	15.8	31.1	94.6	110.1
居民消费		12.6	25.0	76.3	89.3
农民		8.0	14.1	37.4	44.6
非农业居民		4.6	10.9	38.8	44.7
政府消费		3.2	6.2	18.3	20.8
能源消费量	(万吨标准煤)	210.1	270.4	371.2	372.6
社会消费品零售总额	(亿元)	10.4	19.9	56.5	67.9
每天其他经济活动					
资本形成总额	(亿元)	9.3	17.7	65.4	73.6
固定资产形成		7.2	13.0	55.6	63.9
存货增加		2.0	4.7	9.8	9.7
城镇新建住宅面积	(万平方米)	51.5	47.4	103.0	108.0
农民个人新建住宅面积	(万平方米)	190.5	185.8	181.4	218.0
货运量	(万吨)	2043	2659	3383	3551
客运量	(万人)	1699	2117	3213	3410
沿海主要港口货物吞吐量	(万吨)	85.4	132.4	219.6	233.3
邮电业务总量	(万元)	811	2237	27092	36768
交换机容量	(万门)	1.7	3.4	19.7	25.5
进出口总额	(亿美元)	1.9	3.2	7.7	7.9
出口总额		1.2	1.5	3.6	3.8
进口总额		0.7	1.7	4.1	4.1
实际利用外资额	(亿美元)	0.1	0.3	1.3	1.5
来华旅游人数	(万人)	4.9	7.5	12.7	14.0
居民储蓄额	(亿元)	1.1	5.2	22.3	24.3
每天人口变动和婚姻					
出　生	(万人)	6.1	6.5	5.7	5.7
死　亡	(万人)	2.0	2.1	2.1	2.2
结　婚	(万对)	2.3	2.6	2.5	2.6
离　婚	(对)	1255	2192	2890	3101

注:“城镇新建住宅面积”从1986年起包括城镇及工矿区个人新建住宅面积。

1-6 各地区从业人员情况（1996年）

（年底）

地区	从业人员(万人)		第一产业		第二产业		第三产业	
	1996	比上年增长(%)	1996	比上年增长(%)	1996	比上年增长(%)	1996	比上年增长(%)
全国	**68850.0**	**1.3**	**34769.0**	**-2.0**	**16180.0**	**3.5**	**17901.0**	**6.2**
北京	660.9	-1.3	72.3	2.3	253.2	-5.7	335.4	1.6
天津	485.0	-1.0	81.9	-1.1	231.3	-.4	171.8	1.2
河北	3391.1	0.7	1635.2	-5.4	942.0	7.1	813.9	7.3
山西	1478.0	1.2	640.2	0.7	435.2	-0.1	402.6	3.6
内蒙古	1043.0	1.8	546.8	1.9	224.4	-0.3	271.8	3.5
辽宁	2030.8	-0.2	644.7	1.9	750.3	-2.8	635.8	1.0
吉林	1257.6	0.2	558.9	-0.5	330.3	-1.6	368.4	3.0
黑龙江	1567.3	1.0	566.0	-1.0	534.8	0.9	466.5	3.5
上海	764.3	-0.5	70.8	-0.3	372.9	-5.6	320.6	6.1
江苏	3747.6	-0.5	1557.4	-0.8	1246.8	-2.0	943.4	2.1
浙江	2702.0	0.0	1131.2	-2.0	849.0	0.1	721.8	3.3
安徽	3246.1	1.2	1968.6	1.2	563.8	-1.9	713.7	3.9
福建	1593.6	1.7	788.2	-0.2	383.2	3.3	422.2	4.0
江西	2064.3	0.2	1133.5	-0.7	368.6	-1.2	562.2	3.2
山东	4649.8	0.5	2487.9	-1.1	1160.7	0.1	1001.2	5.4
河南	4829.2	2.8	2827.3	0.3	987.7	6.4	1014.2	6.9
湖北	2692.3	-0.5	1348.6	-2.5	590.7	-1.0	753.0	3.6
湖南	3547.5	1.2	2128.3	-1.2	583.9	1.9	835.3	7.1
广东	3690.8	0.9	1466.6	7.0	1034.1	-1.3	1190.1	-4.0
广西	2416.8	1.4	1598.9	1.0	282.9	0.3	535.0	3.3
海南	334.9	-0.1	201.5	-1.0	39.4	0.3	94.0	2.0
四川	6295.1	-0.6	3920.4	-1.9	1014.1	0.5	1360.6	2.2
贵州	1892.1	1.9	1381.8	1.0	187.5	1.4	322.8	6.4
云南	2213.7	1.3	1666.3	0.6	218.7	0.9	328.7	4.9
西藏	117.6	3.4	89.6	2.1	5.6	7.7	22.4	9.8
陕西	1797.7	1.3	1052.6	-0.3	341.3	0.0	403.8	7.2
甘肃	1175.0	1.3	681.0	0.7	203.7	0.2	290.3	3.9
青海	232.0	2.7	140.4	3.7	40.3	-1.7	51.3	3.2
宁夏	250.3	2.8	144.2	0.5	47.9	3.0	58.2	9.0
新疆	671.6	1.4	378.5	0.5	121.0	-2.7	172.1	6.9

1-7 中央财政和地方财政收支总额

单位：亿元

年　　份	财政收入			财政支出		
		中　央	地　方		中　央	地　方
1970	662.90	182.95	479.95	649.41	382.37	267.04
1971-1975	3919.71	576.43	3343.28	3919.44	2125.14	1794.30
1975	815.61	96.63	718.98	820.88	409.40	411.48
1976-1980	5089.61	904.32	4185.29	5282.44	2625.34	2657.10
1976	776.58	98.91	677.67	806.20	377.63	428.57
1977	874.46	113.85	760.61	843.53	393.70	449.83
1978	1132.26	175.77	956.49	1122.09	532.12	589.97
1979	1146.38	231.34	915.04	1281.79	655.08	626.71
1980	1159.93	284.45	875.48	1228.83	666.81	562.02
1981-1985	7402.75	2583.02	4819.73	7483.18	3725.64	3757.54
1981	1175.79	311.07	864.72	1138.41	625.65	512.76
1982	1212.33	346.84	865.49	1229.98	651.81	578.17
1983	1366.95	490.01	876.94	1409.52	759.60	649.92
1984	1642.86	665.47	977.39	1701.02	893.33	807.69
1985	2004.82	769.63	1235.19	2004.25	795.25	1209.00
1986-1990	12280.60	4104.41	8176.19	12865.67	4420.27	8445.40
1986	2122.01	778.42	1343.59	2204.91	836.36	1368.55
1987	2199.35	736.29	1463.06	2262.18	845.63	1416.55
1988	2357.24	774.76	1582.38	2491.21	845.04	1646.17
1989	2664.90	822.52	1842.38	2823.78	888.77	1935.01
1990	2937.10	992.42	1944.68	3083.59	1004.47	2079.12
1991-1995	22442.10	9038.39	13403.71	24387.46	7323.13	17064.33
1991	3149.48	938.25	2211.23	3386.62	1090.81	2295.81
1992	3483.37	979.51	2503.86	3742.20	1170.44	2571.76
1993	4348.95	957.51	3391.44	4642.30	1312.06	3330.24
1994	5218.10	2906.50	2311.60	5792.62	1754.43	4038.19
1995	6242.20	3256.62	2985.58	6823.72	1995.39	4828.33
1996	7407.99	3661.07	3746.92	7937.55	2151.27	5786.28

注：1. 中央财政收入和地方财政收入是各级负责组织征收的收入数。

2. 本表不包括国内外债务收入、债务还本付息支出和利用国外借款收入安排的基本建设支出。

1-8 中央和地方预算外资金收支

单位：亿元

年　份	预算外资金收入			预算外资金支出		
		中　央	地　方		中　央	地　方
1982	802.74	270.70	532.04	734.53	227.05	507.48
1983	967.68	359.90	607.78	875.81	300.38	575.43
1984	1188.48	470.54	717.94	1114.74	420.24	694.50
1985	1530.03	636.10	893.93	1375.03	562.05	812.98
1986	1737.31	716.63	1020.68	1578.37	640.94	937.43
1987	2028.80	828.03	1200.77	1840.75	741.61	1099.14
1988	2360.77	907.15	1453.62	2145.27	842.86	1302.41
1989	2658.83	1072.28	1586.55	2503.10	975.87	1527.23
1990	2708.64	1073.28	1635.36	2707.06	1037.69	1669.37
1991	3243.30	1381.10	1862.20	3092.26	1263.27	1828.99
1992	3854.92	1707.73	2147.19	3649.90	1592.81	2057.09
1993	1432.54	245.90	1186.64	1314.30	198.87	1115.43
1994	1862.53	283.32	1579.21	1710.39	225.02	1485.37
1995	2406.50	317.57	2088.93	2331.26	351.38	1979.88

注：1.1982 年预算外资金开始建立年度统计报告。

2.1993 年及以后预算外收支包括的范围有较大调整，与以前年份不可比(下表同)。

1-9 国家预算外资金分项目收支

单位：亿元

年　份	预算外收入	#地方财政预算外资金	#行政事业单位预算外资金	预算外支出	#固定资产投资	#城市维护支出	#行政事业支出
1982	802.74	45.27	101.15	734.53	366.02	24.39	44.15
1983	967.68	49.79	113.88	875.81	374.44	28.62	38.84
1984	1188.48	55.23	142.52	1114.74	449.38	29.06	45.32
1985	1530.03	44.08	233.22	1375.03	571.28	28.40	64.73
1986	1737.31	43.20	294.22	1578.37	576.45	31.28	81.36
1987	2028.80	44.61	358.41	1840.75	740.43	38.89	107.57
1988	2360.77	48.94	438.94	2145.27	815.28	45.23	134.95
1989	2658.83	54.36	500.66	2503.10	864.86	33.70	153.75
1990	2708.64	60.59	576.95	2707.06	925.91	35.43	187.10
1991	3243.30	68.77	697.00	3092.26	1054.47	38.85	221.28
1992	3854.92	90.88	885.45	3649.90	1343.64	49.85	275.68
1993	1432.54	114.71	1317.83	1314.30	290.07	68.47	369.86
1994	1862.53	140.03	1722.50	1710.39	604.49	85.59	553.80
1995	2406.50	171.65	2234.85	2331.26	895.50	104.85	742.51

1－10 分地区财政收入决算总表（1996年）

单位：万元

地　区	收入合计	工商税收	农牧业税和耕地占用税	企业所得税	国有企业上交利润	国有企业亏损补贴
地方合计	**37469164**	**26766899**	**3694627**	**4219900**	**214587**	**－2802075**
北　京	1509030	1774797	18060	237816	－49028	－592887
天　津	790403	665775	8101	111764		－87900
河　北	1517776	942598	124303	231654	8488	－58954
山　西	841716	607103	51807	80007	－2756	－60526
内蒙古	572571	342301	113751	56853	5230	－27683
辽　宁	2116883	1654845	101689	201815	6755	－170986
吉　林	763998	496128	81494	68930	8098	－58792
黑龙江	1268755	922104	182582	65077	7471	－70696
上　海	2804733	2712792	80150	401141	－1200	－454969
江　苏	2231711	1634702	211776	283533	4944	－104637
浙　江	1396293	1275505	99008	246638	－1158	－301054
安　徽	1145934	680598	189856	139454	9962	－71114
福　建	1421160	854408	137393	137255	27949	－14017
江　西	770936	464709	109217	61146	7701	－6478
山　东	2416742	1575814	218475	365781	5990	－81169
河　南	1620619	872179	195766	198258	43918	－38047
湖　北	1245090	727572	165585	123997	5238	－109940
湖　南	1303559	755986	160227	63768	22993	－51672
广　东	4794470	3592082	219728	570691	27254	－173583
广　西	905102	506513	147328	77240	18796	－20141
海　南	307034	197651	39096	22451	1635	－4303
四　川	2090094	1244338	323471	199235	27914	－63728
贵　州	494609	270121	133913	35024	3218	－15544
云　南	1300129	738729	351684	94214	11494	－78216
西　藏	24388	20645	39	6814	1053	－11630
陕　西	676022	451069	104044	52884	5876	－44583
甘　肃	433733	279786	55634	32494	3622	－2255
青　海	95798	69519	11307	5991	1602	－9596
宁　夏	126807	84079	9948	11033	325	－1588
新　疆	483069	352451	49195	36942	1203	－15387

续表 1

单位：万元

地　　区	能源交通重点建设基金收入	基本建设贷款归还收入	其他收入	国家预算调节基金	所得税退税	专项收入	罚没收入和行政性收费
地方合计	**13596**	**4811**	**1340469**	**13770**	**－260156**	**1489375**	**2773361**
北　京	2854		23765	2081	－17492	67451	41613
天　津	668		17514	927	－6945	57276	23223
河　北	2332		49977	950	－50	66417	150061
山　西	130	410	61988	111	－1519	35236	69725
内蒙古	114	30	20532	132	－445	23679	38077
辽　宁	1049	297	47778	915	－477	100694	172509
吉　林	339	550	40265	138	－1170	31534	96484
黑龙江	131		36078	102	－734	57335	69305
上　海	294		2603	257	－110207	97725	76147
江　苏	60	903	14373	212	－1369	91443	95771
浙　江	113		9950	123	－42220	69366	40022
安　徽	308		80225	745	－17490	42329	91061
福　建	434		121956	429	－12953	38771	129535
江　西	37		29942	186	－2	24114	80364
山　东	175		60505	46	－3737	125789	149073
河　南	1034		82837	2055	－918	67844	195693
湖　北	227		133654	293	－994	47220	152238
湖　南	15		94032	938	－12179	51646	217805
广　东	1759	899	70116	1449	－165	132136	352104
广　西	147	1450	35843	365	－6211	32104	111668
海　南	137		13977	45	－1371	5797	31919
四　川	270		101706	320	－3777	64650	195695
贵　州	289	268	20986	376	－2006	18209	29755
云　南	303		85404	184	－6418	57783	44968
西　藏	247		5803		－1173		2590
陕　西	19		30329	176	－4228	25735	54701
甘　肃	32		20744	103	－251	27896	15928
青　海	30	4	6996	62	－378	4869	5392
宁　夏	3		6508	3	－465	5449	11512
新　疆	46		14083	47	－2812	18878	28423

1-11 分地区财政支出决算总表（1996年）

单位：万元

地 区	支出合计	基本建设	企业挖潜改造资金	简易建筑费	地质勘探费	科技三项费用
地方合计	**57862800**	**5041938**	**3491887**	**91215**	**11970**	**492253**
北 京	1874472	216640	134018	1152	90	16166
天 津	1132066	232021	94689	350		11649
河 北	2318975	89171	235227	2572	143	20261
山 西	1331823	56292	30523	3735	200	9730
内蒙古	1263825	75551	65970	5133		6695
辽 宁	3147796	296897	359745	2848		46343
吉 林	1455266	75673	52485	3517	1028	44606
黑龙江	2088833	107722	222634	15875	3550	19897
上 海	3331773	587971	312079	810		3132
江 苏	3109426	210028	191317	2362	577	32899
浙 江	2137083	95309	184975	1393		22041
安 徽	1787143	121416	111646	1140	100	10256
福 建	2003058	200824	59055	5590		19687
江 西	1318475	46892	53029	1920	345	6133
山 东	3589836	248334	200531	4764	22	34165
河 南	2552947	129062	119683	556		20260
湖 北	1974425	79338	53989	3642		16867
湖 南	2177430	133256	115772	11559		15411
广 东	6012263	928276	324641	2497		47764
广 西	1570121	106553	62534	2885	79	8400
海 南	451649	49070	2559	891		1338
四 川	3267262	238860	199694	4003	1291	30142
贵 州	995772	62868	29326	1660	50	5712
云 南	2703945	354440	152214	1486	2736	14085
西 藏	368458	48560	2027	290	550	1211
陕 西	1217909	70191	43330	2253		10343
甘 肃	909538	54909	19947	2290	314	5374
青 海	327145	15465	11968	1112	700	2102
宁 夏	295196	26209	15355	306	50	2441
新 疆	1148890	84140	30925	2624	145	7143

续表 1　　　　单位：万元

地　区	流动资金	支援农业生产	农林水利气象部门事业费	工业交通部门事业费	商业部门事业费	城市维护费
地方合计	**138976**	**1773278**	**2085406**	**692196**	**139325**	**2902344**
北　京	5294	36618	26203	23723	4513	65105
天　津		12199	15065	10510	779	103307
河　北		56002	85666	22036	3933	98750
山　西	17871	47925	55379	15965	2193	58740
内蒙古	51071	74840	14600	3746	59338	245111
辽　宁		99696	92223	41000	6886	226343
吉　林	2761	26549	62417	29262	10691	69719
黑龙江	2480	56786	91012	25120	3590	110462
上　海	70068	44083	31135	21667	2912	106344
江　苏		86163	84191	38322	7862	203062
浙　江	5400	76713	73458	45865	2647	160099
安　徽	2218	49128	65467	16280	3664	111771
福　建	1650	59509	69315	25694	3320	96494
江　西		44241	53123	23636	5786	62711
山　东	4463	76363	144956	31091	5699	226014
河　南	11145	59938	93413	19838	5771	109746
湖　北	51	56758	81363	19936	5324	81573
湖　南		71090	99809	20522	4904	120508
广　东	9798	167233	161642	53199	10480	322352
广　西	700	67316	62191	15216	2951	50297
海　南		18368	16834	1705	722	16050
四　川	1685	94209	132059	28970	10116	167227
贵　州	1045	44846	51421	13491	3143	35308
云　南	1240	204910	120144	53140	14371	96744
西　藏	5	10892	16910	19459	632	3293
陕　西	189	66367	64738	27644	8382	44151
甘　肃	38	32079	55051	9275	1131	40759
青　海	55	8331	21871	7379	559	5120
宁　夏	820	15500	19963	3035	920	9499
新　疆		32395	63547	14616	1698	41458

续表 2

单位：万元

地　区	文教卫生事业费	科学事业费	其他部门事业费	抚恤和社会福利救济费	国防费	行政管理费
地方合计	**11494771**	**513099**	**3319787**	**1267443**	**49753**	**6086208**
北　京	349825	29380	83990	45050	700	99744
天　津	193482	8187	35341	18392	916	62898
河　北	506319	15177	189625	71907	1837	250175
山　西	296603	9036	75182	37435	1832	202147
内蒙古	9808	83593	33275	1207	173468	63028
辽　宁	468552	27752	263255	65937	5579	206366
吉　林	304089	16033	103622	36455	650	140450
黑龙江	353180	17868	151001	35271	1513	170890
上　海	550285	41606	100847	32365	1021	118457
江　苏	770824	28570	145319	75441	2652	331798
浙　江	470551	20587	94703	46406	2034	260477
安　徽	383845	11120	104578	44093	855	210821
福　建	402437	17777	108623	33857	4148	188543
江　西	273216	8087	92726	33601	859	154009
山　东	795184	27256	192101	88632	2708	402325
河　南	552026	16743	145353	58055	1169	380429
湖　北	377531	10390	112231	50923	1265	224878
湖　南	424783	12879	134337	52841	2170	242749
广　东	1119781	63799	286734	77491	2526	509190
广　西	312994	12307	115004	38079	2391	207579
海　南	83577	3765	31292	9299	346	61265
四　川	671408	30154	222706	74792	4257	388652
贵　州	198400	9472	58297	27035	1171	147961
云　南	500857	29123	143408	92600	2987	302168
西　藏	60089	1168	11466	5033	165	80130
陕　西	267839	8898	100098	31890	654	185309
甘　肃	185149	10055	38964	20856	543	132670
青　海	64025	2918	30290	5682	463	52299
宁　夏	54238	2634	10968	4205	382	27890
新　疆	258571	10550	54133	20545	753	170471

续表 3　　　　　　　　　　　　　　　　　　　　　　　　　　　　　单位：万元

地　区	公检法部门	价格补贴支出	支援不发达地区支出	其他支出	专项支出	农业综合开发支出
地方合计	**3607431**	**3305103**	**554460**	**4716604**	**1433692**	**692485**
北　京	140251	131393		233410	53777	11396
天　津	59466	55026		87640	57914	3848
河　北	155206	129880	17777	117911	59874	29950
山　西	84514	76447	22243	79115	37001	18361
内蒙古	127019	7236	38001	22187	18656	
辽　宁	189210	170862	1729	266442	86985	26406
吉　林	84578	185118	1509	70361	29920	16472
黑龙江	113133	261242	33758	108009	55166	25879
上　海	196444	104383		679012	116099	21486
江　苏	192699	129965	5467	173639	88175	65011
浙　江	129154	66948	8202	103935	65219	28921
安　徽	84118	112856	23189	116347	43520	41723
福　建	119448	101795	10103	298495	36112	26996
江　西	81111	142800	14436	78791	26496	27165
山　东	203321	174658	3907	306228	139312	55237
河　南	171045	182734	27645	216417	66136	34112
湖　北	108137	145292	20041	258768	47907	17702
湖　南	142646	167881	23816	203916	51304	19619
广　东	498712	149398	57903	623040	123540	36058
广　西	102123	89676	29998	124917	30546	19545
海　南	30631	26809	2459	47668	5282	5385
四　川	215558	165833	63972	136552	60855	57109
贵　州	61675	49469	40821	59466	16307	11342
云　南	130633	98882	66841	82976	40507	22466
西　藏	21238	29387	7889	9809	4	3545
陕　西	80005	58169	4040	18291	22996	12592
甘　肃	43456	55144	13943	97206	19684	11891
青　海	17803	20949	8285	9429	5274	3768
宁　夏	12826	18661	9417	26575	5836	4909
新　疆	75262	76427	27834	44238	19757	14935

2-1 国内生产总值和指数

本表绝对数按当年价格计算,指数桉可比价格计算。

年份	国民生产总值	国内生产总值	第一产业	第二产业	工业	建筑业	第三产业	#交通运输仓储邮电通信业	#批发和零售贸易餐饮业	人均国内生产总值(元)
绝对数(亿元)										
1978	3624.1	3624.1	1018.4	1745.2	1607.0	138.2	860.5	172.8	265.5	379.0
1980	4517.8	4517.8	1359.4	2192.0	1996.5	195.5	966.4	205.0	213.6	460.0
1985	8989.1	8964.4	2541.6	3866.6	3448.7	417.9	2556.2	406.9	878.4	853.0
1987	11954.5	11962.5	3204.3	5251.6	4585.8	665.8	3506.6	544.9	1159.3	1104.0
1988	14922.3	14928.3	3831.0	6587.2	5777.2	810.0	4510.1	661.0	1618.0	1355.0
1989	16917.8	16909.2	4228.0	7278.0	6484.0	794.0	5403.2	786.0	1687.0	1512.0
1990	18598.4	18547.9	5017.0	7717.4	6858.0	859.4	5813.5	1147.5	1419.7	1634.0
1991	21662.5	21617.8	5288.6	9102.2	8087.1	1015.1	7227.0	1409.7	2087.0	1879.0
1992	26651.9	26638.1	5800.0	11699.5	10284.5	1415.0	9138.6	1681.8	2735.0	2287.0
1993	34560.5	34634.4	6882.1	16428.5	14143.8	2284.7	11323.8	2123.2	3090.7	2939.0
1994	46670.0	46759.4	9457.2	22372.2	19359.6	3012.6	14930.0	2685.9	4050.4	3923.0
1995	57494.9	58478.1	11993.0	28537.9	24718.3	3819.6	17947.2	3054.7	4932.3	4854.0
1996	67559.7	68593.8	13884.2	33612.9	29082.6	4530.3	21096.7	3494.0	5560.3	5634.0
指数(1978=100)										
1978	100.0	100.0	100.0	100.0	100.0	100.0	100.0	100.0	100.0	100.0
1980	116.0	116.0	104.6	122.9	122.4	129.2	114.2	113.8	107.4	113.0
1985	193.5	192.9	155.4	197.9	196.2	218.7	231.9	185.9	276.8	175.5
1987	234.1	234.3	168.1	248.1	243.6	298.7	297.4	230.7	347.3	206.6
1988	260.5	260.7	172.3	284.1	280.8	322.5	336.7	261.5	396.9	226.3
1989	271.5	271.3	177.6	294.8	295.0	295.3	354.8	273.8	363.8	231.9
1990	283.0	281.7	190.7	304.1	304.9	298.8	363.0	297.2	346.5	237.3
1991	308.8	307.6	195.2	346.3	348.8	327.4	395.0	330.5	362.1	255.6
1992	352.2	351.4	204.4	419.5	422.6	396.2	444.0	365.2	409.4	288.4
1993	398.4	398.8	214.0	502.8	507.5	467.5	491.3	410.5	436.4	323.6
1994	448.7	449.3	222.6	595.2	603.5	531.5	538.3	449.5	469.9	360.4
1995	489.1	496.5	233.7	677.7	688.2	597.4	583.4	503.4	497.6	394.0
1996	536.5	544.2	245.6	759.7	774.2	648.2	628.9	563.8	524.5	427.1
指数(上年 =100)										
1978	111.7	111.7	104.1	115.0	116.4	99.4	113.7	108.9	123.1	110.2
1980	107.8	107.8	98.5	113.6	112.7	126.7	105.9	105.7	98.7	106.5
1985	113.2	113.5	101.8	118.6	118.2	122.2	118.3	113.5	128.9	111.9
1987	111.5	111.6	104.7	113.7	113.2	117.9	114.4	110.0	113.5	109.8
1988	111.3	111.3	102.5	114.5	115.3	108.0	113.2	113.3	114.3	109.5
1989	104.2	104.1	103.1	103.8	105.1	91.6	105.4	104.7	91.7	102.5
1990	104.2	103.8	107.3	103.2	103.4	101.2	102.3	108.6	95.2	102.3
1991	109.1	109.2	102.4	113.9	114.4	109.6	108.8	111.2	104.5	107.7
1992	114.1	114.2	104.7	121.2	121.2	121.0	112.4	110.5	113.1	112.8
1993	113.1	113.5	104.7	119.9	120.1	118.0	110.7	112.4	106.6	112.2
1994	112.6	112.6	104.0	118.4	118.9	113.7	109.6	109.5	107.7	111.4
1995	109.0	110.5	105.0	113.9	114.0	112.4	108.4	112.0	105.9	109.3
1996	109.7	109.6	105.1	112.1	112.5	108.5	107.8	112.0	105.4	108.4

注:1980 年以后一、二、三产业之和与国民生产总值的差额为国外净要素收入。

2-2 各地区国内生产总值和人均国内生产总值

地　区	国内生产总值　(亿元)			人均国内生产总值　(元)		
	1995	1996	比上年增长(%)	1995	1996	比上年增长(%)
全　国	**58478.10**	**68593.80**	**9.6**	**4854**	**5634**	**8.4**
北　京	1394.89	1615.73	9.2	13073	15044	3.4
天　津	920.11	1102.40	14.3	10308	12270	13.5
河　北	2894.52	3452.97	13.5	4444	5345	12.7
山　西	1092.48	1305.50	11.0	3569	4220	9.9
内蒙古	832.88	984.78	12.7	3639	4259	11.6
辽　宁	2793.37	3157.69	8.6	6880	7730	7.9
吉　林	1129.20	1337.16	13.7	4414	5163	12.9
黑龙江	2014.53	2402.58	10.5	5465	6468	9.6
上　海	2462.57	2902.20	13.0	18943	22275	10.5
江　苏	5155.25	6004.21	12.2	7299	8447	11.5
浙　江	3524.79	4146.06	12.7	8074	9455	12.0
安　徽	2003.58	2339.25	14.4	3357	3881	13.3
福　建	2160.52	2606.92	15.4	6868	8136	14.0
江　西	1205.11	1517.26	13.4	2984	3715	12.2
山　东	5002.34	5960.42	12.2	5758	6834	11.8
河　南	3002.74	3683.41	13.9	3313	4032	13.0
湖　北	2391.42	2970.20	13.2	4162	5122	12.2
湖　南	2195.70	2647.16	12.6	3470	4130	11.9
广　东	5733.97	6519.14	10.7	7973	9513	8.5
广　西	1606.15	1869.62	10.3	3543	4081	9.1
海　南	364.17	389.53	4.8	5225	5500	3.1
四　川	3534.00	4215.00	9.8	3177	3763	8.8
贵　州	610.71	719.83	8.9	1853	2093	7.4
云　南	1206.68	1491.62	10.4	3044	3715	9.0
西　藏	55.98	64.76	13.2	2392	2732	11.3
陕　西	994.65	1175.38	10.2	2843	3313	9.2
甘　肃	553.35	714.18	11.5	2288	2901	9.5
青　海	165.31	183.57	8.6	3430	3748	7.1
宁　夏	169.75	193.62	10.5	3328	3731	8.7
新　疆	825.11	912.15	6.4	4819	5167	4.6

注:本表绝对值按当年价格计算,增长速度按可比价格计算。

2-3 各地区三次产业增加值

单位：亿元

地区	第一产业增加值			第二产业增加值			第三产业增加值		
	1995	1996	比上年增长(%)	1995	1996	比上年增长(%)	1995	1996	比上年增长(%)
全　国	**11993.00**	**13884.20**	**5.1**	**28537.90**	**33612.90**	**12.1**	**17947.20**	**21096.70**	**7.8**
北　京	81.44	83.46	-3.0	615.17	683.14	7.4	698.28	849.13	12.3
天　津	63.21	70.53	8.2	501.22	584.43	14.3	355.68	447.44	15.4
河　北	631.34	700.94	5.5	1322.77	1664.61	16.6	895.41	1087.42	13.0
山　西	168.69	198.29	11.8	545.13	670.41	12.3	378.66	436.80	8.6
内蒙古	260.18	312.82	21.4	314.90	387.29	11.8	257.80	284.67	6.8
辽　宁	392.17	474.09	12.6	1390.00	1537.68	7.8	1011.20	1145.92	8.4
吉　林	303.99	376.01	16.5	479.46	543.17	13.3	345.75	417.98	12.0
黑龙江	388.15	465.82	12.1	1054.77	1280.95	10.5	571.61	655.81	9.3
上　海	61.18	71.58	5.0	1409.85	1582.50	11.1	991.04	1248.12	17.8
江　苏	848.35	965.29	7.7	2715.26	3074.12	12.3	1591.64	1964.80	14.3
浙　江	559.80	609.18	4.4	1834.47	2200.19	15.5	1130.52	1336.69	11.1
安　徽	581.24	665.44	7.6	938.72	1097.37	19.3	483.62	576.44	10.6
福　建	479.42	560.47	10.0	910.56	1089.57	17.6	770.54	956.88	15.6
江　西	374.64	440.00	8.5	451.12	588.82	17.1	379.35	488.44	13.2
山　东	1010.13	1200.17	6.6	2372.67	2810.72	14.1	1619.54	1949.53	12.7
河　南	762.99	959.87	11.3	1420.25	1718.98	16.0	819.50	1004.56	12.6
湖　北	619.77	716.34	4.5	1029.85	1344.36	18.3	741.80	909.50	12.1
湖　南	685.30	793.98	6.2	815.82	1008.43	17.2	694.58	844.75	12.6
广　东	868.99	941.73	5.0	2786.05	3269.35	12.4	1726.68	2308.06	9.9
广　西	489.00	580.47	8.0	605.12	710.13	13.4	512.06	579.02	8.3
海　南	130.86	143.54	5.4	78.64	81.32	2.0	154.67	164.67	5.7
四　川	976.90	1175.00	5.2	1486.63	1773.41	12.5	1070.41	1266.59	9.8
贵　州	227.06	260.56	3.8	234.10	257.82	12.6	168.91	201.45	9.2
云　南	305.27	364.27	5.3	536.63	672.82	11.6	364.78	454.53	13.0
西　藏	23.44	27.15	4.2	13.33	11.39	-9.3	19.21	26.22	34.9
陕　西	227.25	262.74	12.0	405.53	475.01	11.6	367.25	437.63	7.2
甘　肃	110.53	187.81	9.8	258.51	314.96	10.8	184.31	211.41	13.4
青　海	38.79	39.46	3.7	65.54	71.52	10.1	60.98	72.59	9.5
宁　夏	35.39	43.24	18.1	74.14	79.74	8.9	60.22	70.64	8.5
新　疆	250.17	249.31	3.5	302.56	336.89	8.2	281.84	325.95	7.1

注：本表绝对值按当年价格计算，增长速度按可比价格计算。

2−4 工业总产值及指数

本表绝对数按当年价格计算，指数按可比价格计算。

年份	工业总产值	国有工业	集体工业	城乡个体工业	其他经济类型工业
绝对数（亿元）					
1978	4237	3289	948		
1980	5154	3916	1213	1	24
1985	9716	6302	3117	180	117
1990	23924	13064	8523	1290	1047
1991	26625	14955	8783	1287	1600
1992	34599	17824	12135	2006	2634
1993	48402	22725	16464	3861	5352
1994	70176	26201	26472	7082	10421
1995	91894	31220	33623	11821	15231
	(82297)	(26841)	(29253)	(11971)	(14232)
1996	99595	28361	39232	15420	16582
指数（上年＝100）					
1978	113.55	114.44	110.58		
1980	109.27	105.61	119.24		
1985	121.39	112.94	132.69	189.60	139.54
1990	107.76	102.96	109.02	121.11	139.33
1991	114.77	108.62	118.40	125.29	150.11
1992	124.70	112.40	133.30	147.00	164.80
1993	127.30	105.70	135.00	166.20	192.50
1994	124.20	106.50	124.90	156.30	174.30
1995	120.30	108.20	115.20	151.50	137.20
1996	116.59	105.13	120.88	120.00	123.77

注：1.1949－1957年其他经济类型工业为公私合营和私营工业的数字（下表同）。

2.1995年括号内数字和1996年数据均按新规定计算。

2-5 各地区工业企业单位数和工业总产值

地 区	企业单位数 (万个)		工业总产值(当年价)(亿元)		#乡及乡以上工业总产值	
	1995	1996	1995	1996	1995	1996
全 国	**734.15**	**798.65**	**91893.75**	**99595.33**	**66390.53**	**64887.80**
北 京	3.43	4.05	1908.62	1853.34	1733.98	1632.17
天 津	3.48	4.29	2094.01	2386.43	1725.28	1666.26
河 北	22.97	37.97	3995.72	5045.43	2589.91	2727.35
山 西	16.32	19.45	1753.58	2055.11	1121.02	1127.22
内蒙古	9.99	11.59	781.73	938.71	648.58	643.72
辽 宁	23.92	27.67	4974.90	5602.18	3544.29	3354.61
吉 林	16.31	18.99	1428.96	1537.69	1233.54	1232.57
黑龙江	13.83	15.13	2203.78	2374.33	1951.27	1967.72
上 海	4.14	3.34	5128.97	5066.57	4703.63	4329.52
江 苏	45.87	58.31	11812.86	11555.60	8987.48	7919.25
浙 江	65.14	67.57	8087.75	8820.53	4497.98	4009.40
安 徽	42.17	49.05	3155.88	3618.37	2063.11	2293.14
福 建	21.51	23.89	2800.68	3210.69	1747.10	1804.16
江 西	24.61	34.01	1291.37	1335.57	990.72	964.02
山 东	41.11	38.23	8456.32	9126.64	5686.60	5871.32
河 南	73.68	68.99	4715.11	5274.70	2763.79	2906.89
湖 北	40.68	53.54	4102.58	4836.33	2785.71	2957.72
湖 南	53.51	66.43	2451.47	3280.57	1646.55	1758.70
广 东	38.68	44.04	9535.42	10530.92	7189.25	7490.49
广 西	28.62	27.02	1666.10	1733.83	1140.21	1057.19
海 南	1.79	2.03	193.26	215.94	154.77	165.93
四 川	69.93	44.86	4426.37	4168.74	3229.64	2926.87
贵 州	16.26	16.12	557.14	629.17	476.41	514.11
云 南	22.37	25.84	1206.55	1291.37	1038.80	1016.53
西 藏	0.75	0.62	8.99	10.36	8.28	9.73
陕 西	15.40	16.30	1182.72	1239.25	948.69	952.73
甘 肃	8.55	8.90	824.73	836.73	694.16	653.36
青 海	1.57	1.83	148.64	139.06	142.46	127.28
宁 夏	2.47	2.91	197.50	201.62	182.65	180.20
新 疆	5.11	5.68	802.02	679.50	764.67	627.61

注:1995年、1996年工业总产值均按新规定计算。

2-6 各地区主要工业产品产量（一）

地　区	布(亿米)			机制纸及纸板(万吨)			糖(万吨)		
	1995	1996	比上年增长(%)	1995	1996	比上年增长(%)	1995	1996	比上年增长(%)
全　国	**260.18**	**209.10**	**-19.6**	**2812.30**	**2638.20**	**-6.2**	**558.64**	**640.20**	**14.6**
北　京	2.45	2.26	-7.8	10.51	15.27	45.3			
天　津	4.98	3.97	-20.3	41.42	45.89	10.8			
河　北	18.84	16.27	-13.6	236.98	258.32	9.0	0.56	0.62	10.7
山　西	3.56	3.09	-13.2	59.69	68.72	15.1	3.69	4.31	16.8
内蒙古	0.85	0.87	2.4	19.15	20.14	5.2	17.07	27.21	59.4
辽　宁	5.78	4.73	-18.2	97.47	95.68	-1.8	3.80	4.04	6.3
吉　林	1.35	1.34	-0.7	59.44	57.91	-2.6	6.14	6.95	13.2
黑龙江	1.09	0.76	-30.3	70.54	65.34	-7.4	37.47	46.43	23.9
上　海	8.85	5.23	-40.9	39.97	38.85	-2.8			
江　苏	48.90	34.55	-29.3	167.55	163.95	-2.1	0.68	0.02	-97.1
浙　江	32.47	15.95	-50.9	225.62	218.79	-3.0	0.50	0.40	-20.0
安　徽	8.75	8.87	1.4	108.23	97.86	-9.6			
福　建	3.86	3.60	-6.7	104.33	95.00	-8.9	17.42	16.68	-4.2
江　西	3.58	3.33	-7.0	41.07	38.24	-6.9	9.12	8.64	-5.3
山　东	30.93	28.55	-7.7	316.87	336.39	6.2	0.63	1.90	201.6
河　南	16.64	13.08	-21.4	328.85	204.36	-37.9			
湖　北	23.24	19.63	-15.5	97.53	85.18	-12.7	1.10	0.78	-29.1
湖　南	4.89	4.65	-4.9	94.02	103.41	10.0	6.31	5.85	-7.3
广　东	11.65	12.14	4.2	288.10	229.93	-20.2	107.22	118.56	10.6
广　西	1.68	1.27	-24.4	95.02	86.24	-9.2	179.66	237.51	32.2
海　南	0.11	0.14	27.3	1.84	2.17	17.9	17.25	17.63	2.2
四　川	11.72	11.62	-0.9	129.15	119.78	-7.3	12.61	10.27	-18.6
贵　州	0.79	1.22	54.4	12.38	12.78	3.2	1.26	1.27	0.8
云　南	1.40	1.28	-8.6	30.41	39.42	29.6	94.21	83.65	-11.2
西　藏									
陕　西	7.89	7.32	-7.2	85.59	85.46	-0.2	0.12	0.08	-33.3
甘　肃	0.50	0.34	-32.0	17.12	19.51	14.0	8.77	8.00	-8.8
青　海	0.31	0.26	-16.1	1.43	1.65	15.4			
宁　夏	0.05	0.05		13.98	14.96	7.0	2.83	3.05	7.8
新　疆	3.05	2.72	-10.8	18.04	16.98	-5.9	30.18	36.34	20.4

2-7 各地区主要工业产品产量（二）

地区	家用电冰箱（万台）			电视机（万台）			彩色电视机（万台）		
	1995	1996	比上年增长(%)	1995	1996	比上年增长(%)	1995	1996	比上年增长(%)
全　国	**918.54**	**979.65**	**6.7**	**3496.23**	**3541.81**	**1.3**	**2057.74**	**2537.60**	**23.3**
北　京		6.27		67.35	37.20	-44.8	50.16	31.24	
天　津	3.70	0.29	-92.2	160.82	157.34	-2.2	109.54	117.80	7.5
河　北				1.59	14.91	837.7	0.27	9.61	3459.3
山　西				0.45	0.12	-73.3	0.45	0.11	-75.6
内蒙古				32.68	22.87	-30.0	27.09	17.02	-37.2
辽　宁	14.21	9.36	-34.1	47.62	56.72	19.1	23.87	50.15	110.1
吉　林	7.28	5.09	-30.1	0.80	3.08	285.0	5.37	3.08	-42.6
黑龙江				12.07	59.72	394.8	11.87	59.13	398.1
上　海	128.72	93.12	-27.7	418.23	187.63	-55.1	111.77	42.59	-61.9
江　苏	11.45	20.71	80.9	475.89	410.54	-13.7	250.72	258.34	3.0
浙　江	83.12	62.14	-25.2	426.23	368.40	-13.6	55.10	36.27	-34.2
安　徽	150.37	109.11	-27.4	78.58	44.99	-42.7	20.29	8.57	-57.8
福　建	0.02			149.26	104.22	-30.2	148.35	102.92	-30.6
江　西	26.59	27.07	1.8	46.97	32.16	-31.5	27.44	20.25	-26.2
山　东	107.93	193.83	79.6	106.90	80.48	-24.7	65.82	69.44	5.5
河　南	72.12	112.80	56.4	39.58	38.41	-3.0	20.54	27.22	32.5
湖　北				10.80	7.01	-35.1	8.89	5.60	-37.0
湖　南	22.28	3.72	-83.3	24.73	14.86	-39.9	1.49	1.10	-26.2
广　东	213.23	270.13	26.7	882.80	1234.81	39.9	763.92	1128.53	47.7
广　西	0.01			36.59	30.36	-17.0	6.58	3.81	-42.1
海　南				1.21	0.76	-37.2	1.17	0.76	-35.0
四　川	4.29	1.78	-58.5	377.78	522.37	38.3	309.19	485.40	57.0
贵　州	3.67	1.27	-65.4	48.57	43.20	-11.1	0.62	1.22	96.8
云　南	2.37	1.68	-29.1	7.94	3.89	-51.0	4.72	2.45	-48.1
西　藏									
陕　西	63.92	56.18	-12.1	31.43	62.39	98.5	28.62	54.01	88.7
甘　肃	3.27	5.11	56.3	6.87	0.97	-85.9	3.31	0.68	-79.5
青　海									
宁　夏					0.30				
新　疆				2.48	2.10	-15.3	0.59	0.30	-49.2

2-8 各地区主要工业产品产量（三）

地　区	家用洗衣机（万台）			录音机（万台）			照相机（万架）		
	1995	1996	比上年增长（%）	1995	1996	比上年增长（%）	1995	1996	比上年增长（%）
全　国	**948.41**	**1074.72**	**13.3**	**8581.36**	**8632.82**	**0.6**	**3326.15**	**4120.77**	**23.9**
北　京	10.95	13.14	20.0	49.43	44.25	-10.5	243.05	234.32	-3.6
天　津	64.30	60.02	-6.7	18.65			36.56	79.28	116.8
河　北					2.05				
山　西	29.69	39.87	34.3						
内蒙古				3.51	0.72	-79.5			
辽　宁	19.86	16.22	-18.3	0.77	1.21	57.1			
吉　林	2.61	1.98	-24.1		2.62				
黑龙江							0.08	0.08	
上　海	144.80	141.52	-2.3	181.38	148.41	-18.2	153.23	198.99	29.9
江　苏	90.24	117.79	30.5	466.70	476.41	2.1	33.34	28.97	-13.1
浙　江	73.36	121.16	65.2	55.88	45.96	-17.8	26.14	18.09	-30.8
安　徽	127.72	152.50	19.4						
福　建	0.23			277.42	343.27	23.7	0.06	0.01	-83.3
江　西				18.26	21.40	17.2	21.75	21.78	0.1
山　东	97.89	137.54	40.5	0.80	2.36	195.0	67.25	84.54	25.7
河　南				29.99	0.58	-98.1	0.40		
湖　北	20.90	31.19	49.2	0.11	0.46	318.2	0.40		
湖　南				38.58	22.53	-41.6			
广　东	187.51	169.53	-9.6	7365.29	7458.72	1.3	2727.75	3440.62	26.1
广　西				68.98	60.35	-12.5			
海　南									
四　川	32.90	25.07	-23.8	2.01	0.59	-70.6	0.17		
贵　州	4.75	3.78	-20.4						
云　南	0.86	1.00	16.3						
西　藏									
陕　西	13.58	8.09	-40.4	3.44	0.94	-72.7	7.11	6.22	-12.5
甘　肃	30.32	34.32	13.2				8.87	7.87	-11.3
青　海									
宁　夏									
新　疆									

2-9 各地区主要工业产品产量（四）

地区	原煤（亿吨）			原油（万吨）			发电量（亿千瓦小时）		
	1995	1996	比上年增长（%）	1995	1996	比上年增长（%）	1995	1996	比上年增长（%）
全　国	**13.61**	**13.97**	**2.6**	**15004.95**	**15733.39**	**4.9**	**10070.30**	**10813.10**	**7.4**
北　京	0.10	0.10					132.21	141.56	7.1
天　津				620.82	646.60	4.2	133.65	146.04	9.3
河　北	0.81	0.82	1.2	517.02	524.05	1.4	607.17	651.41	7.3
山　西	3.47	3.49	0.6				505.97	526.89	4.1
内蒙古	0.71	0.73	2.8				278.54	323.78	16.2
辽　宁	0.56	0.60	7.1	1552.68	1504.31	-3.1	540.08	583.96	8.1
吉　林	0.26	0.26		342.73	373.60	9.0	284.60	293.98	3.3
黑龙江	0.79	0.82	3.8	5601.49	5601.67		388.01	410.25	5.7
上　海							403.42	428.64	6.3
江　苏	0.27	0.26	-3.7	101.41	122.04	20.3	700.41	756.87	8.1
浙　江	0.01	0.01					401.48	448.36	11.7
安　徽	0.44	0.51	15.9		8.03		310.32	325.82	5.0
福　建	0.11	0.12	9.1				261.55	284.10	8.6
江　西	0.29	0.24	-17.2				176.48	183.29	3.9
山　东	0.88	0.89	1.1	3006.27	2911.64	-3.1	739.24	793.03	7.3
河　南	1.03	1.08	4.9	601.96	587.19	-2.5	547.70	593.99	8.5
湖　北	0.15	0.15		85.03	86.52	1.8	452.74	476.04	5.1
湖　南	0.56	0.60	7.1				332.94	339.09	1.8
广　东	0.11	0.10	-9.1	650.97	1288.50	97.9	821.06	908.66	10.7
广　西	0.14	0.13	-7.1	3.65	10.61	190.7	217.29	226.14	4.1
海　南				0.11	0.07	-36.4	31.53	32.81	4.1
四　川	0.96	0.96		17.23	21.28	23.5	575.97	618.00	7.3
贵　州	0.55	0.61	10.9				231.55	248.76	7.4
云　南	0.28	0.31	10.7	10.21			228.42	253.65	11.0
西　藏							4.83	4.26	-11.8
陕　西	0.42	0.46	9.5	166.95	221.47	32.7	236.77	268.68	13.5
甘　肃	0.25	0.22	-12.0	267.83	172.79	-35.5	237.75	235.65	-0.9
青　海	0.03	0.03		121.72	140.12	15.1	60.42	61.75	2.2
宁　夏	0.15	0.16	6.7	39.04	55.79	42.9	107.77	111.63	3.6
新　疆	0.27	0.30	11.1	1297.83	1457.10	12.3	120.43	136.03	13.0

2－10 各地区主要工业产品产量（五）

地区	钢（万吨）			成品钢材（万吨）			水泥（万吨）		
	1995	1996	比上年增长(%)	1995	1996	比上年增长(%)	1995	1996	比上年增长(%)
全国	**9535.99**	**10124.06**	**6.2**	**8979.80**	**9338.02**	**4.0**	**47560.59**	**49118.90**	**3.2**
北京	804.88	794.74	－1.3	629.81	654.34	3.9	574.21	665.93	16.0
天津	171.57	200.99	17.1	430.38	440.89	2.4	200.62	207.88	3.6
河北	793.25	908.62	14.5	783.54	721.10	－8.0	3154.10	3406.92	8.0
山西	339.80	355.78	4.7	217.09	253.85	16.9	1169.85	1307.56	11.8
内蒙古	355.36	431.95	21.6	257.77	291.44	13.1	349.27	399.84	14.4
辽宁	1335.80	1369.27	2.5	1074.21	1209.29	12.6	1911.03	1743.06	－8.8
吉林	115.93	119.11	2.7	88.21	101.57	15.1	678.46	608.48	－10.3
黑龙江	93.76	84.15	－10.2	88.25	73.49	－16.7	667.82	655.36	－1.9
上海	1454.11	1441.92	－0.8	1185.89	1175.74	－0.9	433.22	443.77	2.4
江苏	361.43	446.62	23.6	787.89	795.58	1.0	3966.42	4040.28	2.1
浙江	144.55	143.69	－0.6	266.27	234.46	－11.9	3264.82	3546.83	8.6
安徽	325.45	361.31	11.0	267.57	307.69	15.0	1982.60	2269.60	14.5
福建	55.49	80.49	45.1	91.32	115.97	27.0	1511.17	1504.52	－0.4
江西	149.73	173.02	15.6	126.36	139.87	10.7	1005.59	1062.16	1.9
山东	389.10	447.56	15.0	278.20	312.58	12.4	5497.09	5623.79	2.3
河南	280.98	309.87	10.3	261.11	285.71	9.4	3348.27	3088.00	－7.8
湖北	711.57	707.73	－0.5	661.34	645.62	－2.4	1838.25	1786.66	－2.8
湖南	176.62	189.95	7.5	150.60	165.91	10.2	2196.02	2300.28	4.7
广东	207.44	224.66	8.3	247.26	276.28	11.7	5317.92	5283.23	－0.7
广西	88.78	87.26	－1.7	80.50	77.34	－3.9	1980.47	1933.52	－2.4
海南	0.35	0.35		11.61	3.97	－65.8	168.65	183.55	8.8
四川	678.38	688.50	1.5	549.86	552.75	0.5	2750.70	3051.32	10.9
贵州	65.94	59.53	－9.7	49.67	51.56	3.8	468.34	522.00	11.5
云南	140.50	161.83	15.2	144.21	171.71	19.1	996.93	1152.28	15.6
西藏							22.00	23.11	5.0
陕西	53.67	54.07	0.7	58.78	47.98	－18.4	851.50	915.89	7.6
甘肃	131.95	146.59	11.1	87.27	104.32	19.5	561.48	589.15	4.9
青海	35.54	40.71	14.5	30.76	32.35	5.2	63.80	76.10	19.3
宁夏	3.46	6.33	82.9	7.51	7.97	6.1	140.11	164.96	17.7
新疆	70.59	87.47	23.9	66.55	86.70	30.3	489.88	562.87	14.9

2-11 各地区主要工业产品人均产量（一）

地区	布（米）			机制纸及纸板（公斤）			水泥（公斤）		
	1995	1996	比上年增长（%）	1995	1996	比上年增长（%）	1995	1996	比上年增长（%）
全国	**21.59**	**17.17**	**-20.5**	**23.34**	**21.67**	**-7.2**	**394.74**	**403.42**	**2.2**
北京	20.62	18.01	-12.7	8.85	12.17	37.5	483.34	530.62	9.8
天津	53.06	42.01	-20.8	44.13	48.56	10.0	213.77	219.98	2.9
河北	29.38	25.18	-14.3	36.96	39.98	8.2	491.87	527.35	7.2
山西	11.63	9.99	-14.1	19.5	22.22	13.9	382.18	422.75	10.6
内蒙古	3.74	3.79	1.3	8.43	8.77	4.1	153.73	174.18	13.3
辽宁	14.17	11.53	-18.7	23.89	23.31	-2.4	468.45	424.72	-9.3
吉林	5.23	5.15	-1.4	23.01	22.26	-3.2	262.66	233.94	-10.9
黑龙江	2.96	2.05	-30.8	19.13	17.59	-8.1	181.15	176.43	-2.6
上海	63.88	36.91	-42.2	28.85	27.42	-5.0	312.68	313.18	0.2
江苏	69.43	48.74	-29.8	23.79	23.13	-2.8	563.13	570.02	1.2
浙江	75.4	36.83	-51.2	52.39	50.52	-3.6	758.11	818.94	8.0
安徽	14.62	14.68	0.4	18.09	16.2	-10.4	331.32	375.67	13.4
福建	12.02	11.08	-7.9	32.5	29.24	-10.0	470.77	463.07	-1.6
江西	8.86	8.15	-8.0	10.17	9.36	-7.9	248.97	260.08	4.5
山东	35.6	32.74	-8.0	36.47	38.57	5.8	632.72	644.82	1.9
河南	18.36	14.32	-22.0	36.28	22.37	-38.3	369.42	338.00	-8.5
湖北	40.45	33.85	-16.3	16.98	14.69	-13.5	319.95	308.12	-3.7
湖南	7.67	7.25	-5.4	14.75	16.13	9.4	344.55	358.86	4.2
广东	17.19	17.56	2.2	42.5	33.25	-21.8	784.53	764.08	-2.6
广西	3.72	2.78	-25.2	21.03	18.89	-10.2	438.35	423.46	-3.4
海南	1.53	1.92	25.3	2.56	2.98	16.1	235.05	251.78	7.1
四川	10.4	10.21	-1.8	11.46	10.53	-8.1	244.08	268.19	9.9
贵州	2.27	3.45	52.3	3.55	3.62	1.8	134.46	147.81	9.9
云南	3.53	3.19	-9.7	7.67	9.82	28.0	251.46	286.92	14.1
西藏							92.44	95.50	3.3
陕西	22.56	20.75	-8.0	24.47	24.22	-1.0	243.46	259.57	6.6
甘肃	2.08	1.39	-33.2	7.11	7.96	11.9	233.17	240.22	3.0
青海	6.49	5.37	-17.3	2.99	3.41	13.7	133.61	157.07	17.6
宁夏	0.98	0.97	-1.6	27.49	28.94	5.3	275.54	319.07	15.8
新疆	18.52	16.24	-12.3	10.96	10.14	-7.5	297.53	336.04	12.9

2-12 各地区主要工业产品人均产量（二）

地区	原煤（吨）			发电量（千瓦小时）			钢（公斤）		
	1995	1996	比上年增长(%)	1995	1996	比上年增长(%)	1995	1996	比上年增长(%)
全国	**1.13**	**1.15**	**1.6**	**835.81**	**888.10**	**6.3**	**79.15**	**83.15**	**5.1**
北京	0.84	0.80	-5.3	1112.88	1127.97	1.4	677.51	633.26	-6.5
天津				1424.08	1545.40	8.5	182.81	212.69	16.3
河北	1.26	1.27	0.5	946.85	1008.30	6.5	123.70	140.64	13.7
山西	11.34	11.28	-0.5	1652.96	1703.49	3.1	111.01	115.03	3.6
内蒙古	3.13	3.18	1.8	1225.97	1410.50	15.1	156.41	188.17	20.3
辽宁	1.37	1.46	6.5	1323.89	1422.90	7.5	327.44	333.64	1.9
吉林	1.01	1.00	-0.7	1101.82	1130.26	2.6	44.88	45.79	2.0
黑龙江	2.14	2.21	3.0	1052.52	1104.46	4.9	25.43	22.65	-10.9
上海				2911.73	3024.98	3.9	1049.52	1017.59	-3.0
江苏	0.38	0.37	-4.3	994.41	1067.82	7.4	51.31	63.01	22.8
浙江	0.02	0.02	-0.6	932.27	1035.23	11.0	33.57	33.18	-1.2
安徽	0.74	0.84	14.8	518.58	539.30	4.0	54.39	59.80	10.0
福建	0.34	0.37	7.8	814.80	874.42	7.3	17.29	24.77	43.3
江西	0.72	0.59	-18.2	436.94	448.80	2.7	37.07	42.37	14.3
山东	1.01	1.02	0.7	850.87	909.28	6.9	44.79	51.32	14.6
河南	1.14	1.18	4.0	604.29	650.16	7.6	31.00	33.92	9.4
湖北	0.26	0.26	-0.9	787.99	820.97	4.2	123.85	122.05	-1.4
湖南	0.88	0.94	6.5	522.38	529.00	1.3	27.71	29.63	6.9
广东	0.16	0.14	-10.9	1211.27	1314.14	8.5	30.60	32.49	6.2
广西	0.31	0.28	-8.1	480.94	495.27	3.0	19.65	19.11	-2.7
海南				439.44	450.07	2.4	0.49	0.48	-1.6
四川	0.85	0.84	-0.9	511.09	543.18	6.3	60.20	60.51	0.5
贵州	1.58	1.73	9.4	664.80	704.40	6.0	18.93	16.86	-11.0
云南	0.71	0.77	9.3	576.16	631.60	9.6	35.44	40.30	13.7
西藏				202.94	176.03	-13.3			
陕西	1.20	1.30	8.6	676.97	761.46	12.5	15.35	15.32	-0.1
甘肃	1.04	0.90	-13.6	987.33	960.86	-2.7	54.80	59.77	9.1
青海	0.63	0.62	-1.4	1265.34	1274.51	0.7	74.43	84.02	12.9
宁夏	2.95	3.09	4.9	2119.37	2159.19	1.9	6.80	12.24	79.9
新疆	1.64	1.79	9.2	731.43	812.12	11.0	42.87	52.22	21.8

2－13 农、林、牧、渔业总产值及指数

本表绝对数按当年价格计算，指数按可比价格计算。

地区	农林牧渔业总产值(亿元)	农业	林业	牧业	渔业	农林牧渔业总产值指数(上年=100)	农业	林业	牧业	渔业
全国	**23428.66**	**13547.15**	**778.07**	**7082.98**	**2020.46**	**109.4**	**107.8**	**105.7**	**111.4**	**114.0**
北京	168.92	89.15	2.83	71.10	5.84	99.1	97.3	106.2	102.3	86.6
天津	142.29	90.17	0.96	39.03	12.13	107.2	108.5	110.3	103.5	110.6
河北	1298.04	801.26	24.80	437.59	34.38	109.4	104.0	103.0	119.1	123.2
山西	352.63	241.18	15.30	94.74	1.41	114.3	114.9	111.3	113.7	111.8
内蒙古	465.33	299.53	13.97	148.56	3.27	123.7	131.4	103.8	114.9	99.7
辽宁	892.64	455.14	13.90	306.96	116.63	117.8	119.9	106.4	114.8	120.2
吉林	595.83	363.67	7.57	216.79	7.80	119.1	117.6	94.5	123.8	109.8
黑龙江	805.66	558.68	16.80	216.38	13.80	112.7	111.0	110.0	116.0	115.8
上海	200.96	87.64	0.67	85.46	27.18	108.3	110.1	134.6	107.2	106.8
江苏	1824.19	1062.39	23.48	498.97	239.35	107.4	108.7	107.5	103.1	111.8
浙江	961.97	517.29	54.76	184.99	204.92	106.7	107.9	105.8	103.2	107.2
安徽	1124.51	683.66	43.87	302.63	94.36	111.6	105.6	115.6	114.9	151.0
福建	891.89	383.18	66.94	206.71	235.05	111.8	109.6	109.5	111.9	116.4
江西	733.49	386.32	46.33	231.18	69.65	108.4	107.5	105.3	103.1	133.6
山东	2180.23	1090.64	49.97	730.71	308.91	108.1	108.2	107.9	108.6	106.7
河南	1639.52	1085.55	41.61	501.69	10.67	114.7	109.8	110.7	124.4	115.1
湖北	1140.76	670.27	33.62	337.02	99.86	106.8	101.4	108.0	114.2	113.2
湖南	1226.32	649.19	45.71	461.01	70.41	108.3	103.1	103.2	115.1	120.7
广东	1577.89	825.59	49.64	398.12	304.53	106.1	103.4	103.0	109.6	110.4
广西	899.58	450.52	38.14	341.84	69.09	108.1	99.6	100.3	121.4	120.4
海南	224.54	102.30	43.80	42.71	35.73	105.4	108.8	95.4	107.4	111.6
四川	1734.35	1028.85	50.18	620.06	35.24	105.5	105.0	106.7	105.7	113.2
贵州	398.17	265.57	14.99	114.46	3.15	104.5	105.6	94.5	103.9	107.2
云南	567.51	369.36	43.21	146.03	8.91	107.4	107.4	106.3	107.4	118.4
西藏	38.53	19.22	0.88	18.41	0.03	103.2	104.8	134.5	100.1	100.0
陕西	458.51	322.93	19.07	113.68	2.83	113.3	117.4	104.5	105.1	116.9
甘肃	328.12	235.24	6.58	85.46	0.85	112.6	115.7	101.2	107.4	106.6
青海	56.16	29.98	0.91	25.14	0.12	103.9	111.8	105.2	96.1	93.1
宁夏	69.17	48.61	1.38	17.98	1.19	119.2	120.7	151.5	114.0	106.6
新疆	430.96	334.07	6.19	87.56	3.14	102.1	100.6	101.0	107.7	112.3

2-14 各地区农业机械总动力、化肥施用量和农村用电量

地 区	农业机械总动力 (万千瓦)			化肥施用量 (万吨)			农村用电量 (亿千瓦小时)		
	1995	1996	比上年增长 (%)	1995	1996	比上年增长 (%)	1995	1996	比上年增长 (%)
全 国	**36118.1**	**38546.9**	**6.7**	**3593.7**	**3827.9**	**6.5**	**1655.7**	**1676.4**	**1.3**
北 京	468.1	468.4	0.1	18.7	18.9	1.1	20.2	20.2	0.0
天 津	532.5	558.0	4.8	12.2	13.7	12.3	32.5	35.8	10.2
河 北	4336.4	5133.4	18.4	220.7	259.3	17.5	118.5	15.0	−87.3
山 西	1359.6	1426.2	4.9	77.1	81.5	5.7	46.1	48.8	5.9
内蒙古	902.5	958.5	6.2	53.7	61.9	15.3	16.7	16.7	0.0
辽 宁	1016.9	1040.3	2.3	103.1	110.7	7.4	81.6	89.0	9.1
吉 林	661.4	718.0	8.6	101.2	107.1	5.8	21.5	22.1	2.8
黑龙江	1226.1	1254.8	2.3	108.9	115.1	5.7	23.5	24.3	3.4
上 海	173.4	157.7	−9.1	22.8	21.8	−4.4	52.3	62.5	19.5
江 苏	2227.0	2297.4	3.2	292.8	306.7	4.7	238.2	252.2	5.9
浙 江	1641.8	1641.8	0.0	97.5	98.3	0.8	169.2	181.2	7.1
安 徽	1836.0	2017.0	9.9	203.3	248.5	22.2	37.4	36.4	−2.7
福 建	757.3	786.5	3.9	104.3	111.0	6.4	45.7	50.0	9.4
江 西	663.1	691.3	4.3	112.1	112.8	0.6	26.6	29.1	9.4
山 东	4016.5	4308.9	7.3	362.3	373.3	3.0	147.3	152.4	3.5
河 南	3115.4	3557.5	14.2	322.2	345.3	7.2	85.1	103.7	21.9
湖 北	1174.3	1222.2	4.1	228.4	240.0	5.1	47.4	50.6	6.8
湖 南	1532.5	1616.0	5.4	167.9	167.1	−0.5	37.6	38.9	3.5
广 东	1669.6	1457.8	−12.7	195.7	187.9	−4.0	186.3	203.6	9.3
广 西	1075.4	1148.0	6.8	122.9	135.0	9.8	23.6	25.2	6.8
海 南	176.0	184.8	5.0	17.3	18.6	7.5	1.2	0.1	−91.7
四 川	1595.8	1673.2	4.9	244.9	258.4	5.5	78.7	82.6	5.0
贵 州	379.1	425.2	12.2	60.8	61.0	0.3	7.9	7.9	0.0
云 南	910.7	1003.3	10.2	88.0	97.2	10.5	20.7	25.1	21.3
西 藏	58.5	63.6	8.7	1.5	2.9	93.3	0.2	0.2	0.0
陕 西	780.5	802.0	2.8	112.0	115.5	3.1	44.6	45.9	2.9
甘 肃	748.0	783.9	4.8	50.9	57.0	12.0	21.4	30.4	42.1
青 海	188.5	196.6	4.3	6.5	6.6	1.5	2.0	2.1	5.0
宁 夏	241.5	256.0	6.0	16.4	18.0	9.8	5.6	6.5	16.1
新 疆	653.8	698.9	6.9	67.8	77.0	13.6	16.2	17.8	9.9

2－15 各地区主要农产品产量（一）

地区	粮食 （万吨）			棉花 （万吨）			油料 （万吨）		
	1995	1996	比上年增长（%）	1995	1996	比上年增长（%）	1995	1996	比上年增长（%）
全 国	**46661.8**	**50453.5**	**8.1**	**476.8**	**420.3**	**－11.8**	**2250.3**	**2210.6**	**－1.8**
北 京	259.8	237.4	－8.6	0.3	0.3	0.0	3.3	2.9	－12.1
天 津	207.5	207.0	－0.2	1.1	0.5	－54.5	4.0	3.1	－22.5
河 北	2739.0	2789.5	1.8	37.0	25.8	－30.3	109.9	120.7	9.8
山 西	917.1	1077.1	17.4	9.1	7.2	－20.9	22.3	37.3	67.3
内蒙古	1055.4	1535.3	45.5				70.2	81.4	16.0
辽 宁	1423.5	1660.1	16.6	2.4	1.1	－54.2	19.8	17.0	－14.1
吉 林	1992.4	2326.6	16.8				25.6	21.7	－15.2
黑龙江	2552.1	3046.6	19.4				20.1	16.8	－16.4
上 海	210.4	226.3	7.6	0.4	0.4		15.8	16.2	2.5
江 苏	3286.3	3476.4	5.8	56.2	53.7	－4.4	159.5	147.5	－7.5
浙 江	1430.9	1516.8	6.0	6.2	6.8	9.7	50.0	52.1	4.2
安 徽	2580.7	2674.1	3.6	30.1	27.0	－10.3	191.8	177.2	－7.6
福 建	919.9	952.2	3.5				23.3	23.0	－1.3
江 西	1607.4	1766.3	9.9	11.9	12.3	3.4	103.6	101.0	－2.5
山 东	4246.4	4332.7	2.0	47.1	37.2	－21.0	315.0	309.3	－1.8
河 南	3466.5	3839.9	10.8	77.0	73.6	－4.4	298.0	278.5	－6.5
湖 北	2463.8	2484.4	0.8	58.6	43.0	－26.6	189.4	181.8	－4.0
湖 南	2691.6	2701.5	0.4	22.4	19.0	－15.2	112.0	118.1	5.4
广 东	1734.8	1839.2	6.0				71.0	74.2	4.5
广 西	1508.2	1509.3	0.1	0.1	0.1		45.3	51.6	13.9
海 南	201.8	197.7	－2.0				7.6	8.0	5.3
四 川	4365.0	4495.7	3.0	11.2	12.3	9.8	170.2	156.8	－7.9
贵 州	948.9	1012.6	6.7	0.1	0.1		58.8	55.6	－5.4
云 南	1188.9	1246.2	4.8	0.1	0.1		19.6	18.8	－4.1
西 藏	70.0	77.7	11.0				3.4	3.5	2.9
陕 西	913.4	1217.3	33.3	4.0	3.1	－22.5	38.2	37.4	－2.1
甘 肃	644.2	820.6	27.4	2.3	2.6	13.0	31.7	43.1	36.0
青 海	114.2	123.8	8.4				16.2	17.1	5.6
宁 夏	203.2	257.9	26.9				5.6	7.9	41.1
新 疆	718.5	805.3	12.1	99.4	94.0	－5.4	49.4	31.0	－37.2

2-16 各地区主要农产品产量（二）

地区	糖料（万吨）			猪牛羊肉（万吨）			水产品（万吨）		
	1995	1996	比上年增长(%)	1995	1996	比上年增长(%)	1995	1996	比上年增长(%)
全国	**7940.1**	**8360.2**	**5.3**	**4265.3**	**4772.6**	**11.9**	**2517.2**	**2813.0**	**11.8**
北京				27.0	27.6	2.2	8.1	7.8	-3.7
天津				16.5	17.8	7.9	15.4	16.4	6.5
河北	12.4	6.9	-44.4	258.8	287.6	11.1	39.6	50.7	28.0
山西	39.7	66.0	66.2	56.1	66.1	17.8	1.8	2.0	11.1
内蒙古	263.5	320.7	21.7	74.0	92.1	24.5	4.8	5.3	10.4
辽宁	50.4	58.6	16.3	173.9	190.4	9.5	197.9	231.4	16.9
吉林	83.6	70.2	-16.0	96.7	130.9	35.4	11.1	12.1	9.0
黑龙江	500.8	491.9	-1.8	106.5	131.9	23.8	25.3	29.0	14.6
上海	4.9	6.7	36.7	24.3	25.3	4.1	29.1	28.0	-3.8
江苏	23.4	22.9	-2.1	217.8	228.0	4.7	219.5	225.8	2.9
浙江	65.8	63.9	-2.9	102.8	100.9	-1.8	318.1	336.9	5.9
安徽	17.8	18.3	2.8	165.8	194.9	17.6	75.2	107.0	42.3
福建	248.6	253.9	2.1	106.0	117.2	10.6	257.3	284.8	10.7
江西	200.0	185.8	-7.1	193.4	195.5	1.1	84.0	100.1	19.2
山东	1.2	1.6	33.3	371.7	429.4	15.5	380.9	415.6	9.1
河南	20.7	20.5	-1.0	295.9	371.4	25.5	18.1	20.5	13.3
湖北	73.6	85.6	16.3	250.7	276.0	10.1	150.9	174.6	15.7
湖南	141.5	129.2	-8.7	317.4	366.5	15.5	86.3	98.2	13.8
广东	1591.6	1523.1	-4.3	194.9	209.7	7.6	354.3	395.1	11.5
广西	2555.7	2830.5	10.8	204.9	240.7	17.5	103.4	122.8	18.8
海南	335.9	329.3	-2.0	20.9	22.8	9.1	43.3	46.6	7.6
四川	179.7	172.6	-4.0	553.2	578.5	4.6	42.0	47.3	12.6
贵州	27.2	35.7	31.3	100.5	103.5	3.0	3.3	3.5	6.1
云南	1056.3	1143.4	8.2	120.4	135.9	12.9	8.4	10.2	21.4
西藏				11.6	11.9	2.6	0.1	0.1	0.0
陕西	1.1	2.7	145.5	71.6	75.5	5.4	3.8	4.1	7.9
甘肃	107.0	119.1	11.3	57.7	62.8	8.8	0.8	0.9	12.5
青海				18.0	18.5	2.8	0.2	0.2	0.0
宁夏	49.5	46.5	-6.1	10.3	11.0	6.8	1.8	2.0	11.1
新疆	288.1	354.5	23.0	46.0	52.5	14.1	4.4	4.8	9.1

2-17 各地区主要农产品人均产量（一）

地区	粮食（公斤）			棉花（公斤）			油料（公斤）		
	1995	1996	比上年增长（%）	1995	1996	比上年增长（%）	1995	1996	比上年增长（%）
全国	**387.28**	**414.39**	**7.0**	**3.96**	**3.45**	**-12.8**	**18.68**	**18.16**	**-2.8**
北京	218.69	189.16	-13.5	0.25	0.24	-5.3	2.78	2.31	-16.8
天津	221.10	219.05	-0.9	1.17	0.53	-54.9	4.26	3.28	-23.0
河北	427.13	431.78	1.1	5.77	3.99	-30.8	17.14	18.68	9.0
山西	299.61	348.24	16.2	2.97	2.33	-21.7	7.29	12.06	65.5
内蒙古	464.52	668.83	44.0				30.90	35.46	14.8
辽宁	348.94	404.51	15.9	0.59	0.27	-54.4	4.85	4.14	-14.7
吉林	771.35	894.50	16.0				9.91	8.34	-15.8
黑龙江	692.28	820.19	18.5				5.45	4.52	-17.0
上海	151.86	159.70	5.2	0.29	0.28	-2.2	11.40	11.43	0.3
江苏	466.57	490.46	5.1	7.98	7.58	-5.0	22.64	20.81	-8.1
浙江	332.27	350.22	5.4	1.44	1.57	9.1	11.61	12.03	3.6
安徽	431.27	442.62	2.6	5.03	4.47	-11.2	32.05	29.33	-8.5
福建	286.57	293.07	2.3				7.26	7.08	-2.5
江西	397.97	432.49	8.7	2.95	3.01	2.2	25.65	24.73	-3.6
山东	488.77	496.78	1.6	5.42	4.27	-21.3	36.26	35.46	-2.2
河南	382.47	420.30	9.9	8.50	8.06	-5.2	32.88	30.48	-7.3
湖北	428.82	428.46	-0.1	10.20	7.42	-27.3	32.96	31.35	-4.9
湖南	422.31	421.45	-0.2	3.51	2.96	-15.7	17.57	18.42	4.8
广东	255.93	265.99	3.9				10.47	10.73	2.5
广西	333.82	330.55	-1.0	0.02	0.02	-1.1	10.03	11.30	12.7
海南	281.25	271.19	-3.6				10.59	10.97	3.6
四川	387.33	395.14	2.0	0.99	1.08	8.8	15.10	13.78	-8.7
贵州	272.44	286.73	5.2	0.03	0.03	-1.4	16.88	15.74	-6.7
云南	299.89	310.31	3.5	0.03	0.02	-1.3	4.94	4.68	-5.3
西藏	294.12	321.07	9.2				14.29	14.46	1.2
陕西	261.16	344.99	32.1	1.14	0.88	-23.2	10.92	10.60	-3.0
甘肃	267.52	334.60	25.1	0.96	1.06	11.0	13.16	17.57	33.5
青海	239.16	255.52	6.8				33.93	35.29	4.0
宁夏	399.61	498.84	24.8				11.01	15.28	38.8
新疆	436.38	480.78	10.2	60.37	56.12	-7.0	30.00	18.51	-38.3

2-18 各地区主要农产品人均产量（二）

地 区	糖料 （公斤）			猪牛羊肉 （公斤）			水产品 （公斤）		
	1995	1996	比上年增长(%)	1995	1996	比上年增长(%)	1995	1996	比上年增长(%)
全 国	**65.90**	**68.66**	**4.2**	**35.40**	**39.20**	**10.7**	**20.89**	**23.10**	**10.6**
北 京				22.73	21.99	−3.2	6.82	6.22	−8.8
天 津				17.58	18.84	7.1	16.41	17.35	5.8
河 北	1.93	1.07	−44.8	40.36	44.52	10.3	6.18	7.85	27.1
山 西	12.97	21.34	64.5	18.33	21.37	16.6	0.59	0.65	10.0
内蒙古	115.98	139.71	20.5	32.57	40.12	23.2	2.11	2.31	9.3
辽 宁	12.35	14.28	15.6	42.63	46.39	8.8	48.51	56.38	16.2
吉 林	32.37	26.99	−16.6	37.44	50.33	34.4	4.30	4.65	8.3
黑龙江	135.85	132.43	−2.5	28.89	35.51	22.9	6.86	7.81	13.8
上 海	3.54	4.73	33.7	17.54	17.85	1.8	21.00	19.76	−5.9
江 苏	3.32	3.23	−2.8	30.92	32.17	4.0	31.16	31.86	2.2
浙 江	15.28	14.75	−3.4	23.87	23.30	−2.4	73.87	77.79	5.3
安 徽	2.97	3.03	1.8	27.71	32.26	16.4	12.57	17.71	40.9
福 建	77.45	78.15	0.9	33.02	36.07	9.2	80.16	87.66	9.4
江 西	49.52	45.49	−8.1	47.88	47.87	0.0	20.80	24.51	17.9
山 东	0.14	0.18	32.8	42.78	49.23	15.1	43.84	47.65	8.7
河 南	2.28	2.24	−1.8	32.65	40.65	24.5	2.00	2.24	12.4
湖 北	12.81	14.76	15.2	43.63	47.60	9.1	26.26	30.11	14.6
湖 南	22.20	20.16	−9.2	49.80	57.18	14.8	13.54	15.32	13.1
广 东	234.80	220.28	−6.2	28.75	30.33	5.5	52.27	57.14	9.3
广 西	565.67	619.91	9.6	45.35	52.72	16.2	22.89	26.89	17.5
海 南	468.15	451.71	−3.5	29.13	31.28	7.4	60.35	63.92	5.9
四 川	15.95	15.17	−4.9	49.09	50.85	3.6	3.73	4.16	11.6
贵 州	7.81	10.11	29.4	28.85	29.31	1.6	0.95	0.99	4.6
云 南	266.44	284.71	6.9	30.37	33.84	11.4	2.12	2.54	19.9
西 藏				48.74	49.17	0.9	0.42	0.41	−1.7
陕 西	0.31	0.77	143.3	20.47	21.40	4.5	1.09	1.16	6.9
甘 肃	44.44	48.56	9.3	23.96	25.61	6.9	0.33	0.37	10.5
青 海				37.70	38.18	1.3	0.42	0.41	−1.4
宁 夏	97.35	89.94	−7.6	20.26	21.28	5.0	3.54	3.87	9.3
新 疆	174.98	211.64	21.0	27.94	31.34	12.2	2.67	2.87	7.2

2−19 客运量

单位：万人

年　份	客运量总计	铁路	国家	地方	公路	水运	民用航空
1952	24518	16352	16352		4559	3605	2
1957	63821	31262	31262		23772	8780	7
1962	122154	75003	74067	936	30737	16397	17
1965	96334	41245	40708	537	43693	11369	27
1970	130056	52455	51646	809	61812	15767	22
1975	192969	70465	69648	817	101350	21015	139
1978	253993	81491	80729	762	149229	23042	231
1980	341785	92204	91246	958	222799	26439	343
1985	620206	112110	110913	1197	476486	30863	747
1986	688212	108579	107358	1221	544259	34377	997
1987	746422	112479	111414	1065	593682	38951	1310
1988	809592	122645	121595	1050	650473	35032	1442
1989	791376	113807	112798	1009	644508	31778	1283
1990	772682	95712	94888	824	648085	27225	1660
1991	806048	95080	94208	872	682681	26109	2178
1992	860855	99693	98788	905	731774	26502	2886
1993	996634	105458	104580	878	860719	27074	3383
1994	1092883	108738	108009	729	953940	26165	4038
1995	1172596	102745	102081	664	1040810	23924	5117
1996	1244722	94162	93550	612	1122110	22895	5555

2−20 旅客周转量

单位：亿人公里

年　份	旅额周转量总计	铁路	国家	地方	公路	水运	民用航空
1952	248	200.64	200.64		22.64	24.50	0.24
1957	496	361.30	361.30		88.07	46.38	0.80
1962	1085	859.01	857.26	1.75	141.46	83.92	1.17
1965	697	478.99	477.81	1.18	168.20	47.37	2.48
1970	1031	718.19	715.94	2.25	240.06	71.01	1.79
1975	1435	954.09	952.59	1.50	374.48	90.59	15.39
1978	1743	1093.22	1090.81	2.41	521.30	100.63	27.91
1980	2281	1383.16	1380.37	2.79	729.50	129.12	39.56
1985	4437	2416.14	2412.51	3.63	1724.88	178.65	116.72
1986	4897	2586.71	2583.11	3.60	1981.74	182.06	146.31
1987	5411	2843.06	2840.00	3.06	2190.43	195.92	182.05
1988	6209	3260.31	3257.31	3.01	2528.24	203.92	216.95
1989	6075	3037.41	3034.38	3.04	2662.11	188.27	186.79
1990	5628	2612.63	2610.10	2.53	2620.32	164.91	230.48
1991	6178	2828.10	2824.84	3.21	2871.74	177.20	301.32
1992	6949	3152.24	3148.29	3.95	3192.64	198.35	406.12
1993	7858	3483.30	3479.38	3.92	3700.70	196.45	477.60
1994	8591	3636.05	3632.81	3.23	4220.30	183.50	551.58
1995	9002	3545.70	3542.61	3.09	4603.10	171.80	681.30
1996	9143	3325.37	3322.01	3.36	4908.79	160.57	747.84

2－21 货 运 量

单位：万吨

年份	货运量总计	铁路	国家	地方	公路	水运	民用航空	管首输油(气)量
1952	31516	13217	13217		13158	5141	0.2	
1957	80365	27421	27421		37505	15438	0.8	
1962	85521	35261	34598	663	32794	17464	1.8	
1965	121083	49100	48358	742	48987	22993	2.7	
1970	150359	68132	66552	1580	56779	25444	3.7	
1975	202478	88955	86746	2209	72499	34987	4.7	6032
1978	248946	110119	107492	2627	85182	43292	6.4	10347
1980	546537	111279	108584	2695	382048	42676	8.9	10525
1985	745763	130709	127516	3193	538062	63322	19.5	13650
1986	853557	135635	132219	3416	620113	82962	22.4	14825
1987	948229	140653	136949	3704	711424	80979	29.9	15143
1988	982195	144948	140553	4395	732315	89281	32.8	15618
1989	988435	151489	146804	4685	733781	87493	31.0	15641
1990	970602	150681	146209	4472	724040	80094	37.0	15750
1991	985793	152893	147898	4995	733907	83370	45.2	15578
1992	1045899	157627	152317	5310	780941	92490	57.5	14783
1993	1115771	162663	156660	6003	840256	97938	69.4	14845
1994	1180273	163093	157155	5938	894914	107091	82.9	15092
1995	1234810	165855	159346	6509	940387	113194	101.1	15274
1996	1296200	168803	161678	7125	983860	127430	115.0	15992

注：从1979年起，公路运输包括社会车辆完成数量。从1984年起，还包括私营运输完成的数量。

2－22 货 物 周 转 量

单位：亿吨公里

年份	货物周转量总计	铁路	国家	地方	公路	水运	民用航空	管首输油(气)量
1952	762	601.60	601.60		14.49	145.75	0.02	
1957	1810	1345.90	1345.90		47.98	415.58	0.08	
1962	2236	1721.08	1719.08	2.00	62.13	452.59	0.15	
1965	3464	2698.69	2696.39	2.30	95.06	670.24	0.25	
1970	4566	3495.97	3491.35	4.62	138.05	931.34	0.35	
1975	7296	4255.65	4246.14	9.51	202.65	2574.67	0.60	262
1978	9829	5345.19	5333.46	11.73	274.14	3779.16	0.97	430
1980	12026	5716.87	5707.32	9.55	764.00	5052.76	1.41	491
1985	18365	8125.66	8111.60	14.06	1903.20	7729.30	4.15	603
1986	20148	8764.78	8750.09	14.69	2117.99	8647.87	4.81	612
1987	22228	9471.49	9455.65	15.84	2660.39	9465.06	6.50	625
1988	23825	9877.59	9860.19	17.40	3220.39	10070.38	7.30	650
1989	25591	10394.18	10372.95	21.23	3374.80	11186.80	6.90	629
1990	26207	10622.38	10601.20	21.18	3358.10	11591.90	8.20	627
1991	27986	10972.00	10948.07	23.93	3428.00	12955.40	10.10	621
1992	29218	11575.55	11548.51	27.04	3755.39	13256.20	13.42	617
1993	30510	11954.64	11923.42	31.22	4070.50	13860.80	16.61	608
1994	33261	12457.50	12426.20	31.44	4486.30	15686.60	18.59	612
1995	35730	12870.25	12836.01	34.24	4694.90	17552.20	22.30	590
1996	36454	12970.46	12921.85	48.61	5011.20	17862.50	24.93	585

注：从1979年起，公路运输包括社会车辆完成数量。从1984年起，还包括私营运输完成的数量。

2－23 各地区全社会货运量和货物周转量

地区	全社会货运量 (万吨)			货物周转量 (亿吨公里)		
	1995	1996	比上年增长 (%)	1995	1996	比上年增长 (%)
全国	**1234810**	**1296200**	**5.0**	**35729.7**	**36454.1**	**2.0**
北京	32150	32880	2.3	373.9	372.4	－0.4
天津	22257	22541	1.3	342.8	356.1	3.9
河北	72535	74475	2.7	2033.3	2097.6	3.2
山西	65821	70413	7.0	717.3	737.5	2.8
内蒙古	32724	33862	3.5	781.7	789.1	0.9
辽宁	84057	84062	0.0	1371.1	1384.2	1.0
吉林	26717	27644	3.5	497.4	501.9	0.9
黑龙江	33461	51396	53.6	824.8	903.3	9.5
上海	29965	30334	1.2	207.4	211.6	2.0
江苏	74712	81255	8.8	1025.5	1154.8	12.6
浙江	58287	63875	9.6	754.4	900.8	19.4
安徽	40827	39335	－3.7	908.3	941.4	3.6
福建	29193	30587	4.8	609.3	594.6	－2.4
江西	22263	22603	1.5	411.7	443.6	7.7
山东	74833	76598	2.4	1196.6	1258.9	5.2
河南	53488	55845	4.4	1574.4	1639.0	4.1
湖北	36667	37060	1.1	849.0	833.6	－1.8
湖南	49847	50435	1.2	1011.8	1012.8	0.1
广东	93422	99111	6.1	656.5	918.0	39.8
广西	26066	28359	8.8	556.0	578.9	4.1
海南	8613	9558	11.0	232.1	271.3	16.9
四川	90077	88943	－1.3	902.3	868.1	－3.8
贵州	11738	12182	3.8	301.1	317.7	5.5
云南	38648	42088	8.9	310.4	352.3	13.5
西藏	360	400	11.1	4.2	4.7	11.9
陕西	28897	30011	3.9	500.9	518.4	3.5
甘肃	20514	20597	0.4	507.0	508.0	0.2
青海	3419	3799	11.1	61.6	64.7	5.0
宁夏	5019	5402	7.6	121.8	141.9	16.5
新疆	19294	20719	7.4	339.0	399.6	17.9
不分地区	48941	49833	1.8	15746.2	15376.7	－2.3

注:不分地区合计中,包括公路和水运部门的直属企业、民航、管道完成数。

2-24 各地区民用汽车拥有量（一）

地区	民用汽车拥有量总计(万辆)			载额汽车(万辆)			载货汽车(万辆)		
	1995	1996	比上年增长(%)	1995	1996	比上年增长(%)	1995	1996	比上年增长(%)
全国	**1040.00**	**1100.08**	**5.8**	**417.90**	**488.02**	**16.8**	**585.43**	**575.03**	**-1.8**
北京	58.94	62.18	5.5	36.85	43.05	16.8	21.03	18.35	-12.7
天津	26.80	32.34	20.7	8.94	12.28	37.4	17.05	19.15	12.3
河北	72.64	69.40	-4.5	23.56	26.66	13.2	44.46	38.26	-13.9
山西	33.29	38.41	15.4	10.69	13.84	29.5	21.25	22.84	7.5
内蒙古	22.12	21.04	-4.9	8.58	9.42	9.8	13.11	11.17	-14.8
辽宁	63.90	63.48	-0.7	25.93	28.97	11.7	36.14	32.64	-9.7
吉林	23.61	26.80	13.5	10.48	15.07	43.8	11.12	10.51	-5.5
黑龙江	36.36	40.12	10.3	12.43	15.69	26.2	22.59	22.82	1.0
上海	30.71	34.28	11.6	17.00	19.66	15.6	11.94	12.66	6.0
江苏	51.19	47.09	-8.0	21.99	23.21	5.5	27.83	22.69	-18.5
浙江	35.92	37.44	4.2	13.66	14.79	8.3	21.73	21.91	0.8
安徽	24.46	28.10	14.9	9.31	11.38	22.2	13.89	15.31	10.2
福建	20.08	20.13	0.2	8.23	8.74	6.2	11.46	11.11	-3.1
江西	16.90	17.35	2.7	6.19	6.73	8.7	9.46	9.36	-1.1
山东	76.20	82.96	8.9	25.34	30.69	21.1	48.23	48.51	0.6
河南	46.93	51.41	9.5	19.69	23.69	20.3	25.86	26.46	2.3
湖北	34.89	37.90	8.6	14.96	17.78	18.9	18.61	18.96	1.9
湖南	35.24	37.49	6.4	12.53	14.55	16.1	22.03	22.11	0.4
广东	114.73	116.33	1.4	44.73	49.58	10.8	67.07	64.00	-4.6
广西	24.90	23.71	-4.8	10.72	10.69	-0.3	13.23	12.17	-8.0
海南	9.52	9.87	3.7	5.42	5.61	3.5	3.84	4.19	9.1
四川	53.35	62.55	17.2	24.44	31.12	27.3	27.22	29.44	8.2
贵州	15.89	16.55	4.2	5.41	6.20	14.6	9.70	9.60	-1.0
云南	33.39	38.81	16.2	11.71	14.43	23.2	21.05	23.76	12.9
西藏	2.94	3.05	3.7	0.91	1.14	25.3	1.98	1.86	-6.1
陕西	24.52	26.53	8.2	9.02	10.36	14.9	14.33	15.05	5.0
甘肃	15.14	16.50	9.0	5.80	6.84	17.9	8.56	9.03	5.5
青海	5.76	6.57	14.1	2.37	2.90	22.4	3.18	3.44	8.2
宁夏	5.00	5.76	15.2	1.64	1.95	18.9	3.16	3.62	14.6
新疆	24.70	25.93	5.0	9.35	11.00	17.6	14.33	14.02	-2.2

续表 1

地 区	公路部门营运辆(万辆)			私人汽车(万辆)		
	1995	1996	比上年增长(%)	1995	1996	比上年增长(%)
全 国	**27.49**	**28.81**	**4.8**	**249.96**	**289.67**	**15.9**
北 京	0.35	0.41	17.1	12.76	17.36	36.1
天 津	0.36	0.36		4.27	8.43	97.4
河 北	1.43	1.39	−2.8	26.67	26.39	−1.0
山 西	0.76	0.74	−2.6	9.50	12.41	30.6
内蒙古	0.44	0.45	2.3	7.51	8.21	9.3
辽 宁	1.18	1.24	5.1	13.42	15.55	15.9
吉 林	0.67	0.66	−1.5	4.34	5.21	20.0
黑龙江	0.48	0.47	−2.1	8.54	10.88	27.4
上 海	0.74	0.67	−9.5	0.80	0.92	15.0
江 苏	1.74	1.85	6.3	5.22	5.16	−1.1
浙 江	1.54	1.84	19.5	9.61	11.19	16.4
安 徽	1.39	1.37	−1.4	5.72	7.21	26.0
福 建	0.83	0.86	3.6	6.35	5.58	−12.1
江 西	0.42	0.42		3.21	3.27	1.9
山 东	2.34	2.38	1.7	8.15	11.22	37.7
河 南	1.87	2.35	25.7	12.18	14.98	23.0
湖 北	1.19	1.15	−3.4	4.89	5.36	9.6
湖 南	0.99	1.04	5.1	12.66	13.78	8.8
广 东	1.64	1.70	3.7	38.60	39.26	1.7
广 西	0.97	0.95	−2.1	6.51	6.83	4.9
海 南	0.07	0.07		2.66	2.43	−8.6
四 川	2.65	2.69	1.5	13.81	18.92	37.0
贵 州	0.41	0.34	−17.1	5.04	5.82	15.5
云 南	0.76	0.78	2.6	8.82	11.51	30.5
西 藏	0.21	0.20	−4.8	0.94	1.01	7.4
陕 西	0.48	0.50	4.2	6.92	7.38	6.6
甘 肃	0.42	0.37	−11.9	2.77	4.00	44.4
青 海	0.21	0.20	−4.8	1.36	1.27	−6.6
宁 夏	0.13	0.13		1.18	1.72	45.8
新 疆	0.78	1.17	50.0	5.56	6.40	15.1

3-1 全社会固定资产投资(按经济类型分)

指　　标	总　计	国有经济	集体经济	个体经济	其他经济
投资额(亿元)					
1980	910.9	745.9	46.0	119.0	
1981	961.0	667.5	115.2	178.3	
1982	1230.4	845.3	174.3	210.8	
1983	1430.1	852.0	156.3	321.8	
1984	1832.9	1185.2	238.7	409.0	
1985	2543.2	1680.5	327.5	535.2	
1986	3120.6	2079.4	391.8	649.4	
1987	3791.7	2448.8	547.0	795.9	
1988	4753.8	3020.0	711.7	1022.1	
1989	4410.4	2808.2	570.0	1032.2	
1990	4517.0	2986.3	529.5	1001.2	
1991	5594.5	3713.8	697.8	1182.9	
1992	8080.1	5498.7	1359.4	1222.0	
1993	13072.3	7925.9	2317.3	1476.2	1352.9
1994	17042.1	9615.0	2758.9	1970.6	2697.6
1995	20019.3	10898.2	3289.4	2560.2	3271.5
1996	22974.0	12056.2	3660.6	3211.2	4046.0
增长速度(上年＝100)					
1981	5.5	-10.5	150.4	49.8	
1982	28.0	26.6	51.3	18.2	
1983	16.2	12.6	-10.3	52.7	
1984	28.2	24.5	52.7	27.1	
1985	38.8	41.8	37.2	30.9	
1986	22.7	23.7	19.6	21.3	
1987	21.5	17.8	39.6	22.6	
1988	25.4	23.3	30.1	28.4	
1989	-7.2	-7.0	-19.9	1.0	
1990	2.4	6.3	-7.1	-3.0	
1991	23.9	24.4	31.7	18.1	
1992	44.4	48.1	94.8	3.3	
1993	61.8	44.1	70.5	20.8	
1994	30.4	21.3	19.1	33.5	99.4
1995	17.5	13.3	19.2	29.9	21.3
1996	14.8	10.6	11.3	25.4	23.7

注：1. 其他经济类型包括联营经济、股份制经济、外商投资经济、港澳台投资经济等国有、集体和个体经济以外的经济成份。

2. 根据1994年房地产快速调查结果，对1990年以来的全社会固定资产投资数据进行了调整。

3. 增长速度未扣除价格因素。

3-2 各地区固定资产投资

地　　区	全社会固定资产投资　(亿元)			#国有单位固定资产投资		
	1995	1996	比上年增长 (%)	1995	1996	比上年增长 (%)
全　　国	**20019.26**	**22974.03**	**14.8**	**10898.24**	**12056.24**	**10.6**
北　　京	864.85	889.66	2.9	518.28	541.65	4.5
天　　津	396.55	438.51	10.6	245.76	257.64	4.8
河　　北	907.75	1182.59	30.3	411.04	507.24	23.4
山　　西	270.64	311.77	15.2	205.44	232.24	13.0
内 蒙 古	251.32	262.05	4.3	191.13	197.88	3.5
辽　　宁	865.49	881.67	1.9	584.87	544.66	-6.9
吉　　林	320.27	362.99	13.3	210.57	254.00	20.6
黑 龙 江	517.62	568.64	9.9	380.10	427.57	12.5
上　　海	1597.89	1996.88	25.0	935.92	1040.37	11.2
江　　苏	1764.76	1963.06	11.2	583.60	697.81	19.6
浙　　江	1482.62	1611.44	8.7	440.14	529.16	20.2
安　　徽	476.10	609.79	28.1	266.17	294.96	10.8
福　　建	6823.02	779.76	-88.6	306.74	323.20	5.4
江　　西	282.54	317.32	12.3	157.91	176.87	12.0
山　　东	1308.62	1528.50	16.8	599.79	681.94	13.7
河　　南	783.14	1039.41	32.7	437.84	499.06	14.0
湖　　北	785.09	935.22	19.1	496.71	558.40	12.4
湖　　南	523.00	684.14	30.8	298.38	355.22	19.0
广　　东	2315.83	2363.18	2.0	1108.76	1092.52	-1.5
广　　西	403.15	476.42	18.2	216.29	236.14	9.2
海　　南	182.08	181.01	-0.6	86.45	82.37	-4.7
四　　川	901.42	1113.17	23.5	515.63	579.65	12.4
贵　　州	161.79	193.55	19.6	107.58	131.63	22.4
云　　南	390.45	456.27	16.9	256.56	279.78	9.1
西　　藏	35.13	29.43	-16.2	34.25	28.21	-17.6
陕　　西	310.18	343.71	10.8	200.28	223.51	11.6
甘　　肃	145.76	206.95	42.0	106.33	144.52	35.9
青　　海	53.11	77.67	46.2	44.59	64.42	44.5
宁　　夏	62.17	72.10	16.0	43.44	55.30	27.3
新　　疆	331.97	388.67	17.1	262.68	312.64	19.0
不分地区	644.98	708.50	9.8	644.98	705.68	9.4

3-3 各地区基本建设投资

地区	基本建设投资（亿元）			项目建成投产率（%）		固定资产交付使用率（%）	
	1995	1996	比上年增长(%)	1995	1996	1995	1996
全　国	**7403.62**	**8610.84**	**16.3**	**57.0**	**59.0**	**63.7**	**71.6**
北　京	271.26	313.85	15.7	30.4	29.9	59.5	83.6
天　津	161.10	169.59	5.3	48.6	59.1	83.6	73.6
河　北	290.99	375.14	28.9	58.1	64.1	67.9	72.2
山　西	130.19	148.12	13.8	43.5	48.2	80.0	67.9
内蒙古	121.79	139.46	14.5	64.2	64.6	77.4	59.1
辽　宁	324.88	326.33	0.4	51.1	57.9	65.3	94.4
吉　林	158.16	194.40	22.9	63.8	67.8	44.2	108.4
黑龙江	198.70	232.20	16.9	60.8	68.9	77.6	61.8
上　海	551.86	644.52	16.8	33.0	39.3	50.6	57.7
江　苏	343.05	469.01	36.7	65.1	67.1	84.0	71.9
浙　江	306.25	424.24	38.5	55.3	56.8	61.7	63.0
安　徽	170.03	193.06	13.5	58.7	58.9	59.5	91.0
福　建	214.01	241.19	12.7	50.7	53.2	46.5	59.6
江　西	101.72	114.54	12.6	54.5	57.8	57.2	59.5
山　东	370.00	451.62	22.1	54.3	53.3	75.1	62.9
河　南	319.48	395.66	23.8	65.2	66.2	60.0	66.7
湖　北	353.74	398.45	12.6	69.2	67.9	49.0	78.6
湖　南	202.06	235.39	16.5	56.9	57.2	59.9	68.8
广　东	894.13	905.23	1.2	41.0	44.1	57.7	70.0
广　西	157.10	174.46	11.1	52.3	58.8	89.5	78.5
海　南	124.30	138.16	11.2	51.4	55.1	73.6	85.0
四　川	350.12	417.93	19.4	52.9	54.3	71.7	54.3
贵　州	65.73	85.69	30.4	64.7	61.8	80.5	85.6
云　南	147.79	168.30	13.9	63.1	64.0	69.3	81.0
西　藏	31.18	28.73	−7.9	85.1	82.9	69.7	67.0
陕　西	120.76	135.29	12.0	49.9	52.2	58.1	71.4
甘　肃	62.62	101.42	62.0	55.8	59.6	59.3	50.0
青　海	31.84	51.39	61.4	65.9	66.7	67.3	74.7
宁　夏	26.74	37.47	40.1	62.0	61.3	47.3	63.0
新　疆	182.21	212.88	16.8	66.7	69.8	80.1	69.6
不分地区	619.84	687.14	10.9	12.3	9.9	55.1	83.8

3-4 各地区更新改造投资

地区	更新改造投资 (亿元)			项目建成投产率 (%)		固定资产交付使用率 (%)	
	1995	1996	比上年增长 (%)	1995	1996	1995	1996
全国	**3299.35**	**3622.74**	**9.8**	**63.8**	**63.5**	**76.5**	**82.9**
北京	157.24	168.05	6.9	54.0	66.1	64.7	92.4
天津	94.89	106.68	12.4	65.3	72.9	85.7	59.0
河北	171.55	212.26	23.7	57.7	70.4	76.3	79.8
山西	65.20	81.52	25.0	63.4	65.2	72.9	85.4
内蒙古	67.06	53.93	-19.6	63.7	69.3	101.5	70.2
辽宁	216.90	186.95	-13.8	71.3	67.9	81.7	72.5
吉林	54.13	62.43	15.3	60.3	60.7	77.1	74.7
黑龙江	112.79	119.08	5.6	79.9	72.2	85.7	85.8
上海	389.20	414.45	6.5	56.5	55.3	63.7	79.0
江苏	218.78	239.51	9.5	75.5	77.5	79.9	93.6
浙江	98.51	110.34	12.0	61.5	60.1	77.0	96.2
安徽	96.35	101.61	5.5	70.5	72.8	85.9	86.5
福建	80.53	92.52	14.9	55.7	60.8	68.0	78.1
江西	59.78	60.25	0.8	58.4	51.6	82.8	71.4
山东	211.04	237.24	12.4	64.7	65.4	74.7	79.0
河南	132.47	155.65	17.5	64.8	66.7	84.8	86.8
湖北	150.54	191.93	27.5	64.4	66.8	60.3	95.1
湖南	88.96	118.61	33.3	58.5	55.6	77.8	85.0
广东	253.36	273.19	7.8	53.4	50.2	74.1	90.5
广西	68.56	71.33	4.0	66.2	56.5	81.1	73.9
海南	6.55	8.51	29.9	62.9	82.4	103.2	78.0
四川	160.32	168.81	5.3	59.5	46.8	79.0	84.2
贵州	39.49	43.55	10.3	58.7	59.3	88.6	67.1
云南	98.66	107.00	8.5	62.1	62.6	81.6	74.2
西藏	3.45	0.31	-91.0	81.0	20.0	79.7	100.0
陕西	67.19	76.46	13.8	58.1	52.8	82.7	83.0
甘肃	36.18	52.33	44.6	58.0	62.9	66.2	88.7
青海	8.59	10.91	27.0	71.6	68.9	87.0	74.9
宁夏	15.57	17.37	11.6	71.0	64.3	95.8	79.6
新疆	62.67	68.58	9.4	81.4	81.6	91.2	84.9
不分地区	13.22	11.38	-13.9	18.2	16.7	78.0	76.4

3-5 按国民经济行业

年份 地区	合 计	农、林、牧、渔业	采掘业	制造业	电力、煤气及水的生产和供应业	建筑业	地质勘查业水利管理业
全 国	**8610.84**	**111.30**	**498.75**	**1681.22**	**1546.83**	**183.70**	**228.46**
北 京	313.85	2.03	1.62	52.68	52.98	6.03	1.93
天 津	169.59	0.20	21.89	62.94	32.92	1.58	2.57
河 北	375.14	4.30	16.33	81.56	73.21	13.45	22.82
山 西	148.12	1.00	36.00	16.45	24.45	1.89	2.42
内蒙古	139.46	1.21	36.05	17.97	35.61	1.26	0.94
辽 宁	326.33	2.41	31.78	90.52	58.74	7.04	2.67
吉 林	194.40	0.80	5.86	101.60	31.97	2.06	0.65
黑龙江	232.20	8.11	37.57	43.89	45.25	2.33	2.01
上 海	644.52	3.18	2.06	206.38	63.08	7.61	3.30
江 苏	469.01	1.32	9.00	84.61	84.17	5.92	7.06
浙 江	424.24	3.07	0.57	56.12	103.11	8.81	13.17
安 徽	193.06	0.87	29.62	49.80	24.21	7.38	6.92
福 建	241.19	3.07	1.14	30.42	38.37	0.39	3.94
江 西	114.54	1.98	2.32	18.73	25.26	0.80	1.97
山 东	451.62	3.80	40.27	88.10	99.20	8.18	13.86
河 南	395.66	4.08	27.60	70.99	91.99	4.42	50.87
湖 北	398.45	4.83	3.96	114.35	127.04	8.37	6.91
湖 南	235.39	0.87	2.90	19.78	52.62	2.12	8.33
广 东	905.23	3.89	7.91	208.47	130.41	64.95	21.70
广 西	174.46	2.98	1.75	23.93	22.80	4.23	1.86
海 南	138.16	7.23	0.07	35.43	8.83	5.25	1.17
四 川	417.93	2.12	8.82	77.60	108.08	8.98	5.61
贵 州	85.69	0.45	10.28	19.10	19.92	0.31	1.14
云 南	168.30	3.93	6.39	21.68	36.58	1.54	5.62
西 藏	28.73	1.42	0.27	1.29	4.67	1.01	0.48
陕 西	135.29	0.59	10.89	21.86	28.41	1.84	2.41
甘 肃	101.42	0.47	7.58	29.60	29.50	1.71	4.51
青 海	51.39	0.86	5.18	5.23	25.39	0.31	1.36
宁 夏	37.47	0.64	3.86	2.47	11.64	0.23	1.34
新 疆	212.88	19.58	72.23	27.65	11.32	3.72	8.75
不分地区	687.14	20.04	56.96		45.08		20.20

分的基本建设投资

单位：亿元

交通运输仓储和邮电通信业	批发零售贸易和餐饮业	金融、保险业	房地产业	社会服务业	卫生体育和社会福利业	教育、文化艺术和广播电影电视业	科学研究和综合技术服务事业	国家机关、政党机关和社会团体	其他行业
1847.12	**254.61**	**136.24**	**139.82**	**609.10**	**125.02**	**430.29**	**65.78**	**591.64**	**160.98**
33.93	16.16	5.68	2.96	24.40	6.88	33.40	21.77	45.05	6.34
19.60	2.28	0.90		8.57	0.84	5.90	0.99	4.74	3.67
63.53	13.04	7.73	4.86	13.49	4.68	15.81	0.74	35.17	4.42
36.49	4.49	3.39	0.82	2.52	1.60	5.69	0.81	7.91	2.18
18.78	2.61	2.11	0.65	5.53	1.66	6.84	0.38	7.51	0.37
43.43	8.87	6.08	6.54	26.54	4.82	13.82	2.01	17.99	3.07
19.91	3.23	3.08		0.94	0.94	7.78	0.87	13.08	1.61
34.40	8.64	3.41	1.25	13.89	1.90	7.79	0.23	18.38	3.16
71.14	14.39	4.94	78.60	98.39	19.75	26.72	3.12	18.61	23.26
90.28	23.49	7.39	2.88	58.46	6.73	33.87	2.27	42.52	9.05
94.99	20.20	8.95	3.50	41.38	7.96	27.09	1.32	29.52	4.49
22.74	10.03	3.24	0.50	12.64	2.34	8.68	0.39	13.51	0.20
100.34	7.58	5.22	0.89	13.62	3.88	14.77	0.28	14.52	2.76
29.88	4.06	2.84	0.27	3.19	2.75	5.91	0.23	13.53	0.82
69.80	13.40	9.97	1.20	16.14	8.67	25.30	1.74	48.63	3.34
44.80	10.66	6.71	1.43	18.22	4.99	18.59	2.12	36.08	2.10
36.21	8.72	8.18	1.59	14.76	4.42	18.62	3.08	22.29	15.13
52.92	13.74	7.17	1.13	25.98	4.88	17.54	1.43	23.27	0.72
204.78	20.84	6.23	17.76	86.56	14.49	48.41	3.47	53.35	12.01
60.16	5.33	3.21	2.05	14.75	2.81	12.44	0.85	14.70	0.62
21.91	4.65	2.16	1.89	29.99	1.20	4.43	0.68	8.19	5.08
58.03	13.33	9.36	5.97	40.51	5.91	29.94	4.08	38.26	1.32
13.96	2.57	1.09	0.42	5.54	1.00	3.90	0.65	5.06	0.30
35.63	4.39	5.34	1.15	10.17	3.45	11.56	1.24	17.91	1.71
9.65	0.57	0.98	0.18	0.49	0.21	2.22	0.16	4.54	0.59
25.07	6.93	3.17	0.48	7.48	1.60	8.91	2.47	9.67	3.52
7.63	2.94	1.76	0.33	3.30	0.72	4.44	0.36	6.08	0.50
4.48	1.30	0.73		0.64	0.56	1.47	0.10	3.61	0.17
8.36	1.48	1.12	0.02	1.52	0.80	1.44	0.14	2.32	0.08
22.30	4.69	4.10	0.52	9.51	2.56	7.01	0.45	15.63	2.85
491.98							7.35		45.53

3-6 按国民经济行业分的

地　区	合　计	农、林、牧、渔业	采掘业	制造业	电力、煤气及水的生产和供应业	建筑业	地质勘查业水利管理业
全　国	**3622.74**	**23.22**	**228.29**	**1843.01**	**259.21**	**34.17**	**10.35**
北　京	168.05	1.12	0.94	47.50	6.88	1.62	2.23
天　津	106.68	0.04	11.78	47.27	5.52	1.07	0.36
河　北	212.26	0.72	16.12	131.05	15.18	2.03	0.74
山　西	81.52	0.02	27.99	34.56	5.80	0.93	0.05
内蒙古	53.93	0.14	4.57	32.92	2.88	0.15	
辽　宁	186.95	0.20	16.79	112.86	10.50	1.07	0.15
吉　林	62.43	0.07	3.41	40.73	2.38	0.05	
黑龙江	119.08	1.96	23.97	42.96	3.25	0.07	
上　海	414.45	3.19		181.00	46.41	6.92	0.57
江　苏	239.51	1.09	6.61	138.90	17.47	1.26	0.33
浙　江	110.34	0.20	0.41	60.70	13.46	0.22	0.24
安　徽	101.61	0.08	10.80	67.26	10.82	0.31	0.11
福　建	92.52	0.22	0.91	41.74	13.48	1.61	0.10
江　西	60.25	0.03	4.19	36.56	3.72	0.09	0.21
山　东	237.24	0.32	22.96	146.56	12.32	0.48	0.12
河　南	155.65	0.61	15.78	99.43	9.14	1.76	0.42
湖　北	191.93	0.24	2.95	98.25	13.37	2.89	0.39
湖　南	118.61	0.01	2.66	71.86	3.75	0.46	0.09
广　东	273.19	1.50	1.65	94.28	14.36	4.82	3.31
广　西	71.33	0.23	0.53	36.87	5.90	0.04	0.11
海　南	8.51	0.51	0.46	4.06	0.36		0.05
四　川	168.81	0.05	12.89	91.73	15.80	1.84	0.26
贵　州	43.55	0.01	3.10	22.96	6.76	0.40	0.05
云　南	107.00	1.02	3.82	66.37	2.46	0.71	0.18
西　藏	0.31	0.01		0.29			
陕　西	76.46	0.01	5.39	35.36	4.15	0.95	
甘　肃	52.33		4.65	27.30	5.09	0.03	0.03
青　海	10.91	0.05	2.28	5.03	1.27	0.27	0.01
宁　夏	17.37	0.25	2.85	8.76	0.92	0.19	0.01
新　疆	68.58	9.32	10.57	17.89	5.81	1.93	0.23
不分地区	11.38		7.26				

更新改造投资（1996年）

单位：亿元

交通运输仓储和邮电通信业	批发零售贸易和餐饮业	金融、保险业	房地产业	社会服务业	卫生体育和社会福利业	教育、文化艺术和广播电影电视业	科学研究和综合技术服务事业	国家机关、政党机关和社会团体	其他行业
875.97	**70.93**	**8.11**	**41.76**	**131.30**	**10.38**	**13.38**	**5.77**	**37.47**	**29.42**
63.23	8.94	0.18	0.80	23.86	0.54	1.61	2.56	2.03	4.01
18.48	4.09	0.12	5.13	7.08	0.05	0.31	0.47	4.73	0.18
36.23	0.78	0.19	0.04	3.43	0.42	0.81	0.03	3.94	0.55
9.78	0.32		0.04	1.75	0.10	0.03	0.03	0.09	0.03
12.42	0.18	0.04		0.37	0.07	0.01		0.16	0.02
37.24	3.41	0.06		3.92		0.06	0.16	0.50	0.03
8.75	2.22	0.07		4.48		0.10	0.03	0.08	0.06
41.62	0.17	2.10		0.40	2.34	0.01		0.20	0.03
71.29	23.61	0.03	31.47	31.69	1.35	2.83	0.28	5.78	8.03
64.21	1.30	0.04	0.03	5.17	0.88	0.20	0.23	1.33	0.46
29.01	0.67	0.01	0.03	4.25	0.07	0.92		0.13	0.02
9.23	0.64	0.10		0.55	0.08	0.12	0.07	1.42	0.02
31.96	0.38	0.03		1.32	0.05	0.15		0.15	0.42
13.68	0.66		0.03	0.79	0.02	0.02		0.25	
36.63	5.72	0.08	2.14	3.96	0.59	0.57	0.23	4.03	0.53
22.53	1.24			2.54	0.13	0.30	0.20	1.44	0.13
48.46	1.83	2.79		6.90	0.22	0.19	0.21	1.13	12.11
38.00	0.17			0.44	0.05	0.74	0.07		0.31
118.93	3.28	0.71	0.97	17.73	1.95	2.00	0.45	5.53	1.72
21.26	3.01	0.32	0.10	1.50	0.27	0.52		0.67	
2.67	0.04		0.01	0.10	0.17	0.07			0.01
39.23	2.40	0.15	0.79	1.34	0.36	0.61	0.25	1.10	0.01
9.10	0.57	0.02		0.25	0.12	0.07	0.10	0.02	0.02
22.95	2.69	0.57	0.06	3.57	0.32	0.44	0.08	1.29	0.47
				0.01					
27.55	1.01		0.03	1.42	0.06	0.06	0.24	0.21	0.02
13.74	0.46	0.43		0.47	0.04	0.07		0.02	
1.29	0.29	0.05		0.01	0.01	0.12	0.03	0.20	
4.08	0.08	0.02			0.01	0.02		0.16	0.02
18.30	0.77		0.09	2.00	0.11	0.42	0.05	0.88	0.21
4.12									

3-7 基本建设新增主要产品生产能力

能力名称	1993	1994	1995	1996
铁矿开采 (万吨/年)	250	155	11	16
炼铁 (万吨/年)	105.9	109.6	353.0	34.8
炼钢 (万吨/年)	72.1	54.1	188.0	72.0
初轧 (万吨/年)	1.8	1.0	18.0	5.0
电炉铁合金 (万吨/年)	0.05	0.58	1.24	2.01
煤炭开采 (万吨/年)	4275.1	954.9	2331.0	1694.0
天然石油开采 (万吨/年)	689.7	620.9	742.0	902.5
硫酸 (万吨/年)	13.9	23.8	52.9	89.9
烧碱 (万吨/年)	15.8	3.5	4.0	1.5
合成氨 (万吨/年)	5.5	51.2	2.6	39.5
化肥 (万吨/年)	46.3	63.5	64.4	77.4
乙烯 (吨/年)	475000		140750	260960
塑料 (吨/年)	20500	85460	4900	24900
轮胎: (万条/年)				
内胎	16	16	10	
外胎	22	16	10	300
发电机组容量 (万千瓦)	1344.7	1409.8	1442.0	1741.3
#火电	938.5	805.0	1065.0	1359.7
水电	402.8	417.6	374.0	372.9
其他发电		7.25	3.00	8.70
汽车制造 (辆/年)	53626	111210	227	122349
#载重汽车制造			227	11649
金属切削机床制造 (台/年)		668	460	50
胶合板 (万立方米/年)	3.7	28.5	9.0	8.4
水泥 (万吨/年)	550.3	467.8	795.0	794.2
化学纤维 (吨/年)	43000	72860	92600	112780
棉纺锭 (万锭)	15.8	8.4	14.0	6.0
棉布织机 (台)	1437	459	418	362
机制糖				
年生产 (万吨)	0.80	3.64	1.35	9.13
日处理原料 (吨)	1000	3250	1500	7830
酒 (万吨/年)	10.10	4.22	17.29	49.01
糖果 (吨/年)		100	1000	11221
机制纸及纸板 (万吨/年)	4.0	11.9	11.0	18.7
合成洗涤剂 (万吨/年)		8.00	1.21	0.30
制革 (万张/年)	1	1	299	200
皮鞋 (万双/年)		698	29	53
日用陶瓷 (万件/年)		720	1501	1207
灯泡 (万只/年)		500.6	3488	0.04
新建铁路交付营业里程(公里)	557.2	398.6	2387.0	2170.5
新(扩)建港口码头				
年吞吐量 (万吨)	5206	10261	5830	2537
泊位 (个)	118	150	131	89
新建公路 (公里)	4636	6034	9450	10179
改建公路 (公里)	6346	7615	14176	17090
市内电话交换机 (万门)	215.1	358.0	336.2	278.8
商业石油库 (万立方米)	212.82	75.27	12.77	10.27
物资储备石油库(万立方米)		88.35	48.00	18.86
商业冷藏库 (万吨)	21.9	554.3	154.0	52.7
粮食仓库 (万平方米)	57.60	39.22	58.98	46.77
粮食仓库 (万公斤)		104386	640442	135718
商业饮食服务				
网点 (处)	12262	7345	4180	3609
网点面积 (万平方米)		724.88	580.61	512.05
大专院校学生席位 (个)	96279	101436	130639	100606
医院病床床位 (个)	80177	58709	52123	66737
自来水供水能力 (万吨/日)	878.4	1353.5	1369.0	841.9

3-8 更新改造新增主要产品生产能力

能力名称	1993	1994	1995	1996
铁矿开采 (万吨/年)	125.8	110.0	145.0	87.7
铁矿烧结 (万吨/年)	65.0	983.0	192.0	163.9
炼铁 (万吨/年)	195.9	380.6	411.0	175.4
炼钢 (万吨/年)	396.4	478.4	420.0	231.0
电炉铁合金 (万吨/年)	2.7	4.3	3.5	8.6
煤炭开采 (万吨/年)	360.7	280.1	477.0	456.0
天然石油开采 (万吨/年)	123.1	22.6	71.0	13.8
硫酸 (万吨/年)	36.8	37.3	103.0	154.7
纯碱 (万吨/年)	4.3	7.3	47.9	31.8
烧碱 (万吨/年)	11.1	25.9	50.0	51.6
合成氨 (万吨/年)	45.4	42.2	141.4	229.3
化肥 (万吨/年)	112.0	124.7	242.3	279.9
乙烯 (吨/年)	2360	155300	173500	216446
发电机组容量 (万千瓦)	100.7	107.4	221.0	231.2
#火电	70.2	88.9	131.0	209.2
水电	26.0	11.4	63.0	19.2
其他发电	4.5	7.2	27.0	2.9
汽车制造 (辆/年)	292427	147857	151211	339174
#载重汽车制造	59505		51421	198617
拖拉机制造 (混合台/年)	68500	12965	128300	253159
电动机 (万千瓦/年)	198.0	158.2	454.0	210.8
金属切削机床制造 (台/年)	23050	21623	22996	6100
民用船舶制造 (吨/年)	37.3	43.2	78.0	38.0
民用船舶制造 (艘/年)	15.0	30.0	26.0	14.0
水泥 (万吨/年)	2627.2	3064.1	1247.0	2151.5
化学纤维 (吨/年)	71765	166393	87938	51170
棉纺锭 (万锭)	62.6	45.7	52.0	50.3
棉布织机 (台)	7163	6403	7935	3757
印染布 (万米/年)	18160	34797	15169	20953
毛纺锭 (锭)	52524	39530	36644	31974
机制糖				
年生产 (万吨)	25.3	36.2	10.8	33.6
日处理原料 (吨)	20128.0	26150.0	10451.0	25688.5
卷烟 (万箱/年)	207.8	343.1	249.0	167.9
酒 (万吨/年)	205.7	168.9	171.8	239.4
糖果 (吨/年)	8760	8526	20900	81020
奶粉 (吨/年)	8332	9526	1700	29080
原盐 (万吨/年)	83.3	39.2	74.0	10.4
机制纸及纸板 (万吨/年)	75.1	90.7	232.0	141.8
合成洗涤剂 (万吨/年)	5.5	16.4	15.2	11.2
皮鞋 (万双/年)	1125.8	1107.0	798.0	410.5
日用搪瓷 (万件/年)		103.3	11.0	0.6
日用陶瓷 (万件/年)	14184.0	13327.0	7854.0	11405.0
灯泡 (万只/年)	18828.0	4615.6	10154.0	18697.8
缝纫机 (万架/年)	7.1	41.7	6.0	2.5
电冰箱 (万台/年)	32.0	47.0	82.0	122.0
洗衣机 (万台/年)	23.0	45.0	53.0	92.0
新(扩)建港口码头				
年吞吐量 (万吨)	295.1	631.8	621.3	336.5
泊位 (个)	13.0	14.0	24.0	20.0
新建公路 (公里)	141.3	125.0	294.0	306.8
改建公路 (公里)	1590.9	2349.9	3130.0	4052.8
市内电话交换机 (万门)	821.3	1046.1	1326.7	1089.6
商业冷藏库 (万吨)	6.4	5.9	5.0	2.7
商业饮食服务				
网点 (处)	912	667	522	448
网点面积 (万平方米)	147.5	120.8	115.5	94.3
医院病床床位 (个)	5468	4618	4545	4779
自来水供水能力 (万吨/日)	256.2	376.2	200.0	187.2

3-9 各地区商品房屋销售情况

地　区	实际销售商品房屋面积（万平方米）			个人购买商品住宅（万平方米）			商品房屋销售额（万元）		
	1995	1996	比上年增长(%)	1995	1996	比上年增长(%)	1995	1996	比上年增长(%)
全　国	**7905.94**	**7900.41**	**-0.1**	**3344.81**	**3666.82**	**9.6**	**12577269**	**14271292**	**13.5**
北　京	190.17	215.33	13.2	34.89	43.78	25.5	675268	947281	40.3
天　津	146.58	129.39	-11.7	52.78	54.11	2.5	279895	310282	10.9
河　北	207.91	187.89	-9.6	87.09	81.17	-6.8	225395	228965	1.6
山　西	75.77	90.89	20.0	38.07	40.76	7.1	72859	84440	15.9
内蒙古	56.58	68.61	21.3	27.40	37.06	35.3	61114	65973	8.0
辽　宁	490.96	511.97	4.3	186.10	188.15	1.1	788104	747950	-5.1
吉　林	155.38	118.97	-23.4	46.43	50.26	8.2	171573	176172	2.7
黑龙江	142.42	187.58	31.7	60.10	112.53	87.2	210940	278917	32.2
上　海	567.66	573.50	1.0	184.69	244.83	32.6	1460100	1834896	25.7
江　苏	798.31	856.13	7.2	396.08	495.55	25.1	1073839	1235896	15.1
浙　江	866.64	932.01	7.5	448.59	517.34	15.3	1120812	1318508	17.6
安　徽	220.42	253.66	15.1	90.81	100.30	10.5	224062	255350	14.0
福　建	350.50	273.51	-22.0	174.88	125.21	-28.4	631617	485863	-23.1
江　西	134.39	158.31	17.8	69.93	76.64	9.6	96265	123305	28.1
山　东	451.14	429.42	-4.8	134.97	116.24	-13.9	562667	498722	-11.4
河　南	659.29	255.82	-61.2	157.29	113.69	-27.7	261099	227539	-12.9
湖　北	240.49	249.41	3.7	69.89	68.52	-2.0	312197	315379	1.0
湖　南	143.91	138.11	-4.0	67.70	84.36	24.6	131941	145907	10.6
广　东	999.78	1038.18	3.8	606.53	548.13	-9.6	2972252	3561363	19.8
广　西	156.84	123.69	-21.1	74.23	61.97	- 16.5	158387	148816	-6.0
海　南	40.56	15.30	-62.3	2.54	2.54	0.0	92035	28454	-69.1
四　川	371.47	557.70	50.1	165.80	307.46	85.4	434879	638639	46.9
贵　州	52.75	52.18	-1.1	26.36	26.76	1.5	51885	47745	-8.0
云　南	170.82	204.07	19.5	48.96	69.12	41.2	226659	235086	3.7
西　藏		2.67						169	
陕　西	88.73	113.93	28.4	37.05	37.18	0.4	124839	129792	4.0
甘　肃	45.35	64.07	41.3	16.59	10.75	-35.2	58602	76093	29.8
青　海	8.89	10.34	16.3	3.59	3.53	-1.7	9756	10468	7.3
宁　夏	28.13	41.90	49.0	14.43	23.95	66.0	28819	45444	57.7
新　疆	44.11	45.86	4.0	21.01	24.93	18.7	59409	67878	14.3

3－10　各地区建筑业总产值和增加值

地　　区	总产值（万元）		增加值（万元）	
	1995	1996	1995	1996
全　　国	**57937454**	**82822497**	**16686358**	**24056186**
北　　京	3706600	4680761	1071808	1348018
天　　津	1583452	1685191	463342	510525
河　　北	2612875	3363064	753626	1004433
山　　西	1468445	1568405	457235	533155
内 蒙 古	826458	876393	274225	321049
辽　　宁	4072948	397634	1257068	135915
吉　　林	1279957	1358990	39506	451124
黑 龙 江	2055718	2229620	642264	675666
上　　海	3914166	4406801	874100	995145
江　　苏	5372145	10140598	1275984	2540378
浙　　江	3536617	8362780	843427	2099332
安　　徽	1400973	2399465	441310	731606
福　　建	1661711	2083515	422848	561032
江　　西	759825	972574	216570	260372
山　　东	2579473	5780205	783397	1770885
河　　南	1820659	2715574	585294	849905
湖　　北	2274060	2844273	776716	941654
湖　　南	1487927	2783849	430640	804491
广　　东	6358305	6240552	1853664	1854934
广　　西	928668	1233093	283733	365971
海　　南	175922	151799	47202	35148
四　　川	3582520	6715859	1117663	1985461
贵　　州	538861	660970	170791	207235
云　　南	946891	1733649	295731	496463
西　　藏	35846	66122	13947	31016
陕　　西	1065612	1294163	339780	440665
甘　　肃	608068	1037164	219400	382693
青　　海	204865	277727	75236	92589
宁　　夏	202162	253697	64952	89034
新　　疆	875728	928911	283882	323300

注：1996年建筑业企业的统计范围改为资质等级四级及四级以上的企业，口径比以前大，因此有关数据与以前年份不可比，以后各表同。

3－11 各地区建筑施工企业利税总额和利润总额

地　区	利税总额　(万元)		利润总额　(万元)	
	1995	1996	1995	1996
全　国	**2422400**	**3573012**	**741983**	**1093504**
北　京	187381	221922	77857	88896
天　津	54144	58548	10286	13731
河　北	103554	146653	26402	40251
山　西	41212	46759	－54	－2263
内蒙古	27842	25609	1730	－2282
辽　宁	140497	151009	18513	28388
吉　林	44937	29538	6165	－12983
黑龙江	87607	70609	30573	4700
上　海	195193	206789	85316	81808
江　苏	208029	398725	80113	142671
浙　江	148758	397947	59357	165803
安　徽	42770	103433	943	29130
福　建	79230	97241	24957	23532
江　西	18971	31383	－4437	2569
山　东	114772	337597	40985	150203
河　南	72512	123414	20707	40204
湖　北	90905	116323	21700	27263
湖　南	57345	119595	10494	35440
广　东	394706	352925	190605	143255
广　西	37736	50406	7983	11299
海　南	10065	5348	1127	841
四　川	122298	254376	19470	60582
贵　州	13994	17030	－1497	－2880
云　南	37779	75743	12004	18013
西　藏	1540	3821	329	1564
陕　西	32904	39839	3256	1528
甘　肃	13351	54189	－5403	12741
青　海	5631	8189	－830	－658
宁　夏	6583	7301	358	－1217
新　疆	30156	20752	2975	－8625

4－1 社会消费品零售总额（按地区和城乡分）

单位：亿元

年份　地区	社会商品零售总额	社会消费品零售总额	农业生产资料	按地区分 市	县	县以下	按城乡分 城镇	乡村
1978	1558.6	1264.9	293.7				748.2	810.4
1980	2140.0	1794.0	346.0	733.6	399.4	1007.0	950.3	1189.7
1985	4305.0	3801.4	503.6	1874.5	737.2	1693.3	1788.0	2517.0
1986	4950.0	4374.0	576.0	2018.0	902.0	2030.0	2094.0	2856.0
1987	5820.0	5115.0	705.0	2427.0	1030.0	2363.0	2470.0	3350.0
1988	7440.0	6534.6	905.4	3260.8	1264.3	2914.9	3217.6	4222.4
1989	8101.4	7074.2	1027.2	3666.8	1329.5	3105.1	3533.9	4567.5
1990	8300.1	7250.3	1049.8	3888.6	1337.4	3074.1	3735.0	4565.1
1991	9415.6	8245.7	1169.9	4529.8	1491.2	3394.6	4371.2	5044.4
1992	10993.7	9704.8	1288.9	5470.3	1689.8	3833.6	5286.5	5707.2
1993		12462.1		7224.9	2039.5	3197.7	6904.0	5558.1
1994		16264.7		9661.2	2407.2	4196.3	9127.1	7137.6
1995		20620.0		12376.7	2919.6	5323.7	11719.4	8900.6
1996		24774.1		14951.2	3280.0	6542.9	14004.4	10769.7

注：1993年以前为社会商品零售总额，系社会消费品和农业生产资料零售额之和。

4－2 进出口贸易总额

本表1979年以前为外贸业务统计数，1980年以后为海关进出口统计数。

年份	人民币（亿元） 进出口总额	出口总额	进口总额	差额	美元（亿元） 进出口总额	出口总额	进口总额	差额
1952	64.6	27.1	37.5	－10.4	19.4	8.2	11.2	－3.0
1957	104.5	54.5	50.0	4.5	31.0	16.0	15.0	1.0
1962	80.9	47.1	33.8	13.3	26.6	14.9	11.7	3.2
1965	118.4	63.1	55.3	7.8	42.5	22.3	20.2	2.1
1970	112.9	56.8	56.1	0.7	45.9	22.6	23.3	－0.7
1975	290.4	143.0	147.4	－4.4	147.5	72.6	74.9	－2.3
1978	355.0	167.6	187.4	－19.8	206.4	97.5	108.9	－11.4
1980	570.0	271.2	298.8	－27.6	381.4	181.2	200.2	－19.0
1985	2066.7	808.9	1257.8	－448.9	696.0	273.5	422.5	－149.0
1986	2580.4	1082.1	1498.3	－416.2	738.5	309.4	429.1	－119.7
1987	3084.2	1470.0	1614.2	－144.2	826.5	394.4	432.1	－37.7
1988	3821.8	1766.7	2055.1	－288.4	1027.9	475.2	552.7	－77.5
1989	4155.9	1956.0	2199.9	－243.9	1116.8	525.4	591.4	－66.0
1990	5560.1	2985.8	2574.3	411.5	1154.4	620.9	533.5	87.4
1991	7225.8	3827.1	3398.7	428.4	1356.3	718.4	637.9	80.5
1992	9119.6	4676.3	4443.3	233.0	1655.3	849.4	805.9	43.5
1993	11271.0	5284.8	5986.2	－701.4	1957.0	917.4	1039.6	－122.2
1994	20381.9	10421.8	9960.1	461.7	2366.2	1210.1	1156.1	54.0
1995	23499.9	12451.8	11048.1	1403.7	2808.6	1487.8	1320.8	167.0
1996	24133.8	12576.4	11557.4	1019.0	2899.0	1510.6	1388.4	122.2

注：进出口差额负数为入超。

4-3 各地区批发、零售贸易业商品购进总额（1996年）

单位：亿元

地　　区	合　计	国有经济	集体经济	私营经济	联营经济	股份制经济	外商投资经济	港澳台投资经济	其他经济
全　国	**38549.7**	**24646.6**	**10437.0**	**596.8**	**428.0**	**2088.3**	**134.5**	**140.2**	**78.3**
北　京	2072.5	1585.5	303.0	17.5	34.9	102.8	17.4	9.0	2.4
天　津	951.1	617.1	242.2	16.0	12.3	45.6	12.8	3.3	1.9
河　北	1372.0	988.8	349.0	8.0	1.6	19.0	2.5	3.2	
山　西	600.2	433.7	145.6	5.1	0.6	14.0	1.0	0.0	0.2
内蒙古	352.0	252.9	81.2	2.2	0.7	14.5	0.5	0.1	0.0
辽　宁	1809.0	1243.8	377.5	66.4	5.2	109.6	2.3	3.1	1.2
吉　林	555.4	388.6	113.4	12.3	1.5	33.5	0.7	5.4	0.0
黑龙江	902.9	678.4	161.6	14.2	0.8	46.2	0.4	1.2	0.0
上　海	2694.9	1516.5	675.6	5.8	159.7	255.0	47.3	34.9	
江　苏	4790.8	2350.0	1961.1	34.9	41.9	363.6	9.4	6.2	23.7
浙　江	2891.0	1751.0	735.8	99.3	36.1	251.6	4.6	5.8	6.8
安　徽	1101.2	723.9	287.4	5.6	1.5	79.6	0.8	2.3	0.1
福　建	1094.6	779.9	205.9	25.6	21.5	46.2	8.3	5.1	2.3
江　西	539.1	372.7	153.2	2.0	0.4	6.3	0.1	4.5	0.0
山　东	2322.8	1461.2	688.9	24.1	11.6	131.1	3.3	2.2	0.4
河　南	1522.1	956.4	438.5	3.8	1.4	121.2	0.1	0.2	0.5
湖　北	1431.4	1004.0	288.4	44.2	2.8	91.2	0.4	0.4	0.2
湖　南	1214.3	810.3	346.0	32.3	1.4	22.9	1.0	0.4	0.2
广　东	4294.6	2575.1	1291.1	131.3	77.8	126.9	17.8	44.5	30.1
广　西	714.9	452.3	208.3	8.7	2.6	36.7	0.9		5.5
海　南	90.5	73.0	12.4	0.1	0.1	1.8	0.2	2.1	1.0
四　川	1693.4	1049.6	519.6	8.5	4.7	102.3	2.7	4.8	1.2
贵　州	354.0	283.1	62.1	1.6	0.3	6.5	0.1	0.3	0.0
云　南	1290.0	1054.4	194.8	9.6	4.7	26.0	0.1	0.1	0.2
西　藏	11.3	10.7	0.6	0.0	0.1				
陕　西	644.6	444.0	167.4	11.3	1.6	20.2			0.1
甘　肃	336.3	217.3	116.1	0.1	0.4	1.4		0.8	0.3
青　海	82.2	67.5	14.2		0.0	0.4		0.1	
宁　夏	89.5	65.2	21.7	1.9	0.0	0.7			
新　疆	731.2	440.0	274.7	4.3	0.2	11.7	0.0	0.3	

4-4 各地区批发、零售贸易业商品销售总额（1996年）

单位：亿元

地区	合计	国有经济	集体经济	私营经济	联营经济	股份制经济	外商投资经济	港澳台投资经济	其他经济
全国	**42546.9**	**27288.7**	**11210.6**	**697.8**	**485.7**	**2416.6**	**175.2**	**176.6**	**95.7**
北京	2251.7	1732.0	293.6	17.3	38.9	133.4	24.3	9.8	2.4
天津	1004.5	647.1	254.1	16.5	12.5	53.8	15.7	3.1	1.8
河北	1490.8	1090.0	364.6	7.9	1.8	21.6	2.4	2.6	
山西	665.2	483.8	156.4	6.3	0.7	16.5	1.2	0.0	0.3
内蒙古	401.3	287.6	90.8	4.0	0.7	17.5	0.5	0.1	0.0
辽宁	2046.2	1415.9	406.7	81.9	7.3	127.0	2.7	3.6	1.2
吉林	573.9	388.6	121.1	15.2	1.4	39.6	1.0	7.1	0.0
黑龙江	977.0	728.9	173.6	16.0	1.0	55.0	0.5	2.0	0.0
上海	3361.3	1957.5	795.7	6.4	188.2	316.9	55.6	41.1	
江苏	5215.2	2554.6	2156.9	38.8	39.9	389.2	10.1	6.4	19.3
浙江	3155.8	1896.5	804.7	103.9	38.1	292.9	7.2	5.2	7.3
安徽	1153.0	750.2	314.0	5.9	1.4	78.3	0.5	2.6	0.1
福建	1186.2	856.4	213.8	26.9	21.7	50.1	9.6	5.2	2.5
江西	608.3	420.1	174.2	2.0	0.5	6.4	0.1	5.0	0.0
山东	2517.8	1586.5	736.4	28.1	12.1	149.5	3.4	1.4	0.4
河南	1652.6	1051.2	470.7	4.0	1.4	124.6	0.1	0.2	0.5
湖北	1609.8	1105.3	337.3	48.7	3.3	114.0	0.4	0.7	0.2
湖南	1302.2	864.3	370.9	39.1	1.6	24.9	1.1	0.2	0.2
广东	4646.6	2779.2	1276.2	174.3	97.7	164.8	33.8	71.5	49.2
广西	786.6	503.3	219.9	10.3	2.5	44.0	0.9		5.8
海南	101.3	80.8	13.6	0.2	0.1	3.3	0.3	1.9	1.3
四川	1871.1	1159.8	571.8	9.1	4.9	116.3	3.0	5.1	1.2
贵州	428.2	351.0	65.4	1.8	0.3	9.0	0.1	0.5	0.0
云南	1526.5	1270.2	209.8	9.9	5.0	31.2	0.1	0.2	0.2
西藏	11.1	10.4	0.5	0.0	0.1				
陕西	697.0	479.0	176.8	16.8	2.0	22.4			0.1
甘肃	349.5	233.1	111.9	0.1	0.4	1.5		0.8	1.7
青海	85.8	71.4	13.6	0.2	0.0	0.4		0.2	
宁夏	94.1	70.4	21.2	1.8	0.0	0.7			
新疆	776.3	463.7	294.9	4.4	0.3	12.0	0.6	0.4	

4-5 各地区批发、零售贸易业商品库存总额（1996年）

单位：亿元

地区	合计	国有经济	集体经济	私营经济	联营经济	股份制经济	外商投资经济	港澳台投资经济	其他经济
全国	**7227.3**	**4803.5**	**1930.9**	**76.2**	**55.6**	**301.8**	**26.3**	**25.5**	**7.5**
北京	372.4	270.2	69.2	1.0	5.4	21.3	2.4	2.4	0.4
天津	152.0	96.2	39.1	3.2	1.7	6.8	4.3	0.7	0.2
河北	254.2	175.9	69.6	1.2	0.6	4.4	0.9	1.7	
山西	168.0	115.9	48.0	0.2	0.1	3.6	0.3		
内蒙古	109.7	82.3	22.4	0.5	0.2	4.2	0.1		
辽宁	350.0	247.0	75.0	7.8	1.0	17.2	1.1	0.7	0.3
吉林	237.7	190.3	35.7	2.3	0.2	8.5	0.2	0.6	
黑龙江	305.9	229.5	62.9	2.3	0.5	9.7	0.3	0.9	
上海	323.9	186.4	80.2	0.1	19.4	28.1	5.6	4.1	
江苏	684.5	374.2	254.7	7.0	7.7	34.7	4.4	1.7	0.2
浙江	333.5	187.7	101.9	9.5	4.5	28.1	0.8	0.5	0.5
安徽	258.9	187.0	63.0	0.9	0.5	6.8	0.2	0.6	
福建	154.2	106.3	36.7	3.8	2.4	3.4	0.5	0.5	0.4
江西	151.0	111.9	35.3	0.8	0.1	2.3		0.7	
山东	446.4	278.4	136.8	3.4	2.2	24.0	1.0	0.4	0.1
河南	359.6	236.7	97.1	1.1	0.2	24.4	0.1		0.1
湖北	329.6	233.9	81.8	0.5	0.2	12.7	0.2	0.4	0.1
湖南	283.4	185.3	87.8	5.1	0.4	4.2	0.4	0.1	0.1
广东	496.5	313.2	131.1	14.2	5.7	17.8	3.1	8.1	3.3
广西	135.8	91.3	34.6	1.4	0.4	6.8	0.1		1.2
海南	17.7	13.8	1.8	0.0		1.5	0.1	0.2	0.2
四川	396.8	264.5	111.2	2.1	0.4	17.5	0.2	0.6	0.4
贵州	94.9	73.3	19.4	0.4	0.1	1.5	0.1	0.1	
云南	243.8	189.7	47.1	0.7	0.3	6.0			
西藏	8.0	7.7	0.3		0.1				
陕西	148.7	104.6	35.6	4.0	0.8	3.6			
甘肃	118.0	78.9	37.4	0.1	0.6	0.6		0.4	0.1
青海	32.4	25.7	6.5		0.0	0.1			
宁夏	32.1	24.2	7.2	0.6		0.1			
新疆	227.9	121.7	101.7	2.1	0.1	2.0		0.2	

4-6 各地区社会消费品零售总额

地　区	社会消费品零售总额（亿元）			市消费品零售额		
	1995	1996	比上年增长（%）	1995	1996	比上年增长（%）
全　国	**20620.0**	**24774.1**	**13.2**	**12376.7**	**14951.2**	**13.9**
北　京	827.0	923.7	4.1	598.5	521.6	-18.8
天　津	375.6	470.0	19.1	314.7	391.4	18.3
河　北	852.1	1022.1	12.9	435.7	513.1	10.9
山　西	375.9	449.6	12.6	213.1	258.4	14.2
内蒙古	295.1	330.9	6.0	172.9	191.3	4.6
辽　宁	1122.0	1289.4	9.0	911.4	1051.0	9.4
吉　林	481.5	555.6	9.8	358.4	412.1	9.4
黑龙江	682.7	782.2	9.0	476.7	554.2	10.6
上　海	970.0	1161.3	14.0	766.1	925.7	15.1
江　苏	1650.0	1932.9	9.7	961.7	1158.0	12.7
浙　江	1395.7	1599.4	8.3	765.0	855.9	5.7
安　徽	586.5	727.1	15.8	283.7	341.2	12.3
福　建	670.4	832.5	18.8	361.5	451.8	19.6
江　西	410.9	490.4	12.0	175.5	213.6	14.2
山　东	1442.7	1691.7	9.6	839.3	1001.5	11.5
河　南	906.7	1118.9	14.4	443.7	549.0	14.7
湖　北	931.8	1145.7	15.5	539.8	688.4	19.7
湖　南	837.4	947.4	7.5	428.8	472.9	4.8
广　东	2304.1	2577.9	7.2	1483.8	1698.8	9.7
广　西	532.5	611.3	9.9	235.8	285.4	15.8
海　南	109.2	121.6	8.9	64.4	75.9	15.2
四　川	1300.5	1514.8	8.2	678.4	796.9	9.1
贵　州	197.6	233.5	10.5	99.0	118.0	11.5
云　南	369.6	414.2	5.1	172.3	192.1	4.6
西　藏	24.5	26.5		11.5	11.1	
陕　西	369.5	432.1	8.2	229.9	270.2	8.7
甘　肃	229.9	259.5	5.9	140.9	162.4	8.1
青　海	57.8	62.5	0.3	33.4	37.1	3.0
宁　夏	57.2	65.7	7.6	35.6	40.6	6.9
新　疆	253.6	295.4	7.1	145.7	171.5	8.2

注：本表增长速度按商品零售价格指数扣除价格因素。

续表 1

地区	县消费品零售额			县以下消费品零售额		
	1995	1996	比上年增长(%)	1995	1996	比上年增长(%)
全国	**2919.6**	**3280.0**	**5.9**	**5323.7**	**6542.9**	**15.8**
北京	147.9	111.8	-29.6	80.6	290.3	235.7
天津	24.1	30.1	18.8	36.8	48.6	25.7
河北	153.7	179.8	10.2	262.7	329.2	18.0
山西	86.1	99.8	9.1	76.7	91.5	12.3
内蒙古	69.8	80.1	8.5	52.4	59.6	7.5
辽宁	72.9	79.3	3.2	137.7	159.1	9.6
吉林	59.2	59.9	-3.7	63.9	83.6	24.5
黑龙江	116.0	124.1	1.8	90.0	103.8	9.7
上海	41.9	53.8	22.3	162.0	181.8	6.9
江苏	124.2	131.1	-1.2	564.1	643.8	6.9
浙江	146.0	163.5	5.8	484.7	579.9	13.1
安徽	131.2	161.5	14.9	171.6	224.4	22.1
福建	102.9	117.3	9.1	206.0	263.3	22.3
江西	103.3	116.0	5.3	132.1	160.8	14.2
山东	161.8	172.0	-0.7	441.6	518.1	9.6
河南	197.2	241.6	13.5	265.8	328.2	14.4
湖北	127.8	130.3	-4.3	264.2	327.1	16.3
湖南	166.3	182.0	4.0	242.8	292.4	14.5
广东	159.4	152.2	-8.5	660.9	726.9	5.4
广西	135.8	125.2	-11.8	160.9	200.7	19.4
海南	19.4	16.6	-16.4	25.4	29.1	12.0
四川	214.1	241.0	4.5	408.0	477.0	8.6
贵州	52.4	60.2	7.5	46.2	55.3	12.0
云南	105.2	116.9	4.2	92.1	105.2	7.2
西藏	7.5	7.7		5.5	7.6	
陕西	70.6	82.8	8.5	69.0	79.2	6.2
甘肃	43.1	42.8	-6.8	45.9	54.3	11.0
青海	16.2	15.7	-10.1	8.2	9.7	9.7
宁夏	13.6	13.9	-4.2	8.0	11.2	31.2
新疆	50.0	55.4	1.8	57.9	68.5	8.7

注：本表增长速度按商品零售价格指数扣除价格因素。

4-7 各地区进出口商品总值(按经营单位所在地分)

单位:万美元

地区	1994			1995			1996		
	进出口	出口	进口	进出口	出口	进口	进出口	出口	进口
全国	**23661996**	**12100632**	**11561364**	**28086311**	**14877957**	**13208354**	**28990362**	**15106571**	**13883791**
北京	2927426	834205	2093221	3703513	1024977	2678536	2933018	813118	2119900
天津	554529	269121	285408	804358	406407	397951	954497	465174	489323
河北	315682	230266	85416	391775	286561	105214	419674	308251	111423
山西	83887	65397	18490	140228	114255	25973	116790	93626	23164
内蒙古	92482	47441	45041	99723	49968	49755	105122	52204	52918
辽宁	1023753	605320	418433	1319890	824357	495533	1405689	862507	543182
吉林	279080	136597	142483	260704	109673	151031	210373	97196	113177
黑龙江	242759	124272	118487	238645	116640	122005	244765	108056	136709
上海	1806221	915722	890499	2435732	1296379	1139353	2713798	1302792	1411006
江苏	1175685	668450	507235	1630988	978926	652062	2069901	1160014	909887
浙江	898715	608499	290216	1150972	769242	381730	1253074	804141	448933
安徽	156644	104641	52003	200801	139305	61496	222236	131382	90854
福建	1218953	643020	575933	1444560	790795	653765	1551334	838343	712991
江西	130702	80539	50163	132315	104194	28121	111524	85072	26452
山东	961950	586536	375414	1394352	816017	578335	1616447	918169	698278
河南	163550	102380	61170	222904	135745	87159	196855	124001	72854
湖北	274586	171560	103026	340421	139968	142453	286178	152566	133612
湖南	215111	154338	60773	203888	147015	56873	186636	135363	51273
广东	9665215	5019850	4645365	10392226	5657260	4734966	10991478	5934100	5057378
广西	303700	129038	174662	309070	170198	138872	202607	126903	75704
海南	276046	95298	180748	235572	92323	143249	226312	65875	160437
四川	309850	180430	129420	347996	226951	121045	373228	175727	197501
贵州	46872	30408	16464	66427	44269	22158	48626	35576	13050
云南	163181	96526	66655	214784	125734	89050	184984	104389	80595
西藏	64736	4487	60249	21722	868	20854	17662	2074	15588
陕西	142016	95790	46226	168287	126844	41443	174503	108556	65947
甘肃	50286	34687	15599	59952	36027	23925	47378	27347	20031
青海	15253	12627	2626	15397	12999	2398	12822	11367	1455
宁夏	17294	10923	6371	21963	16849	5114	18980	15473	3507
新疆	85832	42264	43568	117146	59211	57935	93871	47209	46662

4-8 各地区进出口商品总值(按境内目的地、货源地分)

单位:万美元

地　区	1994			1995			1996		
	进出口	出　口	进　口	进出口	出　口	进　口	进出口	出　口	进　口
全　国	**23661996**	**12100632**	**11561364**	**28086311**	**14877957**	**13208354**	**28990362**	**15106571**	**13883791**
北　京	1186671	385193	801478	1677116	595841	1081275	1493256	506739	986517
天　津	665975	302387	363588	898685	443689	454996	1015843	468202	547641
河　北	340625	189829	150796	446826	248829	197997	421969	238801	183169
山　西	141851	109293	32558	225355	180270	45085	215629	173639	41990
内蒙古	102838	48124	54714	131356	51336	80020	100824	49127	51697
辽　宁	1061835	516032	545803	1315040	709339	605701	1357209	730015	627194
吉　林	326181	165668	160513	288687	112455	176232	247595	108102	139493
黑龙江	437401	289519	147882	457910	295487	162423	431766	302572	129194
上　海	2015443	993696	1021747	2589750	1313403	1276347	2789154	1313456	1475698
江　苏	1324279	695737	628542	1803053	1006202	796851	2227846	1195401	1032445
浙　江	978612	648205	330407	1273299	827857	445442	1442959	866359	576600
安　徽	171843	96627	75216	216033	132600	83433	239024	130574	108450
福　建	1203962	607939	596023	1506552	810646	695906	1588160	845078	743082
江　西	135004	65277	69727	146750	84398	62352	119326	77643	41683
山　东	1139582	650751	488831	1658036	902987	755049	1809000	999216	809784
河　南	222165	108768	113397	287611	148865	137246	247651	140401	107250
湖　北	307790	150529	157261	374786	181949	192837	309932	141394	168538
湖　南	197117	125547	71570	234073	135186	98887	199699	133023	66676
广　东	10105941	5327141	4778800	10852473	5904816	4947657	11201626	5997053	5204573
广　西	324492	133676	190816	336123	163038	173085	241473	138744	102729
海　南	223480	43633	179847	188824	48148	140676	195243	39980	155263
四　川	376680	152225	224455	394838	203752	191086	392211	179816	212395
贵　州	48340	27017	21323	73897	39721	34176	61374	38025	23349
云　南	167945	88221	79724	230786	117719	113067	220048	100732	119316
西　藏	55877	1890	53987	18964	1272	17692	16594	1920	14674
陕　西	172640	82216	90424	197695	103601	94094	182172	98474	83698
甘　肃	55445	31223	24222	76680	34203	42477	61062	27899	33163
青　海	15436	11530	3906	15848	11802	4046	20512	10961	9551
宁　夏	16845	10053	6792	24010	16669	7341	22365	16298	6067
新　疆	139701	42686	97015	146755	51877	94878	118840	36928	81912

4－9 各地区外商投资企业进出口商品总值

单位:万美元

地区	1994			1995			1996		
	进出口	出口	进口	进出口	出口	进口	进出口	出口	进口
全国	**8764715**	**3471297**	**5293418**	**10981858**	**4687587**	**6294271**	**13711016**	**6150636**	**7560380**
北京	196928	49256	147672	257567	70939	186628	322836	98814	224022
天津	290917	101300	189617	499966	198729	301237	701952	295097	406855
河北	81633	27741	53892	98855	32607	67248	143842	54219	89623
山西	14927	7939	6988	16979	11625	5354	17877	12582	5295
内蒙古	12081	4206	7875	15258	5217	10041	15352	7950	7402
辽宁	376665	162200	214465	500049	237075	262974	636982	317895	319087
吉林	61945	14006	47939	85026	19315	65711	87094	26049	61045
黑龙江	39802	11337	28465	52559	16042	36517	72350	24264	48086
上海	760479	265848	494631	1121591	401810	719781	1486777	544661	942116
江苏	556809	206638	350171	780884	293600	487284	1213709	506970	706739
浙江	246146	103339	142807	306361	110982	195379	473156	202352	270804
安徽	33378	7242	26136	36504	9736	26768	68130	15549	52581
福建	721677	287056	434621	822886	354323	468563	952403	450087	502316
江西	30988	4296	26692	19746	4463	15283	16049	5920	10129
山东	412085	158898	253187	616403	253751	362652	851577	385182	466395
河南	40618	9575	31043	49820	11728	38092	61985	21802	40183
湖北	65368	15528	49840	91490	18737	72753	112809	28523	84286
湖南	29024	6360	22664	28483	6839	21644	36202	10781	25421
广东	4520498	1984452	2536046	5320356	2576243	2744113	6096722	3069026	3027696
广西	87540	14508	73032	81872	21778	60094	69871	26412	43459
海南	65635	5312	60323	56863	5777	51086	63720	6822	56898
四川	52681	9539	43142	51516	9115	42401	114119	13118	101001
贵州	7050	1957	5093	8861	2895	5966	6785	4169	2616
云南	18672	2554	16118	20194	3435	16759	25566	4257	21309
西藏	1766	122	1644	2484	30	2454	6321	235	6086
陕西	21875	4318	17557	20457	4170	16287	35845	8427	27418
甘肃	5825	1485	4340	5304	1946	3358	6616	2414	4202
青海	826	425	401	622	602	20	911	825	86
宁夏	2470	630	1840	1486	983	503	3747	2088	1659
新疆	8407	3230	5177	10416	3095	7321	9711	4146	5565

4-10 各地区年末实有外商投资企业注册登记情况

地　　区	企业数(户)		投资总额(万美元)		注册资本(万美元)		#外　方	
	1995	1996	1995	1996	1995	1996	1995	1996
全　国	**233564**	**240447**	**63900854**	**71532202**	**39912303**	**44148483**	**25688423**	**28979610**
北　京	9691	9797	2881994	2992946	1511539	1581931	926890	981102
天　津	8959	9235	1694370	1929335	1088166	1226054	767332	867121
河　北	5368	5389	1227769	1533753	819669	956859	426966	507747
山　西	1364	1316	240442	403618	190270	226758	90798	101488
内蒙古	1074	1134	198675	230708	142589	163067	65430	77413
辽　宁	11284	12400	2807930	3253129	1743037	2032910	967480	1154723
吉　林	2990	3123	479011	623568	371051	440937	199645	243098
黑龙江	4388	4596	855361	991264	634846	716718	328426	380030
上　海	14487	15927	6772912	7948581	3602881	4256650	2330897	2856518
江　苏	22950	23891	5323055	6725578	3240443	3975553	1843872	2436604
浙　江	11237	11388	2437107	2656186	1480607	1620769	816457	899864
安　徽	2949	3277	610297	822558	422852	541428	232027	297097
福　建	16527	17877	3671488	4427562	2288239	2759954	1854097	2281624
江　西	3016	2804	497927	526440	364733	376150	208767	221379
山　东	17988	18742	3742467	4172019	2577066	2797800	1328052	1484727
河　南	4382	4392	895393	972870	675343	718883	335185	365349
湖　北	5758	5890	1364881	1567559	927780	1016750	544102	583075
湖　南	3263	3249	700202	739954	446043	463797	259654	275127
广　东	59582	60597	20462715	21516727	12913175	13397669	9294880	9715810
广　西	4876	4338	1345334	1179378	846254	743271	496966	445046
海　南	8606	7219	2113516	2201727	1237833	1296960	1005350	1044301
四　川	5897	6229	1268022	1415695	930253	1020357	497587	549257
贵　州	997	1008	196921	204142	157183	162663	95402	99609
云　南	1286	1425	286967	331994	193779	225144	108627	123913
西　藏	51	2272	20278	560619	7221	372944	3408	221496
陕　西	1894	68	459273	23705	299787	9388	177187	4422
甘　肃	1037	1086	163630	180331	111446	121582	60054	65735
青　海	97	117	14286	19113	11110	13314	5302	6321
宁　夏	361	377	43040	47828	36830	40543	19711	22611
新　疆	656	600	142124	141792	98046	97717	49019	51522
国家工商行政管理总局	549	684	983467	1191523	542232	773963	348853	615481

4－11 实际利用外资额（按地区分）

金额单位：万美元

地区、部门	1995			1996		
	总计	对外借款	外商直接投资及其他投资	总计	对外借款	外商直接投资及其他投资
总计	**4813269**	**1032700**	**3780569**	**5480416**	**1266900**	**4213516**
省市合计	**3972081**	**250532**	**3721549**	**4824129**	**636158**	**4187971**
北京	110648	2649	107999	172110	16820	155290
天津	158686	6593	152093	223645	8372	215273
河北	61333	6665	54668	91710	8688	83022
山西	9361	2978	6383	19889	6081	13808
内蒙古	8864	3083	5781	23000	15814	7186
辽宁	156838	14377	142461	189197	15415	173782
吉林	48189	7387	40802	61717	16562	45155
黑龙江	62490	10804	51686	84279	27588	56691
上海	300543	11282	289261	483821	89727	394094
江苏	532577	13495	519082	548919	27910	521009
浙江	128968	3162	125806	163395	11345	152050
安徽	51644	3388	48256	73644	22983	50661
福建	414908	10518	404390	413562	5107	408455
江西	34509	5621	28888	32377	2251	30126
山东	276497	7599	268898	287161	23806	263355
河南	64914	17059	47855	78317	25961	52356
湖北	88692	26180	62512	109890	41811	68079
湖南	56011	5238	50773	75690	1160	74530
广东	1066967	40956	1026011	1325807	150400	1175407
广西	70841	3578	67263	78091	11778	66313
海南	118433	12226	106207	89684	10776	78908
四川	61936	7777	54159	63122	19032	44090
贵州	9022	3319	5703	34253	31115	3138
云南	11955	2186	9769	7529	992	6537
西藏				241	241	
陕西	39244	6837	32407	36715	4106	32609
甘肃	8274	1882	6392	22101	13099	9002
青海	224	60	164	1034	934	100
宁夏	625	235	390	4975	4420	555
新疆	18888	13398	5490	28254	21864	6390
部门合计	**841188**	**782168**	**59020**	**656287**	**630742**	**25545**

5-1 职工工资总额和指数

年份	工资总额（亿元）				指数（上年同期=100）	
	合计	国有经济单位	城镇集体经济单位	其他经济单位	合计	# 国有经济单位
1978	568.9	468.7	100.2			
1980	772.4	627.9	144.5		135.8	134.0
1985	1383.0	1064.8	312.3	5.9	122.0	121.6
1986	1659.7	1288.5	362.8	8.4	120.0	121.0
1987	1881.1	1459.3	409.1	12.6	113.3	113.3
1988	2316.2	1807.1	487.6	21.5	123.1	123.8
1989	2618.5	2050.2	534.4	33.9	113.1	113.5
1990	2951.1	2324.1	581.0	46.0	112.7	113.4
1991	3323.9	2594.9	658.6	70.4	112.6	111.7
1992	3939.2	3090.4	743.2	105.6	118.5	119.1
1993	4916.2	3812.7	849.9	253.6	124.8	123.4
1994	6656.4	5177.4	1023.3	455.6	135.4	135.8
1995	8100.0	6080.2	1182.0	637.8	121.7	117.4
1996	9080.0	6792.7	1241.0	761.4	112.1	111.7

5-2 职工平均工资及指数

年份	平均货币工资（元）				指数（以上年为100） 货币工资				实际工资			
	合计	国有经济单位	城镇集体经济单位	其他经济单位	合计	国有经济单位	城镇集体经济单位	其他经济单位	合计	国有经济单位	城镇集体经济单位	其他经济单位
1978	615	644	506		100.0	100.0	100.0		106.0	106.2	105.1	
1980	762	803	623		114.1	113.9	114.9		106.1	106.0	106.9	
1985	1148	1213	967	1436	117.9	117.3	119.2	137.0	105.3	104.8	106.6	122.5
1986	1329	1414	1092	1629	115.8	116.6	112.9	113.4	108.2	108.9	105.5	106.0
1987	1459	1546	1207	1879	109.8	109.3	110.5	115.3	100.9	100.5	101.6	106.0
1988	1747	1853	1426	2382	119.7	119.9	118.1	126.8	99.2	99.3	97.9	105.0
1989	1935	2055	1557	2707	110.8	110.9	109.2	113.6	95.2	95.4	93.9	97.7
1990	2140	2284	1681	2987	110.6	111.1	108.0	110.3	109.2	109.7	106.6	108.9
1991	2340	2477	1866	3468	109.3	108.5	111.0	116.1	104.0	103.2	105.6	110.5
1992	2711	2878	2109	3966	115.9	116.2	113.0	114.4	106.7	107.0	104.1	105.3
1993	3371	3532	2592	4966	124.3	122.7	122.9	125.2	107.1	105.7	105.9	107.9
1994	4538	4797	3245	6303	134.6	135.8	125.2	126.9	107.7	108.7	100.2	101.5
1995	5500	5625	3931	7463	121.2	117.3	121.1	118.4	103.8	100.4	103.7	101.4
1996	6210	6280	4302	8261	112.9	111.6	109.4	110.7	103.8	102.6	100.6	101.7

5-3 各地区职工工资

地区	工资总额（亿元）			平均工资（元）		
	1995	1996	比上年增长(%)	1995	1996	比上年增长(%)
全国	**8100.0**	**9080.0**	**12.1**	**5500**	**6210**	**3.8**
北京	382.0	442.4	15.8	8144	9579	5.4
天津	184.8	212.0	14.7	6501	7643	7.9
河北	335.9	365.2	8.7	4839	5286	1.5
山西	215.4	236.3	9.7	4721	5183	1.4
内蒙古	156.1	175.9	12.7	4134	4716	6.1
辽宁	503.9	525.3	4.2	4911	5269	-0.8
吉林	221.0	263.7	19.3	4430	5370	12.5
黑龙江	328.6	363.0	10.5	4145	4564	2.3
上海	440.8	492.7	11.8	9279	10663	5.2
江苏	541.6	595.7	10.0	5943	6603	0.3
浙江	324.3	361.8	11.6	6619	7413	2.0
安徽	228.1	256.2	12.3	4609	5175	2.0
福建	196.7	225.8	14.8	5857	6684	6.7
江西	162.2	185.8	14.5	4211	4852	6.6
山东	464.1	532.8	14.8	5145	5809	2.2
河南	347.8	407.4	17.1	4344	4924	3.6
湖北	345.5	372.7	7.9	4685	5099	-1.3
湖南	282.4	299.6	6.1	4797	5100	-0.8
广东	734.2	803.5	9.4	8250	9127	3.2
广西	172.3	182.7	6.0	5105	5397	0.3
海南	57.0	56.1	-1.6	5340	5476	-2.2
四川	452.7	500.5	10.6	4645	5156	1.1
贵州	100.0	112.2	12.2	4475	4917	-0.6
云南	158.9	194.1	22.2	5149	6231	11.8
西藏	12.1	18.5	52.9	7382	11087	
陕西	172.3	192.2	11.5	4396	4882	0.7
甘肃	136.8	147.0	7.5	5493	5882	-2.9
青海	38.0	43.1	13.4	5753	6513	1.6
宁夏	37.2	41.0	10.2	5079	5635	4.0
新疆	167.8	189.8	13.1	5348	5987	1.4

5-4 各地区城镇居民和农村居民家庭人均收支

地区	城镇居民家庭全部收入 (元)			城镇居民家庭生活费收入 (元)		
	1995	1996	比上年增长 (%)	1995	1996	比上年增长 (%)
全国	**4288.09**	**4844.78**	**3.8**	**3892.94**	**4377.15**	**3.3**
北京	6237.91	7338.76	5.4	5868.3	6885.56	5.1
天津	4931.41	5975.94	11.2	4626.4	5525.48	9.6
河北	3923.15	4446.44	5.3	3592.46	4072.24	5.3
山西	3306.66	3706.22	3.5	2927.15	3290.91	3.8
内蒙古	2873.94	3446.44	11.6	2587.02	3101.73	11.5
辽宁	3707.53	4209.59	4.9	3306.51	3746.13	4.7
吉林	3176.33	3806.45	11.3	2914.07	3453.7	10.0
黑龙江	3377.24	3769.2	3.7	2968.38	3324.84	4.1
上海	7196.42	8191.41	4.2	6822.3	7721.42	3.6
江苏	4647.33	5188.01	0.8	4209.05	4688.8	0.5
浙江	6224.62	6960.41	1.8	5718.16	6345.32	1.1
安徽	3796.73	4515.48	8.0	3405.98	4027.16	7.4
福建	4510.53	5176.42	7.4	4023.88	4586.01	6.6
江西	3380.92	3782.33	3.5	3046.08	3401.57	3.3
山东	4265.35	4893.33	3.8	3953.04	4494	2.9
河南	3302.14	3756.78	3.9	3029.47	3450.11	4.0
湖北	4031.9	4367	−1.7	3605.96	3854.62	−3.0
湖南	4705.21	5059.72	0.3	4069.63	4280.14	−1.9
广东	7445.1	8166.13	2.3	6849.65	7487.89	2.0
广西	4809.43	5045.14	−0.6	4288.98	4457.88	−1.5
海南	4803.36	4968.1	−1.3	4345.72	4436.37	−2.6
四川	4004.79	4484.8	2.0	3586.35	4000.26	1.6
贵州	3935.46	4225.77	−2.9	3426.7	3675.04	−3.0
云南	4113.19	4999.04	12.3	3683.78	4466.46	12.1
西藏		6566.62		2637.69	5912.29	
陕西	3311.11	3810.69	4.3	3048.18	3487.37	3.7
甘肃	3155.78	3354.52	−3.6	2893.59	3108.25	−2.6
青海	3319.86	3834.27	3.7	3051.57	3571.65	5.1
宁夏	3386.79	3616.14	0.2	3026.47	3276.58	1.6
新疆	4183.81	4689.08	1.5	3852.85	4275.23	0.5

注:本表增长速度按城市居民消费价格指数扣除价格因素。

续表 1

地区	城镇居民家庭全部收入 (元)			城镇居民家庭生活费收入 (元)		
	1995	1996	比上年增长 (%)	1995	1996	比上年增长 (%)
全　国	**3537.57**	**3919.47**	**1.8**	**1577.74**	**1926.07**	**13.1**
北　京	5019.77	5729.52	2.3	3223.65	3561.94	−1.0
天　津	4064.1	4679.61	5.6	2406.38	2999.68	14.4
河　北	3161.99	3424.35	0.6	1668.73	2054.95	15.3
山　西	2640.73	3035.59	6.1	1208.3	1557.19	20.1
内蒙古	2482.15	2767.84	3.7	1208.38	1602.34	23.1
辽　宁	3113.39	3493.02	3.7	1756.5	2149.98	14.6
吉　林	2597.96	3037.32	8.6	1609.6	2125.56	24.8
黑龙江	2776.49	3110.92	4.1	1766.27	2181.86	16.8
上　海	5868.11	6763.12	5.5	4245.61	4846.13	4.5
江　苏	3772.28	4057.5	−2.9	2456.86	3029.32	15.1
浙　江	5263.41	5764.27	−0.3	2966.19	3462.99	9.1
安　徽	3161.41	3607.43	3.6	1302.82	1607.72	12.5
福　建	3848.11	4248.47	3.3	2048.59	2492.49	15.4
江　西	2712.44	2942.11	0.3	1537.36	1869.63	12.0
山　东	3285.5	3770.99	3.9	1715.09	2086.31	11.6
河　南	2673.95	3009.35	2.8	1231.97	1579.19	15.6
湖　北	3433.79	3713.51	−1.9	1511.22	1863.62	14.3
湖　南	3885.64	4098.26	−1.6	1425.16	1792.25	16.2
广　东	6253.46	6736.09	0.5	2699.24	3183.46	10.7
广　西	4045.83	4339.42	1.7	1446.14	1703.13	9.7
海　南	3760.29	3815.28	−3.2	1519.71	1746.08	10.8
四　川	3429	3787.59	0.6	1158.29	1453.42	15.0
贵　州	3250.55	3572.78	−0.6	1086.62	1276.67	9.0
云　南	3448.27	4007.48	7.4	1010.97	1229.28	11.8
西　藏	2837.69	4536.68		1200.31	1353.26	
陕　西	2837.69	3211.24	2.6	962.89	1165.1	10.4
甘　肃	2617.74	2838.52	−1.7	880.34	1100.59	14.0
青　海	2870.07	3177.78	−0.6	1029.77	1173.8	4.8
宁　夏	2865.71	3038.95	−0.5	998.75	1397.8	30.9
新　疆	3186.76	3457.14	−1.7	1136.45	1290.01	2.6

注:本表增长速度分别按城市和农村居民消费价格指数扣除价格因素。

6-1 居民消费水平

本表绝对数按当年价格计算，指数按可比价格计算。

年份地区	绝对数(元)			城乡消费水平对比(农业居民=1)	指数(上年=100)			指数(1978=100)		
	全国居民	农业居民	非农业居民		全国居民	农业居民	非农业居民	全国居民	农业居民	非农业居民
1978	184	138	405	2.9	104.1	104.3	103.3	100.0	100.0	100.0
1980	236	178	496	2.8	108.7	108.8	106.3	115.8	115.5	111.9
1985	437	347	802	2.3	113.1	114.1	108.2	181.3	194.4	147.5
1987	550	417	1089	2.6	105.6	104.3	108.7	200.0	207.9	172.0
1988	693	508	1431	2.8	107.4	106.0	108.9	214.9	220.4	187.3
1989	762	553	1568	2.8	99.5	99.2	98.4	213.8	218.8	184.4
1990	803	571	1686	3.0	103.4	100.3	107.5	221.0	219.5	198.1
1991	896	621	1925	3.1	108.3	106.7	109.3	239.4	234.2	216.6
1992	1070	718	2356	3.3	112.9	109.8	115.4	270.3	257.2	249.9
1993	1331	855	3027	3.5	108.1	106.1	108.9	292.2	272.8	272.1
1994	1781	1138	3979	3.5	106.5	106.5	104.1	311.2	290.6	283.3
1995	2311	1479	5044	3.4	108.9	109.6	105.9	338.8	318.6	300.0
1996	2677	1756	5620	3.2	106.9	109.7	102.5	362.2	349.5	307.5
北　京	3519	2083	4303	2.1	112.9	108.6	113.7			
天　津	3380	1852	4546	2.5	107.1	108.3	106.6			
河　北	1686	1281	3716	2.9	110.6	111.0	106.8			
山　西	1589	1012	3413	3.4	108.5	108.4	106.8			
内蒙古	1729	1264	2682	2.1	105.5	111.1	100.4			
辽　宁	2900	1566	4540	2.9	106.2	102.3	107.3			
吉　林	2292	1291	3665	2.8	108.0	106.9	108.0			
黑龙江	2649	1449	4131	2.9	104.9	103.9	104.3			
上　海	6712	4359	7699	1.8	109.4	107.2	109.4			
江　苏	2557	1936	4456	2.3	116.0	118.6	110.9			
浙　江	2831	2138	5926	2.8	108.2	106.8	109.4			
安　徽	1669	1300	3441	2.6	107.2	109.4	101.8			
福　建	2944	2544	4648	1.8	110.5	113.1	103.5			
江　西	1559	1266	2632	2.1	111.9	112.8	109.1			
山　东	1943	1342	3788	2.8	112.6	109.9	111.5			
河　南	1382	1075	3016	2.8	110.1	111.8	102.6			
湖　北	1954	1325	3759	2.8	109.4	107.3	108.5			
湖　南	1752	1294	3884	3.0	107.8	109.0	103.2			
广　东	3832	2407	7192	3.0	115.2	110.8	116.0			
广　西	1664	1141	4245	3.7	112.4	115.5	104.8			
海　南	2197	1548	4345	2.8	105.6	103.8	105.5			
四　川	1624	1211	3689	3.0	109.1	107.3	110.2			
贵　州	1258	915	3463	3.8	106.5	104.4	107.5			
云　南	1484	1064	3958	3.7	101.2	101.1	101.7			
西　藏	1202	762	3981	5.2	116.6	107.4	105.2			
陕　西	1431	939	3398	3.6	100.7	98.8	103.1			
甘　肃	1172	764	3028	4.0	105.7	106.0	102.0			
青　海	1689	983	3431	3.5	98.9	96.8	100.3			
宁　夏	1643	1102	3101	2.8	104.1	109.6	96.0			
新　疆	2146	1713	2573	1.5	108.4	106.4	109.7			

注：1. 城乡消费水平对比，没有剔除城乡价格不可比的因素。

2. 分地区各项指标为1995年数据。

3. 广东省的数据没有和第三产业普查数据衔接。

6-2 各种物价总指数

(上年 =100)

年份	商品零售价格指数	居民消费价格指数	城市居民消费价格指数	农村居民消费价格指数	农产品收购价格指数	农村工业品零售价格指数	工农业商品综合比价指数
1978	100.7		100.7		103.9	100.0	96.2
1979	102.0		101.9		122.1	100.1	82.0
1980	106.0		107.5		107.1	100.8	94.1
1981	102.4		102.5		105.9	101.0	95.4
1982	101.9		102.0		102.2	101.6	99.4
1983	101.5		102.0		104.4	101.0	96.7
1984	102.8		102.7		104.0	103.1	99.1
1985	108.8	109.3	111.9	107.6	108.6	103.2	95.0
1986	106.0	106.5	107.0	106.1	106.4	103.2	97.0
1987	107.3	107.3	108.8	106.2	112.0	104.8	93.6
1988	118.5	118.8	120.7	117.5	123.0	115.2	93.7
1989	117.8	118.0	116.3	119.3	115.0	118.7	103.2
1990	102.1	103.1	101.3	104.5	97.4	104.6	107.4
1991	102.9	103.4	105.1	102.3	98.0	103.0	105.1
1992	105.4	106.4	108.6	104.7	103.4	103.1	99.7
1993	113.2	114.7	116.1	113.7	113.4	111.8	98.6
1994	121.7	124.1	125.0	123.4	139.9	117.2	83.8
1995	114.8	117.1	116.8	117.5	119.9	114.7	95.7
1996	106.1	108.3	108.8	107.9	104.2	106.2	101.9

注:工农业商品综合比价指数是以农产品收购价格指数为 100, 下表同。

6-3 各种物价总指数

(1978=100)

年份	商品零售价格指数	居民消费价格指数	城市居民消费价格指数	农村居民消费价格指数	农产品收购价格指数	农村工业品零售价格指数	工农业商品综合比价指数
1978	100.0		100.0		100.0	100.0	100.0
1979	102.0		101.9		122.1	100.1	82.0
1980	108.1		109.5		130.8	100.9	77.1
1981	110.7		112.2		138.5	101.9	73.6
1982	112.8		114.4		141.5	103.5	73.1
1983	114.5		116.7		147.7	104.5	70.8
1984	117.7		119.9		153.6	107.7	70.1
1985	128.1	100.0	134.2	100.0	166.8	111.1	66.6
1986	135.8	106.5	143.6	106.1	177.5	114.7	64.6
1987	145.7	114.3	156.2	112.7	198.8	120.2	60.5
1988	172.7	135.8	188.5	132.4	244.5	138.5	56.6
1989	203.4	160.2	219.2	157.9	281.2	164.4	58.5
1990	207.7	165.2	222.0	165.1	273.9	172.0	62.8
1991	213.7	170.8	233.3	168.9	268.4	177.2	66.0
1992	225.2	181.7	253.4	176.8	277.5	182.7	65.8
1993	254.9	208.4	294.2	201.0	314.7	204.3	64.9
1994	310.2	258.6	367.8	248.0	440.3	239.4	54.4
1995	356.1	302.8	429.6	291.4	527.9	274.6	52.0
1996	377.8	327.9	467.4	314.4	550.1	291.6	53.0

6-4 各地区价格指数

(上年 =100)

地　　区	商品零售价格总指数		居民消费价格总指数	
	1995	1996	1995	1996
全　　国	**114.8**	**106.1**	**117.1**	**108.3**
北　　京	112.6	107.3	117.3	111.6
天　　津	110.6	105.1	115.3	109.0
河　　北	115.8	106.2	115.2	107.1
山　　西	115.6	106.2	116.9	107.9
内 蒙 古	116.8	105.8	117.5	107.6
辽　　宁	114.0	105.4	116.1	107.9
吉　　林	114.2	105.1	115.2	107.2
黑 龙 江	114.3	105.1	116.1	107.1
上　　海	113.0	105.0	118.7	109.2
江　　苏	114.3	106.8	115.8	109.3
浙　　江	113.5	105.8	116.6	107.9
安　　徽	112.7	107.1	114.8	109.9
福　　建	114.4	104.5	115.2	105.9
江　　西	115.9	106.6	116.9	108.4
山　　东	114.2	107.0	117.6	109.6
河　　南	114.9	107.9	116.5	110.5
湖　　北	116.6	106.5	120.0	109.4
湖　　南	115.5	105.2	119.0	107.7
广　　东	111.6	104.4	114.0	107.0
广　　西	116.4	104.5	118.4	106.5
海　　南	111.3	102.3	113.5	104.3
四　　川	117.0	107.7	118.5	109.3
贵　　州	117.2	106.9	121.4	109.1
云　　南	118.1	106.6	121.3	108.7
西　　藏				
陕　　西	117.0	108.1	119.0	109.7
甘　　肃	116.5	106.6	119.8	110.2
青　　海	116.3	107.8	118.0	110.8
宁　　夏	115.3	106.7	117.1	106.8
新　　疆	116.7	108.8	119.7	110.5

7－1 城市公用事业基本情况

本表1990年以后各项指标按全社会范围计算的，1985年以前各项指标只按城建部门管理的范围计算。

项　　目	1985	1990	1995	1996
自来水年供水量　(亿吨)	**128.0**	**382.3**	**496.6**	**466.1**
#生活用水量	51.9	100.1	158.1	167.1
平均每人生活用水　(吨)	**55.1**	**67.9**	**71.3**	**75.9**
用水普及率　(%)	**81.0**	**89.2**	**93.0**	**94.9**
公共汽(电)车总数　(辆)	**45155**	**62215**	**136821**	**148109**
平均每万人拥有　(辆)	3.9	4.8	7.3	7.3
铺装道路长度　(公里)	**38282**	**94820**	**130308**	**132583**
平均每万人拥有　(公里)	3.3	6.4	7.0	7.0
铺装道路面积　(万平方米)	**35872**	**89160**	**135810**	**143139**
每万人拥有　(万平方米)	3.1	6.0	7.3	7.6
下水道长度　(公里)	**31556**	**57787**	**110293**	**112812**
平均每万人拥有　(公里)	2.7	3.9	6.0	6.0
人工煤气供气量(万立方米)	**249754**	**1747065**	**1266894**	**1348076**
#家庭用量	107060	274127	456585	472904
煤气管道长度　(公里)	**10567**	**16312**	**33890**	**38486**
天然气供气量　(万立方米)	**162099**	**642289**	**673354**	**637832**
液化气家庭用量　(万吨)	**54.7**	**142.8**	**370.2**	**394.7**
用气普及率　(%)	**22.4**	**42.2**	**70.0**	**73.2**
城市绿化				
绿地面积　(公顷)	159291	474613	678310	665119
每万人绿地面积　(公顷)	13.7	32.2	36.7	35.2
公园动物园个数　(个)	**1026**	**1970**	**3619**	**3630**
公园动物园面积　(公顷)	**21896**	**40081**	**72857**	**68055**
环境卫生				
清运垃圾　(万吨)	4477	6767	10748	10825
清运粪便　(万吨)	1731	2385	3071	2930
每万人有公厕　(座)	5.8	6.6	6.1	5.8

注：人均拥有指标按城市人口中非农业人口计算。

7-2 各地区每万人口在校学生数

单位：人

地区	普通高等学校			中等专业学校			普通中学		
	1995	1996	比上年增长(%)	1995	1996	比上年增长(%)	1995	1996	比上年增长(%)
全国	**24.0**	**24.7**	**2.9**	**30.7**	**34.5**	**12.5**	**443.4**	**469.0**	**14.0**
北京	145.6	150.9	3.7	60.7	70.1	15.5	502.2	515.8	2.7
天津	72.3	75.3	4.1	63.4	70.7	11.5	484.4	520.6	7.5
河北	19.6	19.5	-0.3	28.0	31.2	11.3	482.0	539.9	12.0
山西	21.9	22.1	1.1	47.9	37.7	-21.3	490.0	518.9	5.9
内蒙古	16.1	16.6	2.8	25.2	25.9	2.8	478.8	493.5	3.1
辽宁	43.8	44.4	1.3	34.3	35.0	1.9	490.8	493.1	0.5
吉林	38.9	40.2	3.4	44.0	51.0	15.8	496.7	493.1	-0.7
黑龙江	30.7	31.2	1.7	27.0	30.1	11.6	484.0	505.8	4.5
上海	101.8	104.2	2.4	76.7	70.1	-8.6	516.5	542.1	5.0
江苏	29.5	31.0	5.2	45.1	57.6	27.8	448.3	455.1	1.5
浙江	21.5	22.2	3.3	32.2	40.8	26.7	487.5	515.0	5.6
安徽	14.3	14.7	3.0	20.1	20.6	2.3	468.2	489.8	4.6
福建	22.1	22.5	1.8	29.9	32.5	8.6	479.6	557.7	16.3
江西	22.2	20.6	-7.2	26.2	30.5	16.5	475.7	508.2	6.8
山东	18.4	19.4	5.2	29.7	33.2	11.7	540.4	586.2	8.5
河南	13.4	13.9	4.1	23.5	27.1	15.3	459.2	495.5	7.9
湖北	31.7	32.6	2.8	51.9	60.9	17.3	428.9	450.9	5.1
湖南	20.4	21.1	3.5	29.1	33.1	13.6	446.5	474.8	6.3
广东	22.1	23.6	6.6	31.7	35.9	13.1	494.3	536.1	8.5
广西	13.2	13.8	4.9	25.7	27.6	7.5	427.1	471.4	10.4
海南	16.6	17.0	2.2	26.3	29.1	10.6	438.0	467.1	6.7
四川	17.7	18.2	3.0	22.5	25.0	11.2	326.0	330.6	1.4
贵州	9.9	10.1	1.6	20.8	25.1	20.5	309.1	319.2	3.3
云南	12.9	13.4	3.6	25.7	27.1	5.6	318.9	330.1	3.5
西藏	16.2	14.0	-13.7	23.2	23.1	-0.4	136.3	143.3	5.1
陕西	36.5	38.1	4.3	27.1	30.2	11.6	412.8	443.7	7.5
甘肃	18.7	19.3	3.1	23.8	25.1	5.6	375.4	391.7	4.3
青海	15.3	15.9	4.2	28.4	27.6	-2.7	403.0	395.2	-1.9
宁夏	20.8	20.1	-3.3	24.6	24.5	-0.5	530.8	533.9	0.6
新疆	26.7	26.3	-1.6	41.3	43.1	4.3	451.4	475.9	5.4

7-3 各地区卫生设施

地　　区	每十万人口医院、卫生院数（个）			每十万人口医院床位数（张）			每万人口卫生技术人员数（人）		
	1995	1996	比上年增长（%）	1995	1996	比上年增长（%）	1995	1996	比上年增长（%）
全　　国	**5.60**	**5.55**	**-0.8**	**234.15**	**234.17**	**0.01**	**35.1**	**35.2**	**0.4**
北　　京	5.03	5.12	1.9	511.59	516.28	0.9	92.7	92.9	0.2
天　　津	4.42	5.02	13.6	392.78	400.84	2.1	76.4	74.9	-2.0
河　　北	7.04	6.96	-1.1	214.39	217.46	1.4	31.4	32.1	2.2
山　　西	8.42	8.47	0.6	331.49	334.51	0.9	46.1	47.6	3.3
内 蒙 古	8.77	8.74	-0.4	271.45	260.08	-4.2	44.7	44.6	-0.1
辽　　宁	5.16	5.28	2.4	439.88	434.89	-1.1	57.4	56.6	-1.4
吉　　林	5.46	5.49	0.6	339.51	333.33	-1.8	51.7	51.3	-0.7
黑 龙 江	5.34	5.36	0.4	313.43	308.48	-1.6	48.4	47.7	-1.3
上　　海	3.43	3.36	-2.0	473.50	472.16	-0.3	78.4	76.8	-2.0
江　　苏	3.59	3.68	2.5	219.36	222.22	1.3	34.8	35.2	1.0
浙　　江	7.96	7.76	-2.5	222.27	230.26	3.6	33.3	34.5	3.7
安　　徽	5.39	5.40	0.1	182.94	184.51	0.9	25.1	25.0	-0.2
福　　建	3.88	3.98	2.5	203.89	233.06	14.3	28.7	28.8	0.4
江　　西	5.69	5.61	-1.4	206.74	197.32	-4.6	30.3	29.0	-4.3
山　　东	3.57	3.59	0.6	209.08	214.01	2.4	31.1	32.7	5.2
河　　南	3.26	3.26	-0.1	192.31	190.80	-0.8	28.0	28.1	0.5
湖　　北	3.67	3.61	-1.5	226.96	224.89	-0.9	40.2	40.3	0.4
湖　　南	6.07	5.33	-12.3	211.20	208.46	-1.3	30.2	31.3	3.5
广　　东	3.30	3.33	1.0	200.93	202.56	0.8	33.3	34.2	2.7
广　　西	3.76	3.82	1.5	173.89	176.51	1.5	25.8	26.1	1.4
海　　南	6.53	6.57	0.6	303.87	286.10	-5.8	42.8	43.6	1.9
四　　川	9.06	8.97	-1.0	202.21	199.48	-1.4	29.1	29.2	0.4
贵　　州	4.83	5.26	8.9	156.78	151.90	-3.1	24.8	23.6	-4.7
云　　南	5.27	5.14	-2.5	210.53	205.34	-2.5	28.1	27.7	-1.4
西　　藏	36.75	36.11	-1.8	250.00	245.90	-1.6	33.3	36.9	10.8
陕　　西	9.43	9.36	-0.8	258.96	256.84	-0.8	36.4	33.9	-7.0
甘　　肃	7.56	7.50	-0.8	217.39	222.94	2.6	34.1	32.4	-4.9
青　　海	12.31	12.09	-1.8	332.64	348.36	4.7	41.6	43.0	3.4
宁　　夏	7.52	7.22	-4.0	233.92	211.13	-9.7	40.9	42.2	3.2
新　　疆	7.78	7.82	0.5	403.37	402.61	-0.2	55.4	55.7	0.5

7－4 各地区科研经费收支

地　　区	县以上政府部门研究与开发机构经费收入(万元)			县以上政府部门研究与开发机构经费收入(万元)		
	1995	1996	比上年增长(%)	1995	1996	比上年增长(%)
全　　国	**4838525**	**5321298**	**10.0**	**4413535**	**4965816**	**12.5**
北　　京	1289143	1427732	10.8	1135114	1303334	14.8
天　　津	140557	147621	5.0	131243	136856	4.3
河　　北	88003	92275	4.9	72233	86092	19.2
山　　西	64695	64521	－0.3	57495	64472	12.1
内 蒙 古	28180	31437	11.6	28706	32206	12.2
辽　　宁	212476	229480	8.0	200837	225886	12.5
吉　　林	103570	112141	8.3	99806	116256	16.5
黑 龙 江	68936	75400	9.4	66362	73836	11.3
上　　海	525541	633978	20.6	483859	552838	14.3
江　　苏	284688	330349	16.0	250861	308574	23.0
浙　　江	72275	80020	10.7	67003	73986	10.4
安　　徽	64158	70438	9.8	57038	61687	8.2
福　　建	26039	31020	19.1	26054	28094	7.8
江　　西	47957	50108	4.5	46996	45891	－2.4
山　　东	147791	156003	5.6	137635	142448	3.5
河　　南	144717	155305	7.3	132274	144748	9.4
湖　　北	217141	226090	4.1	200349	213895	6.8
湖　　南	147131	159398	8.3	130601	145905	11.7
广　　东	226876	246981	8.9	215392	225702	4.8
广　　西	63077	62766	－0.5	58449	55563	－4.9
海　　南	10030	9745	－2.8	10772	9554	－11.3
四　　川	410225	421635	2.8	371985	421603	13.3
贵　　州	22803	22275	－2.3	21432	22608	5.5
云　　南	60789	71736	18.0	58960	72942	23.7
西　　藏	2372	2766	16.6	2373	2884	21.5
陕　　西	247353	265621	7.4	237233	259738	9.5
甘　　肃	76198	88374	16.0	71059	89987	26.6
青　　海	7437	8411	13.1	7498	8646	15.3
宁　　夏	17190	18832	9.6	12461	13821	10.9
新　　疆	21477	28840	34.3	21454	25759	20.1

7－5 各地区专利申请受理批准项数

地区	专利申请受理量（项）			专利申请批准量（项）		
	1995	1996	比上年增长(%)	1995	1996	比上年增长(%)
全国	**68880**	**82207**	**19.3**	**41248**	**39725**	**－3.7**
北京	6362	6595	3.7	4025	3295	－18.1
天津	1648	1743	5.8	1034	899	－13.1
河北	2707	2944	8.8	1580	1526	－3.4
山西	917	953	3.9	569	521	－8.4
内蒙古	647	859	32.8	415	326	－21.4
辽宁	4449	5218	17.3	2745	2447	－10.9
吉林	1389	1626	17.1	824	681	－17.4
黑龙江	2569	2776	8.1	1403	1202	－14.3
上海	2456	3154	28.4	1436	1610	12.1
江苏	4078	4980	22.1	2413	2578	6.8
浙江	4042	5162	27.7	2131	2410	13.1
安徽	1026	1243	21.2	574	555	－3.3
福建	1979	2625	32.6	933	1194	28.0
江西	1008	1199	18.9	509	495	－2.8
山东	4624	6125	32.5	2861	2630	－8.1
河南	2386	2933	22.9	1145	1242	8.5
湖北	2004	2195	9.5	1017	998	－1.9
湖南	2628	2968	12.9	1515	1256	－17.1
广东	7729	9946	28.7	4611	5273	14.4
广西	1231	1379	12.0	665	646	－2.9
海南	183	235	28.4	108	69	－36.1
四川	3186	3754	17.8	2019	1844	－8.7
贵州	452	774	71.2	274	259	－5.5
云南	959	1290	34.5	459	602	31.2
西藏	44	10	－77.3	2	2	
陕西	1721	1790	4.0	1085	968	－10.8
甘肃	546	601	10.1	257	286	11.3
青海	100	92	－8.0	65	43	－33.8
宁夏	169	178	5.3	111	105	－5.4
新疆	609	713	17.1	312	362	16.0

8-1 城市社会经济主要指标（1996年）

指　　标	全部城市合计		占全国比重(%)	
	地　区	市　区	地　区	市　区
年底人口数　(万人)	**93198.9**	**51511.3**	**76.1**	**42.1**
#非农业人口	26108.3	20779.1	88.6	70.5
从业者人数　(万人)	**51300.5**	**28958.2**	**74.5**	**42.1**
#职工人数	13135.2	10550.4	88.5	71.1
按产业分				
第一产业	23681.2	10247.5	68.1	29.5
第二产业	14332.1	10154.7	88.6	62.8
第三产业	13287.3	8556.1	74.2	47.8
土地面积(万平方公里)	**348.1**	**173.9**	**36.3**	**18.1**
国内生产总值	**63614.7**	**47074.2**	**92.7**	**68.6**
第一产业	11888.4	5986.3	85.6	43.1
第二产业	29803.3	23581.6	88.7	70.2
第三产业		17506.3		83.0
农林牧渔业总产值(当年价格.亿元)	**20371.8**	**10279.0**	**87.0**	**43.9**
年末实有耕地面积(万公顷)	**6830.7**	**2925.8**		
主要农产品产量				
猪肉　(万吨)	3176.8	1499.2	78.7	37.1
牛羊肉　(万吨)	509.0	214.6	69.3	29.2
水果　(万吨)	3832.6	1901.5	82.4	40.9
水产品　(万吨)	2779.2	1726.1	98.8	61.4
工业企业单位数(乡及乡以上.个)	**500498.0**	**335759.0**	**86.5**	**58.0**
#国有经济	93243.0	63806.0	81.9	56.1
股份制经济	7378.0	5336.0	89.1	64.4
工业总产值(当年价格.亿元)	**96929.5**	**75146.8**	**97.3**	**75.5**
#乡及乡以上工业总产值	61668.9	51061.4	95.0	78.7
#国有经济	26628.1	23220.0	93.9	81.9
股份制经济	3258.3	2758.0	98.7	83.5
独立核算工业企业财务指标　(亿元)				
产品销售收入	55426.9	46563.4	95.6	80.3
利税总额	5032.3	4331.3	97.8	84.1
资产总额	68219.7	58803.4	94.3	81.3
固定资产原价	48981.3	42779.7	94.1	82.2
每百元资产提供利税　(元)	7.4	7.4		
每百元固定资产原价实现产值　(元)	123.3	117.1		
运输邮电				
客运量(发送)　(亿人)	111.1	85.6	89.2	68.8
货运量(发送)　(亿吨)	116.9	90.0	90.2	69.4
年底邮电局所数　(个)	57248.0	31862.0	79.0	44.0

续表 1

指标	全部城市合计		占全国比重(%)	
	地区	市区	地区	市区
邮电业务总量				
(1990年不变价.亿元)	1207.8	962.5	90.0	71.7
年末电话机数 (万部)	6574.5	5283.4	93.3	75.0
年用电量(亿千瓦小时)	**8498.8**	**6641.3**	**79.3**	**62.0**
固定资产投资额(亿元)	**12513.5**	**10584.4**	**54.5**	**46.1**
#国有单位	9095.0	7887.0	75.4	65.4
城镇集体	550.2	420.8	64.1	49.0
房地产开发投资额(亿元)	**3184.5**	**2998.2**		
#住宅	1731.8	1636.0		
社会消费品零售总额(亿元)	**22284.4**	**17394.4**	**90.0**	**70.2**
批发零售贸易业和餐饮业网点数 (万个)	**1574.3**	**995.9**	**84.7**	**53.6**
批发零售贸易业和餐饮业人员数 (万人)	**466.2**	**3232.5**	**88.4**	**61.3**
实际利用外资金额(亿美元)	**467.8**	**417.0**	**85.4**	**76.1**
在校学生数 (万人)				
普通高等学校	313.0	309.7		
中等专业学校	405.2	377.7	95.8	89.3
普通中学	4643.2	2611.1	80.9	45.5
农业、职业中学	398.4	269.2	84.2	56.9
技工学校	182.9	165.6	95.4	86.3
小学	10325.8	5359.7	75.8	39.4
成人高等学校		256.2		96.5
成人中等教育学校	655.5	417.7	10.9	6.9
卫生机构数 (个)	**163590.0**	**114247.0**	**86.6**	**60.5**
#医院、卫生院	43249.0	23011.0	63.6	33.9
卫生机构床位数(万张)	**271.1**	**203.6**	**87.5**	**65.7**
#医院床位数	232.5	177.8	81.1	62.0
卫生技术人员 (万人)	**368.9**	**278.8**	**85.6**	**64.7**
#医生	161.8	122.3	83.4	63.0
职工工资总额 (亿元)	**7947.9**	**6789.5**	**87.5**	**74.8**
年底全国城乡储蓄存款余额 (亿元)	**35366.0**	**27224.1**	**91.8**	**70.7**

注:1. 独立核算工业企业财务中的产品销售收入和利税总额均未包括增值税。

8－2 按东中西部划分的城市

指 标	东部地区			
	地 区	比 重 (%)	市 区	比 重 (%)
年底人口数 （万人）	**44721.6**	**48.0**	**26511.6**	**51.5**
#非农业人口	13117.8	50.2	10688.2	51.4
从业者人数 （万人）	**25050.2**	**48.8**	**15255.1**	**52.7**
#职工人数	6616.5	50.4	5406.8	51.2
按产业分				
第一产业	10159.4	42.9	4744.0	46.3
第二产业	8021.1	56.0	5836.0	57.5
第三产业	6869.7	51.7	4675.1	54.6
土地面积（万平方公里）	**107.5**	**30.9**	**45.2**	**26.0**
国内生产总值	**39478.0**	**62.1**	**30201.1**	**64.2**
第一产业	6380.7	53.7	3458.9	57.8
第二产业	19024.5	63.8	15224.3	64.6
第三产业	14072.9	64.2	11517.9	65.8
农林牧渔业总产值（当年价格.亿元）	**11435.4**	**56.1**	**6225.8**	**60.5**
年末实有耕地面积（万公顷）	**2713.0**	**39.7**	**1207.8**	**41.3**
主要农产品产量				
猪肉 （万吨）	1411.3	44.4	720.0	48.0
牛羊肉 （万吨）	267.2	52.5	115.5	53.8
水果 （万吨）	2745.6	71.6	1445.6	76.0
水产品 （万吨）	2261.6	81.4	1467.2	85.0
工业企业单位数（乡及乡以上.个）	**281141.0**	**56.2**	**196823.0**	**58.6**
#国有经济	47141.0	50.6	33154.0	52.0
股份制经济	3949.0	53.5	3057.0	57.3
工业总产值（当年价格.亿元）	**65675.8**	**67.8**	**52414.4**	**69.7**
#乡及乡以上工业总产值	4187.1	66.8	34633.6	67.8
#国有经济	14259.1	53.5	12568.9	54.1
股份制经济	2173.6	66.7	1825.6	66.2
独立核算工业企业财务指标（亿元）				
产品销售收入	37648.8	67.9	32000.3	68.7
利税总额	3142.8	62.5	2669.9	61.6
资产总额	43301.3	63.5	37669.4	64.1
固定资产原价	29624.5	60.5	26038.9	60.9
每百元资产提供利税（元）	7.3		7.1	
每百元固定资产原价实现产值 （元）	138.2		132.2	
运输邮电				
客运量（发送） （亿人）	54.3	48.9	43.1	50.3
货运量（发送） （亿吨）	68.3	58.4	53.5	59.4
年底邮电局所数 （个）	22291.0	38.9	14518.0	45.6

社会经济主要指标(1996年)

中部地区				西部地区			
地区	比重(%)	市区	比重(%)	地区	比重(%)	市区	比重(%)
32760.0	**35.2**	**16824.8**	**32.7**	**15717.3**	**16.9**	**8175.0**	**15.9**
9118.6	34.9	7032.3	33.8	3871.9	14.8	3058.6	14.7
17271.3	**33.7**	**9017.7**	**31.1**	**8979.1**	**17.5**	**4685.5**	**16.2**
4526.0	34.5	3555.6	33.7	1992.7	15.2	1588.0	15.1
8539.9	36.1	3373.3	32.9	4981.9	21.0	2130.2	20.8
4300.3	30.0	2999.5	29.5	2010.6	14.0	1319.1	13.0
4431.0	33.3	2644.8	30.9	1986.6	15.0	1236.2	14.4
147.8	**42.5**	**66.4**	**38.2**	**92.8**	**26.7**	**62.4**	**35.9**
16915.6	**26.6**	**11644.0**	**24.7**	**7221.1**	**11.4**	**5229.2**	**11.1**
4038.4	34.0	1825.7	30.5	1469.4	12.4	701.7	11.7
7549.2	25.3	5775.3	24.5	3229.6	10.8	2582.1	10.9
5327.9	24.3	4043.0	23.1	2522.2	11.5	1945.4	11.1
6590.5	**32.4**	**2944.4**	**28.6**	**2345.9**	**11.5**	**1108.8**	**10.8**
3091.8	**45.3**	**1291.9**	**44.2**	**1025.9**	**15.0**	**426.1**	**14.6**
1190.1	37.5	519.2	34.6	575.4	18.1	260.0	17.3
197.7	38.9	78.5	36.6	44.0	8.7	20.7	9.6
503.3	13.1	271.5	14.3	583.6	15.2	184.4	9.7
464.4	16.7	232.3	13.5	53.1	1.9	26.6	1.5
151243.0	**30.2**	**96374.0**	**28.7**	**68114.0**	**13.6**	**42562.0**	**12.7**
32591.0	35.0	21264.0	33.3	13511.0	14.5	9388.0	14.7
2040.0	27.6	1376.0	25.8	1389.0	18.8	903.0	16.9
23237.8	**24.0**	**16598.6**	**22.1**	**8016.0**	**8.3**	**6133.8**	**8.2**
14428.9	23.4	11490.6	22.5	6052.9	9.8	4937.1	9.7
8343.9	31.3	7180.3	30.9	4025.2	15.1	3470.9	14.9
677.3	20.8	593.1	21.5	407.3	12.5	339.3	12.3
12281.7	22.2	9972.9	21.4	5496.4	9.9	4590.2	9.9
1247.7	24.8	1058.3	24.4	641.7	12.8	603.1	13.9
16526.6	24.2	14080.9	23.9	8391.8	12.3	7053.1	12.0
13022.4	26.6	11385.3	26.6	6334.4	12.9	5355.5	12.5
7.5		7.5		7.6		8.6	
105.5		96.1		90.4		88.1	
30.5	27.4	22.4	26.2	26.3	23.7	20.1	23.4
33.6	28.7	25.3	28.1	15.0	12.8	11.3	12.5
23676.0	41.4	10276.0	32.3	11281.0	19.7	7068.0	22.2

续表 1

指标	东部地区			
	地区	比重(%)	市区	比重(%)
邮电业务总量(1990年不变价格.亿元)	835.6	69.2	655.6	68.1
年末电话机数 (万部)	4327.9	65.8	3446.3	65.2
年用电量(亿千瓦小时)	**4691.6**	**55.2**	**3608.9**	**54.3**
固定资产投资额(亿元)	**7729.6**	**61.8**	**6571.1**	**62.1**
#国有单位	5323.3	58.5	4643.4	58.9
城镇集体	361.9	65.8	270.7	64.3
房地产开发投资额(亿元)	**2544.6**	**79.9**	**2397.5**	**80.0**
#住宅	1359.6	78.5	1288.2	78.7
社会消费品零售总额(亿元)	**13887.5**	**62.3**	**11026.6**	**63.4**
批发零售贸易业和餐饮业网点数 (万个)	**816.6**	**51.9**	**537.1**	**53.9**
批发零售贸易业和餐饮饮业人员数 (万人)	**2467.8**	**52.9**	**1764.4**	**54.6**
实际利用外资金额(亿美元)	**416.7**	**89.1**	**372.6**	**89.3**
在校学生数 (万人)				
普通高等学校	157.4	50.3	155.3	50.1
中等专业学校	196.6	48.5	182.8	48.4
普通中学	2380.7	51.3	1409.5	54.0
农业、职业中学	197.9	49.7	142.9	53.1
技工学校	87.1	47.6	79.7	48.1
小学	5009.6	48.5	2748.4	51.3
成人高等学校	141.6	51.9	133.1	52.0
成人中等教育学校	223.6	34.1	184.3	44.1
卫生机构数 (个)	**83948.0**	**51.3**	**61302.0**	**53.7**
#医院、卫生院	19209.0	44.4	10549.0	45.8
卫生机构床位数(万张)	**129.9**	**47.9**	**101.1**	**49.6**
#医院床位数	112.7	48.5	87.9	49.5
卫生技术人员 (万人)	**177.3**	**48.1**	**139.2**	**49.9**
#医生	79.0	48.8	61.3	50.1
职工工资总额 (亿元)	**4638.1**	**58.4**	**4034.5**	**59.4**
年底全国城乡储蓄存款余额 (亿元)	**22892.0**	**64.7**	**17614.5**	**64.7**

注:1. 东中西部地区所占比重是指占全部城市的比重。

续表 2

中部地区				西部地区			
地区	比重(%)	市区	比重(%)	地区	比重(%)	市区	比重(%)
259.3	21.5	212.2	22.0	112.9	9.3	94.7	9.8
1603.0	24.4	1286.5	24.3	643.6	9.8	550.6	10.4
2517.7	**29.6**	**2013.4**	**30.3**	**1289.5**	**15.2**	**1018.9**	**15.3**
3191.3	**25.5**	**2678.4**	**25.3**	**1592.7**	**12.7**	**1334.9**	**12.6**
2486.8	27.3	2152.9	27.3	1284.8	14.1	1090.7	13.8
129.5	23.5	100.9	24.0	58.8	10.7	49.1	11.7
378.0	**11.9**	**355.7**	**11.9**	**261.9**	**8.2**	**245.0**	**8.2**
220.3	12.7	207.1	12.7	151.9	8.8	140.7	8.6
5811.6	**26.1**	**4369.3**	**25.1**	**2585.4**	**11.6**	**1998.6**	**11.5**
519.7	**33.0**	**314.6**	**31.6**	**237.9**	**15.1**	**144.1**	**14.5**
1571.5	**33.7**	**1040.2**	**32.2**	**623.3**	**13.4**	**427.9**	**13.2**
34.7	**7.4**	**30.7**	**7.4**	**16.4**	**3.5**	**13.8**	**3.3**
98.5	31.5	97.8	31.6	57.2	18.3	56.6	18.3
142.1	35.1	134.1	35.5	66.5	16.4	60.7	16.1
1640.7	35.3	863.6	33.1	621.8	13.4	338.0	12.9
156.8	39.4	95.5	35.5	43.7	11.0	30.7	11.4
64.7	35.4	59.1	35.7	31.1	17.0	26.8	16.2
3677.3	35.6	1789.5	33.4	1638.9	15.9	821.8	15.3
80.7	29.6	77.6	30.3	50.7	18.6	45.4	17.7
343.6	52.4	163.5	39.2	88.4	13.5	69.9	16.7
49964.0	**30.5**	**33046.0**	**28.9**	**29678.0**	**18.1**	**19899.0**	**17.4**
14202.0	32.8	7606.0	33.1	9838.0	22.7	4856.0	21.1
93.5	**34.5**	**67.7**	**33.2**	**47.7**	**17.6**	**34.8**	**17.1**
79.6	34.2	59.5	33.5	40.2	17.3	30.3	17.1
127.8	**34.7**	**93.5**	**33.5**	**63.8**	**17.3**	**46.1**	**16.5**
54.1	33.4	40.0	32.7	28.7	17.8	21.0	17.2
2213.2	**27.8**	**1837.3**	**27.1**	**1096.7**	**13.8**	**917.7**	**13.5**
8494.7	**24.0**	**6538.7**	**24.0**	**3979.3**	**11.3**	**3070.9**	**11.3**

8-3 国土面积和人口

国外资料来源：联合国《统计月报》1996年10月，联合国粮农组织《生产年鉴》1995年，世界银行《世界发展报告》1996年。

国家和地区	国土面积（万平方公里）	1995 年中人口数（万人）	人口增长率（%）			1995 人口密度（人/平方公里）
			1984－1994 年平均	1994	1995	
世界总计	**13381.6①**	**571606**	**1.7**	**1.6**	**1.5**	**43**
亚　　洲④	**2757.6**	**338685**	**1.8**	**1.6**	**1.6**	**123**
中　　国②	960.0	121121	1.4	1.1	1.1	126
日　　本	37.8	12520	0.4	0.2	0.2	331
印　　度③	297.5	92704	2.0	3.9	1.9	312
印度尼西亚	190.5	19759	1.6	1.6	1.6	104
菲律宾	30.0	6758	2.1	2.4	2.4	225
泰　　国	51.3	5879	1.6	1.2	1.2	115
马来西亚	32.9	2014	2.5	2.3	2.5	61
新加坡	0.06	285	1.1	2.1	2.0	4750
巴基斯坦	79.6	14050	2.8	3.0	2.6	177
缅　　甸	67.7	4653	2.1	1.9	2.1	69
孟加拉国	14.4	12043	2.0	2.2	2.2	836
土耳其	77.5	6195	2.1	2.2	0.8	80
蒙　　古	156.7	241	2.4	1.7	2.1	2
朝　　鲜	12.1	2392	1.9	1.9	1.9	198
韩　　国	9.9	4500	1.0	0.9	0.9	455
越　　南	33.0	7455	2.2	2.2	2.8	226
非　　洲	**3031.2**	**72808**	**2.9**	**2.8**	**2.8**	**24**
埃　　及	100.1	6293	2.0	2.4	2.4	63
尼日利亚	92.4	11172	2.9	3.0	3.0	121
欧　　洲④	**489.3**	**50587**	**0.3**	**0.3**	**0.2**	**103**
德　　国	36.0	8159	0.5	0.3	0.3	227
英　　国	24.5	5882	0.3	0.3	−0.2	240
法　　国	55.2	5798	0.5	0.4	0.4	105
意大利	30.1	5728	0.1	0.3	0.2	190
捷　　克	7.9	1030	0.4	0.1	−0.1	130
波　　兰	32.3	3859	0.3	0.2	0.1	119
匈牙利	9.3	1023	−0.4	−0.3	−0.4	110
罗马尼亚	23.8	2271	0.2	−0.1	−0.3	95
保加利亚	11.1	841	−0.2	−0.3	−0.5	76
南斯拉夫	10.2	1085	0.9	0.4	0.2	106
俄罗斯	1707.5	14781	0.5	−0.1	−0.1	9
北美洲	**2239.1**	**45506**	**1.4**	**1.3**	**1.3**	**20**
美　　国	936.3	26325	1.0	1.0	0.9	28
加拿大	997.1	2946	1.3	1.0	1.2	3
墨西哥	195.8	9367	2.2	2.0	2.0	48
南美洲	**1783.2**	**31979**	**1.9**	**1.7**	**1.7**	**18**
巴　　西	851.2	16179	1.8	1.4	1.4	19
阿根廷	278.0	3459	1.4	1.3	1.3	12
大洋洲	**853.6**	**2833**	**1.5**	**1.5**	**1.5**	**3**
澳大利亚	771.3	1786	1.5	1.0	1.2	2
新西兰	27.1	358	0.9	1.2	1.4	13

注：① 是指有定居人口的各大洲面积，未包括尚无定居人口的南极洲。如包括南极洲，全世界陆地面积为14950万平方公里。原资料各大洲数用百万平方公里为单位，其和与世界总计略有出入。② 中国为年末人口数。③ 不包括查谟、克什米尔等地区。④ 不包括前苏联各共和国。

8－4 生命统计

国外资料来源：联合国《统计月报》1996年6月；世界银行《世界发展报告》1996年；联合国《人口统计年鉴》1994年。

单位：‰

国家和地区	年份	人口自然增长率	人口出生率	人口死亡率	年份	婴儿死亡率	年份	平均预期寿命(岁)	
								男	女
世界总计	**1995**	**16.0**	**25.0**	**9.0**	**1993**	**48**	**1994**	**64**	**68**
中国	1995	10.1	17.1	6.6	1994－95	32.3①	1990	68	71
美国	1994	6.4	15.2	8.8	1993	8.2	1991	72	79
日本	1994	2.9	9.9	7.0	1994	4.2	1993	76	83
德国	1995	－1.4	9.3	10.7	1993	5.8	1995	73	79
英国	1994	2.2	12.9	10.7	1993	6.3	1992	74	79
法国	1995	3.4	12.5	9.1	1991	7.3	1991	73	81
意大利	1994	－0.4	9.2	9.6	1994	6.7	1989	74	80
加拿大	1994	7.0	15.0	8.0	1994	6.2	1985－87	73	80
澳大利亚	1994	7.4	14.5	7.1	1993	6.1	1993	75	81
俄罗斯	1995	－5.4	9.3	14.7	1993	20.3	1992－94	67	73
捷克	1995	－2.1	9.3	11.4	1993	9.9	1993	59	72
波兰	1995	2.5	12.5	10.0	1994	15.1	1991	66	75
匈牙利	1995	－3.0	11.0	14.1	1994	11.6	1993	65	74
罗马尼亚	1995	－0.6	10.4	12.0	1994	23.3	1992－94	67	73
南斯拉夫	1995	3.0	13.2	10.2	1993	24.5	1990－95	70	74
印度	1993	19.3	28.5	9.2	1993	74	1986－90	58	58
印度尼西亚	1990－95	16.3	24.7	8.4	1990－95	58.1	1995	61	65
菲律宾	1990－95	24.0	30.4	6.4	1990－95	43.6	1991	63	67
泰国	1990－95	13.3	19.4	6.1	1990－95	36.5	1985－86	64	69
马来西亚	1990－95	23.6	28.7	5.1	1990－95	13.6	1995	69	73
新加坡	1995	11.1	16.3	5.2	1994	4.5	1993	74	78
巴基斯坦	1991	23.4	31.1	7.7	1991	102.4	1976－78	59	59
缅甸	1990－95	21.4	32.5	11.1	1990－95	84.6	1986	89	63
孟加拉国	1990－95	23.8	35.5	11.7	1990－95	107.5	1988	57	56
土耳其	1989	19.7	27.4	7.7	1989	62.3	1989	63	66
韩国	1990－95	18.8	24.1	5.3	1990－95	24.4	1995	68	74
埃及	1994	22.5	29.7	7.2	1991	36.2	1991	63	66
尼日利亚	1990－95	30.0	45.4	15.4	1990－95	84.2	1995	49	52
墨西哥	1990－95	22.4	27.7	5.3	1990－95	36.0	1979	62	66
巴西	1990－95	17.1	24.6	7.5	1990－95	57.7	1995	64	69
阿根廷	1993	11.9	19.8	7.9	1993	22.9	1990－91	69	73

注：① 1%人口抽样调查数据。

8-5 国内生产总值及其增长率

国外资料来源:国际货币基金组织《国际金融统计月报》1997年1月,《OECD经济展望》1997年6月。

国家和地区		1995 国内生产总值 (亿本币) GDP	国内生产总值增长率 (比上年增长%)			
			1993	1994	1995	1996①
中国	(人民币元)	58478	13.5	12.6	10.5	9.7
美国	(美元)	72538	2.2	3.5	2.0	2.4
日本	(日元)	4806930	0.1	0.5	0.9	3.6
德国	(德国马克)	34596	−1.2	2.9	1.9	1.4
英国	(英镑)	7006	2.1	3.8	2.5	2.1
法国	(法郎)	76812	−1.3	2.8	2.2	1.2
意大利	(里拉)	16411000②	−1.2	2.2	3.2	0.7
加拿大	(加元)	7763	2.2	4.1	2.3	1.5
澳大利亚	(澳元)	4704	4.0	4.9	3.2	4.0
俄罗斯	(卢布)	16300790	−8.7	−12.6	−4.0	−3.3
捷克	(克朗)	12521	−0.9	2.6	4.8	4.4
波兰	(兹罗提)	2860	3.8	6.0	6.5	6.0
匈牙利	(福林)	43510②	−0.8	2.9	1.5	0.8
罗马尼亚	(列伊)	497948②	1.3	3.9	6.9	4.0
印度	(卢比)	109858	3.9	6.3	6.8	6.4
印度尼西亚	(卢比)	4523810	6.5	7.5	8.0	7.8
菲律宾	(比索)	19071	2.1	4.4	4.8	5.9
泰国	(铢)	41622	8.3	8.8	8.6	8.3
马来西亚	(林吉特)	1853②	8.3	9.2	9.5	8.8
新加坡	(新加坡元)	1206	10.4	10.1	8.9	7.5
巴基斯坦	(卢比)	18655	1.9	3.8	4.5	6.0
缅甸	(缅元)	4364	5.9	6.8	7.2	
孟加拉国	(塔卡)	11703	4.5	4.2	4.4	
土耳其	(里拉)	38790950②	5.8	−3.0	7.0	7.2
韩国	(韩圆)	3512950	5.8	8.6	9.0	7.1
埃及	(埃镑)	2050	2.9	3.9	4.6	4.2
尼日利亚	(奈拉)	9143②	2.3	1.3	2.9①	
墨西哥	(新比索)	16044	0.7	3.5	−6.9	5.1
巴西	(雷亚尔)	3556②	4.2	5.7	4.2	2.5
阿根廷	(比索)	2816.5②	6.0	7.4	−4.4	2.5

注:① 初步数。② 1994年数字。

8-6 主要农产品产量

国外资料来源:联合国粮农组织《统计季报》1996年第3/4季度、《渔业年鉴》1994年。

单位:万吨

国家和地区	1996	国家和地区	1996
谷　　物		**棉　　花**	
世界总计	203338	世界总计	1937
中　　国	45127	中　　国	420
美　　国	33058	美　　国	375
印　　度	22077	印　　度	238
俄 罗 斯	7366	巴基斯坦	187
法　　国	6104	乌兹别克斯坦	131
印度尼西亚	5930	土 耳 其	76
加 拿 大	5913	巴　　西	52
巴　　西	4642	阿 根 廷	45
德　　国	4099	希　　腊	41
澳大利亚	2924	土库曼斯坦	41
大　　豆		**花　　生**	
世界总计	13203	世界总计	2882
美　　国	6385	中　　国	1014
巴　　西	2638	印　　度	820
中　　国	1322	美　　国	152
阿 根 廷	1265	尼日利亚	150
印　　度	460	印度尼西亚	90
加 拿 大	225	塞内加尔	82
巴 拉 圭	195	苏　　丹	65
印度尼西亚	168	扎 伊 尔	63
玻利维亚	89	阿 根 廷	58
意 大 利	74	缅　　甸	50
油 菜 籽		**黄　　麻**	
世界总计	3032	世界总计	308
中　　国	920	印　　度	172
印　　度	610	孟加拉国	77
加 拿 大	498	中　　国①	37
法　　国	289	泰　　国	13
德　　国	200	俄 罗 斯	5
英　　国	124	缅　　甸	4
澳大利亚	52	越　　南	3
捷　　克	50	印度尼西亚	2
波　　兰	44	巴　　西	1
丹　　麦	25	尼 泊 尔	1

8-7 主要工业产品产量(1995年)

国外资料来源：联合国《统计月报》1996年10月、《工业统计年鉴》1994年；联合国粮农组织《生产年鉴》1995年、《肥料年鉴》1995年、《林产品年鉴》1992年。美国汽车协会《世界汽车数据表》1997年。

项　目	数　量	项　目	数　量
钢 (万吨)		**煤炭④(万吨)**	
世界总计①	71408	世界总计①	453987
日　本	10164	中　国	136100
中　国	9536	美　国①	93722
美　国	9359	印　度	28756
俄罗斯	4903	澳大利亚①	25847
德　国	4205	南　非①	22694
韩　国	3674	俄罗斯①	18250
加拿大①	2830	波　兰	13616
意大利	2768	乌克兰①	9180
巴　西	2503	哈萨克斯坦	8320
法　国	1813	德　国	5886
原油 (万吨)		**电** (亿千瓦小时)	
世界总计①	303177	世界总计①	125508
沙特阿拉伯①	40120	美　国①	32682
美　国①	33418	中　国	10070
俄罗斯	30680	日　本①	9643
伊　朗①	17945	俄罗斯	8675
中　国	15005	加拿大	5741
委内瑞拉①	14339	法　国②	4756
墨西哥①	13601	德　国	4585
挪　威①	12515	印　度①	3510
英　国①	11903	英　国	3316
阿联酋①	10405	巴　西①	2607
水泥 (万吨)		**化肥(万吨)①**	
世界总计①	135365	世界总计	13643
中　国	47561	美　国	2590
美　国	7532	中　国	2548
日　本	6887	加拿大	1332
印　度	6692	印　度	1050
韩　国	5610	俄罗斯	827
俄罗斯	4196	德　国	479
德　国	3750	印度尼西亚	291
泰　国	3438	白俄罗斯	288
土耳其	3301	法　国	276
意大利①	3270	巴　西	239

8-8 我国农业主要产品产量居世界位次的变化

国外资料来源:联合国粮农组织《生产年鉴》1995年、《统计季报》1996年第3/4季度。

项　目	1949	1957	1965	1978	1980	1985	1990	1994	1995	1996
谷　物		3	2	2	1	2	1	1	1	1
肉　类①	3	2	3	3	3	2	1	1	1	1
棉　花	4	2	2	3	2	1	1	1	1	1
大　豆	2	2	2	3	3	3	3	3	3	3
花　生	2	2	3	2	2	2	2	1	1	1
油菜籽	2	2	2	2	2	1	1	1	1	1
甘　蔗		3		9	9	4	4	3	3	3
茶　叶	3	3	3	2	2	2	2	2	2	2
水　果					10	8	4	1	1	1

注: ① 1993年以前为猪、牛、羊肉产量的位次。

8-9 我国工业主要产品产量居世界位次的变化

国外资料来源:联合国《统计月报》1996年9月、《工业统计年鉴》1994年;联合国粮农组织《生产年鉴》1995年、《肥料年鉴》1995年。

产品名称	1949	1957	1965	1978	1980	1985	1990	1993	1994	1995	1996③
钢	26	9	8	5	5	4	4	3	2	2	1
煤	9	5	5	3	3	2	1	1	1	1	1
原　油	27①	23	12	8	6	6	5	5	5	5	5
发电量	25	13	9	7	6	5	4	4	2	2	2
水　泥		8	8	4	4	1	1	1	1	1	1
化　肥		33	8	3	3	3	3	3	2	2	2
化学纤维		26②		7	5	4	2	2	2	2	2
棉　布			3	1	1	1	1	1	1	1	1
糖			8	8	10	6	6	3	4	4	4
电视机				8	5	3	1	1	1	1	1

注: ① 1950年数字。② 1960年数字。③ 估计数。

8－10 消费物价指数

国外资料来源：联合国《统计月报》1996年10月。

1990年＝100

国家和地区	总指数			其中：食品		
	1994	1995	1996	1994	1995	1996
中国	156.5	183.3	198.6	167.9	206.3	222.0
美国	113.4	116.6	120.4③	109.7	112.7	116.7③
日本	107.1	107.0	107.3⑨	107.4	106.1	105.2⑨
德国①	112.8	114.8	117.0⑩	106.9	108.4	109.9⑩
英国	114.3	118.2	121.4③	110.5	114.7	119.7③
法国	109.7	111.6	113.6③	104.5	105.8	106.2③
意大利	121.4	127.7		118.4	127.8②	
加拿大	109.4	111.7	113.6③	106.6	109.2	110.5③
澳大利亚	108.1	113.2	116.1⑨	104.0	112.9	115.5⑨
俄罗斯①	64688.2	194047.0	282205.0⑪	67337.7	210974.6	290446.0⑪
捷克	148.3	161.7	173.6⑪	140.3	154.9	168.3⑪
波兰	435.6	556.7	679.5⑩	362.9	461.9	553.1⑩
匈牙利	241.6	309.7	385.0⑨	232.1	304.3	357.0⑨
印度⑤	149.5	164.5	179.0⑨	155.0	173.3	189.0⑨
印度尼西亚	139.9	153.1	166.1③	137.9	156.2	169.9③
菲律宾	151.7	163.9	176.3⑪	141.6	155.1	169.7⑪
泰国(曼谷)	119.8	126.6	135.1③	123.2	132.9	147.3③
马来西亚	117.4	121.4	126.0③	123.3	129.3	137.2③
新加坡	112.2	113.5	115.2⑩	107.7	109.8	112.8⑩
巴基斯坦⑥	123.6	138.8	150.8⑨	126.2	144.3	154.0⑨
缅甸	263.9	330.3		281.1	353.9	
孟加拉国(达卡)	115.8	122.5		111.6	122.1	
土耳其	967.0	1872.3	3029.1⑪	983.1	1938.2	3156.1⑪
韩国	129.2	135.1	143.2③	135.4	140.0	146.4③
埃及	164.9	178.7	202.0⑪	149.1	164.4	183.0⑪
尼日利亚	403.2	687.9	850.1⑪	379.9	379.9	791.6⑪
墨西哥⑥	166.3	135.0	178.0⑪	149.9	139.2	190.2⑪
巴西(圣保罗)⑦	52580.9	97813.0④		54510.9	90068.2④	
阿根廷(布宜诺斯艾利斯)⑧	310966.7	321465.3	322029.7⑩	270037.5	277692.5	277002.9⑩

注：① 1991年＝100。② 11月份数字。③ 8月份数字。④ 9月份数字。⑤ 产业工人。⑥ 1994年＝100。⑦ 1992年＝100。⑧ 1988年＝100。⑨ 6月份数字。⑩ 7月份数字。⑪ 4月份数字。

8－11 进出口贸易额

国外资料来源：联合国《统计月报》1996年10月。

单位：亿美元

国家和地区	1985		1995		1996	
	进口	出口	进口	出口	进口	出口
世界总计	**20062.3**	**19305.8**	**49986.0**	**49256.7**	**12660.0②**	**12313.2②**
中国	422.5	273.5	1320.8	1487.7	1388.4	1510.6
美国	3616.3	2188.3	7712.7	5847.4	3934.2③	3116.5③
日本	1294.8	1756.8	3359.9	4432.7	1722.5③	2013.3③
德国①	1585.5	1840.1	4482.2	5118.7	1115.1②	1252.7②
英国	1092.7	1099.9	2653.2	2420.4	1425.5③	1278.1③
法国	1089.1	976.4	2755.5	2868.2	706.6②	739.5②
意大利	909.9	789.6	2041.0	2312.6	542.9②	603.8②
加拿大	764.1	847.8	1680.5	1922.0	430.6②	483.4②
澳大利亚	234.5	228.8	603.2	530.9	153.1②	142.6②
俄罗斯	369.8⑤	423.8⑤	466.8	782.9		
捷克	111.5④	115.1④	252.3	216.8	64.6②	54.1②
波兰	108.0	114.9	290.5	228.9	78.3②	57.5②
匈牙利	79.2	82.5	150.5	124.4	37.0②	28.7②
罗马尼亚	84	101.7	94.2	75.5		
保加利亚	136.6	133.5	50.2	50.9	5.6②	6.0②
印度	155.9	87.5	344.0	305.4	97.2②	88.1②
印度尼西亚	102.6	185.9	409.2	454.2		
菲律宾	54.5	46.3	283.4	175.0		
泰国	92.4	71.2				
马来西亚	126.0	157.2	776.2	737.2		
新加坡	262.9	228.1	1245.0	1182.6	327.1②	306.4②
巴基斯坦	58.9	27.2	88.9			
缅甸	2.8	3.3	13.4	8.5		
孟加拉国	21.7	9.3	65.0	31.7	15.5②	7.4②
土耳其	113.4	79.3	357.1	216.0		
韩国	311.4	302.8	1351.2	1250.6	730.8③	651.4③
埃及	55.0	18.4	117.6	34.5		
尼日利亚	62.1	131.1				
墨西哥	137.6	216.6	468.9	484.3	138.6②	139.4②
巴西	131.5	256.4	537.8	465.1	114.7②	103.0②
阿根廷	38.1	84.0	201.2	209.7		

注：① 1991年以前数字仅指原联邦德国。② 1－3月份数。③ 1－6月份数。④ 原捷克斯洛伐克数据。⑤ 1993年数。

8－12 国际收支（1995 年）

国外资料来源：国际货币基金组织《国际金融统计年鉴》1996 年。

单位：亿美元

国家和地区	经常帐户								资本和金融帐户收支盈余	国际收支总盈余
	商品贸易			服务贸易		要素收入		经常帐户收支盈余		
	出口	进口	差额	收入	支出	收入	支出			
美国	5767.6	－7497.7	－1730.1	2067.9	－1439.3	1814.7	－1941.1	－1529.8	571.1	－958.8
日本	4293.2	－2972.4	1320.7	652.1	－1227.0	1926.1	－1482.0	1112.5	－526.0	586.4
德国	5115.3	－4455.2	660.1	765.2	－1204.4	956.5	－969	－197.7	269.9	72.2
英国	2408.9	－2591.5	－182.7	684.1	－594.0	1424.6	－1320	－105.7	80.4	－25.3
法国	2684.3	－2563.9	120.5	969.1	－779.1	1273.2	－1341.4	174.8	－167.7	7.1
意大利	2313.4	－1872.9	440.5	706.0	－694.8	323.7	－472.4	256.8	－228.8	28.0
加拿大	1898.5	－1675.1	223.4	217.7	－301.4	125.1	－348.0	－86.9	82.3	－4.7
澳大利亚	531.0	－571.5	－40.5	156.0	－176.4	58.0	－187.5	－191.9	195.6	3.7
捷克①	169.1	－208.6	－39.5	65.2	－49.6	11.5	－12.6	－19.1	93.6	74.5
波兰①	171.2	－189.3	－18.1	45.2	－38.6	5.5	－31.1	－25.5	20.3	－5.1
匈牙利①	76.5	－113.6	－37.2	31.2	－29.6	6.8	－20.8	－40.5①	35.8	－4.8
罗马尼亚①	61.5	－65.6	－4.1	10.4	－12.2	1.1	－2.3	－4.2①	8.2	4.0
印度③	200.2	－221.5	－21.3	49.3	－63.3	3.8	－42.9	－41.1	52.4	11.3
印度尼西亚①	402.2	－323.2	79.0	50.2	－97.5	10.5	－76.3	－27.9	35.7	7.8
菲律宾①	134.8	－213.3	－78.5	67.7	－46.5	37.8	－18.2	－28.4	51.7	23.3
泰国①	444.8	－481.9	－37.1	114.7	－160.5	26.0	－38.4	－84.2	125.9	41.7
新加坡①	986.9	－965.8	21.1	229.8	－129.7	84.3	－78.2	119.5	－72.1	47.4
巴基斯坦②	67.6	－93.1	－25.5	15.2	－26.4	0.6	－16.0	－29.4	28.6	－0.1
韩国	1232.0	－1279.5	－47.5	762.4	－278.9	23.8	－46.6	－82.5	152.9	70.4
埃及①	40.4	－100.0	－59.5	80.7	－56.5	13.3	－211	0.3	－12.0	－11.6
尼日利亚①	94.6	－65.1	29.5	3.7	－30.1	0.5	－29.9	－21.3	1.9	－19.4
墨西哥	795.4	－724.5	70.9	102.8	－94.1	37.1	－162.8	－6.5	－146.5	－153.1
巴西	495.1	－496.6	－31.6	61.4	－136.3	34.6	－145.6	－181.4	311.1	129.7
阿根廷②	131.2	－155.5	－24.3	26.6	－51.4	15.0	－44.9	－74.5	74.8	0.3

注：① 1994 年数字。② 1993 年数字。③ 1992 年数字。

8-13 公共教育经费占国民生产总值比重

国外资料来源：联合国教科文组织《统计年鉴》1996年。

单位：%

国家和地区	1980	1985	1990	1992	1993	1994
世界总计	4.9	4.9	4.9	5.1	5.1	5.2
中国②	2.5	2.5	2.5		2.5	2.2
美国	6.7③	4.9	5.3③	5.5		
日本	5.8	5.0	4.7			
德国①	4.7	4.5			4.8	
英国	5.6	4.9	4.9			
法国	5.0	5.8	5.4	5.7	5.8	
意大利	4.4⑥	5.0		4.2	5.2	
加拿大	7.4	7.1	6.8	7.6		
澳大利亚	5.5	5.6	5.4	6.0③		
俄罗斯	3.5	3.2	3.5	4.0	4.4	
捷克	4.0	4.2	4.6	4.7	5.9	
波兰		4.9		5.5	5.5	
匈牙利	4.7	5.5	6.1	6.9	6.7	6.7
罗马尼亚	3.3	2.2	2.8	3.6	3.2	3.1③
保加利亚	4.5	5.5	5.6	5.9	5.5	4.5
原南斯拉夫	4.7	3.4	6.1			
印度	2.8	3.4	3.9	3.8		
印度尼西亚	1.7③	1.4	1.1	2.2③	1.2③	1.3③
菲律宾	1.7	1.4	2.9	2.3③	2.4③	
泰国	3.4	3.8	3.6	4.0	4.1	3.8
马来西亚⑤	6.0	6.6	5.4	5.5	5.2	5.3
新加坡	2.8	4.4	3.1	3.2	3.1	3.3
巴基斯坦	2.0	2.5	2.6③			
孟加拉国	1.5	1.9	2.0	2.3		
土耳其	2.8	2.3	2.2③	2.8③		3.3
韩国	3.7	4.5	3.5	4.2	4.5	
埃及	5.7④	6.3	4.9	5.0		
尼日利亚		1.2	0.9	0.5	1.3	
墨西哥	4.7	3.9	4.0	4.8	5.6	5.8
巴西	3.6	3.8	4.6⑦			1.6
阿根廷	2.7③	1.5③	1.1	3.1	3.3	3.8

注：① 1991年以前为原联邦德国。② 国家财政性教育经费占GNP比重。③ 统计口径有所调整。④ 1981年数字。⑤ 1990年起，统计口径有所调整。⑥ 1979年数字。⑦ 1989年数字。